湖北省公益学术著作出版专项资金
Hubei Special Funds for Academic and Public-Interest Publications

清代海洋活动编年

丛书主编／王颖

清代光绪朝后期海洋活动编年

马丽卿　编

WUHAN UNIVERSITY PRESS

武汉大学出版社

图书在版编目(CIP)数据

清代光绪朝后期海洋活动编年/马丽卿编.—武汉:武汉大学出版
社,2022.5
清代海洋活动编年/王颖主编
湖北省公益学术著作出版专项资金项目
ISBN 978-7-307-21542-9

Ⅰ.清…　Ⅱ.马…　Ⅲ.海洋—文化史—中国—清后期
Ⅳ.①K252.03　②P7-05

中国版本图书馆 CIP 数据核字(2020)第 090976 号

责任编辑:陈　帆　　责任校对:汪欣怡　　版式设计:马　佳

出版发行:**武汉大学出版社**　(430072　武昌　珞珈山)
　　　　(电子邮箱:cbs22@whu.edu.cn　网址:www.wdp.com.cn)
印刷:武汉精一佳印刷有限公司
开本:720×1000　1/16　印张:43.25　字数:894 千字　插页:2
版次:2022 年 5 月第 1 版　　2022 年 5 月第 1 次印刷
ISBN 978-7-307-21542-9　　定价:216.00 元

总　序

　　作为一门新兴的学科，海洋史的概念一直较为模糊，在实践中也颇为混乱。一般情况下，我们所关注的是它的空间地域分界，而事实上对这一课题产生深远影响的还有时间范畴，以一个具体的地理标准，比如与海岸线的距离来圈定研究对象，不仅是一件极其困难的事情，同时也是非常危险的事情。我们站在一个全新的文明一步步崛起的历程中，同时也站在一个旧时代或旧观念逐渐受到冲击直至被突破的过程中。因此，大凡与海洋文明逐渐兴起这一历史进程产生关联的事件，无论是否发生在海滨，都会被纳入我们的视野。与此相适应，即使是发生在海滨的一些重要历史现象，由于只是内陆文明或旧观念的一种惯常性的延续，也可能被我们所忽视。

　　这种新文明的萌芽或旧观念的突破，在我们看来，大致表现在两个方面：一是对海洋的兴趣的发生，包括探索、征服与抗争等诸多方面；一是以海洋为渠道进入中土的外来文化所引起的摩擦与磨合。简而言之，我们更倾向把事件的性质而非事件发生的区域作为更为重要的条件，这是我们无意于对沿海地区、海岸地区与海洋区域作出严格区分的主要原因，次要的原因则在于这种区分可能会带来很多无法掌控的变数，使我们很难做到一以贯之。

　　在事件的选择上，惯常性也是一个非常重要的标准。在某些历史阶段，一些看起来似乎极其偶然的、零散的事件，因其所潜藏的新的转机自然会受到特别的关注，而在相关事件发生较为频繁的历史场合，波及范围的大小就成为筛选的重要因素。总之，我们所认定的"大事件"标准是动态的，是立足其成长性的。具体而言，在清前期与中期，一些在其他场合显得无足轻重的历史现象也可能被视为"大事件"，而在清晚期，对于大事件的限定就较为严苛，必须是重大而影响深远的历史事件。

　　因此，书中大量出现的以下现象不应该让我们感叹惊奇：新闻报纸的创办、研究学会的成立、新式学校的创建、内地矿山的开发、现代机器的引入、重要铁路的铺设、现代股票与银行的出现，甚至包括博彩业的兴起，这些看似与海洋生活没有直接关联的事件都一一被我们罗列出来。因为在我们看来，它们主要是"漂洋过海"而来，其所体现的不仅是来源渠道的不同，更主要的是展现了新的社会精神面貌。

对于一些具体案例而言，这样的处理违背了一致性原则——大多数读者已经养成了由始至终的阅读习惯，自觉不自觉会有一种阅读期待——但这终究与我们的体例不合。我们务必要强调的是，综合型的类书并非专门史的蓄积。我们所期待的，是永远屹立在浪头之上，和它一起奔向前方而忽略身后振耳的喧嚣声。至于沿海水师甚至内河水师的沿革变迁，以及船厂船坞的建设、外来船舶的购入，我们则自始至终保持了足够的重视——这些国人最直接探索海洋的活动，它们的意义到目前为止还没有得到充分的肯定。

最后要说明的是，本书的惯常性不仅体现在事件的选择上，更体现在视野的选择上，而后者尤其值得关注，这也正是我们一直把《清实录》作为建构编年核心的原因所在。随着清史研究的深入，众多尘封的细节被人们一一挖掘出来，毫无疑问，新近出现的研究成果应该会更接近历史真相，但我们叙述时依然围绕《清实录》来进行，这是因为我们需要一个一以贯之的视角。细节固然重要，但只有被纳入朝廷视野并为官方所评论的事件才更具有里程碑的意义。

凡　例

一、是书以清朝年号纪元，农历纪事，注明干支与公元，按照年、月、日的时间顺序排列清朝二百六十八年发生之事件，上起顺治元年（1644年）清军入关，下迄宣统三年（1911年）清帝退位。同一日发生之事件，集中到同一条目之下。

二、是书以海洋为线索，凡发生在清代海疆之政治、军事、文化、社会、外交以及自然灾害等重要事件，都尽可能加以罗列。

三、是书尽力考索事件发生之具体时日，凡无法质证时日者，概以"是月""是春"或"是年"等形式加以提示。

四、持续多日或数月之事件，一般罗列于上奏或朱批之日，再追溯其前因后果。同一事件只在同一处完整叙述，不分列于多处重复表述。

五、是书采信之文献，一般以清代官书《清实录》为主，同时有选择地利用方志、谱牒、稗史、笔记小说、文集、报刊以及人物传记等资料，包括外国政府相关历史文件以及今人研究成果。

六、是书采用文献史料时，均注明其具体出处以备考核。凡加引号者，除斟酌给予标点外，一律属直接引用，保留原貌，包括具有时代特色鲜明的特殊用语如"谕""朕""奴才"等。不加引号而自行概述者，亦尽可能说明出处。凡不加注释者，一般出自《清实录》，其具体卷数可见上下则条目。

七、与海洋无关但于清朝影响甚大的重要事件，也简单加以注明，如清朝历代帝王的更替等。清朝历代帝王以年号相称。

目　　录

光绪二十一年　公元 1895 年　乙未

春正月初二日甲戌(1 月 27 日)

电寄李鸿章，电奏已悉，威海援兵太单，李秉衡已分电迎催浦徐各军。威海各将领，应就现有兵力，悬赏鼓励，奋勇御敌，迅奏肤功。闻荣成陆路至威海，沿途颇有崇山叠岭。在防诸军，应进据山险以遏凶锋，毋仅分扼营座，致彼得越险来攻，又成落后之势。南北岸炮台军火，现在已否豫备充足，并着李鸿章确查覆奏，以慰厪系。①

初三日乙亥(1 月 28 日)

电寄李鸿章等，李鸿章电，刘超佩探称倭兵已至南岸东盐滩，离炮台十五里等语。贼锋近逼，日内必有战事。前经降旨，饬令坚守南岸炮台，实为威防第一要着。兹闻该处有创为弃台守营之说者，是直开门揖盗，更以利器赍寇，俾彼得转而攻我，该处复何恃为守耶？着李鸿章等严饬戴宗骞、刘超佩等，尽力固守南北炮台。炮台无失，定予不次之赏；如弃台不守，即将该统领就地正法，决不宽贷。懔之慎之。

电寄裕禄等，依克唐阿电奏，廿七日进攻海城接仗情形，并称两次直薄城下，未能得手，实由兵分力单，请调集寿山等十一营，专攻一路等语。现当海城贼势就衰，我军亟须援助之时，自应先其所急，着裕禄将东路各军就近分拨，严防分水岭暨大高岭等处，腾出寿山等十一营，准由依克唐阿调往应用。

电寄李鸿章等，本日张之洞电奏威海援军缓不济急，请饬李秉衡晓谕荣成、登州一带居民，集团助剿，并请令李鸿章饬海军现有铁快各舰，驶至成山，袭其运船等语。集团一策，着李秉衡即饬地方文武赶紧举办。至今海舰出击敌船，年前廿七八日叠降谕旨，未据李鸿章覆奏。张之洞此奏所陈，思议颇为周帀(亦作匝)。此时救急制胜，舍断其接济，助台夹击，更无别法，决无株守待攻之理。着李鸿章迅

---

① 《清实录·德宗景皇帝实录》卷三五八。

1

速妥筹具奏。①

初四日丙子（1月29日）

电寄李秉衡等，李鸿章、李秉衡电奏均悉。山岭置炮，倭未敢逞，该将领等当随时相机稳扎，扼要坚守，尤须力顾炮台，不可稍有疏忽。刘含芳电称，英提督接其本国回电，有须待国命之语。是彼此不开炮一议，明系英商私请。此事英公使并未向总署言及，总署毋须先与辩论，嗣后倭船如驶近烟台口岸，该守将等惟当开炮迎击，不必稍存顾虑也。

电寄李鸿章，据长顺电奏，从前辽阳至营口电线，为贼隔断，嗣长顺等拔队前进，将贼渐次逼出电杆以外，现仅海城西北双庙子榆树台等处坏三四根。此外地方，离贼较远，尚未损坏等语。着李鸿章转饬电局，赶紧派员前往接线，俾前敌军情，得以迅达京师，切勿迟误。

初六日戊寅（1月31日）

电寄李鸿章等，叠据电奏，倭攻威海南岸龙庙嘴等处，炮台俱失。虽经击沉敌船二只、雷艇一只，而南岸既为贼踞，情势实为危急。该处布置防守，为日已久，何以贼至竟不能固守？刘超佩先行走入刘公岛，显系临敌退缩。并此外弃营逃走各员，着李鸿章、李秉衡即行查明拿获正法。现在水师各舰，在刘公岛与陆军依护堵击，着即饬令奋力冲击。如能多毁敌船，尚可力支危局，切勿再失事机，致以战舰资敌。刻下东省急待援兵，所有丁槐、李占椿、万本华、张国林等，着张之洞、李秉衡分别催令前进，勿任延缓。

电寄张之洞，据电奏与谭继洵商明，将湖北银圆局归南洋经理，余利协济鄂省等语。着照所请办理。

初七日己卯（2月1日）

电寄李鸿章，电奏均悉，倭队全向西行，戴宗骞往守北岸三台，兵少势孤，危在呼吸。现惟有严饬孙万林、李楹赶紧驰赴北岸，协同戴宗骞等尽力防守。水路各舰，着丁汝昌督率在刘公岛及北岸各台，与陆军依护堵击。孙万林等倘再有退避，即按军法从事。至雷艇管带王登云，攻毁赵北嘴台炮药，丁汝昌遽为请奖，殊属非是。南岸全台俱失，水陆各营，皆有应得之罪。现在力保北台，王登云倘能奋勉立

---

① 《清实录·德宗景皇帝实录》卷三五八。

功，再行核实保奖。此次所请，着毋庸议。昨据奏称高场营炮台，打沉倭船二只，又刘公岛打沉一只，出力将弁，着查明奖励。

电寄刘坤一，现在吴大澂已经出关。转瞬春融冰泮，恐贼由滦乐一带登岸，震及畿辅，所关非细。着刘坤一克日赴关，察看地势，整饬各军，妥筹布置，以慰廑系。①

初八日庚辰（2 月 2 日）

电寄李鸿章，李鸿章、李秉衡电奏均悉，威海南台既失，刘公岛及北岸三台势当万紧。丁汝昌统带海军各舰，务当会合张文宣、戴宗骞等，水陆同心，尽力拒战。设此台不守，丁汝昌当照前誓死拚战、船沉人尽之议，不可稍有退诿，或带船出口，尽力轰击，却回敌船，则我船之进退自裕。总之无论如何危急，必不使我船为彼所得，是为至要。孙万林、李楹两军，仍着迅赴北台，协同戴宗骞固守，不得远扎他处。至李秉衡所请大枝援兵，非目前所能骤集，惟应就现有兵力，及江南已到未到各军，迅速催调，竭力分防，一面饬令汤聘珍赶紧召募。所需枪械，着李秉衡与刘坤一、李鸿章电商，均匀拨济。

钦差大臣、两江总督刘坤一奏，直东交界埪子口潮深丈余，防有贼舰窥伺，饬记名提督李永芳率队扼守。报闻。②

初九日辛巳（2 月 3 日）

李鸿章电奏，北塘至滦州一带，空虚辽阔，恐敌于春融后，伺隙登岸，抄我后路。须有大支游击之兵，庶不致蹈皮子窝、成山覆辙。现湘军陆续出关，拟请饬陈湜、李光久往大高岭等处，接替聂士成之防，令该提督迅带所部，回驻芦台。转瞬冰泮，畿辅各海口，防不胜防。聂士成叠经与敌接仗，素称得力，即着李鸿章、刘坤一饬令统带所部，迅速进关，驻扎芦台，兼顾北塘迤北一带海岸，以资策应。其大高岭等处，尚有吕本元、孙显寅等军防守。如果兵力不敷，应令何营前往填扎，着宋庆、吴大澂会商办理。又据李鸿章电称，宋庆请饬章高元带所部回援威海等语，此军若调回东省，程途较远，缓不济急。且昨据宋庆电奏，拟率章高元之军，堵御太平山贼股，即着毋庸更调。吴大澂电奏，日内可抵田庄台，着催令魏光焘、吴元恺各营到齐妥筹布置。③

①　《清实录·德宗景皇帝实录》卷三五八。
②　《清实录·德宗景皇帝实录》卷三五八。
③　《李鸿章全集·电稿》第 3 册，安徽教育出版社 2007 年版，第 431 页。

电寄李鸿章等，李秉衡奏倭人登岸，应以兵船奋力攻击，毁其运船，于保全威海有裨等语。昨因刘公岛及北岸三台，情形危急，特饬丁汝昌统带各舰，会合拒战，或带船出口，尽力轰击，毋使船为贼有。原因南台既失，势须力保北岸。倘并北台不守，海军各舰即无归宿之所。若被贼虏去，贻害尤巨。前两降谕旨，令海军乘间出击。年内丁汝昌等电，所筹大股来扑，起锚出港，东西分布，合力抵御等语，皆以尽力迎战，为保船之计。若株守口内，待彼水陆合攻，必致全船资敌而后已，后患何堪设想。着李鸿章督饬海军将士，力筹保全海舰之法。如威海不守，各舰何处收泊，一并迅筹覆奏。

电寄张之洞等，有人奏，倭人全师而出，国内空虚。若以水师深入其阻，或游弋其各岛，使彼有内顾之忧，我得抽薪之计等语。着张之洞与唐景崧会商办法具奏。

电寄胡燏棻，前由汉纳根令补海斯岱等出洋，议购船炮，为日已久，何以尚无消息。着胡燏棻询明覆奏。又前购枪械，头批价值，业经拨定此项枪械，计何时可到，并即查覆。

给事中余联沅奏，请饬张之洞购买战舰。得旨：先电询胡燏棻，现购枪械，计何时可到，再议办法。①

初十日壬午（2月4日）

电寄李鸿章，据电奏威海失守情形，阅之殊深愤懑。戴宗骞誓死守台，今又与丁汝昌同往定远，究竟海军各舰能否力战冲出，现泊何处？刘公岛孤悬海滨，势亦不保，日内情形，着即探明速报。沿海各口，瞬届开冻，威海一失，处处吃紧。李鸿章前奏不能兼顾奉天，而以专保直隶海口自任。昨电称恐倭登岸包抄后路，请添游击之师，已准其调回聂士成一军应用。着由该督再行严札飞催，各海口可以上岸之处，皆该督辖境，责无旁贷，先期豫防，固宜严密。至一闻警信，应如何呼应灵捷，合力堵击，使敌不得乘间登岸，尤关紧要。着李鸿章迅筹覆奏。闻吴宏洛一军，尚称得力；曹克忠新募成军，数亦不少。应如何布置，以期策应便捷，并着酌度办理。

电寄李秉衡，两电均悉。威海北岸炮台又失，兵舰失所依恃，能否冲击出险，尚不可知，仍着探明电覆。孙万林等已有旨交部严议，李秉衡改为议处矣。所请添拨大枝劲旅，现在冰泮伊迩，畿疆防务，关系尤重，实无余兵可以调拨。惟昨据宋庆电称，请饬章高元带所部八营回援东省，因程途较远，是以未允所请。着李秉衡酌度情形，如需此军调回，即行奏明办理。其李占椿等军，仍着催令速进，以资助

① 《清实录·德宗景皇帝实录》卷三五八。

4

剿。该抚拟移扼莱州，并责成夏辛酉等分防登州等处，均着照所请行。

钦差大臣、两江总督刘坤一奏，滦州乐亭与北塘交界处所，兵力尚薄，饬总兵闪殿魁派营扼守。报闻。①

十一日癸未（2 月 5 日）

电寄李秉衡，李秉衡自简任山东巡抚以来，适值海防告警，该抚抵任后，即驰赴烟台，筹办一切，均能殚竭心力。现在威海不守，沿海各口防务，更关紧要。该抚务当益矢公忠，督率各统领等认真经理，力顾大局，用副朝廷委任。刘公岛电线虽断，闻尚有防兵扼守，刻下情形若何，着即探明电覆。以慰廑系。②

十二日甲申（2 月 6 日）

电寄李鸿章，两电均悉。据称闻初八日倭以四舰诱敌，见定远驶出，倭即退去，刘公岛似尚可勉支等语。定远战舰既已驶出，未识驶往何处。其余各船困守刘公岛，终恐难保。能否一并力战冲出，仍着设法探闻。北塘守将吴育仁，屡经有人参奏，先后派王文锦查覆。兹据该侍郎奏称，该总兵人近长厚，其所统兵勇，调出较多，所补新兵，未经训练，一朝有事，恐不足恃等语，着李鸿章另派得力之员驻扎北塘以资防守，不得稍涉迁就，致滋贻误。

总理各国事务衙门会奏，筹备军需，订借汇丰洋行库平足银一千万两，每年七厘行息，又借英金三百万镑，六厘行息，均分二十年归还，妥立合同，派员画押。依议行。③

李鸿章遵旨奏报筹画直隶沿海防务情形。④

十三日乙酉（2 月 7 日）

电寄李鸿章，四电俱悉。据称威海炮台失守情形，戴宗骞力竭自尽，殊堪悯恻。着查明请恤。现在兵船仍在刘公岛守御，诚恐子粮不继，贼若并力来攻，难以久支。如能相机力战，冲击敌船，乘势连樯结队，出险就夷，则水师尚不至尽为所毁。着李鸿章电知刘含芳设法，送信丁汝昌等，速为筹画，毋误事机。该督所陈布

① 《清实录·德宗景皇帝实录》卷三五八。
② 《清实录·德宗景皇帝实录》卷三五九。
③ 《清实录·德宗景皇帝实录》卷三五九。
④ 《李鸿章全集·电稿》第 3 册，安徽教育出版社 2007 年版，第 414~415 页。

置设防，须有三四大支游击之师。聂士成一军，昨已饬令迅速入关，未准宋庆等奏留，仍着李鸿章催令克日启行。第恐倭人不待冰泮，即移威旅之寇乘隙直犯，近畿亦不可不防。该督身膺疆寄，责无旁贷，仍当豫为筹画，以备不虞。丁槐一军，昨已有旨，调令赴津矣。

电寄长顺等，依克唐阿、长顺等军，连次进攻海城，将士奋勇。二十七日之战，依克唐阿督队猛攻，毙贼不少，因军无后继，未能克复。

办理天津团练事宜兵部左侍郎王文锦奏，畿东士绅，公举已革翰林院侍讲学士张佩纶办理团防。得旨：张佩纶获咎甚重，所请着不准行。

抚恤疏球国遭风难民如例。①

十四日丙戌（2月8日）

御史张仲炘奏，上海接济倭寇米石，有奸商叶成忠、何瑞棠两人，所售不下数千万石，或以台湾采办，或以小船绕川沙出口，税务司查出两起，委员拿获一起，均有奥援解脱，今仍照常售运，请饬查拿严禁等语。运粮资寇，大干法纪，着张之洞确切查明，严拿惩办，并随时设法严禁奸商弊混，以杜偷漏。寻奏，参款查无实据，请毋庸置议。报闻。

谭钟麟奏，闽省饷绌，恳饬部拨洋款一百万两，以济急需。着户部酌量办理。

电寄李鸿章等，电均悉。刘公岛失守，水师战船不能冲击出险，竟至覆没，殊堪愤闷。所有失守情形，及带兵各员下落，着即查明具奏。现在敌船游弋，无所顾忌，烟台之西通伸仑，已有倭船开炮，无非声东击西，乘间肆扰，情殊叵测。东省沿海防剿事宜，着李秉衡妥筹办理。丁槐一军准其留于山东，以资调遣，饬令毋庸赴津。②

十五日丁亥（2月9日）

电寄李鸿章，据电奏，海军各舰被击覆没情形，览奏曷胜愤懑。北洋创办海军，殚尽十年财力，一旦悉毁于敌，隳防纵寇，震动畿疆。李鸿章专任此事，自问当得何罪。惟现值海防益急，若立予罢黜，转得置身事外。兹特剀切申谕，李鸿章当自念获咎之重，朝廷曲宥之恩，激发天良，力图补救。瞬届各海口冰泮，敌船猛扑，处处可危。设彼乘间登岸，必须齐力合剿。此时游击策应之师，较之专防一口，尤为吃重。李鸿章既称徐邦道不可独当一面，着仍遵前旨，速调聂士成统带所

---

① 《清实录·德宗景皇帝实录》卷三五九。
② 《清实录·德宗景皇帝实录》卷三五九。

部，星夜进关。现在畿辅之防，更急于关外，北路诸军不得再行请留。即着李鸿章分电关外各统帅一体知悉。

庶子戴鸿慈奏，地营土垒，为制敌之要，地营可施于驻所，土垒并利于行间，请饬直隶沿海各军择地举办，并令次冲城邑，办团筑垒等语。

漕运总督松椿奏，筹办海防，酌添炮队，请饬湖南协饷如数拨解。从之。①

十六日戊子（2 月 10 日）

电寄李鸿章等，电奏均悉。海军覆败，敌船无所顾忌，嗣后各口冰泮，可以登岸处甚多。而北塘、乐亭两处，尤为可虑。吴育仁既非御侮之才，闪殿魁亦皆新募之众，或改换将领，或再筹添营助防。着李鸿章、刘坤一迅即会商妥筹具奏。海口地势延长，亟应逐段添置马探，以期闻警即报，声息灵捷，并着迅速办理。胡燏棻练军已成几营，洋教习训练西法，较寻常有无起色，着李鸿章查覆。刘坤一电请，以陈宝箴办理湘军东征粮台，并准专折奏事，着照所请行。

电寄李鸿章等，李鸿章电称，倭人注意窥窜京畿，沿海地势平阔，须有得力骑兵。陈凤楼马队，素称劲悍。东省海滨多山，驰骤不便。丁槐既经留东，请调陈凤楼来直，会合聂士成步队为一支游击之师等语。现在贼势披猖，意图内犯，转瞬冰泮，亟应豫筹防备，以固畿疆。着李秉衡先其所急，即饬陈凤楼一军，速赴天津以资调遣，勿稍延缓。刘公岛兵舰尚存，有无可以救援之处，仍着李鸿章等设法筹办。

电寄李鸿章，据电称上海英教士有妙法，可救目前等语。此等术士，恐又如晏汝德之流，但既云不成不取酬银，不妨姑试，即由该督酌办。

电寄许景澄，近来倭焰益肆鸱张，俄、英、法三国，近又各饬驻使，向倭廷说合，劝令速就和局。王之春此次赴俄，俄国极为郑重，礼貌有加。俟晲贺礼成之后，着王之春向俄外部，以近日劝和之事，述旨称谢。如俄主情谊真挚，言次恳其从速设法，实力相助，但总须作为余波，不使正文因此减色，是为至要。许景澄此时在德，发电不便，即着赴俄一行，毋稍泄漏。②

北洋海军右翼总兵刘步蟾，以刘公岛危在旦夕，援军久盼不至，服毒自尽。

十七日己丑（2 月 11 日）

电寄刘坤一，电奏已悉。滦乐一路及山海关布置情形，均属妥协。至请饬东征

① 《清实录·德宗景皇帝实录》卷三五九。
② 《清实录·德宗景皇帝实录》卷三五九。

粮台买米运关，北洋拨运洋药接济，宋朝儒一军迅饬粮台酌给月饷，均着照所拟办理。闪殿魁专扎乐亭海口，极关紧要，乃至今尚无到防之人，殊属延玩。着该大臣一面严电飞催，一面确查。如果难期得力，即行据实参奏，切勿稍涉宽徇，贻误要防。

出使美日秘国大臣杨儒奏，中倭开仗以后，欧美大邦，皆恪守局外公法。所有军舰，不容转售，中国势难购船，美国亦无售船与倭之事。惟南美小国，间思乘时射利，或以废旧之舰，投函求售。即使购得，无裨军实。下所司知之。

十八日庚寅(2 月 12 日)

侍讲樊恭煦奏，海州所属之青口镇，为沿海要隘，距烟台海面，不过数百里，向未设驻重兵。贼若扑犯青口，窜扰内地，断我军道，则南北梗阻，漕米军火，悉以资敌，盐场亦被肆扰，请饬派兵驻扎严防等语。着张之洞、松椿即拣调精兵或酌拨漕标得力防营，前往该处驻扎，认真严防，务使敌难猝犯。此外要口，并着该督等就近察度情形，一体密筹布置，毋得稍有疏虞。寻奏，派拨增募各军，防扼海赣清江一带水陆要冲，以保清淮而护运道。报闻。

电寄李鸿章等，三电俱悉。据奏丁汝昌等所报威海失事情形，现在只存数舰，仍在刘公岛株守，势难久持，殊深焦愤。雷艇管驾，临敌辄逃。如有由浅沙登岸者，着饬令该地方官拿获，即行正法。倭骑已入宁海州城，龙门岛及崆峒岛等处又有贼船，恐将窥伺烟台，着李秉衡速饬孙金彪等设法扼剿，应令探明贼踪来路，乘其分起行走之时，半途击之，此即雕剿之法。应通饬各营相机办理，若待大队齐至，剿办转难得手。丁槐所部兵力较单，应与何军合力分布之处，着李秉衡妥筹办理。[1]

十九日辛卯(2 月 13 日)

李鸿章着赏还翎顶，开复革留处分，并赏还黄马褂，作为全权大臣，与日本商定和约。直隶总督北洋大臣，着王文韶署理。李鸿章着迅速来京请训。

直隶滦州、乐亭一带，滨临海口，港汊纷歧，现在防军尚单，亟应举办民团，以辅兵力之不逮。着王文锦剀切劝谕该处绅士，及殷实商董，迅即集资，办理团练，用资捍卫。所需款项，如有不敷，即着该侍郎奏明，由户部筹给津贴。

电寄张之洞，电奏已悉。威海被陷，北洋战舰尽失，若欲重整海军，自非另购铁快等舰不可。惟需费甚巨，即借用大批洋款，亦未易集事。汉纳根所购铁快各一

---

① 《清实录·德宗景皇帝实录》卷三五九。

船，现经王大臣议与订定，将来此船到华，即可拨归南洋，先行调遣。此外购船，先须筹有款项。着张之洞即在上海等处洋行，商订借款，电知户部总署奏明办理。如集有成数，即设法购船，以备海洋御敌之用。

电寄李秉衡，李鸿章电称，烟市商民逃徙一空，倭寇大队皆在上庄等语。

两广总督李瀚章奏，南澳镇总兵刘永福，奉调入都，请以参将英顺暂署。得旨：刘永福现在台湾带兵，南澳镇总兵，即着英顺暂署。①

二十日壬辰（2 月 14 日）

上御文华殿，觐见各国使臣，温语慰问。

翰林院奏，编修盛炳纬条陈军务一折。据称该编修路过江苏、山东，传闻有常州生员某向倭人献计：由江苏海州登岸，攻我徐州府，绝我陆运之路；由山东沾化县登岸，攻我德州，绝我陆运河运之路。请豫为布置，绝彼觊觎，免致南北水陆两道，皆被隔绝等语。

本日据御史高燮曾奏，利津新黄河口牡蛎觜一带，轮船虽不能入，而小舟可行，该处渔户甚多，宜派知兵员绅举办渔团，酌给粮械，可资堵剿。又该处素多盐枭，亦可募以为勇等语。所奏如果可行，着李秉衡酌量办理。

御史高燮曾奏，请严讯叶志超、龚照玙罪名。得旨：着钞交刑部阅看。②

以北洋舰船尽失，护理北洋海军左翼总兵、署镇远舰管带杨用霖自尽。

廿一日癸巳（2 月 15 日）

谕军机大臣等，北洋事务殷繁，海防吃紧，王文韶现署总督，责任綦重。一切战守机宜，务当力任其难，通筹全局，调和将士，鼓励戎行。军情变幻靡定，沿海各防营，应如何布置调遣，着与刘坤一随时妥商办理，庶不负朝廷倚畀之至意。

谭继洵奏，洋械购运维艰，拟制造平炮等械一折。据称中国火器制办，成法具存，命中及远，亦能制胜，该护督饬匠试造平炮、抬枪、线枪等械，如法演放，尚属灵便，且能攻坚致远。抬枪、线枪，向有成式，至平炮如何式样，着李秉衡查明丁槐军营及山东机器局，如有此项炮式，即行派员运解一二具，交神机营查验，以备仿造。

电寄李鸿章，有人奏，许景澄现在购来洋枪八千支，已到天津，中有七成旧物，油瓶并不齐全，碰簧亦多旧损，恐难适用等语。此项洋枪到津，李鸿章必已验

---

① 《清实录·德宗景皇帝实录》卷三五九。
② 《清实录·德宗景皇帝实录》卷三五九。

明，所奏是否属实，分拨各营若干是否适用，着据实覆奏。本日李鸿章电称，十九日寄谕已奉到，现定期何日启程来京。着即日电覆。

直隶总督李鸿章奏，津榆铁路，关系行军，常年修养需费，请饬部酌拨的款。从之。①

廿二日甲午(2月16日)

电寄刘坤一等，现在海防吃紧之处，以滦乐为最。除现派驻守各营外，仍着刘坤一、王文韶妥为添拨。直东交界之垾子口，距沧州甚近，若敌由此登岸，恐断南北运道，着王文韶迅筹调拨防范。

电寄李鸿章，电奏，据德国兵船传言，丁汝昌、刘步蟾、张文宣皆殉难，是否确实，着李鸿章查明电复。吴育仁驻守北塘，不能胜任，已饬李鸿章更换，未据覆奏。北塘要地，若驻守非人，贻误匪轻，着李鸿章于启程前，迅筹调派，仍即电覆。

电寄李鸿章，本日据张荫桓等电奏，已于二十一日到沪，将往来问答倭敕底稿，钞录呈览，并云再派重臣，可不必到广岛，伊藤等可来旅顺，就近商办。至停战之议，初次派使时，美使即向倭言，及倭覆电须俟两国大臣聚会时，方能将如何议和停战言明。昨接李鸿章电奏，复饬总署与田贝商酌，田谓倭必不改前说，碍难再商，惟盼李鸿章速与会面定议。此时事机至迫，连日电询李鸿章启程日期，殊深焦盼。该大臣务须即日布置成行，所有随带人员，并着拣派妥协，迅速具奏。

电寄杨儒，据奏联结英俄助剿等语。西国有局外之例，杨儒所奏，是否西人有此议论，抑系出自己意。着即详细电覆。

给事中洪良品奏，内阁中书许枋拟有水陆避炮之法。得旨：着督办军务处王大臣饬传该中书，面询一切。②

廿三日乙未(2月17日)

电寄张之洞，两电均悉。汉纳根练兵之议，所费不赀，是以中止。现在尚有经手购办枪炮船只等事，未便调往。琅威理向在海军，甚得力。前经总理衙门饬令赫德函商来华，嗣据覆称在英已授实职，不能前来，应毋庸议。

① 《清实录·德宗景皇帝实录》卷三六〇。
② 《清实录·德宗景皇帝实录》卷三六〇。

廿四日丙申（2 月 18 日）

电寄王文韶等，李鸿章、刘坤一电奏，丁汝昌、刘步蟾、张文宣死事情形，虽据德国兵舰传述，惟情节究未详悉，仍着王文韶确切查覆，再候谕旨。吴育仁驻守北塘，既据李鸿章确查操演认真，堪资扼守，更换转恐误事，即毋庸调动，着王文韶严切申谕该镇，振刷精神，竭力备御，并与聂士成联络策应，以期缓急可恃。刘坤一请调陈凤楼前往之处，应毋庸议。至乐亭地方紧要，刘坤一请并留刘光才一军，与申道发协力助守，闪殿魁各营驻扎后路，以便训练，均着照所请行。有人奏歧口海岸空虚，闻倭船二三十艘，均集彼处，恐其乘间登岸，着刘坤一、王文韶查明虚实，随时侦探，严加防范。应否添兵驻扎之处，并着妥筹办理。至山海关迤西南至大沽，要口甚多，皆可登岸，并着详细查明，一体严防，毋留罅隙，致滋贻误。寻王文韶奏，查明丁汝昌等七人死事情形，据道员牛昶昺、马复恒亲见确实，舆论金同。报闻。

电寄李瀚章，有人奏，广东琼州有榆林港，地极险要，密迩越南，为兵轮停泊之所。现值倭寇得志，恐外人亦有蠢动之意，宜早为之防等语。着李瀚章迅派妥员，查勘该处形势，应如何豫为防守之处，即行派筹办理。①

廿五日丁酉（2 月 19 日）

以海外华商捐助顺赈，颁金山宁阳会馆关帝祠匾额曰“声灵广被”。

廿六日戊戌（2 月 20 日）

电寄刘坤一等，朕钦奉慈禧皇太后懿旨：倭人自踞威海，后路更无顾虑。春冰将泮，或北犯沿海各口，或西窜山东郡县，皆在意中。刘坤一、王文韶当严饬海口各守将，及后路策应之师，一体振刷精神，益加警备，不可稍涉疏懈。李秉衡连日无电奏，未知贼踪所指。着严催诸统领，迎头截剿，毋令深入蔓延为患，是为至要。

本日据依克唐阿、长顺电奏，廿二日分队进剿，击毙倭贼不少，我军亦有伤亡，自卯至酉，未能取胜等语。

户部奏，请饬各督抚办海防，不准于丁漕以外加收。依议行。②

---

① 《清实录·德宗景皇帝实录》卷三六〇。
② 《清实录·德宗景皇帝实录》卷三六〇。

廿七日己亥(2 月 21 日)

电寄李秉衡,现在贼踪麇集,宁海一带,密迩烟台,深虑其分股西窜。着李秉衡懔遵前谕,严催各统将设法扼剿,力挫凶锋,并迅催李占椿、万本华、张国林各军,星速赴援,不准稍涉延缓。

电寄许景澄,电奏已悉。俄主允于商讲时助力,而不允威胁停战,答语已切实。王之春本系贺喑专使,不谈别事,更觉郑重。着许景澄赴外部称谢助力之意,王之春即不必再言此事矣。

吉林将军长顺奏,请饬部拨银八万两,购置意大利国新式枪弹,以济军需。从之。①

廿八日庚子(2 月 22 日)

电寄谭钟麟等,本日据盛宣怀电称,香港电云,澎湖相近,见倭兵船六艘,台湾水线,昨日午后已断等语。倭既陷威海,乘冰冻未解,南犯台湾,本在意中。唐景崧无电报,想因线断之故。该处调集兵勇不少,惟饷力未敷,户部已拨银一百万两。此后如因战事封口,运解维艰,着谭钟麟设法兑给,并传谕唐景崧督饬刘永福等申严守备,激厉戎行,如敌船近口,即行奋力截击,毋任乘隙登岸,是为至要。

电寄李秉衡,电奏已悉。倭寇大队,多赴威海刘公岛等处,宁海文登,留贼无多。察其情形,殆以近海便于进退,似无深入之意。着李秉衡督饬各军分路进兵,规复各城,毋得迁延观望。刘超佩着解往北洋,交王文韶讯明逃避情形,请旨办理。

廿九日辛丑(2 月 23 日)

电寄谭钟麟,昨闻澎湖见有倭船,台湾水线已断,业经电令谭钟麟传谕唐景崧严备。台湾孤悬海中,饷需不继,关系匪轻,户部所拨银一百万。设台湾不能汇兑,只能汇到福建。应如何设法运解,着谭钟麟妥筹办理。刻下贼情如何,着即电覆。②

---

① 《清实录·德宗景皇帝实录》卷三六〇。
② 《清实录·德宗景皇帝实录》卷三六〇。

三十日壬寅（2 月 24 日）

电寄李秉衡，二十八日电称，长山岛有倭船三只，向登州开炮，旋向东去，又据王文韶接登州电，探得八角口有倭船十只，湾子口又有三船，均距登州不远等语。敌船驶向登州，意图窥伺。着李秉衡饬令夏辛酉加意严防，勿稍松劲。闻宁海贼已退去，是烟台西路，已无贼踪。登州后路，无虞抄截。所有丁槐及李占椿等军，应如何分路进剿之处，着该抚妥筹调度。①

是月

孙中山在香港建立兴中会。

二月初一日癸卯（2 月 25 日）

电寄刘坤一等，王文韶、李秉衡电奏均悉，现在转瞬冰泮，旅顺、威海之贼均可渡海内犯，沿海一带如滦州、乐亭、大沽、北塘、祁口、埋子口等处，虽有防军，第恐兵分力单，且有各不相顾之势，全赖大支游击之师往来截剿，方能得手。曹克忠亲统十八营，扼扎新开路等处，足当一路。聂士成一军，日内计亦可到。着刘坤一、王文韶饬令择要分布，并随时侦探贼踪，一遇有警，即行相机驰剿，力遏寇氛。所虑滦乐防营，未必可恃。余虎恩、熊铁生两军相距较近，应如何豫筹策应之处，着刘坤一妥为调度。前闻宁海贼已退去，兹复探有大队将到，贼情叵测。刻下江南各军，将次到齐，着李秉衡酌度情形，督饬各营，分路进剿，毋任蔓延。②

初三日乙巳（2 月 27 日）

张之洞电奏，炽大洋款，尚可续借二百万镑，请由各省关认还等语。着户部速议具奏。

初四日丙午（2 月 28 日）

电寄张之洞，昨奏续借炽大洋行二百万镑。着该督即行照办。

---

① 《清实录·德宗景皇帝实录》卷三六〇。
② 《清实录·德宗景皇帝实录》卷三六一。

初五日丁未（3月1日）

电寄王文韶等，电奏已悉。聂士成现赴芦台，该督已与商定，合并马步三十五营，为津沽北路大支游击之师。着即责成该提督整饬诸军，相机布置，何处有警，迅即驰剿，以屏蔽京畿，为第一要着。其津沽各海口防营，并着均归聂士成总统，以一事权。曹克忠三十营，着专顾津南一路，随时侦探贼情，妥筹防剿。

电寄宋庆等，两电均悉。初三日各军进剿亮甲山等处踞贼，连破小八里河、戴家堡、龙潭堡三处贼巢，并将伏贼击退，共毙贼三百余名。三十日大平山之战，亦毙贼七百余名。

驻藏办事大臣奎焕奏，廓尔喀国王禀称，该国闻海疆不靖，军民咸抱不安，请将下忱转奏。得旨：该国王所奏，具见悃忱。着奎焕传旨嘉奖。

初六日戊申（3月2日）

大学士李鸿章奏，驰赴日本议约，豫筹大略情形。得旨：暂存。①

初七日己酉（3月3日）

电寄唐景崧，电奏已悉。台湾为外人垂涎，近闻倭人有调集兵船聚泊琉球之说。恐将就近图犯台湾，情殊叵测。战守事宜，亟须豫为筹备。着唐景崧督饬各营严密布置，毋稍大意。

初八日庚戌（3月4日）

电寄宋庆等，电奏均悉。近日辽城军情吃紧，特饬长顺、依克唐阿就近督军援应。宋庆、吴大澂相去较远，且金复海盖，贼势连延，彼见我军北援，势必乘间西窜。宋庆等应整齐军队，防营口兼杜海城踞贼纷窜之路。徐邦道、李光久两军，着照所请，毋庸调往东路，以厚兵力。

大学士李鸿章奏，奉命赴日本商定和约，酌带随员约筹经费。依议行。

---

① 《清实录·德宗景皇帝实录》卷三六一；李鸿章：《预筹赴东议约情形折》，《李文忠公全集·奏稿》卷七九。

初九日辛亥(3 月 5 日)

电寄王文韶等，电奏已悉。津沽沿海防务，虽已布置粗定，惟既有倭船，将向大沽西南猛攻之谣，亟应豫为戒备。且敌情诡谲，或声东击西，或分路扑犯，均未可定。着王文韶与刘坤一随时关照，分饬各营，勤加侦探整备截击，勿致顾此失彼。

电寄龚照瑗，电悉。意国愿助中国款议，英使已屡言之，亦可致国电一分。英国电，着龚照瑗亲递。法意两电可分派参赞，同时赍递，以期迅速。①

初十日壬子(3 月 6 日)

有人奏，闻刘公岛失后，倭人将丁汝昌等五柩并兵民四千余人送至烟台，铁甲、鱼雷各舰均为倭房，情节支离，未敢深信，请旨饬查等语。丁汝昌等死事情形，李秉衡相距较近，见闻必确，即着详细查明，据实具奏。

电寄李鸿章，美使接日本覆电云，敕书底稿，均已妥协，须于中历二月二十一二日行抵长门再订晤期。李鸿章所雇商轮，计即可到，着早日放洋，总以二十以前到彼为要。行期定后，即电奏。

王文韶、李秉衡等电奏，荣成、威海之贼，均已尽退，势将北犯津沽。南路兵力尚单，王文韶等已电商刘坤一，调援东之李占椿、万本华、张国林等十五营，由沿海驰赴歧口、埕子口一带，以厚兵力。即着李秉衡催令各军，迅速前进，克日到防，与曹克忠一军联络策应，力顾津南之防，免致疏虞。丁槐一军能否一并调赴直隶以助防剿，并着刘坤一等酌量办理。

电寄宋庆等，电均悉。贼扑牛庄，湘军溃退，现在营口已危，尤须紧防西窜锦州。宋庆率全军回顾西路，是此时第一要着。着与吴大澂督饬各军，尽力堵遏，辽沈之防犹有各统帅分任，锦州之防实惟宋庆、吴大澂专责，务须同心合力，保此一路。

以五年期满，予同文馆汉教习夏昌珉以知县分省候补，并加同知衔。②

十一日癸丑(3 月 7 日)

电寄张之洞，前据电奏，以台湾作押，借用洋款，借资保卫一节。经总理衙门

---

① 《清实录·德宗景皇帝实录》卷三六一。
② 《清实录·德宗景皇帝实录》卷三六一。

询之总税务司，据称各国均守局外，势不能行。该督所奏，究竟有无确实办法。着详细电覆。

电寄宋庆等，吴大澂初十日电奏已悉，倭寇由牛庄图扑田庄台，吴大澂现扎双台子，收集队伍，遏贼西窜。着即督饬各营，奋力堵剿，毋得任贼蔓延。

署直隶总督王文韶奏，选募精壮兵丁五百名，遴员管带，驻扎天津紫竹林租界，弹压保护。下所司知之。

福建台湾巡抚唐景崧电奏，请饬太仆寺卿林惟源筹借百万，暂补防费。下户部速议。①

十二日甲寅（3月8日）

山东巡抚李秉衡奏，官军收复宁海州、文登县两城，并探闻刘公岛、威海、麓岛口、荣成等处贼势，暨南来丁槐、岑春煊各军到防情形。报闻。

以记名总兵陈旭为江南苏松镇总兵官。

十四日丙辰（3月10日）

电寄宋庆，电奏已悉。十一日之战，我军分路包抄，各将领奋勇破敌，追奔十余里，毙贼数百名。自牛庄败衄之后，得此胜捷，庶可稍挫凶锋。

电寄王文韶，电奏已悉。刻下沿海虽无警报，惟刘公岛尚有倭船二十余只，成山岛口亦时有倭船来往，敌情叵测。恐其蓄谋内犯，瞬息可至。仍着王文韶，饬令沿海各营勤探严防，力筹备御，并将侦探情形随时电闻。

有人奏，闪殿魁所部十营，近以奉调移防，半多逃散，所奏是否属实。又闪殿魁所办渔团，据报将渔船编立字号，是否能资得力，着刘坤一并确查具奏，毋稍徇隐。②

十五日丁巳（3月11日）

电寄宋庆，据奏十一日剿贼获胜，当降旨将出力将领，加恩奖励，并虑贼续有猛扑，谕令加意严防。讵本日宋庆奏到，十二日贼果聚集大股来扑，并分兵抄我后路，虽我军短兵相接，毙贼无数，而贼炮过多，势不能支，以致田庄台不守，览奏殊深愤懑。

---

① 《清实录·德宗景皇帝实录》卷三六一。
② 《清实录·德宗景皇帝实录》卷三六一。

浙江巡抚廖寿丰奏，查阅镇海防务，于要隘处所，酌造疑台建筑土堤，节节设防，归并各军，择要填扎，水陆互相策应。报闻。①

十六日戊午(3 月 12 日)

总理海军事务衙门奏，岛舰失陷，时局艰危，遵议更定海军章程。非广购战舰巨炮，不足以备战守；非合南北洋通筹，不足以资控驭；非特派总管海军大臣，不足以专责成。目前各事未齐，衙门暂无待办要件，拟请将当差人员及应用款项暂行停撤，以节经费。其每年应解海军正款，亦请统解户部收存，专为购办船械之用。又奏，海军内外学堂，亦请暂行裁撤。均依议行。②

十七日己未(3 月 13 日)

浙江巡抚廖寿丰奏，浙省本届新漕酌议本折兼解，暂雇洋轮包运，并会订保险章程。下户部知之。

署两江总督张之洞奏，堵筑崇明县海岸出力人员请奖。得旨：着准其酌保数员，毋许冒滥。

以功德在民，予故浙江巡抚崧骏在江苏省城，捐建专祠，列入祀典。从署两江总督张之洞请也。

十八日庚申(3 月 14 日)

抚恤琉球国遭风难民如例。

二十日壬戌(3 月 16 日)

有人奏，闻山海关驻扎各营，竟有十营不满五营之额，八营不足三营之数，而克扣军饷，每人四两余仅发二两，至于号衣、军米，均奏明不扣月饷，而各统领仍行照扣，竟有在天津领饷十余万，分文不解营而全数兑回原籍者，请饬查办等语。

前据刘坤一电奏，榆关各营已饬扎营开壕，津沽各海口凡有防营处所，皆宜一

---

① 《清实录·德宗景皇帝实录》卷三六一。
② 《清实录·德宗景皇帝实录》卷三六二。

律兴筑。其附近铁路之处，应派得力防军，遍挖地沟以资守御。着王文韶、刘坤一通饬筹办为要。滦乐一带海口，有无贼船游弋，并着刘坤一随时具奏。①

廿一日癸亥（3月17日）

有人奏，山东掖县补用都司武生李承卿，勾引匪徒王作仁等，聚集海滨，号以网鱼为业，强夺地亩，淫掠妇女，附近乡庄受其荼毒，请饬究办等语。现值海氛不靖，匪徒乘机滋事，亟应密速捕拿，消患未萌，着李秉衡饬属将李承卿等首从各犯严拿，务获惩办，以靖地方。

电寄刘坤一，电奏已悉。倭贼悉聚海盖，未测所向。宋庆、吴大澂所部退扎之地，距贼太远，本日已谕宋庆酌量进扎。吴大澂大言无实，难期振作，本日已降旨撤去帮办，来京听候部议。着刘坤一传知吴大澂，即将所部各营交魏光焘暂行统带。应如何扼要分扎、互相联络、相机剿办之处，着刘坤一妥筹调度。魏光焘、李光久各营，前在牛庄接仗，伤亡若干，现存若干，营兵数若干，统计关外吴大澂所带湘军共有若干，着详细查明具奏。丁槐一军，即着刘坤一调赴榆关，以厚兵力。本日据王文韶电称，十九夜有倭船三只在黑沿子口外，离岸三十余里停泊，一点钟许向东开去等语，敌情诡谲，仍着该大臣确探严防，以备不虞。②

廿二日甲子（3月18日）

两广总督李瀚章奏，迁琼客民，拜会放飘，拿获首伙，讯明惩办，并拿获海康、遂溪、石城等县立堂会匪，出力人员请奖。得旨：着准其择尤酌保数员，毋许冒滥。

廿四日丙寅（3月20日）

王文韶、李秉衡电奏均悉，鼍矶岛有倭船三只游弋，长山岛有倭寇登岸，毁坏电局，又有倭船一只，跟随商船停泊津海界外。此必别有诡谋，先断电线，以阻我消息，亟应加意严防。着王文韶、李秉衡分饬沿海防营，勤加侦探，整备迎击。近畿海口较多，敌如来犯，必乘空虚之处，全在游击之师迅速驰剿，方能阻遏寇氛。王文韶当严饬聂士成、曹克忠等联络声势，妥筹备御，不可稍涉大意。

---

① 《清实录·德宗景皇帝实录》卷三六二。
② 《清实录·德宗景皇帝实录》卷三六二。

廿五日丁卯(3 月 21 日)

电寄王文韶等，昨电三件均悉。刻下津沽口外虽无倭船游弋，惟去来无定，仍应严密戒备。如有敌船踵至，即应封口，除由总理衙门照会各国使臣外，仍着王文韶告知各领事查照办理。唐仁廉助防沈阳兵力太单，其续到之营，现已陆续拔赴锦州前进。惟枪械未到，待用孔亟，该提督所购快枪已抵镇江，着该督饬令胡燏棻催提到津，迅速解往，毋稍迟延。

电寄唐景崧，电奏已悉。倭人图犯台湾，自在意中。澎湖所停法船，是否假冒？此外所见兵轮多只，旗帜未明。如果系他国之船在台，领事当必知之。着唐景崧就近询之各国领事，令其随时告明，并告以如有倭船前来，局外之船即应远避，免致误击，一面已由总理衙门照知各国使臣矣。

以出洋期满，予驻德参赞官候选同知林怡游等三员升叙加衔有差。

以使臣来往，照料周妥，赏德国柏林都城管理车站官温德斐耳宝星。①

廿六日戊辰(3 月 22 日)

电寄刘坤一，闻前六七日，倭有运兵船多只出马关，约五千人赴北，将分攻榆关津沽。现在沽口拦江沙外，既有倭船来往窥探，难保无续至兵轮。刘坤一、王文韶应饬津关各营各炮台，一体整备堵剿，不可稍涉疏忽。

电寄唐景崧，前经户部覆奏，请派林维源借银一百万，以资军饷，业经依议行矣。现在台湾军情紧急，需饷甚殷，着唐景崧传知林维源，先行筹措现银四十万两，以济要需。该京卿受国厚恩，谊关桑梓，谅不至膜视推诿也。

廿七日己巳(3 月 23 日)

电寄王文韶，电悉。连日倭船游弋长山岛外未去，南洋贼踪，亦往来无定。虽据报，津海各口尚无敌船，然倭人狡计层出。李鸿章电到，甫议停战，要挟已甚，万难允许。战事既难停罢，恐将图犯畿疆。自津沽以至山海关一带，彼久垂涎，若被乘隙登岸，占踞一处，全局即形震动，极为可虑。着刘坤一、王文韶严饬各军，时加侦探，整备迎击，不得稍涉疏懈。关内铁路，尤应设法保护，万一事急，临时务须拆断，并将车辆收回天津。

电寄唐景崧，电奏已悉，恒春有倭轮十余艘游弋，港口该处并无炮台，仅有防

---

① 《清实录·德宗景皇帝实录》卷三六二。

军三营，恐其伺隙登岸，着唐景崧速饬刘永福拨营策应，力筹堵御。澎湖西岭复见倭轮五艘，倭之图犯台澎，声东击西，诡谋叵测，该署抚务当督饬各营，时刻严防，勿稍疏懈。

安徽巡抚福润奏，寇患日深，御外靖内，亟关紧要，添募勇队，请续拨漕折银两，以济饷需。下户部议。

出使美日秘国大臣杨儒奏，中美保护华工约本，经已互换。交犯专约，彼国尚须反覆推求，未允签押。下所司知之。

以出洋期满，予驻英随员知府余思诒等二员升叙加衔。①

廿八日庚午（3月24日）

本日据李秉衡电称，有倭船二只，在安东海面，探询海州、青口、沂州路程。海州去清江不远，运道所经饷械皆萃于此，必当加意严防。着张之洞迅催前派七营，克日到防驻守。李秉衡电称，已抽拨队伍前往协防，并着迅速开拔。松椿前留衡字一营，如不敷用，即会商张之洞酌量添调，以资分布。

电寄唐景崧，电奏已悉，倭寇扑犯澎湖，经炮台击沉二船，又坏二船，尚未远遁。恐其复来猛扑，或抄袭炮台之后，着唐景崧激励防军，时刻严防，测准炮力可及，即行轰击。如能毁其多船，立颁重赏，以资鼓励。昨据电奏，恒春有倭轮游弋，港口有无动静，仍着饬刘永福妥筹兼顾，此外台湾各口，一律严加整备，以杜窥伺。

李鸿章在与伊藤博文会谈后，返回寓所途中遇刺受伤。

廿九日辛未（3月25日）

本日据李鸿章电奏，倭人所欲甚奢，恐难就范。伊藤面称，现要攻取台湾。倭新报云，兵船二十只在大沽、北塘海面游弋，查察商船。倭主派小弁亲王，赴旅顺督师等语。连日据唐景崧电称，倭攻澎湖，已由文良港登岸，台湾恒春亦有倭船停泊，是其欲攻台湾之说已确。津沽南北口外，有无倭船来往，着刘坤一随时确探，加意严防。

电寄唐景崧，二十七八日电奏俱悉。倭攻澎湖，由文良港登岸，电线已断，情形如何，仍着确探奏闻。倭人意在攻取台湾，必有大队兵船前来扑犯。从前法人犯台，曾经官军击败，唐景崧惟当激励将士，严为戒备，相机堵剿其凤山一带。并着饬令刘永福妥筹布置，如有贼匪登岸，务须迅速驰击，勿任蔓延。该署抚拟借洋商镑银三百万两，着照所请，准其借用。元丰顺系何国洋行，是否开设上海，着即电

---

① 《清实录·德宗景皇帝实录》卷三六二。

知总理各国事务衙门，以凭办理。①

三月初一日壬申（3 月 26 日）

电寄张之洞，据电奏恳将朝廷规画大端，凡饬知北洋事并饬南洋知之。前奉懿旨，令该督通筹战守，原指饷械兵将而言。至机宜重要，必须慎密，北洋事务自有专司，焉能事事饬南洋知之。所请着毋庸议。又电奏，倭人要挟太过，请电英俄相助等语。兵力胁和，总署与英俄使臣屡商不允。龚照瑗、王之春叠次电奏，俄英亦但许劝助，并无届时可以发兵之语，何以电张之洞有此言。着钞录原电覆奏。

电寄谭钟麟等，电奏均悉。澎湖电断无信，又无兵轮接应，将士被困，殊堪悯念。能否募渔船往探情形，着谭钟麟、唐景崧酌量办理。澎如不守，必将犯台。该省布置能否周密。如兵力不敷，或就地添募，或由闽省添派。设法渡往助剿之处，并着该督等妥商筹办。②

初二日癸酉（3 月 27 日）

谭钟麟、唐景崧电奏，倭攻澎湖，经我军击伤百余人，逐贼下船。在防将士勇敢善战，甚属可嘉，惟孤立无援，军火易罄，恐难久支，实深廑念。应如何暗渡接济之处，着谭钟麟、唐景崧密筹办理，并着张之洞一并设法筹办，以救眉急。元丰顺借款，已由户部、总理衙门饬办，并由户部先拨汇丰洋行借款五十万，交沪局委员赖鹤年转解矣。

初三日甲戌（3 月 28 日）

电寄谭钟麟等，电奏均悉。据探澎湖倭船已尽窜去，受创自必不轻，守澎将士甚为得力。着该督等速即确探，如倭船果已远遁，即应亟趁此时设法多解子药，以资接济，不可稍有延误。厦门口外之兵轮，何以先挂黑旗，又改法旗，是否实系法船，可询明领事，以防假冒。此外七轮，又系何国之船，并着随时确探严防为要。

初四日乙亥（3 月 29 日）

电寄唐景崧，电奏已悉。倭寇扑犯澎湖，我军力战三日，竟至不守，实深愤

---

① 《清实录·德宗景皇帝实录》卷三六二。
② 《清实录·德宗景皇帝实录》卷三六三。

㵑。文武各官下落，着唐景崧查明具奏。该处系属孤岛，无船接应，唐景崧自请严议之处，着加恩宽免。澎湖既失，台湾更形紧急。该署抚布置防务历时已久，勇营亦颇不少，临敌调度，必先胸有成算。上年据奏召集万四千人听调，是否足资得力？杨岐珍现扎何处？其余将领如何分布？着即电闻。该署抚务当与统兵各将领互相联络，竭力抵御。敌如分路来犯，或乘隙登岸，必当有游击之师接应截剿，方不至猝为所乘，深入滋扰。①

初五日丙子（3 月 30 日）

都察院奏，户部主事李安等以江海要冲，急宜筹办团防，呈请代奏一折。据称海门厅及各盐场迤逦以达海州，时有倭船测量，请分别举办渔团民团，并拟编查船户、添筑堤岸、速购侦探、豫筹的款四条，着张之洞体察情形，酌量办理。

刘坤一与聂士成等面商，津榆一带布置防剿，移营添扎，并联络部伍，临时邀击。所筹办法，尚属周密。连日津沽无警，关外踞贼，亦无窜动消息。惟澎湖失守，台防万紧。据目前贼势，自系并力南趋。而各海口空虚处所，恐其乘隙登岸，正不可一刻疏防。仍须勤加侦探，时时作临敌备御。王文韶电，辽警稍松，请饬宋庆仍扎锦州以东等语。前据宋庆奏，倭贼前窜金州，海城踞匪无多，并胪陈现在军情，已电饬仍扎闾阳，以杜西犯榆关之路，毋庸带队赴辽矣。本日据唐景崧电称，倭攻澎湖，用气球登岸，人执一铁板，聚成炮台等语。此等诡谲情形，当饬各营知悉，豫筹防范。

电寄唐景崧，电奏已悉。据探二十八九日，倭攻澎湖，将士交战情形，甚为可悯。总兵周振邦等力竭身死，着饬查确实请恤。台湾各口，现在有无倭船游弋窥伺，贼之惯技，必先声东击西，继以大队攻一处。仍着唐景崧懔遵昨日谕旨，与统兵各将领时刻严防，力筹抵御。②

李鸿章与伊藤博文签署中日《停战协定》六款。③

初八日己卯（4 月 2 日）

电寄唐景崧，电奏四件均悉。向来两国议和，先定停战日期。和议不成，仍即开战。此次议定停战，自初五至二十六，亦只二十一日。其不允台澎，李鸿章按公法与之力争，而彼坚执如故。此节权自彼操，凡在臣民，皆当共喻。况停战并无多日，彼兵之在奉天，与游弋津沽各海口者，依然不减，并非他处尽撤，而以全力攻

---

① 《清实录·德宗景皇帝实录》卷三六三。
② 《清实录·德宗景皇帝实录》卷三六三。
③ 戚其章：《中日战争》第 7 册，中华书局 1996 年版，第 501~502 页。

台也。朝廷注念该处孤悬海外，援应维艰，宵旰忧虡，自去岁至今，无时少释。然自开战以来，屡为该处备兵增饷，不遗余力者，亦正虑有今日。该署抚应将以上所谕，剀切宣示，激励将士，开导绅民，敌忾同仇，力图捍御。其有捐资济饷、杀贼立功者，定必优加奖擢，不次酬庸，慎毋惑于愚论，借口向隅，致守备有疏，自贻伊戚。该署抚所请由广东拨济枪弹子药，已饬李瀚章照办，并谕知张之洞、谭钟麟酌量协济。至调用兵轮一事，北洋无船，南洋各舰，前令协助北洋，因张之洞声称船旧行迟，不能出海，遂止不调。本日曾谕张之洞、李瀚章酌筹办理，第恐未能应手耳。

电寄李瀚章等，现在奉天、直隶、山东，倭允停战二十一日，而彼方图攻台湾，不在停战之列。该处孤悬海外，如被敌困，无法援救，尤虑军火缺乏，难资战守。本日据唐景崧电奏，请饬粤省拨可用后膛枪五千支，配足弹子，另发毛瑟弹三百万粒、火药十万磅，交知州唐镜沅设法运台。着李瀚章速即拨解，以应急需，并着张之洞、谭钟麟一并酌量筹拨，或用渔船暗渡，或雇洋轮保险，分起运往，趁此敌兵未集之时，赶紧办理，俾资接济。至唐景崧请调兵轮赴台听用，并着张之洞、李瀚章酌量调派。①

初十日辛巳（4 月 4 日）

电寄刘坤一等，电奏均悉。倭允北路暂时停战，而声言将攻台湾，情殊狡诈。昨据李鸿章电称，倭人交出条款，所索过奢，恐难结局。倘限满和议难成，仍将开战，自应豫为戒备。宋庆拟留铭嵩两军，分驻石山站、闾阳驿，以固辽沈运道，自率毅军移扎大凌河西岸，自为豫筹赴援起见，即照所请办理。宋庆请调编修张孝谦赴营，该员前经李鸿章奏调出洋，因病未往，所请着毋庸议。

十一日壬午（4 月 5 日）

电寄唐景崧，电奏已悉。台南府知府唐赞衮，当军务吃紧之时，辄托故请开缺卸任，实属规避。唐赞衮着即革职。前谕张之洞酌拨枪弹，并调兵轮赴台，本日据该督电称，枪弹已竭力拨解，南洋兵轮无多，且船旧行迟，只可在长江依辅炮台，若出海遇敌，徒供糜碎，有损于江，无益于台。

十二日癸未（4 月 6 日）

电寄唐景崧，电奏已悉。倭人声言欲攻台湾，而近日海面并无动静，情殊叵

---

① 《清实录·德宗景皇帝实录》卷三六三。

测。据奏现在士气颇奋，有愿自备饷械者，甚属可嘉。台北布置地营濠堤，尚属周密。惟台南须待四月底方起涌浪，恐敌人此时即来扑犯，仍应时刻严防，整备堵御，勿稍松劲。粤省船械均无可拨，本日已据李瀚章电覆矣。

山东巡抚李秉衡奏，卫河一带，粮船纷纷北行，驶过临关，直抵天津。已咨直隶总督严密稽查，豫防奸商盗运出海，接济寇粮。下所司知之。①

十三日甲申（4月7日）

电寄刘坤一，前据李鸿章电称，日本外部接海城电，初八专人持函知照鞍山站华军，已定约停战，为华军所阻。初九又派青木参谋，乘马带华人持白旗吹喇叭前往知照，近鞍山站北一里，遇华军开枪击伤华人一名，因即折回等语。兹据刘坤一、依克唐阿各电，称初七日倭犯鞍山站接战，另股窜至吉峒峪等语。彼时辽南各军，自尚未得停战之信。此次倭人进兵，亦在初八以前。至初八以后情形如何，着刘坤一转电依克唐阿探明覆奏。停战期内，如彼无动静，亦不可违约开衅。倭船游弋天桥厂等处施放枪炮，着该大臣饬令锦州各营，小心严防，本日并已电李鸿章诘问日本矣。②

十四日乙酉（4月8日）

有人奏，天津运送山海关机器炮四十尊，运往到关，堆积沙土中，子药全行潮湿，不堪应用，请旨饬查等语。着刘坤一查明据实覆奏。又奏，淮军统领卞得祥，衰迈庸劣，军事废弛，管带卫队、记名提督杨金龙经刘坤一饬令备战，乃整顿行装，豫为遁计，以至人心摇惑，几至溃散等语，并着刘坤一确切详查。卞得祥、杨金龙二员，如竟不能得力，即着撤退更换，毋稍迁就。寻奏：天津军械所运来大小田鸡开花炮，经各军领去，并无一炮解关。由南洋带来之格林炮，除领去外，尚余四尊，现在行营军械所收存，并未委之沙土。淮军统领卞得祥年力正强，驻守老龙头炮台已久，习熟事宜，断难更换。提督杨金龙打仗奋勇，到关以来，筑垒挖沟，莫不认真办理，尚非豫作遁计。报闻。

电寄刘坤一等，王文韶电奏悉，旅顺现造杉木船只，想系为和议不成而设。倭船现在各海口，于来往商船照旧搜查，在我惟有时时戒备。着刘坤一、王文韶仍饬各营不动声色，一体严防。

以奉天营口失守，奉锦山海关道善联降一级留任。

---

① 《清实录·德宗景皇帝实录》卷三六三。
② 《清实录·德宗景皇帝实录》卷三六三。

十五日丙戌（4 月 9 日）

李秉衡奏查明威海失守死事各员情形一折。海军右翼总兵刘步蟾、记名总兵张文宣、护理海军左翼总兵杨用霖、尽先都司广东大鹏协右营守备黄祖莲，均能见危授命，忠烈可嘉，着照军营阵亡例，从优议恤。至已革海军提督丁汝昌，总统海军，始终偾事，前经降旨拿问，获咎甚重，虽此次战败死绥，仍着毋庸议恤。①

十六日丁亥（4 月 10 日）

本日李鸿章电，日本接海城电，辽阳统领文称，鞍山站被日兵占踞，系在停战画押之后，应请退往海城。该统领现有团练三十万，散布各处，一时知照不到，恐其生事寻衅。日本谓日兵据鞍山站，系未得停战信前之事，断难退去，设任生事，关系甚重，恐停战亦成虚文，贻累他处等语。停战应以得信之日为断，如果停战后生事寻衅，责在统将，不能诿之练兵。若徒以团练三十万张大其词，欲其退兵，于事何益？此文系何人所发，着长顺等查明电覆。②

十八日己丑（4 月 12 日）

福建船政船厂所建钢胁快船"建靖"号运输舰完工下水。③

十九日庚寅（4 月 13 日）

以台湾炮台火药失慎，革副将万国标职，台湾镇总兵万国本、守备盛学科，下部议处。

廿一日壬辰（4 月 15 日）

以前安徽寿春镇总兵郭宝昌为广东南韶连镇总兵官，记名提督申道发为广东琼

---

① 《清实录·德宗景皇帝实录》卷三六三。
② 《清实录·德宗景皇帝实录》卷三六四。
③ 刘传标：《近代中国船政大事编年与资料选编》第 2 册，九州出版社 2011 年版，第 423
页。

州镇总兵官。

廿二日癸巳（4月16日）

调四川总督谭钟麟为两广总督，以京口副都统保年为广州将军。①

廿三日甲午（4月17日）

总理各国事务衙门代奏，李鸿章电称与日本全权大臣伊藤博文等，在马关议定和约十一款。一、中国认朝鲜为独立自主国，废除贡献典礼。二、中国将辽南地方及台湾全岛、澎湖列岛让与日本。三、两国各派官员二名，公同画界，限一年竣事。四、中国偿日本军费二万万两，分八次于七年内交清。五、中国所让地方，二年之内准人民变卖产业，迁居境外，但台湾一省须各派大员于两个月内交接清楚。六、准添开沙市、重庆、苏州、杭州为商埠。由日本添设领事官驻扎，及日本轮船从湖北宜昌至四川重庆，又从上海吴淞江至苏州、杭州，载客运货，并日本臣民在中国购买货物，或将商货运往内地，得暂租栈房存储，又得在中国通商口岸从事工艺制造。七、日本现驻中国之军队，限三个月内撤回。八、其暂驻威海卫之军队，俟第一、第二两次偿款交清、通商行船约章批准，暨确定抵押办法后撤回。九、两国各将俘虏交还，并予免罪。十、本约批准后，按兵息战。十一、本约批准后，定于四月十四日在烟台互换。从之。②

廿四日乙未（4月18日）

电寄张之洞，电奏已悉。现在和议甫定，亟应先筹巨款。至重整海军，必须从长计议，非可猝办。即购买战船，亦宜于西国各大厂详细考订，方能精良适用。王之春前电各节，尚在战事未停以前。所议之船，究竟是否精利，钢甲厚薄，速率若干，亦未声叙。仅凭商人之言，未经查验，恐难深信，其价值必照平时加增。且骤召官兵二千，所费亦必不少。着张之洞将以上各节，再行熟筹电覆。琅威理，前经总理衙门饬总税务司电令赴华效力，旋以已受英国官职，辞而不来，现在何又赋闲，应仍由该衙门转饬电询明确，再行办理。至借款一节，前经总税务司借用汇丰行三千余万两，他处借款，皆议而不成。现须借用巨款，仍由汇丰一手经理，已有成议，倘再由他处洋商订借，恐汇丰借款因之罢议，关系甚重。王之春所订借款，

---

① 《清实录·德宗景皇帝实录》卷三六四。
② 《清实录·德宗景皇帝实录》卷三六四；《光绪条约》卷三八，第6~12页。

着张之洞电令即作罢论。将来南洋需用款项，由户部另行筹议，不得再由他商揽借，以免淆乱。

调江苏巡抚奎俊为陕西巡抚，以浙江布政使赵舒翘为江苏巡抚。①

廿八日己亥(4 月 22 日)

电寄张之洞，据电奏请借洋款等语。南洋需款，既经龚照瑗订定英商克萨行一百万镑，即着准其借用。嗣后恪遵前旨，不得再借。

钦差大臣大学士李鸿章奏，中日会议，和约已成，照钞画押条约进呈，请早批准，派员互换，以便停战撤兵。得旨：闻俄德法三国，现与日本商改"中日新约"。将来如有与此约情形不同之处，仍须随时修改。②

赏日本国医官佐藤进、石黑忠德、古宇田信进、中川十全宝星。

夏四月初一日壬寅(4 月 25 日)

电寄许景澄，二十九日，电谕许景澄向俄廷致谢，商由三国告倭，展缓停战互换之期，并饬总署王大臣赴三国使馆，嘱将展期一节各电本国。该使皆允即日发电，不审日内俄廷已得日本覆信否，殊深悬盼。俄称倭果坚拒，只好用力，询之喀希呢，语涉含糊。究竟俄外部之言，有无实际，此事至急，若有布置，此时必已定议，并着密探以闻。倘至限期迫近，尚无覆音，可否由中国径达日本，直告以三国不允新约，嘱中国暂援批准之处，着许景澄往见外部，与之豫筹此节，先期电覆。再巴兰德向德廷陈说劝阻新约，系为中国出力，深堪嘉许，着该大臣传旨奖励。

电寄刘坤一等，新定和约条款，刘坤一、王文韶谅皆知悉。让地两处、赔款二万万，本皆万难允行之事，而倭人恃其屡胜，坚执非此不能罢兵，设竟决裂，则北犯辽沈，西犯京畿，皆在意中。连日廷臣章奏甚多，皆以和约为必不可准，持论颇正，而于沈阳、京师两地重大所关，皆未计及。如果悔约，即将决战。如战不可恃，其患立见，更将不可收拾。刘坤一电奏，有云战而不胜，尚可设法撑持；王文韶亦有聂士成等军，颇有把握，必可一战之语。惟目前事机至迫，和战两事，利害攸关，即应立断。着刘坤一、王文韶体察现在大局安危所系，及各路军情战事，究竟是否可靠，各抒所见，据实直陈。不得以游移两可之词，敷衍塞责。③

① 《清实录·德宗景皇帝实录》卷三六四。

② 《清实录·德宗景皇帝实录》卷三六四；《清光绪朝中日交涉史料》卷三八，故宫博物院1932 年版，第 18～19 页。

③ 《清实录·德宗景皇帝实录》卷三六五。

初二日癸卯(4 月 26 日)

电寄依克唐阿,电奏已悉。所有已募之十四营,着暂缓裁撤,勤加训练,再候谕旨。

电寄许景澄,电悉。三国合劝一事,巴兰德颇为出力,昨已谕传旨嘉奖。现商展期一节,并着告知巴使尽力相助,以速为妙。所索条款,由总署摘要电寄。

初三日甲辰(4 月 27 日)

电寄许景澄,三十日电奏已悉。展期一节,既不能办,现距换约只余十日,批准发往,为时更迫。日本覆信,此间必须三四日内接到方可赶上,着许景澄不时探问,立即电闻。三国情劝之信,既已交到日本,则公劝暂缓批准之语,亦可由我径告日本,较权词答复,似为直截。仍与外部商定速覆。该大臣前电有倭果坚拒,只好用力之语,意颇切实。此时应问俄廷,能否先以兵舰来泊辽东海面,为我臂助。倘真用兵力,中国愿与俄立定密约,以酬其劳。此节宜即诣外部密与商订电覆。①

电寄刘坤一等,初一日谕令刘坤一、王文韶将和战大局所系,战事是否可靠,据实直陈。着即迅速覆奏。

初四日乙巳(4 月 28 日)

王文韶奏,查明北洋海军失事情形,据实纠参,开单呈览一折。

王文韶奏,请饬李鸿章即回本任一折。李鸿章现因伤病未痊,赏假调理。王文韶现署督篆,责无旁贷,所有一切应办事宜,仍着悉心经理,毋稍疏懈,以副委任。

电寄许景澄,初二日电奏悉,俄请勿直告,允于批准期前定一日,限倭确覆。所云批准期前,自指十四日之前。若于十二三日始接覆信,则断来不及,计约本送至天津,须三日,自津至烟台须一日。总须初八日以前,覆电到京方可。该大臣仍即日亲晤外部,询此确期,万勿延误。本日见路透电云,日本覆三国公使云,"百姓因屡战皆捷,无殊酒醉,如将中国拟让奉天之地辞而不受,必激成内乱"等语,据此则是日本已有覆语,何以俄廷不以告我。着询明即日电覆。初二日所发国电,已接到分递否,并覆。

---

① 《清实录·德宗景皇帝实录》卷三六五;《李鸿章全集·电稿》第 3 册,安徽教育出版社 2007 年版,第 512 页。

署直隶总督王文韶奏，营口等处寇氛逼近，商贩绝少，山海关常税，请暂免照额摊征。下户部知之。①

初五日丙午(4 月 29 日)

有人奏，记名总兵贺星明马队等营，三月初九日，见倭人在宁远州属钓鱼台海口，登岸购买食物，即时溃逃，比将宁远城内外烧掠一空，且该总兵所部马步七营，缺额过半等语。贺星明所部勇丁溃走，前经刘坤一奏参，业经撤去统领。兹据所奏烧掠缺额各节，仍着刘坤一确切查明，据实具奏，毋得稍涉宽纵。

电寄李鸿章，连日纷纷章奏，谓台不可弃，几于万口交腾。本日又据唐景崧电称，绅民呈递血书，内云公法会通第二百八十六章，有云割地须商居民，能顺从与否，又云民必乐从，方得视为易主等语。台民誓不从倭，百方呼吁，将来交接，万难措手。着李鸿章再行熟察情形，能否于三国阻缓之时，与伊藤通此一信，或豫为交接地步。务须体朕苦衷，详筹挽回万一之法，迅速电覆。②

初六日丁未(4 月 30 日)

三国劝阻之议，许景澄电称，外部允催日本驻使，于批准定期之前，定一日期，限倭确覆，迄今未到。询以可否由中国径告日本，三国劝暂缓批准之意，外部以为未可，嘱以尚未查清，权词答覆，现在为期更促，为我自计，似究以明告日本为妥，三国谅亦不能借口。着李鸿章即行妥筹覆奏。昨因台民具呈，援公法两条，谓民不顺从不得视为易主，电谕李鸿章详筹挽回办法，不意日来电线忽断，特饬照录驰递，着一并奏覆。③

初八日己酉(5 月 2 日)

王文韶奏，本月初三日，天津一带风雨交作，连宵达旦，初五日海水坌涌，防营淹毙兵丁不少，铁路电杆均有损坏。又据电称，新河上下六十余营同被水灾，军装子药多被淹失，收集重整，非一两月不能成军。览奏情形，实为非常变异。我君臣惟当修省惕励，以弭天灾。王文韶自请罢斥，着毋庸议。即着该督查明淹毙及逃散勇丁，妥为收集抚恤，遗失军械一律补发，仍令择要扼扎，并将铁路电杆，饬令

---

② 《清实录·德宗景皇帝实录》卷三六五。
③ 《清实录·德宗景皇帝实录》卷三六五。

赶紧修复。近海各村庄田亩，详查被灾轻重，分别赈抚，毋任失所。①

初九日庚戌（5月3日）

添派三品衔升用道联芳会同伍廷芳前往烟台换约。

初十日辛亥（5月4日）

王文锦等奏，江海潮冲决营垒情形一折。据称双井一带，各营墙垒，均被冲塌，帐房亦均破坏，淹没人口马匹甚多，米粮火药等项，亦多冲没，上古林、歧口等处营墙，兼有倾塌等语。

十一日壬子（5月5日）

电寄唐景崧，据龚照瑗电奏，台湾吃紧，法已派轮护商，先遣员晤台抚面商机宜，有兵登岸，请晓谕地方，勿惊疑等语。着唐景崧将法轮系为护商来台，先行出示，免致临时惊扰法员，来时即与相见。②

十三日甲寅（5月7日）

电寄刘坤一等，前与日本议定换约停战之期，均以四月十四夜子时为止，换约日起，按兵息战。现拟电令日本展缓换约之期，回信迟早，尚未可定。倘换约因此逾期，而停战之日已满，倘彼遽尔进兵，不可不虑。着刘坤一、王文韶、宋庆、裕禄、依克唐阿、长顺通饬各军，严为戒备，不可稍涉疏懈。

电寄张之洞，电奏已悉。王之春所商一节，已经总署告知法使。电其外部，尚未回信。着该督电知王之春，仍探问法廷如何办法，电闻，并令庆常帮同办理。此事切须秘密，以免别生枝节。龚照瑗着仍回英国，以免两使之疑。

两广总督李瀚章奏，广东海防吃紧，查阅各炮台，添营布置，并派员修补博刀沙等处木栅桩石，以备不虞。报闻。

福建台湾巡抚邵友濂奏，因病恳请解职。允之。③

---

① 《清实录·德宗景皇帝实录》卷三六五。
② 《清实录·德宗景皇帝实录》卷三六五。
③ 《清实录·德宗景皇帝实录》卷三六五。

十四日乙卯(5 月 8 日)

予因公溺毙，广东大挑知县侯梁、黎先澐、苏昕、参将张福荣、把总许文光暨兵勇十八名分别议恤。

十五日丙辰(5 月 9 日)

以威海失守，受伤潜逃，已革总兵刘超佩遣戍新疆。

十六日丁巳(5 月 10 日)

电寄刘坤一等，中日新约，现已互换，彼此息兵，并另商归还辽地。刻下各路防军，应照旧驻扎训练，以备不虞。关外前敌各军，不得越界生衅。着刘坤一、王文韶、宋庆、裕禄、依克唐阿、长顺通饬各军，一体懔遵。

电寄许景澄，十四日亥时，烟台互换和约。此次争回全辽，三国极为尽力。许景澄即赴外部传旨，先行致谢，并饬驻德参赞，一律办理。偿费一事，系兵费外添出之款，中国力量，万难措办，切恳联合法德，始终竭力帮阻，是为至盼。饬驻德参赞向巴兰德谆托，代为力争，切勿松劲。

电寄龚照瑗，昨有旨令龚照瑗回英。现于十四日亥时烟台换约，此次争回全辽，三国极为尽力。如龚照瑗已回伦敦，即饬庆常赴法廷传旨，先行致谢。

电寄李鸿章，伍廷芳等电称，倭使送还照会三件，未经带去，着李鸿章即将前二件电知伊藤，以为根据，其后一件毋庸再电。现惟台事极为棘手，李鸿章前电伊藤，有另行筹商之语。究竟有何办法，以免内变外衅之虞，着悉心筹画具奏。依克唐阿电奏，十一午后，我军在长岭子驻守，遥见倭兵三四十名，直奔岭下。我军因已逾照会界限，向前摇手阻拦，倭兵不听，忽以三骑冲上岭腰开枪，步队踵接其后，我军只得开枪抵御，中倭一骑，始退去。十二辰刻，复来马步三百余名，我军已列队准备。停战期内，无故越界开枪，实属违约。其曲在彼，着李鸿章一并电告日本饬彼驻辽各军，勿再越界生事为要。①

十七日戊午(5 月 11 日)

光绪帝朱谕大学士六部九卿翰詹科道等："近自和约定议以后，廷臣交章论

---

① 《清实录·德宗景皇帝实录》卷三六六。

奏，谓地不可弃，费不可偿，仍应废约决战，以期维系人心，支撑危局。其言固皆发于忠愤，而于朕办理此事，兼权审处，万不获已之苦衷，有未能深悉者。自去岁仓猝开衅，征兵调饷，不遗余力，而将少宿选，兵非素练，纷纷召集，不殊乌合，以致水陆交绥，战无一胜。至今日而关内外情势更迫，北则竟逼辽沈，南则直犯京畿，皆现前意中之事。陪都为陵寝重地，京师则宗社攸关。况廿年来慈闱颐养，备极尊崇，设一朝徒御有惊，则藐躬何堪自问。加以天心示警，海啸成灾，沿海防营，多被冲没，战守更难措手。用是宵旰彷徨，临朝痛哭，将一和一战两害熟权，而后幡然定计。此中万分为难情事，乃言者章奏所未详，而天下臣民皆应共谅者也。兹当批准定约，特将前后办理缘由，明白宣示。嗣后我君臣上下，惟当坚苦一心，痛除积弊，于练兵、筹饷两大端，尽力研求，详筹兴革，勿存懈志，勿骛空名，勿忽远图，勿沿故习，务期事事核实，以收自强之效。朕于中外臣工，有厚望焉。"

直隶永平、遵化两属，上年被灾田亩，积水未消。本年四月初三等日，暴雨狂风，昼夜不息，海水腾啸。沿海村庄，猝被淹没。宁河、宝坻、盐山、沧州、静海、天津各境内，园地民居，亦遭淹灌。闾阎困苦情形，殊堪悯恻。加恩着将本年山东起运交仓粟米截留十万石，以备顺直赈抚之需。着王文韶会同孙家鼐、陈彝督饬所属，详查灾区轻重，酌量分拨，核实散放。务使实惠及民，不准稍有弊混，用副朝廷轸念民艰至意。

电寄张之洞，据电奏，退还克萨借款，改订瑞记借款。经总理衙门户部议定，借用英金一百万镑。即着照所请办理，并已由该衙门知照德使矣。本日唐景崧电奏，请饬部拨饷二百万两。现在户部无可指拨，着张之洞先行筹拨银五十万两，陆续解往应用。

署直隶总督王文韶奏，请将本年长芦盐课，展缓奏销，以恤商艰。从之。又奏，防务戒严，天津三岔河口等营添设炮位，并采买战马，请照例免税。下部知之。①

十九日庚申(5 月 13 日)

电寄张之洞，台湾需用洋枪，着张之洞再拨奥枪一万支，设法解往。惟和约已定，此时运解军械，务宜慎密，免致借口生事，是为至要。前令王之春商办之事，据法使言外部不愿接见，究竟有无办法。着张之洞电询速覆。

二十日辛酉(5 月 14 日)

电寄增祺，电奏已悉。俄国前约德法两国，力劝日本让还辽东之地，并调兵舰

---

① 《清实录·德宗景皇帝实录》卷三六六。

前来烟台，却未明言用兵相助。俄督所称各节，未据俄国电告，或系彼处豫为筹备之计。现在倭人允归辽地，业于十四日换约，已可无事，颇得俄人之力。中国边界官，务宜善为联络，以昭睦谊。此后有无动静，仍着随时侦探以闻。

闽浙总督边宝泉奏，闽省滨海渔团，实力举行。报闻。

廿一日壬戌(5 月 15 日)

电寄张之洞，台湾续拨枪支，原备战守之用，出自绅民先期购到则可。若官为拨给，殊于和约有碍。此系重笨之物，如何慎密运往，着张之洞设法妥办，毋致别生枝节，是为至要。

电寄许景澄，前据电称，俄拟函商德法，与日廷议订归地约，或中国派使与议，亦可帮助调停等语。俄廷之意，拟在何处商办，开议约在何时，德法是否同议，着许景澄询明外部，即行电覆。此事总宜三国帮助到底，方为有益，着随时与外部妥商，勿致延阁。①

廿二日癸亥(5 月 16 日)

电寄庆常，据龚照瑗电称，探闻法与他国密议台事，暂不使华与闻，生为枝节等语。台民汹汹，势难交割。刻下日本派员，已将到台，办理殊为棘手。即着庆常密询外部，能否再申护台前议，迅速电覆。再法使有外部不愿接见王之春之语，究竟曾否会晤，着一并电闻。

廿三日甲子(5 月 17 日)

电寄李鸿章，廿一日电奏已悉。兹据张之洞电奏，接全台绅民电禀云，台湾属倭，万姓不服，既为朝廷弃地，惟有死守，据为岛国。并据唐景崧称，台民坚留该署抚与刘永福，不听开导，求死不得等语。是台湾难交情形，已可概见。该大臣仍当熟筹办法，以期补救万一。伊藤回电如何，即行电覆。

电寄增祺，据电称，瑷珲探询俄兵，拟由水陆两路假道进兵等语。现在倭已允归辽东，俄国并无用兵之说，传闻未必确实。着仍遵二十日电旨，饬令该地方官善与联络，随时侦探，并将俄国相助调处，业已归地息战情形，照覆俄督，以致谢意。②

---

①　《清实录·德宗景皇帝实录》卷三六六。

②　《清实录·德宗景皇帝实录》卷三六六。

廿四日乙丑(5月18日)

本年天津一带,及沿海各州县,猝遭水患,京城粮价日昂,亟宜设法办理平粜。着直隶总督、顺天府府尹招来商贾,贩运米麦各粮,并准宽免税课,以资接济。

派前出使日本国大臣李经方前往台湾,会同日本派出大臣商办事件。

廿五日丙寅(5月19日)

电寄李鸿章,两电俱悉。据称伊藤覆电,词意决绝,德国又疑中国阴令台民叛拒,恐致构兵等语。台湾一事,朝廷深为焦虑,昨派李经方前往商办,可见中国并无不愿交割之意。现在倭使将到,着李鸿章饬令李经方迅速往台,与倭使妥为商办,毋稍耽延贻误,一面仍将台民不服开导,竟欲据为岛国情形,再行电告伊藤,免致怀疑借口。

福州将军庆裕奏,海氛不靖,常洋两税亏短缘由。下所司知之。①

廿六日丁卯(5月20日)

电寄许景澄,廿三日电奏已悉。俄允三国同议辽事,尚未酌定商议之地。着许景澄随时探问,一有确信,速即电闻,以便中国派员与议。倭已派员来台收地,现派李经方前往商办,并令唐景崧开缺来京。惟台民不服,必致生变,其难以交割情形,亦可告知俄廷,免致倭人借口。

廿七日戊辰(5月21日)

电寄许景澄,电已悉。俄国借款,所议尚公允。惟德法揽借难却,只可将第一次归款,于六个月内先借俄款付给。至各海关进项,足敷分年抵还之款,有税司总册可凭,无须派员查询,免致掣肘。彼谓此时所订,勿宣播,未识何意。又云六个月后,再议他款。是否指德法而言,着即电覆。②

廿八日己巳(5月22日)

电寄李鸿章,电奏已悉。科士达愿偕李经方赴台,并调参赞、翻译各员,均照

---

① 《清实录·德宗景皇帝实录》卷三六六。
② 《清实录·德宗景皇帝实录》卷三六六。

所请办理。台湾文武各员，已有旨饬令内渡，未便再令留台守候。如天津别有可派之员，即由李鸿章就近酌调前往，帮同李经方商办一切。①

五月初一日辛未(5 月 24 日)

电寄许景澄，电奏已悉。三国允与日本议归辽地，帮助到底，毋须派员豫议，是已力任其事，可期就范。惟中国负累已重，力难再加偿款。仍着许景澄谆属外部竭力驳阻，尤所深盼。

署两江总督张之洞奏，租用兵轮，筹拨银两并设局转运饷械，以济北上各军。下部知之。又奏，分造前敌各路电线，以期军报灵通报闻。又奏，奉调北上诸军，每月酌给柴价，并给发皮衣，以示体恤。下部知之。②

初二日壬申(5 月 25 日)

电寄许景澄，俄请仍借一万万，早结辽事，即可照办。所云俄、法一气，可无虑。能否即将此款酌分若干，作为两国公借，着许景澄与外部妥商办理。再前闻俄、法等国借款，欲干预海关之事，以为抵押，此端万不可开，不可不慎之于始。所有此次借款，应如何订立合同以防流弊之处，并着详慎妥办。

两广总督李瀚章奏，海防勇营，陆续裁撤，以节经费。下部知之。

初三日癸酉(5 月 26 日)

山东巡抚李秉衡奏，光绪二十年善后局下半年各案报销，请一并展缓，随同海防军需分别造报。允之。

初五日乙亥(5 月 28 日)

电寄李鸿章，电奏已悉。台民劫制生变，事出意外，无从过问。李经方既经照约派往，若不速行，转令生疑。伊藤电内，既有出力助护之说，自应克日前往，相机商办。即使不能排解，彼亦无可借口也。③

① 《清实录·德宗景皇帝实录》卷三六六。
② 《清实录·德宗景皇帝实录》卷三六七。
③ 《清实录·德宗景皇帝实录》卷三六七。

初七日丁丑(5月30日)

总理各国事务衙门奏，北洋借拨出使经费，欠还银三万余两，请准其就款开除，作正报销，以清数目。从之。①

初十日庚辰(6月2日)

电寄张之洞等，现在和约既定，而台民不服，据为岛国，自已无从过问。惟近据英、德使臣言，上海、广东均有军械解往，并有勇丁由粤往台，疑为中国暗中接济，登之洋报，或系台人自行私运，亦未可知。而此等谣传，实于和约大有妨碍。着张之洞、奎俊、谭钟麟、马丕瑶饬查各海口，究竟有无私运军械勇丁之事，设法禁止，免滋口实。

李经方与桦山资纪，在基隆口外轮船上签署《交接台湾文据》。②

十一日辛巳(6月3日)

电寄李鸿章等，前据美使函称，接日本电，已派林董为驻扎中国使臣。当经总理衙门商令美使，转告日本暂缓前来。兹据覆称，两国须将各事商办完结，不必展缓等语。现闻日使即将抵津，着李鸿章、王文韶为全权大臣，与日本使臣商办事件，不必先令来京，以免周折。

电寄李鸿章，前因台民变乱，据为岛国，已令文武各员内渡，此后无从过问。昨又电令南洋广东，禁止私运军火勇丁赴台。此即自立脚步之意。如日使言及此事，着李鸿章、王文韶切实告以和议既定，中国决无嗾令台民自主之理，勿听洋报谣传，致生疑虑。

闽浙总督边宝泉奏，闽省茶糖两项，难以增厘，及向无土商行栈，莫从捐办。又奏，续添水陆勇丁，并办理渔团情形。均下部知之。③

十三日癸未(6月5日)

电寄许景澄，辽东倭兵，前据探称陆续撤退，所存无多。兹又据长顺等电称，

---

① 《清实录·德宗景皇帝实录》卷三六七。

② 王铁崖：《中外旧约章汇编》第1册，生活·读书·新知三联书店1957年版，第620~621页。

③ 《清实录·德宗景皇帝实录》卷三六七。

现又添兵增炮，筑台挖沟，似不肯归地等情。洋报又称海参崴俄兵，整备行囊，似有与倭交绥之意。现在台湾已经李经方交接清楚，台倭交兵与我无涉，惟归辽之事，三国究竟商议如何，尚无确信。着许景澄即向外部探问电闻。借款一节，亦宜早与定议为要。

十四日甲申 (6 月 6 日)

电寄李鸿章等，三电均悉。台事既经李经方与桦山交接清楚，立有文据。此后台湾变乱情形，即与中国无涉。应由李鸿章电知伊藤，以为了结此事之据。至海线如何办理，应饬电局豫为筹议，以备随后商定。前派李鸿章、王文韶为全权大臣，与日使商办事件。该使有无来津消息，并着探明电闻。①

廿二日壬辰 (6 月 14 日)

陈彝奏，招商运米，办理平粜，请饬沿海各关宽免厘税等语，着王文韶、张之洞、奎俊、廖寿丰、李秉衡，饬令宁波、镇江、上海、烟台、天津各关，遇有江浙粮商报明顺天平粜者发给护照，一律宽免厘税，一面电报顺天府以备稽核。予限两个月，即行停止。②

廿四日甲午 (6 月 16 日)

宋庆电称，探得自十一至今，倭船陆续至营口甚多，运来炮位二三百尊，倭兵二三万分起到海城等处。百姓向其访问，据云前来驻防等语。如果实有其事，情殊叵测。现时烟台至营口华洋各船，必有往来。该处情形，究系若何。着李鸿章、王文韶电令刘含芳设法密探电覆，并着宋庆侦探确情，随时电闻。

廿五日乙未 (6 月 17 日)

电寄李鸿章，电奏已悉。日使拟先赴京到任，呈递国书，俟有启程日期，即行电闻，并饬沿途地方，妥为护送。前据李经方电称，现因患病未能入都等语。着李鸿章传知该员，俟病痊再行来京。

---

① 《清实录·德宗景皇帝实录》卷三六七。
② 《清实录·德宗景皇帝实录》卷三六八。

廿七日丁酉（6月19日）

据电奏，探得海城等处，复来倭兵数万，炮亦甚多。惟现接东海关道电称，有轮船自营口至烟台，询据商人言，营口倭兵退，至十二三日，只剩三百人上下。十五日起，陆续由大连湾旱道赴营口二千余人，带快炮三十尊，海口只有一兵船、一商船等语。辽地未归，倭兵去来无定，未必遽有他意。若如依克唐阿等所探，有数万人之多，殊属可疑。仍着随时密探确实情形，饬令各防加意筹备，勿涉张惶。

署直隶总督王文韶奏，现拟招商试办酿酒公司，以收利权，并请准其专利及暂免税厘。下所司议。

以中法续议界约商约专条，派庆亲王奕劻、吏部左侍郎徐用仪，会同法国使臣画押。①

廿八日戊戌（6月20日）

电寄许景澄，电已悉。借款俄不过手，除去加保字，声明不别索利益，可免各国訾议。惟称海关付款愆期，由俄国垫付，仍觉有伤国体，宜改为俄国确信中国海关付款，决不愆期方妥。着许景澄再与商议照改，即可订定。近日叠接探报，辽东倭兵去而复来，踞海城者约二三万，并有英国马队三百余，倭将在该处验炮，凤凰城一带亦有兵数万。似此情形，恐英、倭合谋，辽事将有变卦。着许景澄密告俄外部，作何筹议，迅速办理，以维东方大局。

总理衙门与法使施阿兰订立《续议中越界务、商务专条附章》。②

廿九日己亥（6月21日）

电寄许景澄，据电称，俄款末端所云豫收关税、监守稽查、管理地方刑名等语，此中国所必无之事，何可虚拟列入条内。至制造商务，亦与借款无涉。现与德议借款，德亦无他求。俄经办款事，原是美意，若以此求报，必为他国訾议。着许景澄婉言与商，总宜彼此得体，不可迁就贻患为要。③

---

① 《清实录·德宗景皇帝实录》卷三六八。
② 王彦威：《清季外交史料》卷一一四，书目文献出版社1987年版，第1~21页。
③ 《清实录·德宗景皇帝实录》卷三六八。

闰五月初二日壬寅(6 月 24 日)

山东巡抚李秉衡奏,前因海氛不靖,严禁米粮出洋。现已停战,东省沿海麦豆新粮,请准照常贩运。报可。①

初三日癸卯(6 月 25 日)

电寄许景澄,电已悉。借款删去末端声明,他国如得权利,准俄均沾,尚无关碍。至改拟付款阻滞,许银行蝉联发给股票本息等语,不甚明晰,着即详悉电覆。此外三端,如与前电相符,亦可照办。许景澄务当斟酌妥协,即与订定,并将汉洋文字句,逐一核对,勿稍歧误。借款与归辽系属两事,合同内切勿牵连及之。

初五日乙巳(6 月 27 日)

总理各国事务衙门奏,办理滇越界约,先与法使画押,暨与英使辩论情节。报闻。

钦差大臣两江总督刘坤一等奏,裁并天津、山海关各防营。

以久驻中华,恪敦睦谊,赏日国参赞塞威、德领事贝礼纳、副领事罗拉格、水师守备塞卫拉宝星。②

初六日丙午(6 月 28 日)

电寄李秉衡,日本使臣到京,照称现派弁前往威海卫,会商驻兵事宜。并据李鸿章电称,已令东海关道豫为筹商。着李秉衡即饬刘含芳,及派出印委各员,按条约将一切事宜妥筹办理。

初七日丁未(6 月 29 日)

有人奏,浙省盗风炽肆,请饬认真搜捕一折。据称浙江洋面劫案叠出,上年岱山剪刀坪一带,盗匪与台州渔户构衅,几酿巨祸。舟山航船,去冬亦被行劫。内地如鄞县之小溪横溪大嵩、奉化之忠义松林等处,皆成盗薮。慈溪县城厢,本年春间

---

① 《清实录·德宗景皇帝实录》卷三六九。
② 《清实录·德宗景皇帝实录》卷三六九。

被抢之家不下数十姓。有盗首尤田鸡者，在奉化招集匪徒三四百人，白昼虏掠，出入乘坐官轿，渔船出行，必须领其盗照，方可开驶等语。另片奏，镇海口防营，徒糜帑项。提督张其光，昏耄废弛；副将费金绥、知府冯相荣，惟以吸食鸦片烟为事。参将邓聪保，日事赌博，在营纳妾，并干预地方讼事；总办支应局县丞吴元鼎，挟妓饮酒，毫无顾忌，堵塞海口需用船只木桩，勒索浮冒。着廖寿丰确切查明，据实具奏，毋稍徇隐。至所称此项防军毫无纪律，裁撤恐滋事端，请饬筹备饷银，于资遣时派员押送，用轮船载往原籍，并着廖寿丰妥筹办理，免滋扰害。①

初八日戊申(6月30日)

有人奏，津海关道盛宣怀，此次撤军系该道倡议，屡次馈送李鸿章，数皆盈万；承办电线，干没巨款；任东海关道时，克扣防军饷项，私设税关，私收护照，招权纳贿，任意妄为，与上海招商局员沈能虎朋比为奸，又买粤东有夫之妇刘氏为妾，请饬查办等语。着李秉衡按照所奏各节，确切查明，据实具奏，毋稍徇隐。

初九日己酉(7月1日)

督办军务王大臣等奏，请裁东三省练兵，改用洋操，先练奉天一军，以为程式。从之。

初十日庚戌(7月2日)

以救护广乙兵船弁兵，赏英国船主罗哲士、医士史普来等三员宝星。

十一日辛亥(7月3日)

闽浙总督边宝泉奏，前办台湾防务福建水师提督杨岐珍，现率所部营哨，陆续内渡，仍回厦防本任。

十三日癸丑(7月5日)

电寄张之洞等，日本约内改造土货一节，关系最重。江浙等省，如丝斤花布可否于出产处先抽厘金，方准运出，并招商多设织布织绌等局，广为制造，又筹款购

---

① 《清实录·德宗景皇帝实录》卷三六九。

买小轮船十余只，专在内河运货，以收利权。着张之洞、奎俊、廖寿丰妥速筹商覆奏。①

十五日乙卯(7月7日)

李鸿章电奏，接刘含芳电，称日本委员詹男，以草庙营兵何以不遵条约迁徙来问，经文登县何金龄等禀请，趁早绸缪等语。马关另约第二款，在威海卫应将刘公岛及威海卫口湾沿岸，照日本国里法五里以内地方，约合中国四十里以内，为日本国军队驻守之区。现在草庙防营，系在海湾四十里以内，自应照约迁移，着李秉衡即将防营择地迁移，免滋口舌。

电寄许景澄，着于两国互订专条并商号合同，斟酌妥协，分析画押。

十七日丁巳(7月9日)

本日李鸿章电，已接伊藤覆电，云转达兵部，谕知军队司令官展缓赴威，俟该处兵房起盖完竣方行等语。日兵既展缓赴威，强占民房之说自可无虑。着李秉衡将四十里内外确数查明，防营驻扎之处，饬令孙万林照约办理。该抚请仍驻莱州，俟定局再行回省，着照所请行。②

十八日戊午(7月10日)

命广东惠潮嘉道裕庚开缺，以四品京堂候补充出使日本国大臣。

二十日庚申(7月12日)

山东巡抚李秉衡奏，倭人肇衅，宁海、荣成、文登三州县相继失陷，收复之后案卷荡然，交代款目必须分别移查，请展限四个月清厘。报可。

廿五日乙丑(7月17日)

以二年期满，予同文馆汉教习文聘珍以知县用。

---

① 《清实录·德宗景皇帝实录》卷三六九。
② 《清实录·德宗景皇帝实录》卷三六九。

廿六日丙寅（7月18日）

给事中褚成博奏，各直省船械机器等局，请饬各督抚招商劝办，以开利源等语。着户部议奏。

浙江巡抚廖寿丰奏，浙江息借商款，遵部议停止。另陈分别捐奖办理情形。下户部知之。

廿七日丁卯（7月19日）

光绪帝谕令，自来求治之道，必当因时制宜，况当国事艰难，尤应上下一心，图自强而弭隐患。朕宵旰忧勤，惩前毖后，惟以蠲除痼习、力行实政为先。叠据中外臣工条陈时务，详加披览，采择施行，如修铁路、铸钞币、造机器、开矿产、折南漕、减兵额、创邮政、练陆军、整海军、立学堂，大抵以筹饷练兵为急务，以恤商惠工为本源，皆应及时举办。至整顿厘金，严核关税，稽查荒田，汰除冗员各节，但能破除情面，实力讲求，必于国计民生两有裨益。着各直省将军督抚，将以上诸条，各就本省情形，与藩臬两司，暨各地方官悉心筹画，酌度办法，限文到一月内分晰覆奏。①

廿九日己巳（7月21日）

有人奏，通商条约，弊混滋多，请饬详慎订议一折。据称中日条约所失最甚者，莫如第六款内所列各条，苏州、杭州、重庆、沙市等处添设口岸，听其任便往来，中国无能过问。又如第二条，日本轮船得驶入各口，搭客运货。第三条，日本臣民在中国内地购买经工货件，若自生之物。第五条，日本臣民得在中国制造各项工艺，又得将各项机器装进口，止交进口税；日本在中国制造，一切货物，即照日本运入中国货物，一体办理。以上各节易滋弊混，恐中国奸商借口改造，用日商字号图记，诡免厘金等语。此次开议商约，关系中国利源、商民生计，其事甚重，亟应尽力维持，豫防流弊。着李鸿章、王文韶按照原奏各节，悉心妥筹，谨慎办理，毋许稍涉迁就。②

---

① 《清实录·德宗景皇帝实录》卷三六九。
② 《清实录·德宗景皇帝实录》卷三六九。

六月初一日庚午(7 月 22 日)

总理各国事务衙门奏，日本使臣林董，以章奏指称"岛夷"，函请更正饬禁，谨申明咸丰八年英约，嗣后各式公文，不得提书"夷"字，以固邦交。从之。

署直隶总督王文韶奏，北洋海军武职实缺，自提督总兵至千把外委，共计三百十五员名。现在舰艇已失，各缺自应全裁，以昭核实，并将关防印信钤记，一律缴销。仅存之康济一船，不能成军，拟请改缺为差。下部知之。

以海军失事潜逃，管带鱼雷艇县丞王登云、千总吴怀仁等五员，无职柳日太等三名，分别革职严拿正法。管带快船守备程璧光，船亡人存，革职查办。①

初二日辛未(7 月 23 日)

以擅离防守，革福建水师候补守备张元职。

初三日壬申(7 月 24 日)

以唁贺俄国礼成，续赏俄外部总办参议日达诺甫等六员，暨传报妥速之电报局总办甘赤等二员宝星。②

初四日癸酉(7 月 25 日)

电寄许景澄，电奏已悉。此次赔款过巨，财力已竭。倭索辽东赔费，万难再允。着许景澄将中国竭蹶情形，向罗拔切实言之。嘱其力驳，以副俄国国家始终相助之意。

初五日甲戌(7 月 26 日)

都察院代奏，云南京官编修陈荣昌等呈称，近闻与法国换约，有割普洱、蒙自边地，及允其开办锡厂，又必图利于茶山等语。着总理各国事务衙门查明具奏。寻奏：普洱、蒙自边地，当系指猛乌乌得土司之地而言。当日议定界约，业经陈明在案。至此次约内，并无允开锡矿之条，系属传闻之误。报闻。

---

① 《清实录·德宗景皇帝实录》卷三七〇。
② 《清实录·德宗景皇帝实录》卷三七〇。

电寄边宝泉，台湾文武各员，前已有旨令其内渡。所有大小各员关防印信，着边宝泉查明收存，解交礼部。①

初六日乙亥(7 月 27 日)

御史陈璧奏，闽粤商民出洋回华，汕头、厦门等埠地棍，串通关卡书役，拘留勒罚，到籍后复有蠹吏劣绅，朋比讹诈，鱼肉百端，以致贸易海外者，转视邦族为畏途，请饬严禁等语。商民出洋回华，积有余资，自应加意体恤，令其乐归故土，岂容任意苛罚，致令失望。着庆裕、边宝泉、谭钟麟、马丕瑶、文佩饬属查明如有前项情弊，立即严行禁止。倘该州县委员等仍沿故习，并不认真查禁，即着从重参办，以恤商民。

初八日丁丑(7 月 29 日)

总理各国事务衙门奏，法国交涉日繁，请专派使臣常驻。从之。

初九日戊寅(7 月 30 日)

电寄许景澄，电奏已悉。辽事迁延，殊属可疑。罗拔所云撤去商约，冀早结局，办法甚是。仍着许景澄随时探询催办为要。②

十一日庚辰(8 月 1 日)

张之洞电奏，筹办卢汉铁路，并拟在江宁苏杭等处另造一路等语。着督办军务处王大臣妥议具奏。

十二日辛巳(8 月 2 日)

电寄李秉衡，倭兵暂驻威海，应遵前旨，以海湾南岸四十里为断。倭员辰男，现既离威，即着李秉衡传知刘含芳，按约划清界址，毋任稍有踰越。刘含芳办事能否胜任，着李秉衡随时察看，据实具奏。

电寄龚照瑗，猛乌乌得地方，向属中国，本不在缅图分界之内，前此薛使进图

---

① 《清实录·德宗景皇帝实录》卷三七〇。
② 《清实录·德宗景皇帝实录》卷三七〇。

可据。现在英国勘员所绘清图，究竟若何，沙外部覆法国办法，有无争执。即着龚照瑗切实询明具奏。近日法使在京，哓哓不已，此事不可再有延阁，致生枝节。

十五日甲申(8 月 5 日)

中日新约第六款，现将开议。此事于国家税厘、华民生计，大有妨碍。惟藉约款详明，尚足以资补救。前经特简李鸿章、王文韶为全权大臣，专司议约。该大臣等必须先持定见，开议时方能力与磋磨。新约内有订定行船条约，及陆路通商章程，应以中国与泰西各国现行约章为本之语，即当坚执此语为凭。凡此次所许利益，皆不使溢出泰西各国之外，庶可保我利权。谅该大臣等已将应议各条，熟思审处。李鸿章为原定新约之人，尤当惩后惩前，力图挽救，总期争得一分即有一分之益。其应如何设法力杜狡谋，着即先行妥议覆奏。前谕川鄂江浙各督抚豫筹善策，叠据廖寿丰、谭继洵、鹿传霖先后电奏，又据总理各国事务衙门代递各章京条陈，均属剀切详明，深中窾要。着李鸿章等按照所指各条，悉心筹画，商定办法，以为辩论地步。总之此次议约，国计民生，关系甚巨。该大臣等受国厚恩，身膺重任，慎毋含混迁就，致贻后患。寻覆奏，第六条内地行船装货，各口机器制造两端，系此次声明加让之事，彼之注意在此，亟须设法限制，增立规条，随时缄商总署妥办。① 报闻。

十六日乙酉(8 月 6 日)

粤海关监督文佩奏，粤海关征不敷解，请饬部核议，或何款停解，或尽数匀拨，酌量变通，俾资周转。下户部议。②

十八日丁亥(8 月 8 日)

署两江总督张之洞奏，江苏现借洋款，拟留办善后事务，恳免予提拨，并胪陈善后事宜四条。下户部议。

十九日戊子(8 月 9 日)

清廷谕令：自泰西各国通商以后，洋人侨居内地，中外相安，朝廷一视同仁，

---

① 《清实录·德宗景皇帝实录》卷三七〇。
② 《清实录·德宗景皇帝实录》卷三七一。

叠谕疆臣时加保护。乃近日四川省城有焚毁教堂之案，同时煽动，蔓延数州县。顷又据福建报称古田县匪徒杀伤洋人多名，甚至戕及妇孺。凶暴情形，殊堪痛恨。四川一案，业经获犯讯办。福建一案，首要各犯，尚在缉拿。着庆裕、边宝泉督饬营县速即兜擒，毋任漏网。此等不逞之徒，造言惑众，所在多有，要在地方官随时防范，销患未萌，何得相率因循，以致酿成巨案。着各直省将军督抚等通饬所属，凡有教堂处所，务须实力保护，并晓谕各居民，勿听浮言，妄生疑衅。倘敢藉端滋事，定当执法严惩。该地方官办理乖方，当从重惩处，决不宽贷。①

二十日己丑（8月10日）

总理各国事务衙门奏，拟请复设东文学堂，储才备用。从之。

翰林院侍读学士准良奏，俄倭战端已起，牵掣和局，请会议办法。得旨：着交总理各国事务衙门王大臣阅看。

廿一日庚寅（8月11日）

前因给事中褚成博奏，请招商承买各省船械机器等局，当经谕令户部议奏。兹据奏，称中国制造机器等局不下八九处，历年耗费不赀，一旦用兵，仍须向外洋采购军火，平日工作不勤，所制不精，已可概见。福建船厂岁需银六十万，铁甲巨舰仍未能自制；湖北枪炮炼铁各局厂，经营数载，糜帑已多，未见明效。如能仿照西例，改归商办，弊少利多等语。清廷批复：制造船械，实为自强要图。中国原有局厂，经营累岁，所费不赀，办理并无大效，亟应从速变计，招商承办，方不致有名无实。南洋各岛及新旧金山等处，中国富商，在彼侨寄者甚众，劝令集股，必多乐从。着边宝泉、谭钟麟、马丕瑶遴派廉干妥实之员，迅赴各该处宣布朝廷意旨，劝谕首事绅董等设法招来。该商人如果情愿承办，或将旧有局厂，令其纳赀认充；或于官厂之外，另集股本，择地建厂。一切仿照西例，商总其事，官为保护。若商力稍有不足，亦可藉官款维持。其办理章程，应如何斟酌尽善以杜流弊之处，即着该督抚等悉心妥筹，详晰具奏。②

廿三日壬辰（8月13日）

钦差大臣两江总督刘坤一奏，请设铁路商务公司，借款开办，以收利权。得

---

① 《清实录·德宗景皇帝实录》卷三七一。
② 《清实录·德宗景皇帝实录》卷三七一。

旨：着交督办军务王大臣归入张之洞条陈铁路折件，一并妥议具奏。

廿七日丙申（8 月 17 日）

电寄许景澄，电悉。辽东撤去商约甚是。缓交兵费，及辽地不再索费，此论发自俄廷，今又云论赔款事与德不合，可见俄实有帮助到底之意。惟电商日久不决，究竟有无变动，着确探具奏。外间纷传俄调兵与日争朝鲜，确否？并探闻。

廿九日戊戌（8 月 19 日）

电寄张之洞，两电均悉。琅威理已久来华，俟该洋将到后再定办法。总兵丁大文，着准其留于江南差委。①

是月

康有为、梁启超等在京成立强学会。

秋七月初二日庚子（8 月 21 日）

电寄许景澄，重立海军，以铁甲船为根本。前造镇、定两舰，共银三百二十六万，今若在德厂订造最坚利之船，需费若干，几时可成，着许景澄切实查明电奏。此外如有现成上等船出售者，一并查奏。该大臣办事精详，务加博访以副委任，辽事赖俄维持。着与罗拔密商办法，杜其婪索，以速为要。②

初四日壬寅（8 月 23 日）

电寄许景澄，电奏悉。归辽之议发自俄廷，若仍赔费，则于俄之初意未合，且于中国交谊，亦未为完足。现在德既松口，即当趁此定议，一面令日本将辽地交还，一面由中国将首、二两期兵费一并交付，如此则于日有益，于中无损。而俄国从中说合，亦易于措词。该大臣膺此重寄，务与罗拔悉心密商，使辽地早归、赔费悉去，以符前此操纵之说，方为妥善。

总理各国事务衙门奏，专使俄国大臣王之春，赴俄唁贺礼成，回呈俄国国书国

---

① 《清实录·德宗景皇帝实录》卷三七一。
② 《清实录·德宗景皇帝实录》卷三七二。

礼，并请颁给国书，交驻俄使臣许景澄亲递以示酬答。允之。

初六日甲辰（8月25日）

前据给事中张嘉禄奏，浙省盗风炽肆，并奏参提督张其光等，当经谕令廖寿丰确查具奏。兹据奏称浙江台州土匪，上年经防军兜剿，匪踪窜匿邻境，致宁波府属之奉化县，时有劫夺案件。叠经严饬文武各员分别缉拿，惟匪首尤田鸡尚未弋获，着廖寿丰饬属勒限严缉。该地方官，倘有讳饰情事，即行从严参办。提督张其光查无废弛之处，总兵费金组、知府冯相华并无嗜好，均着免其置议。玉环营参将邓聪保，查有在营纳妾情事，着撤去轮船管带，开缺以守备降补。县丞吴元鼎年轻尚气，不知远嫌，着即行革职，勒令回籍。

浙江巡抚廖寿丰奏，海防解严，各防营陆续汰遣，惟抽练各营皆属精壮，请暂缓遣撤，留为异日之用。下部知之。①

初九日丁未（8月28日）

王文韶本日已明降谕旨，调补直隶总督，并兼充北洋大臣矣。直隶地方，积弊已深，凡吏治军政一切事宜，均应极力整顿。至外洋交涉事件，尤关紧要，如从前有办理未协，应行更改之处，务当悉心筹画，不避嫌怨，因时变通。用人一道，最为当务之急。地方官吏、各营将弁及办理洋务各员，如有阘茸贪污、巧滑钻营者，即着严行甄劾，毋稍瞻顾。该督膺此重寄，务宜体念时艰，力图振作，一洗从前积习，方为不负委任。

命大学士李鸿章留京入阁办事，实授云贵总督王文韶为直隶总督兼充北洋大臣。

以监修永定河工测量得法，赏洋员吉礼丰宝星。

予北洋海军阵亡员弁议恤并赏受伤员弁医药银两。

十二日庚戌（8月31日）

电寄许景澄，电悉。赔费减去二千万，在俄虽极费力，而中国实不能照办。现日使在京，倘彼允减让，岂非转虚俄廷美意。此节着许景澄再与罗拔密商，务加磋磨，商定即奏。

---

① 《清实录·德宗景皇帝实录》卷三七二。

十三日辛亥（9 月 1 日）

电寄裕禄等，依克唐阿电悉。海城甘泉堡互换俘虏一事，只须按照名数，妥速交收，不必过事猜疑，致生别衅。至安插遣散事宜，着裕禄督饬地方官妥为经理。

山东巡抚李秉衡奏，新海防捐输银两，请留用济饷。下部议。

十四日壬子（9 月 2 日）

调浙江处州镇总兵陈济清为海门镇总兵官，海门镇总兵孙昌凯为处州镇总兵官。①

十六日甲寅（9 月 4 日）

电寄赵舒翘等，前谕苏、杭两处赶设机器局小轮船等事，为未雨之计，浙仅奏覆，苏尚未议。着赵舒翘、廖寿丰切实筹度，毋得胶执成见，视为缓图，将来商务一开，利权尽为他人所占，是为至要。

电寄龚照瑗，缅约所定，野人山界，中国所得无多，岂容再让。英与我邦交已久，八募左近之红奔河以南，尚可酌让数里。着龚照瑗明告外部，此系情让，毋再求益。②

十九日丁巳（9 月 7 日）

电寄边宝泉等，古田教案，已获多人，然必讯有首要各犯确供，方能定案。若照单大索，滥及无辜，无此办法。道员许星翼专办此案，何以驻京使臣辄称系办通商局务，并无断案之权。总之此案情节重大，各国皆藉以要挟，甚至有兵船来华之语，着责成许星翼与该领事妥切商办，以速结为要。③

二十日戊午（9 月 8 日）

电寄张之洞、赵舒翘，电奏悉。江苏息借商款二百二十六万，着准其借给商务

---

① 《清实录·德宗景皇帝实录》卷三七二。
② 《清实录·德宗景皇帝实录》卷三七三。
③ 《清实录·德宗景皇帝实录》卷三七三。

局，分十年归还，惟开办机器，仿制洋货，原为抵制外人起见，该厂商人亦须自筹资本，不可全用官款，致外人借口，于官饬商办转生枝节。小轮船专走内河，崇明、宁波两路则涉外海，可不必办。所请完税免厘金，万不能准。棉花就行抽厘，甚为扼要，着即照行。总之此事务在得人，该督抚当协力同心于兴利之中，先筹防弊之法，是为至要。

本日廖寿丰电奏，谓机器厂获利无多，小轮船流弊甚大，拟于苏杭设洋关，置税司，厘税并征等语。是否可行，已交总理衙门斟酌办理。

出使俄德奥荷国大臣许景澄奏，与俄国借款订立合同情形。下所司知之。

出使美日秘国大臣杨儒奏，派员查明墨西哥国通商招工各节，该国目前尚怀观望，似应从容少待，仍俟彼来求我，届期相机应付，然后定约。下所司知之。①

廿三日辛酉(9 月 11 日)

署两江总督张之洞等奏，江苏拨款浩繁，遵查无锡等处米捐，尚难停免，从之。又奏，江省防军，分驻清淮以北各营，以马队最为得力，又省城添练洋操马队，均须出口购买马匹，请援案免税放行。下部知之。

廿五日癸亥(9 月 13 日)

直隶总督王文韶奏，天津道经征海税，前因海疆不靖，收数短绌，暂行尽征尽解。现军务虽平，而失陷地方尚未收回，奉粮不能到津，仍难规复旧制。下部知之。

廿八日丙寅(9 月 16 日)

直隶总督王文韶奏，遵查山东贼匪，扰及直境，办理情形。得旨：仍着严饬盐山、庆云两县会营，将逸犯从大庆等协力兜拿，毋任一名漏网，并着咨行山东巡抚饬属一体严拿。又奏，开挖格淀堤新河，及机器局接筑圈堤，所有占用民地，请豁除粮赋。下部知之。

廿九日丁卯(9 月 17 日)

电寄边宝泉，古田案已办七犯，余须讯取在场动手确供，不可多杀。该领事既

---

① 《清实录·德宗景皇帝实录》卷三七三。

观审签字，自无异辞，一面即与商结案办法为要。

电寄许景澄，归辽事，前言三国候日廷覆音，近日有无消息。即电覆。①

八月初一日己巳(9 月 19 日)

福州将军着边宝泉暂行兼署。

福州将军庆裕等奏，古田菜匪焚毁教寓，伤毙洋人，陆续缉获将近百人。查该匪等情殊叛逆，拟请宽其胁从之诛。下所司知之。②

初二日庚午(9 月 20 日)

闽浙总督边宝泉奏，闽壖困惫，请仍免全厘，以资补救。下部议行。

初三日辛未(9 月 21 日)

浙江巡抚廖寿丰奏，"元凯"轮船年久难修，变价万金，另购浅水兵轮三艘，分道配辑。下部知之。又奏，遵旨查拿潜逃回籍之奉天复州知州金兆埙业经病故，请免置议。报闻。③

初六日甲戌(9 月 24 日)

直隶总督王文韶奏，截留漕米，发给各营，照数扣饷，收回价银十九万三千余两。其运存营口、旅顺之米，遗失焚毁，请免追缴。至江北江苏个儿钱一项，原系抵作运费，收支数目，请饬核销。允之。

调直隶正定镇总兵吴宏洛为通永镇总兵官，通永镇总兵吴育仁为正定镇总兵官。

初八日丙子(9 月 26 日)

有人奏，福建候补知县办理商务局姚近范、藩库厅兼善后局支应任如芬、机器局苏绍良，朋比为奸，乘台北失守，私盗公款，或汇厦门，或汇上海、广东。任如

---

① 《清实录·德宗景皇帝实录》卷三七三。
② 《清实录·德宗景皇帝实录》卷三七四。
③ 《清实录·德宗景皇帝实录》卷三七四。

芬得银三十万两，姚近范得银十万两，苏绍良得银二十万两。任如芬改省江苏，姚近范欲捐道员，苏绍良欲捐知府。台北失守，库储只二十三万，任如芬诬报七十万之多。台湾新海防捐尚有五六十万，亦饱私囊。所奏各节，究竟有无其事，着边宝泉查明具奏。①

初九日丁丑（9月27日）

御史庞鸿书奏，滇边界务，急宜熟筹一折。着总理各国事务衙门王大臣议奏。寻奏：遵查滇缅界务，已咨行云贵督臣选派妥员，会同英官就新定图线，定立界石。至八募野人山地，关系甚重，未可轻许，已与英使再三辩驳。方今时事多艰，环求无厌，诚如该御史所言，惟有刻意坚持，相机因应，以扩利源而杜狡谋。报闻。

两广总督谭钟麟等奏，广东新会县乡民械斗，拒杀弁勇，派营弹压拿办。得旨：着即严拿首要各犯，讯明惩办。②

十一日己卯（9月29日）

电寄许景澄，许景澄身为驻使，俄日交情若何，谅能探悉。今辽议迁延已久，许景澄应切告外部，谓此事专待俄廷转圜，以符帮助到底之说。如俄有他意，亦应据实电陈。总之开诚相与，上紧催问，是该大臣专责，毋得因循致误。

电寄出使英法大臣龚照瑗，本日已将刘秉璋革职，永不叙用，并将办理不善之道府等官，查明再办矣。

十四日壬午（10月2日）

以神灵默佑，伏秋安澜，颁直隶永定河卢沟桥大王庙匾额曰"并数澜澄"。

直隶总督王文韶奏，津海关道盛宣怀倡捐集资创办西学学堂，请饬立案。③

十九日丁亥（10月7日）

电寄许景澄，据龚照瑗电称，哈告庆常云，日本退辽旅可照办，数日后得明

---

① 《清实录·德宗景皇帝实录》卷三七四。
② 《清实录·德宗景皇帝实录》卷三七四。
③ 《清实录·德宗景皇帝实录》卷三七四。

文，俄外部在法所告相同等语。归辽之议，何以不发于俄而发于法，且是否索费，并未提及。此中曲折，着许景澄确探详电，毋失事机。

电寄杨儒，电悉。秘总统登位，着传旨致贺。①

二十日戊子(10 月 8 日)

电寄许景澄，第一期应交日本库平银五千万两，着许景澄于伦敦存款内，按数提付龚照瑗，交日本驻英使臣接收。

廿二日庚寅(10 月 10 日)

电寄许景澄，前据法外部告庆常，倭退辽旅可照办，俄外部在法所告相同。数日以来，俄法两使均未来告，而日使忽欲与中国订立归辽之约，拒之则事机恐误，允之则三国失欢，甚难措置。着许景澄径告俄外部，以辽议创自俄廷，此时断无撇开三国，与日开议之理。俄前云帮助到底，顷复云倭可照办，其何时退兵，有无赔费，想两国已有成言，着再切询外部，必得确音，以便饬该衙门照会日本，并着即速电奏。

电寄庆常，庆常在差年久，熟习法国情形，是以派充驻法专使，正当感激图报，将交际难办之事，竭力妥办，能与外部商量，使在华公使不生要挟，方为不负委任。该员其专心奉职，毋许固辞。②

廿三日辛卯(10 月 11 日)

电寄许景澄，电悉。辽费三千万两，虽经三国定议，并无明文告知中国，中国亦并未允许。必应切商俄外部，如再减让，中国方可照办。着许景澄速与商酌电覆。

抚恤琉球国遭风难民如例。

廿四日壬辰(10 月 12 日)

以随使俄国出力，予刑部郎中杨宜治以五品京堂补用，候选盐运同潘乃光等九员奖叙有差。

---

① 《清实录·德宗景皇帝实录》卷三七五。
② 《清实录·德宗景皇帝实录》卷三七五。

廿五日癸巳(10 月 13 日)

增祺奏,黑龙江边防紧要,拟添购快炮,请饬北洋大臣电致出使大臣定购,或向洋商定购,并将炮位暨子药数目开单呈览一折。着王文韶体察情形,酌量办理。

廿六日甲午(10 月 14 日)

着仍派文华殿大学士李鸿章为全权大臣,将归还辽旅事宜,与日本使臣林董定期开议。

电寄谭钟麟,苏元春办理越边土匪,措置合宜,着谭钟麟传旨嘉奖。所有在事出力员弁,着准其择尤酌奖。①

九月初一日戊戌(10 月 18 日)

清廷谕令:近数年来,各省屡有打毁教堂之案,叠经明降谕旨,饬令地方官实力保护。乃本年五六月间,四川、福建又复连出重案,经总理各国事务衙门王大臣及各该省将军督抚与各国使臣领事等竭力磋磨,赔偿巨款,兼将首从各犯拿获,分别惩办。推原起衅之由,该民人不过因一时气忿,致罹重辟,言念及此,良用恻然。现在各省教堂所在多有,全在地方官随时劝谕,居民切勿因微嫌细故,遽启衅端。如有不逞之徒捏造浮言,传播摇惑,即着严密查拿,讯明惩办,以期消患未萌。该将军督抚等务当通饬所属,留心访查,实力防范。倘该地方官仍前玩泄,致酿事端,定即从严惩处,各督抚将军等亦必一并严惩不贷。②

初五日壬寅(10 月 22 日)

直隶总督王文韶奏,天津山海关铁轨商路,请归并官商局办理。从之。

初七日甲辰(10 月 24 日)

有人奏,江苏金山卫遣撤防营办理不善,有至沪而不上轮船者,有沿途各散者,甚至房船房人,抢劫之案层见叠出,请饬严密约束等语。着赵舒翘确切查明,

---

① 《清实录·德宗景皇帝实录》卷三七五。
② 《清实录·德宗景皇帝实录》卷三七六。

如有前项情事，将该营官从严参办，并饬地方文武遇有防兵滋事，赶紧缉拿惩治。①

初十日丁未（10 月 27 日）

钦差大臣两江总督刘坤一奏，因病恳请解职。得旨：刘坤一着在津安心调理，毋庸开缺。

以两广总督谭钟麟兼署广东巡抚。

十七日甲寅（11 月 3 日）

盛京将军裕禄奏，派员巡查奉天东边沿江一带，并无游民过江垦田，边境均属安靖。报闻。又奏，奉天船规税务，现因地方事务尚未大定，本年征收之数，不能以常例为衡，恳准暂免计额，毋庸责令赔补。如所请行。②

十九日丙辰（11 月 5 日）

上海制造军器局，着督办军务王大臣督率江苏候补道刘麒祥办理。

廿一日戊午（11 月 7 日）

先是与日本议和，约内有将辽南地方让与日本等语。俄德法三国出而调停，劝中国另偿款项，勿让此地，命全权大臣大学士李鸿章与日本使臣订议。至是李鸿章奏，拟定交收《辽南条约》六款：一、本年三月所订条约第二款内，中国让与日本之辽南地方，俟日本军队撤回时，永远交还中国；二、中国照俄德法三国调停之议，另偿日本银三千万两；三、自中国将偿款三千万交清之日起，日本军队，限三个月内撤回；四、日本军队占据该地时，所有关涉该军队之中国臣民，概予宽贷；五、本约缮汉文、日本文、英文各二份存据，如汉文与日本文解译不同，以英文为凭；六、本约自批准署名盖印之日起，二十一日内在北京互换。下所司知之。

山东巡抚李秉衡奏，吕家洼漫口，大溜旁夺，已成海口形势，碍难堵合。下部

① 《清实录·德宗景皇帝实录》卷三七六。
② 《清实录·德宗景皇帝实录》卷三七六。

知之。①

廿二日己未(11月8日)

李鸿章与日本使臣林董，签署《辽东半岛收还条约》。②

电寄张之洞，归辽议定，三月退兵。旅顺地方虽经残破，而形势扼要，颇有他国觊觎。着张之洞将南洋所有各船，收集查验，一俟彼兵将退，调派数舰，即日北驶，将船填扎。该督其熟筹利害，毋稍拘泥，着即电覆。

以滇缅接造电线，赏丹国电师占臣游击衔。

廿三日庚申(11月9日)

电寄许景澄，归辽费三千万两，着许景澄于伦敦存款内，拨交龚照瑗转付日本驻英使臣接收。

廿五日壬戌(11月11日)

上御文华殿，荷兰国使臣克罗伯觐见。

廿六日癸亥(11月12日)

赏俄外部大臣罗拔诺夫、户部兼参议大臣威特等宝星。

廿八日乙丑(11月14日)

以捐资修建浙江钱塘县境内捍江塘六合塔工程，赏前兵部右侍郎朱智匾额曰"功资筑捍"。

冬十月初二日己巳(11月18日)

王文韶奏，拟派员查勘吉林三姓金矿，妥议开办章程一折。吉林三姓一带金矿，久经筹议，迄未举办。现据王文韶历陈实边裕饷之利，且关系通商边防大局，

---

① 《清实录·德宗景皇帝实录》卷三七六。
② 王彦威：《清季外交史料》卷一一八，书目文献出版社1987年版，第3～16页。

该处矿务，实为今日切要之图，亟应及时开办，以浚利源。即着饬派道员宋春鳌前往详细查勘，妥为办理，并令津海关道盛宣怀协同筹画。一切章程，即仿照漠河办矿成案，俟三年后著有成效，准其择尤请奖。总期于兴利实边两有裨益。①

初四日辛未（11 月 20 日）

都察院奏，浙江武举陈殿扬等，遣抱以"台属灾歉甚重，吁请抚恤缓征"等词，赴该衙门呈递。各省水旱偏灾，例应由督抚奏请恩施。该武举等在都察院率行呈请，殊属不合，已将原呈发还矣。惟地方灾歉，关系民生，览该武举等所呈情形，殊深轸念。着廖寿丰确切查明台州所属临海等县，究竟有无被灾，及应否抚恤缓征之处，即行奏明办理。

以广东布政使成允，署广东巡抚。②

初六日癸酉（11 月 22 日）

电寄李秉衡，俄使来言该国水师轮船，拟借山东胶陬暂泊过冬，屡经总署驳诘。据云暂时守冻，为时无几，俟船到时，着李秉衡饬令地方官，妥为照料，毋滋事端。

初七日甲戌（11 月 23 日）

电寄谭钟麟，电悉。南澳镇总兵员缺，着该督与边宝泉妥商，俟奏到时再降谕旨。

电寄依克唐阿，电悉。前因辽地归还，谕令宋庆，俟彼兵退后，即带所部前往分扎。本日据王文韶、宋庆奏，已派定各员，乘轮赴旅商办接收矣。金旅一隅，斗绝入海，以形势论，与北洋为近。故台垒归北洋经营，防兵派专员驻扎，此一定之理。今阅依克唐阿所奏，三路派兵，前往弹压并自备行粮，勿扰地方，办理甚为周妥。惟正南一路，业经宋庆等派员商办交收，一俟彼兵撤退，仍由宋庆驻扎，该将军即毋庸派兵前往，以专责成。

十一日戊寅（11 月 27 日）

前谕张之洞，令将南洋各轮，移泊旅顺，至今未覆。兹牛庄、营口于十四日归

---

① 《清实录·德宗景皇帝实录》卷三七七。

② 《清实录·德宗景皇帝实录》卷三七七。

还，旅顺交期亦即不远，若虚而弗守，恐启耽视之端。况胶隩已准俄舶过冬，尤虑各国援为口实。着张之洞速饬带轮员弁，整顿北驶，先到烟台候信，再进旅坞，毋得耽延，并即电奏。

电寄许景澄，据喀使言俄舰十余，欲借胶州口隩停泊过冬。总署以胶非口岸。曾指之罘与商。而喀使屡请不已。朝廷重顾邦交，允令暂泊。着许景澄与俄外部申明暂泊之说，一俟春融，务即开去，以见两国和好，彼此均不食言也。①

十二日己卯（11月28日）

张之洞电奏辩驳商约，颇为切实。着李鸿章归入应驳条款内，力与磋磨。

十三日庚辰（11月29日）

电寄张之洞，电悉。南洋五轮，一搁浅而四待修，设无移泊之旨，岂竟任其废置海滨耶？该督留心军事，何以疏忽如此。现在旅顺未交，着将四轮勒限赶修，并饬将弁整备一切，闽轮二艘，着准其先行调往。

四川总督鹿传霖奏，川省法国教案恤款，新旧共合库平银九十四万三千五百九十七两余，又制钱二百千，设法筹款，按年拨给。下所司知之。

十四日辛巳（11月30日）

大学士李鸿章奏与日本使臣互换归辽条约事竣。下所司知之。

总理各国事务衙门等奏，英美耶稣教士惠志道条陈中国教务，缮备册折呈请代递。得旨：着该衙门酌核办理。又奏，俄主明年加冕，请颁赠头等宝星，嵌用上等珍珠，刻以钻石，加工雕镂，以彰华贵，并请特颁国书，届时由出使大臣赍递。依议行。②

十六日癸未（12月2日）

有人奏，广东盗风日炽，请饬严缉一折。据称九月间，香港保安轮船抵省，附有匪徒四百余名，潜谋不轨。经千总邓惠良等探悉，前往截捕，仅获四十余人。讯据供称为首孙文、杨衢云，共约有四五万人，潜来省城，克期起事。现在孙文首逆

---

① 《清实录·德宗景皇帝实录》卷三七七。
② 《清实录·德宗景皇帝实录》卷三七七。

远扬，党类尚多，窃恐酿成巨患等语。着谭钟麟、成允严密访查，务将首犯迅速捕拿，以期消患未萌。寻两广总督谭钟麟奏，拿获匪伙陆皓东等三犯，即行正法，以定人心，仍严密购拿孙文、杨衢云，务获到案。得旨：此案逸犯，仍着严缉。粤省盗风日炽，该督当防患未然，切勿大意。①

十七日甲申(12 月 3 日)

闽浙总督边宝泉奏，台湾文职各官，陆续内渡，仕途拥挤，请量予变通。原系在闽禀到、调台差遣者，仍归闽序补差委。由台禀到者，可否令该员另指他省，或于邻近浙江、江西、广东各省分匀改发，以免趋重一隅。下部议。

十八日乙酉(12 月 4 日)

去岁海上用兵，中国购买外洋枪炮，良楛不一，价倍寻常。朝廷有鉴前失，特降谕旨，令督办军务王大臣督率江苏候补道刘麒祥，办理上海制造军器局，原冀实事求是，一切藉资整顿，并非将该局远隶二千里之外，不准该省督抚过问也。兹有人奏，刘麒祥在上海多年，任意挥霍，亏空巨万等语。朝廷用人行政，一秉大公，毫无成见，况制造局关系自强要图，自不惜再四求详，俾臻至当。江苏制造军器局，仍着张之洞督饬刘麒祥，认真规画，次第扩充，按照向办章程，报部核销，毋庸由督办军务王大臣督率办理。至刘麒祥承办该局，究竟有无亏短情事，着张之洞确查具奏。寻奏：遵查上海制造局，赶办报销，非一二月间所能蒇事。现饬委江海关道黄祖络，暂行兼管该局事务，责成督饬局员赶造，核明有无亏短，再行核奏。报闻。

电寄裕禄，电悉。营口海盖及凤岫等处，次第接收，着妥为安抚。营口开关，事同创办，廷雍何以尚未赶到，着饬催。

电寄张之洞，电悉。俄路现修至托穆司克，本欲东通海参崴。今派员假道勘路，则意在大连湾矣。与其彼来，莫如我接。前谕三省将军，一面伴送俄员，一面随地查勘，正是此意。惟集股甚难，借款亦不易。该督所陈，岂能遽办。至俄款利息，并非五厘，该督亦毋庸轻与商借也。

闽浙总督边宝泉奏，古田菜匪，隐与教民为难，聚集多人，顿成巨案。将弁搜捕，悉数擒获，恳恩予奖。得旨：准其酌保数员，毋许冒滥。②

---

① 《清实录·德宗景皇帝实录》卷三七八。
② 《清实录·德宗景皇帝实录》卷三七八。

二十日丁亥(12月6日)

督办军务王大臣奏,请简派大员督办铁路一折。铁路为通商惠工要务,朝廷定议,必欲举行。前谕王大臣等,令将近畿一带,先拟办法,当经该王大臣选派广西臬司胡燏棻前往查勘。兹据奏称,自天津起,循运河西岸迤逦而北绕越南苑,以达卢沟桥,计二百一十六里,估需工料银二百四十余万两,并绘图贴说,请派员督办等语。夫创举之端,难于虑始;任用之际,要在不疑。胡燏棻既经条奏于先,又复履勘于后,津卢一路,着即派该臬司,督率兴办,以专责成。所需经费,着户部及北洋大臣合力筹拨。至由卢沟南抵汉口干路一条,道里较长,经费亦巨。各省富商,如有能集股至千万两以上者,着准其设立公司,实力兴筑,事归商办。一切赢绌,官不与闻,如成效可观,必当加以奖励。

电寄刘坤一,据奏病体已痊,甚慰。惟现在金旅尚未收回,着俟全辽交清后,再行来京陛见。①

廿一日戊子(12月7日)

有人奏,广东会匪,在澳门、香港等处,聚众滋事,有草鞋、红棍、白扇等名目。本年九月间,潜图叛逆,至今首犯未获,恐成大患等语。着谭钟麟、成允督饬员弁,严密缉拿,毋任漏网。

廿二日己丑(12月8日)

据督办军务王大臣奏,天津新建陆军,请派员督练一折。中国试练洋队,大抵参用西法。此次所练,系专仿德国章程,需款浩繁,若无实际,将成虚掷。温处道袁世凯,既经王大臣等奏派,即着派令督率创办。一切饷章,着照拟支发。该道当思筹饷甚难,变法匪易,其严加训练,事事核实。倘仍蹈勇营习气,惟该道是问。懔之慎之。②

廿四日辛卯(12月10日)

出使美日秘国大臣杨儒奏,粤商何献墀,请开办两广铁路矿务,据情代奏。下

---

① 《清实录·德宗景皇帝实录》卷三七八。
② 《清实录·德宗景皇帝实录》卷三七八。

所司议。

以全漕告竣，予仓场侍郎祥麟等议叙。

廿五日壬辰(12 月 11 日)

以海军失事，革直隶副将王永发职。

廿八日乙未(12 月 14 日)

电寄王文韶，电悉。新募防军，即行裁撤。陈湜所部，着即分拨填，扎山海关等处。①

十一月初一日丁酉(12 月 16 日)

山东巡抚李秉衡奏，新造坚利及远后膛抬枪，请饬各省仿造，以扩军用而免外求。报闻。

蠲缓山东宁海、文登、荣成三州县暨各屯庄被扰地方本年额赋灶课。②

初二日戊戌(12 月 17 日)

截留海军存本银二十万两，备购北洋练船。

初三日己亥(12 月 18 日)

户部总理各国事务衙门奏，豫拨东北边防经费一折。据称光绪二十二年，东北边防经费，照案指拨山东地丁银十二万两、山西地丁银十万两、浙江地丁银八万两、江西地丁银五万两、安徽地丁银十万两、江苏厘金银八万两、江西厘金银八万两、浙江厘金银八万两、安徽厘金银五万两、湖北厘金银八万两、湖南厘金银八万两、福建厘金银八万两、江海关六成洋税银十万两、江汉关六成洋税银十万两、夔关常税银四万两、闽海关六成洋税银十万两、九江关六成洋税银八万两、四川盐厘银十五万两、两淮盐厘银十二万两、四川津贴银八万两、山东粮道库银五万两、广东厘金银八万两、粤海关六成洋税银十二万两，请饬依限报解等语。

---

① 《清实录·德宗景皇帝实录》卷三七八。
② 《清实录·德宗景皇帝实录》卷三七九。

初四日庚子（12 月 19 日）

以两广总督谭钟麟暂行兼署广东巡抚。

初五日辛丑（12 月 20 日）

电寄王文韶，金旅即日交收，炮台局厂，向归北洋办理。此后宜如何布置，着王文韶悉心筹度具奏。宋庆之十营，已令移扎旅顺一带矣。

电寄张之洞，前据张之洞奏，南洋各艇，计十月修齐。现在金旅已复，船坞尚虚，南船何日北驶，着电复。又由沪达苏铁路有成议否，并电闻。

电寄宋庆，金旅已收。着宋庆统带全队，即日移扎。前据宋庆奏，金州为旅顺后路，着相度地势，扼要扎营，并着安辑抚循，以慰民望。①

初七日癸卯（12 月 22 日）

电寄谭继洵，英人赛力，枪毙华官，案情重大，恐激成事变。已饬总理衙门与英使理论，将兵轮调回。该抚务当严饬文武各官，妥为弹压，并将详细情形，速即电闻。

十一日丁未（12 月 26 日）

昨据御史陈璧奏，请派大员查明福建船政实在情形。本日据户部奏，船政事宜，可否仍循旧章，特派大臣总理各折片。福建船政局，兴办已久，近年来制造日稀，虽拨款较少，总难免滥支滥用情弊。边宝泉到任后，业经饬令兼管，所有一切情形，有无弊窦，着边宝泉确切查明，据实具奏，应如何整顿办理，听候谕旨。②

十三日己酉（12 月 28 日）

电寄王之春，前次奉使俄邦，办事得体。明年四月间，俄君加冕，谊应致贺。着派王之春为专使，赍国书前往。该藩司奉到此旨，即交卸乘轮赴沪，候国书递到，迅速启行。所有致赠俄君宝星，已饬许景澄在洋置备矣。

---

① 《清实录·德宗景皇帝实录》卷三七九。
② 《清实录·德宗景皇帝实录》卷三七九。

十七日癸丑(公元 1896 年 1 月 1 日)

有人奏，道员罗丰禄，总理海军营务，深为李鸿章所倚任，王文韶亦深信不疑，并胪陈该道揽权纳贿，罔上行奸各款，请严参治罪等语。着王文韶按照所参各节，确切查明，据实具奏。

御史王鹏运奏，请讲求商务。下总理各国事务衙门议。寻奏：商务局应设立，然当由绅商主其事。招商局应整顿，然当由南北洋大臣总其成。至京师设商务公所，请毋庸议。从之。

广东南澳镇总兵刘永福开缺回籍，以前福建台湾镇总兵万国本为广东南澳镇总兵官。①

十八日甲寅(公元 1896 年 1 月 2 日)

本日已有旨，令刘坤一回两江总督本任矣。两江地方紧要，所有张之洞办理铁路、整顿商务、简练陆军诸大端，均经创始，尚未就绪。该督回任后，务当振刷精神，实力筹办，俾诸务日有起色，方为不负委任。

有人奏，津海关道盛宣怀招权纳贿，任意妄为各节，当交李秉衡确切查明。兹据查明具奏，原参各款，或事出有因，或查无实据。惟总办电报害则归公，利则归己，复克扣军饷，搜罗股票，平日居官亦多攀援依附，并请撤去该道电报局总办各折片。盛宣怀所管电报招商局务，关系紧要，接手之人，必须才识兼长、操守廉洁者，方能胜任。着王文韶将各局现在情形，详细确查，并酌保熟悉电报、招商等局妥实之员，以备任使，毋稍迁就。

命两江总督刘坤一、湖广总督张之洞各回本任。

十九日乙卯(公元 1896 年 1 月 3 日)

山东巡抚李秉衡奏，矿务屡办屡停，久无成效，拟请暂行封禁。从之。

二十日丙辰(公元 1896 年 1 月 4 日)

电寄谭继洵，王之春奉使俄国，总以无误使期为主，至办理大计，能否完竣。

---

① 《清实录·德宗景皇帝实录》卷三八〇。

着该署督自行斟酌，无须渎请。①

廿五日辛酉（公元 1896 年 1 月 9 日）

有人奏，浙洋商船屡被盗劫，请饬认真巡缉一折。据称浙江宁波、温州、台州、定海、玉环各处洋面，自上年六月以来，商船被劫者，不下数十起，轻则剽掠财货，重且杀人焚船。缉捕师船，避其凶锋，未闻破获一案等语。盗匪在洋面肆劫，该省额设师船，所司何事？着边宝泉、廖寿丰严饬水师将弁，克期出洋，认真巡缉，前报各案务获究办。倘仍前玩泄，即行严参，以卫商船而弭隐患。

有人奏，浙江台州府土匪充斥，劫掠频仍，民人商旅，皆受其害等语。着廖寿丰严饬所属，从严缉办，不准轻议招抚。②

廿六日壬戌（公元 1896 年 1 月 10 日）

两广总督谭钟麟奏，查明粤海关之弊，全在胥吏，监督又多因借债挪移，受其挟制。现计欠解税银十八万余两，藩库银数十万两，前后任交代银共十余万两，应俟监督文佩接收后，会商办理。下所司知之。

廿七日癸亥（公元 1896 年 1 月 11 日）

直隶总督王文韶奏，北洋制造局添办军火银两，请由东征粮台拨给。下部议。又奏，漠河金厂余款，报充军饷。允之。又奏，请调前台湾镇总兵万国本，赴北洋差遣。得旨：万国本业经简放南澳镇总兵，所请着毋庸议。

山东巡抚李秉衡奏，整顿南运局，并将每年节省银两，扩充机器。从之。③

廿八日甲子（公元 1896 年 1 月 12 日）

有人奏，道员赖鹤年，前在上海转运局，隐匿巨款四十余万，尽饱私囊，请饬查办等语。着张之洞确切查明，据实具奏。寻奏：查明道员赖鹤年参款，委系传闻失实，应请免其置议。报闻。

有人奏，专阃大员，侵盗巨款，据实纠参。据称南澳镇总兵万国本，前任总兵

① 《清实录·德宗景皇帝实录》卷三八〇。
② 《清实录·德宗景皇帝实录》卷三八〇。
③ 《清实录·德宗景皇帝实录》卷三八〇。

时，焚毁藩署，将库藏盘运一空，纵令兵丁劫掠惨杀。该总兵内渡至上海，每兑洋银，辄以五万计，请严查参办等语。着边宝泉确切查明，据实具奏。

前福建台湾巡抚刘铭传卒。

十二月初三日己巳(公元 1896 年 1 月 17 日)

电寄张之洞，据奏南洋创办新军，责成洋将操练，并金陵、上海兴办铁路，均照所请行。惟洋将是否上等之材，薪水尚宜斟酌。张之洞既经创办，条理秩然，即交刘坤一赓续成之，以为补牢之计。至邮政一节业经总署筹议，粗有头绪矣。

赏西班牙国大臣沙尔库宝星。

初五日辛未(公元 1896 年 1 月 19 日)

本日御史张仲炘奏，请添设专官开立银行，经理工商各务一折。着督办军务王大臣会同户部议奏。寻会奏，遵议中国开办银行，宜先博考西俗银行之例，详稽中国票号之法，近察日本折阅复兴之故，远征欧美颠扑不破之章，参互考证，拟定办法。得旨：着户部再行妥议具奏。①

初六日壬申(公元 1896 年 1 月 20 日)

署两江总督张之洞等奏，截回台湾拨饷，并将原购船械，暂归南洋收用。下部知之。又奏，芜湖弛开米禁，拟在上游设局征厘。下所司知之。

初七日癸酉(公元 1896 年 1 月 21 日)

御史杨崇伊奏，京官创设强学书院，植党营私，请旨严禁一折。据称近来台馆诸臣，于后孙公园赁屋，创立强学书院，专门贩卖西学书籍，并钞录各馆新闻报，刊印中外纪闻，按户销售，犹复借口公费，函索外省大员，以毁誉为要挟，请饬严禁等语。着都察院查明封禁。

本日御史杨崇伊奏，章京杨宜治，出洋招摇，诳骗法商银两等语。着总理各国事务王大臣查明具奏。寻奏，查无其事。报闻。②

---

① 《清实录·德宗景皇帝实录》卷三八一。
② 《清实录·德宗景皇帝实录》卷三八一。

初九日乙亥（公元 1896 年 1 月 23 日）

本日御史陈其璋奏，请整顿同文馆，及推广制造图绘之学，并令编检等官暨举人、五贡一体招考各折片，着该衙门议奏。

缓征两淮、泰海等场被风被潮灶荡折价钱粮有差。

初十日丙子（公元 1896 年 1 月 24 日）

抚恤朝鲜国遭风难民如例。

十一日丁丑（公元 1896 年 1 月 25 日）

有人奏，商约关系重大，请坚持定见等语。税则为中国自主之权，此次日本新议商约，制造土货，征收税款，最为全约关键。倘竟漫无限制，条约一定，各国将借口利益均沾，于中国海关税务，大有关系。着李鸿章坚持定见，力与磋磨，务令就我范围，断不准草率从事，致滋贻误。①

十六日壬午（公元 1896 年 1 月 30 日）

直隶总督王文韶奏，提督聂士成遵议挑留淮军三十营，营制悉照旧章，训练改用西法，延聘教员，以资训练，请饬立案。下部知之。

蠲免两浙仁和、海沙、鲍郎、芦沥、横浦、浦东六场坍废灶地本年额征赋课。②

十七日癸未（公元 1896 年 1 月 31 日）

以收还辽旅出力，赏俄国外部大臣罗拔诺夫、使臣喀希尼、法国外部大臣哈诺、使臣施兰珂、德国宰相乌亨格、外部大臣马沙尔、署副大臣巴兰德、使臣绅珂并津海关税务司德璀琳宝星。

---

① 《清实录·德宗景皇帝实录》卷三八一。
② 《清实录·德宗景皇帝实录》卷三八二。

十八日甲申(公元 1896 年 2 月 1 日)

蠲缓两浙杜渎、海沙、鲍郎、芦沥、钱清、西兴、长亭、横浦、浦东九场,暨清、龙、穿三场被灾灶荡新旧原缓粮课有差。①

十九日乙酉(公元 1896 年 2 月 2 日)

以锦州海口轮船失事溺毙西征员弁,予副将阳清明、总兵胡文祥等二十八员优恤。

二十日丙戌(公元 1896 年 2 月 3 日)

以办理邦交出力,赏德国外部副大臣罗特罕等十四员宝星。

廿一日丁亥(公元 1896 年 2 月 4 日)

盛京将军依克唐阿奏,整顿奉天事宜,曰练兵队,曰筑炮台,曰造铁路,曰制枪械,曰开矿产,曰办团练。请先借拨巨款,克日兴办,力图自强。下督办军务处王大臣议。寻议:原奏六条,惟矿务最为切要,亟应妥筹办法,酌量开采。其余分别缓急,据实妥筹。从之。

以办理同文馆出力,予广州驻防汉军协领刘绍基等奖叙。

以奉天海城等处被兵,免上年苇税。②

廿二日戊子(公元 1896 年 2 月 5 日)

依克唐阿奏,访查营口牛庄各口税厘情形,请饬查办一折。据称奉省进款,皆出于各项税捐。山海关道所管税务,每年收数,向不造报。奉省商民输纳之数,岁不止百余万,每年报部仅十八万,中饱瓜分,竟逾百万之多。种种弊窦,不堪指数,请饬北洋大臣查办等语。着王文韶确切查明,据实具奏。寻奏:遵查营口、牛庄各口税厘,据山海关道廷雍所请,改定各项章程,化中饱为正税,应即责成经理,俟一年后比较收数,再行奏明。下部知之。

---

① 《清实录·德宗景皇帝实录》卷三八二。
② 《清实录·德宗景皇帝实录》卷三八二。

廿三日己丑(公元 1896 年 2 月 6 日)

山东巡抚李秉衡奏，新海防屡次捐项，已供军饷，无力筹还。请自第六十九次起，尽数解部。下部议。

廿四日庚寅(公元 1896 年 2 月 7 日)

御史陈其璋奏，山东开矿不宜停止，请饬派贤员实力勘办一折。山东矿务，前据李秉衡以历办并无成效，奏请封禁，当照所请行矣。兹据该御史奏称开矿之法，果能慎选矿师，购备机器，相度地势，禁用私人，总可大获利益。宁海矿产饶富，久为德商垂涎，无故请停，必启彼族贪谋。且工匠勇丁，亦已召募不少，封禁之后，微特历次开办之功尽弃，矿丁犷悍性成，必贻后患。登莱青道李兴锐，精于西学，请饬派办等语。现在帑项支绌，筹款维艰，前经通谕直省疆吏，体察本省情形，将矿务实力开办，原期收地利以裨国用。览该抚前奏，不过以办理不得其人，暂请封禁。今该御史谓不宜停止，颇属有见，自未便因噎废食。即着李秉衡督饬李兴锐详细查勘，择要兴办。该抚毋得因已允封禁之请，稍执成见。

总理各国事务衙门奏，伪铸银钱，流出外洋，请饬严禁，以保商务。又奏，查验伪银出口章程。均从之。

拨总理各国事务衙门三成船钞银每年各二百两，备三善堂经费。①

廿五日辛卯(公元 1896 年 2 月 8 日)

本日御史王鹏运奏，制钱日少，产铜日稀，请禁止轮船运钱出口，并开办矿务、鼓铸银圆，以维大局一折。着户部总理各国事务衙门议奏。寻议：该御史所请禁钱出口，自系维持圜法至计，核与约章相符，自应照准。至鼓铸银圆，前经议准，令沿海沿江各省，用意经营，应俟各省奏咨到日，再行妥议筹办。矿政尤裨国课，亦应照准。惟有无弊混，应再咨令产矿省分，厘定章程，奏明报部。从之。

直隶总督王文韶奏，北洋淮军，拟留定五十八营十五哨，请饬部添拨的饷，以济要需。下部议。②

---

① 《清实录·德宗景皇帝实录》卷三八二。
② 《清实录·德宗景皇帝实录》卷三八二。

廿六日壬辰（公元 1896 年 2 月 9 日）

督办铁路事务顺天府府尹胡燏棻奏，津卢铁路拟借洋款举办。得旨：该衙门速议具奏。寻督办军务处会奏，筹借洋款，以济铁路工需，将来运脚收入，能否拨还，未必确有把握，应毋庸议。从之。

以西医代治受伤员弁，赏英、美、德、法各国医官司里巴等十九员宝星，赏洋妇安得生等四口"乐善好施"匾额。

廿七日癸巳（公元 1896 年 2 月 10 日）

明年四月为俄君加冕之期，着派一等肃毅伯文华殿大学士李鸿章，前往俄国致贺，以重邦交。

大学士李鸿章现在出差，尚书衔户部左侍郎张荫桓，着作为全权大臣，与日本使臣林董，妥议通商事宜。

电寄廖寿丰等，明年四月初为俄君加冕之期，已派李鸿章为正使，前往致贺。前任巡抚邵友濂，熟于俄事，着即授为副使，以辅其行。该前抚接奉此旨，即日驰赴上海，俟李鸿章到后，一同启轮，途长期迫，不可耽延。其由籍起程日期，并即迅速电覆。此旨着廖寿丰传谕知之。如邵友濂现在上海，即着张之洞传谕知之。

浙江巡抚廖寿丰奏，密陈招商承办局厂，宜防流弊。下所司议。寻总理各国事务衙门奏：遵议厘定商厂不准私造军械，凡商轮机器及一切货物，悉准集股建造，应请饬行，以拓商利而杜隐患。至各省机器制造官局，惟应力求撙节，未便遽筹归并。又洋行所售枪械，应由各直省督抚，严饬各关监督税司，随时稽查，以免疏虞。至护商兵轮听民自制一节，请毋庸议。从之。①

廿八日甲午（公元 1896 年 2 月 11 日）

有人奏，本年闰五月间，浙江绍兴府属上虞县贡岙渡地方，有商船被劫。该县托故推诿，以致盗众饱扬，并未追缉等语。着廖寿丰确切查明，据实参奏。②

---

① 《清实录·德宗景皇帝实录》卷三八二。
② 《清实录·德宗景皇帝实录》卷三八二。

是年

全国海关出口货值银一亿四千三百二十九万三千二百一十一两，进口货值银一亿七千一百六十九万六千七百一十五两，入超银二千八百四十万三千五百零四两。征收货税银（海关洋税）二千一百三十八万五千三百八十九两。①

沙俄为修筑中东铁路，在黑龙江松花江左岸，建立江北船坞。②

光绪二十二年　公元 1896 年　丙申

春正月初二日丁酉(2 月 14 日)

电寄王之春，现派李鸿章出使俄国，王之春毋庸前往，着即回任。

邵友濂病既未痊，即着毋庸赴俄。着张之洞传谕知之。③

沙俄舰队入侵旅顺口。

初六日辛丑(2 月 18 日)

浙江巡抚廖寿丰奏，海盐石塘修筑工竣，出力员绅请奖。得旨：准其择尤酌保数员，毋许冒滥。

初八日癸卯(2 月 20 日)

总理各国事务衙门奏，大学士李鸿章奉使俄廷，经过英、法、德三国之境，归途取道美国。头等公使，体制尊崇，各国均属耳目，未便往来径行过境而不将意，

① 刘锦藻：《清朝续文献通考·国用四》卷六六，商务印书馆 1934 年版，第 8225~8229 页。

② 刘传标：《近代中国船政大事编年与资料选编》第 2 册，九州出版社 2011 年版，第 428 页。

③ 《清实录·德宗景皇帝实录》卷三八三。

应请缮写满汉文国书各四份，交李鸿章赍往四国亲递，以固邦交。依议行。①

初九日甲辰(2 月 21 日)

电寄依克唐阿，电悉。辽南等处被兵之后，民困未苏。着将各营用剩之白面、小米、粳米等，全数散给各州县，以资赈抚。该将军当宣布朝廷德意，务令实惠及民。至黑豆一项，着由海运通，毋庸散给。

十二日丁未(2 月 24 日)

总理各国事务衙门奏，拟增进口洋税，请饬李鸿章于奉使之便，与俄、英、法、德、美各外部商论损益，挽回利权。依议行。

十三日戊申(2 月 25 日)

大学士李鸿章奏，酌拟随带出洋兵部主事于式枚等十员、副税司柯乐德等五员，并请饬内务府豫备礼物。均依议行。

十四日己酉(2 月 26 日)

署两江总督张之洞奏，江南现拟创设储才学堂，分立交涉农、政、工艺、商务四门，并将向有之同文馆归并推广。得旨：着张之洞移交刘坤一妥为办理。又奏，遵查两淮督销局碍难裁撤，力筹整顿办法。报闻。

十五日庚戌(2 月 27 日)

署两江总督张之洞奏，江宁省城，创设陆军学堂，附设铁路专门学，拟筹拨经费。如所请行。又奏，金陵下关，添设趸船，淮口以西，修造马路。下部知之。以办事持平，赏英国驻芜湖领事福格林、税务司班谟宝星。②

十八日癸丑(3 月 1 日)

署两江总督张之洞等奏，查明苏省二十一年分，征收漕白二粮实数，并酌定海

---

① 《清实录·德宗景皇帝实录》卷三八三。
② 《清实录·德宗景皇帝实录》卷三八三。

运章程十条。下部知之。①

二十日乙卯（3月3日）

光绪帝御文华殿，各国驻京使臣觐见。

廿一日丙辰（3月4日）

总理各国事务衙门奏，新设官书局，请派大员管理一折。着派孙家鼐管理。②

直隶总督王文韶奏，统筹北洋海防，就现在情形，分别整顿布置，冀渐扩充。下所司知之。

以订造飞鹰鱼雷猎船告成，赏德国监造官费新格怀时宝星。③

廿二日丁巳（3月5日）

署两江总督张之洞等奏，遵议裁减制兵，酌拟大概办法五条：一曰官弁不可裁；二曰练军不宜裁；三曰存营之兵不能裁；四曰零星汛兵可裁；五曰江省水师可酌裁。下部议。

廿三日戊午（3月6日）

张之洞奏，南洋"开济""镜清""寰泰""南瑞"及福建"福靖"各兵轮，遵旨调防北洋。上年十一月间，陆续行抵旅顺。嗣后煤饷各项，转运为难，请改由北洋支应等语。即着王文韶查明各兵轮所需饷糈煤炭各款，就近按月接支，以省周折。

廿五日庚申（3月8日）

户部左侍郎张荫桓奏，接议日本商约为难情形。得旨：着力与磋磨，毋得畏难迁就。

署两江总督张之洞奏，严禁上海洋人于租界外侵占地址，民间亦不得以界外地

---

① 《清实录·德宗景皇帝实录》卷三八四。

② 《清实录·德宗景皇帝实录》卷三八四；朱寿朋：《光绪朝东华录》，中华书局 1958 年版，第 3738～3740 页。

③ 《清实录·德宗景皇帝实录》卷三八四。

私行卖与洋人，以收地利而保政权。下所司议。

命办理江防云南提督冯子材仍回粤督办钦廉防务。

廿六日辛酉(3 月 9 日)

署两江总督张之洞奏，江南息借洋款一百万镑，统筹归还之法，拟由厘局分筹，并遵部议，减拨淮饷，并请饬江西、安徽两省协济，以期集成的款。下部知之。又奏，洋操新军的饷统筹办法，以裁兵所节之饷，与芜湖、苏、沪米厘当之，足供支用。又奏，金陵上海铁路，筹议官商合办。并下所司知之。又奏，请添派前湖南巡抚吴大澂与前国子监祭酒陆润庠会办苏沪铁路事宜。得旨：吴大澂不必添派。①

廿九日甲子(3 月 12 日)

以记名提督林耀先，为浙江处州镇总兵官。

三十日乙丑(3 月 13 日)

清廷谕令：自上年与日本订约以来，内外臣工条陈时务折内，多以广开矿产为方今济急要图，当通谕各直省将军督抚体察各省情形，酌度办法具奏。嗣据陆续覆奏，安徽太湖之大石等各保庄煤矿，业已准商试办；江西袁州、吉安、广信、饶州等处均有煤矿，萍乡煤质尤佳，亦已集款劝办；湖南永顺、永州二府属矿苗甚旺，新疆和阗旧有金矿，均已派员往勘；至四川雅州各属矿产，叠据给事中吴光奎奏请招商开采，业经谕令鹿传霖设法举办；山东宁海矿务，亦经谕令李秉衡未可停止，即派道员李兴锐择要兴办。以上各该省有矿处，均系确凿可指，即着责成各该督抚认真督办，务臻实效，毋得辄行中止。他若云南向产五金、贵州矿苗素旺、山西所出之铁，夙称精良，现虽未据覆奏，均宜及时攻采，以期逐渐推广。吉林、黑龙江、江苏现亦未据奏到，着即将筹办情形，据实迅速覆奏。此外各省覆奏折件，谓矿不宜开，固属拘泥之见，谓矿无可开，亦属臆断之词，又或谓先宜讲求矿学，慎择矿师，及悉听民间自采，招商承办，恐无成效等词，一奏塞责，并未将该省如何拟办情形，详细声叙，甚非朝廷实事求是之意。

以兵轮驾驶不慎，撞沉外国商船，革管带县丞容尚谦职。②

---

① 《清实录·德宗景皇帝实录》卷三八四。
② 《清实录·德宗景皇帝实录》卷三八四。

二月初一日丙寅（3 月 14 日）

总理各国事务衙门奏，订借英德商款，草立合同，请旨遵行。允之。

署两江总督张之洞奏，苏州开埠通商，所有筹办缫丝纺纱各厂及内河行驶小轮各事宜，除江宁、苏州、上海各设商务总局派员督饬办理外，并照会在籍绅士分别经理。又奏，时局需才，求效难缓，拟选派已通西文之学生，分入外洋各国学堂肄业，并筹备经费。下所司知之。①

初三日戊辰（3 月 16 日）

署两江总督张之洞奏，江西绅商禀请创办内河小轮、西式瓷器、蚕桑学堂以扩商务。下所司议。寻总理各国事务衙门奏：该省绅商所请创办内河小轮一节，事属可行，应准开办。其如何并卡收厘之处，由江西抚臣酌定办理。至仿照外国瓷器及开设蚕桑学堂，新出茧丝销运出口，应准暂免厘税三年，俟销路既广，再行酌量征收。从之。又奏，选募洋员履勘海口沿江炮台情形。报闻。②

所办轮船公司名为福康公司，资本 6800 两，有小轮五只。③

初七日壬申（3 月 20 日）

刘铭传着晋赠太子太保衔，照巡抚例赐恤，加恩予谥，准其于立功处所建立专祠。生平战绩事实，宣付国史馆立传。

总理各国事务衙门奏，遵旨议办邮政，请由海关现设邮递推广，并与各国联会。允之。又奏，御史陈璧请仿行外洋印花税，遵即咨行出使大臣遵照办理。报闻。

四川总督鹿传霖奏，现闻周维纶在上海招集洋股，拟欲来川办矿，不惟川省不可招集洋股，即他省亦属不宜。报闻。

以随同效力，赏俄法德三国使馆头等参赞巴布罗福等宝星。④

初九日甲戌（3 月 22 日）

前据御史陈其璋奏，山东宁海矿务不宜停止，请饬派贤员，实力开办，当谕令

---

① 《清实录·德宗景皇帝实录》卷三八五。
② 《清实录·德宗景皇帝实录》卷三八五。
③ 樊百川：《中国轮船航运业的兴起》，四川人民出版社 1985 年版，第 327 页。
④ 《清实录·德宗景皇帝实录》卷三八五。

李秉衡督饬李兴锐详细查勘，择要兴办。旋据该抚覆陈东省矿务情形，是尚未奉到上月三十日寄谕，故仍以缓办为请。第居今日而议理财，舍开矿实无善策，且天下事得人则理。从前矿务，迄无成效，虽系李宗岱等之办理不善，亦未始非历任该管上司之不能加意维持也。李秉衡到任以来，整顿一切，均能不避嫌怨，力任其难，何独于开矿一事，转多疑沮耶？此事朝廷定议，务在必行，着仍遵前旨，督饬李兴锐详细查勘，择要兴办。至谓倭兵屯驻威海，招集多人，深恐滋事，陈其璋谓封禁后矿丁散处，适足贻患，虽持论彼此互异，但能处置得宜，自不至有所窒碍。览该抚折内所叙平度之三座山、酒店双山等处，卒以出金不旺弃之，可见东省产矿处所人言非尽子虚。他如奥国博物院，谓中国煤产以山东莱州等处为最；前福建巡抚丁日昌海防条议内，称山东潍县、莱芜等处皆有煤矿，则是东省产矿之处，更不一而足，均宜逐渐开采，以广利源。兹据翰林院侍讲学士文廷式奏，各省开办矿务，疆臣任意迁延，或借端阻挠，推原其故，皆由畏难。李秉衡向来办事认真，乃亦因噎废食，坐视库储艰窘，一筹莫展，殊非朝廷平日期许该抚之心。至官办不如商办，凡各省产矿之处准由本地人民自行呈请开采，地方官专事监管弹压，其一切资本多寡，生计盈亏，官不与闻，俾商民便于行事，廷臣条奏多持此论。着该抚体察情形斟酌办理。①

初十日乙亥(3 月 23 日)

清廷与英国汇丰银行、德国德华银行签订借款合同。②

十二日丁丑(3 月 25 日)

浙江巡抚廖寿丰奏，续筹两浙盐斤加价，酌照捆运确数捐收，以济饷需。下部知之。

以捕务废弛，革浙江署玉环营参将赵立鳌、右营守备李琛职。③

十四日己卯(3 月 27 日)

电寄刘坤一，道员黄遵宪，着暂留江苏办理教案商务各事宜。

---

① 《清实录·德宗景皇帝实录》卷三八五。

② 王铁崖：《中外旧约章汇编》第 1 册，生活·读书·新知三联书店 1957 年版，第 641～644 页。

③ 《清实录·德宗景皇帝实录》卷三八五。

十六日辛巳（3月29日）

有人奏，江苏候补知府谭泰来历充海运沪局总办，与招商局文报总办管理漕务之王松森、信用司事瞿开桐，营私舞弊，专俟海运垄断取盈等语。着刘坤一、赵舒翘确切查明，据实具奏，毋稍徇隐。寻奏：谭泰来承办沪局海运事宜，历有年所，尚属认真，现查并无恶劣声名，应请免其置议。浙江候补道王松森，查无别项劣迹。惟任令司事瞿开桐，伙开米栈，代办漕粮，显系有意瞻徇，应请交部议处。得旨：王松森着交部议处。①

十七日壬午（3月30日）

两江总督刘坤一奏，遵议南洋创办新军及铁路商务情形。报闻。又奏，请设商务大臣，开办卢汉铁路。下所司议。

二十日乙酉（4月2日）

直隶总督王文韶奏，天津武备学堂出力员弁及屡考优等学生，择尤给奖。允之。

以教课出力，赏天津武备学堂教习洋员锡纶等宝星。

廿二日丁亥（4月4日）

御史陈其璋奏，万国公法，请饬总署立约，并知照李鸿章与各外部议定。下所司议。寻总理各国事务衙门奏，欧洲公法会，系各国律师所附入，非国家之事，该御史请与各国立约，各国从未办过，似难自我发凡。惟外洋律师熟谙公法，遇有交涉，倩其折辩，较易转圜。现与比利时国使臣酌订一人来华，专为本署之用，订明期限，妥定合同，以昭慎重。从之。

山东巡抚李秉衡奏，招远等十州县续设腰拨夫马工料银两，仍请作正开销，归入海防军需案内造报。如所请行。②

---

① 《清实录·德宗景皇帝实录》卷三八六。
② 《清实录·德宗景皇帝实录》卷三八六。

廿八日癸巳(4 月 10 日)

直隶总督王文韶奏,北洋试造银圆添购机器银数。下部知之。

廿九日甲午(4 月 11 日)

前发遣黑龙江太监王得福又名长泰,聂得平又名永贵,宣增泰又名永禄,现闻逃赴上海,恐匿住租界。着刘坤一、赵舒翘饬派明干精细员弁,不动声色,迅速访查拿获后,毋庸审问,即将王得福、聂得平二名就地正法,宣增泰一名,即遵前旨解往黑龙江,永远枷号,牢固监禁,遇赦不赦。该督抚接奉此旨,务当格外严密遵办,即行覆奏。①

三月初一日丙申(4 月 13 日)

山西巡抚胡聘之奏,时艰需才,请变通书院章程,增课天算、格致等学,以裨实用。如所请行。又奏,晋省煤铁之利,甲于天下,金银铜铅,亦有矿砂可寻,筹办开采情形。下部知之。②

初二日丁酉(4 月 14 日)

礼部奏,添铸监督江苏苏州关税务兼办通商事宜关防,缮模进呈。报闻。

初四日己亥(4 月 16 日)

实授章高元为山东登州镇总兵官。

初五日庚子(4 月 17 日)

光绪帝御文华殿,奥国使臣比田布禄古觐见。

---

① 《清实录·德宗景皇帝实录》卷三八六。
② 《清实录·德宗景皇帝实录》卷三八七。

初七日壬寅(4月19日)

浙江巡抚廖寿丰奏，酌议筹饷各条，分别核实条覆。其糖斤、烟、酒三项遵办加厘，惟局卡薪费，碍难再减。下部知之。①

初八日癸卯(4月20日)

吉林将军长顺奏，撤遣吉字军马步兵丹并统带员弁。下部知之。又奏，裁并靖边防军，添设武备学堂，仿照西法教演炮位，允之。又奏吉林省矿务，以三姓金矿为最，其银煤铅铁，亦多开办。报闻。

浙江巡抚廖寿丰奏，浙洋购置小轮四艘，其价值及管驾员弁薪费，请饬立案。下部知之。又奏，杭州开设商埠，该处关务，请以杭嘉湖道兼充监督。允之。

抚恤浙洋遭风朝鲜难民如例。②

十四日己酉(4月26日)

仓场衙门奏，各河新造拨船工竣，请派员验收。得旨：即着祥麟、廖寿恒就近验收。

直隶总督王文韶奏，北洋现留淮军营哨，势难再减，请饬督办军务处暨户部、兵部查照立案。下所司知之。

十九日甲寅(5月1日)

电寄李秉衡，兖州教案，德欲借此生事，电经许景澄查覆，已无疑义。着李秉衡妥为办理。即饬该县照料入城，保护一切。至房屋已备，告示已出，生监暂行摘顶，亦易办之事。总之事宜速了，不值因此起衅也。

两广总督谭钟麟奏，广东地僻人稠，百物昂贵，文武微末员弁三成养廉，请予免扣。以示体恤。允之。

江苏巡抚赵舒翘奏，宝山县境海塘新出险工，估需修费，援案请于受益熟田项下，按亩摊征，以济工用。下部知之。

---

① 《清实录·德宗景皇帝实录》卷三八七。
② 《清实录·德宗景皇帝实录》卷三八七。

以记名总兵刘邦盛为广东北海镇总兵官。①

廿一日丙辰(5 月 3 日)

总理各国事务衙门奏，中江税课，逐年递减，请饬盛京将军切实稽征，尽数报解。朝鲜进出口货，请仍照向章收税。其红参一项，应定为值百抽五。允之。又奏，邦交加密，颁赐宝星之案，比旧增多，请厘定章程，以免畸重畸轻之弊。从之。

两江总督刘坤一奏，江宁等属制钱缺少，请由广东鼓铸七分制钱十万串，拨解行用。下部议。又奏，江靖军分别裁留情形。下部知之。

闽浙总督边宝泉奏，闽海关并征洋药厘金，近年征数递减，不敷拨解。下部议。

以记名提督刘青煦为江南徐州镇总兵官。②

廿四日己未(5 月 6 日)

延茂等奏，遵查漠河金厂原定章程，有名无实，酌拟办法大概情形一折。漠河金厂，开办以来，总无起色，自应另立章程，以收实效。所奏局用太滥，商利太丰，花红太侈各节，均属切中弊窦。即着延茂等督饬知府周冕，务将该厂实在情形，确切查明，由该大臣等妥议章程，认真整顿，以清积弊而裕饷源。

电寄李鸿章，李鸿章安抵彼得堡，深慰廑系。至联络邦交，筹商一切办法，可随时电闻。

廿七日壬戌(5 月 9 日)

闽粤南澳镇总兵万国本开缺候简，以广东高州镇总兵潘瀛为闽粤南澳镇总兵官。

廿八日癸亥(5 月 10 日)

赏南洋水师学堂洋教习英人彭耐尔希尔逊、法国驻津领事杜士兰、汉阳铁厂效力比商德海斯宝星。

---

① 《清实录·德宗景皇帝实录》卷三八七。
② 《清实录·德宗景皇帝实录》卷三八七。

廿九日甲子(5月11日)

出使俄德粤荷国大臣许景澄奏，八旗兵制，与西制相近，请变通整顿，并选储将校，以固根本。得旨：着督办军务王大臣会同八旗都统，妥议具奏。

以出洋六次期满，予驻德参赞官候选知府赓音泰，以道员即选，并赏加布政使衔。

以谊笃睦邻，赏俄国阿穆尔总督杜哈甫斯阔业等十员宝星。①

是月

中国留学生唐宝锷等十三人抵达日本，为近代中国政府首批派赴日之留学生。②

夏四月初一日丙寅(5月13日)

直隶总督王文韶奏，遵查营口、牛庄各口税厘。据山海关道廷雍所请改定各项章程，化中饱为正税，应即责成经理，俟一年后比较收数，再行奏明。下部知之。③

初二日丁卯(5月14日)

以久著声威，殁于防次，予故广东水师提督郑绍忠，照军营立功后病故例优恤，战绩宣付史馆立传。从两广总督谭钟麟请也。

初四日己巳(5月16日)

礼部奏，添铸监督浙江杭州关税务兼办通商事宜关防。

初五日庚午(5月17日)

李秉衡奏，遵旨严覆关税情形一折。山东东海、临清两关，经李秉衡督饬关道

① 《清实录·德宗景皇帝实录》卷三八七。
② ［日］实藤惠秀：《中国人留学日本史》，谭汝谦、林启彦译，生活·读书·新知三联书店1983年版，第18页。
③ 《清实录·德宗景皇帝实录》卷三八八。

李兴锐等彻底清查，力祛积弊，每岁提出归公款项，共增八万余两，洵属洁己奉公，顾全大局。近来各省关征多报少，动以常税短绌为词，积习相沿，显有中饱情弊。着各督抚监督等激发天良，认真整顿，总期核实报部，不准稍有隐匿，以重税课。

初七日壬申(5 月 19 日)

浙江巡抚廖寿丰奏，筹议通商开埠事宜，请暂缓出省校阅营伍。允之。①

初八日癸酉(5 月 20 日)

两广总督谭钟麟奏，前任粤海关监督联捷、已故监督德生，亏欠金价不敷等银两，羁粤日久，请准令联捷暨德生家属，回京变产措缴。允之。

十一日丙子(5 月 23 日)

直隶总督王文韶奏，天津道经征海税，仍无起色，请续展限半年，尽征尽解，限满即行规复旧章。允之。

十二日丁丑(5 月 24 日)

总理各国事务衙门奏，酌定教案处分，除有心故纵者随时请旨办理外，其事出仓猝、保护未能得力者，照降级留任公罪例议处。又奏，各省教案赔偿之款，请由该管官分年按成偿还。均依议行。②

十六日辛巳(5 月 28 日)

御史张仲炘奏，商务不振，请饬商俄人，改订税额，以收权利。得旨：着总理各国事务衙门议奏。寻议：李鸿章出使，方在俄都，又值俄以东北铁路求助于我，宜乘此机会，密电李鸿章先与俄外部发端。倘得转圜，径与重定税则，以为各国先声。一国允增，他国当无异议，裨益国计，良非浅鲜。依议行。③

---

① 《清实录·德宗景皇帝实录》卷三八八。

② 《清实录·德宗景皇帝实录》卷三八八；朱寿朋：《光绪朝东华录》，中华书局 1958 年版，第 3785~3786 页。

③ 《清实录·德宗景皇帝实录》卷三八九。

廿一日丙戌(6月2日)

督办铁路事务顺天府府尹胡燏棻奏，铁路工程，以买地、填道、购料、建桥四大宗为最要，外设火车站五处，皆分别动工，年内尽可工竣，明春可以开行火车。下所司知之。

闽浙总督边宝泉奏，查明船政一切浮费，较前实已大减。惟拨款渐少，制造日稀。筹拟整顿扩充办法四条。下所司议。又奏，船坞告成。出力各员恳恩予奖。得旨：准其择尤酌保，毋许冒滥。又奏，复陈筹饷就闽省情形遵办者六条。下部知之。①

廿二日丁亥(6月3日)

江苏巡抚赵舒翘奏，江海关上年分常税短收赢余银两，恳免赔缴。下部议行。李鸿章与俄国签订《御敌互相援助条约》。②

廿三日戊子(6月4日)

有人奏，督办北洋机器总局候补道傅云龙，任意妄为，毫无忌惮；该道之子范根、范钣在局招摇；委员邱姓朋分平余；张霩，刻苦工匠，办理铸钢等厂，徒播虚声，耗蠹帑项等语。着荣禄按照所参各节，秉公确查，据实具奏，毋稍徇隐。

直隶总督王文韶奏，北洋机器局，添购新式子弹机器经费，请饬部立案。

廿四日己丑(6月5日)

浙江巡抚廖寿丰奏，洋面捕务紧要，渔汛届期，并应出洋巡护。新授定海镇总兵余朝贵、海门镇总兵陈济清，请暂缓陛见。允之。

护理陕西巡抚张汝梅等奏，创建格致实学书院，以培人才，并拟设机器织布局，提出余利，供书院经费。报闻。③

---

① 《清实录·德宗景皇帝实录》卷三八九。
② 王铁崖：《中外旧约章汇编》第 1 册，生活·读书·新知三联书店 1957 年版，第 650~651 页。
③ 《清实录·德宗景皇帝实录》卷三八九。

廿五日庚寅(6 月 6 日)

总理各国事务衙门奏，筹交日本第二次赔费五千万两，由息借英、德两国款内提付，依日使约，即在英、德分交，可省汇拨，取具收据存案。报闻。又奏，收拨各关提存出使经费，总数汇核请销，并请饬催还借款。依议行。

以办理交涉出力，予总事各国事务衙门章京户部郎中舒文等及供事盐运同轧鸿逵等、武弁千总张治清等，升叙加衔有差。

廿六日辛卯(6 月 7 日)

两广总督谭钟麟等奏，整顿潮州新关所属税饷口二，销号口七，撤去包办名目，由委员派可靠家人，督同口书，妥为经理，以清积弊。下部知之。

廿八日癸巳(6 月 9 日)

盛京将军依克唐阿奏，遵查奉天矿务，现筹办法，拟由盐厘项下垫给银五千两，交副都统荣和试办。允之。①

五月初一日乙未(6 月 11 日)

以神灵显应，颁直隶宣化府龙神庙匾额曰"神功昭佑"。
直隶总督王文韶奏，拟就天津机器局试铸制钱。报可。

初二日丙申(6 月 12 日)

李端棻奏，请推广学校，以励人才一折，着该衙门议奏。寻总理各国事务衙门奏，兴学诚自强本计，请由各省督抚酌拟办法，或就原有书院量加程课，或另建书院，肄习专门。果使业有可观，三年后由督抚奏明，再行议定章程，请旨考试录用。其藏书楼、仪器院、译书馆三节，均可于新立学堂中兼举并行。选派游历一节，与臣衙门奏派同文馆学生出洋章程大意略同，惟经费难支，请嗣后游历诸学生，由学堂商局选派者，即由学堂商局筹给资斧，庶推广之中仍存限制。至

---

① 《清实录·德宗景皇帝实录》卷三八九。

所请京师建设大学堂，系为扩充官书局起见，请饬下该管大臣察度情形筹办。从之。①

有人奏，粤海关役私设口号，违例加抽，请饬查禁一折。据称粤海关挂销设口，创立名目，抽收挂号钱银，不论货之贵贱，一律输纳，讹诈百端，恣情婪索等语。另片奏请将户部税则，刊石揭示等语。并着谭钟麟等悉心妥筹奏明办理。②

十四日戊申（6月24日）

前据御史熙麟奏，北洋总办机器局道员傅云龙，任意妄为，列款纠参，当经谕令荣禄确查。兹据查明覆奏，傅云龙被参各款，或查无不合，或事属细微，惟任令伊子傅范根、傅范钺在该局肄业，亲串邱锡钊派充司帐，实属不知远嫌，并轻听委员张霨之言，罚扣匠役工食，亦属操切。委员张霨，于应发工食辄议罚扣，以致众心不服，实属办理不善。总办机器局候补道傅云龙、试用直隶州州判张霨，着交部分别议处。寻吏部奏：傅云龙、张霨各应得降级留任公罪。得旨：准其抵销。

前据御史胡景桂，奏参袁世凯营私蚀饷各款，当经派荣禄驰往查办。兹据查明覆奏，袁世凯被参各款，均无实据，即着毋庸置议。③

廿一日乙卯（7月1日）

翰林院代奏，检讨宋育仁，条陈理财富国，详筹利弊一折。着户部议奏。

总理各国事务衙门奏，考试同文馆学生，请将候选盐大使周自齐等二十五员分别给奖。允之。又奏，请定机器制造物品征税章程，不论华商洋商，于出场后，俱值百抽十以抵厘金。又奏，龙州铁路合同，与法国费务林公司画押。均依议行。④

廿三日丁巳（7月3日）

以办理洋务出力，予福建道员许星翼送部引见，知府聂元龙俟归道班后赏二品顶戴。

---

① 《戊戌变法》，上海人民出版社1961年版，第293~296页。
② 《清实录·德宗景皇帝实录》卷三九〇。
③ 《清实录·德宗景皇帝实录》卷三九〇。
④ 《清实录·德宗景皇帝实录》卷三九一。

廿四日戊午(7 月 4 日)

抚恤琉球国遭风难民如例。

廿五日己未(7 月 5 日)

以交涉持平、接待妥协,赏法国外部正侍郎尼萨尔等十二员及法边界总税务司巴兰等五员宝星。

六月初二日丙寅(7 月 12 日)

以办赈出力,赏直隶长芦盐运使季邦桢头品顶戴,予津海关道盛宣怀等奖叙有差。

初三日丁卯(7 月 13 日)

全权大臣部侍郎张荫桓奏,呈日本商约原送条款,改定条款,及往来说帖。又奏,通商章程拟暂缓商订。得旨:依议。所有制造土货纳税,仍着张荫桓妥筹商办。

浙江学政徐致祥奏,浙省推广学额之处,所有缺进学额,请归下届计算取进。下部议。①

初四日戊辰(7 月 14 日)

电寄冯子材,冯子材病痊销假,着即赴云南提督本任,毋庸留办钦廉防务。

豁免浙江光绪十三年以前各厅州县场积欠缓带及未完水乡灶课各款正耗钱粮,其光绪九年以前民灶欠完盐课钱粮,一并豁免。

初六日庚午(7 月 16 日)

电寄李鸿章,该大学士周历各邦,辛劳可念,自宜稍加憩息。其加税一事,着于所到之国,随宜商酌。

---

① 《清实录·德宗景皇帝实录》卷三九二。

浙江巡抚廖寿丰奏报德清县属风灾。得旨：该县猝遭风灾，情形甚重，着该抚饬属妥为抚恤，毋任灾民失所。①

初七日辛未(7月17日)

湖广总督张之洞奏，请招商承办铁厂。下部速议。又奏，新设洋操，酌仿武毅军饷章程。下督办军务王大臣议行。

十一日乙亥(7月21日)

刘坤一奏，遵查道员刘麒祥办理上海制造局，并无亏短情事一折。上海制造局为自强要图，刘麒祥经理多年，既据该督派员将物料款目详细确查，尚无亏短情事，即着毋庸置议。惟该局事关重大，每年拨款较巨，刘坤一务须督饬该道细心规画，实力整顿，毋得稍有虚糜，并着该督随时稽核，总期著有成效，逐渐扩充，用副朝廷实事求是至意。

中日签订《通商行船条约》。②

十八日壬午(7月28日)

总理各国事务衙门奏，遵议闽浙总督边宝泉奏查明船政情形，请派大员督办一折。福州将军裕禄，着兼充船政大臣。船政一事，为海防根本。经前大学士左宗棠等经营缔造，实事求是，卓著成效，后因经费支绌，日渐废弛。现在泰西各国制造日新，铁甲愈坚，快船愈速，非大加整顿，不足以建威销萌。该衙门所议各节，均极周妥。其添置机器，召募精于工作之洋人，督造新式巨舰，即着照边宝泉所请行。造船物料，名目不一，着裕禄督率在事员匠，随时讲究，奏明办理。内地煤铁各矿，业经该督委员查勘，即着从速兴办，不准滑吏劣绅等阻挠，以收实效。船政学生，延请教习数人，在厂督课，仍照成案出洋。其业有心得者，咨送总理衙门考验，酌量位置。经费一项，从前积欠过多，亟应源源拨解，以济要工，着裕禄、边宝泉将闽海关等处每月应解五万两，并养船各经费，均照光绪二三年以前，按月清解。倘解不足额，即照甘饷边饷之例，由该衙门严定功过，奏明办理。并着咨行南北洋大臣，及沿海沿江各督抚，将应定甲船快船绘图估价，奏明拨款兴办。现在从

---

① 《清实录·德宗景皇帝实录》卷三九二。
② 王铁崖：《中外旧约章汇编》第1册，生活·读书·新知三联书店1957年版，第662～670页。

新整顿船政，实于时局大有关系。该将军务当破除积习，实心实力，认真办理，方为不负委任。直隶候补道徐建寅，熟悉机器情形，已由总理衙门电饬该员前赴船政局，听候差遣。着裕禄察看能否派充提调，酌量办理。

总理各国事务衙门奏，豫筹朝鲜通商办法，以存体制。允之。①

十九日癸未(7 月 29 日)

电寄依克唐阿等，大东沟东北一带，海潮漫溢，被灾甚重。着该将军等妥为抚恤，毋令失所。至被灾地方，究系隶何厅县，着查明具奏。

廿二日丙戌(8 月 1 日)

四川总督鹿传霖奏，川省矿务，拟请官商合资开办。下部知之。又奏，创设西学堂，请饬议定章程。下总理各国事务衙门议。寻奏：查川督原奏西学堂生徒，如学有成就，或准作监生入场乡试，或给予从九衔，其教习及监堂各员，若办有成效，酌量保奖等语，核与广东同文馆、新疆俄文馆章程尚属相符，拟请准如所奏办理。其学业出众各生，并准照案保府经历县丞官阶，以示优异。至派令学生出洋一节，应由出使大臣酌量奏调。其余一切章程，均以广东、新疆为式。从之。

以总管电线，久著勤劳，赏洋员谢尔恩宝星。

以管带轮船失慎，吉林靖边后路水师记名总兵宋家顺摘顶勒赔。②

廿三日丁亥(8 月 2 日)

先是浙江巡抚廖寿丰奏，请铸制钱；两江总督刘坤一奏，请改造制钱，均下户部议奏。至是议覆，改铸七分一节，果否通行，未敢擅拟。得旨：准照廖寿丰、刘坤一所请办理。

廿五日己丑(8 月 4 日)

以捕获福建古田菜匪出力，予参将孙东轩等升叙开复有差。

抚恤琉球国遭风难民如例。

---

① 《清实录·德宗景皇帝实录》卷三九二。
② 《清实录·德宗景皇帝实录》卷三九二。

廿九日癸巳（8月8日）

电寄李鸿章，各国商务，英为领袖，照镑加价，亦得情理之平。该大学士切实与商，当可就范。如有头绪，随时电闻。龚照瑷病体若何，并着察看具奏。①

秋七月初一日甲午（8月9日）

《时务报》在上海刊行。②

初四日丁酉（8月12日）

山东巡抚李秉衡奏，民教交涉案件，请饬总署妥议章程。下所司知之。③

初十日癸卯（8月18日）

户部奏，各省关奉拨二十二年分筹备饷需银两，除安徽省及两浙运库应解银两、闽海关应解四成税银，报解均已及半外，江苏、浙江、福建、广东四省应解银两，粤海、江海、江汉三关应解四成六成税银，均解不及半，江西省应解银两，粤海关六成税银，均未报解，请旨饬催等语。

十二日乙巳（8月20日）

直隶总督王文韶奏，天津水师学堂添募学生，专习俄文。允之。

十四日丁未（8月22日）

恩泽奏，金厂附近窜来贼匪，拨队防剿情形一折。漠河金厂附近观音山地方，近有窜匪二百余名，挟持快枪战炮，意在抢劫金厂，并有抢劫中俄商船，占据卡伦，采勘金苗之人亦有被伤情事。该将军等已派提督吴金魁步队一营，雇觅俄轮，

---

① 《清实录·德宗景皇帝实录》卷三九二。
② 丁文江、赵丰田：《梁启超年谱长编》，上海人民出版社1983年版，第68页。
③ 《清实录·德宗景皇帝实录》卷三九三。

前往剿捕，并派中路右路步队分路搜剿。①

十七日庚戌（8 月 25 日）

电寄恩泽，观音山贼匪，着恩泽严饬营官，迅速剿办。至雇用俄轮等事，着周冕妥慎办理。产矿处所，匪众垂涎，该将军等当一力保护，倘被骚扰，惟地方官是问。

十八日辛亥（8 月 26 日）

出使美日秘国大臣杨儒奏，秘鲁旅居华民，被毁财产索赔情形。下所司知之。

廿五日戊午（9 月 2 日）

闽浙总督边宝泉奏，船坞告成，请将尤为出力之福建记名道杨正仪、江西补用道沈翊清送部引见，以备录用。得旨：杨正仪、沈翊清，均着送部引见。

廿八日辛酉（9 月 5 日）

以随办洋务出力，予直隶候补知县蔡绍基等升叙加衔有差。②

八月初九日辛未（9 月 15 日）

王文韶、张之洞会奏，请设卢汉铁路公司，并保盛宣怀督办一折。直隶津海关道盛宣怀，着即饬令来京，以备咨询。③
福建船政船厂所造运粮船"建靖"（后改称"通济"），改造完工试洋。④

十一日癸酉（9 月 17 日）

以浙江海盐石塘工竣，予杭嘉湖道王祖光议叙。

---

① 《清实录·德宗景皇帝实录》卷三九三。
② 《清实录·德宗景皇帝实录》卷三九三。
③ 《清实录·德宗景皇帝实录》卷三九四。
④ 刘传标：《近代中国船政大事编年与资料选编》第 2 册，九州出版社 2011 年版，第 434 页。

十三日乙亥（9 月 19 日）

以出洋会哨被淹，予安徽盐城千总薛文翔议恤。

十四日丙子（9 月 20 日）

总理各国事务衙门奏，重整海运筹办战船情形。又奏津卢铁路借款，请分别办理。从之。

以救护遭风难民，赏英国船主百里士等宝星。

十七日己卯（9 月 23 日）

黑龙江将军恩泽等奏，观音山余匪盘踞，进剿情形。得旨：着转饬周冕等速行进剿，以靖余匪。

廿五日丁亥（10 月 1 日）

闽浙总督边宝泉奏，闽省水陆各军应添购外洋各项军火器具，以备拨用。下部议。

福州将军裕禄等奏，闽省茶叶税厘，应请循旧办理，无论华商、洋商，均不准请领报单，完纳子税。又奏，采买木植，无论华商、洋商，均不给三联报单以杜取巧。下所司议行。

廿六日戊子（10 月 2 日）

广东巡抚许振祎奏，广州等府属，先后被风，饬查抚恤情形。得旨：所有被风地方，即着妥为抚恤。又奏，广东不产白蜡，恐误贡品，请由粤筹款，归四川承办。下所司议。

廿七日己丑（10 月 3 日）

有人奏，沿海各县设立渔团，领牌给照，莫不有费。暨台州盗匪，肆行抢劫，团甲人等，结党分赃，并请禁止温州洋面官轮营船牌照等费。着廖寿丰按照原奏所指各节，确切查明，分别办理。①

---

① 《清实录·德宗景皇帝实录》卷三九四。

廿九日辛卯(10 月 5 日)

出使英法意比国大臣龚照瑗,奏保道员黄遵宪办理交涉,保护商民,均能措置裕如,力持大体。得旨:着交吏部带领引见。

予出洋病故,浙江贡生候选府经历周玑珑优恤。

三十日壬辰(10 月 6 日)

江西巡抚德寿奏,酌裁友教书院童卷,移设算科,招生学习。如有新法明通畅达时务者,咨送总理各国事务衙门考试,以备器使。报闻。又奏,息借商款各户,报效助饷,请照例给奖。下部知之。①

九月初一日癸巳(10 月 7 日)

总理各国事务衙门奏,《中日通商条约》,请派大臣互换。得旨:着派张荫桓互换。

初八日庚子(10 月 14 日)

山东巡抚李秉衡奏,夷情叵测,请添练营勇,并请筹拨的饷。下部议。

十一日癸卯(10 月 17 日)

恩泽等奏,观音山各路窜匪,经官军分道迎击,叠有斩获,余匪仍窜回三姓,松花江岸,已无贼踪,现留兵队驻守乌苏里江,以捕余匪等语。前据王文韶电奏,据知府周冕电禀,亦有留勇一百三十名,驻扎乌苏里江西界之语,即着该将军等严饬驻扎乌苏里江之兵队,并饬周冕督率留驻该处勇丁,协力搜捕余匪,务绝根株。②

十三日乙巳(10 月 19 日)

总理各国事务衙门奏,日本催行马关约,请互立文凭,并商订制造税,抵换利

① 《清实录·德宗景皇帝实录》卷三九四。
② 《清实录·德宗景皇帝实录》卷三九五。

91

益。从之。

十四日丙午（10 月 20 日）

王文韶、张之洞覆奏，卢汉铁路办法请设铁路总公司，保荐盛宣怀督办等语。直隶津海关道盛宣怀，着开缺以四品京堂候补，督办铁路公司事务。

光绪帝谕令，前据王文韶、张之洞会奏，卢汉铁路另筹办法，请设铁路招商公司，并保盛宣怀督办一折。当交总理各国事务衙门王大臣查阅。旋据奏称，遵旨咨询盛宣怀，据陈一切办法，均确有见地，请准设铁路总公司，令盛宣怀督办。从卢汉办起，苏沪粤汉亦次第扩充。即由公司招商股七百万两，借洋款二千万两，商借商还，并提拨借银一千万两、南北洋存款三百万两，以期官商维系，速成巨工。并称卢汉既为干路，非双轨不足为各路之倡等语。并将盛宣怀所递说帖，钞录呈览。昨召见盛宣怀，奏对具有条理，已责成该员实力举办，以一事权。仍着王文韶、张之洞督率兴作。如勘路购地及设栈造桥等事，条绪极繁，该督等不得因荐举有人，遂尔稍宽责任，作事谋始，务策万全，着再逐细考校，电商妥协。①

十七日己酉（10 月 23 日）

电寄谭钟麟等，已革四川盐茶道玉铭，因案发遣，辄敢逃匿，潜往香港。着该督抚派员严密查访，设法捕获，毋使远扬。

电寄李秉衡，电悉，具见奋发之忱。惟马关约内，两次偿款交清，商约互换后，尚有将关税作为剩款并息之抵押，如不确定，日本不允撤队。抵押一节，断不可行，故未能责以撤队。至威海彼占四十里外，再空四十里不驻兵队，庶可彼此相安。此等办法，原属不得已之举。该抚务当从权办理，毋致因此再起波澜，是为至要。

廿四日丙辰（10 月 30 日）

谭钟麟等奏，查明粤海关设号收税，并非违制加抽，现将税则核定，刊刻晓示，并严禁蠹役、革除弊窦一折。粤海关设立五处号口，即系相沿旧章，且非此不足以防偷漏。现据该督等查明，并无私设口岸、违例加抽之事，即着毋庸裁撤，仍将此次清查五口挂销货物税则，刊刻晓示，将一切弊窦认真革除。该关书役水手巡

---

① 《清实录·德宗景皇帝实录》卷三九五。

丁人等，如有饰词舞弊情事，即行从严惩办，以肃稽惩而免扰累。①

廿六日戊午（11 月 1 日）

本日候补四品京堂盛宣怀奏，条陈自强大计，暨设立达成馆，并开设银行各折片。着军机大臣、总理衙门、户部妥议具奏。

冬十月初三日甲子（11 月 7 日）

总理各国事务衙门奏，出洋期满人员呈递书籍，请旨奖励一折。直隶补用道姚文栋，着仍发往北洋，分省补用道彭光誉着发往北洋，均交王文韶差遣委用，书留览。

总理各国事务衙门奏，各关税项递增，并添设苏州、杭州、沙市、思茅等关，请加给税务司经费。

以救护法国商船，予广东署海口营参将陈良杰、守备姚河清升叙。②

初五日丙寅（11 月 9 日）

福州将军兼理船政事务裕禄奏，整顿船政，议定洋员薪费数目，既报通济轮船试洋日期，并现办厂务情形。均下所司知之。又奏，报续筹青州船坞办理用款，暨轮机各厂工料所用银两。均下部知之。

初八日己巳（11 月 12 日）

银行一事，前交部议，尚未定局。昨盛宣怀条陈，有请归商办之议。如果办理合宜，洵于商务有益。着即责成盛宣怀选择殷商，设立总董，招集股本，合力兴办，以收利权。③

十四日乙亥（11 月 18 日）

福州将军兼理船政事务裕禄奏，察看船政要务，约有数端：一、续办生徒出

① 《清实录·德宗景皇帝实录》卷三九五。
② 《清实录·德宗景皇帝实录》卷三九六。
③ 《光绪宣统两朝上谕档》，光绪二十二年，广西师范大学出版社 1996 年版，第 258 页。

洋，以教练人材；二、整顿应用工匠，以讲究新法；三、开办矿务，以期物料省资；四、筹拨款项，以期经费有着。下所司议。寻总理各国事务衙门奏：船政以筹备工料为先，开煤炼铁，亟应设厂兴办。学生出洋，为练习新法起见，亦应续派，惟挑选宜精不宜多。所募洋匠到工，宜订明先就小者试办，渐次扩充。至筹款一节，出使经费，断难挪用，南北洋海防经费，亦无可匀拨，拟请由江海关道，于部存备拨款内，提银十万，解交应用。从之。①

十五日丙子(11月19日)

督办铁路事务顺天府府尹胡燏棻奏，津卢铁路水退，照旧工作，暨现办新开河、杨村运河等桥路各工情形。又奏，续勘铁路改道，拟在永定门外马家铺地方，最为适中之地，俟估有确数，再请拨款。均下所司知之。

十六日丁丑(11月20日)

御史杨崇伊奏，粤东闱捐流弊太多，请严定章程。

总理各国事务衙门奏，遵议议约全权大臣张荫桓咨称，奉命接议《中日通商行船条约》，酌留人员，按月所给经费，应准其支销。允之。又奏，豫筹朝鲜通商办法，拟订通商章程，准设领事，不立条约，不遣使臣，不递国书。中国派总领事一员驻扎朝鲜都城，代办使事，以存属国之体。从之。②

十九日庚辰(11月23日)

以捕获海盗，予广东参将凤鸣、守备张钟、千总冯占魁等升叙加衔有差。

廿四日乙酉(11月28日)

祭酒张百熙奏，议加关税，宜审察利害，暨招商设厂制造，请饬妥议章程，洋药丝茶分别加税各折片。着总理各国事务衙门议奏。寻奏：增加关税一节，现与各国磋商，仍未就绪。原奏谓议加正税值百抽八，免洋商子口半税等语，当系传闻之讹。招商设厂制造，洵为握要之论，请饬下各直省督抚，于工政商政，实力提倡。其一切章程，应由该督抚随时变通，奏明办理，总期扩充鼓舞，以拓商利而杜漏

---

① 《清实录·德宗景皇帝实录》卷三九六。
② 《清实录·德宗景皇帝实录》卷三九六。

厄。至于洋药丝茶厘税，本分别带征，从未闻此三项厘税，通谓之子口票者，无所用其分别，亦无正税尚有分合必须剖定之处，应请毋庸置议。从之。

廿九日庚寅(12 月 3 日)

闽浙总督边宝泉等奏，台湾内渡诸生，入籍考试，拟定办法，俾安生业而图上进。下部议。

抚恤琉球国遭风难民如例。

三十日辛卯(12 月 4 日)

直隶总督王文韶等奏，卢汉铁路，需款孔亟，请将总理各国事务衙门议准拨用之南北洋官款三百万两，先行拨给，以资开办。下所司知之。①

十一月初二日癸巳(12 月 6 日)

光绪帝谕令，前据盛宣怀奏，条陈自强大计，并请开设银行、设立达成馆。当经谕令军机大臣、总理各国事务衙门、户部妥议具奏。兹据该王大臣等悉心核议，逐条具奏，朕详加披阅，除指驳各节，应毋庸置议，或应暂行缓议外，其练兵一条，为各省将军督抚专责，不论勇营、绿营，当此饷项支绌，均应大加裁汰。现在各省仿照西法新练各军，暨上海、湖北制造枪炮两局厂，务须督饬该管将领、承办局员，认真讲求，操练则毋袭皮毛，器械则务求画一，并按照此次所拟办法，若者宜减定成数，若者宜增创新章，体察情形，斟酌办理。理财一事，户部实任其难，厘金既未能遽停，印花税亦骤难仿办。加税之说，迄今各国尚无成议，惟有开设银行，或亦收回利权之一法。前已谕令盛宣怀，招商集股合力兴办。银行办成后，并准其附铸一两重银圆十万元，试行南省。如无窒碍，再由户部议订章程办理。育才为当今急务，节经谕令各直省添设学堂，实力举办。其武备学堂，能否于各省会中一律添设，并着该将军督抚等妥筹具奏。京师、上海两处，既准设立大学堂，则是国家陶冶人材之重地，与各省集捐设立之书院不同，着由户部筹定的款，按年拨给，毋庸由盛宣怀所管招商、电报两局，集款解济，以崇体制。以上三条，经该王大臣等逐条核议，均属切实可行，着户部暨各该将军督抚等查明议准各节，实力举办。②

---

① 《清实录·德宗景皇帝实录》卷三九六。

② 《清实录·德宗景皇帝实录》卷三九七；《光绪宣统两朝上谕档》，光绪二十二年，广西师范大学出版社 1996 年版，第 286 页。

初七日戊戌（12月11日）

以福建闽安协副将钟紫云，为福建建宁镇总兵官。

初八日己亥（12月12日）

予广东出洋漂没千总梁振先等赏恤如例。

十六日丁未（12月20日）

直隶总督王文韶奏，筹修旅顺、大连湾炮台，请饬部拨款。下所司议。寻总理各国事务衙门会奏：现在旅、大炮台，既须修复，拟请先由天津海防支应局所存海运款内，拨给湘平银十万两，交该大臣先为扼要布置，俟核估确数奏到日，再由户部如数筹拨。至所称水陆要隘安设大小快炮一节，请饬下该大臣将所订德厂各种快炮名式价目，详细开报，并将订购合同，分咨本衙门及户、工二部考核，俟核准后，应需经费，或先行酌拨，或分年归款，再行奏明办理。该大臣请先拨银三百万两之处，此时应毋庸筹议。从之。①

廿二日癸丑（12月26日）

翰林院侍读陈秉和奏，各国传教洋人，不遵约章，请饬声明条约。着该衙门议奏。寻总理各国事务衙门奏，该侍读所陈以条约为交涉之要，实阅历有得之言，请旨饬下各省将军督抚将各国条约广为刷印，分颁各府厅州县，遇有教案，照约办理，所益实多。从之。②

廿六日丁巳（12月30日）

命工部左侍郎许景澄，充出使德国大臣。

廿八日己未（公元1897年1月1日）

以记名提督黄顺德，为广东南韶连镇总兵官。

---

① 《清实录·德宗景皇帝实录》卷三九七。
② 《清实录·德宗景皇帝实录》卷三九七。

十二月初八日戊辰（公元 1897 年 1 月 10 日）

抚恤朝鲜国遭风难民如例。

初九日己巳（公元 1897 年 1 月 11 日）

都察院奏，编修冯诵清，以地方积弊，请奏明查禁，据呈代奏一折。据称江苏崇明县，钱粮银价，田房税契，地方官不遵奏案例章，以致小民艰苦，无所控告等语。案关地方官违例浮收，虚实亟应彻究，着刘坤一、赵舒翘确切查明，据实具奏。寻刘坤一等奏：查崇明县知县黄传祁，于钱粮税契，并未违例浮收，惟近年气体歉弱，恐难胜繁剧，应请将黄传祁开缺另补。如所请行。①

十四日甲戌（公元 1897 年 1 月 16 日）

有人奏，辽南地方，上年奉旨将被兵州县粮赋全行豁免，乃风闻凤凰厅、岫岩州两处，虽经刊布誊黄，而该州厅及城守尉各官，借口官租与国课不同，仍勒限催征，并追及前数年积欠，又辽南州县小民，有事到官，吏役先勒封规，往往因此倾家荡产，请饬严查参办各等语。着依克唐阿、松林确切查明，严行申禁。②

十六日丙子（公元 1897 年 1 月 18 日）

以记名副都统于珊为乍浦副都统。
蠲免奉天辽南各村屯应征粮赋。

十七日丁丑（公元 1897 年 1 月 19 日）

给事中褚成博奏，洋商制造土货，括我利权，请饬筹抵制。下所司议。寻总理各国事务衙门奏：该御史奏请酌度土宜，设厂制造，官助商本，逐渐推广一节，自足浚利源而杜外溢，应即照行，并应照原奏所拟各章程办理。惟各厂中如有弊混，必须附有股本者始能入厂查询。原奏所称无论何人，均准赴厂辨诘，恐滋纷扰。至督辖大吏，原当竭力护持，若有人举发弊端，而该管大吏不为查理，或竟为回护，

---

① 《清实录·德宗景皇帝实录》卷三九八。
② 《清实录·德宗景皇帝实录》卷三九八。

自应量予处分，以警玩泄，请饬各省将军督抚认真举办。其南北洋大臣，能否各筹二三百万两，以为倡导，并请饬下王文韶、刘坤一迅筹办理。从之。又奏，请设翻译一科，及各项考试酌用三礼命题，策问用本朝人名、书名。下部议。①

十八日戊寅（公元 1897 年 1 月 20 日）

两广总督谭钟麟奏，清丈沙田，设局开办。下部知之。

是年

美国传教士林乐知主持、清人蔡尔康协助编辑之《中东战纪本末》，由广学会刊行。是书收集了有关中日甲午战争的相关资料，刊行后影响甚大。

上海成立地图公会、新学会等。

英国商人在上海浦东陶家宅，创办和丰船厂。②

光绪二十三年　公元 1897 年　丁酉

春正月初三日癸巳（2 月 4 日）

总理各国事务衙门奏，筹议粤省西江通商，重订滇缅边界，与英使臣拟定附款专条，请派大臣与该使臣画押，以符成案。得旨：着派李鸿章画押。③

十二日壬寅（2 月 13 日）

总理各国事务衙门奏，山东胶州海口，形势紧要，拟建设船坞，屯扎兵轮，以资扼守而杜觊觎。从之。

---

① 《清实录·德宗景皇帝实录》卷三九九。
② 刘传标：《近代中国船政大事编年与资料选编》第 2 册，九州出版社 2011 年版，第 442页。
③ 《清实录·德宗景皇帝实录》卷四〇〇。

十九日己酉(2 月 20 日)

福州将军裕禄奏，现修"元凯"轮船，拟改照练船规制修配，俾资学生习练。报闻。

广西提督苏元春奏，沿边关隘，修筑炮台，请将在事出力员弁，附入五年边防例保案内，从优保奖。得旨：准其酌保，毋许冒滥。①

廿五日乙卯(2 月 26 日)

光绪帝御文华殿，美国使臣田贝、法国使臣施阿兰、英国使臣窦纳乐、德国使臣海靖、荷国使臣克罗伯、比国使臣费葛、俄国使臣巴布罗福、意国署使臣威达雷、日本国署使臣内田康哉、西班牙国署使臣瑟理威、粤国署使臣罗士恒觐见。

廿八日戊午(3 月 1 日)

黄思永奏，出使各国领事官前后任，请在使署交接。又奏，加税值百抽十，华商亏折太甚各片。着总理各国事务衙门议奏。寻奏：领事责任綦重，应请饬出使大臣严定章程，嗣后各处领事，必俟接任有人，方能交卸回华。如有擅离，准其奏参，以重职守。又奏，征税章程，有碍华商，应仍照前电覆浙江缓征原案办理，俟洋商有开办机器厂时，华洋一体征税，以免借口。均允行。②

二月初三日壬戌(3 月 5 日)

本年五月为英君主在位六十年之期，着派尚书衔户部左侍郎张荫桓，前往英国致贺，以重邦交。

湖广总督张之洞等奏，购茶运俄，试销有效，拟仍相机酌办，以维商务。下所司知之。

初五日甲子(3 月 7 日)

电寄出使各国大臣，聘问往来，邦交所重，嗣后各大国如有称庆之事，该出使

---

① 《清实录·德宗景皇帝实录》卷四〇〇。
② 《清实录·德宗景皇帝实录》卷四〇〇。

大臣驻扎彼都，一有见闻，着先期速即电达，毋得临时再行奏请。①

初九日戊辰（3 月 11 日）

江苏巡抚赵舒翘奏，苏省已采购河运籼米一万四千石，今统归海运。以籼易粳，一时无从籴换，请搭解籼米，按石抵收，以示体恤。从之。

十一日庚午（3 月 13 日）

总理各国事务衙门奏，近日邦交益密，赠答日繁，请酌定宝星式样。从之。以期满回国，赏法国水师提督德博孟宝星。

十二日辛未（3 月 14 日）

闽浙总督边宝泉奏，拿获汀州首要会匪，出力员弁请奖。得旨：准其酌保。

十三日壬申（3 月 15 日）

李秉衡奏，胶州建设船坞，请调在籍道员，会同勘办一折。浙江在籍前广东雷琼道朱采，着廖寿丰饬令该员迅赴山东，听候差委。

十五日甲戌（3 月 17 日）

盛京将军依克唐阿奏，调员招商，开办奉天东边银铅矿务，开列章程，请饬查核。下所司议。又奏，关外铁路煤矿，拟请归商集资开办，开列章程，请饬查核。下所司议。寻总理各国事务衙门等奏：应请饬该将军派员切实查明银款商股，有无假冒捏饰。如商款有着，再行妥议章程，奏明办理。从之。

抚朝鲜国遭风难民如例。②

十六日乙亥（3 月 18 日）

御史徐道焜奏，各海关附设邮政局，请豫防流弊。下所司议。寻总理各国事务

---

① 《清实录·德宗景皇帝实录》卷四〇一。
② 《清实录·德宗景皇帝实录》卷四〇一。

衙门奏：遵饬总税务司妥定办法，刊刻报单，张贴各口岸，使人人得知利便，并饬各口税司认真经理，不准邮局厮役人等藉端滋扰从之。

十八日丁丑(3 月 20 日)

总理各国事务衙门奏，出使经费支绌，请饬各使臣撙节动用，将来报销，仍严行钩稽，以昭核实。从之。

二十日己卯(3 月 22 日)

湖广总督张之洞奏，鄂省筹设武备学堂，俟学有成效，拟援照直隶、江南奏定学堂年限章程请奖，并择委差缺，以示鼓励。下所司议。①

廿一日庚辰(3 月 23 日)

山东巡抚李秉衡奏，东纲盐斤，拟请变通成案，分别加耗加课，以济饷需。下部议。

廿二日辛巳(3 月 24 日)

福州船政局聘请之正监督法国人杜业尔及另外四名法国技术人员，抵达福州。②

廿六日乙酉(3 月 28 日)

两广总督谭钟麟奏，邮政局琐碎烦苛，无裨饷需，徒伤政体，请饬一律裁撤。下所司议。寻总理各国事务衙门奏，中国邮局，奉旨允行，已知会各国，未便中废。现派总办邮政税务司葛显礼，前往香港，参酌粤省情形，通融酌定专章，以期因地制宜。从之。又奏，闽商被人诈骗，拟将赃款收作商缴闽饷，并严拿诈骗逸犯。得旨：即着严拿案犯。彻底根究。③

①　《清实录·德宗景皇帝实录》卷四〇一。
②　林庆元：《福建船政局史稿》，福建人民出版社 1986 年版，第 285~291 页。
③　《清实录·德宗景皇帝实录》卷四〇一。

三月初一日庚寅(4月2日)

直隶总督王文韶奏,长芦盐引摊助军饷,前因商情困苦,同治十二年奏准减交,外商每引五钱减为四钱,京商每引二钱五分减为二钱。兹届限满,运艰销滞,又值灾冲滩盐,请将军需复价一款,展限五年,照案减收。下部议。①

初四日癸巳(4月5日)

户部奏,南洋防营尚多,亟宜汰并等语。东事就款以来,江南设立自强军,必应认真约束,力求整顿。此外如榆关之撤回各营,长江之内河水师,叠经谕令严加裁汰,总未据刘坤一详细具奏。当兹偿款期迫,待拨孔殷,中外诸臣自应合力图维。着刘坤一按照该部所奏,将南洋各防营,并该省水陆兵勇两项,认真裁汰,迅速覆奏。

户部奏,浙江新旧各营,请大加裁并等语。近年以来,浙江筹办海防,陆续添募勇丁三十余营,嗣仅裁去十八营,核计需饷尚巨,自应尽数及早全裁。该部所称少养无用之兵,腾出至艰之饷,以清还万不可缓之偿款。凡在疆臣,谅无不力图补救。着廖寿丰按照该部所奏,务即迅速将海防添募各营,一律全裁,并将旧有之营分别裁并操练。

初五日甲午(4月6日)

以亏短灶课,革已故浙江盐大使王俨职。②

十八日丁未(4月19日)

福建船政所造铁壳兵船"福安"号,船体完工下水。③

二十日己酉(4月21日)

光绪帝御文华殿,法国使臣施阿兰觐见。④

---

① 《清实录·德宗景皇帝实录》卷四〇二。
② 《清实录·德宗景皇帝实录》卷四〇二。
③ 刘传标:《近代中国船政大事编年与资料选编》第2册,九州出版社2011年版,第442页。
④ 《清实录·德宗景皇帝实录》卷四〇三。

廿六日乙卯(4 月 27 日)

直隶总督王文韶等奏，筹办干路次序，卢汉铁道，近三千里，费逾四千万，以借款、招股、工程为三大端，以赶紧造轨为先着，恳饬户部将准拨官款银一千万两，即日发给承领，以成分道开工之策，以操洋款招商之枢。下部议。寻奏，请于英德借款内先行拨银四百万两，俾资应用。从之。①

廿七日丙辰(4 月 29 日)

御史李擢英奏，请饬长江水师，裁去二分，酌留一分，并认真裁汰各省勇营。又奏，出使外洋及钦差查办各省随员，宜有限制，不得过多。并下所司知之。

廿八日丁巳(4 月 29 日)

总理各国事务衙门奏，请设立俄境海参崴商务委员。从之。

廿九日戊午(4 月 30 日)

加封直隶金龙四大王等神封号曰"福荫翊运""广泽昭感"。

以神灵显应，颁江苏省龙王庙匾额曰"润施万物""敷惠宣仁""捍御功崇"。

前据盛宣怀条陈自强大计，请开设银行，业经谕令招商集股，合力兴办。兹据御史管廷献奏银行官设流弊宜防一折，缕陈原定章程，窒碍多端，有不可解者六条：大致谓银行不必冠以中国字样；官款拨存，亦须指定抵还的款；及殷商担保；汇兑官款，须交实银；设立商会公所，止议商务，不得干预金矿等务；银行设有拖欠，与国家无涉。自系慎始图终、豫防流弊起见。平心而论，银行之设，固属富强要图，然兹事体大，中国情形与东西各国亦有不同。现当创办伊始，自应通盘筹画，计出万全。该御史所指官设银行各流弊，固宜防范。惟中国不自行举办，一任外人在内地开设，攘我利权，亦非长策。着王文韶、张之洞会同盛宣怀悉心妥议，究竟官设银行，利弊若何，彻始彻终，详细具奏，并将该御史所奏逐条声覆，以凭核办。另奏卢汉铁路，息借洋款，国家不宜代商作保等语。昨据王文韶等会奏筹办干路，请准拨借官款，现尚未据户部议覆，该御史所奏息借洋款不宜国家担保，并铁路万不可作为抵押之处，并着王文韶等就现在筹办情形，权衡轻重，酌量缓急，

---

① 《清实录·德宗景皇帝实录》卷四〇三。

悉心妥议具奏。寻王文韶等会奏：核议银行利弊，拟请仍归商办，官为扶持保护，每半年由南北洋大臣稽查一次，以保利权。下部知之。①

三十日己未(5月1日)

予故记名提督前福建台湾镇总兵刘明镫恤典，事迹宣付史馆立传。从湖南巡抚陈宝箴请也。

以救灾好义，赏俄国阿突瓦司尼兵船管带那德甫等四十六员宝星。②

夏四月初一日庚申(5月2日)

直隶总督王文韶奏，查明海军失事各员情形：请将暂革之守备程璧光革职永不叙用；候选道马复恒革职；牛昶炳据报病故，免其置议；守备林国祥等七员革职留营；游击吕文经等七员注销处分，并免缴捐复银两。得旨：程璧光、马复恒、牛昶炳，均照所拟。吕文经一员，业经开复。其余各员，均着革职留营。③

初四日癸亥(5月5日)

以奉使答谢，并送快炮，赏比利时国守备森斯宝星。

初六日乙丑(5月7日)

两广总督谭钟麟等奏，三水县设关通商，前接总理各国事务衙门函开，应以粮道管理，嗣复电嘱与粤海关监督商办，应归何员专管，请旨定夺。下所司速议。寻总理各国事务衙门奏，粤东各口税务，均归粤海关监督管理，与他省不同。三水开关，应仍由监督经管税务，地方交涉事宜，即由粮道办理，以期各专责成。从之。④

初十日己巳(5月11日)

光绪帝御文华殿，奥匈帝国使臣齐干觐见。

---

① 《清实录·德宗景皇帝实录》卷四〇三。
② 《清实录·德宗景皇帝实录》卷四〇三。
③ 《清实录·德宗景皇帝实录》卷四〇四。
④ 《清实录·德宗景皇帝实录》卷四〇四。

十六日乙亥(5 月 17 日)

工部奏，各省存储外洋枪炮数目，请报部备查。依议行。

山东巡抚李秉衡奏，东省酌减钱漕，通饬立碑，民皆称便。漕粮卷尾，定以按合收纳，尚无流弊。随征一五耗米，涓滴皆有开销，惟漕粮折价，正耗分计，相沿已久，请毋庸另行改议。下部知之。①

十七日丙子(5 月 18 日)

江苏巡抚赵舒翘奏，苏州新关，月用经费，实需银五百五十六两，请先由江海、镇江两关暂行协拨。下所司知之。

廿四日癸未(5 月 25 日)

直隶总督王文韶等奏，沥陈筹办卢汉铁路情形，并钞呈议借比国洋款草合同。依议行。

廿五日甲申(5 月 26 日)

有人奏，两广总督谭钟麟精神日衰，智虑昏耗。署中公事，悉委任其子分发江西知府谭宝箴及都司张钟，幕友家丁倚势招摇。署中开设白鸽票馆，闱姓商人，行贿承充，并有营勇寻衅伤人及搜拿旗丁草菅人命情事，劣绅刘学询、刘学诠因案革职，纳贿夤缘，奏请开复署广州协副将凤鸣、前安定县知县李家焯，狼狈为奸，请饬查办等语，着许振祎按照所参各节，确切查明，据实具奏，毋稍徇隐。

廿六日乙酉(5 月 27 日)

中国通商银行在上海成立，是为中国人所创办的第一家新式银行。

廿七日丙戌(5 月 28 日)

光绪帝御文华殿，俄罗斯国使臣乌和他木斯科觐见，呈递俄太后进慈禧皇太后

---

① 《清实录·德宗景皇帝实录》卷四〇四。

国书，暨宝星礼物。上传懿旨答谢。

廿八日丁亥(5月29日)

福州将军裕禄等奏，商定船政局学堂招考学生章程。前学堂课程限制，以六年为期；其艺圃学堂，则分为艺徒、匠首两学堂，课程限制，各以三年为期。下所司知之。又奏，延募洋员到闽，考验各厂机器，及察看船坞等处，商筹整顿添备并制造船工情形。下部知之。①

廿九日戊子(5月20日)

总理各国事务衙门奏，重订滇缅修约附款，及议定粤省西江通商专条，请旨批准，并钦派大臣互换。得旨：着派李鸿章互换。

以护送使臣希翼恩泽，赏奥匈帝国兵官业迪讷等宝星。

五月初四日壬辰(6月3日)

闽浙总督边宝泉等奏，浙省水陆营兵，先经奏明裁减，现拟裁嘉兴、乍浦协副将，以嘉兴协归并乍浦，改为嘉乍协副将，仍驻乍浦海口。又拟裁嘉兴协守备一员、把总一员、外委九名、湖州协守备一员、千总一员、把总二员、外委六名，统计嘉湖两协共裁大小官弁二十二员名。所有拟裁各员弁另行抵补，未补缺之前，照章给予俸薪粮饷，以示体恤。②

初五日癸巳(6月4日)

电寄张荫桓，使事竣后，即宜讲论加税之事。此事固不易办，全在该大臣善为说辞。至免厘一节，万不可允。厘金历办多年，加税则尚无把握，饷源所系，该大臣于问答之际，语气切勿稍松，是为至要。

初八日丙申(6月7日)

电寄恩泽等，俄路方向，前已由总署寄知，今俄使来京，请将路线改由呼伦贝

---

① 《清实录·德宗景皇帝实录》卷四〇四。
② 《清实录·德宗景皇帝实录》卷四〇五。

尔，顺绰尔河，历札赉特、郭尔罗斯两旗边界，至伯都讷，经洩水甸子，趋宁古塔，至三岔口出界，计移南二百余里。据称此路较平，渡两江处较窄也。究竟地势民情若何，且经由蒙古地方，有无窒碍，着恩泽、延茂通盘筹画，当深体朝廷联络邦交之意，又须豫防后患。若不允其请，将如何措词，切勿袭拒俄成说，徒生枝节。再松花江可置小轮，黑龙江可行通海大轮否，着一并筹度，速即电覆。①

十八日丙午(6 月 17 日)

御史张仲炘奏，洋人购买地基房产，请照西例纳税一折。着该衙门议奏。寻总理各国事务衙门奏，遵查所奏各节，皆属窒碍难行，应请毋庸置议。从之。

御史张仲炘奏，台湾土货进口，请照洋货收税等语。着该衙门查核具奏。寻总理各国事务衙门奏，遵饬总税务司赫德，妥拟征税办法四条：一、台湾土货作为洋货看待；二、中国土货运往台湾于出口时，应完纳出口正税；三、洋货已在中国完纳税饷者，若限内运往台湾，应给存票；四、船只已在中国完纳船钞，领有四个月为期之专照，如驶赴台湾，所领专照，无碍行用。如所请行。②

十九日丁未(6 月 18 日)

褚成博奏，《澳门知新报》所记各事，语极悖诞等语。此次俄使觐见，礼颇恭顺。该馆报内所记，实系信口编造。着谭钟麟、许振祎派员晓谕该馆，嗣后记事，务当采访真确，不得传布讹言。澳门归葡国管理，或照会彼处洋官，并着斟酌办理。

廿四日壬子(6 月 23 日)

命江苏常镇通海道吕海寰开缺，以四品京堂候补，充出使德荷国大臣。

廿五日癸丑(6 月 24 日)

予积劳瘴故，驻秘利马埠商董补用千总黄国玉优恤。

---

① 《清实录·德宗景皇帝实录》卷四〇五。
② 《清实录·德宗景皇帝实录》卷四〇五。

六月初二日庚申(7月1日)

直隶总督王文韶奏,修理易州仓廒,以储陵糈。又奏,筹办畿辅水利,应就营田为之先导。统计天津新农镇一带,租出地五万余亩,内种稻者三万余亩,上年收稻约五万石,本年官民各田,续可垦辟二万余亩。均下部知之。①

初四日壬戌(7月3日)

仓场衙门奏,商货径由火车转运,难于查验,应征通关税课,拟在天津老龙头地方,分设局卡,核实稽征。从之。

御史郑思赞奏,出使大臣随带各员,宜定保奖限制。下所司知之。

初五日癸亥(7月4日)

赏法国巡抚桑德来、医员穆法师等宝星。

初七日乙丑(7月6日)

伊犁将军长庚等奏,查明中俄界间二水,即俄之叶尼赛江、鄂毕江,并提封以南五金各矿大概情形。又片奏,乌鲁克穆河、齐克河一带,地居唐努山后,屏蔽乌里雅苏台北境,旧在特斯河等处设立卡伦,距分界之塔尔噶克山悬隔千里,致有俄人越界采金之事。拟请添设卡伦,或将旧有者移设交界处所。均下所司知之。又奏,俄商改由阿拉克伯克、迈喀普察盖等处出入贸易,难保不渐图侵占。现咨塔尔巴哈台参赞大臣,妥筹防守。报闻。②

初八日丙寅(7月7日)

以随使期满,予驻英随员江苏知府李企晟等奖叙。

以轻浮猥鄙,革浙江定海厅训导王寿杞职。

---

① 《清实录·德宗景皇帝实录》卷四〇六。
② 《清实录·德宗景皇帝实录》卷四〇六。

初十日戊辰(7 月 9 日)

山东巡抚李秉衡奏，部议总税务司所筹土药税厘并征办法，窒碍多端，流弊甚大，恳照旧稽征，毋庸改议。下所司议。

添设驻扎日本横滨总领事官。

以随使期满，予驻法翻译官分部员外郎联涌等奖叙。

十八日丙子(7 月 17 日)

两江总督刘坤一奏，南洋水师，照成案分别裁改，统计每年约节省银十六万两，仍专款存储，以备添购船艇之需。下部知之。

十九日丁丑(7 月 18 日)

直隶总督王文韶等奏，山东胶州海口，拟设水师船澳，先将公所、码头、械库等项，筹款开办，以便屯驻兵船而扼要口。允之。①

二十日戊寅(7 月 19 日)

给事中庞鸿书奏，江浙等省，征收地丁，条银折价，与市价悬殊，请饬酌减一折。着户部议奏。

廿二日庚辰(7 月 21 日)

以随办交涉，三年期满，赏驻英英文参赞洋员马格里花翎。

赏德国武员禄来宝星。

廿四日壬午(7 月 23 日)

山东巡抚李秉衡奏，遵旨裁汰营勇，总兵杨昌魁所统新魁五营，除上年已将后营裁撤外，前后复裁遣一千员名。又奏，谨遵部议，裁去胶澳、烟台、登州留防嵩武军各一营。均下部知之。

---

① 《清实录·德宗景皇帝实录》卷四〇六。

廿五日癸未(7月24日)

前据御史郑思赞奏，两广总督谭钟麟信用私人，列款纠参，当谕令许振祎确查具奏。兹据查明复奏，所有办理闱姓之候补知府方功惠、收受赌规之广州协副将凤鸣、管带楚勇、不安本分之都司张钟，早经谭钟麟分别参办撤退，是该督并无受人欺蒙，尚属可信。惟方功惠等三员声名甚劣，各有应得之咎，均着即行革职。从九品谭炬，得受陋规，虽经缴出，仍着一并革职。该督之子江西候补知府谭宝箴，既经查明，并未干预公事，即着毋庸置议。①

廿七日乙酉(7月26日)

两江总督刘坤一等奏，遵旨酌裁兵勇：一、酌裁江苏留防陆军；二、酌裁留防水师；三、酌裁江苏、安徽、江西三省绿营制兵；四、酌裁三省练兵。每年统共可节省银八十余万两，江苏经制水师，仍酌留以资巡缉。下部知之。②

秋七月初三日庚寅(7月31日)

前据御史李念兹奏，津榆铁路，请仍归官办，当谕令总理各国事务衙门议奏。兹据核议具奏，津榆铁路，本系官办，嗣因卢汉铁路设立总公司，王文韶奏请改归盛宣怀经理，曾经降旨允准。兹据奏称，盛宣怀所办卢汉铁路，尚未开办，诚如该御史所奏，力难兼顾。津卢铁路，系顺天府府尹胡燏棻承办，现在工将告竣。若将此路责成该府尹接续办理，一切委员工匠人等，均系熟手，所需经费，即由津卢及津榆已成铁路余利项下动用，并可随时劝集商股，以辅官款等语。即着照所请行。胡燏棻务当悉心筹画，核实经理，逐渐展拓，以竟全功。③

初四日辛卯(8月1日)

赵舒翘奏，苏省盐捕积弊，实力整顿一折。江苏松江沿海数县，枭匪屡次滋事，全在统带盐捕营员得力，方足以资弹压。现经该抚叠将枭首惩治，匪焰稍息。其未经拿获之黑面施老窝子等，即着刘坤一、赵舒翘会同廖寿丰严饬派出员弁，合

---

① 《清实录·德宗景皇帝实录》卷四〇六。
② 《清实录·德宗景皇帝实录》卷四〇六。
③ 《清实录·德宗景皇帝实录》卷四〇七。

力搜捕，毋任漏网。至折内所称盐捕积弊，多由统带营弁，私通枭匪，必应慎选营官，实力整顿。孔德升、吴家正二员究竟能否改过自新，该抚务当随时察看，毋得宽纵，致滋贻误。

浙江巡抚廖寿丰奏，浙江省城，专设求是书院，兼课中西实学。下所司知之。①

初七日甲午(8 月 4 日)

以前江苏巡抚奎俊，署江苏巡抚。

十三日庚子(8 月 10 日)

督办军务王大臣奏，请饬北洋大臣，将工程队两营裁去四分之三，腾出月饷四万两，再由北洋海防捐输项下，筹拨银三万五千两，作为武毅军每年添给衣履之用。下部知之。

三十日丁巳(8 月 27 日)

浙江巡抚廖寿丰奏，抽练水师分别裁留师船，所省饷租，抵给练军津贴，以资整顿而裨巡防。下部知之。②

八月初二日己未(8 月 29 日)

予御倭阵亡北洋武备学堂学生千总于光炘等八名，于堂左建祠，春秋致祭。从直隶总督王文韶请也。③

初十日丁卯(9 月 6 日)

以拿获广东石城等处会匪刘芝草即刘吉六等，立正典刑，地方安谧，予署琼州镇总兵武万才、北海镇总兵刘邦盛等九员升叙有差。

---

① 《清实录·德宗景皇帝实录》卷四〇七。
② 《清实录·德宗景皇帝实录》卷四〇七。
③ 《清实录·德宗景皇帝实录》卷四〇八。

十九日丙子(9 月 15 日)

广东巡抚许振祎奏,五六月间,嘉应、兴宁、镇平、龙川、河源、和平等州县被水,拨款赈抚情形。得旨:嘉应州等处被水,着查勘情形轻重,酌量抚恤,并设法疏消积水,毋误秋耕。①

二十日丁丑(9 月 16 日)

出使英国大臣张荫桓奏,使事竣后,遵议加税,俄、法、美三国俱允酌加,英外部亦谓李鸿章前议按镑完税,镑价涨落无常,税则须有定数,加镑不如加税。已电知驻华使臣,与总署商办。下所司知之。

以记名提督洪永安,为福建漳州镇总兵官。

以力顾邦交,赏俄外部大臣穆拉斐约福宝星。

廿四日辛巳(9 月 20 日)

礼部奏,遵议御史潘庆澜奏,请将已故总兵之母旌奖一折。已故总兵邓世昌,恪遵母训,移孝作忠,力战捐躯,死事最烈。伊母郭氏,训子有方,深明大义,着赏御书匾额一方,交谭钟麟等转给祗领,以示旌奖,寻颁匾额曰"教忠资训"。②

廿七日甲申(9 月 23 日)

直隶总督王文韶奏,创设育才馆,分课中西经史、策论及天文、地理、格致、图算,一切根本之学,以期渐收得人之效。下所司知之。又奏,北洋前设俄文馆,专讲边务,拟挑馆中优生学习矿学,岁需经费,请于漠河金厂余利项下拨给。下户部知之。③

九月初四日庚寅(9 月 29 日)

添铸督办山海关内外铁路大臣关防,从总理各国事务衙门请也。④

---

① 《清实录·德宗景皇帝实录》卷四〇九。
② 《清实录·德宗景皇帝实录》卷四〇九。
③ 《清实录·德宗景皇帝实录》卷四〇九。
④ 《清实录·德宗景皇帝实录》卷四一〇。

十六日壬寅（10 月 11 日）

漕运总督松椿奏，抽调防军，操练新式炮队。报闻。

十七日癸卯（10 月 12 日）

闽浙总督边宝泉奏，闽省应购外洋军火器械，以备操练。下所司知之。

二十日丙午（10 月 15 日）

御史陈其璋奏，浙江杭州铁路，有害无利，群情汹惧，请饬抚臣迅即停止，以安众心一折。所奏各节，颇属详细。如开办并无大利，自以停止为是。着廖寿丰体察情形，据实具奏。另片奏，杭州如必需铁路，当就艮山门向东南兴筑，事半功倍等语，着廖寿丰一并查核具奏。

盛京将军依克唐阿等奏，勘定吉奉铁路界线，豫防俄路南侵，以保利权。下所司知之。

江西巡抚德寿奏，留海军经费，另款存储，备购船械。下部知之。①

冬十月初一日丁巳（10 月 26 日）

直隶总督王文韶奏，芦纲各岸滞销，引目实难复额，请援案再展五年，以恤商艰。下部议。

《国闻报》创刊于天津。

初二日戊午（10 月 27 日）

督办铁路事务顺天府府尹胡燏棻奏，查勘山海关内外铁路工程大概情形，关外自中后所至大凌河造路经费，估计须银四百万两，倘能明春动工，年余当可告成。下所司知之。②

---

① 《清实录·德宗景皇帝实录》卷四一〇。
② 《清实录·德宗景皇帝实录》卷四一一。

初七日癸亥（11月1日）

山东巡抚李秉衡奏，韩家垣旧河，现已淤塞，拟以北岭口门及陈庄、新河两处，为入海之路。得旨：着照议妥办。

十六日壬申（11月10日）

电寄李秉衡，曹州杀毙洋人一案，前据德使及许景澄先后电报，今始据李秉衡电覆，已属迟延。且盗匪在逃，岂悬赏通缉所能了事。着速派司道大员，驰往该处，根究起衅情形，务将凶盗拿获惩办，阳谷教堂事，一并查明勒缉。李秉衡身任地方，总须办理此案完结，方准交卸。现在德方图借海口，此等事适足为借口之资，恐生他衅。福建古田案办理得法，着总理衙门择要钞寄。

十七日癸酉（11月11日）

浙江巡抚廖寿丰奏，浙海关税征不敷解，请以杭关税银拨抵。下部议。又奏，宁关药厘短绌，岁拨防饷，请由杭、宁两关，分筹认解。下部知之。

山东巡抚李秉衡奏，登州府所驻海防各营，现改并营名，以广西右江镇总兵夏辛酉总统。①

十八日甲戌（11月12日）

两广总督谭钟麟等奏，雷、琼、高三属风灾，派员察看抚恤。得旨：海康等县灾情均重。即着速筹抚恤，以拯穷黎。

十九日乙亥（11月13日）

浙江巡抚廖寿丰奏，杭州新关经费，酌定每月银六百两，请予作正支销。下所司知之。②

---

① 《清实录·德宗景皇帝实录》卷四一一。
② 《清实录·德宗景皇帝实录》卷四一一。

二十日丙子(11 月 14 日)

直隶总督王文韶奏,提督聂士成随营设立武备学堂,考试优等学生,恳准扣满三年奏保一次,以示鼓励。如所请行。

廿二日戊寅(11 月 16 日)

电寄李秉衡,胶澳一事,据王文韶、李秉衡先后电奏已悉。德国图占海口,蓄谋已久,此时将借巨野一案而起,度其情势,万无遽行开仗之理。惟有镇静严扎,任其恫吓,不为之动。断不可先行开炮,致衅自我开。李秉衡所请添调召募各营,均着照办。凶盗已获四名,尚为迅速,但须真正杀人之犯,确取供词,并须多缉党与,毋令匪首窜逸,将来讯办时,该国传教安姓等必从旁观审晓辩也。

电寄许景澄,巨野教案,已获四犯,海靖到京,尽可商办,乃遽调兵船,入我胶澳,砍断电线,勒撤守兵,殊违公法。着许景澄即赴外部,切实理论,并电覆。

廿三日己卯(11 月 17 日)

电寄李秉衡,电悉。敌情虽横,朝廷决不动兵。此时办法,总以杜后患为主。若轻言决战,立启兵端,必致震动海疆,贻误大局,试问将来如何收束。章高元、夏辛酉均着于附近胶澳屯扎,非奉谕旨,不准妄动。新募之营,固属乌合,适足以启戎心,着毋庸召募。此事已饬总署及出使大臣,向彼理论,俟有回信,再定进止。巡抚张汝梅,已令速赴新任。所有拿犯讯供等事,仍着李秉衡上紧妥办,毋得推诿。①

廿四日庚辰(11 月 18 日)

督办铁路事务顺天府府尹胡燏棻奏,津卢铁路购用大小火车头,请照官物免税。下所司议。寻总理各国事务衙门等会奏,应准所请。嗣后遇有山海关内外铁路所需物料,均行免税。从之。

廿五日辛巳(11 月 19 日)

电寄李秉衡,电悉。续获五犯,即讯取确供,起获真赃。是否给该国教士承

---

① 《清实录·德宗景皇帝实录》卷四一一。

领，并取领状，为此案证据。

廿六日壬午（11 月 20 日）

电寄李秉衡，电悉。所陈各节，朝廷所稔知，其应争处在此，其难办处亦在此。洋人举动，全在势力，力不能胜，必受大亏，此战事所以当慎也。该省风气虽劲，然前数年用兵，亦节节退守，前车可鉴。着遵前旨，毋庸召募。夏辛酉各营，仍择要屯扎，以防深入。至将弁功罪，事定再议，不必渎陈。

以全漕告竣，予仓场侍郎长萃、李端棻暨升任侍郎廖寿恒议叙。①

廿七日癸未（11 月 21 日）

以随使出洋，予候选道梁诚分发洋务省分补用，郎中瑞良、顾肇新以海关道记名简放，礼部主事罗凤华等升叙加衔有差。

赏税务司金登干宝星。

廿八日甲申（11 月 22 日）

两江总督刘坤一等奏，徐海等属低区被淹，民情困苦，拟先筹办抚恤。得旨：徐海等属灾区，即着先行筹办抚恤。②

廿九日乙酉（11 月 23 日）

山东巡抚李秉衡奏，查参疏防教堂被劫各员，请将署巨野县知县许廷瑞、寿张县知县庄洪烈摘顶勒缉。得旨：缉捕乃地方官要事。该县疏防盗案，杀毙洋人，以致酿成巨衅，实属可恶，亦不仅以摘顶塞责也。又奏，东省钱漕业已减征，赢余无多，请免提解。允之。又奏，裁撤原驻单县练军左营马队，另募马勇二百五十名，即以练军加饷抵支，以裨捕务。下部知之。

十一月初三日戊子（11 月 26 日）

实授奎俊为江苏巡抚。

---

① 《清实录·德宗景皇帝实录》卷四——。
② 《清实录·德宗景皇帝实录》卷四——。

初五日庚寅（11 月 28 日）

电寄许景澄，德事孔棘，着许景澄广设方法。如巴兰德、德璀琳等，宜笼络之，俾劝德廷，毋失邦交，以顾大局。巴使前在华得力，并着传谕褒奖。至彼国前派战船及别项情形，随时探明电达。①

初十日乙未（12 月 3 日）

着派翁同龢、张荫桓即日前往德国使馆，与海靖再行理论。

十一日丙申（12 月 4 日）

浙江巡抚廖寿丰奏，温、台两府历年剿匪出力文武员弁，可否择尤保奖。得旨：准其择尤酌保，毋许冒滥。②

十三日戊戌（12 月 6 日）

广东巡抚许振祎奏，合浦被水，海康、琼山被风，现经拨款委员，量加抚恤。得旨：被灾处所，即着妥为抚恤，毋任失所。

直隶宣化镇总兵王可升因病出缺，以直隶督标副将陈飞熊为直隶宣化镇总兵官。

廿一日丙午（12 月 14 日）

福州将军裕禄等奏，闽省茶市日疲，商情困迫，请将茶税加捐军饷，暂酌减收。下所司议。

廿四日己酉（12 月 17 日）

总理各国事务衙门、户部会奏，遵议估计旅顺、大连湾购炮修台经费，拟请分年拨款筹办一折。旅顺、大连湾拱卫北洋，相为犄角，形势天险，业经王文韶派员

① 《清实录·德宗景皇帝实录》卷四一二。
② 《清实录·德宗景皇帝实录》卷四一二。

勘估，按照图说，拟请择要，修筑大小各炮台，配用各种快炮。据该王大臣覆核，财力既多撙节，防务复协机宜，自应准如所请，着在杭州关税厘项下每年提拨银二十万两，湖北每年划拨厘金银十万两，闽海关每年划拨洋药加价银十万两，均自明年起，按年照数，解交北洋大臣兑收，解足五年，共合银二百万两，统作为购炮修台之用。至于应用枪炮，前经张之洞在湖北创设枪炮厂，奏明添拨洋款，除该厂原造之数，每年能加陆路、过山两种快炮二百尊、炮弹二十万颗。现在旅顺、大连湾应添炮位，如果该厂可以制造，较之购自外洋，所省不啻倍蓰。着张之洞酌度情形，总以鄂厂所造应用为宜，并着会同王文韶先行妥商，奏明办理。现在防务紧要，亟宜未雨绸缪，先事布置，而且筹款实非易易，王文韶务当督饬在事各员认真办理，庶几缓急可恃，款不虚縻。

电寄刘坤一，俄舰到旅，防英北窥。今英亦有大舰泊吴淞，恐开争局。该督惟当饬淞台将领，镇静严备，觇其所向，慎勿张惶。

先是刑部主事张元济等，于京师设立通艺学堂，学习西国语言文字，具呈总理各国事务衙门，请将学堂教习酌给奖叙，暨成业学生，仿照广方言馆学生例，调考录取。至是议奏，奖叙教习，拟三年期满，著有成效，由该学堂出具考语，禀由臣衙门核办。有官人员，准其保加升阶。无官人员，准作监生一体乡试，再留三年，始终不懈，准以府经历县丞，归部铨选。其成业学生，情愿投效同文馆者，应准随时报名，听候调考。惟必须由该学堂出具凭单，将该学生所习何业、成就分数、考试等第，详悉注明，由同文馆查核，再行调考，以防冒滥。从之。

以齐齐哈尔副都统增祺，为福州将军。①

廿五日庚戌（12 月 18 日）

清廷谕令：自中东罢役以来，中外诸臣竞言自强之术，二年于兹矣。现在事机日迫，凡遇各国交涉之事，无不万分棘手，应缘窥我武备废弛、船炮不齐，以致强邻狡焉思启，合以谋我。目下欲图自强，自以修明武备为第一要义，惟是出入两款，不敷甚巨。前曾谆谕各该省将军督抚，严杜厘金中饱，汰除练兵冗数，旋据陆续覆奏，并未将厘金中饱之数和盘托出，所裁兵勇亦未确查空额。兹据刚毅面奏，今天下之急务，莫如练兵、筹饷。练兵须练可用之兵；筹饷须筹常年之饷。即如国初取民有制，既无厘金，又无杂税，而未尝患财不多、兵不强。今有厘税、洋药、土药等课，每年增入三千余万之多，而财转不敷用者，盖因广取滥用，漫无限制故也。今欲筹兵饷，先由户部查明咸丰三年以前，各省岁入岁出之款，原有入款不准欠，原有出款不准裁。其三年以后，续增入款曰厘金、曰杂税、曰洋关、曰土药，

---

① 《清实录·德宗景皇帝实录》卷四一二。

续增出款曰练饷、曰购械、曰各项经费，近年又有还借洋款一节。应由户部查明，续增出款共有若干，可裁则裁，可减则减，务将练勇之空额开除，厘金之中饱严杜。余如盐场糜费、冗员薪水、出使经费、机器各局杂支，均减定数目，不许滥支滥销，庶巨款不至难筹等语。所奏尚属切实。当此需款孔亟之时，部臣疆臣自应不分畛域，竭力图维，惟是外省用款，疆吏实总其成。着即严饬在事各员，厘剔弊端，力除中饱，尤须正己率属，以期大法小廉。应如何认真综核，集成巨款，是在该将军督抚激发天良，认真整顿，应即详细确实覆奏。至于严查兵勇缺额，叠经通谕各省，不啻三令五申，昨复据徐桐折，奏请饬沿江沿海各督抚，激励忠义，联络乡团，将备之疲软者速即更换，营勇之缺弱者赶紧募补，减绿营无用之卒以养战士，调内地屯防之旅以固海疆，各省将官有老于兵事、缓急可恃者，无论官职大小、现任退闲，准其一律奏调等语，所奏尤为当务之急，着即迅速筹办。如有知兵之员，为该将军督抚等素所深悉者，并准其保奏，以备干城之选。

缓征两淮泰海二属，被风被潮场灶折价钱粮。①

廿六日辛亥（12 月 19 日）

电寄刘坤一等，电悉。英将之言，虽未可尽信，然联盟分占之说，朝廷亦早有所闻。此时机括，全在胶澳。胶澳不退，则各国蜂起。现在只可稳住各国，虚与委蛇，俟海靖回电到后，再与商办。若能将胶澳开作通商口岸，而另给澳中租界为德国屯煤泊船之所，或可暂息纷争。若仅联一二国，此轻彼重，适启争局，恐非长策。着该督等从长计较，各抒所见，切实电奏，以备采择。

廿八日癸丑（12 月 21 日）

电寄刘坤一，两电均悉。两国相忌，必致交讧，此一定之理。现在英舰续到，正当问其来意，和平商酌，是亦联络之一法。如彼询及胶澳，告以不能轻让；如询俄船举动，即告以自行前来，暂时停泊，以释其疑。该督务当慎重图维，俟彼有覆音，随时电达。

三十日乙卯（12 月 23 日）

两江总督刘坤一奏，德人猝据胶湾，事变不测，南洋兵力太单，拟豫召勇三千名，以备缓急。得旨：着暂准召募六营，以资策应。惟须镇静挑选，毋得虚张声

---

① 《清实录·德宗景皇帝实录》卷四一二。

势，转致各国生疑。①

十二月初二日丁巳（12月25日）

山东巡抚张汝梅奏，麦收歉薄，应征漕麦，请改征粟米。从之。

初七日壬戌（12月30日）

电寄张汝梅，据总署钞递德使照会，近日曹州府，又有驱逐教民欲杀洋人之事。巨野教案，正在将了，岂容再起波澜。着张汝梅一面查明确情，一面实力保护，出示晓谕兵民。如有滋闹者，即照土匪办理。速电覆。②

初八日癸亥（12月31日）

电寄张汝梅，巨野教案，正在议结，适又有曹州府聚众欲杀洋人之事，以致德使大肆要挟，顿翻前议，实属可恨。曹州镇总兵万本华，着即撤任回省，听候查办。该抚身任地方，自应饬诫属员，毋致再生教案，乃一味颟顸，于朝廷现办情形全未体会。即如此案，洋人屡次接电，而该抚尚未闻知，其聋聩概可想见。曹俗虽称强悍，该抚岂竟无术绥辑，任其生事，贻害于国耶。接奉此旨后，若再延不出示，饰词回护，致外人借口，定将该抚严惩不贷。

十二日丁卯（公元1898年1月4日）

电寄张之洞，三电均悉。中日修好之后，本无不洽，若遂连衡，恐北方之患必起，倭将所请，断勿轻允，是为至要。
德国驻华公使海靖，向总理衙门提出租借胶州湾九十九年之要求。③

十四日己巳（公元1898年1月6日）

有人奏，广东疆臣勒捐沙田，民心怨愤，请饬查禁一折。据称清丈沙田，失信

---

① 《清实录·德宗景皇帝实录》卷四一二。
② 《清实录·德宗景皇帝实录》卷四一三。
③ 国家档案局明清档案馆：《清代档案史料丛编》第三辑，中华书局1979年版，第180页。

敛怨，得少失多，该抚操之太蹙等语，着谭钟麟查明具奏。寻奏：遵查广东举办沙田，系照部章，并无勒捐扰民情事。①

十七日壬申（公元 1898 年 1 月 9 日）

向来各衙门堂官有赴各国使馆贺年之例，着总理各国事务衙门，知照各衙门，务须循例前往，毋得藉词推托，以重邦交。

十九日甲戌（公元 1898 年 1 月 11 日）

追予前广东提督吴长庆，江浦县专祠，列入祀典。从两江总督刘坤一请也。
蠲缓浙江仁和、海沙、鲍郎、芦沥、横浦、浦东、钱清、西兴、永嘉、双穗、长亭、杜渎十二场荒芜未垦暨被灾灶荡钱课有差。②

廿一日丙子（公元 1898 年 1 月 13 日）

电寄刘坤一，据许景澄电，德国遣其王弟来华，明年正月二十一日可抵香港等语。着派聂缉椝届时先往上海，候德船一到，优加接待，察其举动，再行电闻。

廿三日戊寅（公元 1898 年 1 月 15 日）

光绪帝谕令：自西教开禁之后，教堂几遍天下，传教洋人相望于道，华民入教者亦日增月盛，地方官措置一有失当，则内忧外侮，皆从此起。此诚治乱之关键，不可不慎者也。前于光绪十七年六月，有严办会匪焚毁教堂之谕，嗣是成都有案，古田有案，近日复有曹州盗杀教士之案，虽勉强议结，而准建教堂，准租胶澳，种种要挟，已不胜其弊矣。各省将军督抚等身受重恩，当思为国家弭患，用是特加申谕。此后益当振刷精神，以谨防教案为事，接见州县，谆饬查明所辖境内教堂若干，坐落何处，该处民情是否相安。若遇民教词讼，持平公断，俾善良者不致屈抑，而刁顽者亦无所借口。至往来教士，尤当按约切实保护，庶几防患未然，不使激成变故，是为至要。若固执成见，徒骛虚名，绝不权其利害轻重，以一隅而害及

---

① 《清实录·德宗景皇帝实录》卷四一三。
② 《清实录·德宗景皇帝实录》卷四一三。

全省，甚致贻误大局，惟该将军督抚都统府尹是问。懔之慎之。

以勘立界牌出力，赏云南巡抚裕祥、布政使汤寿铭头品顶戴。①

廿五日庚辰（公元 1898 年 1 月 17 日）

清廷谕令，近来中国战舰未备，沿海各地，易启他族觊觎。从前制造厂局，多在江海要冲，亟应未雨绸缪，移设堂奥之区，庶几缓急可恃。兹据荣禄奏称，各省煤铁矿产，以山西、河南、四川、湖南为最，请饬筹款设立制造厂局，渐次扩充，从速开办，以重军需。至上海制造局，似宜设法移赴湖南近矿之区等语，自系为因地制宜起见。着刘坤一、裕禄、恭寿、张之洞、胡聘之、刘树堂、陈宝箴各就地方情形，认真筹办，总期有备无患，足以仓卒应变，是为至要。

本日兵部尚书荣禄奏，请广练兵团，以资防守一折。着军机大臣会同督办军务王大臣、户部议奏。寻恭亲王等会奏，拟请准袁世凯所统新建陆军，添募三千人，与聂士成一军，扼守北洋门户。董福祥所统甘军，再添募五营，神机营练兵处马步炮队内挑选官兵若干，另为先锋营。应需饷项，请饬王文韶暨户部设法腾挪，毋任缺乏，并饬各省督抚，体察地方情形，妥慎筹办团练。从之。②

廿七日壬午（公元 1898 年 1 月 19 日）

电寄张之洞等，海疆多事，朝廷方切殷忧。张之洞、陈宝箴各电奏，颇有可采。现英议借款，俄欲借湾，正在未定，已饬总理衙门从长计议，候旨施行。

是年

旅日华侨邝汝磐、冯镜如等发起大同学校，以教育华侨子弟。③

梁启超主编《西政丛书》刊行。

日本大阪商船会社，以轮船两艘开行于上海、汉口间，为日本轮船公司进入中国内河之始。

---

① 《清实录·德宗景皇帝实录》卷四一三。
② 《清实录·德宗景皇帝实录》卷四一三。
③ 冯自由：《中华民国开国前革命史》第 1 册，革命史编辑社 1928 年版，第 33～41 页。

光绪二十四年　公元 1898 年　戊戌

春正月初五日己丑(1 月 26 日)

王文韶、张之洞、盛宣怀奏，粤汉铁路紧要，三省绅商吁请勇力合作，以保利权，并筹议借款各折片。另奏请暂用中国工师勘路等语。

詹天佑、邝景阳二员，着胡燏棻饬令前赴湖南，交陈宝箴差委，办理勘路事宜。

直隶总督王文韶等奏，密陈粤汉铁路利害，宜用美款兴修，请勿允他国承揽。下所司知之。①

初六日庚寅(1 月 27 日)

总理各国事务衙门会同礼部奏，遵议贵州学政严修请设专科一折。据称就该学政原奏分别酌拟，一为岁举，一为特科。先行特科，次行岁举。特科约以六事：一曰内政，凡考求方舆险要、邦国利病、民情风俗者隶之；二曰外交，凡考求各国政事、条约、公法、律例、章程者隶之；三曰理财，凡考求税则、矿产、农功、商务者隶之；四曰经武，凡考求行军布阵、管驾测量者隶之；五曰格物，凡考求中西算学、声、光、化、电者隶之；六曰考工，凡考求名物象数、制造工程者隶之。由三品以上京堂及督抚学政，各举所知，无论已仕未仕，注明其人何所专长，咨送总理衙门，会同礼部，奏请在保和殿试以策论，简派阅卷大臣，严定去留，详拟等第，覆试后带领引见，听候擢用，此为经济特科。以后或十年一举，或二十年一举，候旨举行，不为常例。岁举则每届乡试年分，由各省学政调取新增算学、艺学、各书院学堂高等生监，录送乡试。初场试专门题，次场试时务题，三场试四书文。中式名曰经济科举人，与文闱举人同场覆试。会试中式经济科贡士者，亦一体覆试殿试朝考等语。清廷着照所请行。其详细章程，仍着该衙门会同礼部妥议具奏。各该督抚学政，务将新增算学艺学各书院学堂，切实经理，随时督饬院长教习，认真训迪，精益求精。该生监等亦当思经济一科，与制艺取士并重，争自濯磨，力图上

---

① 《清实录·德宗景皇帝实录》卷四一四。

进，用副朝廷旁求俊乂至意。

给事中高燮曾奏，请设武备特科一折。着军机大臣会同兵部，归入荣禄奏请参酌中外兵制特设武科片内，一并议奏。

给事中高燮曾奏，息借英款，以长江一带厘金作抵，不宜曲从。下所司知之。①

初九日癸巳（1 月 30 日）

电寄许景澄，昨经总署电令许景澄前赴俄都商办要事，着该大臣迅即驰往，毋得托故迟延。

抚恤琉球国遭风难民如例。

初十日甲午（1 月 31 日）

两江总督刘坤一等奏，召募江胜军六营，请以长江水师提督黄少春总统。又奏，派崇明镇总兵陈旭统带南洋兵轮。均下部知之。又奏，添设南洋外务交涉正副法律官。下所司知之。

十一日乙未（2 月 1 日）

吏部奏，遵议处分一折。前山东巡抚李秉衡于巨野一案，事前未能防范，迨总理各国事务衙门电查，始行奏报，实属咎有应得。李秉衡着降二级调用，不准抵销。调任兖沂曹济道锡良、撤任曹州镇总兵万本华、曹州府知府邵承照，均着革职留任。泰西各国传教，载在约章。该教士万里远来，中国官民自应加以体恤，乃山东巨野县竟有盗杀教士二人之案，殊堪惋惜。除凶犯按律惩办外，准令建盖教堂三处、住房七处，以示朝廷悯念远人至意。嗣后着张汝梅饬属实力保护，傥再有不逞之徒，滋事肇衅，惟该地方官是问。懔之。②

十四日戊戌（2 月 4 日）

户部奏，遵议右中允黄思永奏筹借华款，请造股票一折。据称按照该中允原折所陈，详细参酌，拟由部印造部票一百万张，名曰"昭信股票"，颁发中外，周年

---

① 《清实录·德宗景皇帝实录》卷四一四。
② 《清实录·德宗景皇帝实录》卷四一四。

以五厘行息，期以二十年本利完讫。平时股票准其转相售买，每届还期，准抵地丁盐课。在京自王公以下，在外自将军督抚以下，无论大小文武、现任候补候选官员，均领票缴银，以为商民之倡。其地方商民愿借者，即责成顺天府府尹及各直省将军督抚，将部定章程先行出示，派员剀切劝谕，不准稍有勒索。派办之员能借巨款者，分别优予奖叙等语。清廷着依议行。

电寄张汝梅，电悉。所有即墨县杀毙洋人之凶犯李象凤，着即行正法。①

十六日庚子（2 月 6 日）

闽浙总督边宝泉奏，厦门胡里山炮台建造工竣，并安炮演放情形。下部知之。予监造炮台在工病故福建候补知县章德华议恤。

十八日壬寅（2 月 8 日）

总理各国事务衙门奏，道员陈明远呈请接办贵州矿务，拟将黔省矿厂，作为官督商办，令该道等试办五年，所称缴款纳课，及借用洋款，与官无涉，并约束矿师，杜绝洋股各节，均如所禀办理。从之。又奏，俄员波资聂也福等，以所撰辑《满洲志略》进呈，请赏给宝星。从之。

二十日甲辰（2 月 10 日）

电寄奎俊，德国所遣王弟即日抵华，着奎俊迅赴上海，同聂缉椝妥为接待，务须一切从优，毋令觖望。

廿一日乙巳（2 月 11 日）

总理各国事务衙门奏，道员容闳拟办津镇铁路，足与卢汉干路相辅而成，请令建立公司，妥筹开办。依议行。

廿五日己酉（2 月 15 日）

光绪帝御文华殿，美国使臣田贝、西班牙国使臣葛络干、英国使臣窦纳乐、德国使臣海靖、奥国使臣齐干、日本国使臣矢野文雄、荷国使臣克罗伯、比国使臣费

---

① 《清实录·德宗景皇帝实录》卷四一四。

葛、俄国署使臣巴布罗福、意国署使臣萨尔瓦葛、法国署使臣吕班觐见。①

廿六日庚戌（2 月 16 日）

胡燏棻奏，酌设武科章程，请于各省府厅州县分设学堂教习。着军机大臣会同兵部归入荣禄等前奏内，一并议奏。

廿八日壬子（2 月 18 日）

着派李鸿章、张荫桓，与俄使面议，仍着该衙门王大臣会商妥办。
山东巡抚张汝梅奏，设立洋务局，派道员潘延祖专办交涉事件。报闻。

廿九日癸丑（2 月 19 日）

御史陈其璋奏，德事将定，后患宜防，请外善邦交内修边备。又奏，请饬总署，将已经译印之各种图书，颁给各学各馆。②

二月初四日戊午（2 月 24 日）

浙江巡抚廖寿丰奏，请将测绘浙省舆图出力员绅，择尤保奖。得旨：准其酌保数员，毋许冒滥。
赏俄国驻海参崴总理官漂大洛夫宝星。③

初十日甲子（3 月 2 日）

总理各国事务衙门奏，续借英德商款一千六百万镑，周息四厘五毫，八三折扣，以苏州、淞沪、九江、浙东货厘及宜昌、鄂岸、皖岸盐厘作抵，分四十五年本利还清，订立合同，请旨遵行。从之。
户部奏，拟定给发昭信股票详细章程十七条：一、分造一百两、五百两、一千两、二千两股票；二、股票载录谕旨及章程；三、铸造户部昭信局印；四、选派司员经理，分别功过；五、核实局用经费；六、筹集数目定一万万两；七、限二十年

---

① 《清实录·德宗景皇帝实录》卷四一四。
② 《清实录·德宗景皇帝实录》卷四一四。
③ 《清实录·德宗景皇帝实录》卷四一五。

还清，年息五厘；八、各省藩司均设昭信分局；九、付息每年一次，以二月为期；十、归还本息，由部局及各分局凭票付给；十一、本息概发现银；十二、严定假造股票罪名；十三、股票准抵押售卖，仍报局立案；十四、官员迁调准在原领票处呈报，另给凭单于所在支领；十五、劝集股款巨数，分别奏请由部核给奖叙；十六、此款专候拨还洋款，不作别用；十七、未尽事宜，随时奏明办理。从之。①

十二日丙寅（3 月 4 日）

许景澄着派充头等钦差大臣，专使俄国商办事件，详细情形。着总理衙门电令筹办。

两江总督刘坤一等奏，厘定海运章程：一、循案委员设局分办；二、交仓漕白正耗就数起运，节省等耗，仍果变拨抵运脚；三、经费以河运节省银米等款分别抵支；四、天津通州经费北局用款分别裁革拨解；五、米色请赶速兑收，并将上届存仓循案作抵；六、剥运漕粮应装袋，并多备剥船；七、沙船经剥食耗，请循旧动支作正开销；八、米船放洋，循案派拨轮船巡护；九、沙船领运事宜遵照成案办理；十、蠲减缺额南粮，以变价余剩拨补。下部知之。②

福建船政船厂开始制造鱼雷快舰。③

十四日戊辰（3 月 6 日）

山东巡抚张汝梅奏，报效库平银十万两，听候部拨，不敢仰邀议叙。得旨：着咨行户部，归入股票办理。

清廷与德国签订《胶澳租借条约》。④

十五日己巳（3 月 7 日）

总理各国事务衙门奏，现与德国使臣议定专案三端，分别款目，详载租澳界址及一切办法，彼此画押盖印讫，请盖用御宝批准。依议行。

———————————

①　《清实录·德宗景皇帝实录》卷四一五。
②　《清实录·德宗景皇帝实录》卷四一五。
③　刘传标：《近代中国船政大事编年与资料选编》第 2 册，九州出版社 2011 年版，第 448 页。
④　王铁崖：《中外旧约章汇编》第 1 册，生活·读书·新知三联书店 1957 年版，第 738~740 页。

十六日庚午（3月8日）

王毓藻奏，覆陈筹饷事宜。据称山东东海、临清两关关税，前经提归公项，每岁八万余两，此外税务较优省分，请饬认真厘剔等语。关税为饷源大宗，自应实力整顿，涓滴归公。各关税款，应提充公者谅亦不少，岂容经收之员任意侵匿。着各该将军督抚破除情面，认真厘剔，查有应行归公之款，尽数提用，据实报部。

王毓藻奏，两广盐务引地极阔，销数甚微，运库所入，岁仅百余万两，请饬变通办理等语。盐课为饷项大宗，岂容利归中饱。着谭钟麟按照所奏，切实查核，应否改照川盐办法，统归官运，分督商销以裕国课之处，即行妥议章程，奏明办理。①

十九日癸酉（3月11日）

总理各国事务衙门奏，胶澳事起，中外交涉愈形棘手，请简派俄、德、法、英、日、美等国专使，重其事任，先为惩前毖后之谋，以图固圉自强之计。从之。

廿六日庚辰（3月18日）

光绪帝谕令，前据荣禄、高燮曾、胡燏棻先后奏请设武备特科，酌改章程各折片，当经谕令军机大臣会同兵部议奏。兹据该王大臣等分别准驳，详议覆奏，并拟定大概章程，开单呈览。朕详加披阅，尚属切实可行。国家设科，武备与文事并重，原期遴拔真才，以备折冲之用。现在风气日新，虽毋庸另设特科，亦应参酌情形，变通旧制。着照该大臣等所议，各直省武乡试自光绪二十六年庚子科为始，会试自光绪二十七年辛丑科为始，童试自下届为始，一律改试枪炮。其默写武经一场，着即行裁去。所有一切未尽事宜，暨各省应如何设立武备学堂之处，着该衙门随时奏明办理。②

廿八日壬午（3月20日）

福州将军兼船政大臣裕禄奏，船厂制造鱼雷快艇，现已开办。工需紧要，恳匀款接济。下户部议。

---

① 《清实录·德宗景皇帝实录》卷四一五。
② 《清实录·德宗景皇帝实录》卷四一五。

三月初一日甲申(3月22日)

以捞救遭风商船难民出力，予福建县丞彭文桂奖叙。

初三日丙戌(3月24日)

总理各国事务衙门奏，请于湖南岳州府及福建福宁府所属之三都澳两处，添开通商口岸，以兴商务而扩利源。又奏，通商省分，请无论华洋商均准于内河行驶小轮船，已饬税务司妥议征税防弊专章九条。又奏，英国条约四届十年期满，因时制宜，亟宜修改。税则受亏，尤须及早议增。中国商务，英居十分之八，先与商定，各国自易允从。均依议行。

军机大臣刚毅奏，出使经费，请明定章程，奏明立案。得旨：着该衙门切实核减。寻总理各国事务衙门奏：遵饬出使各国大臣，将岁支经费，切实核减，报明备案。从之。

以办理税务出力，赏粤海关洋员杜德维二品顶戴。①

初四日丁亥(3月25日)

刚毅奏，南北洋机器局，每年杂支有八九十万之多，应大加核减等语。着王文韶、刘坤一各就该局现在情形，悉心综核，认真裁减，不得仍前滥支滥用。

初五日戊子(3月26日)

总理各国事务衙门奏，俄国订租旅顺、大连湾两口，并接展铁路，现拟条约九款。请简全权大臣与该使如期画押。得旨：依议，昨已派李鸿章、张荫桓为画押大臣，即遵照办理。又奏，直隶抚宁县北戴河至海滨之秦王岛，隆冬不封，请开作通商口岸，有益商务。依议行。

御史文悌奏，俄人胁割旅、大，请赴俄庭誓以死拒，急联英助，以戢凶锋。报闻。

给事中郑思贺等奏，河南矿务，请禁借洋款。下所司知之。②

---

① 《清实录·德宗景皇帝实录》卷四一六。
② 《清实录·德宗景皇帝实录》卷四一六。

初六日己丑（3 月 27 日）

御史何乃莹奏，昭信股票，尚未通行，而各疆臣于部指拨还之项，竟有扣留别用者，失信于民，弊端宜杜。下部知之。又奏，山西铁路矿务，请饬停俄、意两国借款，以杜后患。下所司知之。

山西巡抚胡聘之奏，委购洋枪机器等项，即拟创立局厂，自行仿造。下所司知之。

与俄国签订《旅大租借条约》。①

初七日庚寅（3 月 28 日）

两广总督谭钟麟等奏，法舰窥伺北海，觊觎矿产，现饬廉州府知府刘齐浔试行开办合浦县属石头埠煤矿，派营弹压，隐相抵拒。下所司知之。

初九日壬辰（3 月 30 日）

电寄依克唐阿，叠次电奏均悉。旅、大租界，虽经议定，尚未划分。金州一厅并营汛道路，万不能允在租界之内。业经随约照会，并令许景澄与该国外部详议商定矣。寿长本驻金州，毋庸移动。马玉昆着于熊岳一带，酌量驻扎，以资镇摄。该将军所奏各节，自属正办。惟此事非一战所能了，务当慎重设防，毋得生衅。至租界情形，着总理各国事务衙门详细行知。②

十二日乙未（4 月 2 日）

电寄王文韶等，粤汉路款着照议订定，其代管字样，仍着斟酌。

以荷兰国主加冕，派出使大臣吕海寰就近往贺。

十三日丙申（4 月 3 日）

广东雷州府，系属海疆，地方紧要。知府郅馨是否胜任，抑或人地未宜，着谭

---

① 王铁崖：《中外旧约章汇编》第 1 册，生活·读书·新知三联书店 1957 年版，第 741~742 页。

② 《清实录·德宗景皇帝实录》卷四一六。

钟麟、许振祎悉心察看，据实具奏，毋稍迁就。

山东巡抚张汝梅奏，黄河现由北岭迤下丝网口入海，势甚通畅，旧河已见淤塞，拟即截断，以免分行力弱，恭报筹办情形。又奏，东省三成赈捐限满，仍难停止，请再展限接办一年，以资接济。并从之。①

十五日戊戌（4 月 5 日）

光绪帝御文华殿，俄国赍递国电使臣巴布罗福觐见。

十七日庚子（4 月 7 日）

总理各国事务衙门奏，出使大臣许景澄函称，德君遣其胞弟，带有礼物，赴京请觐。请参考中西，酌定各国近支亲王觐见礼节，奏明立案，以重睦谊而垂定章，谨电商酌拟具陈，届时钦定处所。得旨：朕钦奉慈禧皇太后懿旨，着在园内觐见。

廿三日丙午（4 月 13 日）

御史文悌奏，近日京城内外，喧传洋人在内地开捐贡监，一得洋照，遇中国派捐饷税，及词讼牵涉，皆可邀洋人保护，明系中国匪徒，假托敛钱，请饬示禁严惩，以遏乱萌。得旨：着总理衙门查明办理。寻奏，遵查洋人开捐，并无确凭。该御史既有所闻，拟密行访查，果有匪徒假托惑众情事，应即设法惩办，以息谣说。从之。

出使美日秘国大臣伍廷芳奏，密陈中外情形，请联络美国，借用美将。下所司知之。②

廿九日壬子（4 月 19 日）

电寄依克唐阿，金州城内留驻之奉军，着一律撤回，即日开拔，毋得逗遛，免致俄人借口。至寿长驻防兵，亦着斟酌情形，妥为因应，万不准遽开枪炮，又生大衅。

詹事府左中允黄思永奏，口岸、铁路、矿产三事，各国寻间抵隙，得步进步，

---

① 《清实录·德宗景皇帝实录》卷四一六。
② 《清实录·德宗景皇帝实录》卷四一六。

拟请均利止贪，保权弭患。下所司议。寻总理各国事务衙门奏，通商口岸，先行开办，以杜觊觎，应饬各省察看地方情形，酌覆办理。至路、矿两项，该中允所拟办法，语多切要，应如所奏办理。从之。

闰三月初一日甲寅（4月21日）

以记名提督马维骐为广东潮州镇总兵官。
抚恤遣送浙海朝鲜国难民如例。①

初二日乙卯（4月22日）

电寄谭钟麟，所奏已悉。粤汉铁路前经议准，兹据王文韶等奏，由总公司借定美国款项，已立合同。粤省绅商既难集股，即着暂缓劝办。至此路形势，为南北缩毂，不能因集股较难，遽议缓办。所有勘路购地等事，仍着督饬地方官协力襄助，以期有成。

上海求新机器制造轮船厂，为鄂湘善后局建造的"楚宝"轮竣工试航。②

初五日戊午（4月25日）

总理各国事务衙门奏，出使大臣伍廷芳以教案叠起，请变通成法，广开通商口岸，加重入口关税，采各国通行律，勒为《通商律例》一书，布告各国。所有交涉词讼，以此为准，庶教民教士有所儆畏。查内地各口，百货厘金所萃，概归通商，收数必减，进口洋税能否酌加，现值修约届期，须与各使通盘筹议。至改订刑律，请饬该大臣博考西律及日本新例，酌拟条款，咨送妥商。又奏，法国请租广州湾及建造滇越铁路办理情形。并依议行。

两江总督刘坤一等奏，遵议酌减江宁等属地丁钱价，并提解漕折平余，凑还四国洋款。下户部知之。

以出洋六年期满，予驻德随员知县方元熙以直隶州知州分省遇缺即补。

以江南自强军操练有成，赏出力德弁来春石泰等七员宝星。③

---

① 《清实录·德宗景皇帝实录》卷四一七。
② 刘传标：《近代中国船政大事编年与资料选编》第2册，九州出版社2011年版，第451页。
③ 《清实录·德宗景皇帝实录》卷四一七。

初十日癸亥(4 月 30 日)

总理各国事务衙门奏，请简派船政大臣等语。福州将军增祺着兼充船政大臣，船政为海防根本，前经特派裕禄从新整顿，已有规模。该将军到任后，务即查照裕禄所定章程，督率该厂提调各员并工匠等，将一切制造机器事宜，认真讲求，核实办理，以副委任。

十一日甲子(5 月 1 日)

以奥国国主在位五十年，派驻使兼充专使，就近致贺。

以交涉持平，赏法国署使臣吕班、俄国驻库总领事施什玛勒福等五员宝星。

十三日丙寅(5 月 3 日)

有人奏，天津设有国闻报馆，咸谓系北洋水师学堂总办道员严复合股所开，本年三月间归日本人经理，而水师学生译报如故，请饬查禁等语。国闻报馆如系中国人所开，不应借外人为护符，如已归日本人经理，则不应用水师学生代为译报。着王文韶查明该报馆现办情形，及道员严复有无与外人勾串之事，据实具奏。寻奏，遵查道员严复被参各节，查无其事，应恳免其置议。仍谕饬严复并学堂学生等，嗣后不得再有只字附登报馆，以自取戾。报闻。

湖广总督张之洞等奏，遵筹教养事宜，于湖北省城设立农务工艺学堂，汉口设立劝工劝商公所，以开风气而阜民生。下所司知之。①

十六日己巳(5 月 6 日)

福州将军兼船政大臣裕禄奏，元凯练船修改工竣。下部知之。

二十日癸酉(5 月 10 日)

现在德国亲王来京觐见，着派世续照料一切。

---

① 《清实录·德宗景皇帝实录》卷四一七。

廿一日甲戌(5月11日)

电寄祥亨等,电悉。沙市客民烧毁洋房,是否新关房屋,着将启衅根由查明电复,并着该署督派员会同关道迅速办理,毋得因循玩视,致酿事端。

廿四日丁丑(5月14日)

电寄张之洞,前据电奏于十七日启程,嗣后尚无交卸来京之奏。此时计程当抵上海,惟现在湖北有沙市焚烧洋房之案,恐湘鄂匪徒勾结滋事。长江一带,呼吸相连,上游情形最为吃重。着张之洞即日折回本任,俟办理此案完竣,地方一律安靖,再行来京。

总理各国事务衙门奏,日本偿款交清,收回威海。报闻。

江苏巡抚奎俊奏,徐海等属被灾甚重,续筹银四万五千两,办理赈务。报闻。又奏,苏省各属歉收,苏沪两局米捐,请一律停止,以恤民艰。下户部知之。①

廿五日戊寅(5月15日)

光绪帝御玉澜堂,德国亲王亨利觐见。

赏德国亲王宝星,随员米勒等十九人暨驻使海靖一例赏给。

廿七日庚辰(5月17日)

光绪帝御文华殿,法国使臣毕盛觐见。

给事中高燮曾奏,昭信股票宜分别办理一折。昭信股票原期上下流通,不特为暂时筹款之计。前经谆谕不准苛派抑勒,若如所奏,各省办理此事,名为劝借,实则勒索,催迫骚扰,贻累闾阎,亟应严行查禁。着各督抚通饬各该地方官按照部定章程,妥为办理。商民人等愿领与否,各听其便。如有不肖官吏借端指派,致滋扰累,立即查参惩办,以杜流弊而顺舆情。

廿九日壬午(5月19日)

浙江巡抚廖寿丰奏,筹议饷需,请改折南漕,岁省运费及修补仓廒等银,当可

---

① 《清实录·德宗景皇帝实录》卷四一七。

得七八十万两。下户部议。

以办理舆图出力，予浙江即用知县黄福元等六员奖叙。①

是月

由于对日第三次赔款已经交清，日军开始撤出山东威海。

夏四月初四日丙戌 (5 月 23 日)

张汝梅电，山东直隶交界有私立义民会名目，传单直豫苏，欲与洋教为难等语。直隶东明、山东冠县，其民多习拳勇，现既讹言繁多，出有传单宣播，难保匪徒不闻风滋事。着王文韶、张汝梅、刘树堂各派妥员，严密往查，并饬地方官豫为之防，毋任煽动。江苏相距较远，然饥民众多，易于勾串，并着刘坤一饬属严查，以防滋蔓。寻张汝梅奏，查明义民会即义和团，并未滋事，及妥筹各属保甲团防，将拳民列诸乡团之内，仍派员随时弹压。报闻。

兵部左侍郎荣惠奏，请设督办商务大臣及选派宗支，游历各国。下所司议。②

初十日壬辰 (5 月 29 日)

恭亲王奕䜣卒。

十二日甲午 (5 月 31 日)

上海商人经元善等创办中国女子学堂，是为现今所知首家女学堂。③

十三日乙未 (6 月 1 日)

御史杨深秀奏，请派王公出洋游历。下所司归入荣惠折内议奏。又奏，请议游学章程，暨筹款译书。均下所司议。

出使美日秘国大臣伍廷芳奏，请先在通商口岸仿行印花税。下所司议。寻总理各国事务衙门奏，遵议此事外洋通行，成效昭著，中国度支不充，自应就所送章

① 《清实录·德宗景皇帝实录》卷四一七。
② 《清实录·德宗景皇帝实录》卷四一八。
③ 虞和平编：《经元善集》，华中师范大学出版社 1988 年版，第 226~232 页。

程，详加厘定，作为试办章程。从之。

十四日丙申（6月2日）

电寄吕海寰，电悉。德皇接见，情意殷殷。胶澳泊船及遇事相助，足见真心亲密。着吕海寰遵旨致谢。

十六日戊戌（6月4日）

电寄庆常，恭忠亲王薨逝，法使奉国命来唁。着庆常即亲赴外部致谢。

电寄罗丰禄，恭忠亲王薨逝，比使接外务部电，代君主唁慰。着罗丰禄即向外部致谢。

十七日己亥（6月5日）

御史陈其璋奏，请开内地铁路口岸，藉增关税。下所司议。寻总理各国事务衙门奏，查铁路系照陆路运货章程办理，即不必更添口岸名目，转增缪镇。从之。又奏，请议加洋税，暨教练同文馆学生充洋关扦手。均下所司查明办理。①

十八日庚子（6月6日）

总理各国事务衙门奏，与英使议定展拓广东香港九龙城租界专条，以九十九年为期限。自开办后，遇有两国交犯之事，仍照中英原约香港章程办理。租地内大鹏湾、深州湾水面，中国兵船，无论在局内局外，仍可享用。请派员画押。允之。

御史李盛铎奏，请开馆专译东西洋书籍。下所司议。②

廿二日甲辰（6月10日）

谭钟麟等奏，崖州黎匪滋事办理情形一折。崖州乐安汛地方黎匪滋事，据该督等查明，衅由汛弁激成，业将该汛把总何秉钺正法枭首，黎匪悔罪投诚，地方安静。

---

① 《清实录·德宗景皇帝实录》卷四一八。
② 《清实录·德宗景皇帝实录》卷四一八；《康南海自编年谱》，中华书局2012年版，第41页。

沙俄强租旅顺、大连后，在大连创建小型修船场"中东铁路公司轮船修理工场"和"中东铁路公司造船工场"。①

廿三日乙巳(6 月 11 日)

光绪帝谕令，数年以来，中外臣工讲求时务，多主变法自强。迩者诏书数下，如开特科、裁冗兵、改武科制度、立大小学堂，皆经再三审定，筹之至熟，甫议施行。惟是风气尚未大开，论说莫衷一是，或托于老成忧国，以为旧章必应墨守，新法必当摈除，众喙哓哓，空言无补。试问今日时局如此，国势如此，若仍以不练之兵，有限之饷，士无实学，工无良师，强弱相形，贫富悬绝，岂真能制梃以挞坚甲利兵乎？朕惟国是不定，则号令不行，极其流弊，必至门户纷争，互相水火，徒蹈宋明积习，于时政毫无裨益。即以中国大经大法而论，五帝三王，不相沿袭，譬之冬裘夏葛，势不两存。用特明白宣示，嗣后中外大小诸臣，自王公以及士庶，各宜努力向上，发愤为雄，以圣贤义理之学，植其根本，又须博采西学之切于时务者，实力讲求，以救空疏迂谬之弊，专心致志，精益求精，毋徒袭其皮毛，毋竞腾其口说，总期化无用为有用，以成通经济变之才。京师大学堂，为各行省之倡，尤应首先举办。着军机大臣、总理各国事务王大臣会同妥速议奏。所有翰林院编检、各部院司员、大门侍卫、候补候选道府州县以下官、大员子弟、八旗世职、各省武职后裔，其愿入学堂者，均准入学肄业，以期人材辈出，共济时艰，不得敷衍因循，徇私援引，致负朝廷谆谆告诫之至意。②

廿四日丙午(6 月 12 日)

总理各国事务衙门奏，遵议侍郎荣惠奏，请特设商务大臣及选派宗支游历各国一折。商务为富强要图，自应及时举办。前经该衙门议请，于各省会设立商务局，公举殷实绅商，派充局董，详定章程，但能实力遵行，自必日有起色。即着各省督抚，督率员绅，认真讲求，妥速筹办。总期连络商情，上下一气，毋得虚应故事。并将办理情形，迅速具奏。至选派宗室王公游历各国，亦系开通风气、因时制宜之举，着宗人府察看该王公贝勒等，如有留心时事、志趣向上者，切实保荐，听候简派。

赏德国亲王随员克勒泥等宝星。

---

① 刘传标：《近代中国船政大事编年与资料选编》第 2 册，九州出版社 2011 年版，第 452页。

② 《清实录·德宗景皇帝实录》卷四一八。

廿七日己酉（6 月 15 日）

光绪帝谕，着总理各国事务衙门，将各国君后宗藩及特派头等公使来华，于皇太后前及朕前接见款待礼节，务须参酌中西体制，详定章程，从优接待。一俟议妥奏准后，即行照会各国驻京公使，并分电出使各国大臣，令其一体知悉。

命直隶总督王文韶，迅即入觐，以大学士荣禄暂署直隶总督。①

廿八日庚戌（6 月 16 日）

光绪帝召见康有为、张元济。②

廿九日辛亥（6 月 17 日）

御史宋伯鲁奏，盛宣怀承办铁路，所领官款岁息，请提充学堂经费。下所司查明办理。又上《变法先后有序乞速奋乾断以救艰危折》，请求宣谕变法。③

是月

严复所译《天演论》正式出版。

五月初一日癸丑（6 月 19 日）

户部、兵部会奏，遵议御史曾宗彦奏请精练陆军，改为洋操，并将各省兵数饷数，开单呈览一折。今日时势，练兵为第一大政，练洋操尤为操兵第一要着。惟须选教习以勤训课，核饷力以筹军实。现在天津新建陆军、江南自强军，均系学习洋操，北洋勇队，着由新建陆军，酌拨营哨之学成者，分往教练，南省则由自强军酌拨，营规口号均须一律。各直省将军督抚，统限六个月内，将并饷练队及分扎处所，妥议覆奏。至军械枪炮，应饬各省机器局，酌定快枪快炮格式，及枪子炮弹分量造法，互相讨论，折衷一是，如式制造，精益求精，以期利用，并着一体妥速筹

① 《清实录·德宗景皇帝实录》卷四一八。
② 《康南海自编年谱》，中华书局 2012 年版，第 41~44 页。
③ 国家档案局明清档案馆：《戊戌变法档案史料》，中华书局 1958 年版，第 3~5 页。

办，毋得宕延。①

初三日乙卯（6 月 21 日）

有人奏，浙江温州、宁波两府，皆有聚众围署之事。由于土药捐总办候补道李宝章，朘削为能，遇事苛虐，永嘉县有小民携土数两，为委员查获，该道属知县周炳麟严办，致毙杖下，民情大噪，几酿事变等语。着廖寿丰确切查明。寻奏，遵查李宝章被参各节，尚无其事。周炳麟业经另案奏参，此案并无刑毙人命之事，均请免予置议。报闻。

初四日丙辰（6 月 22 日）

予天津水师学堂教习试用同知沈文辉等及毕业优等学生奖叙，赏洋教习霍克尔等二员宝星。

初五日丁巳（6 月 23 日）

实授荣禄为直隶总督，兼充北洋通商大臣。
谕废八股，改试策略。

初十日壬戌（6 月 28 日）

总理各国事务王大臣奏，英人请租威海卫，议立专条呈览，并请派大臣画押一折。着派奕劻、廖寿恒画押。
京师大学堂指日开办，亦应设立译书局以开风气。如何筹款兴办之处，着总理各国事务王大臣，一并妥拟详细章程，迅速具奏。②

十一日癸亥（6 月 29 日）

御史张承缨奏，直隶、天津等处，沟洫未通，请设法疏浚，以兴稻田一折。据称直隶土厚水深，号称沃壤，天津海口淤狭，上游一带，多成泽国，莫如疏通沟

---

① 《清实录·德宗景皇帝实录》卷四一九。
② 《清实录·德宗景皇帝实录》卷四一九；国家档案局明清档案馆：《戊戌变法档案史料》，中华书局 1958 年版，第 448~450 页。

汕，广垦稻田，就地筹款，先行试办等语。着荣禄体察情形，酌核办理。

御史张承缨奏，昭信股票设局，弊窦甚多等语。着户部查核办理。

十二日甲子（6月30日）

御史李盛铎奏，谨拟京师大学堂办法一折。着总理各国事务王大臣归入大学堂未尽事宜，一并议奏。

十三日乙丑（7月1日）

总理各国事务衙门奏，遵议各国君后宗亲及头等公使来华礼节。从之。又奏，瓜梯马拉国副总统摄位，呈递国书，应给覆书。报闻。

赏日本参议长冈崎生、通译德瓦作藏宝星。

中英签订《订租威海卫专条》。①

十五日丁卯（7月3日）

军机大臣会同总理各国事务衙门王大臣奏，遵旨筹办京师大学堂，并拟详细章程，缮单呈览一折。京师大学堂为各行省之倡，必须规模闳远，始足以隆观听而育人材。现据该王大臣详拟章程，参用泰西学规，纲举目张，尚属周备。即着照所议办理，派孙家鼐管理大学堂事务，办事各员由该大臣慎选奏派。至总教习综司功课，尤须选择学赅中外之士，奏请简派。其分教习各员，亦一体精选，中西并用。所需兴办经费及常年用款，着户部分别筹拨。所有原设官书局，及新设之译书局，均着并入大学堂，由管学大臣督率办理。此次设立大学堂，为广育人才、讲求时务起见，该大臣务当督饬教习等按照奏定课程，认真训迪，日起有功，用副朝廷振兴实学至意。

赏举人梁启超六品衔，办理译书局事务。②

十六日戊辰（7月4日）

总理各国事务衙门奏，议覆御史曾宗彦奏请振兴农业一折。农务为富国根本，

① 王铁崖：《中外旧约章汇编》第1册，生活·读书·新知三联书店1957年版，第782页。

② 《清实录·德宗景皇帝实录》卷四一九。

亟宜振兴，各省可耕之土，未尽地方者尚多。着各督抚督饬各该地方官，劝谕绅民，兼采中西各法，切实兴办，不准空言搪塞。须知讲求农政，本古人劳农劝相之意，是在地方官随时维持保护，实力奉行。如果办有成效，准该督抚奏请奖叙。上海近日创设农学会，颇开风气，着刘坤一查明该学会章程，咨送总理各国事务衙门，查核颁行。其外洋农学诸书，并着各省学堂，广为编译，以资肄习。

总理各国事务衙门奏，遵议御史陈其璋请与各国开议，酌加进口税，停收厘金，应俟明年与英修约之期，妥议加税章程，列入条约，以保利权，停止厘金。应俟加进口税后，察看洋税岁多之数，足敌厘金岁收之数，再行裁撤。均从之。①

十七日己巳(7月5日)

光绪帝谕令，自古致治之道，必以开物成务为先。近来各国通商，工艺繁兴，风气日辟。中国地大物博，聪明才力，不乏杰出之英，只以囿于旧习，未能自出新奇。现在振兴庶务，富强至计，首在鼓励人才。各省士民，著有新书，及创行新法、制成新器果系堪资实用者，允宜悬赏以为之劝，或量其材能，试以实职，或锡之章服，表以殊荣。所制之器，颁给执照，酌定年限，准其专利售卖。其有能独力创建学堂，开辟地利，兴造枪炮各厂，有裨于经国远猷，殖民大计，并着照军功之例，给予特赏，以昭激励。其如何详定章程之处，着总理各国事务衙门，即行妥议具奏。②

十八日庚午(7月6日)

大理寺少卿盛宣怀奏，筹集轮船电局商捐，开办南洋公学情形。下所司知之。又奏，就南洋公学内，设立译书院，选师范生，翻译东西洋书籍。得旨：着照所拟办理。

赏美国前使臣田贝宝星。

十九日辛未(7月7日)

刚果国使臣订立约章，着派李鸿章画押。

电寄杨儒，本年十月，为奥君主在位五十年之期，着派工部右侍郎杨儒，为头等公使，往递贺书，并赍礼物六色，届时致贺。

---

① 《清实录·德宗景皇帝实录》卷四二〇。
② 《清实录·德宗景皇帝实录》卷四二〇。

大理寺少卿盛宣怀奏，中国通商银行，次第开设，各省官款请饬归汇解。下户部速议。

二十日壬申（7月8日）

光绪帝御文华殿，美国卸任使臣田贝、接任使臣康格觐见。

电寄荣禄，保府教堂被董福祥兵毁坏，两教士被殴，带至营中，法使已照会总署。荣禄电称此案由外设法拟结，着即赶紧办理，务须速了。省城重地，甘军勇丁，何得任意滋事，并着转电董福祥认真弹压。以后如该军别有滋闹情形，定惟该提督是问。

电寄寿长，俄国租地条约，已据许景澄等订立奏报。着寿长体察情形，晓谕驻防兵民一体安居，毋启猜嫌，仍将遵办缘由电奏。

出使俄奥国大臣许景澄等奏，俄国订立旅顺口、大连湾迤北所需保守陆地各租地界线条约，遵旨与外部议定专条办理情形。下所司知之。

出使英、意、比国大臣罗丰禄奏，清还赔偿日本军费银二万万两，并第三年末次威海卫守费银五十万两。下所司知之。①

廿二日甲戌（7月10日）

光绪帝谕令，前经降旨开办京师大学堂，入堂肄业者，由中学、小学以次而升，必有成效可观。惟各省中学小学，尚未一律开办。总计各直省省会暨府厅州县，无不各有书院，着各该督抚督饬地方官，各将所属书院坐落处所，经费数目，限两个月，详查具奏。即将各省府厅州县，现有之大小书院，一律改为兼习中学、西学之学校。至于学校等级，自应以省会之大书院为高等学，郡城之书院为中等学，州县之书院为小学，皆颁给京师大学堂章程，令其仿照办理。其地方自行捐办之义学、社学等，亦令一律中西兼习，以广造就。至各书院需用经费，如上海电报局、招商局及广东闱姓规，闻颇有溢款。此外陋规滥费，当亦不少。着该督抚，尽数提作各学堂经费。各省绅民，如能捐建学堂，或广为劝募，准各督抚按照筹捐数目，酌量奏请给奖。其有独力措捐巨款者，朕必予以破格之赏。所有中学、小学应读之书，仍遵前谕，由官设书局，编译中外要书，颁发遵行。至如民间祠庙，其有不在祀典者，即着由地方官晓谕居民，一律改为学堂，以节糜费而隆教育。似此实力振兴，庶几风气遍开，人无不学，学无不实，用副朝廷爱养成材至意。②

---

① 《清实录·德宗景皇帝实录》卷四二〇。
② 《清实录·德宗景皇帝实录》卷四二〇。

廿四日丙子(7 月 12 日)

湖南巡抚陈宝箴奏，密陈兴事之法，曰抵借各国商款、造路开矿；练兵之法，曰借购英国战船、炮械、将卒，并与日本相结；筹款之法，曰加洋税，均民捐。下所司速议。

廿五日丁丑(7 月 13 日)

总理各国事务衙门会同礼部奏，遵议经济特科章程，开单呈览一折。所拟章程六条，尚属详备，即着照所请行。经济特科，原期振兴士气，亟应认真选举，以广登进而励人才。着三品以上京官及各省督抚学政，各举所知，限于三个月内，迅速咨送总理各国事务衙门，会同礼部，奏请考试。一俟咨送人数，足敷考选，即可随时奏请定期举行，不必俟各省汇齐，再行请旨，用副朝廷侧席求贤至意。

前经降旨，各省士民著书制器，暨捐办学堂各事，给予奖励，谕令总理各国事务衙门妥议具奏。兹据该王大臣等议定详细章程，开单呈览，所拟给予世职实官虚衔及许令专利，颁赏匾额各节，量能示奖，尚属妥协，着依议行。即由该衙门咨行各直省将军督抚通饬所属，将章程出示晓谕，以动观听而开风气。朝廷鼓励人才，不靳破格之赏，仍应严防冒滥。所有著书制器各事，该衙门务当认真考验，严定罚惩，以期无负振兴庶务、实事求是之至意。

户部奏，遵议盛宣怀奏筹办中国通商银行，次第开设情形一折。国家设立银行，原为振兴商务，本非垄断利权。即着盛宣怀将银行收存官款，如何议生利息、汇兑官款，如何议减汇费，先与各省关商订明确，切实办理。并着户部咨行各省将军督抚、各关监督，凡有通商银行之处，汇兑官款协饷，如查明汇费轻减，即酌交通商银行，妥慎承办，以重商务。

总理各国事务衙门奏，遵旨另议康有为条陈，所称请皇上大誓百司庶僚于太庙，置制度局于内廷，设待诏所于午门，又分设十二局于京师：一曰法律，二曰税计，三曰学校，四曰农商，五曰工务，六曰矿政，七曰铁路，八曰邮政，九曰造币，十曰游历，十一曰社会，十二曰武备；外省每道设一新政局，每县设一民政局，将藩臬道府州县尽变为差，会同地方绅士公议新政，即以厘金与之，各节均变易内政，事关重要，请特派王大臣会同臣衙门议奏。得旨：着军机大臣会同总理各国事务衙门王大臣，切实筹议具奏，毋得空言搪塞。又奏，令京外大员，保荐精专制造、驾驶、声光、化电诸学之才，考验得实，因材器使。从之。①

---

① 《清实录·德宗景皇帝实录》卷四二〇。

廿六日戊寅(7月14日)

光绪帝谕令,振兴商务,为富强至计,必须讲求工艺,设厂制造,始足以保我利权。据王文韶面奏,粤东商人张振勋,在烟台创兴酿酒公司,采购洋种葡萄,栽植颇广,数年之后,当可坐收其利;又北洋出口之货,以驼绒羊毛为大宗,就地购机,仿造呢绒羽毯等物,亦可渐开利源。前经批准道员吴懋鼎,在天津筹款兴办等语。着荣禄饬令该员吴懋鼎、张振勋等,即行照案举办,但使制造日精,销路畅旺,自可以暗塞漏卮。务令该员等各照认办事宜,切实筹办,以收成效。仍将如何办理情形,由荣禄随时奏报。寻荣禄奏,遵查酿酒织绒筹办大概情形。报闻。①

廿九日辛巳(7月17日)

御史宋伯鲁奏,请将上海《时务报》改为官报,着管理大学堂大臣孙家鼐,酌核妥议,奏明办理。

协办大学士孙家鼐奏,委派教习各员。又奏,官书局宜添提调。又奏,译书局编纂各书,宜进呈钦定,再行颁发,并将悖谬之书,严行禁止。均依议行。

三十日壬午(7月18日)

浙江巡抚廖寿丰奏,寓洋华人,请由使臣考取商籍生员。下所司议。
抚恤琉球国遭风难民如例。②

六月初一日癸未(7月19日)

电寄刘坤一,法领事强索四明公所义地,至以炮兵胁拆围墙,并调兵船,而宁波人传单罢市,事机甚迫,势恐莠民借端滋闹,酿成巨案。着刘坤一、奎俊飞饬派出各员,一面向法领事切实劝导,就宁人可让之地,允助建屋等费,和商息事,一面严饬文武各官,实力弹压商民,务令静候议办,毋任恃众寻衅,以遏乱萌。③

---

① 《清实录·德宗景皇帝实录》卷四二○。
② 《清实录·德宗景皇帝实录》卷四二○。
③ 《清实录·德宗景皇帝实录》卷四二一。

初四日丙戌（7 月 22 日）

电寄出使各国大臣，凡遇各国君主赠给宝星，均着收受佩带，以示联络，毋庸电询总署。

出使德荷国大臣吕海寰奏，由德赴荷，呈递国书。下所司知之。

初六日戊子（7 月 24 日）

李端棻奏，变法维新，条陈当务之急。着奕劻、孙家鼐会同军机大臣，切实核议具奏。

初七日己丑（7 月 25 日）

振兴商务，为目前切要之图。叠经谕令各省认真整顿，而办理尚无头绪。泰西各国，首重商学，是以商务勃兴，称雄海外。中国地大物博，百货浩穰，果能就地取材，讲求制造，自可以暗塞漏卮，不致利权外溢。着刘坤一、张之洞拣派通达商务、明白公正之员绅，试办商务局事宜，先就沿海沿江，如上海、汉口一带，查明各该省所出物产，设厂兴工，使制造精良，自能销路畅旺，日起有功。应如何设立商学、商报、商会各端，暨某省所出之物产，某货所宜之制造，并着饬令切实讲求，务使利源日辟，不令货弃于地，以期逐渐推广，驯致富强。事属创办，总以得人为先。该督等慎选有人，即着将拟定办法，迅速奏闻，毋稍延缓。

电寄刘坤一，法领扩界之意甚奢，各国援例，不可不防。刘坤一所述聂缉椝电云，国体宜计，不忍畏难求速，诚为扼要之论。着该督电饬该藩司，权衡缓急，即与该领事尽力筹商，相机因应，务期周妥，以息纷纭。①

初八日庚寅（7 月 26 日）

孙家鼐奏，遵议上海《时务报》改为官报一折。报馆之设，所以宣国是而达民情，必应官为倡办。该大臣所拟章程三条，均尚周妥，着照所请，将《时务报》改为官报，派康有为督办其事。所出之报，随时呈进。其天津、上海、湖北、广东等处报馆，凡有报单，均着该督抚咨送都察院及大学堂各一分，择其有关时事者，由大学堂一律呈览。至各报体例，自应以胪陈利弊、开广见闻为主。中外时事，均许

---

① 《清实录·德宗景皇帝实录》卷四二一。

据实昌言，不必意存忌讳，用副朝廷明目达聪、勤求治理之至意。所筹官报经费，即依议行。

初十日壬辰（7月28日）

光绪帝谕令，国家讲求武备，非添设海军，筹造兵轮，无以为自强之计。兹经召见裕禄，询以福州船厂情形，据奏工匠机器一切，均足以资兴造，惟所需款项较巨，必须于原拨常年经费外，另筹的款，按年拨解，庶足备制造船炮之用。着各将军督抚，遵照单开指拨数目，妥筹办理。方今时势艰难，朕宵旰焦劳，力求振作，思御外侮，则整军经武，难再视为缓图。各该督抚受恩深重，蒿目时艰，亦当仰体朕怀，协力同心，急其所急。当此度支匮乏，艰于抱注，惟于无可设法之中，力筹拨济。如厘金之剔除中饱，局务之酌量归并，皆当破除情面，实力筹维。傥指款实有不敷，除应解各项京饷，暨应还洋款，不准擅动外，其余无论何款，准其移缓就急，如数拨解，不准托词延宕。国计安危所系，我君臣相感以诚，同维大局，用副朕殷殷训诰之至意。仍将遵办缘由，于接奉此旨十日内，先行电奏，以慰厪系。

盛宣怀奏，筹造南北铁路办理情形一折。所称三路分三国借款营造，紧约宽期，互相比较，洵为扼要之论。并沥陈委曲艰难各节，亦属实在情形。惟是作事谋始，必须力任其难，不辞劳怨，方能日起有功。该大臣膺兹重任，务当力持定见，与各洋商坚明约束，会同荣禄、张之洞迅速筹办，使三路合为一气，南北相为衔接。提纲挈领，勿分畛域，以期克日观成。毋得意存推诿，空言搪塞，致负委任。①

十一日癸巳（7月29日）

电寄刘坤一等，华教士仍未救回，迟久恐生枝节。着该督饬令地方官相机操纵，权宜办理，余由总署斟酌电覆。

十二日甲午（7月30日）

电寄刘坤一等，湖南盐法长宝道黄遵宪、江苏候补知府谭嗣同，前经谕令该督抚送部引见。着刘坤一、张之洞、陈宝箴，即行饬令该二员迅速来京，毋稍迟延。

---

① 《清实录·德宗景皇帝实录》卷四二一。

十三日乙未(7 月 31 日)

两江总督刘坤一奏,遵旨筹议上海制造局及炼钢厂,迁移湖南,繁重难行,据实覆陈。报闻。

十五日丁酉(8 月 2 日)

光绪帝谕令,通商惠工,务材训农,古之善政。方今力图富强,业经明谕各省,振兴农政,奖励工艺,并派大臣督办沿江等处商务。惟中国地大物博,非开通风气,不足以尽地力而辟利源。图治之法,以农为体,以工商为用。现当整饬庶务之际,着各省督抚认真劝导绅民,兼采中西各法,讲求利弊,有能创制新法者,必当立予优奖。该督抚等务当仰体朝廷开物成务之意,各就该管地方考察情形,所有颁行农学章程及制造新器新艺,专利给奖,并设立商务局、选派员绅开办各节,皆当实力推广,俾收成效。此外叠经明降谕旨饬办事宜,亦均宜悉心讲求,次第兴办,毋得徒托空言,一奏塞责。并将各项如何办理情形,随时具奏。

铁路矿务,为时政最要关键。现在津榆津卢铁路,早已工竣。由山海关至大凌河一带,亦筹款接办。其粤汉、卢汉两路,均归总公司建造。是干路规模,大段已具。矿务以开平、漠河两处办理最为得法,成效已著,现正一律推广。惟路矿事务繁重,诚恐各省办法未能画一,或致章程歧出,动多窒碍,亟应设一总汇之地,以一事权。着于京师专设矿务铁路总局,特派总理各国事务王大臣王文韶、张荫桓专理其事。所有各省开矿筑路一切公司事宜,俱归统辖,以专责成。

现在讲求新学,风气大开,惟百闻不如一见,自以派人出洋游学为要。至游学之国,西洋不如东洋,诚以路近费省,文字相近,易于通晓。且一切西书,均经日本择要翻译,刊有定本,何患不事半功倍,或由日本再赴西洋游学,以期考证精确,益臻美备。前经总理衙门奏称,拟妥定章程,将同文馆东文学生酌派数人,并咨南北洋两广、两湖、闽浙各督抚,就现设学堂,遴选学生,咨报总理衙门,陆续派往。着即拟定章程,妥速具奏,一面咨催各该省迅即选定学生,开具衔名,陆续咨送。并咨询各部院,如有讲求时务、愿往游学人员,出具切实考语,一并咨送,均毋延缓。

电寄伍廷芳,前经总理衙门议覆伍廷芳奏请变通成法案内,饬令该大臣博考各国律例,及日本改定新例,酌拟条款,咨送总理衙门核办。现当整饬庶务之际,着伍廷芳迅即详慎酌拟,汇齐咨送,毋得迟延。①

---

① 《清实录·德宗景皇帝实录》卷四二一。

十七日己亥(8月4日)

给事中郑思贺奏,米价翔贵,请饬妥筹办理一折。据称比岁以来,米价渐次加增,都城尤甚,论者谓出洋之米过多所致,请嗣后外洋各国订购中国米粮,须令照会总理衙门,电达各海关查照放行。购运之数,亦宜稍示限制。此外如有奸商私贩出口及冒充洋商旗号者,一律查拿治罪等语。清廷着荣禄、刘坤一会商沿海各省将军督抚,体察情形,妥筹办法。①

十八日庚子(8月5日)

陈宝箴奏,设立制造枪弹两厂,拟筹常年经费,并请改拨款项一折。据称沪局暂难移设,拟于湘省购机建厂,制造快枪弹子,从速开办,以图扩充等语。

电寄刘坤一等,代奏唐绍仪电,阅悉。所有派使递国书议约,韩使来京递国书觐见,均准行。英领事抚恤银一千两,即行发给。②

二十日壬寅(8月7日)

出使法国大臣庆常奏,遵与法国外部订明,嗣后教案,就事议结,不许旁索利益,以弭后患而杜效尤。下所司知之。

出使德荷国大臣吕海寰奏,密陈练兵筹饷外交安教之策。得旨:着军机大臣会同总理各国事务衙门王大臣,切实妥速议奏。

廿一日癸卯(8月8日)

电寄伍廷芳,古巴华氓,饥困可悯,着伍廷芳酌量由使费项下拨款赈抚,毋得冒销,总期实惠侨氓。

直隶总督荣禄等奏,卢汉铁路,比国借款,续定合同。从之。又奏,查明福靖兵轮船在旅顺口外遭风失事情形。报闻。

廿二日甲辰(8月9日)

孙家鼐奏,筹办大学堂大概情形一折。所拟章程八条,大都参酌东西洋各国学

---

① 《清实录·德宗景皇帝实录》卷四二二。
② 《清实录·德宗景皇帝实录》卷四二二。

校制度，暨内外臣工筹议，与前奏拟定办法间有变通之处，缕晰条分，尚属妥协。造端伊始，不妨博取众长，仍须折衷一是。即着孙家鼐按照所拟各节，认真办理，以专责成。其学堂房舍，业经准令暂拨公所应用，交内务府量为修葺。至派充西学总教习丁韪良，据孙家鼐面奏请予鼓励，着赏给二品顶戴，以示殊荣。

前据孙家鼐奏，遵议上海《时务报》改为官报，请派康有为督办其事，并据廖寿恒面奏，嗣后办理官报事宜，应令康有为向孙家鼐商办，当经谕令由总理衙门传知康有为遵照。兹据孙家鼐奏陈官报一切办法，报馆之设，义在发明国是，宣达民情，原于古者陈诗观风之制。一切学校农商兵刑财赋，均准胪陈利弊，藉为韬铎之助，兼可翻译各国报章，以备官商士庶开扩见闻，于内政外交，裨益非浅。所需经费，自应先行筹定，以为久远之计。着照官书局之例，由两江总督按月筹拨银一千两，并另拨开办经费六千两，以资布置。各省官民阅报，仍照商报例价，着各督抚通核全省文武衙门差局书院学堂，应阅报单数目，移送官报局，该局即按期照数分送。其报价着照湖北成案，筹款垫解。至报馆所著论说，总以昌明大义，抉去壅蔽为要义，不必拘牵忌讳，致多窒碍。泰西律例，专有报律一门，应由康有为详细译出，参以中国情形，定为报律，送交孙家鼐呈览。①

廿三日乙巳(8 月 10 日)

中国创建水师，历有年所，惟是制胜之道，首在得人；欲求堪任将领之才，必以学堂为根本。应如何增设学额，添置练船，讲求驾驶，谙习风涛，以备异日增购战船，可期统带得力，着南北洋大臣及沿江沿海各将军督抚一体实力筹办，妥议具奏。至铁路矿务，为目今切要之图，造端伊始，亟应设立学堂，豫备人材，方可冀收实效。所有各处铁路扼要之区，暨开矿省分，应行增设学堂。切实举办之处，着王文韶、张荫桓悉心筹议，奏明办理。

欧洲通例，凡通商口岸，各国均不侵占。现当海禁洞开，强邻环伺，欲图商务流通，隐杜觊觎，惟有广开口岸之一法。本年三月间，业经准如总理各国事务王大臣所奏，将湖南之岳州府、福建之三都澳、直隶之秦王岛，开作口岸。嗣据该衙门议覆中允黄思永条陈，请饬各省察看地方情形，广设口岸，现在尚无成议。着沿江沿海沿边各将军督抚，迅就各省地方，悉心筹度。如有形势扼要、商贾辐辏之区，可以推广口岸、展拓商埠者，即行咨商总理各国事务衙门酌核办理。惟须详定节目，不准划作租界，以均利益而保事权。

御史杨深秀奏，津镇铁路，请饬招商承办。着王文韶、张荫桓酌核办理。②

---

① 《清实录·德宗景皇帝实录》卷四二二。
② 《清实录·德宗景皇帝实录》卷四二二。

廿四日丙午 (8 月 11 日)

命湖南长宝盐法道黄遵宪开缺以三品京堂候补,充出使日本国大臣,赏翰林院编修张亨嘉四品衔,充驻扎朝鲜国四等公使。

廿五日丁未 (8 月 12 日)

电寄谭钟麟,电悉。法占炮台,借炮位,固属无理取闹,已由总署电庆常诘法外部。惟村民众多,恐启衅端,该督务当谆饬地方官,加意安抚,勿令生事。

廿六日戊申 (8 月 13 日)

昨派张亨嘉充朝鲜公使,兹据奏称,亲老丁单,势难远役,沥陈下悃,尚属人子至情,张亨嘉应准毋庸前往。安徽按察使徐寿朋,着开缺以三品京堂候补,派充驻扎朝鲜国钦差大臣。①

廿九日辛亥 (8 月 16 日)

孙家鼐奏,举人梁启超恭拟译书局章程,并沥陈开办情形,据呈代奏一折。译书局事务,前经派令梁启超办理。现在京师设立大学堂,为各国观瞻所系,应需功课书籍,尤应速行编译,以便肄习。该举人所拟章程十条,均尚切实,即着依议行。此事创办伊始,应先为经久之计,必须宽筹经费,方不至草率迁就,致隘规模。现在购置机器,及中外书籍,所费不赀,所请开办经费银一万两,尚恐不足以资恢扩,着再加给银一万两,俾得措置裕如。其常年用项,亦应宽为核计,着于原定每月经费一千两外,再行增给每月二千两,以备博选通才,益宏搜讨。以上各款,均由户部即行筹拨。以后自七月初一日起,每月应领经费,并着豫先拨给,毋稍迟延。其大学堂及时务官报局,亟应迅速开办,所需经费,如有不敷,准由孙家鼐一并随时具奏。至大学堂借拨公所,叠经谕令内务府克日修葺移交,即着赶紧督催,先将办理情形,即日覆奏。国家昌明政教,不惜多发帑金,该大臣等务当督催在事人员,认真筹办,务令经费绰有余裕,庶几茂矩阂规,推之弥广,用副朝廷实事求是至意。②

---

① 《清实录·德宗景皇帝实录》卷四二二。
② 《清实录·德宗景皇帝实录》卷四二二。

福建船政船厂所造第三十六号船——"吉云"号拖船，完工下水。①

秋七月初一日壬子(8 月 17 日)

电寄张汝梅，德使称济宁有匪徒，将聚众生事，教堂甚虑攻击，已由署电该抚保护。着即严饬地方官认真防范，勿稍疏懈，致滋事端。②

矿物铁路总局开办。

初二日癸丑(8 月 18 日)

电寄各省督抚，日本政府，允将该国大学堂、中学堂章程，酌行变通，俾中国学生易于附学，一切从优相待，以期造就。着各省督抚就学堂中挑选聪颖学生，有志上进，略谙东文、英文者，酌定人数，克日电咨总署核办。

初三日甲寅(8 月 19 日)

光绪帝谕令，现在变通科举，业经准如张之洞、陈宝箴所奏，更定新章，并据礼部详议条目颁行。各项考试，改试策论，一洗从前空疏浮靡之习。殿试一场，为通籍之始，典礼至重，朕临轩发策，虚衷采纳，自必遴取明体达用之才。嗣后一经殿试，即可据为授职之等差。其朝考一场，着即停止。朝廷造就人才，惟务振兴实学。一切考试诗赋，概行停罢，亦不凭楷法取士，俾天下翕然向风，讲求经济，用备国家任使，朕实有厚望焉。③

初五日丙辰(8 月 21 日)

光绪帝谕令，总理各国事务衙门代奏、工部主事康有为条陈，请兴农殖民以富国本一折。训农通商，为立国大端，前经叠谕各省整顿农务、工务、商务，以冀开辟利源。各处办理如何，现尚未据奏报。万宝之原，皆出于地。地利日辟，则物产日阜，即商务亦可日渐扩充，是训农又为通商惠工之本。中国向本重农，惟尚无专董其事者以为倡导，不足以鼓舞振兴。着即于京师设立农工商总局，派直隶霸昌道

---

① 刘传标:《近代中国船政大事编年与资料选编》第 2 册，九州出版社 2011 年版，第 456 页。

② 《清实录·德宗景皇帝实录》卷四二三。

③ 《清实录·德宗景皇帝实录》卷四二三。

端方、直隶候补道徐建寅、吴懋鼎为督理，端方着开去霸昌道缺，同徐建寅、吴懋鼎赏给三品卿衔，一切事件，准其随时具奏。其各省府州县，皆立农务学堂，广开农会，刊农报，购农器，由绅富之有田业者试办，以为之率。其工学商学各事宜，亦着一体认真举办，统归督办农工商总局大臣随时考察。各直省即由该督抚设立分局，遴派通达时务、公正廉明之绅士二三员，总司其事。所有各局开办日期，及派出办理之员，并着先行电奏。此事创办之始，必须官民一气，实力实心，方可渐收成效。端方等及各该督抚等，务当仰体朝廷率作兴事之至意，考求新法，精益求精，庶几农业兴而生殖日蕃，商业盛而流通益广，于以植富强之基，朕有厚望焉。

总理各国事务衙门奏，遵议廖寿丰奏，请饬出使各国大臣督同领事，各就寓洋华人一体建立学堂一折。英美日本各埠，侨寓华民众多，群居错处，不乏可造之材，亟应创立学堂，兼肄中西文字，以广教育。着该大臣等体察情形，妥筹劝办，议定章程，详晰核奏。另片奏请由使馆翻译外洋书籍等语。翻译西书，借以考证政治得失，亦为目前要图。罗丰禄、庆常、伍廷芳熟于英法文字，就近购译，尤为便捷。着即选择善本，详加润色，务令中西文义贯通，陆续编译成书，汇送由总理衙门呈览。

总理各国事务衙门奏，各关提存出使经费，汇核收拨总数，并各省关欠交此项银两，请饬赶解清还各折片。所有各关提存银两，暨收拨总数，据该王大臣等按年逐款分列，统计南北洋、各省关、户部，共欠出使经费银三百五十七万八千三百十六两零。此项经费，关系紧要。现又用款浩繁，该衙门拨付各出使大臣常年应销费用，已虞支绌。各处延欠之款，岂容久假不归。着户部南北洋大臣赶紧如数筹还，一面飞咨欠解各省关督抚监督等将所欠银两，按款清解，不准再有蒂欠。嗣后内外各衙门，无论何项要需，不得率请借用此项经费，以重专款。

现在盛宣怀督办卢汉铁路，借定比利时国银款。所有售卖股票，无论华洋人等，应均准其购买，务当详登告白，并宣布各国，立定切实章程，以杜后患。着总理各国事务衙门妥议办理，即行具奏。寻奏，卢汉路款，已照会比国使臣，将来卖票之时，应无论华洋商人，均准购买，以免他国借口。该使臣覆允照办，是虽未明载合同，已别有确据。至详登告白，及另定切实章程，应转告盛宣怀与比公司妥酌办理。从之。①

初六日丁巳（8 月 22 日）

电寄荣禄，昨于初三日，降旨催办各省学堂，计已电达。直隶为畿辅重地，亟应赶紧筹办，以为倡导。着荣禄迅饬各属，将中学堂、小学堂一律开办，毋稍延

---

① 《清实录·德宗景皇帝实录》卷四二三。

缓，并将筹办情形，即行电奏。

康有为电，旨改《时务报》为官报，汪康年私改为《昌言报》，抗旨不交等语。该报馆是否创自汪康年，及现在应如何交收之处，着黄遵宪道经上海时查明原委，秉公核议电奏，毋任彼此各执意见，致旷报务。

山东巡抚张汝梅奏，应领昭信股票本息银两，拟请捐助东省学堂经费。得旨：所请捐助学堂经费，着准行，并交部核给奖叙。①

初七日戊午(8 月 23 日)

电寄增祺，徐建寅现已赏给三品卿衔，督理农工商总局。着增祺迅即遴员接办船政提调，传知该员赶紧交卸，启程来京，勿稍延缓。

初八日己未(8 月 24 日)

张之洞等奏，沙市客民细故肇衅，焚毁关局，延烧华洋房屋，获犯讯结一折。本年闰三月间，沙市地方，因湖南帮客民与招商局更夫滋事，焚毁关局囤船，延烧华洋房屋，经该督抚委员会同地方官查办，先后拿获首要各犯，现据讯明拟结。

初十日辛酉(8 月 26 日)

光绪帝谕内阁，近来朝廷整顿庶务，如学堂、商务、铁路、矿务一切新政，叠经谕令各将军督抚切实筹办，并令将办理情形先行具奏。该将军督抚等自应仰体朝廷孜孜求治之意，内外一心，迅速办理，方为不负委任。乃各省积习相沿，因循玩愒，虽经严旨敦迫，犹复意存观望。即如刘坤一、谭钟麟总督两江两广地方，于本年五六月间，谕令筹办之事，并无一字覆奏。迨经电旨催问，刘坤一则借口部文未到，一电塞责；谭钟麟且并电旨未覆，置若罔闻。该督等皆受恩深重，久膺疆寄之人，泄沓如此，朕复何望？倘再藉词宕延，定必予以严惩。直隶距京咫尺，荣禄于奉旨交办各件，尤当上紧赶办，陆续奏陈。其余各省督抚，亦当振刷精神，一体从速筹办，毋得迟玩，致干咎戾。

孙家鼐奏，举人梁启超请设立编译学堂，准予学生出身，并书籍报纸，恳免纳税，据呈代奏一折。该举人办理译书事务，拟就上海设立学堂，自为培养译才起见。如果学业有成，考验属实，准其作为学生出身，至书籍报纸，一律免税。均着照所请行。

---

① 《清实录·德宗景皇帝实录》卷四二三。

御史黄桂鋆奏，巨奸煽乱，亟宜备御一折。据称广西匪徒，闻系孙文党与，匪首李立亭出安民伪示，洋报内载孙文办理转运，暗中主谋，集股购械，分股窜扰，请饬查明，亟为备御等语。复据编修张星吉条陈内称，粤西援剿各军，方桂东所带潮勇，缺额甚多，并未与贼接仗，现在大股盘踞西山，军械火药，均系孙文接济。

本日翰林院代奏，编修张星吉条陈内称，请严惩教民等语。着总理各国事务王大臣酌核办理。寻奏，查华民入教，大都无业之徒，藉教为护符，遇有争端，诸形缪辊。应请嗣后华民牵涉词讼，教堂不得收入，以杜争端，于邦交实有裨益，并分咨出使大臣照会各国外部，转饬各该教堂一体遵办。从之。

金州副都统寿长奏，俄人贪狡，界约难恃，拟请添练壮健精悍之士二十营，仿照新制，朝夕训练，俾成劲旅，密图补救。下所司议。寻总理各国事务衙门奏，遵议原奏防俄各节，诚为要着。惟出使大臣许景澄，曾在俄都订立界约，现已内渡，应俟回京后，再行妥筹办理。从之。①

十一日壬戌(8月27日)

闽浙总督边宝泉等奏，现拟改用新法练兵，并添设武备学堂，先行筹购枪械，以资练习。如所请行。②

十三日甲子(8月29日)

少詹事王锡蕃奏，请饬各省设立商会，于上海设总商会等语。现在讲求商务，业于京师设农工商总局，并谕令刘坤一、张之洞，先就上海、汉口试办商务局，拟定办法奏闻，现尚未据奏到。商会即商务之一端，着刘坤一等归案迅速妥筹具奏。其沿江沿海商贾辐辏之区，应由各该督抚一体查明办理。所有一切开办事宜，并着总理各国事务王大臣咨商各督抚，详订章程，妥为筹办。③

十四日乙丑(8月30日)

国子监代奏，候补学正学录黄赞枢条陈内请节浮费一条，着孙家鼐会同总理各国事务王大臣核议具奏。寻奏，遵议请裁同文馆一节，查同文馆规模较大，经始甚

---

① 《清实录·德宗景皇帝实录》卷四二三。
② 《清实录·德宗景皇帝实录》卷四二四。
③ 《清实录·德宗景皇帝实录》卷四二四。

难。现京师大学堂开课需时，未便将该馆先行裁撤，应俟大学堂规制大定，再行查酌办理。至出洋使臣采办军火等项，应责成承办之员，核实报销。从之。

电寄陶模，学堂造就人才，实为急务。着陶模切实劝导，以开风气。章程已由总署咨行，务即勉筹经费，迅速开办。

十五日丙寅(8 月 31 日)

本日督理农工商事务总局端方等具奏，开办农工商总局一折。农工商总局开办伊始，务宜规模宽敞，足敷展布。其经费亦须宽为筹备，方可以持久远。着端方等认真筹办，随时奏闻。

十六日丁卯(9 月 1 日)

詹事府、通政司、光禄寺、鸿胪寺、太仆寺、大理寺等衙门，现已裁撤，所有各该衙门一切事宜，归并内阁六部分办，着大学士六部尚书侍郎即行分别妥速筹议，限五日内具奏。寻大学士李鸿章等会奏，谨按会典内载，詹事府掌文学侍从，拟请归并翰林院；通政司掌纳各道题本，拟请归并内阁；光禄寺恭办典礼，鸿胪寺掌朝会燕飨，拟请归并礼部；太仆寺掌牧马政令，拟请归并兵部；大理寺掌天下刑名，拟请归并刑部。惟归并之后，一切事宜，应由各衙门移取职掌文卷，体察情形，斟酌办理。从之。

以办理交涉，遇事和平，赏法国使臣吕班暨参赞随员等宝星。

以洋员订定卢汉铁路合同出力，赏比国领事官法兰吉等宝星。①

十八日己巳(9 月 3 日)

给事中庞鸿书奏，振兴庶务宜审利弊折内，条陈创修铁路、开拓矿务等语，着王文韶、张荫桓酌核具奏。寻奏，查卢汉铁路延长三千余里，非急促可成，所请设法速成之处，应毋庸议。至开拓矿务，查奏定矿章，原重在华商自行筹办，何云禁阻。惟闻处所难免蠹胥恶役，向索漏规，现明定章程，严为禁止。从之。

电寄苏元春，前因广西匪徒滋事，恐其日久滋蔓，责成苏元春认真督办。现在著名匪首李立亭、田福志等均尚未拿获，并闻逸匪孙文自海外潜归为之区画接济。是否属实，着苏元春严密访查。如在中国界内，务期设法弋获，以杜隐患。

---

① 《清实录·德宗景皇帝实录》卷四二四。

十九日庚午(9月4日)

电寄张汝梅，电悉。潘民表所称德人指界各节，是否与彭虞孙等现在勘办情形相符，如果彭虞孙等不按条约，含糊指勘，该抚即应随时指饬更正。究竟周遭七八百里之说，是否属实，现在应如何据约辩明，着张汝梅迅速查明电覆。

直隶总督荣禄奏整顿保甲，联络渔团，谨拟办法四条，督同各属实力办理。得旨：着严饬各属切实办理，毋得徒托空言，有名无实。

二十日辛未(9月5日)

光绪帝谕内阁，张荫桓奏，请饬实行团练一折。据称近来臣工屡有仿西法练民兵之请，若各省实行团练，即以民团为民兵，徐定更番替换之法，较之遽练民兵，为有把握等语。办理团练，既可辅兵力之不足，亦即为举办民兵根本，实为目前切要之图。广西会匪滋事，尤应迅速办理，以收捍御之功，着各省督抚按照张荫桓所奏，一律切实筹办，各直省限三月内，广东、广西限一月内，各将筹办情形先行覆奏，以副朕保卫间阎至意。

中书王景沂奏，经济特科，名实至重等语。着总理各国事务王大臣妥议具奏。寻奏，遵议特科已保人员，于报到时应由本署详加询问。如自量不能与考，即予撤销以昭核实。至考工、格致二科，须有撰注图说到署呈报，详加考验，果有心得，即予存记，准令与考。从之。①

廿一日壬申(9月6日)

侍讲恽毓鼎奏，请于京师设立武备大学堂，简派大员督办。着孙家鼐妥议具奏。

直隶知县谢希傅奏，驻洋使臣，宜多带学生，并将额设参随翻译各项，明示限制等语。着总理各国事务衙门速议奏明办理。②

廿三日甲戌(9月8日)

户部奏，代递主事宁述俞条陈一折。广兴机器，为制造货物之权舆。现在开办

---

① 《清实录·德宗景皇帝实录》卷四二四。
② 《清实录·德宗景皇帝实录》卷四二五。

农工商总局，并饬各省概设分局，振拓庶务，应用各项机器至多。着各督抚极力裁节冗费，筹备的款，妥议迅设局所，分别制造，以扩利源而资民用。

电寄陈宝箴，翰林院侍读学士陈兆文奏，湖南在籍举人王闿运才兼体用，于中西法政之要，靡不周通，请特旨召对等语。着陈宝箴令其来省察看，该举人品学年力，是否尚堪起用，迅速电奏。①

廿四日乙亥(9 月 9 日)

孙家鼐奏，请设医学堂等语。医学一门，关系至重，亟应另设医学堂，考求中西医理，归大学堂兼辖，以期医学精进。即着孙家鼐详拟办法具奏。

给事中戴恩溥等奏，胶澳画界，擅违条约各折片。着总理各国事务王大臣查明办理。

电寄荣禄，据奏直隶筹办大学堂情形，各处书院既已改为学堂，即照议定章程办理。至民间祠庙，有不在祀典者，仍着遵照前旨，改归学堂。

赏翰林院编修江标以四品京堂候补，江苏候补同知郑孝胥以道员候补，均派在总理各国事务衙门章京上行走。

以北洋新建陆军创设武备学堂期满出力，予炮队学堂监督段祺瑞等升叙加衔有差。

廿五日丙子(9 月 10 日)

户部奏，代递郎中欧阳弁元条陈一折。据称广东番摊提捐一款，援照旧案，加增办理，每年报效洋银三百六十万元，请以商人黄卓瑚等遵章承办，以充学堂经费等语。前因翰林院侍讲学士济澂奏保，商人何元美试办广东番摊捐款，业经谕令谭钟麟查明覆奏。此次该郎中所称商人黄卓瑚等究竟是否家道殷实，加倍收捐，提充经费，是否可靠，着谭钟麟一并确查具奏。

总理各国事务衙门奏，代递道员汪嘉棠条陈内称，江皖两省荒地，废弃可惜，亟宜酌筹的款，购置泰西机器，试办开垦，展限升科，并举道员胡家桢、刘世珩堪以督理其事等语。着刘坤一、德寿、邓华熙察度地方情形，能否按照所拟办理，并胡家桢、刘世珩是否堪胜此任，即行妥速筹议具奏。

胡燏棻奏，各省开办路矿，订借洋款，须由铁路矿务总局核定，方能允准等语。着总理各国事务衙门酌核办理。寻奏，矿路借用洋款，应照会各国驻京使臣查照立案，以防流弊。从之。

---

① 《清实录·德宗景皇帝实录》卷四二五。

胡燏棻奏,津榆铁路学堂,仍移设山海关,并添派洋教习等员,及招选学生分课等语。着总理各国事务衙门查核办理。①

廿六日丁丑(9 月 11 日)

《通商约章成案汇编》一书,着总理衙门详细阅看。其中有应改正者,有应分类续行纂入者,着妥为编辑,摆印数百部呈览,颁行内外各衙门,令其广为刊布,以便遵守。并着嗣后遇有订立条约,及奏定章程,并往来照会等件,即行随时分类增入,摆印颁发,毋得耽延遗漏。

黄思永奏,铁路矿务,应由国家设立公司,任听各国商人入股。着王文韶、张荫桓斟酌情形,妥议具奏。寻奏,遵查原奏所称,现时国家不特无此财力,且流弊百出,请毋庸议。从之。

南书房翰林陆润庠奏,请设馆编纂洋务巨帙;日讲起居注官黄思永奏,请设集贤院分科简练各一折。均着孙家鼐核议具奏。寻奏,遵查编纂洋务巨帙,现已由出使大臣于各使馆内就近编译,较为便捷,似可毋庸另行设局。至黄思永所请改设集贤院,现裁汰各衙门业已规复,应毋庸议。从之。②

廿七日戊寅(9 月 12 日)

光绪帝谕令,国家振兴庶政,兼采西法,诚以为民立政,中西所同。而西人考究较勤,故可以补我所未及。今士大夫昧于域外之观者,几若彼中全无条教,不知西国政治之学,千端万绪,主于为民开其智慧,裕其身家。其精乃能美人性质,延人寿命。凡生人应得之利益,务令其推扩无遗。朕夙夜孜孜,改图百度,岂为崇尚新奇。乃眷怀赤子,皆上天之所畀,祖宗之所遗,非悉使之康乐和亲,朕躬未为尽职。加以各国环处,陵迫为忧,非取人之所长,不能全我之所有。朕用心至苦,而黎庶犹有未知,职由不肖官吏,与守旧之士大夫,不能广宣朕意。乃反胥动浮言,使小民摇惑惊恐,山谷扶杖之民,有不获闻新政者,朕实为叹恨。今将变法之意,布告天下,使百姓咸喻朕心,共知其君之可恃,上下同心,以成新政,以强中国,朕不胜厚望。着查照四月二十三日以后,所有关乎新政之谕旨,各省督抚均迅速照录,刊刻誊黄,切实开导。着各州县教官,详切宣讲,务令家喻户晓。各省藩臬道府,饬令上书言事,毋事隐默顾忌。其州县官应由督抚代递者,即由督抚将原封呈递,不得稍有阻格,总期民隐尽能上达,督抚无从营私作弊为要。此次谕旨,并着

---

① 《清实录·德宗景皇帝实录》卷四二五。
② 《清实录·德宗景皇帝实录》卷四二五。

悬挂各省督抚衙门大堂，俾众共观，庶无壅隔。

瞿鸿机奏，江阴南菁书院遵改学堂，并将沙田试办农学一折。江阴南菁书院，经前学政黄体芳创设，考课通省举贡生监，现既改为学堂，着准其照省会学堂之例，作为高等学堂，以资鼓舞。该书院原有自管沙田一项，据称参用西法，树艺五谷果蔬棉麻等项，将未经围佃之地，先行试办。如有实效，再行推广等语。学堂农会，相辅而行，洵为一举两得之道。该学政此奏，具见筹画精详，留心时务。即着照议认真办理，务收实效，毋托空言。

瑞洵奏，请遍设报馆，实力劝办一折。报馆之设，原期开风气而扩见闻。该学士所称，现商约同志于京城创设报馆，翻译新报，为上海官报之续等语。即着瑞洵创办，以为之倡。此外官绅士民，并着顺天府府尹、五城御史切实劝办，以期一律举行。

刑部奏，代递主事顾厚焜呈请京城邮政，广设分局，又都察院奏，代递优贡沈兆祎呈请推广邮政，裁撤驿站各等语。京师及各通商口岸，设立邮政局，商民既俱称便，亟宜多设分局，以广流通。至各省府州县，着一律举办，投递文报，必无稽迟时日之弊。其向设驿站之处，可酌量裁撤。着总理各国事务衙门会同兵部妥议具奏。

岑春煊奏，请查禁米粮出口等语。据称近来直隶、山东、江苏、浙江等省米粮昂贵，小民无论贫富，皆有岌岌不可终日之虑。推原其故，由于奸商私贩米粮出口；更有不肖官吏，串通洋商偷运。民间积储日少，以致米价日昂。各通商口岸地方官，虽经出示严禁，不过照例晓谕，未能认真稽查。着沿江沿海各直省督抚，申明约章，严行查禁。其有运往内地，须由海关出入者，仍发给联单，密为稽核。倘官吏查禁不实，即予严参惩处。

岑春煊奏，粤汉铁路，招股为难，请设彩票招商局，以集巨款。据称铁路利权，外人皆欲干预，若粤汉铁路因循不修，实恐借口代造，致滋隐患，因拟变通招股之法，在广东、上海、汉口、江苏、江西、天津分设六局，名曰铁路彩票招商局，分次开彩，每年可得银一千二百万两，以之修路养路，均必裕如。请允试办各节，粤汉铁路，亟宜兴修，现在库帑支绌，官款实无可提。着该藩司于到任后，体察情形，妥筹试办。将如何办理之处，先行具奏。①

廿八日己卯（9 月 13 日）

有人奏，疆臣昏老悖谬，阻抑新政，酿乱四起，请严惩褫革一折。据称两广总督谭钟麟年逾七十，两目昏盲，不能辨字，拜跪皆须人扶持。粤东环海千里，武备

---

①　《清实录·德宗景皇帝实录》卷四二五。

尤重。该督到任后，首以裁水师学堂、撤鱼雷学堂为事，裁撤轮舟二十八艘，弃置不用。近日叠降诏书，举行新政，及停废八股，该督考书院，故出八股题，学堂至今未立。其他商人禀请开矿筑路等事，则必阻之。全省有谈时务者，不委差使，吏士以此相戒。又最畏闻盗，属吏莫不讳言，禁出花红，盗益猖狂。将军督抚署旁，白昼抢劫，一县劫案，岁以千计。去岁高雷大乱，调兵剿捕，至今余党横行雷琼间，与黎匪合，攻破崖州之六安司城，文武官败绩逃回，未闻奏报，故有三月间高明县城陷之事，顷又陷信宜。若听该督尸居，势将全省蹂躏等语。

督理农工商总局事务端方等奏，遵议中书王景沂条陈农工商务事宜，主事程式毂条陈推广农会农报事宜，并端方等筹办丝茶情形各折。农务为中国大利根本，业经谕令各行省开设分局，实力劝办。惟种植一切，必须参用西法，购买机器，聘订西师，非重资不能猝办。至多设支会，广刊农表，亦讲求农学之要端，应于省会地方筹款试办，逐渐推行，广为开导。或借官款倡始，或劝富民集资，总期地无余利，方足以收实效。着各直省督抚饬属各就地方情形，妥筹兴办，毋得视为迂图，以重农政。至丝茶为商务大宗，近来中国利权，多为外人所夺，而丝茶衰旺，总以种植、制造、行销三者为要领，并宜分设分司，仿用西法，广置机器，推广种植制造，以利行销。并着产茶产丝各省督抚，妥定章程，实力筹办，以保利源，并将开办情形，随时具奏。

御史宋伯鲁奏，京城道路，请仿西法修筑。又农工商总局代奏，主事金蓉镜条陈街道沟渠办法一折。着总理各国事务衙门一并妥议具奏。①

廿九日庚辰（9月14日）

军机大臣等议覆袁昶条陈，请禁金银制钱流出外洋等语。中国金银各矿，尚未大开，致未能兴造金币，近日各省钱荒，正筹整顿圜法。据称兴安岭一带金沙，流入外洋，及各省私运制钱，出洋销毁诸弊，亟应设法杜绝。着荣禄、刘坤一督率各海关，申明约章，严查禁止。

隆恩奏，商人集款，请办津镇铁路一折。着总理各国事务衙门查核具奏。

三十日辛巳（9月15日）

孙家鼐奏，议核翰林院侍讲恽毓鼎条陈京师设立武备大学堂，请派大员督办一折。着军机大臣会同总理各国事务王大臣妥议具奏。

裕庚奏，日本大学堂科目并初学功课，分缮清单呈览等语。着孙家鼐酌核

---

① 《清实录·德宗景皇帝实录》卷四二五。

办理。

出使美日秘国大臣伍廷芳奏，檀香山归并美国，拟设立领事官驻扎料理，于侨民大有裨益。如所请行。

以出洋期满，予日本使署参赞官同知张绍祖等升叙加衔有差。①

八月初一日壬午(9 月 16 日)

现在练兵紧要，直隶按察使袁世凯，办事勤奋，校练认真，着开缺以侍郎候补，责成专办练兵事务。所有应办事宜，着随时具奏。

光绪帝谕内阁，翰林院奏，代递庶吉士丁维鲁请编岁入岁出表，颁行天下一折。户部职掌度支，近年经费浩繁，左支右绌，现在力行新政，尤须宽筹经费，以备支用。朕维古者冢宰制国用，量入为出，以审岁计之盈虚。近来泰西各国，皆有豫筹用度之法。着户部将每年出款入款，分门别类，列为一表，按月刊报，俾天下咸晓然于国家出入之大计，以期节用丰财，蔚成康阜，朕实有厚望焉。

电寄各国出使大臣，现在中国振兴商务，推广制造，亟应采用西法，期有实济。着出使各国大臣于寓洋华人中，无论士商工匠择其著名可用者，随时征送回华，以备任使。仍须咨访确切，不得以有名无实之人，滥竽充数。②

初二日癸未(9 月 17 日)

光绪帝谕内阁，工部主事康有为，前命其督办官报局，此时闻尚未出京，实堪诧异。朕深念时艰，思得通达时务之人，与商治法。闻康有为素日讲求，是以召见一次，令其督办官报，诚以报馆为开民智之本，职任不为不重。现筹有的款，着康有为迅速前往上海，毋得迁延观望。

有人奏，沥陈江浙米价昂贵，民间困苦情形一折。据称去年以来，米价日昂，近竟至十元以外，府县筹办平粜，敷衍塞责，民间米价，迄未能平，嗷嗷待哺等语。江南米价奇贵，现在新谷尚未登场，贫民乏食，殊属可悯。着刘坤一、奎俊迅即设法，妥筹接济以恤穷黎。至原奏所称运米出洋屡禁不绝，皆由苏松太道蔡钧暗中庇护分肥，发给护照，一日之内，至八、九、十起之多，其为通同奸商贩运无疑。所奏是否属实，着该督抚即行秉公确查据实参奏，毋稍徇隐。

总理各国事务衙门奏，代递章京霍翔呈请推广游学章程等语。着总理各国事务衙门妥议具奏。寻奏，遵议该章京呈请推广游学办法，胪陈七便，言皆切实，事属

---

① 《清实录·德宗景皇帝实录》卷四二五。
② 《清实录·德宗景皇帝实录》卷四二六。

可行，应请准令绅富之家，各选子弟，汇送外洋各学堂肄业，俟卒业领有文凭，考验后引见录用，以期选拔真材。从之。

直隶总督荣禄奏，天津海河上游淤浅，华洋轮船不能上驶，于商务大有妨碍。现派员确勘筹定办法，估明工款，与洋工程司订定开办。下所司知之。①

初四日乙酉（9 月 19 日）

孙家鼐等奏，顺天拟设中学堂一折。京师为首善之区，允宜多设学堂，以系四方观听。所拟就顺天府属州县中调取廪增附生入堂肄业，考取定额四十名，又另设外省士子南额二十名，课以西国语言文字，以及艺政算学各书。所拟章程尚为切实，着照所议行，惟经费必须宽为筹备。着于现解顺属湖南漕折备荒经费项下拨银八千五百两，作为学堂之用，以垂久远。另奏请于地安门外兵将局拨给官房，即着内务府将该处官房，拨给顺天府，设立首善中学堂，用示作育人才之至意。

前经降旨，谕令总理各国事务衙门编辑《通商约章》，颁行各衙门，以便遵守。兹据该衙门奏称，编辑需时，请将北洋原有条约汇纂一书，刷印颁行，即着照所议行。仍着咨行各直省将军督抚，先行派员赴北洋请领，以便饬属认真讲求，遇事得有依据。仍俟该衙门编辑成书，再行补发。至此项通商约章，事事皆关交涉。该衙门务须遴选熟习条约之员，悉心考订，以成善本而免流弊。②

初五日丙戌（9 月 20 日）

光绪帝御勤政殿，日本国前总理大臣侯爵伊藤博文、署使臣林权助暨翻译随员等觐见。

初六日丁亥（9 月 21 日）

光绪帝谕令，现在国事艰难，庶务待理，朕勤劳宵旰，日综万几，兢业之余，时虞丛脞。恭溯同治年间以来，慈禧皇太后两次垂帘听政，办理朝政，宏济时艰，无不尽美尽善。因念宗社为重，再三吁恳，慈恩训政，仰蒙俯如所请，此乃天下臣民之福。由今日始，在便殿办事。本月初八日，朕率王大臣在勤政殿行礼。一切应行礼节，着各该衙门敬谨豫备。

工部候补主事康有为，结党营私，莠言乱政，屡经被人参奏。着革职，并其弟

---

① 《清实录·德宗景皇帝实录》卷四二六。
② 《清实录·德宗景皇帝实录》卷四二六。

康广仁，均着步军统领衙门拿交刑部按律治罪。

电寄荣禄，总理各国事务衙门章京候补道郑孝胥，奏保现充北洋通济练船管带官参将萨镇冰，练习海军，兼习陆战，历年管驾兵轮，痛除积习，操行尤属可信等语。该参将才具操守，究竟如何，着荣禄详细察看，据实具奏。①

初七日戊子（9 月 22 日）

电寄荣禄，工部候补主事康有为，现经降旨革职拿办。兹据步军统领衙门奏称，该革员业已出京，难免不由天津航海脱逃。着荣禄于火车到处及塘沽一带，严密查拿，并着李希杰、蔡钧、明保于轮船到时，立即捕获，毋任避匿租界为要。

初九日庚寅（9 月 24 日）

张荫桓、徐致靖、杨深秀、杨锐、林旭、谭嗣同、刘光第均着先行革职，交步军统领衙门拿解刑部治罪。

刑部郎中英秀呈称南漕改折无益有损，着奕劻、孙家鼐会同户部，归入瑞洵折内，一并议奏。

初十日辛卯（9 月 25 日）

电寄荣禄，着即刻来京，有面询事件。直隶总督及北洋大臣事务，着袁世凯暂行护理。

电寄刘坤一等，孙文一犯，行踪诡秘，久经饬拿，迄无消息。着刘坤一、边宝泉、谭钟麟、黄槐森赶紧设法购线密拿，务期必获，毋任漏网，致滋隐患。②

十一日壬辰（9 月 26 日）

清廷谕令，朝廷振兴庶务，一切新政，原为当此时局，冀为国家图富强，为吾民筹生计，并非好为变法，弃旧如遗，此朕不得已之苦衷，当为天下臣民所共谅。乃体察近日民情，颇觉惶惑，总缘有司奉行不善，未能仰体朕意，以致无识之徒，妄为揣测，议论纷腾。即如裁并官缺一事，本为淘汰冗员，而外间不察，遂有以大更制度为请者。举此类推，将以讹传讹，伊于胡底。若不开诚宣示，诚恐胥动浮

---

①　《清实录·德宗景皇帝实录》卷四二六。

②　《清实录·德宗景皇帝实录》卷四二六。

言，民气因之不靖，殊失朕力图自强之本意。所有现行新政中裁撤之詹事府等衙门，原议将应办之事，分别归并，以省繁冗。现在详察情形，此减彼增，转多周折，不若悉仍其旧。着将詹事府、通政司、大理寺、光禄寺、太仆寺、鸿胪寺等衙门照常设立，毋庸裁并。其各省应行裁并局所冗员，仍着各督抚认真裁汰。至开办《时务官报》及准令士民上书，原以寓明目达聪之用，惟现在朝廷广开言路，内外臣工，条陈时政者，言苟可采，无不立见施行，而疏章竞进，转多撝饰浮词，雷同附和，甚至语涉荒诞，殊多庞杂。嗣后凡有言责之员，自当各抒谠论，以达民隐而宣国是。其余不应奏事人员，概不准擅递封章，以符定制。《时务官报》无裨治体，徒惑人心，并着即行裁撤。大学堂为培植人才之地，除京师及各省会，业已次第兴办外，其余各府州县议设之小学堂，着该地方官斟酌情形，听民自便。其各省祠庙不在祀典者，苟非淫祠，着一仍其旧，毋庸改为学堂，致于民情不便。此外业经议行，及现在交议各事，如通商惠工、重农育才，以及修武备、浚利源，实系有关国计民生者，即当切实次第举行。其无裨时政而有碍治体者，均毋庸置议。着六部及总理各国事务衙门详加核议，据实奏明，分别办理。方今时事艰难，一切兴革事宜，总须斟酌尽善，期于毫无流弊。朕执两用中，不存成见。尔大小臣工等，务当善体朕心，共矢公忠，实事求是，以副朝廷励精图治、不厌求详之至意。

刑部奏，案情重大，请钦派大臣会同审讯一折。所有官犯徐致靖、杨深秀、杨锐、林旭、谭嗣同、刘光第，并康有为之弟康广仁，着派军机大臣，会同刑部、都察院严行审讯。其张荫桓屡经被人参奏，声名甚劣，惟尚非康有为之党，着刑部暂行看管，听候谕旨。至康有为结党营私，情罪重大，业将附和该犯之徐致靖等交部严讯，此外官绅中难保无被其诱惑之人，朝廷政存宽大，概不深究株连，以示明慎用刑至意。①

十二日癸巳(9 月 27 日)

现在芦台以北，山海关以南，秦王岛一带地方，颇嫌空虚。着董福祥不动声色，酌拨数营，择要驻扎，以资镇摄，并谕令荣禄知之。

两广总督谭钟麟奏，高州府属被灾情形。得旨：即着饬属认真抚恤，毋令失所。

十三日甲午(9 月 28 日)

荣禄着在军机大臣上行走，裕禄着补授直隶总督兼充办理通商事务、北洋大

---

① 《清实录·德宗景皇帝实录》卷四二七。

臣。所有北洋各军仍归荣禄节制，并着裕禄帮办。

康广仁、杨深秀、杨锐、林旭、谭嗣同、刘光第等，大逆不道，着即处斩，派刚毅监视，步军统领衙门派兵弹压。

十四日乙未(9 月 29 日)

清廷谕令，近因时事多艰，朝廷孜孜图治，力求变法自强，凡所施行，无非为宗社生民之计。朕忧勤宵旰，每切兢兢，乃不意主事康有为首倡邪说，惑世诬民，而宵小之徒群相附和，乘变法之际隐行其乱法之谋，包藏祸心潜图不轨。前日竟有纠约乱党谋围颐和园，劫制皇太后陷害朕躬之事，幸经觉察，立破奸谋。又闻该乱党私立保国会，言保中国不保大清，其悖逆情形，实堪发指。朕恭奉慈闱，力崇孝治，此中外臣民之所共知。康有为学术乖僻，其平日著作，无非离经畔道非圣无法之言。前因其素讲时务，令在总理各国事务衙门章京上行走，旋令赴上海办官报局。乃竟逗遛辇下，构煽阴谋，若非仰赖祖宗默佑，洞烛几先，其事何堪设想。康有为实为叛逆之首，现已在逃，着各直省督抚一体严密查拿，极刑惩治。举人梁启超，与康有为狼狈为奸，所著文字，语多狂谬，着一并严拿惩办。康有为之弟康广仁、及御史杨深秀、军机章京谭嗣同、林旭、杨锐、刘光第等，实系与康有为结党，隐图煽惑。杨锐等每于召见时，欺蒙狂悖，密保匪人，实属同恶相济，罪大恶极，前经将各该犯革职拿交刑部讯究，旋有人奏稽延日久，恐有中变。朕熟思审处，该犯等情节较重，难逃法网。倘语多牵涉，恐致株连。是以未俟覆奏，于昨日谕令将该犯等即行正法。此事为非常之变，附和奸党，均已明正典刑。康有为首创逆谋，恶贯满盈，谅亦难逃显戮。现在罪案已定，允宜宣示天下，俾众咸知，我朝以礼教立国，如康有为之大逆不道，人神所共愤，即为覆载所不容，鹰鹯之逐，人有同心。至被其诱惑甘心附从者，党类尚繁，朝廷亦皆查悉。朕心存宽大，业经明降谕旨，概不深究株连。嗣后大小臣工，务当以康有为为炯戒，力扶名教，共济时艰。所有一切自强新政，胥关国计民生，不特已行者即应实力奉行，即尚未兴办者，亦当次第推广，于以挽回积习，渐臻上理，朕实有厚望焉。①

十六日丁酉(10 月 1 日)

电寄谭钟麟，已革工部主事康有为、已革举人梁启超，情罪重大，现饬革职拿办。所有该革员等原籍财产，着谭钟麟督饬该地方官迅速严密查抄。该家属例应缘坐，着一并严拿到案，一面根究康有为、梁启超下落，一面悬赏购缉，克日电奏。

---

① 《清实录·德宗景皇帝实录》卷四二七。

十九日庚子(10 月 4 日)

电寄宋庆,山海关迤南秦王岛一带,地方辽阔。宋得胜八营,尚嫌单薄。着该提督克日统率全队,前赴山海关,择要驻扎以资镇摄。该官兵等勤劳日久,着赏银三千两,同本月十四日颁赏武毅军新建陆军甘军银两,一并由户部发给。

光绪帝谕内阁,电寄李盛铎,日本与中国唇齿之邦,交谊日密,兹特制就头等第一宝星,寄赠大日本国大皇帝,以表敦睦邦交之意。着代理出使大臣李盛铎,俟宝星寄到,亲诣日廷,详述朕意,恭赍呈递,届时电奏。

二十日辛丑(10 月 5 日)

松椿奏,清江开办中西学堂,粗有成效一折。此项学生,即遴送京师大学堂,考核功课。嗣后各直省办理学堂,但令官为提倡,朝廷经费有常,勿得专案请拨。①

廿一日壬寅(10 月 6 日)

钦奉慈禧皇太后懿旨:自开埠通商以来,中外一家,谊应不分畛域。即如各国教士之在内地者,叠经谕令各地方官实力保护,不啻三令五申。各省官绅士民,自应仰体朝廷一视同仁之意,开诚布公,无嫌无疑,以期日久相安。近日各省民教滋事之案,仍不能免。四川各起教案,至今尚未了结。在愚民无知,造言生事,轻起衅端,固为可恨。而该管官吏不能随时开导,先事防维,实亦难辞其咎。用特详加申谕,各直省大吏,于教堂所在,务当严饬地方官,懔遵叠次谕旨,认真保护。各国教士往来,均宜以礼相待。遇民教交涉之案,持平办理,迅速断结,并劝导绅民安分自守,毋得逞忿肇衅。其各国游历洋人所到之处,尤应一律保护,以尽怀柔之谊。经此次降旨之后,如再有防范不力,致滋事端,定将该管地方官从重参办,并将该督抚等一并惩处,毋谓诰诫之不豫也。

电寄张之洞,湖南省城新设南学会、保卫局等名目,迹近植党,应即一并裁撤。会中所有《学约》《界约》《札说》《答问》等书,一律销毁,以绝根株。着张之洞迅即遵照办理。

出使日本国大臣黄遵宪,因病开去差使,赏江南道监察御史李盛铎三品卿衔,以四品京堂候补,充出使日本国大臣。

---

① 《清实录·德宗景皇帝实录》卷四二七。

予因公漂没殒命，广东知县李荆门赏恤如例。①

廿二日癸卯（10 月 7 日）

予遭风被难，福靖兵轮管带官都司关庆祥等赏恤加等。

廿四日乙巳（10 月 9 日）

钦奉慈禧皇太后懿旨：国家以四书文取士，原本先儒传注，阐发圣贤精义，二百年来，得人为盛。近来文化日陋，各省士子往往剿袭雷同，毫无根柢。此非时文之弊，乃典试诸臣，不能厘正文体之弊。乃论者不揣其本，辄以所学非所用，归咎于立法之未善。殊不知试场献艺，不过士子进身之阶。苟其人怀奇抱伟，虽用唐宋旧制，试以诗赋，未尝不可得人。设论说徒工，心术不正，虽日策以时务，亦适足长嚣竞之风。用特明白宣示，嗣后乡试、会试及岁考、科考等悉照旧制，仍以四书文、试帖、经文、策问等项分别考试。经济特科，易滋流弊，并着即行停罢。朝廷于抡才大典，斟酌至再，实求细详。嗣后典试诸臣及应试士子，务当屏斥浮华，力崇正学，毋负朝廷作育人才之至意。至富强之术，固当讲求，惟必须地方官认真举办，方不至有名无实。所有农工商诸务，亟宜实力整顿。惟总局设在京城，文牍往还，事多隔膜，一切未能灵通。仍应责成各督抚在省设局，分门别类详加考核，庶有实际。着直隶总督选派妥员，督率办理，以为各省之倡。京城现设之局，着即裁撤。

莠言乱政，最为生民之害。前经降旨将官报《时务报》一律停止。近闻天津、上海、汉口各处，仍复报馆林立，肆口逞说，捏造谣言，惑世诬民，罔知顾忌，亟应设法禁止。着各该督抚饬属认真查禁。其馆中主笔之人，皆斯文败类，不顾廉耻，即由地方官严行访拿，从重惩治，以息邪说而靖人心。

电寄罗丰禄等，各国驻京使馆，中国已力筹保护，地方安堵。惟英、俄、德现已派兵入城自卫，应再向外部商明电饬该使，将派来之兵，即日撤回，以靖人心。②

廿五日丙午（10 月 10 日）

以办理交涉，遇事和平，赏俄员东海滨省总督都尔平等宝星。

---

① 《清实录·德宗景皇帝实录》卷四二八。
② 《清实录·德宗景皇帝实录》卷四二八。

清廷与英国签订《关外铁路借款合同》。①

廿六日丁未（10 月 11 日）

钦奉懿旨：联名结会，本干例禁。乃近来风气，往往私立会名。官宦乡绅，罔顾名义，甘心附和，名为劝人向善，实则结党营私，有害于世道人心，实非浅鲜。着各直省督抚严行查禁，拿获入会人等，分别首从，按律治罪。其设会房屋，封禁入官，该督抚务当实力查办，毋得阳奉阴违，庶使奸党寒心，而愚民知所儆惧。

大学士荣禄奏，开用关防日期一折。现当时事艰难，以练兵为第一要务。是以特简荣禄为钦差大臣，所有提督宋庆所部毅军、提督董福祥所部甘军、提督聂士成所部武毅军、候补侍郎袁世凯所部新建陆军，以及北洋各军，悉归荣禄节制，以一事权。②

廿八日己酉（10 月 12 日）

袁世凯奏，夷情叵测，亟筹防范折。据称本月十七夜间，有英兵五十余人，由塘沽登岸，搭乘大车，迳来天津，俄、德、兵陆续踵至等语。似此漫无稽查，后患何可胜言。着胡燏棻将塘沽车站各员，查取职名议处。裕禄遴派熟习洋务委员，分往各口侦探，遇有洋兵登岸，随时阻止，并飞报该管督抚及总署王大臣，豫筹防范。

总理各国事务衙门奏，山东威海卫地方，事务较繁，请将登州府海防同知，移驻威海城内，作为海防同知要缺。从之。

廿九日庚戌（10 月 13 日）

钦奉慈禧皇太后懿旨：国家振兴庶务，凡有益于国、有利于民者，均应即时兴办，以立富强之基。前因商务为当今要图，特谕刘坤一、张之洞就沿江沿海一带，先行试办。兹据张之洞奏称，应于上海、汉口分设两局，其上海一局，由两江总督委员开办，现于汉口设商务局，以联络川陕、河南、云贵、湘粤等处工商，讲求工厂制作、商货销路等事，并酌拟办法等语。商务为利源所系，创办之始，不在

---

① 王铁崖：《中外旧约章汇编》第 1 册，生活·读书·新知三联书店 1957 年版，第 829～833 页。

② 《清实录·德宗景皇帝实录》卷四二八。

恢拓规模，而在考求实际。现在财力未裕，所需经费，无论官筹商借，皆当以核实为主，毋稍虚糜。该督所拟办法八条，均尚扼要。江汉上游，为商务大宗，张之洞责无旁贷，即着督率在事各员，加意讲求，认真经办，随时会商刘坤一，与上海局联络一气，务期中外流通，确有成效，不得徒饰空言，致负朝廷力图振兴至意。①

九月初一日辛亥（10 月 15 日）

电寄各省将军督抚，前经谕令各省保护各国教士，此事极有关系。各该将军督抚务当严饬地方官，于教堂所在及教士往来之处，一律认真保护，不准稍涉玩懈。如再有防范不力致滋事端，定即从严惩处。②

初二日壬子（10 月 16 日）

王毓藻奏，近来各省洋操，需用枪炮，请就天津、上海、江宁等处局厂，切实扩充制造。着裕禄、刘坤一、张之洞会筹办理。

电寄谭钟麟，自广州至九龙铁路，续经总理衙门与英使议定，由盛宣怀与英商妥订章程，事难中止，勘路之事着谭钟麟派员妥为照料，剀切开导，不得藉词阻格，致启衅端。

初三日癸丑（10 月 17 日）

有人奏，金州、旅顺等处划归俄人租界，旗民宜筹安插，奉天尚有四十余围，其地足敷分拨等事，着依克唐阿体察情形，奏明办理。

浙江巡抚廖寿丰奏，浙绅高尔伊，请设立公司筹借洋款，开采浙东矿产。下所司议。寻奏，据该抚称高尔伊家道殷实，熟悉商务，且借有的款，应准其开办。惟所拟章程，未尽明妥，应请饬该抚转饬该绅商，按照奏定通行章程，妥筹厘正，俟覆到再行核办。从之。

初六日丙辰（10 月 20 日）

直隶总督裕禄奏，遵旨举办蚕政。直省蚕桑，已设专局，应令督同各州县因势

---

① 《清实录·德宗景皇帝实录》卷四二八。
② 《清实录·德宗景皇帝实录》卷四二九。

利导，逐渐扩充。报闻。又奏，天津办理德国租界垫款，请由部筹拨。下所司议。寻奏，德国在津，欲以贱价购地，民情不愿，不得已由官筹垫，系属实情，应如所请，由部筹款归垫，以了此案。从之。

初七日丁巳（10 月 21 日）

有人奏，苏松太道蔡钧，私贩米谷出洋售卖，为数四五万包，获利一二十万两等语。着德寿按照所参情节确切查明，据实具奏，不准稍涉徇隐。寻奏，遵查苏松太道蔡钧各节，并无其事，自系传闻之讹，请毋庸议。报闻。

电寄张之洞等，据英国议绅水师提督贝思福，以中国练兵为要，与总署王大臣面商，愿荐将弁教练，先从南省办起。着祥亨、张之洞早为豫备，于驻防营挑选一千名，练军各营挑选一千名，务期年力精壮，一律整齐。俟所荐洋将到鄂，再与详议章程，派员会同督练，以观后效。①

初十日庚申（10 月 24 日）

出使美日秘国大臣伍廷芳奏，开办矿务，条举杜弊，章程曰清地界、定年限、明抽分、占华股、公稽核、防后患。又奏，矿产种类不一，请饬雇矿师查勘，以便开采。下所司议。寻奏，该大臣所陈各节，洵属杜渐防微之道。此次臣等议定章程，已将各条酌采。又称请饬各省访察矿所，应如所请，由各省将军督抚饬属于辖境内详细访察，限六个月咨报总局，以凭核办。从之。

十一日辛酉（10 月 25 日）

本月初九日，甘军在卢沟桥，与铁路工程司洋人互殴，洋人受有石伤，甘军二人亦受重伤。此事究因何起衅，实在情形若何，着胡燏棻迅速查明，持平办结。

以前礼部尚书许应骙为闽浙总督，未到任前，以福州将军增祺兼署。

十四日甲子（10 月 28 日）

内阁学士准良奏，报馆挟洋自重，刊布邪说。报馆奉旨停止，未及旬日，旋即照常刊布，诽谤诋斥，较往日有加。自系指《国闻报》而言。着裕禄拣派妥员，设法严禁惩办，毋得轻纵。

---

① 《清实录·德宗景皇帝实录》卷四二九。

给事中张仲炘奏，云贵总督崧蕃等擅准法人勘修铁路，办理乖谬，请饬查办。得旨：着总理各国事务衙门王大臣查明具奏。寻奏，滇越铁路，系照约办理，奏明请旨准行，该督臣尚无专擅之处。至如何另议章程，俟开办时，再与订立合同，俾臻周妥。报闻。①

十七日丁卯 (10 月 31 日)

炸药性最猛烈，陈明远辄因办理矿务，并未禀奉批准，擅自购运，至七百五十石之多，实属荒谬已极。沪上为各国商埠，长江一带多系通商口岸，中外辐辏，设准其进口存储，既无稳慎之策，且将来长途运送设有疏误，为祸何可胜言。所有前项炸药着即饬上海关道，不准进口，并知照各国领事通饬各洋商毋庸迁就，代为设法运存以杜祸机。②

廿三日癸酉 (11 月 6 日)

昨据裕禄电称，俄国乐兵三十余人，由天津铁路晚车赴京，总署正在电询，该兵已乘坐火车，于亥刻抵京，当经步军统领衙门，据马家堡铁路局照会，开城放入。办理殊属颟顸。京城门禁，最关紧要。各国官商赴京，至晚亦须赶坐午车，未便于夜半时率行照会开城。着总理衙门照会各国使臣知照，此次裕禄未候总署电准，在津辄即放行，胡燏棻亦即知会留城，均有不合。裕禄、胡燏棻均着传旨申饬。

廿四日甲戌 (11 月 7 日)

山东巡抚张汝梅奏，登州镇总兵夏辛酉所统各营，驻扎平度州，地势不便，现饬移驻青州府城外，以扼冲要而便操防。报闻。③

廿五日乙亥 (11 月 8 日)

两广总督谭钟麟奏，请饬盛宣怀带员来粤，督勘九龙关至广州铁路。下所司知之。

---

① 《清实录·德宗景皇帝实录》卷四二九。
② 《清实录·德宗景皇帝实录》卷四三〇。
③ 《清实录·德宗景皇帝实录》卷四三〇。

廿八日戊寅(11 月 11 日)

出使韩国大臣徐寿朋奏,拟具韩国通商约稿十四款,请饬核议。下所司议。寻奏,约稿各款,与各国所立条约,大致相符。惟第六款,禁运洋药一节,似可毋庸载入。第十一款重订界址一节,两国境界,载在职方典籍,未便轻议重订,如有谬辕,应随时妥议,亦未便载入约章。从之。

予故闽浙总督边宝泉恤典如例,赠太子少保衔。

廿九日己卯(11 月 12 日)

前经谕令各省办理团练保甲,着沿江海各督抚办理渔团,以资联络。现在如何办法,着各将军督抚先行具奏。①

冬十月初三日癸未(11 月 16 日)

先是副将陈季同条陈,请联络各国公保,以纾时局,并自愿效驰驱。下所司议。至是总理各国事务衙门奏称,西例公保之国,即失自主之权。该员前充法国参赞,声名平常。若令出洋,不特徒糜经费,且恐转滋事端,所请应毋庸议。从之。②

初四日甲申(11 月 17 日)

以办理邦交襄购船械悉臻妥洽,赏德国外部大臣毕鲁等宝星。

初五日乙酉(11 月 18 日)

直隶总督裕禄奏,"海容""海筹""海琛"三快船,先后抵沽,派员验收情形。下所司知之。

浙江巡抚廖寿丰因病解职,调河南巡抚刘树堂为浙江巡抚,以江宁布政使裕长为河南巡抚,江西按察使张绍华为江宁布政使。

---

① 《清实录·德宗景皇帝实录》卷四三〇。
② 《清实录·德宗景皇帝实录》卷四三一。

初六日丙戌（11 月 19 日）

江苏试用道张翼，着督办直隶全省暨热河矿务，并准其设立公司，仍将筹办情形，随时禀由办理铁路矿务大臣察核具奏。

知府衔刘学询、员外郎衔庆宽，均着自备资斧，亲历外洋内地，考察商务。

总理各国事务衙门奏，拟定《矿务铁路公共章程》二十二条，请旨通行饬遵。从之。

十二日壬辰（11 月 25 日）

电寄出使各国大臣，前因各国派兵入城自卫，当经将力筹保护缘由，电谕各该使臣向外部商明，电饬该国驻京各使，将派来之兵撤回。现在地方一律安堵，而各国尚未撤兵，转瞬封河，恐又将借口稽延。着各该使臣再向外部切实商订，令其电饬各使，即日撤兵，以定人心而敦睦谊。该大臣等衔命出使，体制优崇，遇有交涉紧要事宜，自应折冲樽俎，据理力争，方为不辱使事。若奉谕后，仅止向外部一行，敷衍塞责，仍于实事毫无裨益，又安用此使臣为耶。此旨奉到后，即着将遵办情形，先行电覆。①

十四日甲午（11 月 27 日）

先是督办铁路事务候补侍郎胡燏棻奏，借款筑路拟订合同，请饬核议。下总理各国事务衙门议。至是奏称，大凌河、营口等处铁路工程，关系紧要，所订借款、还款各条，尚属周妥，应请准如所拟办理。从之。

赏瑞典挪威国内大臣固特宝星。

十五日乙未（11 月 28 日）

出使英、意、比国大臣罗丰禄奏，遵旨在伦敦互换请租威海卫专条约本事竣。下所司知之。

赏日本国宫内省调度局长长崎省吾等宝星。②

---

① 《清实录·德宗景皇帝实录》卷四三一。
② 《清实录·德宗景皇帝实录》卷四三一。

十七日丁酉（11 月 30 日）

军机大臣等奏，朝鲜汉城未靖，请饬使臣徐寿朋暂缓前往。从之。

十九日己亥（12 月 2 日）

候选道员王修植、严复，均屡经被人参劾，谓在报馆秉笔等事。此等情形，虽无实据，但既有人指摘，当非无因。该二员均在北洋差委，着裕禄随时察看，详慎委用。总之朝廷因材任使，一秉大公，亦不能以无据之词，遽加黜陟。该员等自当有则改之，无则加勉，慎守官箴，毋致动遭物议，乃为自全之道。

先是委散秩大臣铭勋奏，请将台磺弛禁。下总理各国事务衙门议。至是奏称，台磺弛禁一事，如果有裨度支，原可稍资挹注。惟洋磺不能入口，载在约章。现台地既归日本，台矿即属洋磺，一经弛禁，各国磺斤，势必纷纷贩运，其弊不可胜言。所请试办官磺局在京销售之处，应毋庸议。从之。

直隶总督裕禄奏，查明直隶保甲，现已一律举办。得旨：着限两个月，将办理成效如何，据实具奏，毋得徒托空言。①

二十日庚子（12 月 3 日）

协办大学士孙家鼐奏，开办京师大学堂。报闻。

安徽巡抚邓华熙奏，遵陈筹办团练保甲情形。得旨：即着切实办理，毋得日久生懈，徒托空言。又奏，遵旨筹设武备学堂情形。又奏，安徽候补知州彭名保创制传声器，请定专利年限。均下所司知之。

廿二日壬寅（12 月 5 日）

逆匪康有为等，煽乱远遁，朝廷宽大为怀，不肯概行株连。惟近闻该逆等仍复往来各处，结党蓄谋，肆意簧鼓，为人心风俗之害，未便任其幸逃法网。着沿江沿海各督抚，随时严密查拿，毋稍松劲。康有为、梁启超、王照等罪大恶极，均应按名弋获，朝廷不惜破格之赏以待有功，其胆敢附和邪说，显与该逆等结为党与之徒，一经访拿确实，亦应一并严拿惩办，以遏乱萌而肃法纪。

电寄李盛铎，闻康有为、梁启超、王照诸逆，现在遁迹日本，有无其事。该逆

---

① 《清实录·德宗景皇帝实录》卷四三二。

等日久稽诛，虑有后患，如果实在日本，应即妥为设法密速办理。总期不动声色，不露形迹，豫杜日人借口，斯为妥善。果能得手，朝廷亦不惜重赏也。该大臣世受国恩，明敏练事，尚其妥筹密复，以慰廑系，见经电谕知之。①

廿三日癸卯（12 月 6 日）

督办铁路事务候补侍郎胡燏棻奏，铁路须有煤铁各矿相辅，始能持久。热河南票地方煤矿，质坚层厚，拟与英商汇丰银行合股办理。允之。

廿四日甲辰（12 月 7 日）

荣禄奏，请饬南北洋暨湖北各省赶造枪炮，并请饬考北洋沿海舆图各节。行军利器，以后膛快炮、小口径毛瑟枪为最。现时南北洋暨湖北均设有机器制造等局，着该督抚就地筹款，移缓就急，督饬局员，认真考求，迅即制造。至地图为用兵所必究，着北洋大臣督饬武备学堂，将沿海舆图考校精确，绘具总分各图，通颁各营，以资练习。

廿五日乙巳（12 月 8 日）

光绪帝御勤政殿，俄国使臣格尔思觐见。

奕劻等奏，建造天津至镇江铁路，请派员督办一折。江苏补用道张翼，着以四品京堂候补，帮同胡燏棻办理一切铁路事宜。

刘坤一奏，书院不必改，学堂不必停，宜兼收并蓄以广造就一折。书院学堂，名异实同，前奉懿旨，至为明晰。该督应督饬地方官并各书院院长，讲求一切经世之务，有用之学，何患风气不开。其各府州县议设之小学堂，仍听民自便，不必官为督理。另奏农学商学，请准其设会设报等语。前禁报馆会名，原以处士横议，其端断不可开。至于农商人等联络群情，考求物产，本系在所不禁。着即由该督出示晓谕，俾众咸知，仍不准其妄议时政，以杜流弊。

以尽心教授，赏江南陆师学堂总教习德员骆博凯宝星。②

廿六日丙午（12 月 9 日）

以救护商船出险，赏日本国陆军步兵大尉宫崎宪之等宝星。

---

① 《清实录·德宗景皇帝实录》卷四三二。
② 《清实录·德宗景皇帝实录》卷四三二。

廿八日戊申（12 月 11 日）

增祺奏，福建船厂，现造船工，暨拟续造各船情形，并请截留银两各折片。着准其在各省已经解到之三十五万两内，留银十五万两，以资应用，余仍尽数解部。至常年经费，据称每年不下六十余万两，着仍照原定章程，由闽海关四成洋税项下解银二十四万两，六成洋税项下解银三十六万两，每年照数筹解办理，自可裕如。现在外洋各国，战船速率日增，鱼雷船每点钟能行二十三海里者甚多，各项战船速率亦不下十七八海里。此次该厂所造，速率仅十一海里。国家不惜巨款，办理船政，要贵适于战守之用。若速率太少，必致相形见绌。该将军务须督同洋员，将各船造法、实力讲求，毋稍迁就。①

十一月初一日庚戌（12 月 13 日）

总理各国事务衙门奏，通筹铁路办法，宜分别缓急施行。现卢汉、粤汉两要干，及宁沪、苏浙、浦信、广九等近干要枝，均由总公司盛宣怀承办。津镇及山海关内外，亦奉旨责成胡燏棻办理。太原至柳林，已由山西商务局承办。广西龙州，已由提督苏元春承办。应请饬下该大臣等认真督饬，先其所急，其余枝路，俟将来经费有余，再议次第推广。从之。②

初三日壬子（12 月 15 日）

电寄张之洞，电悉。英议绅贝思福商询各节，京城设军务处，用英参谋一说，断不可行。将来如果来京商办，应仍照原议，就鄂省先练二千。一切荐员教练，归我节制，临时由该督妥慎筹酌。务须豫防流弊，操纵在我。贝思福现赴江宁，并着刘坤一即本此意应付，以免两歧。

直隶总督裕禄奏，旅顺西澳黑沙沟地方鱼雷营基址，近已议租于俄，请于天津大沽船坞后，旧有炮厂，改设鱼雷营以备训练。下所司知之。③

初七日丙辰（12 月 19 日）

有人奏，天津、上海、江宁、湖北制造枪械，较有规模。国家讲求制造，原期

---

① 《清实录·德宗景皇帝实录》卷四三二。
② 《清实录·德宗景皇帝实录》卷四三三。
③ 《清实录·德宗景皇帝实录》卷四三三。

精益求精。若非严定课程，难收实效。着裕禄、刘坤一、张之洞，确查各该局厂，现有机器若干，每年实能造成何项枪炮药弹若干，估定确数，通盘筹算，严定课程，按季奏报。倘有虚糜废弛情弊，即着严参惩办，毋稍宽纵。至北洋兼造银圆，是否可以停止，并着裕禄酌核情形，奏明办理。

初八日丁巳（12 月 20 日）

候补四品京堂帮办铁路事宜张翼奏，前赴津卢、津榆以及山海关内外营口，查看铁路情形。得旨：津卢、津榆、津镇以及关内外已修未修各路，均着责成张翼帮同胡燏棻妥为筹办，并将查勘筹办情形，随时具奏。

初十日己未（12 月 22 日）

福州将军兼署闽浙总督增祺奏，闽省水陆勇练各军，加次操练，请购外洋军火，宽为储备。下部知之。

十五日甲子（12 月 27 日）

办理奉天矿务德馨等奏，遵旨查勘奉天各矿情形，现正设法招商，拟俟来岁春融，再行举办。报闻。①

十六日乙丑（12 月 28 日）

昨据两广总督谭钟麟，在康有为本籍，抄出逆党来往信函多件，并石印呈览。查阅原信，悖逆之词，连篇累牍，甚至称谭嗣同为伯理玺之选，谓本朝为不足辅。各函均不用光绪年号，但以孔子后几千几百几十年，大书特书。迹其种种狂悖情形，实为乱臣贼子之尤。其信件往还，牵涉多人，朝廷政存宽大，不欲深究株连，已将原信悉数焚毁矣。前因康有为首倡邪说，互相煽惑，不得不明揭其罪，以遏乱萌。嗣闻无知之徒，浮议纷纭，有谓该逆仅止意在变法者，试证以抄出函件，当知康有为大逆不道，确凿可据。凡属本朝臣子，以及食毛践土之伦，应晓然于大义之所在，毋为该逆邪说所惑，以定国是而靖人心。②

① 《清实录·德宗景皇帝实录》卷四三三。
② 《清实录·德宗景皇帝实录》卷四三四。

十七日丙寅(12 月 29 日)

大学士李鸿章奏,遵旨查明山东巡抚张汝梅,于地方一切情形熟悉,以及河防海防赈务,均能实力整饬,尚可胜东抚之任。报闻。

十八日丁卯(12 月 30 日)

前因有人奏,金旅租界旗民亟宜安插,奉天围场尚有四十余围,足敷分拨等语。当经谕令依克唐阿妥议具奏,现尚未据报到。着依克唐阿即遵前旨,体察情形,限一个月内奏明办理,毋稍延宕。

十九日戊辰(12 月 31 日)

九月间,钦奉慈禧皇太后懿旨,谕令各省举办积谷、保甲、团练各事宜,并谕沿江、沿海各将军督抚筹办渔团。现在各该省筹议情形,究竟如何,着各该将军督抚于奉至此次谕旨后,查明如办已就绪,即行据实具奏。若尚未一律举办,应克日筹定章程,勒限办理,毋再延宕。

前据总理各国事务衙门,议覆黄思永条陈请各省广设口岸等语,当于本年六月间,谕令各将军督抚悉心筹度,推广口岸,详定章程,迅速具奏。现在各省多未奏到,着各将军督抚从速妥筹办法,即行奏明办理。

直隶总督裕禄奏,北洋官电拟就局存报费,接通热河至奉天线路,以臻美备。下部知之。

京师大学堂正式开学。①

廿二日辛未(公元 1899 年 1 月 3 日)

向来沿江沿海通商省分,交涉事务本繁,即内地各省,亦时有教案应行核办。各直省将军督抚,往往因事隶总理衙门,不免意存诿卸,总理衙门亦以事难悬断,未便径行,以致往还转折,不无延误。嗣后各直省将军督抚,均着兼总理各国事务大臣,仍随时与总理衙门王大臣和衷商办,以期中外一气相生,遇事悉臻妥善。

总理各国事务衙门奏,卢汉铁路借款股票,应由比国使臣就近画押。从之。

---

① 王晓秋:《京师大学堂开学日期考》,《光明日报》,1998 年 6 月 26 日。

赏意国使臣萨尔瓦葛宝星。①

廿六日乙亥(公元 1899 年 1 月 7 日)

直隶总督裕禄奏，长芦补欠、积欠二款，势难补征，仍请照案推展五年，以纾商力。允之。

以海运奉天米豆出力，予直隶候补知府陈忠俨、奉天岫岩州知州咸斌等升叙加衔有差。

予故海门镇总兵孙昌凯优恤。

廿八日丁丑(公元 1899 年 1 月 9 日)

江苏巡抚德寿奏，遵旨查明上海道蔡钧，私贩米谷出洋售卖各参款，并无其事，请毋庸议。报闻。又奏，苏属各防军一律改练洋操，并条陈筹议各情形。得旨：即着按照所议各条，认真训练，务成劲旅，毋得徒托空言。②

廿九日戊寅(公元 1899 年 1 月 10 日)

刘坤一奏，请将武举等挑入学堂，酌拟办法一折。据称学堂功课，如兵法、营垒等艺，门类既多，肄习匪易，非文理明畅，姿质聪颖，难期领悟，尤非兼习毕业，未必能收实效等语。武生期于有勇，岂能人人尽属通才。该督所请将武举武生讲习文艺之处，语多窒碍。至咨送兵部考验，酌予出身，亦与奏定章程未符，应毋庸议。即着恪遵九月十八日所奉懿旨办理，将未经入伍之武举武生等，就近挑入学堂，学习格致、舆地及炮队、马队、工程队，以副实事求是之意。另奏请饬各省绿营马队步箭藤牌杂技，一律改习枪炮等语，武备应习击刺行阵等法，营伍中未可偏废，所请专习枪炮，亦着毋庸置议。③

初八日丁亥(公元 1899 年 1 月 19 日)

直隶各营需用军米，向由该管大臣给发护照，向南洋采办并无厘税，甲午以后，与商米一律捐抽。近来米贵银贱，兵勇月饷，换钱无多，除去米价，深恐不敷

---

① 《清实录·德宗景皇帝实录》卷四三四。
② 《清实录·德宗景皇帝实录》卷四三四。
③ 《清实录·德宗景皇帝实录》卷四三四。

衣食。嗣后畿辅五军采买米石，请领护照，统由荣禄加盖关防，知照南北洋大臣北洋各军统，由裕禄发给护照，一体知照南洋大臣，查照旧章办理，以副朝廷体恤兵艰至意。

前经大学士荣禄奏，请将提督聂士成等所部分为前、后、左、右四军，驻扎直隶山海关一带，拱卫京畿，原为平时勤加训练，遇有调遣易于会集。所有直隶海口各处炮台，着裕禄专派淮练各军择要扼扎，俾资防守。其毅军、甘军及武毅新建各军，不得令其分防海口，以便随时调集。

总理各国事务衙门奏，墨西哥国求订通商招工条约，请派大臣就近画押。从之。又奏，与俄使商定庙群岛不归租界，并照约议勘附近租界各岛，谨陈前后商办情形。报闻。①

十一日庚寅（公元 1899 年 1 月 22 日）

总理各国事务衙门奏，豫拨东北边防经费一折，据称，光绪二十五年东北边防经费，照案指拨山东地丁银十二万两、山西地丁银十万两、浙江地丁银八万两、江西地丁银五万两、安徽地丁银十万两、江苏厘金银八万两、江西厘金银八万两、浙江厘金银八万两、安徽厘金银五万两、福建厘金银八万两、湖北厘金银八万两、湖南厘金银八万两、江海关六成洋税银十万两、江汉关六成洋税银十万两、夔关常税银四万两、闽海关六成洋税银十万两、湖北粮道库漕项银四万两、湖南粮米折银四万两、四川盐厘银十五万两、两淮盐厘银十二万两、四川津贴银八万两、山东粮道库银五万两、广东厘金银八万两、粤海关六成洋税银十二万两，请饬依限报解。

十三日壬辰（公元 1899 年 1 月 24 日）

两广总督谭钟麟奏，筹办团练保甲情形。得旨：即着饬属认真举办，毋得徒托空言。又奏，遵旨就省城司后街地方，设立农工商务总局，派员绅经理。得旨：仍着认真讲求，自辟利源，毋得有名无实。

十四日癸巳（公元 1899 年 1 月 25 日）

李鸿章、刘坤一、张汝梅奏，出洋华人，报效工赈巨款，恳恩给奖。本年山东、江苏地方连被灾歉，需款浩繁。据道员李征庸等禀，据南洋各埠华人李戴清等电称，约集出洋经商华人，报效山东、江苏工赈银各二十万两，共银四十万两等

---

① 《清实录·德宗景皇帝实录》卷四三五。

语。李戴清等身在外洋心存乡国，慨捐巨款，实属深明大义，有裨时局，着准其按照银数，奖给实官，以示优异。此外别项赈捐，均不得援以为例。

胡燏棻着撤去办理铁路差事，嗣后铁路应办事宜，由接办大臣许景澄会同张翼办理。

直隶总督裕禄奏，遵旨筹办与各国交涉大概情形。得旨：以后办理交涉事件，即着据理辩论，不可迁就。①

十八日丁酉(公元 1899 年 1 月 29 日)

蠲缓两浙杜渎等场被风被潮地方灶课，并杭州等府所属仁和、海沙、鲍郎、芦沥、横浦、浦东等场荒芜未垦田地灶课钱粮有差。②

福建船政船厂所造第三十七号兵船——第一号鱼雷快舰"建威"号，船壳完工下水。③

十九日戊戌(公元 1899 年 1 月 30 日)

总理各国事务衙门奏，遵议广西南宁自开口岸，应比照岳州府成案办理。从之。

廿二日辛丑(公元 1899 年 2 月 2 日)

闽浙总督许应骙奏，闽省沿海一带，风潮为患，冲坏埝坎，漂没船盐各情形。得旨：即着饬属酌量抚恤，并设法补运盐斤，毋令缺额。

廿五日甲辰(公元 1899 年 2 月 5 日)

福州将军增祺奏，闽海关各口大小商船，连被飓风击毁情形。得旨：览奏殊堪悯恻。着即檄饬各口委员妥为抚恤，并令商船设法修复，俾安生业。

予海防各营积劳病故提督陈连升等十五员，东征阵亡把总王得玉等五员弁议恤。

---

① 《清实录·德宗景皇帝实录》卷四三五。
② 《清实录·德宗景皇帝实录》卷四三六。
③ 刘传标：《近代中国船政大事编年与资料选编》第 2 册，九州出版社 2011 年版，第 460 页。

廿六日乙巳(公元1899年2月6日)

赏日本子爵川上操六宝星。

廿七日丙午(公元1899年2月7日)

盛京将军依克唐阿等奏,查明奉省沿海各属,土著渔户甚少,现已归入乡团办理,碍难专办渔团。报闻。①

是年

刘坤一奏报在上海设立商务总局,派张謇等筹办。②
江南制造局设立工艺学堂,设化学、机器两科,学制四年。③

光绪二十五年　公元1899年　己亥

春正月初七日乙卯(2月16日)

电寄依克唐阿,俄员在刘家店追逼钱粮,杀害乡民至百余人之多,蛮横无理,凶暴已极。除饬总埋衙门向该使诘问外,俄员似此逞强,难保以后必无争衅,着依克唐阿密筹防范,不动声色,暗为布置,以备不虞。仍饬该地方官抚慰绅民,于交涉事宜,相机因应,是为至要。

初八日丙辰(2月17日)

浙江巡抚廖寿丰奏,浙江宁波、绍兴、温州、台州与嘉兴府属之乍浦,沿海渔

---

① 《清实录·德宗景皇帝实录》卷四三六。
② 刘坤一:《刘坤一遗集》第3册,中华书局1959年版,第1088页。
③ 刘传标:《近代中国船政大事编年与资料选编》第2册,九州出版社2011年版,第463页。

团，办有端绪，以卫海疆。得旨：着即饬属认真举办，毋令日久废弛。又奏，举办浙江积谷保甲团练现在情形。得旨：所筹各节，即着饬属切实举行，毋任稍滋流弊。①

初九日丁巳（2 月 18 日）

浙江巡抚廖寿丰奏，浙省实行清讼章程。得旨：即着督饬所属，认真整顿，随到随结，勿任积压拖累。如有阳奉阴违，即行据实严参。

盛京将军依克唐阿奏，筹办奉天积谷保甲团练各事宜现在情形。又奏，奉天巨绅，于地方变通事宜，妄生浮议，致团练多所推诿。②

十一日己未（2 月 20 日）

荣禄奏，请饬直隶等省迅造枪弹，以备拨用一折。枪炮为行军利器，北洋各军拱卫京畿，关系尤重。据称前后左右四军，并添募中军，需用枪炮子药甚多。前经裕禄奏明，由湖北枪炮厂造小口毛瑟枪，江南上海机器局造曼利夏枪，北洋机器局赶造子药，兼造快炮，以资应用。即着裕禄、刘坤一、张之洞督饬各局员，迅速按式添造，随时认真考核，务将枪枝快炮力量较准，膛口画一，所造子药，尤宜配合丝毫不爽，俾令一律精良，足资适用。至各该局每年可以赶造若干，应即按季分别造报。

直隶总督裕禄奏，饬北洋三关，严查官轮兵轮漏税，议定章程。得旨：已悉。即着督饬各关监督，随时稽查，毋任稍有偷漏。

十三日辛酉（2 月 22 日）

光绪帝谕令，现在朕躬尚未痊愈，此次各国驻京使臣请觐贺年，着传旨停止。仍着总理衙门王大臣设宴款待。

十四日壬戌（2 月 23 日）

蠲缓两淮泰、海二州被风被潮成灾各场灶地折价钱粮。

---

① 《清实录·德宗景皇帝实录》卷四三七。
② 《清实录·德宗景皇帝实录》卷四三七。

十五日癸亥(2 月 24 日)

两广总督谭钟麟等奏，法人恃强越界，游弋高州府属吴川县之广州湾海面，测量水道，绘画形势，欲侵占为囤煤泊船之所，内以扼省港之门户，外以联越南之声援，请饬速定界以弭衅端。得旨：着该衙门迅速办理。

两江总督刘坤一奏，筹议增设水师学堂学额，以资教练。得旨：即着督饬何铭等认真训练，毋得始勤终怠，致成具文。又奏，请扩充制造添配枪炮各机，期归一律。下户部议。又奏，在上海设立商务总局，并筹办农工矿路各学情形。得旨：着即督饬在事各员，认真举办以收实效。①

十六日甲子(2 月 25 日)

广东巡抚鹿传霖奏，筹办团练保甲事宜。得旨：筹办各节尚属切实。该抚向来办事认真，仍当严饬所属，实力整顿，毋得日久懈生。至广州湾勘界事宜，已交该衙门迅速办理矣。

十七日乙丑(2 月 26 日)

现在京师钱价日昂，现银亦短，以致市肆萧条，商民俱困。推原其故，皆由银钱日绌，不敷周转使然。亟应认真设法，以图补救。近来各省应解部库各款，多由号商以银票汇兑，京师现银，安得不日形亏短。嗣后着各省督抚，将应解部库各款，一律筹解实银，赴京交纳，不得以款绌途遥，藉词搪塞。其沿江沿海及近畿各省督抚，于应解部库各银款内，并着搭解制钱一成，以资挹注。总期各省关源源报解，庶几中外流通，京城实银现钱，不至日益短绌，以维圜法而苏民困。

电寄杨儒，金州城外租界，俄官屡次无理生事，已饬总署电知该大臣向俄外部逐节理论矣。兹复据依克唐阿电称，俄队每日绕城梭巡，见人即拿，以致城内兵民，不敢出入，往来不通，势成坐困，此实违理之至。着杨儒即赴外部切实辩论，务令华人出入租界，无稍拦阻，方为合理。国家派员出使，遇有关系紧要事件，自应侃直力争，维持大局，斯为不负委任。杨儒奉使多年，不得诿为情形不熟。乃近来每遇总署商办之事，辄以发"遵告外部"四字，含糊塞责，似此一意敷衍，无裨实事，又安用派员出使为耶。所有现在金州交涉各事，应责成该大臣向外部据理争

---

① 《清实录·德宗景皇帝实录》卷四三七。

辩，总期金州城内官民，得以相安无事。倘仍以空言搪塞，咎有攸归，不能为该大臣宽恕也。①

廿二日庚午(3月3日)

御史余诚格奏，请开江南通州天生港商埠，以固江防一折。据称上海至江阴三百余里，通州之天生港处其中，深洪近岸，举足可涉，于江防最为扼要。近来该处设立纺纱机厂，制造土货，物产殷赈，商贾辐辏，若援照吴淞、岳州、南宁城案，豫先自开商埠，可以保形胜而清窥伺等语。各省推广口岸，前经谕令各将军督抚筹议具奏。该御史请开天生港口岸，于该省地方情形，有无窒碍，商务防务是否确有裨益，着刘坤一、德寿切实查明，悉心筹度具奏。寻奏，遵筹天生港自开商埠，拟于其地设镇江关分卡，征税筹款，以办埠工。下所司知之。

洗马徐琪奏，杭宁议开铁路，关碍海塘，且于民情未顺，请饬停办一折。着总理各国事务王大臣会同督办铁路矿务大臣查核具奏。

直隶总督裕禄奏，遵查北洋通商口岸，无可推广。报闻。又奏，漠河矿局新章，提饷太多，入不敷出，拟请酌量变通，以维大局。下所司议。②

廿四日壬申(3月5日)

电寄杨儒，前因金州交涉各节，俄员违理滋事，谕令杨儒向俄外部切实争辩，尚未据覆。兹据盛京将军查明俄人因催粮戕杀旗民一案，计死者四十七名，伤者五十一名，案情重大，自应将俄官严惩，按照公法偿恤。着杨儒一并速向据理辩论，毋任一味支吾，并随时电覆，勿得延宕。

廿六日甲戌(3月7日)

奕劻等奏，山海关内外铁路工程紧要，应由接办大臣筹商办理各折片。铁路工程，前已改派许景澄督办，仍令张翼帮办，应即和衷商推，认真经理。至津镇铁路，绾毂南北，张翼所奏改设公司，合集华洋商股，以免抵押。是否可行之处，仍着许景澄、张翼详慎妥筹，奏明办理。其上年估修之永定门石路工程，着一并交许景澄、张翼会同办理。

---

① 《清实录·德宗景皇帝实录》卷四三八。
② 《清实录·德宗景皇帝实录》卷四三八。

三十日戊寅（3月11日）

饶应祺电奏，新疆与俄商商办金矿大概情形等语，是否可行，有无窒碍，着总理各国事务王大臣会同督办矿务大臣迅速核议具奏。寻奏：一、塔城等系外蒙古地方，应先行商明该部落划清界址，以免日后争论。二、新疆金矿甚多，原可随时奏开，不应笼统载入合同，致启俄商把持挟制之渐，又纳地租一层，核与奏定章程不符，应令酌核更正。三、再有银铜铁煤有利可开地方，奏明伙办此条，该抚应随时另行奏办，不应于开办合同叙入，以致全省矿产包括殆尽。请饬饶应祺与俄领事等妥议改订，以期有利无弊。从之。①

二月初四日壬午（3月15日）

赏比利时外部大臣发伟、使馆随员嘎德斯宝星。

初五日癸未（3月16日）

闽浙总督许应骙奏，遵筹农工商务办法。得旨：即着因地制宜，切实举办，勿徒以一奏塞责。又奏，重整清讼章程。得旨：仍着认真整顿，勿稍懈弛。

初六日甲申（3月17日）

电寄刘坤一等，本月初二日，刘树堂电称，意国兵船二只，二十四日向东南驶去，不知何往等语。意国索租三门湾未允，诚恐伺隙生衅，着刘坤一密饬沿海防军，侦探踪迹，妥为防范，随时电闻。刘树堂所派水陆各军，仍着严饬戒备，毋稍疏懈。②

初七日乙酉（3月18日）

福州将军增祺奏，捷胜营改练新操，现将练兵挑选成营。得旨：着认真训练，务成劲旅，以备缓急。

---

① 《清实录·德宗景皇帝实录》卷四三八。
② 《清实录·德宗景皇帝实录》卷四三九。

初十日戊子(3 月 21 日)

两广总督谭钟麟等奏，制钱改铸，巨款难筹，拟俟铜价稍平，再行设法开铸。得旨：俟铜价稍平，即行设法开铸，以资周转。又奏，渔团骤难举办，拟明定章程，先办水保甲。得旨：即着照拟定章程，先行试办，务归实际，毋托空言。

浙江巡抚廖寿丰奏，浙江仿照粤鄂银圆章程，业经购器设厂，推广鼓铸。得旨：即着移交刘树堂认真办理，仍将各种银圆，先行呈览。①

十一日己丑(3 月 22 日)

荣禄奏，北洋武毅军，训练三年，著有成效，请将出力员弁，择尤保奖一折。北洋自创立武毅军以来，经提督聂士成悉心擘画，综理精详，现在训练已历三年，确著成效。该提督公忠笃实，办事认真，深堪嘉尚。聂士成着交部从优议叙，所有该军得力员弁着荣禄传知该提督准其择尤保奖，毋许冒滥。

荣禄奏，请筹拨银两，作为中军开办之费等语。着户部于船厂经费项下，拨银二十五万两，解交荣禄应用。

十二日庚寅(3 月 23 日)

电寄罗丰禄，据比利时国使臣费葛呈递伊国君主特赠头等第一礼阿波勒德大宝星并国书，以表庆贺万寿诚心。览受之余，实深欣悦，业经回赠内府自制上上等珍珠宝星，交该使回国赍递外，着罗丰禄传旨答谢。

湖南巡抚俞廉三奏，以裁撤时务学堂经费，设立求实书院。②

十四日壬辰(3 月 25 日)

赏测勘河工，比利时监工卢法尔等宝星。

二十日戊戌(3 月 31 日)

新建陆军，经候补侍郎袁世凯悉心擘画，按照泰西操法，训练精勤，现在已历

---

① 《清实录·德宗景皇帝实录》卷四三九。
② 《清实录·德宗景皇帝实录》卷四三九。

三年，确著成效，该侍郎勤明果毅，办事认真，深堪嘉尚。袁世凯着交部从优议叙，所有该军得力员弁，着荣禄传知该侍郎，准其择尤酌保，毋许冒滥。

廿一日己亥（4月1日）

电寄吕海寰，东省沂州教案，叠经总署电咨张汝梅办理完结，乃海使无端煽耸，由胶派兵赴沂，以官兵力有不足借口。本日又降旨，电谕张汝梅，迅饬登州镇总兵夏辛酉，带兵即赴沂州，保护弹压，调和民教，勿令滋事。着吕海寰即向该外部将朝廷保护德人之意，剀切宣告，无烦德兵相助，谆属勿听海使播弄，有伤睦谊。并立即电阻胶澳德员，速止德兵，切勿赴沂，致生枝节，是为至要。①

廿五日癸卯（4月5日）

电寄张汝梅等，有人奏近来山东民教不和，屡屡滋衅，亦实不免有虐待教民情事，以致彼教衔恨，借事生风。此种情形，总由地方官平时不善开导，遂至睚眦报复，积怨成仇，口角细故，致酿巨案。着该抚谆饬各州县，即行剀切晓谕士民，须知入教之人，同系朝廷赤子，与尔民生同里闬，自应谊笃睦邻，不必因其习教，故存嫉恶之心，庶彼此相安无事。遇有词讼，无论教不教，地方官总应一律持平办理，毋得稍涉歧视，以期消患无形。寻毓贤奏，东省民教不和，由来已久。从前平民贱视教民，迨后彼强我弱，教民日见鸱张，横行乡里，鱼肉良民，断无虐待教民之事。嗣后遇有词讼，无论民教，仍一律持平办理。得旨：即着督饬地方官，随时多方开导，务令民教相安。

两广总督谭钟麟奏，固本兵饷等款，现由商号汇解。得旨：嗣后着仍遵前旨，以实银解部。

赏比国驻使、日本陆军大佐冈崎生、俄国驻库伦绅士颗科柄、副绅士瓦昔尼业福等宝星。

廿六日甲辰（4月6日）

张汝梅电奏，二十二日上午，有德兵一队，到兰山县之韩家村、白莲峪村等处，撵逐居人，焚烧房屋柴草，幸未伤人。该县验明后，即妥为抚恤。日照德兵未退，现又分队到兰山滋扰，似此凶横，恐至酿成巨祸。着毓贤严饬地方官，相机妥为弹压，严密布置，以防意外之变，一面飞催夏辛酉迅速兼程前进，事机紧迫，两

---

① 《清实录·德宗景皇帝实录》卷四三九。

国兵队，若相距太远，何以弹压保护。该抚务须密饬夏辛酉相机因应，固不可过于激烈，亦不可稍涉畏葸。总以不动声色，暗为布置妥协，设有意外，不至仓猝失措为要。

廿九日丁未(4 月 9 日)

电寄张汝梅，德兵在日照踞守城门，情殊叵测，着张汝梅迅饬夏辛酉酌留兵队于兰山驻防。该总兵即克日带营，驰赴日照，相机布置，妥为弹压，以资镇慑。①

三月初一日戊申(4 月 10 日)

裕禄奏，部拨北洋海防经费，请旨饬催报解一折。据称前由户部指拨光绪二十四年分北洋海防经费内，江西省厘金银二十万两仅解到十万两，浙江省厘金银四十万两仅解到十五万两，其浙海关应解四成一半税银仅由杭州新关拨抵银四万两亦未解到等语。北洋海防关系紧要，现在需款甚亟。着松寿、刘树堂按照部拨数目饬令藩司暨关监督赶紧筹解，毋任稽延。

江苏巡抚德寿奏，沪米碍难弛禁，畿疆缺米，请饬直督转饬洋商，改赴芜湖、镇江采运。得旨：着即咨商裕禄妥为办理。②

初二日己酉(4 月 11 日)

电寄毓贤，山东教案叠出，人心浮动，遇有交涉事件，不可不慎。现德兵尚在日照，业经叠谕张汝梅，饬夏辛酉带队前往弹压，明示保护，暗为防范。毓贤接任后，应仍遵前旨，慎重办理，相机因应。如果一味蛮横，固不得事事忍让，无所底止，尤不得稍涉孟浪，衅自我开。疆臣办事，总须为国家通筹全局，期无后患，不宜顾一时毁誉，率意径行，是为至要。③

初三日庚戌(4 月 12 日)

鹿传霖奏，请严禁制钱出口，并请开采四川铜矿一折。据称近日制钱短绌，价值日昂，实由奸商私铸私毁，上海洋商专购中国制钱镕毁，提出金银，所余净铜仍

---

① 《清实录·德宗景皇帝实录》卷四三九。

② 《清实录·德宗景皇帝实录》卷四四〇。

③ 国家档案局明清档案馆编：《义和团档案史料》上册，中华书局 1959 年版，第 22 页。

售重价，以致营私牟利之徒，私运出口，售与洋商等语。着各督抚严饬地方官及各官卡认真稽查，如有藉词运载出境，即行查拿究办。至私铸私毁，本干例禁，即着一体严查，照章惩办。

浙江巡抚刘树堂奏，改练两浙新军，并十一营十八旗为前、后、左、右、中五军，余五旗为工程队护勇、长夫，各军选派将领，更番调练，以备外患。得旨：所筹尚属周妥，仍着实心实力，勉副所言，毋以一奏塞责。

初八日乙卯（4月17日）

北洋现在购到"海容""海筹""海琛"三兵船，并未到之"海天""海圻"二船，及鱼雷等艇，暨旧有"通济"各船，派提督衔补用总兵叶祖珪为统领，总兵衔补用参将萨镇冰为帮统领，仍归北洋节制。该大臣即饬该统领等，选择朴实、勇敢、熟习驾驶之员，督同认真操练，以为整顿海军始基。俟随时筹定款项，陆续扩充，毋得粉饰因循，仍蹈积习。

李盛铎奏，核减随使人员各折片，并开单呈览。核计该大臣所派，有十四员之多，与定章不符。着总理各国事务衙门转行知照李盛铎，再行切实核减。嗣后出使各国大臣酌带随员，均着遵照前旨办理，不得过十员。毋许借口事务较繁，率行添调。①

初十日戊午（4月19日）

总理各国事务衙门奏，东三省交涉日繁，请于京师设立东三省铁路俄文学堂，招生学成，拨归公司委用。从之。

直隶总督裕禄奏，臬司廷雍传谕京都应安设官电局。查各省商局占十分之七，势不能一律改为官线定章。商局收发官报，给费一半，提前先发，不敢积压，密码随时编改，无从揣测。添设官电甚不合算，请毋庸议办。报闻。又奏，长芦盐政，直豫两岸加价三次，碍难再加。惟直岸津商助赈加价，叠次推展，逾二十年，民间相安。现届限满，请仍展办，酌提七成归公，岁可得银二十余万两，借助要饷。下部知之。②

十一日己未（4月20日）

荣禄奏，毅军办理海防，两届期满，请将出力员弁择尤保奖一折。四川提督宋

---

① 《清实录·德宗景皇帝实录》卷四四〇。
② 《清实录·德宗景皇帝实录》卷四四〇。

庆总统毅军，驻扎海疆，讲求战守，认真训练，现在已历数年，日求精进，防务诸臻周妥，该提督忠诚老练，倍著勤劳，深堪嘉尚，着交部从优议叙。所有该军得力员弁，着荣禄传知该提督，准其择尤酌保，毋许冒滥。

现在山东与德国交涉事件繁多，着裕禄传知荫昌，于北洋学生内，挑选通晓德国语言文字而人品谨饬者，派定二员，由该督咨送毓贤，以备翻译之用。

十二日庚申（4 月 21 日）

闽浙总督许应骙奏，闽盐因风潮为患，商疲课绌，请将带完旧课量予展限，并陈碍难加价情形。下部议。又奏，英使照称交涉案件，通商局耽延不结，请予裁撤，现拟更名洋务局，派员办理。下所司知之。

十五日壬戌（4 月 24 日）

前日召见之候选道江苏上海县知县黄承暄，着开缺以道员用交军机处存记。

十六日癸亥（4 月 25 日）

云贵总督崧蕃奏，英、法两国派员来滇查勘铁路，现藩臬总司其事，并设提调，妥为办理。下所司知之。

吉林将军延茂奏，铁路交涉日繁，请于哈尔滨分设交涉局，以免贻误，并恳扩充吉省俄文学堂，以备翻译之材。报可。

命直隶大名镇总兵吴殿元开缺另候简用，调广东高州镇总兵王连三为直隶大名镇总兵官，以记名提督张士元为广东高州镇总兵官。①

十九日丙寅（4 月 28 日）

福州将军增祺奏，福建船厂现造鱼雷快舰，第一号业已下水，第二号亦将竣工。报闻。

二十日丁卯（4 月 29 日）

署盛京将军文兴等奏，奉省自分画租界，兴修铁路，时局日迫，拟就盛、奉两

---

① 《清实录·德宗景皇帝实录》卷四四一。

军择要分布，并举办团练，以辅兵力之不逮。得旨：仍着随时察看情形，妥筹办理。

廿一日戊辰（4月30日）

电寄文兴，铁路合同，未经声明驻兵保护，近日俄使亦并未将此节先行知照，何遽以护路为名，派队分驻。除饬总署查明诘阻外，着该署将军等转饬关道妥为弹压，并告知该统带俄员，勿遽纷纷驻扎，致与地方龃龉生事。

仓场衙门奏，新造拨船工竣。得旨：着派长萃、刘恩溥验收。

廿二日己巳（5月1日）

山东为畿疆门户，德人居心叵测，亟应加意严防，沿海一带，尤关紧要。现在该省水陆各军，共有营数若干，应如何扼要分布，豫占先着，着毓贤迅即通盘筹画，拣派得力将领严密布置，毋得稍涉疏虞。该省防军将弁有无久经战阵、结实可靠之员，如尚不敷分布，准其指名奏调。其沿海地方，何处最为要害，尤宜先事豫防为要。

闽浙总督许应骙奏，闽省水陆各军，改练洋操，分健、锐、强、毅四枝，扼要驻扎。得旨：即着督饬提镇等认真训练，毋稍弛懈。①

廿四日辛未（5月3日）

总理各国事务衙门奏，中俄会勘旅大北界事竣，请派大臣加押一折。着派王文韶、许景澄加押。

总理各国事务衙门奏，日本僧人大谷光瑞，呈进经典，并请颁藏经一折。所进经典，着留览。至请颁赏龙藏经，即着内务府刷印，交该衙门颁发。

总理各国事务衙门奏，出使随员不得过十，已奉明谕，其各领事署内亦应明定额数，请准设随员、翻译各一员，惟驻美之金山、纽约、古巴领事，事务较繁，请酌派一员。报闻。

以教习洋操三年期满，赏德国武员何福满宝星，其和衷办事之法国领事甘思东、乂安行旅之法国管驾官冯奉恩、欧德斐罗恒思等一例赏给。

① 《清实录·德宗景皇帝实录》卷四四一。

廿五日壬申(5 月 4 日)

增祺面奏,三都地方宽广,可作船坞,以备将来购造大舰,便于停泊修理。即着许应骙查勘情形,于开埠通商外,能否划留船坞地步,及应如何豫为布置之处,从速妥筹覆奏。

三十日丁丑(5 月 9 日)

山东巡抚毓贤奏,遵筹练兵情形。得旨:着将新旧各营,一体认真训练,期成有用之兵,毋得稍涉懈弛。又奏,日照德兵未退,遵饬登州镇夏辛酉,督队驰往该县驻扎,妥为弹压。报闻。①

夏四月初二日己卯(5 月 11 日)

有人奏,大理寺少卿盛宣怀,办理江西萍乡煤矿铁路,以招商局洋泾浜各产,抵保洋行借款,请饬查禁等语。萍乡煤矿,前据张之洞等奏陈开办情形,并无抵保借款之说。若如所奏,因萍乡一隅之矿,辄以招商局各产抵保,殊属有碍大局,着张之洞详细查明。寻张之洞奏,查明招商局保借洋款,办理萍乡煤矿,并无将成本数倍借款,送与外人致碍大局之事。

内阁侍读学士高燮曾奏,日照教案,请饬总理衙门催令退兵,再办交涉事件,并津镇铁路请停借德款,禁雇德工。下所司知之。②

初五日壬午(5 月 14 日)

浙江巡抚刘树堂奏,浙江盐商,请免加价,愿自光绪二十五年起,再报效银十五万两,分作五年缴清。允之。

初六日癸未(5 月 15 日)

毓贤奏,特参承造炮船浮冒之副将。据称山东添制炮船三十四只,派委副将原邦彦承办,经毓贤派员查勘,船只既不如式,工料价值又复浮冒过半,实属贪墨不

---

① 《清实录·德宗景皇帝实录》卷四四一。
② 《清实录·德宗景皇帝实录》卷四四二。

职。花翎总兵衔补用副将原邦彦着即行革职，所有浮冒开支之款，并着监追，勒限完缴，以重公项而儆效尤。

电寄刘树堂，意使偕该国提督到淞，闻将强索三门湾。据刘坤一电称，已电该抚严备矣。意舰如系大队，未便以寻常兵轮尝试，只应设法哨探，相机制敌。至陆路防军，该抚所派余宏亮统带，究有几营，能否得力，相度形势，究应于何处扼扎，何处设伏，总须自立不败之地，便于策应，兵贵神速。着刘树堂妥筹调度，密饬严备，毋稍贻误。仍将以上饬复各节，暨现在布置情形，详晰电奏，并由该抚密电许应骙一体遵照。

大学士王文韶、工部左侍郎许景澄等奏，中俄会勘旅大北界专条，加押画竣。报闻。①

初八日乙酉(5 月 17 日)

电寄刘树堂，电悉。水师未能争雄，扼之于陆，自是稳着。第择要屯扎，原为御敌之计，若仅坚壁清野，是听其深入，何能固守海疆。且浙民素称怯懦，若任敌人登岸，必致全省骚然，殊为失算。总之时势实逼处此，言战亦出于万不得已，与其动辄忍让，不如力与争持。虽兵事之利钝不可知，然既非自我与之，仍不难自我复之。此中机括，无烦再计决也。现在各国邦交和睦，意仍索地未遂，遽尔称兵，意在侵占，衅已自彼而开。倘竟登陆强占，即当奋力合击，毋得观望游移，徒示惬弱，致误事机。仍将前谕饬复各节，即行电奏。②

初十日丁亥(5 月 19 日)

电寄刘树堂，电悉。据奏派委钟念祖等带队赴宁，暨一切布置情形，尚属妥协。各军管带之员，如不敷用，准其选调得力将领，以期迅赴戎机。三门湾既无险可扼，亟宜于海滩近处，相度形势，豫挖地营，以为制敌之计。该抚身任地方，责无旁贷，海疆重要，务当严密巡防，力求慎固，毋得稍涉疏虞，是为至要。

电寄毓贤，近日胶澳是何情形，德人有无举动。毓贤身膺疆寄，自应常川派员确探，豫筹防范，不得行所无事。着该抚于接奉此旨后，将青岛一带德兵，现在作何布置，其附近各处地方，应如何相机因应，分别设防，及沂州各属有无敌人踪迹，均随时详晰电闻，勿稍大意。

---

① 《清实录·德宗景皇帝实录》卷四四二。
② 《清实录·德宗景皇帝实录》卷四四二。

十三日庚寅（5 月 22 日）

督办铁路事务侍郎许景澄等奏，津镇铁路借款，订立草合同。依议行。

十四日辛卯（5 月 23 日）

电寄裕禄等，南北洋海防紧要，所有各项兵轮，必须平时练习风涛，临事方能御敌。着裕禄、刘坤一即饬各该统将，常川于海口来往梭巡，南北两洋互相会哨，以备战守，毋任徒饰外观，虚糜饷项。

电寄刘树堂，电悉。现在吴淞防务同一吃紧，所请饬调自强军将领王世雄、张显荣，着该抚密咨刘坤一妥商办理。

两广总督谭钟麟奏，潮州税关应解善后局节省防费，现收数日绌，请暂停止。下部知之。

闽浙总督许应骙奏，闽省银钱缺乏，京饷拟仍由号商汇解。得旨：京师根本重地，全赖各省筹解实银，以资周转。若外省各自为计，概从汇兑，必致商民交困，有误大局。着懔遵前旨，仍解实银，不准藉延。①

张謇所办大生纱厂生产成功。②

十五日壬辰（5 月 24 日）

许应骙奏，福建厦门设立保商局，保护出洋回籍华商一折。闽民出洋，多籍隶漳、泉，以厦门为孔道。此项民人，不忘故土，偶一归来，则关卡苛求，族邻诈扰，以致闻风裹足，殊非国家怀保小民之意。着准其于厦门设立保商局，遴选公正绅董，妥为经理。凡有出洋回籍之人，均令赴局报到，即为之照料还乡。倘仍有各项扰累情形，准受害之人禀局，立予查办，以资保护而慰商氓。

本日文兴等电称，牛家屯照旧修工，吉利时满前报阻工，想系虚捏，近来俄员，每以细故捏报重情等语。东省修路，原为顾念邦交，订立公司，互兴商利。所有购地修工，自应随时与地方民人，和商办理。乃俄监工托名雇役，络绎而来，到处滋扰，转以阻工聚众等词，诬捏耸听，甚至有以力自保之语，难保不借端生衅，亟应妥筹钤制。着许京澄即传宝至德严加驳斥，谕令切电该监工等，嗣后务须加意约束工程人役，毋许欺压乡民，更不准任意捏造浮言，意图恫吓，激成众怒，致滋

---

①　《清实录·德宗景皇帝实录》卷四四二。

②　汪敬虞：《中国近代工业史资料》第二辑（上），科学出版社 1957 年版，第 1029 页。

衅端，是为至要。

闽浙总督许应骙奏，开办福宁府属三都澳口岸情形，并将事宜列款：一定界限，一设官员，一建工程，一添局卡，一定税章。下所司议。①

十七日甲午（5 月 26 日）

电寄裕禄等，前经电谕南北洋大臣，转饬各兵轮统将，于各海口来往梭巡。兹据刘坤一电称，意舰陆续来淞，并有运船进口上煤，狡谋难测，亟应早筹防御。着裕禄、刘坤一懔遵前旨，迅饬各水师将领，驶赴合口，即便会操，并严密巡哨，以备不虞，毋得稍涉大意。

电寄刘坤一，电悉。意舰又到重载运船，税司放入运物上煤，显系徇私接济，殊堪诧异。除饬总署严诘总税司谕令禁止外，如果该兵舰连樯驶入，商阻不允，事机急迫，即着照该督所筹，奋力抵御，以杜诡谋。

电寄毓贤，据电称德兵由青岛赴烟台避瘟，随带枪炮至西海滩操演等语。德人包藏祸心，难保非托名避疫，别有阴谋。着毓贤督饬防营，严密侦察，豫筹防范，随时电闻。②

十八日乙未（5 月 27 日）

黑龙江将军恩泽等奏，全境舆图告成，请将出力人员酌保。得旨：着准其择尤酌保，毋许冒滥。

十九日丙申（5 月 28 日）

电寄刘坤一等，意舰在淞运船，又图进口，显有索租不允，即欲强占之意。以彼海隅小国，辄敢无故称兵，若不力挫其锋，何以惩前毖后。前据刘坤一与刘树堂电商，南洋水师太单，势难争雄海上，均主陆防，以守为战，不为无见。惟陆军扼要驻守，兵力不可太单，能调集万人，庶敷策应。仍须择敌人炮弹不及之处，层层布置，静以待动。如果登岸，即便并力迎击，毋得稍涉观望，致堕狡谋。将此电谕刘坤一、刘树堂知之。

两江总督刘坤一奏，金陵关开办日期。下所司知之。又奏，崇明地方紧要，派兵驻扎。下部知之。

---

① 《清实录·德宗景皇帝实录》卷四四二。
② 《清实录·德宗景皇帝实录》卷四四三。

赏洋员福开森三品顶戴，传兰雅比必宝星。①

二十日丁酉(5 月 29 日)

电寄刘树堂，意舰往来游弋，注重在三门岛，浙洋吃紧，昨已电谕李光久暂缓来京，先行赴任。该臬司曾经战阵，晓畅戎机，即着督办浙省防剿事宜。刘树堂身膺疆寄，责无旁贷，仍不得以督办有人，稍涉推诿。

廿一日戊戌(5 月 30 日)

电寄裕禄，北洋现无防务，所有兵轮，应即饬令该将领统带出海，于北洋相近庙岛烟台一带，常川巡哨，演练水操，毋得借词观望。

电寄毓贤，电悉。日照德兵虽退，惟沿海地方紧要，仍须严密防范。东省兵力尚嫌单薄，着毓贤通盘筹画，再行酌募四五营，训练成军，择要扎扎，毋稍大意。

廿二日己亥(5 月 31 日)

御史潘庆澜奏，福建厦门设立保商局，保护出洋回籍华商，请饬海疆各省一律推广等语。通商以来沿海各省，多有华民出洋贸易，其随时回籍者，自应由官设法保护。着南北洋大臣暨沿海各督抚体察情形，查照福建保商局章程，遴选公正绅董，妥筹办理。如有关津留难，官吏苛索各情弊，一经查实，即着从严究办，以恤商氓。

有人奏，山东兖沂曹济道彭虞孙，于胶州划界一事，无故自弃地七八百里，致五州县民人，胥沦异族，其能办洋务，不过谄附外人，于交涉有损无益，请予罢斥等语。彭虞孙平日声名何如，其办理洋务有无挟持谄附，贻害民生，着毓贤确切查明，据实覆奏，毋稍徇隐。

电寄裕禄，电悉。中国官员，未便参用西例，叶祖珪本已赏加提督衔，嗣后与各国水师兵轮往来交接，即照提督乌布，毋庸比照西国，分别等次。②

廿三日庚子(6 月 1 日)

意舰往来游弋，浙洋戒严，一切布置，全赖抚臣调度得宜。刘树堂当兹重任，

---

① 《清实录·德宗景皇帝实录》卷四四三。
② 《清实录·德宗景皇帝实录》卷四四三。

务须振刷精神，应机立断。军事利钝，视乎将领，用人一事，该抚尤须加意慎重，毋得因循迁就，致误事机。仍将现在防务情形，随时电奏。

闽浙总督许应骙奏，请将昭信股票款内应解铁路经费，留办枪械。得旨：昭信股票银两，着暂准留购枪炮。其铁路经费，仍行设法筹解。

廿七日甲辰(6月5日)

以古巴华民捐赈，颁古巴中华会馆关帝庙匾额曰"福荫沧州"。

出使美日秘国大臣伍廷芳奏，秘鲁华侨财物被掠案赔款议结。又奏，古巴华民赈抚情形。均下所司知之。

以经募赈捐出力，前驻美国金山总领事黎荣耀，传旨嘉奖。

予故驻法国三等参赞候选知府联涌优恤。

赏秘鲁国外部大臣坡拿斯等宝星。

廿九日丙午(6月7日)

以潮洲侨民，捐助东赈，颁新加坡天后庙匾额曰"曙海祥云"。①

五月初一日丁未(6月8日)

光绪帝奉皇太后御仪鸾殿，日本国使臣矢野文雄，觐见呈递日本国主后恭送两宫宝星。

近闻江苏吴淞口，有拆毁炮台之事，并闻系候补道沈敦和所为。吴淞炮台，为防海扼要之处，何以擅行拆毁，是否实有其事，着刚毅确切查明，据实具奏，毋稍徇隐。沈敦和声名素劣，并着刚毅严密查访，如有营私妄为实迹，即行据实参奏。

浙江巡抚刘树堂奏，拨补厘金，抵还借款，未能照解，请收拨的款五十万两，以免贻误。下部速议。②

初二日戊申(6月9日)

直隶总裕禄奏，裁并准练各军事竣，实裁官弁兵夫七千二百四十七员名，岁节饷三十万两上下，挑存各营，认真操练，以练军马步队三十三营，分防内地及热河

---

① 《清实录·德宗景皇帝实录》卷四四三。
② 《清实录·德宗景皇帝实录》卷四四四。

库伦各边隘，以淮军左右翼马步二十营，专防海口。得旨：着会同聂士成认真训练。毋得稍涉懈怠。又奏，兵舰修理，洋牍翻译需员，请调熟谙船学法文之江苏知县郑清濂赴北洋差委。允之。

两江总督刘坤一等奏，清丈苏州等属沙洲，拟定章程。下部知之。又奏，筹筑崇明县护城塘岸，以资保卫，估需经费十万余金。绅民捐款不敷，请由苏藩库及苏州、江海、镇江三关筹拨应用。得旨：筑塘捍海，工程至为紧要，筹款亦复不易。着即督饬认真办理，毋稍疏懈。①

初四日庚戌（6 月 11 日）

裕禄奏，关道要缺照章酌保人员一折。津海关道一缺，办理中外交涉事件，极为紧要。必须熟悉洋务、才望素著之员，方期胜任。着裕禄再行秉公遴选，出具切实考语，请旨简用。该督务当为地择人，毋庸拘泥成案，稍涉迁就，致有贻误。

以随办北洋洋务三年期满，予候选知府伍光建等十员奖叙。

初六日壬子（6 月 13 日）

以办理南洋水师学堂出力，准江苏试用同知崔鼎送部引见。

初十日丙辰（6 月 17 日）

总理各国事务衙门奏，援案请设出使比都分馆，额定参赞随员翻译各一员，常川驻扎，以联邦交。依议行。

直隶总裕禄奏，直省代造江西剥船告竣，因南漕转运吃紧，亟待新船剥运，请援案就近验收。得旨：即着该督核实验收。

命太仆寺少卿裕庚，充出使法国大臣。

十二日戊午（6 月 19 日）

电寄吕海寰，德君又赠瓷瓶两尊，着吕海寰先传懿旨致谢。

御史张兆兰奏，中外交涉，语言文字不同，请饬同文馆副教习及学生，专司翻译，以资任使，并请严行甄别学生。下所司知之。

---

① 《清实录·德宗景皇帝实录》卷四四四。

十三日己未(6月20日)

浙江巡抚刘树堂奏,密陈筹办防务情形。得旨:即与李光久通筹妥商,奏明办理。①

十五日辛酉(6月22日)

两广总督谭麟等奏,英人占据九龙城,侵越租界,法人借广州湾为名,图占吴川、遂溪两县地方,势难理谕。请饬总理衙门妥筹办法,密授机宜。得旨:该衙门迅速酌核电覆。②

十六日壬戌(6月23日)

两江总督刘坤一奏,吴淞开设商埠,作为沪关分卡,业已勘估开工。所有采办木石等料,请援案免税。允之。③

十七日癸亥(6月24日)

出使法国大臣裕庚奏,请随带浙江知府张绍祖等七员,出洋襄办交涉,并拟带其子知州勋龄等充当翻译,俾资学习。允之。

十八日甲子(6月25日)

山东巡抚毓贤奏,税务司代征东海关,胶州、即墨子口专案报部,常税万难取盈,请酌减岁额。下部议。

十九日乙丑(6月26日)

闽浙总督许应骙奏,三都澳开关有期,税务省简,暂由东冲口委员兼管。建造洋关,估需三万五千两,请在洋税项下动支。下所司知之。

---

① 《清实录·德宗景皇帝实录》卷四四四。
② 《清实录·德宗景皇帝实录》卷四四四。
③ 《清实录·德宗景皇帝实录》卷四四五。

二十日丙寅(6 月 27 日)

闽浙总督许应骙奏,闽省盐课短绌,协饷无术筹解,请饬改拨。下部知之。又奏,援案汇解盐课京饷。得旨:嗣后仍着以实银起解。

廿一日丁卯(6 月 28 日)

有人奏,常税厘卡盐课等弊,不一而足。招商电报各局,弊在假公济私,请饬清查等语。现当整顿饷源之际,若如所奏,弊窦甚多,亟应从严厘剔。即着刚毅先就江南一省,认真查办。其招商电报各局,历年收支底册,并着督同盛宣怀一并彻查。除股商官利外,所有赢余之款,均着酌定成数,提充公用。毋任承办各员,稍有侵蚀,以杜积弊而裕饷源。寻刚毅奏:查招商、电报二局,系与怡和、太古、大东、大北各公司争回利权,盛宣怀办理尚属得法。所积赢余,已供添船、添线及南北洋学堂之用。如再遇余利加多年分,仍照二成之数加捐。如所请行。①

廿三日己巳(6 月 30 日)

御史张荀鹤奏,宁沪铁路,亟宜豫杜侵占等语。着总理各国事务王大臣酌核办理。

廿八日甲戌(7 月 5 日)

有人奏,津民控告詹思盛等冒称租界,津海关道李岷琛、天津道方恭钊任意延宕,请饬严密查办等语。所奏是否属实,着裕禄确切查明办理。

三十日丙子(7 月 7 日)

前因山东沿海地方紧要,电谕毓贤通盘筹画,酌量添募四五营择要扼扎。该抚前调之总兵万本华现据电奏,已令将招五营带赴晋省。惟该省办理防务,兵力究嫌单薄,仍着毓贤体察情形,应如何添募劲旅之处,酌筹饷项,豫先布置。勿以现在海疆无事,稍存大意。②

---

① 《清实录·德宗景皇帝实录》卷四四五。
② 《清实录·德宗景皇帝实录》卷四四五。

六月初一日丁丑(7月8日)

光绪帝御勤政殿,意国使臣萨尔瓦葛觐见。

有人奏,德国构衅侵权,亟宜妥为防范。所陈慎选守令,讲求约章,系为办理民教案件、华洋交涉起见。分驻巡兵在附近胶州各邑,及查勘铁路经过处所,往来梭巡,于保护之中隐寓钤制之意,先事豫防,不无裨益,应即查照办理。惟须选择素有纪律之统将,申明约束,毋致滋生事端。其遴员驻胶一条,请由抚臣遴调谙练洋务大员,驻扎胶州,专办交涉事件。着毓贤体察情形,斟酌办理。山东地方紧要,昨经谕令该抚酌筹饷项,添练劲旅,着将此次条陈各节,一并妥筹,迅速具奏。①

初三日己卯(7月10日)

直隶总督裕禄奏,北洋重整海军,新订购各轮船,将次到齐,合之旧有,共十三船,岁需经费一百余万两,请饬筹拨的款。近年部库支绌,拟请酌提招商、电报、矿务等局余利,以资凑拨。下所司议。

以北洋浦口火药库失慎,革千总卢寿同、外委杨玉成职,道员王仁宝,下部议处。

初四日庚辰(7月11日)

调广东巡抚鹿传霖为江苏巡抚,江苏巡抚德寿为广东巡抚。

初六日壬午(7月13日)

谭钟麟等奏,京饷势难起解,现银据实缕陈一折。据称广东解银入京,陆路海运,均属碍难,粤海关税收,往往征不足额,恒恃西商借垫为转移,请照旧由商号垫汇等语。所奏尚属实在情形。该省应解京饷,着准其仍交商号汇兑,以实银交纳部库。另奏广东停铸已久,搭解一成制钱,亦属无从设措。所有应解京饷着免其筹解制钱,即以银圆一成,按批搭解部库。

---

① 《清实录·德宗景皇帝实录》卷四四六。

初七日癸未(7 月 14 日)

电寄杨儒,电悉。俄主弟故,着传旨致唁。

初八日甲申(7 月 15 日)

奉天盐厘,虽经屡加整顿,近闻商贩偷漏,以及委员收多报少之弊,仍不能免。现当筹饷孔急之时,亟应严加整顿。着增祺督饬印委各员,认真稽查,毋任利归中饱,夹私偷漏。并能否再行加价,体察地方情形,妥定章程,详议具奏。

初十日丙戌(7 月 17 日)

出使日本国大臣李盛铎奏,东洋留学生甚众,使署照料难周,请调工部主事夏偕复,专充监督,以资约束。允之。
以接待殷勤,赏日本外部文部各官小村寿太郎等八员宝星。①

十六日壬辰(7 月 23 日)

以妥办交涉,中外相安,赏法国历年派驻越边总督度美等宝星。

十八日甲午(7 月 25 日)

刘坤一奏,病体未痊,恳请开缺一折。刘坤一老成稳练,久任疆圻,办事具有条理,着赏假一个月,毋庸开缺。
各省巡抚统辖全省军务,责成綦严。嗣因浙洋防务紧要,特令李光久以臬司督办该省军务。该员前曾驻扎温州一带,熟悉沿海情形,堪为刘树堂指臂之助,彼此遇事和衷,同心报国,正可相得益彰,谅必不以名位之高卑、事权之合分稍存形迹。李光久既膺特简,更属责无旁贷,统领营官,如有不遵调度者,即着据实严参,勿稍隐忍。总之李光久所办之事,即刘树堂之事。嗣后务宜共矢公忠,以国家疆土为重。倘各存意见,致误事机,厥罪维均,朝廷不能曲为宽宥也。
两江总督刘坤一奏,新设金陵税关,酌拟经费银两,以资办公。下所司知之。又奏,江南各营旗,改练德国操法,已有成效。得旨:即着督饬各军,随时认真训

---

① 《清实录·德宗景皇帝实录》卷四四六。

练，务期日臻精进，可备缓急。①

二十日丙申(7月27日)

以护送使臣，赏意国海军参将毕雅第宝星。

廿一日丁酉(7月28日)

有人奏，轮船管驾，积习太深，请饬认真整顿一折。近年朝廷重整海军，不惜巨帑，原期归复旧制，使一船得一船之用。该管大臣应如何振刷精神，申严训诫，统带管驾各员，亦应勤慎操防，认真训练，方不负朝廷整军经武、有备无患之意。若如所奏，南洋"开济"等船管带员弁，率多贪逸惮劳，徒供送往迎来之役，殊与设立海军之意，大相刺谬。且船上管驾人等，必须由学堂出身、熟谙兵轮驾驶者，方能胜任，断不准有瞻徇请托等事。现在北洋各军，将次配齐，尤应一体实力整顿，毋得稍染习气。着裕禄、刘坤一、许应骙严饬该管员弁，力除积习，切实讲求，必使尝胆卧薪，终日如临大敌。该大臣等并当破除情面，如有虚额克减，以及贪劣恇怯、专事逢迎等弊，即应立时更换，并据实严行纠参，以示惩儆。

有人奏，浙省购办军火器械，前于光绪二十年筹办海防第一次，业已奏请立案。现在筹办防务，闻纷纷又向洋商购买，请饬清查等语。浙省前次购办军械，现在存储数目，究有若干，着刘树堂按照报销单开实数，彻底清查，分晰奏报，毋得与新购之件，混淆牵合。如旧存各项，足敷配用，即可毋庸多购，以节糜费而重军储。②

廿二日戊戌(7月29日)

山东巡抚毓贤奏，沂属教案，现已议结，共费恤款七万七千余两。下所司知之。

廿三日己亥(7月30日)

总理各国事务衙门奏，申明增定矿务章程。一、限制矿地，只准指定某县一处，不得兼指数处，及混指全府全县，以杜垄断；二、华洋股本，均令各居其半，

---

① 《清实录·德宗景皇帝实录》卷四四七。
② 《清实录·德宗景皇帝实录》卷四四七。

以免偏畸，并须由华商出名领办；三、请办矿务，必须查无窒碍，业经批允，始准招集洋股，订立合同；四、批准后以十个月为期，即须呈报开工，逾限准案作废。其议开在先各矿，仍照旧核办，以免纷扰。从之。①

山东巡抚毓贤奏，外患日亟，酌筹饷项，添练劲旅。得旨：即着饬司筹定的款，陆续添募，以资防范。

廿四日庚子(7 月 31 日)

有人奏，敬陈管见，以裕利源一折。据称轮船招商局，电报局督办之员，盘踞把持，积弊多端，请派大员彻底详查等语。招商、电报两局，前经明降谕旨，饬令盛宣怀督饬在事官商人等，迅将经管各项递年收支数目，限三个月，分晰开具清单，酌定余利归公章程，专案奉报，并寄谕刚毅饬令督同盛宣怀，一并彻查。原以轮船招商局务，系官督商办，其各分局、各轮船如有弊窦，应由该局随时自行整顿也。昨据刚毅奏，由宁启程赴苏，查核招商、电报两局款项，着即懔遵前旨，督饬盛宣怀迅将酌提余利归公章程，拟定成数，奏明办理。当此时局孔艰，该大臣必能不避嫌怨，实事求事，万不至任听在事各员，多方掩饰，置公家利益于不顾也。寻奏，查招商局、电报局初借官款，业已还清。盛宣怀有督办之名，实与官场之通属有别。报效一节，仍应照章办理。报闻。

江苏巡抚德寿奏，升任江海关道李光久任内解京各款，业已交商，未便索还，请仍准汇兑。得旨：着照所请，嗣后即一律筹解实银。②

廿七日癸卯(8 月 3 日)

谭钟麟等电奏，筹款拟购湘米，由海运京等语。着户部酌核奏明办理。

秋七月初三日戊申(8 月 8 日)

刘坤一奏，崇明及白茆等处地势，不宜建筑炮台一折。既据该督查明，崇明之四滧、六滧逼处海滨，沙质松浮，易于坍塌。白茆口老港、新港距岸太远，均不宜建筑炮台，虚糜薪费。所有该两处添设炮台一节，即着毋庸置议。此外险要各口，仍着该督会商提督李占椿督同苏松、狼山、福山三镇总兵详细查勘，有无应行添设炮台之处，一面将各该处防务派定队伍，严密布置。其布雷、撒筒等事宜，亦应豫

---

① 《清实录·德宗景皇帝实录》卷四四七。
② 《清实录·德宗景皇帝实录》卷四四七。

行筹画，毋得稍涉疏虞。①

初十日乙卯(8月15日)

给事中张嘉禄奏，浙江三门湾请开商埠一折。着该衙门议奏，寻议驳。

出使韩国大臣徐寿朋奏，议定中韩通商条约十五款。下所司议。寻议，增删二款，依议行。

十四日己未(8月19日)

给事中张嘉禄等奏，浙江上虞县属曹江各塘冲决，会稽等县同时被灾。着刘树堂迅饬地方官，会同绅耆妥速拨款筹堵，并将各灾区迅即查明，分别赈抚。②

十九日甲子(8月24日)

闽浙总督许应骙奏，添练炮队。得旨：着即督饬认真训练，以资捍卫，毋稍弛懈。

廿一日丙寅(8月26日)

有人奏，广东出洋华商，请饬劝谕集资购舰，练成海军一枝，平时保护商务，有事听候调用，及时举办，约有数利等语。捐资购舰，商情是否乐从，于海防有无裨益，清廷着李征庸体察情形，酌核奏明办理。③

廿四日己巳(8月29日)

电寄刚毅，此次刚毅前往江南整顿关税厘金盐课，及招商电报局各项事宜，均能力除积弊，酌定章程，办理尚属认真。广东地大物博，叠经有人陈奏，各项积弊较江南为尤甚，诚能认真整顿，必可剔除中饱，筹出巨款。刚毅曾任广东巡抚，熟悉地方情形。着即督同随带司员，克日启程，前往该省，会同督抚，将一切出入款项，悉心厘剔。应如何妥定章程，以裕库款之处，随时奏明，请旨办理。

---

① 《清实录·德宗景皇帝实录》卷四四八。
② 《清实录·德宗景皇帝实录》卷四四八。
③ 《清实录·德宗景皇帝实录》卷四四八。

廿五日庚午(8 月 30 日)

清廷谕令：淮徐一带地方，为中原绾毂之区，襟带江海，水陆交冲，不特东南各省运道所必经，而且近联齐豫，遥拱畿疆，实为北洋第一重门户。现在时局艰难，各国虎视鹰瞵，入我堂奥，英人窥伺长江，蓄谋已久，津镇铁路，英德争先揽造。将来轮舶交驰，水陆并急，我既不能与之争雄海上，自当精练一军，力扼冲要，南北兼顾，庶无鞭长莫及之虞。黄少春、李占椿等所统长江水师及南洋诸军，棋布星罗，各有专责，必得专阃大员，独树一帜，申明约束，万众一心，无事则勤加训练，有事则为大枝游击之师，联络声威，无逾于此。惟练兵必先筹饷，此次刚毅前往江南，剔除税厘积弊，据奏宁苏两属，约得一百二十万两，皆系有着的款，不同纸上空谈。此项若归入常年度支，不免分而见少，惟有移缓就急，即以为淮徐练兵之需，得此大宗饷源，召集劲旅，诚令统带得人，督练有法，自足以备缓急而壮声援。苏元春忠勇性成，威望素著，着俟广州湾勘界事竣，将广西边防诸军暂交总兵马盛治接统。该提督即精选得力营员，酌带队伍，驰赴淮徐一带，择要驻扎，一面召募成军，参酌南北洋近来操练新法，督饬营哨各员，认真简校，演习一切攻守之方、战阵之略，勿狃湘淮旧习，勿袭外洋皮毛，要在精益求精，一兵得一兵之用，中权既振，南北洋呼应皆灵，不仅为长淮重镇也。至于马步应如何分练，枪炮以何种为宜，均着该提督体察情形，酌量办理。其平时得力人员，亦准该提督分别奏咨调往。该军仍归入北洋，听大学士荣禄节制，以期与武卫诸军，联成一气。此项兵饷，关系南北大局。该督抚务须详订章程，严立期限，按照该军应用之数，源源报解，毋得贻误要需，致干重咎。

裕禄奏，订造雷艇快船，先后抵沽验收情形一折。前在外洋订造船艇，所有"海容""海筹""海琛"快船三艘，先经到津验收。现在"海龙""海犀""海青""海华"鱼雷艇四艘，及"海天""海圻"两快船，续据各该厂运送来华，业经裕禄亲赴海口，次第验收完竣，分派员弁管带。此次购置各船，为规复海军之始基，亟须参酌原定章程，痛除积弊，重整规模。着裕禄督饬叶祖珪等申明赏罚，认真整顿，在北洋海面，择地切实操练，于一切驾驶演放等法，务臻纯熟，以备海战之用，毋得徒饰外观，虚糜饷项。倘仍蹈从前旧习，敷衍具文，一经觉察定即从严惩处。①

廿六日辛未(8 月 31 日)

浙江巡抚刘树堂奏，上虞等县被灾情形。得旨：所有被灾较重之上虞等县，着

---

① 《清实录·德宗景皇帝实录》卷四四八。

即督饬官绅，认真赈抚，毋令一夫失所。

廿七日壬申(9月1日)

向来出洋学生，除习学水陆武备外，大抵专意言语文字。其余各种学问，均未能涉及。即如农工商及矿务等项，泰西各国，讲求有素，夙擅专长。中国风气未开，绝少精于各种学问之人。嗣后出洋学生，应如何分入各国农工商等学堂，专门肄习，以备回华传授之处。着总理各国事务衙门详细妥定章程，奏明请旨办理。寻奏，遵拟章程六条：一、饬出使大臣令出洋学生各肄专门之业；二、饬选译农工商矿各书，使人易晓；三、饬疆臣宽筹出洋学生经费；四、出使随员，亦可令肄习各学；五、学成回国，分派各省农工等艺学堂，以开风气；六、业成回国，得有文凭者，甄别优绌委用，予以官职。依议行。①

廿八日癸酉(9月2日)

赏日本僧人大谷光瑞龙藏经，交总理各国事务衙门颁发。

廿九日甲戌(9月3日)

有人奏，闻广东南海县西樵、大同、吴村等乡，贼目李昭、傅赞开、区新聚党数千，潜谋作乱；又闻肇庆府西江一带，有劫及轮船情事。着谭钟麟、鹿传霖严密查明。②

八月初二日丁丑(9月6日)

有人奏，广东沿海等处炮台，建筑多不如式，守台弁兵人数太少等语。刚毅此次前往广东，即着就近查勘该处炮台，是否各据形胜，建筑如式，每台炮兵若干名，是否精壮足数，堪资守御。该省实缺候补将官中，如有出色人员，堪备折冲之选者，并着留心查访具奏。寻奏：遵查广东沿海各炮台，沙角、大角、威远、上横档、下横档、蒲洲各台，尚据形势。虎门等处，尚宜添置。守台弁兵，叠次裁减，诚属不敷分布，已会商督臣设法派拨。总之有炮台固足以壮形势，若欲恃此为必胜

---

① 《清实录·德宗景皇帝实录》卷四四八。
② 《清实录·德宗景皇帝实录》卷四四八。

之具，未敢必其确有把握。得旨：即着谭钟麟等体察情形，妥筹布置，随时奏明办理。①

美国宣布对中国实行门户开放政策。②

初五日庚辰(9 月 9 日)

有人奏，局员清丈滩地，将有粮田亩，变价充公，请饬严查一折。据称上海、宝山两县，前曾设局清丈滩地，局员许宝书接办局务，改用洋法丈量，于业户田单亩分不符者，指为溢出，勒令充公，或令业户缴价领还，所缴之价，有增至数十倍者；上海一县，清出亩分变价，至五十余万两之多；宝山清出之数，尚不在内等语。着刘坤一、聂缉椝按照所奏各节，确切查明，据实具奏。另片奏，松江缉私统带吴家正，本年六月间，阑入浦东内地缉私，以致枪毙二命等语，着该督等一并确查参办。寻刘坤一奏，查吴家正被参各节，皆无实据。惟营勇误毙平民二命，遽听尸亲不愿报官，究属非是，请摘去顶戴示惩。报闻。

两江总督刘坤一奏，海州赣榆一带，僻处海隅，时有外洋兵轮游弋，拟添募勇丁三营，扼要驻扎，以昭周密。如所请行。

初六日辛巳(9 月 10 日)

两江总督刘坤一奏，吴淞官地，请设公司召售，以杜抑勒。得旨：清丈局员许宝书，有饬查之案，着仍遵前旨，确切查明，据实具奏。

十二日丁亥(9 月 16 日)

有人奏，广东土匪猖獗，请饬赶紧剿办一折。据称广州府属西樵一带，巨匪区新等聚匪千余人，布散各处，联盟拜会，恣出劫房。署顺德县李家焯卸任，贼来打单，无所忌惮，民不堪扰，副将郑润材带勇往剿，竟敢拒捕。广肇二府交界，亦聚匪千余，互相勾结，曾以毛瑟枪轰毙勇目。南海梧村、大同一带，与顺德巨匪聚众劫掠，恐势成延蔓等语。广东为海疆要地，若如所奏，各处盗匪猖獗情形，亟宜赶紧剿办，以遏乱萌。清廷着谭钟麟、德寿简派得力营员，扼要驻扎，实力剿捕，并饬举办乡团严密稽查，以清盗薮而卫民生。③

---

①　《清实录·德宗景皇帝实录》卷四四九。

②　《中美关系资料汇编》第 1 辑，世界知识出版社 1957 年版，第 449~451 页。

③　《清实录·德宗景皇帝实录》卷四四九。

十四日己丑(9 月 18 日)

闽浙总督许应骙奏,勘明三都地方,宜择马祖岛建造船坞。又奏,船坞重地,并应于东冲口建筑炮台。均下部议。寻议,海军尚未扩充,库款又复支绌,拟俟款项稍充,添置大枝舰队,再将该岛建坞设台。报闻。①

十六日辛卯(9 月 20 日)

电寄刘坤一,刘学询、庆宽,现由日本差竣回沪,着刘坤一传知该二员,即行回京覆命,先赴总理各国事务衙门报到。

闽浙总督许应骙奏,闽米不敷民食,督同司道派员设局平粜,并严饬各属,筹建义仓,买谷存储,以资接济。得旨:着分饬各属,认真劝办积谷,俟有成效,即行据实奏报。

二十日乙未(9 月 24 日)

御史张荀鹤奏,办理铁路,宜另改道。着总理各国事务衙门察核具奏。寻奏,该御史所请改道,窒碍难行,应请毋庸置议。允之。

总理各国事务衙门奏,龙州铁路商定减省办法,订立合同。从之。

赏总理各国事务衙门比国律师吴德斯宝星。②

廿四日己亥(9 月 28 日)

出使韩国大臣徐寿朋奏,与韩国换约之后,华韩交涉事件,仍归华官办理。下所司知之。

廿七日壬寅(10 月 1 日)

增祺奏,覆陈奉天现在练兵情形,并目前切要事宜各折片。奉天地方辽阔,各营积弊甚深,必须痛加整顿。据该将军奏称,现在通盘筹画,拟以二十二营,仍旧分防,先抽十营,合仁、育两军,常川操练,俟操练有成,再为更番调换,庶得一

---

① 《清实录·德宗景皇帝实录》卷四四九。
② 《清实录·德宗景皇帝实录》卷四四九。

律精强。即着照所议认真办理。

廿八日癸卯(10 月 2 日)

浙江巡抚刘树堂奏，杭州开埠通商，设关征税，以杭嘉湖道兼管杭关监督，与各国交涉事宜，最关紧要，非熟悉地方情形，恐致贻误，可否改为题缺，将在省候补熟悉民教之员，开单请简。下部议。①

三十日乙巳(10 月 4 日)

直隶总督裕禄等奏，验收卢汉干路卢保前段工程，并赶办全路情形。下所司知之。又奏，卢汉要工，需款紧急，请将江苏、广东等省已拨未解之款，另行筹拨，俾供要需。得旨：着户部另行筹拨。

九月初一日丙午(10 月 5 日)

有人奏，山东登、莱两府地方，入夏以来苦旱，且有飞蝗害稼，请饬速查等语。登莱灾情，是否属实，着毓贤督饬地方官，迅即查明办理。

赏天津武备学堂德国教习斯拉郭弗宝星。②

初七日壬子(10 月 11 日)

直隶总督裕禄奏，遵旨筹提关税厘金，并裁节外销等款，以备要需。得旨：办理尚属认真，着依议行。又奏，遵核开平矿务历年收支数目，并酌提常年余利归公。下所司知之。

两江总督刘坤一奏，添建金陵乌龙山炮台，安设炮位。得旨：着即督饬承办之员，认真修筑，毋稍草率。

以借助洋枪帮同御匪，赏安徽太和县法国教士舒复礼五品顶戴。

初八日癸丑(10 月 12 日)

近年沿海各省通商以来，多有华民出洋贸易。此等人民羁迹海外，其心恒不忘

---

① 《清实录·德宗景皇帝实录》卷四四九。
② 《清实录·德宗景皇帝实录》卷四五〇。

中土，忠爱之忱，殊堪嘉尚。前经谕令沿海各省，于海外华民贸易回籍时，设法保护，不准关津胥吏及乡里莠民，藉端苛扰。国家廑念民依，无微不至，其旅居海外商民，并着各出使大臣随在妥筹保护，用副朝廷怀保吾民在远不遗之至意。①

初九日甲寅（10 月 13 日）

福建为海疆要地，团练一事，亟宜实力举办。候选道林朝栋，籍隶该省，久历戎行，于营伍事宜尚属谙练。该员现在南洋差委，着刘坤一传知前赴闽省办理团练。所有一切事宜，由该员随时禀商许应骙，认真筹办，务须妥定章程，联络绅庶，以期众志成城，缓急足恃。仍将筹办情形，由该督先行奏闻。如果办有成效，并着随时据实具奏。

初十日乙卯（10 月 14 日）

近闻广东省沿海各处炮台，兵丁甚少，遇有缓急，不足以资守御。着谭钟麟、德寿体察情形，应如何添派兵勇分布各炮台，以厚兵力而资扼要之处，即行妥筹具奏。

鹿传霖奏，九龙至广州铁路修成以后，如有事故，英兵由香港顷刻而至，险要俱失。此路现经盛宣怀派员勘定，尚待集款，请及时罢修，以杜后患等语。九龙铁路关系粤防门户，现在集款未成，洋商既不愿出资，能否设法停罢，或宕延从缓，着盛宣怀体察情形，妥筹办理。②

十一日丙辰（10 月 15 日）

出使德国大臣吕海寰奏，请照外洋镑价征收税银，以纾国计。得旨：该衙门酌核办理。

出使俄国大臣杨儒奏，遵赴荷兰国保和公会，蒇事返俄情形。下所司知之。

十三日戊午（10 月 16 日）

御史张荀鹤奏，东海关苛敛出洋华民，请饬酌减定章，以除弊政一折。各省出洋华民，前经降旨一律设法保护，不准关津苛扰。兹据该御史奏称，山东登莱等府

---

① 《清实录·德宗景皇帝实录》卷四五〇。
② 《清实录·德宗景皇帝实录》卷四五〇。

民人出洋谋生，东海关道于给发护照时，每张收取笔墨等费，为数甚巨，穷民受累不堪，殊非朝廷体恤商民之意。着裕禄、毓贤转饬该关道妥定章程，严行裁减，并出示晓谕。如有吏胥人等影射苛敛，即行随时惩办，以安商旅而杜侵渔。寻袁世凯奏，查明东海关并未苛敛出洋华民。报闻。

十五日庚申（10 月 17 日）

电寄庆常，裕庚到法，外部以广湾界未定，博罗案未结，归咎粤督，总统不肯接见。因办理交涉事务，与接见新使事不相涉，庆常驻法日久，情形熟悉。现甫交替，着向法外部申明两国交谊，切实劝导，务令于事有济，不着痕迹。俟裕庚呈递国书后，再行启程。①

十六日辛酉（10 月 18 日）

据许应骙电奏，兴泉永道恽祖祁委办日本租界，时逾半载，稽延未结，嗣派臬司周莲赴厦，与日领事和商，业有成议。该道未曾先期出示晓谕，以致民疑莫释，几酿事端。过虽因公，实属办理不善，署厦防厅方祖荫身任地方，未能实力弹压，亦难辞咎，请分别议处等语。兴泉永道恽祖祁，着开缺交部议处，署厦门分防同知方祖荫，着一并交部议处。②

十八日癸亥（10 月 22 日）

赏奥国驻沪总领事史谟格宝星。

十九日甲子（10 月 23 日）

两广总督谭钟麟奏，遵将广东省厘金盐课各局彻底清查，和盘托出。下所司知之。

二十日乙丑（10 月 24 日）

李光久奏，出省筹办海防，吁恳开缺，专办军务一折。前因李光久熟悉浙省情

---

① 《清实录·德宗景皇帝实录》卷四五〇。
② 《清实录·德宗景皇帝实录》卷四五一。

形，谕令以臬司就近督办军务，既据奏称势难兼顾，浙江臬司一缺，即着刘树堂奏明派员署理，俾该臬司得以专心营务。

两广总督谭钟麟奏，办理土匪情形。得旨：广东盗风素炽，务须认真整顿缉捕，随时惩办，以靖地方，毋稍大意。①

廿四日己巳(10月28日)

电寄刘坤一等，本日据李盛铎电称，康有为由加拿大，乘音勃来司奥夫恩地而轮船，昨午至横滨，经日政府查知，不准登岸。该船旋即开赴神户、长崎、上海、香港等埠。该逆此来，尤极诡秘，不知其意所在等语。康逆踪迹，飘忽靡常，着该督等遴派妥员，严密侦探，于所到口岸，务即不动声色，设法捕拿，期于必得。倘经弋获，必予重赏。慎勿任其潜逃，肆行诡谲，是为至要。

以救护遭风商民，予江苏游击吴克威等升衔封典有差。

廿七日壬申(10月31日)

昨据苏元春电，详述与法员会议情形，拟索还内地，将东海、硇州两岛许作租界，正饬总署驳复间，适据谭钟麟等电称，硇东两岛，为五府商民出入必由之道，万不可弃等语。苏元春办理此等重要事件，何以未与该督抚商明，遽行允许租界，草率迁就，殊属冒昧。硇东为五府出入要区，若归租界，则五府民心必不甘服，激成变故，朝廷亦不能强众情之所不愿，压以兵力。法人得之，后患方多，亦非得计。着苏元春即向法员切实开导，一面着谭钟麟等熟权利害轻重，与苏元春妥筹一酌中办法，俾此事得有收束，务须彼此和衷，勿存意见，共维大局。再据李盛铎电奏，顷探康有为于本月二十四日，由日本邮船河内丸方开赴香港，着谭钟麟等迅即相机设法，派员购线严密查拿。无论官绅，能将该逆立时捕获，定当予以重赏。仍将遵办情形，先行电复。②

廿九日甲戌(11月2日)

电寄裕禄等，昨风闻意大利暗调兵舰，欲截三门湾，又云欲占登州、庙山、烟台，电局报意兵官收发密电各十数次，情形甚急。意使在总署索款未允，久置不议，情殊叵测，难保非故作宕延，俟调到兵船，出其不意。庙岛地方空阔，向未驻

---

① 《清实录·德宗景皇帝实录》卷四五一。
② 《清实录·德宗景皇帝实录》卷四五一。

兵。夏辛酉所统防营，是否足敷分布，北洋沿海一带亦应豫备不虞，着裕禄、毓贤密饬各军，早为部勒，毋使乘虚而来，致有疏误。其应如何调拨扼防之处，该督等务须不动声色，彼此筹商，妥为布置，以占先着。慎勿稍涉张惶，是为至要。①

冬十月初一日丙子(11 月 4 日)

直隶总督裕禄奏，北洋海军经费，请饬部拨补。下所司速议。又奏，粮价因旱增长，拟招商分赴南省，采运米石，以资接济。允之。②

初二日丁丑(11 月 5 日)

刚毅等奏，整顿厘捐盐务及裁节冗费、酌提赢余一折。广东地大物博，前经谕令刚毅驰往，会同该督抚等妥筹的款，以济饷需。兹据奏称，先就现在情形，筹出常年的饷银一百六十万余两，均系出自外销，及新旧加增、节省赢余等项，并未丝毫加取于民。即着自光绪二十五年十月起，一律专款存储，听候部拨。国家慎重度支，首在撙节糜费，严杜中饱。果使悉心综核，自能有益于国，无损于民。该督抚等尤当通饬所属，实力奉行，更不得以此借口，多方设法取偿，以致累商病民，转滋流弊。

直隶总督裕禄奏，京纲销滞累深，停引仍难复额，请再展五年，以恤商艰。允之。

初五日己卯(11 月 7 日)

电寄谭钟麟等，苏元春电称硇、东两岛，早为法兵所踞，不肯作为通商口岸，且以不允铁路，即收回所让各村，情词决绝，并急欲进兵剿除黄略、麻章两村，以图报复等语。法兵已占硇东，虽势为我所必争，诚非口舌所能为力，必须准备在先，布置周密，方可与议。且黄略、麻章两村，民命攸关。谭钟麟等身任地方，早应防患未然，保全疆土，岂得临时概诿诸议界大员。此时法提督如此嚣张，难保不开兵衅。该督等捍卫海疆，究竟有无把握。总之此事必须统筹全局，妥拟办法，断非意气用事，所能结束。着即详慎审察，与苏元春迅速会商电复，勿延为要。③

---

① 《清实录·德宗景皇帝实录》卷四五一。
② 《清实录·德宗景皇帝实录》卷四五二。
③ 《清实录·德宗景皇帝实录》卷四五二。

初六日庚辰（11月8日）

电寄裕禄，电悉。意船虽无动静，自应随时查探严防。惟海军新集，尚无铁甲巨舰。若遽出洋争胜，恐无把握，转虑损威。万一有事，应仿坚壁清野之意，豫为布置，免堕敌谋。着责成叶祖珪，熟察情形，妥筹万全之策，朝廷不为遥制也。

电寄谭钟麟，昨有旨电谕谭钟麟、苏元春，将广州湾租界事务，详慎会商，妥筹办法，即行电复。硇、东两岛，早为所据，现又急欲进攻黄略、麻章，若不急筹因应，迟久必多枝节。该督等现在会商，究拟如何结束，着即克日电奏，毋稍宕延。

十一日乙酉（11月13日）

昨据苏元春电奏，硇、东两岛，业经筑台久占，万难争回，不得已与法提议，将两岛允租，任由中国船只，照常往来停泊，一律优待，并无留难等端，并退回内地志满至黄坡八九十里各节。当经电谕谭钟麟，与该提督迅即妥商，结束办法，会衔复奏。乃该督昨电，仅以电催苏提督可了则了，省城毫无成见等语。电致总署，显系意存诿卸，沽一己之名，不问大局如何收束。疆臣办事，固应如此耶！本日接苏元春初八、初十两电，据称界务重大，何敢擅当，必须地方官上下应手，方能定勘。界事一日不定，则变故一日不已，势必将前议概行翻悔。恃兵力所至，据为己有，后患正无穷期等语。此案本无万全之策，迁延已久，两害相形则取其轻。谭钟麟既无成见，即如该督所议可了则了，仍将如何妥定界址，豫筹善后一切事宜，与苏元春从速会商，联衔电复，毋再刻延。

十二日丙戌（11月14日）

刘坤一等电奏，顺天招商购买米麦，与北洋办理两歧。所有顺天府购运米麦，除上海已运之十九万石，并奉天、河南各省除业已起运外，嗣后仍照章完纳厘税，并定明购运石数，以免影射偷漏。除业已电知增祺等遵照外，前项已运米十九石，自何日起报到验收，如何妥议章程，办理平粜，并着随时咨报户部查核。①

---

① 《清实录·德宗景皇帝实录》卷四五二。

十四日戊子（11 月 16 日）

清廷与法国签订《广州湾租界条约》。①

十六日庚寅（11 月 18 日）

盛宣怀奏，条陈筹饷事宜，开单呈览一折。据称加税一事，与各国屡议未成。查咸丰十年，新定《通商税则善后条约》第一款，载明应核作时价，照值百抽五例征税。现在金贵银贱，但须扼定此一语，将各口进出货物税则，照时价另行核估，自无所用其加税。现届十年换约限期，应及时迅与认真开议。又近来外国烟酒、药料、器皿等物，中国销路甚广，不尽各国官商自用，应如何分别办理之处，请一并筹议。各国关税，如照现在时价核估，所增税项，实为筹饷大宗。着派盛宣怀、聂缉椝，会同赫德，查照条约，迅速筹议，仍由总理各国事务衙门综核办理。②

十七日辛卯（11 月 19 日）

督办铁路大臣大理寺少卿盛宣怀奏，电报公司拟添设德律风，杜外人觊觎之谋，保电局已就之利。允之。

十八日壬辰（11 月 20 日）

现因意大利兵船，在沿海一带，不时窥伺，曾经传谕叶祖珪豫行布置，妥筹万全，朝廷不为遥制。惟是各省沿江沿海炮台，与兵轮相为表里，必须先事联络一气，始免临时紊乱之虞。兵轮通语、日用旗号、夜用灯号、各式旗灯，具有成书可考。闻南洋各台，于此事不甚谙晓，必致呼应不灵。各国兵轮大约相似，北洋所购新船，各炮台亦未经认识，万一辨别不真，为害非细。至炮台攻船之法，必须将炮表度数、船行速率，推算定准。各省炮台，恐未能悉精此艺。且建有炮台地方，岸上各要隘，固应严密扼堵，又须紧防抄袭后路。以上各节，皆系吃紧关键，必有制胜之将、熟练之兵、炮台兵轮，互相犄角，纵不能出洋攻敌，守口尚属有余。现在吴淞、镇江、长门三处，暨沿江一带炮台，统领为谁，是否得力，守台兵数各若

---

① 王铁崖：《中外旧约章汇编》第 1 册，生活·读书·新知三联书店 1957 年版，第 929~930 页。

② 《清实录·德宗景皇帝实录》卷四五三。

干，着该督抚先行具奏。此次叶祖珪率船南下，并着南洋闽浙等省督抚接见该统带，面商一切机宜，即令会同各炮台统将，周察形势，讲求布置。总期事出万全，不准稍存畛域之见，致误事机。其各该省应如何先事豫防之处，朝廷仍不为遥制。①

十九日癸巳(11 月 21 日)

清廷晓谕：现在时势日艰，各国虎视耽耽，争先入我堂奥。以中国目下财力兵力而论，断无衅自我开之理。惟是事变之来，实逼处此，万一强敌凭陵，胁我以万不能允之事，亦惟有理直气壮，敌忾同仇，胜败情形，非所逆计也。近来各省督抚，每遇中外交涉重大事件，往往豫梗一"和"字于胸中，遂至临时毫无准备。此等锢习，实为辜恩负国之尤。兹特严行申谕，嗣后倘遇万不得已之事，非战不能结局者，如业经宣战，万无即行议和之理。各省督抚，必须同心协力，不分畛域，督饬将士杀敌致果，"和"之一字，不但不可出诸口，并且不可存诸心。以中国地大物博，幅员数万里，人丁数万万，苟能矢忠君爱国之诚，又何强敌之可惧，正不必化干戈为玉帛，专恃折冲尊俎也。②

近闻山东各属，时有匪徒藉仇教为名，聚众煽惑，屡酿巨案。若不早加镇摄，势将滋蔓难图。着毓贤体察情形，密饬地方文武，加意抚绥弹压，务期消患未萌。又自上月以来，意大利兵舰多艘，游弋烟台等处，殊为叵测。东海边防，尤应及时筹备，着袁世凯酌拨所部各营，选派得力将官，统带操演行军队，先赴德州，迤逦而前，绕往沂州一带地方，相机屯扎，随时操练，藉可就近防范。该侍郎务当严饬派往统带将官，认真约束兵丁，毋得稍涉疏纵，致滋事端，是为至要。③

二十日甲午(11 月 22 日)

吴淞口旧曾设有炮台，嗣经作为通商口岸，因将炮台拆毁，究于江防形势未宜。刘坤一久任封疆，公忠体国，此事谅系误听人言，以致建议未能详慎。着该督体察情形，相度地势，应如何设法修建，以资补救，务期与相近之南石塘、狮子林炮台，联络声势，以固长江头道门户。

有人奏，疆臣信用私人，玩视军务一折。据称浙江巡抚刘树堂，性情猥鄙，素

---

① 《清实录·德宗景皇帝实录》卷四五三。

② 国家档案局明清档案馆编：《义和团档案史料》上册，中华书局 1959 年版，第 37～38页。

③ 《清实录·德宗景皇帝实录》卷四五三。

不知兵，任用私人。驻扎三门湾统领李福兴等，非其同乡，即其戚属，联络一气，狼狈为奸。该抚悉委以重权，处以要地，致与两司颇存意见，遇事偏袒欺饰。台民应万德闹教一案，奏报铺张，整顿海防，纯事敷衍等语。着许应骙按照所参各节，秉公查明，据实具奏。①

廿一日乙未（11 月 23 日）

盛宣怀奏，条陈练兵事宜，请建练将总学堂，以成将才等语。据称中国之兵，材质与各国相敌，而耐苦过之，实不难练成劲旅。惟练兵必先练将，近来日本所以制胜，皆练将学堂出身之人才。其详细章程，应饬李盛铎向该国陆军学校钞译进呈，再定办法等语。中国武备学堂久经设立，尚未能确有成效。该京卿所陈练将一事，日本学堂详细章程，究竟若何，是否可以仿照办理。着裕禄、刘坤一、张之洞，咨行李盛铎就近钞译，会同详议具奏。

盛宣怀奏，报捐衔封贡监翎枝，请照实官归部库收捐，并盐斤酌量加价，以充练将学堂及制造枪炮经费等语。着户部详细妥议具奏。

以劝捐赈款出力，南洋商董盐运使衔李戴清，传旨嘉奖。②

廿二日丙申（11 月 24 日）

赏西班牙国参赞安敦宝星。

赏日本国使臣矢野文雄宝星。

廿四日戊戌（11 月 26 日）

山东巡抚毓贤奏，遵办团练保甲情形。得旨：仍着督饬各属随时认真考察，力求实济，毋得日久生懈。

添铸考察商务大臣关防，从大学士李鸿章请也。

廿七日辛丑（11 月 29 日）

两江总督刘坤一等奏，严防奸商运米出口，请将京津平粜米石，缓至来春购运。从之。

---

① 《清实录·德宗景皇帝实录》卷四五三。
② 《清实录·德宗景皇帝实录》卷四五三。

廿八日壬寅（11 月 30 日）

出使韩国大臣徐寿朋奏，仁川等处，照约添设领事以资保护。下所司知之。

三十日甲辰（12 月 2 日）

督办铁路大臣大理寺少卿盛宣怀奏，豫筹卢汉铁路还款，请兼办荥泽至开封河南周家口各支路，以收利权而备归本。又奏，卢汉铁路，请由卢沟桥接轨至马家堡。均从之。①

十一月初二日丙午（12 月 4 日）

浙江巡抚刘树堂奏，修筑杭州府属西塘大龙头一带柴坝埽坦各工动用银数。下部知之。

初三日丁未（12 月 5 日）

浙江巡抚刘树堂奏，春间筹办海防，陆续添募营勇，择要分扎，现拟亲临考验，出省巡阅。得旨：即着会同李光久，将沿海防务事宜，切实勘办，毋稍疏虞。②

初四日戊申（12 月 6 日）

闽浙总督许应骙奏，三都岛通商，于出使经费项下，拨款起建洋关，填筑码头。下所司知之。

命山东巡抚毓贤来京陛见，以工部右侍郎袁世凯署山东巡抚。

以出洋监造铁舰快船押送回华出力，予县丞卢守孟等五员奖叙，复已革都司林国祥等二员原官，已革守备程璧光销去永不叙用字样。

初九日癸丑（12 月 11 日）

据总理各国事务衙门奏，现办广州湾界务情形一折。界务虽已定议，复因遂溪

---

① 《清实录·德宗景皇帝实录》卷四五三。
② 《清实录·德宗景皇帝实录》卷四五四。

县民人戕毙法弁，致多要挟，枝节横生。着谭钟麟迅饬勒拿凶犯，务获惩办，毋稍延玩。遂溪县知县李钟珏，未能豫为防范，致酿交涉重案，咎实难辞，并着从严参办。余着总理衙门妥筹办理。

总理各国事务衙门奏，广东盗风最炽，屡接英使照会，以粤省水面英轮，叠被劫掠，将有调派兵舰自行巡缉之举，此端断不可开。业已照覆，中国自能饬属整饬，毋庸代筹，以遏狡谋。请饬粤督迅派水师，实力缉捕，以杜外人干预。依议行。①

十三日丁巳（12 月 15 日）

出使法国大臣庆常奏，答覆法国暨巴西国伯理玺天德即位国书，如礼分递，奉使期满，新使臣裕庚已到，当即交卸回国。报闻。②

十六日庚申（12 月 18 日）

电寄谭钟麟等，前据刚毅于广东省城差次，电奏广东七十二行商人，请将厘金官督商办，情愿每年认缴洋银四百万两，较官办每年可增一百余万，已饬厘局司道核议章程，当由督抚奏明开办。厘局官督商办，但使官不掣肘，必可集成巨款。现在计期已将两月，该省当已订有详细章程。着谭钟麟、德寿迅速核明覆奏，倘有厘局劣员，希图仍前中饱，有意播弄，冀毁前议，并着严参惩办，勿稍姑容。③

十七日辛酉（12 月 19 日）

命两广总督谭钟麟来京陛见，以大学士李鸿章署两广总督。未到任前，以广东巡抚德寿兼署。

二十日甲子（12 月 22 日）

山东巡抚毓贤奏，东省河工，疏通海口必先办迁民。现饬道府清查户口，勘丈地亩，并添觅淤地，以资迁徙。得旨：即着饬属赶紧查勘。以期安插妥善。

---

① 《清实录·德宗景皇帝实录》卷四五四。
② 《清实录·德宗景皇帝实录》卷四五四。
③ 《清实录·德宗景皇帝实录》卷四五五。

以出洋期满，予驻美日秘国随员知州钟文耀等五员奖叙。其期满董事州同衔李晋华等二员，并照例给奖。

廿一日乙丑(12月23日)

浙江巡抚刘树堂奏，浙省防勇遵章改编五军，及海防添募各营，委换统领管带。得旨：即着督饬统领管带各官认真训练，务成劲旅，以备缓急。又奏，外海水师统领，兼带超武轮船，现准召募小队四棚，以资随同出洋差遣。又奏，臬司李光久，奉命督办浙防，召募亲军小队，并自募述武左右两营，及出驻宁波，又募述武中前后三营，请饬立案。均下部知之。①

廿二日丙寅(12月24日)

都察院奏，山西京官呈诉洋人在山西购买民田，地方官多方胁制，请饬认真稽查，听民自便。洋人购地，愿否应听之民间，岂容地方官加以胁制。着何枢按照所呈各节，确查实在情形，分别奏明办理。

命两江总督刘坤一来京陛见，以江苏巡抚鹿传霖署两江总督，江苏布政使陆元鼎暂护江苏巡抚。

廿四日戊辰(12月26日)

有人奏，山东民教不和，亟宜持平办理一折。所奏语多中肯。其推原民教情形，亦确切近日情事。着袁世凯严饬各属，遇有民教之案，持平办理，不可徒恃兵力，转致民心惶惑。总之操纵之妙，在乎平时。地方官果为众情所服，遇事自不难化大为小，化有为无。其所陈慎重兵端，整顿吏治，尤为扼要之论。②

廿六日庚午(12月28日)

山东巡抚毓贤奏，日照县街头村教案议结，酌给偿恤银二万五千两，援案由司库拨发，作正开销。下所司知之。③

---

① 《清实录·德宗景皇帝实录》卷四五五。
② 国家档案局明清档案馆编：《义和团档案史料》上册，中华书局1959年版，第44页。
③ 《清实录·德宗景皇帝实录》卷四五五。

十二月初二日乙亥(公元 1900 年 1 月 2 日)

吉林将军长顺等奏，冬令和暖，例进贡鲜，俟坚冻再行进送。得旨：并俟凝冻坚实，即令赶速进呈，毋任迟延。又奏，吉林开采金矿，三姓业著成效。请将通省矿务，归并三姓矿员宋春鳌办理。得旨：着准其归并宋克鳌办理。如果办有实在成效，再行奏明请旨。①

初三日丙子(公元 1900 年 1 月 3 日)

前因屡有人奏，山东民教不和，亟宜持平办理，业经叠次谕令袁世凯慎重筹办。兹复有人奏，东省民心未定，宜徐筹开解镇抚之方，并虑及该署抚一意主剿，致滋事端等语。山东民教不和，总以弹压解散为第一要义。前两次寄谕至为详尽，谅该署抚必能体察情形，分别办理，断不至一味操切，以致激成巨祸，有负委任。②

山东巡抚毓贤奏，遵查登、莱、青、沂四府被灾地方，分别缓急，酌量抚恤。得旨：仍着查看灾歉情形，随时酌量抚恤，毋任失所。

初五日戊寅(公元 1900 年 1 月 5 日)

盛京将军增祺奏，奉天通省团练，已经一律举办。得旨：仍着认真稽查，毋任因循怠惰，亦不得苛派扰民，以期有利无弊。

十一日甲申(公元 1900 年 1 月 11 日)

盛京将军增祺等奏，复州划入俄人租界村屯，请豁免钱粮。下部知之。又奏，榆关铁路，占用宁远州地亩，请将历年未纳钱粮，并此后应输租课，一律豁免。下户部议。又奏，金州厅城外，划归租界，尚有剩划积金、堆金、雨金等百八十六村花名细册，被俄人索去，额征粮赋，请暂行开除，俟总署照会俄使，商定办法，另行奏报。允之。

---

① 《清实录·德宗景皇帝实录》卷四五六。

② 国家档案局明清档案馆编：《义和团档案史料》上册，中华书局 1959 年版，第 47 页。

十三日丙戌（公元 1900 年 1 月 13 日）

浙江巡抚刘树堂奏，密陈意人要索三门一案，现虽无事，难保他日不复生心。浙洋四战之区，非能战必不能守。惟有督饬诸将领，日日讲武陈兵，庶全浙疆土，慎固无虞。得旨：所奏不为无见。惟兵事变动莫测，全在布置得法，相机调遣。该抚身任疆圻，责无旁贷，朝廷不为遥制也。又奏，巡阅海岸，布置防务情形。得旨：着即严饬各防勤加训练，实事求是，毋得徒托空言。①

十五日戊子（公元 1900 年 1 月 15 日）

缓征两淮泰州、海州二属被风被潮灶地折价钱粮。

十六日己丑（公元 1900 年 1 月 16 日）

有人奏，近来长江一带及江苏、浙江等处，匪徒往往开枪拒捕；广东等省，械斗之案，动辄燃炮相击，民间亦有因枪毙命之案，请饬申明例禁等语。私藏军火，本有厉禁，着沿江、沿海各督抚通饬各关卡，严密稽查，如有商船私带军火者，立时拿究以杜乱萌。另片奏，江苏办理米捐，卡员每有以多报少之弊，甚至需索留难，商民交病。又闻近来各口米粮，仍多偷漏出海，于民食大有关系，着各该督抚一并严行查禁。②

十八日辛卯（公元 1900 年 1 月 18 日）

有人奏，京师仰给南米，近来禁止北运，米价倍长，官民交困，请准南北米商，照常贩运，毋庸免税等语。现在京师米粮昂贵，必须设法招来。着顺天府约计米数，发给护照，俟运到米石，即行查销，其未运之照亦一体饬令缴回，不准日久不缴，以杜影射。并着鹿传霖、裕禄等，转饬各海关查验明确，实系运京米石与护照数目相符，即令照常纳税放行，以重根本。

吕海寰奏，遵旨查办要案，据实复陈。驻法使馆学生伊里布，轰毙参赞联涌，复自轰殒命，暨学生世敏，怀疑自戕各节，既据西医验结，均系心思迷乱所致，即着毋庸置议。出使大臣庆常，事前失于觉察，事后迹近弥缝；随员汪璋，信口多

---

① 《清实录·德宗景皇帝实录》卷四五六。
② 《清实录·德宗景皇帝实录》卷四五七。

言，不知检束，均有应得之咎，着交部分别议处。另片奏，联涌幼子庆颐，闻父被戕，绝食身死，请饬查旌表，着该旗查明办理。寻吏部议上。得旨：庆常应得革职处分，着加恩改为革职留任，汪璋应得降三级调用处分，着加恩改为降三级留任。

闽浙总督许应骙奏，闽省福厦二口通商要埠，请归海防同知经理，以专责成。从之。

以出洋三年期满，予驻美随员补用道何彦昇等六员奖叙。

以襄办四川教案出力，赏法国主教杜昂等六员三品顶戴。

以优礼华使，照料殷勤，赏俄国邮电局总办二等提督彼得洛甫等十员宝星。①

十九日壬辰 (公元 1900 年 1 月 19 日)

闽浙总督许应骙奏，闽民待食孔殷，请在上海及长江一带，采买米石并免厘税。得旨：所奏尚属实在情形。着准其前往，分投采买，仍照章完纳税厘。

二十日癸巳 (公元 1900 年 1 月 20 日)

近来各省匪徒藉端滋事，往往私购军火，互相攻击，殊不知军营购运军火，尚须奉有明文，执持护照，由各关卡验明数目，方准放行。若私藏私购，为例禁所必严。当此匪徒纷扰之时，外来军火尤须认真查禁。着裕禄、鹿传霖严饬各海关，实力稽查，如有此等情弊，即当立时严禁，以弭隐患，勿稍大意。

电寄袁世凯，电悉。高密百姓，抗阻德人修路，固应严拿惩办。惟聚众已至两旬，该抚身膺疆寄，不能设法劝谕解散，分别首从惩治，乃意存推诿，请速示机宜，殊不思此等事机，顷刻变幻，朝廷何能遥制。设迁延日久，德人竟以兵至，多伤民命，咎将谁归。着该抚迅速相度情形，妥筹办理，无挟非用兵不可之见，致失国家固结民心本意，是为至要。

两广总督谭钟麟等奏，广州湾勘界，与法提督力争，于原议租界图内，退出遂溪县属之麻章、黄田各新埠，吴川县属之黄坡、石门、三柏等村，现已画押立石事竣。②

廿三日丙申 (公元 1900 年 1 月 23 日)

两江总督刘坤一奏，遵旨于吴淞口南石塘南首高坡，添筑炮台，安设快炮以固

---

① 《清实录·德宗景皇帝实录》卷四五七。

② 《清实录·德宗景皇帝实录》卷四五七。

江防。下部知之。

廿四日丁酉（公元 1900 年 1 月 24 日）

光绪帝谕，封载漪之子溥儁为皇子，以绵统绪。
以教习期满，赏江南水师学堂暨寰泰练船教员英人彭耐尔迪兑宝星。

廿六日己亥（公元 1900 年 1 月 26 日）

予海防积劳病故，北洋记名总兵李道祥等三十员优恤。
上海电报局总办经元善，联合章炳麟、唐才常等 1231 人，致电总理衙门，反对废黜光绪皇帝。①

廿七日庚子（公元 1900 年 1 月 27 日）

直隶总督裕禄奏，天津海口，查无机器磨面及麦石转贩旅顺，偷运出洋。得旨：仍随时严密稽查，毋任稍有偷漏。
以订造铁舰，押送回华出力，予福建水师补用游击吕文经等六员奖叙。
以监造鱼雷猎艇出力，赏德员普特法希等五员宝星。
蠲缓浙江嘉兴、宁波、台州，暨江苏松江等府属，节被风雨江潮盐场灶荡应征粮课。其杭州、嘉兴、松江所属荒芜未垦灶地额课并豁免。②

是年

汪康年、唐才常、丁惠康等在上海组织正气会。
北京城南马家堡至永定门电车轨道筑成并通车。
林纾译《巴黎茶花女遗事》由福州索引书局刊行，为国人系统译介西洋文学之始。

---

① 虞和平编：《经元善集》，华中师范大学出版社 1988 年版，第 309~310 页。
② 《清实录·德宗景皇帝实录》卷四五七。

光绪二十六年　公元 1900 年　庚子

春正月初三日丙午(2 月 2 日)

浙江巡抚刘树堂奏，查明浙省厘金关税盐政，厘剔中饱，裁减外销，共提充公用银三十万五千余两。下部知之。①

初九日壬子(2 月 8 日)

有人奏，电局委员，聚众妄为，危词挟制督办通同一气，纵令潜逃，请严旨勒交，以伸国宪一折。上年十二月二十四日，特颁朱谕，为穆宗毅皇帝立嗣，薄海臣民，同深庆幸。乃有上海电报局总办委员候补知府经元善，胆敢纠众千余人，电致总理各国事务衙门，危词要挟。论其居心，与叛逆何异。正在查拿间，闻经元善即于二十八日挈眷潜逃，难保非有人暗通消息，嗾使远遁。盛宣怀督办各省电报，受国厚恩，经元善为多年任用之人，自必熟其踪迹。着勒限一个月，将经元善交出治罪，以伸国法而靖人心。倘不认真查拿，一经畏罪远扬，定惟盛宣怀是问。②

初十日癸丑(2 月 9 日)

记名副都统荫昌，现经袁世凯调往山东办理交涉事件，着荣禄传知该员，即日前往。俟东省事件，办有端绪，着仍回京办理武备学堂事务。

两江总督刘坤一奏，遵旨妥筹南洋防务，于吴淞、南石桥、狮子林、江阴、镇江、金陵等处各驻兵队，用防窥伺。得旨：仍着严饬各将领督率弁勇，勤加操练，精益求精，以期缓急足恃。

---

① 《清实录·德宗景皇帝实录》卷四五八。
② 《清实录·德宗景皇帝实录》卷四五八。

十二日乙卯（2月11日）

逆党康有为、梁启超，逃往外洋，日久未能弋获。该犯等罪大恶极，神人共愤。其广东本籍坟墓，着李鸿章查访确实，即行刨毁，以儆凶邪。

京师设立大学堂，开办已经年余，教习学生，究竟作何功课，有无成效。着许景澄详晰具奏。寻奏：大学创办，仅及年余，现分教经史，政治，舆地，算学，格致，化学，英、法、德、俄、日各国文字等科。宽以时日，必能成材。报闻。

赏旗兵学营德国教习库恩宝星。①

十五日戊午（2月14日）

前因康有为、梁启超罪大恶极，叠经谕令海疆各督抚悬赏购线，严密缉拿，迄今尚未弋获。该逆等狼子野心，仍在沿海一带，煽诱华民并开设报馆，肆行簧鼓。种种悖逆情形，殊堪发指。着南北洋、闽浙、广东各督抚，再行明白晓谕，不论何项人等，如有能将康有为、梁启超缉获送官，验明实系该逆犯正身，立即赏银十万两。万一该逆等早伏天诛，只须呈验尸身，确实无疑，亦即一体给赏。此项银两，并着先行提存上海道库，一面交犯，即一面验明交银，免致展转稽延。如不愿领赏，愿得实在官阶及各项升衔，亦必予以破格之赏。至该逆犯等，开设报馆，发卖报章，必在华界，但使购阅无人，该逆等自无所施其伎俩，并着各该督抚逐处严查，如有购阅前项报章者，一体严拿惩办。此外如尚有该逆等从前所著各逆书，并着严查销毁，以伸国法而靖人心。

兼署两广总督广东巡抚德寿奏，请设立保商局，保护出洋回籍华民，由绅筹款试办。下所司知之。又奏，广东厘金招商缴饷试办情形。得旨：所加厘金银一百万两，一半听候部拨，一半留为外用。②

二十日癸亥（2月19日）

光绪帝御勤政殿，西班牙国使臣葛络干、英国使臣窦纳乐、德国使臣克林德、美国使臣康格、俄国使臣格尔思、荷国使臣克罗伯、意大利国使臣萨尔瓦葛、比国使臣贾尔牒、法国护理使臣唐端、日本参赞石井菊次郎觐见。

总理各国事务衙门奏，请饬严禁拳会一折。上年据山东巡抚电称，各属义和拳

---

① 《清实录·德宗景皇帝实录》卷四五八。
② 《清实录·德宗景皇帝实录》卷四五八。

会，以仇教为名，到处滋扰，并及直隶南境一带，叠经谕令直隶、山东督抚派兵弹压。此种私立会名，聚众生事，若不严行禁止，恐愚民被其煽惑，蔓延日广，迫酿成巨案，不得不用兵剿办，所伤实多，朝廷不忍不教而诛。着直隶、山东各督抚，剀切出示晓谕，严行禁止，俾百姓咸知私立会名，皆属违禁犯法。务宜革除恶习，勉为良民，倘仍有执迷不悟，复蹈故辙，即行从严惩办，勿稍宽纵。至民教同是编氓，凡遇词讼案件，该地方官务当秉公审断，但分曲直，不分民教，不得稍有偏倚，用副朝廷一视同仁之至意。

总理各国事务衙门奏，广州湾租界，业与法人勘定，并议界约七款，租期九十九年，绘图呈览。从之。

直隶总督裕禄奏，遵部议筹款四条，土药加厘三成，烟酒加征一倍，田房税契设法整理，汇兑饷项，核减汇费，已分别办理。下部知之。

出使美日秘国大臣伍廷芳奏，请裁檀香山副领事。从之。又奏，遵旨与墨西哥妥订约款，定期画押情形。下所司知之。

出使韩国大臣徐寿朋奏，奉到用宝约章，已与朝鲜互换。下所司知之。

赏朝鲜代办华民事务总税务司柏卓安等宝星。①

廿四日丁卯（2 月 23 日）

有人奏，天津国闻报馆，为候补道王修植开设。上年封禁之后，贿求日本出名，仍系王修植主笔，造作谣言，变乱是非，乃至诽谤朝廷，请饬查禁严惩等语。着裕禄查明严行禁止。王修植如果实有主笔情事，并着切实查明，从严参办，毋稍徇隐。寻奏，遵查道员王修植，并未在国闻报馆主笔，请免置议。下所司知之。

廿五日戊辰（2 月 24 日）

有人奏，电局利权太重，请遴员接管一折。中国电报，创设有年，虽商股居多，而开办之始，亦曾借拨官款。近年分局日增，获利应更厚。盛宣怀当兹重任，自宜综核分明，俾利源所在，人人共知，免滋疑议。着将每年所得报资若干开具清折，将款目和盘托出，按年奏销一次，并将官报严定章程。总以不收报费为实心报效，庶足杜人口实。②

① 《清实录·德宗景皇帝实录》卷四五八。
② 《清实录·德宗景皇帝实录》卷四五八。

二月初三日乙亥(3月3日)

福建船政所造第二号铁胁钢壳鱼雷快舰"建安"号，船体完工下水。①

初九日辛巳(3月9日)

前据御史成昌奏参，浙江巡抚刘树堂信用私人，玩视军务各节，当谕令许应骙确查。兹据查明覆奏，刘树堂办理水陆各营，声势尚能联络。该抚派委总兵李福兴等为各营统领，亦因久经行阵，或曾在学堂，量材器使，尚无徇私情弊。惟于吴春龢自称保有总兵及"懋勇巴图鲁"，一时未能查出，实属疏忽。刘树堂着交部议处，候补总兵李福兴虽查无纵勇抢夺情事，惟行营加饷，迟发将及两月，以致各营鼓噪，实属统驭乖方，李福兴着交部严加议处。浙江地方紧要，该抚务当振刷精神，实力整顿，所属文武各员，尤当随时考察。如有贪劣营私等弊，应即据实参劾，以儆官邪而裨治理。寻吏部议，刘树堂应得革职处分。得旨：加恩改为革职留任。②

十四日丙戌(3月14日)

调山西巡抚邓华熙为贵州巡抚，山东巡抚毓贤为山西巡抚，实授袁世凯为山东巡抚。

调广东碣石镇总兵张铭新为河南南阳镇总兵官，南阳镇总兵刘永福为广东碣石镇总兵官。

十五日丁亥(3月15日)

有人奏，藩司大员贪黩徇私，声名狼藉，请饬查办一折。据称浙江藩司恽祖翼，到浙以来，朘刻自肥。知府何恩烨等，均因勒索陋规，无力完缴，情急自尽。凡委差缺，辄先私人，尤视纳贿之多寡为优绌。水师统领费金组侵蚀军饷，兵役鼓噪，该藩司借给饷银弥补各军饷项，存放钱店生息，与局员分肥。着刘树堂按照所指各节，确切查明，据实具奏，毋稍徇隐。寻奏，查藩司恽祖翼被参各节，均无实

---

① 刘传标：《近代中国船政大事编年与资料选编》第 2 册，九州出版社 2011 年版，第 468 页。

② 《清实录·德宗景皇帝实录》卷四五九。

据，请免置议。总兵费金组亦无克扣侵蚀情事，惟居官冶游，应请交部严议。从之。①

十七日己丑(3 月 17 日)

鹿传霖奏，查明江海关并无专禁米粮北运一折。米粮北运，既据该署督查明并无专禁，即着毋庸置议。惟奸商借照影射，偷漏出洋，致漕运民食，诸多窒碍，亟应严为防范。着裕禄、鹿传霖督饬各海关及通商各口严密稽查，如有私运出洋米石，即行封禁，并将贿卖各员役，从重惩处。至米石北运至津，如何严防外溢，应否派员押运到京，即着裕禄、赵舒翘、何乃莹察看情形，妥筹办理。②

十八日庚寅(3 月 18 日)

以捐助地亩建俄文馆，赏俄商四达尔祚福宝星。

十九日辛卯(3 月 19 日)

直隶总督裕禄奏，长芦盐斤，自咸丰八年至今，业经四次加价，官引滞销，此次碍难再行加价。下部知之。

二十日壬辰(3 月 20 日)

以当差勤奋，予出使德国随员内阁候补侍读李德顺以知府选用，并给三品封典。

廿四日丙申(3 月 24 日)

前据盛宣怀条陈，请将各口进出货物税则，照时价另行核估，当经派令盛宣怀、聂缉椝查明条约，迅速筹办。兹据盛宣怀等奏，遵旨筹议增税事宜，并酌拟税厘兼顾办法一折，现在金贵银贱，较之咸丰十年初定税则之时，不啻倍蓰。又值十年修约之期，实属机不可失。该京卿等按照时价，另行核议一节，并未详悉议及。第筹议进口洋货，税厘并征，并将出口土货，向完半税者，改完厘金，以抵

---

① 《清实录·德宗景皇帝实录》卷四五九。
② 《清实录·德宗景皇帝实录》卷四六〇。

亏厘之数，如与各省内地厘金，毫无窒碍，即责成盛宣怀、聂缉椝认定宗旨，次第开议。然亦必确有把握，方可改章。倘因此别滋流弊，转致厘金大绌，或统计所入，得不偿失，事关饷项大局，务当慎之又慎。设有贻误，恐该京卿等不能当此重咎也。

盛京将军增祺等奏，牛庄等处苇塘余地，勘明开垦，酌拟起科丈放，不究前租各条，缮单呈览。得旨：所拟章程，尚属妥协。即着督饬委员认真勘办，须随时变通，奏明办理。①

廿六日戊戌（3 月 26 日）

总理各国事务衙门奏，与墨西哥国订立通商招工，各设专使领事，约款二十条，请旨批准。如所请行。

山东巡抚袁世凯奏，登、莱、青、沂各属办理春赈情形。得旨：着即督饬官绅，认真赈抚，务期实惠及民。又奏，英人卜克斯在肥城县被戕，请将保护不力之知县金猷大、千总邱扶盛议处。从之。②

廿七日己亥（3 月 27 日）

有人奏，英人自威海以外，圈占文登、荣成两县地方，张贴告示，令界内居民，向彼完粮，并强派华绅四人充当粮总，代为催收。此次画界，请饬审定疆界以固人心，毋蹈从前覆辙等语。着袁世凯详审地势，据理力争，毋得迁就了事，致起效尤。另奏高密县属濠里地方，洋人修造铁路，阻塞田间水道，有碍小民生计，因向拦阻，洋人枪毙数人。日照县地方，亦有德人击死农人情事，请饬责问等语。并着该抚详晰查明，认真办理。

李鸿章电奏，探闻香港衣局，承做勇衣、战裙等件，名为新党勤王，实欲袭城起事，已密商港督查禁，惟虑激则生变，平毁康坟，似宜稍缓等语。此等叛逆之徒，狼心思逞，正复何所不至。惟地方百姓，明晓大义者多，应知顺逆，即间有被其煽惑者，该署督当设法解散，一面密饬严拿，妥筹布置，毋任酿成巨祸。至所称平毁康坟，恐致激变，语殊失当。康逆罪大恶极，如直欲乘机起事，岂留一逆坟所能遏止。该署督身膺疆寄，惟当不动声色，力遏乱萌，倘或瞻顾彷徨，反张逆焰，惟李鸿章是问。

前据盛宣怀等覆陈筹议增税事宜，当以该京卿等所筹进口洋货，税厘并征，并

---

① 《清实录·德宗景皇帝实录》卷四六〇。
② 《清实录·德宗景皇帝实录》卷四六〇。

将出口土货，向完半税者，改完厘金，以抵亏厘之数，于内地各省厘金，有无窒碍之处，寄谕该京卿等详慎办理矣。事关饷项大局，着总理各国事务王大臣、户部将盛宣怀、聂缉椝所筹各节，利弊若何，会同详细筹议具奏，毋稍迁就。①

廿九日辛丑 (3 月 29 日)

以救护遭风难船出力，予浙江游击刘贤斌等十二员奖叙。

三月初一日癸卯 (3 月 31 日)

御史许祐身奏，加税免厘，有关大计，未可轻议更张，敬陈管见一折。着总理各国事务衙门王大臣、户部归入盛宣怀等前奏，妥议具奏。

直隶总督裕禄奏，北洋机器局，增设快炮、快枪及子弹、无烟药等厂，岁需经费十五万两，请筹拨的款，以资制造。下所司议。②

初六日戊申 (4 月 5 日)

以日本太子联婚，德太子加冠，命出使日本国大臣李盛铎、出使德国大臣吕海寰，各兼充专使致贺。

初九日辛亥 (4 月 8 日)

闽浙总督许应骙奏，闽省山多田少，待米孔殷，请援案每年赴沪采买二十万石，概免厘税，如逾数或在他处采买，仍照章完纳。得旨：着即咨商南洋，妥筹兼顾。

初十日壬子 (4 月 9 日)

署两广总督李鸿章等奏，广东九龙寨、广州湾各租界，分隶新安、吴川、遂溪三县界内外，钱粮应分别征除，额征税羡银两，亦当核减，一时未能核定，三县钱粮奏销，暂请免核计分数。下部知之。

---

①　《清实录·德宗景皇帝实录》卷四六〇。
②　《清实录·德宗景皇帝实录》卷四六一。

十一日癸丑(4 月 10 日)

礼部奏,换铸浙江山阴县印。报闻。

闽浙总督许应骙奏,新设三都海防同知,请作为冲繁难沿海兼三要缺,并酌定俸廉役食等银。下部议。

以救护遭风难民,予福建参将彭保清议叙。①

十二日甲寅(4 月 11 日)

电寄袁世凯电悉,高密聚众一事,因商订改路,业已解散安静,何以忽又聚众至千余人,并有利器多件,是否仍系阻挠路工,抑或勾结外来匪徒,惑众滋事。该抚务须确实查明,迅速设法晓谕解散,毋任日久蔓延。应如何分派防营,弹压防范,朝廷不为遥制,仍将办理情形,随时电奏。

十三日乙卯(4 月 12 日)

直隶总督裕禄奏,义和拳会蔓延直境,遵旨派员带队,督同地方官妥为弹压,并出示严禁。得旨:即着随时认真查禁,毋稍疏懈。

英、美、法、俄四国舰队扬威于大沽海面,迫使清廷镇压义和团。②

十四日丙辰(4 月 13 日)

署两江总督鹿传霖等奏,金陵设立工艺大学堂,委候补道潘学祖等,前赴日本考察工艺事宜暨农学规制,以资参仿。下所司知之。③

十八日庚申(4 月 17 日)

以办事得力,赏税务司洋员戴乐尔宝星。

---

① 《清实录·德宗景皇帝实录》卷四六一。
② [日]佐原笃介:《八国联军志》,中国史学会主编:《义和团》(三),上海人民出版社1957 年版,第 169 页。
③ 《清实录·德宗景皇帝实录》卷四六一。

十九日辛酉（4 月 18 日）

山东巡抚袁世凯奏，高密民人阻修铁路一案，屡经反复叠费周折，始萌悔心，善后之计，惟有妥定章程，使彼此均有遵守，德人不至暴横，愚民亦不至疑忌，庶足以渐杜纷纭。谨将议定铁路章程，照录进呈。下所司核议。寻总理各国事务衙门奏，章程二十八款均属妥协，应令切实照办，以期中外相安。从之。

二十日壬戌（4 月 19 日）

荣禄奏，遵议袁世凯奏筹饷练兵酌拟办法，并拟定军名请旨一折。山东为海疆要地，关系最重。上年冬间，荣禄本有请练马步二十营旗之奏，今该抚所陈各节，自系为通筹全局起见。着照所请，即就东省现有各营汰疲去冗，分别裁调，集成新兵二十营，增立一军，仿照武卫各军营制，另订饷章，认真训练。其所筹新饷四十万两，皆系有着之款，即着照拟举办，以收实效。惟东省防营积弊甚深，应即责成该抚通盘筹画，将新旧各军择要驻扎，遴选得力将弁，派充分统，加意操防，痛除从前积习。尤须搜简军实，枪炮器械，精益求精，不得稍杂苦窳，务使一兵得一兵之用，庶不至有名无实，虚糜饷糈。至此项新军，应与武卫各军联络一气，着即名为武卫右军先锋队，由荣禄刊发关防，以昭慎重。①

廿一日癸亥（4 月 20 日）

以直隶天津镇总兵罗荣光为甘肃新疆喀什噶尔提督，前广东南韶连镇总兵黄金福为直隶天津镇总兵官。

命出使俄国大臣内阁学士桂春，兼充出使奥国大臣。

以供差期满，予总理各国事务衙门章京兵部郎中童德璋等奖叙。

以武卫前军马队学堂教习有效，赏洋员俄参将沃罗诺福等宝星。

廿二日甲子（4 月 21 日）

前据裕禄奏，称直隶地方有外来之义和拳会，到处煽诱愚民，藉辞与教民寻衅，现在设法弹压解散等语。畿辅重地，岂可任令匪徒纠结，滋生事端？提督梅东益、道员张莲芬在直年久，熟悉地方情形，应即责成该二员相机办理，切实开导，

---

① 《清实录·德宗景皇帝实录》卷四六一。

谕以民教皆朝廷赤子，食毛践土，自应彼此永远相安，遇有两造争执之案，论是非不分民教，务在持平办理，毋稍偏徇。民间学习拳技，自卫身家，亦止论其匪不匪，不必问其会不会，是在该督严饬地方官吏，准情酌理，因应得宜，非朝廷所能遥制也。①

予故锡伯营领队大臣德克津布恤典如例。

廿五日丁卯（4月24日）

光禄寺卿郭曾炘等奏，闽民待米迫切，恳恩准免采买税厘一折。前据许应骙奏，闽省待米孔殷，请援案赴沪购买二十万石，仍准给照免纳税厘。当经谕令咨商南洋，妥筹兼顾。兹据该京卿等奏称，闽省向资沪米接济，历年均免税厘，商运始形踊跃，民食因而不乏，仍请照章办理。着刘坤一等仍遵前旨，妥筹兼顾。

出使俄国大臣杨儒奏，保和会章，遵赴荷兰，分别画押，并请补签日来弗水战条约原议，暨筹办红十字救生善会。下所司知之。

出使英义比国大臣罗丰禄奏，设立比都分馆，遴派参赞翻译等员常川驻扎。下所司知之。

以优待使臣，赏奥国外部大臣伯爵廓鲁霍甫斯基等宝星。②

廿六日戊辰（4月25日）

户部、总理各国事务衙门奏，遵议盛宣怀等覆陈增税事宜各折片。洋税为国家岁入大宗，前因饷项支绌，特派盛宣怀、聂缉椝会同赫德，加税事宜查照条约筹议办理。该京卿等所拟将进出口货物照时价另行核估，暨外国烟酒等物分别纳税，均属有利无害。现在修约届期，即着盛宣怀、聂缉椝会同赫德，照会各国公使，将此次修改税则缘由声明大旨，即就以上两端，先行开议，以免延误。至该京卿等所议厘税并征，系专指洋货而言，与土货厘金，尚无关涉。此事利害出入，关系甚大。如果确有把握，则每年可增千百余万之进款，于大局实有裨益，亦不宜逗延观望，致失事机。所有洋货加税免厘一事，着南北洋大臣，两广、湖广、四川、闽浙各总督，江苏、安徽、江西、浙江、山东、湖北、湖南、广东、广西各巡抚，查照盛宣怀等及户部、总理各国事务衙门各原折，参以本省情形，按之中外时势，如何可有利而无害，如何可利重而害轻，勿持两端，勿执成见，务即妥为筹定，限于一个月

① 《清实录·德宗景皇帝实录》卷四六一；国家档案局明清档案馆编：《义和团档案史料》上册，中华书局1959年版，第80页。
② 《清实录·德宗景皇帝实录》卷四六一。

内迅速覆奏，听候谕旨遵行。

署福州将军兼理船政事务善联奏，船政隐忧日亟，据实密陈。据称光绪二十二年筹议整顿船政，经裕禄议定合同，由法国选派监督杜业尔等咨送来闽。该洋员在厂种种乖谬，为所欲为，亟应早为图维等语。杜业尔系由裕禄议定合同，当时未免含混，以致授人以柄。应如何设法补救，着裕禄即行妥筹具奏。寻奏：所聘洋员，只能管理制造调度工匠，并无干涉船政之事。至船政经费，尚可有赢无绌。该洋员于应领之款，概无延误，自无唆令领事公使出为饶舌之理。得旨：现在该厂工需紧要，昨已准户部奏请饬该督迅筹拨济矣，着即遵照办理勿延。

署福州将军兼理船政事务善联奏，船政第四届出洋肄业学生六名，拟交出使大臣照料，原派监督翻译撤令回华，以节糜费。如所请行。又奏，船厂延募洋员，隐忧日亟，请另简勋望素著重臣，专任其事，徐图补救。得旨：仍着悉心经理，毋庸派员接办。①

廿七日己巳(4 月 26 日)

署两广总督李鸿章等奏，沿海沿边文武办公津贴，碍难遽裁，拟请照旧筹发，以资整顿。得旨：所请津贴，着于前留五十万两内拨用。又奏，澄海县属汕头地方，交涉日繁。请将潮州府驻扎庵埠事务清简之通判，移驻汕头以资治理。下部知之。又奏，设立商务总局，整饬米政，再将丝茶百货等事逐件推行，委道员刘学询等会办局务。报可。②

夏四月初十日辛巳(5 月 8 日)

山东威海界务，英人自行履勘，胶、登百姓不服，聚众阻止。经袁世凯电请英员缓勘，以便开导明白，再行委员会勘，英员竟置不理，现已酿成衅端。着总理各国事务衙门，速与窦纳乐剀切申论，令其电致威海英员，暂缓勘办，万不可一味操切从事，以致不可收拾。仍一面电知袁世凯，先行设法解散，并详切开导绅民，勿再自贻伊戚，是为至要。③

十一日壬午(5 月 9 日)

近闻畿辅一带，义和团拳会尚未解散，渐及京师。深恐良民被其诱惑，以致勾

① 《清实录·德宗景皇帝实录》卷四六一。
② 《清实录·德宗景皇帝实录》卷四六一。
③ 《清实录·德宗景皇帝实录》卷四六二。

结为患。京城内外，地面辽阔，居民众多，着步军统领衙门严密稽查，设法除禁，毋任聚众滋事，致启衅端。①

电寄各省督抚，前因盛宣怀等筹议加税一事，业据户部总理各国事务衙门会奏，寄谕各督抚，限一月内查议覆奏。洋货税厘并征，其紧要关键，总须先将洋货厘金，查明每年实收若干，与关税增收之数，两相比较，赢绌不难立见。着该督抚迅将前三届实收洋货厘金数目，确切查明，先行电奏。仍遵前旨，将加税详细情形，按限据实奏覆，勿得迁延观望，致误开议限期，是为至要。

十二日癸未(5 月 10 日)

电寄袁世凯，威海界务，仍着袁世凯于东省官员中，遴选通晓事理、素得民心者，前往劝谕绅庶妥为办理，毋庸由京派员会勘。

十四日乙酉(5 月 12 日)

命署福州将军善联，毋庸兼管船政事务，以闽浙总督许应骙暂行兼管福建船政事务。

十六日丁亥(5 月 14 日)

丁振铎电悉，法领事方苏雅，驮运军火进省，闯关抢局，不服理论。该处绅团，纷纷鼓噪，经印委各员，弹压开导，始各递禀，暂行候示。该领事恃强横行，殊出情理之外。似此举动，岂能日久相安。着总理各国事务衙门，迅即照会法使，将方苏雅即行撤回，另派通达情理之领事官，来滇接办。并电知裕庚，向该国外部，切实理论，一面将运往军火，悉数运回法国，以重邦交而弭边衅。②

十九日庚寅(5 月 17 日)

前因义和团拳会延及京师，曾经寄谕步军统领衙门，认真查禁。近闻京城内外奸民，以拳会为名，到处张贴揭帖，摇惑民心。事关交涉，深恐酿成衅端。应如何防范查禁之处，着步军统领衙门、顺天府、五城御史会同妥议章程，迅速办理。仍将筹办情形，先行覆奏，并着裕禄一体严禁。

---

① 国家档案局明清档案馆编：《义和团档案史料》上册，中华书局 1959 年版，第 87 页。
② 《清实录·德宗景皇帝实录》卷四六二。

山东巡抚袁世凯奏，交涉繁重，请调人员以资佐理。得旨：唐绍仪着准其调往差委，荫昌着毋庸留于山东，遇有紧要交涉事件，准其随时奏请派往。又奏，东省海疆，关系重要，备他国不如专备德人，防他口不如专防胶澳。全局通筹，分拨各营择要扼守，以固疆圉。得旨：即着督饬各营，严密布置，认真操练，以固海防。①

廿四日乙未(5 月 22 日)

御史许祐身奏，民教不靖，宜先弭患一折。据称教士偏护教民，挟制州县，民受教民之侮，相率仇教，恐酿巨患等语。约章所载，教民犯法，本非教士所能干预。着总理各国事务衙门会商各国使臣，剖析利害，申明旧约，妥定章程，务使民教彼此相安，以弭衅端而杜乱萌。

廿六日丁酉(5 月 24 日)

护理江苏巡抚陆元鼎奏，昆山县属枭匪滋事，业经派委营弁会拿，格毙匪首及拟办法情形。得旨：着鹿传霖将水师认真整顿，务期匪戢良安，以靖地方。
命两广总督谭钟麟留京当差，实授李鸿章为两广总督。

廿七日戊戌(5 月 25 日)

山东巡抚袁世凯奏，高密铁路，乡民聚众滋事，现已彼此相安。得旨：仍着责成会勘委员，认真经理，毋任再酿衅端。又奏。遵议洋货税厘并征，事属可行。得旨：着户部归案核办。

廿九日庚子(5 月 27 日)

直隶总督裕禄奏，遵议洋货加税免厘事宜。得旨：着户部归案核办。②

五月初二日壬寅(5 月 29 日)

迩来近畿一带乡民，练习拳勇，良莠错出，深恐别滋事端，叠经谕令京外各衙门，严行禁止。近闻拳民中多有游勇会匪，溷迹其间，藉端肆扰，甚至戕杀武员，

---

① 《清实录·德宗景皇帝实录》卷四六二。
② 《清实录·德宗景皇帝实录》卷四六二。

烧毁电杆铁路。似此瞥不畏法，其与乱民何异。着派出之统兵大员及地方文武，迅即严拿首要，解散胁从。倘敢列仗抗拒，应即相机剿办，以昭炯戒。现在人心浮动，遇事生风，凡有教堂教民地方，均应实力保护，俾获安全而弭祸变。①

初四日甲辰(5月31日)

有人奏，山东青岛盗贼潚迹，请饬查拿等语。青岛既立码头，难免不为逋逃渊薮。沿海各属，缉捕更为紧要。若如所奏，贼势横恣，四出劫掠，深恐酿成巨患。着袁世凯严饬附近青岛各州县，认真整顿捕务，并妥商德国官员，不分畛域，互相查察，以清盗薮而靖闾阎。

御史高熙喆奏，英人勘划威海卫租界，显违条约，请饬山东巡抚力与磋磨一折。

初七日丁未(6月3日)

电寄荣禄，近畿一带，拳匪聚众滋事，并有拆毁铁路等事，叠次谕令，派队前往保护弹压。此等拳民，虽属良莠不齐，究系朝廷赤子，总宜设法弹压解散。该大学士不得孟浪从事，率行派队剿办，激成变端，是为至要。②

电寄裕禄，芦保铁路工司洋人，据法使毕盛、比使姚士登赴总署声称被戕四人，受伤四人。是否属实，着即详查明确，电知总署查照。

初九日己酉(6月5日)

署福州将军善联奏，捷胜练军新定教练章程：训将弁、训士卒、习行军、习体操、定赏罚、延教习六条。得旨：即着照所拟办法，督率将弁认真训练，以收实效，毋得始勤终怠。

初十日庚戌(6月6日)

清廷晓谕：西人传教，历有年所，该教士无非劝人为善，而教民等亦从无恃教

---

① 《清实录·德宗景皇帝实录》卷四六三；国家档案局明清档案馆编：《义和团档案史料》上册，中华书局1959年版，第106页。

② 《清实录·德宗景皇帝实录》卷四六三；中国第一历史档案馆编辑部：《义和团档案史料续编》上册，中华书局1990年版，第593页。

滋事，故尔民教均各相安，各行其道。近来各省教堂林立，教民繁多，遂有不逞之徒，溷迹其间，教士亦难遍查其优劣，而该匪徒藉入教为名，欺压平民，武断乡里，谅亦非教士所愿。至义和拳会，在嘉庆年间，亦曾例禁。近因其练艺保身，守护乡里，并未滋生事端，是以屡降谕旨，饬令各地方官妥为弹压，无论其会不会，但论其匪不匪，如有藉端生事，即应严拿惩办。是教民拳民，均为国家赤子，朝廷一视同仁，不分教会。即有民教涉讼，亦曾谕令各地方官持平办理。乃近来各府厅州县，积习相沿，因循玩误，平日既未能联属教士，又不能体恤民情，遇有民教涉讼，未能悉心考察，妥为办理，致使积怨已深，民教互仇，遂有拳民以仇教为名，倡立团会，再有奸民会匪，附入其中，藉端滋扰，拆毁铁路，焚烧教堂。至铁路原系国家所造，教堂亦系教士教民所居，岂得任意焚毁，是该团等直与国家为难，实出情理之外。昨已简派顺天府兼尹军机大臣赵舒翘，前往宣布晓谕，该团民等即遵奉一齐解散，各安生业，倘有奸民会匪，从中怂恿煽惑，希图扰害地方，该团即行交出首要，按律惩办。若再执迷不悟，即系叛民，一经大兵剿捕，势必父母妻子离散，家败身亡，仍负不忠不义之名，后悔何及，朝廷深为吾民惜也。经此次宣谕之后，如仍不悛改，即着大学士荣禄分饬董福祥、宋庆、马玉昆各率所部，实力剿捕，仍以分别首从解散胁从为要。至派出队伍，原所以卫民，近闻直隶所派之军，不但未能保护弹压，且有骚扰地方情事，即着直隶总督裕禄严行查办，并着荣禄派员查访，倘有不肖营哨各官，不能严束勇丁，即以军法从事，决不宽贷。①

十四日甲寅（6 月 10 日）

英将西摩尔率八国联军二千余人，由津赴京。②

十七日丁巳（6 月 13 日）

十五日永定门外，有日本书记生杉山彬被匪徒戕害之事，闻之实深怆惜。邻国驻京人员，本应随时保护，何况现在匪徒蜂起，尤宜加意严防。叠经谕令各地方官认真巡缉，密为保护，奚止三令五申，乃辇毂之地，竟有日本书记被害之案。该地方文武既疏于防范，凶犯亦未登时拿获，实属不成事体。着各该衙门上紧勒限严拿，务获凶犯尽法惩治。倘逾限不获，定行严加惩处。

前据裕禄报称，日内有洋兵千余，将由铁路到京。现在近畿一带土匪滋事，办理方形棘手，各国使馆先后到京之兵已有千余名，亦已足敷保护。倘再纷至沓来，

---

①　《清实录·德宗景皇帝实录》卷四六三。

②　胡滨：《英国蓝皮书有关义和团运动资料选译》，中华书局 1980 年版，第 32~37 页。

后患何堪设想。着裕禄迅将聂士成一军,全数调回天津附近铁路地方,扼要驻扎。倘有各国兵队,欲乘火车北行,责成裕禄实力禁阻,并着聂士成整齐队伍,备豫不虞。其大沽口防务,并着督饬罗荣光一体戒严,以防不测。如有外兵阑入畿辅,定惟裕禄、聂士成、罗荣光等是问。

御史郑炳麟奏,义和团滋事,请饬总理各国事务衙门王大臣先与各国使臣订议等语。①

十八日戊午(6 月 14 日)

顷闻义和团众,约于本日午刻,进皇城地安门、西安门,焚烧西什库教堂之议。业经弁兵拦阻,仍约于今晚举事,不可不亟为弹压。着英年、载澜于拳民聚集之所,务须亲自驰往,面为剀切晓谕,该拳民既不自居匪类,即当立时解散,不应于禁城地面肆行无忌。倘不遵劝谕,即行设法拿办。②

十九日己未(6 月 15 日)

李鸿章着迅速来京,两广总督着德寿兼署。袁世凯着酌带所部队伍,迅速来京,如胶澳地方紧要,该抚不克分身,着拣派得力将领统带来京。

二十日庚申(6 月 16 日)

近因民教寻仇,讹言四起,匪徒乘乱,烧抢叠出。所有各国使馆,理应认真保护。着荣禄速派武卫中军得力队伍,即日前往东交民巷一带,将各使馆实力保护,不得稍有疏虞。如使馆眷属人等,有愿暂行赴津者,原应沿途一体保护,惟现在铁路未通,若由陆遄行,防护恐难周妥,应仍照常安居,俟铁路修复,再行察看情形,分别办理。

现在各国使馆已饬荣禄派武卫中军等认真保护,明降谕旨矣。此后各国如有续到之兵仍欲来京,应即力为阻止,以符张翼等与杜士兰约定原议。如各国不肯践言,则衅自彼开,该督等须相机行事,朝廷不为遥制,万勿任令长驱直入,贻误大局,是为至要。③

---

① 《清实录·德宗景皇帝实录》卷四六四。
② 《清实录·德宗景皇帝实录》卷四六四。
③ 《清实录·德宗景皇帝实录》卷四六四。

廿一日辛酉(6 月 17 日)

近因民教寻仇，匪徒乘机烧抢，京师内外扰乱已极。着各直省督抚，迅速挑选马步队伍，各就地方兵力饷力，酌派得力将弁，统带数营，星夜驰赴京师，听候调用。根本之地，情形急迫，勿得刻延。

各国联军攻陷大沽炮台。①

廿三日癸亥(6 月 19 日)

据裕禄奏，各国洋兵欲行占据大沽炮台一折。事机紧迫，兵衅已开，该督须急招集义勇，固结民心，帮助官兵，节节防护抵御，万不可畏葸瞻顾，任令外兵直入。设大沽炮台有失，定惟该督是问。兵机顷刻万变，朝廷不为遥制，该督若再贻误，试问能当此重咎乎?

廿四日甲子(6 月 20 日)

清廷谕令：近日京城内外拳民仇教，与洋人为敌，教堂教民，连日焚杀，蔓延太甚，剿抚两难。洋兵麇聚津沽，中外衅端已成，将来如何收拾，殊难逆料。各省督抚均受国厚恩，谊同休戚，事局至此，当无不竭力图报者，应各就本省情形，通盘筹画，于选将、练兵、筹饷三大端，如何保守疆土不使外人逞志，如何接济京师不使朝廷坐困，事事均求实际。沿江沿海各省，彼族觊觎已久，尤关紧要。若再迟疑观望，坐误事机，必至国势日蹙，大局何堪设想。是在各督抚互相劝勉，联络一气，共挽危局。事势紧迫，企望之至。

德国公使克林德，为清军士兵所杀。②

清军与义和团开始围攻东交民巷使馆。③

廿九日己巳(6 月 25 日)

清廷谕令：此次之变，事机杂出，均非意料所及。朝廷慎重邦交，从不肯轻于开衅。团民在辇毂之下，仇教焚杀，正在剿抚两难之际，而二十日各国兵船，已在

①　中国史学会主编：《义和团》(三)，上海人民出版社 1957 年版，第 289 页。

②　中国社会科学院近代史研究所：《庚子记事》，中华书局 1978 年版，第 83 页。

③　胡滨：《英国蓝皮书有关义和团运动资料选译》，中华书局 1980 年版，第 262 页。

津索大沽炮台，限二十一日两点钟交付。罗荣光未肯应允，次日彼即开炮轰击，罗荣光不能不开炮还击，相持竟日，遂至不守，却非衅自我开。现在兵民交愤，在京各使馆势甚危迫，我仍尽力保护。此都中近日情形也。大局安危，正难逆料。沿海沿江各督抚，惟当懔遵叠次谕旨，各尽其职守之所当为，相机审势，竭力办理，是为至要。①

三十日庚午(6月26日)

上海道余联沅，代表两江总督刘坤一、湖广总督张之洞，与列强议定《东南保护约款》及《保护上海城厢内外章程》。②

六月初三日癸酉(6月29日)

清廷谕令：电寄出使各国大臣，此次中外开衅，其间事机纷凑，处处不顺，均非意计所及。该大臣等远隔重洋，无由深悉情形，即不能向各外部切实声明，达知中国本意，特为该大臣等缕晰言之。先是直东两省，有一种乱民，各就村落练习拳棒，杂以神怪，地方官失于觉察，遂至相煽成风，旬月之间，几于遍地皆是，甚至沿及京城，亦皆视若神奇，翕然附和。遂有桀黠之徒，倡为仇教之说，五月中旬，猝然发难，焚烧教堂，戕杀教民，阖城汹汹，势不可遏。当风声初起之时，各国请调洋兵到京保护使馆，朝廷以时势颇迫，慨然破格许之，各国通计到京洋兵不下五百人，此中国慎重邦交之明证也。各国在京使馆，平日与地方尚属无怨无德，而自洋兵入城以后，未能专事护馆，有时上城放枪，致有伤人之事，甚或任意游行，几欲阑入东华门，被阻始止。于是兵民交愤，异口同声，匪徒乘隙横行，烧杀教民，益无忌惮。各国遂添调洋兵，中途为乱党截杀，迄不能前。盖此时直东两省之乱党，已镕成一片，不可开交矣。朝廷非不欲将此种乱民，下令痛剿，而肘腋之间，操之太蹙，深恐各使馆保护不及，激成大祸，亦恐直东两省同时举事，将两省教士教民使无遗类，所以不能不踌躇审顾者以此。尔时不得已，乃有令各使臣暂避至津之事。正在彼此商议间，突有德使克林德晨赴总署，途中被乱民伤害之案。德使盖先日函约赴署，该署因途中扰乱，未允如期候晤者也。自出此案，乱民益挟骑虎之势，并护送使臣赴津之举，亦不便轻率从事矣。惟有饬保护使馆之兵，严益加严，以防仓卒。不料五月二十日，即有大沽海口洋员，面见守台提督罗荣光，索让炮台之事，谓如不允，便当

① 《清实录·德宗景皇帝实录》卷四六四；国家档案局明清档案馆编：《义和团档案史料》上册，中华书局1959年版，第186~187页。
② 王铁崖：《中外旧约章汇编》，生活·读书·新知三联书店1957年版，第968~970页。

于明日两点钟，用力占据。罗荣光职守所在，岂肯允让，乃次日果先开炮击台，相持竟日，遂至不守。自此兵端已启，却非衅自我开，且中国即不自量，亦何至与各国同时开衅，并何至恃乱民以与各国开衅，此意当为各国所深谅。以上委曲情形，及中国万不得已而作此因应之处，该大臣等各将此旨，详细向各外部切实声明，达知中国本意。现仍严饬带兵官，照前保护使馆，惟力是视。此种乱民，设法相机自行惩办。各该大臣在各国遇有交涉事件，仍照常办理，不得稍存观望。①

初五日乙亥(7 月 1 日)

清廷谕令：自各国传教以来，各直省屡有民教相仇之事，总由地方官办理不善，激成衅端。其实教民亦国家赤子，非无良善之徒，只因惑于邪说，又恃教士为护符，以致种种非为，执迷不悟，而民教遂结成不可解之仇。现在朝廷招抚义和团民，各以忠义相勉，同仇敌忾，万众一心。因念教民亦食毛践土之伦，岂真皆甘心异类，自取诛夷，果能革面洗心，不妨网开一面。着各直省督抚，通饬各地方官，遍行晓谕，教民中有能悔悟前非、到官自首者，均准予以自新，不必追其既往。并谕知民间凡有教民之处，准其报明该地方官，听候妥定章程，分别办理。现在中外既已开衅，各国教士应即一律驱遣回国，免致句留生事，仍于沿途设法保护为要。该督抚等当体察各地方情形，速为筹办，毋稍疏忽。②

初六日丙子(7 月 2 日)

直隶总督裕禄奏，连日战守情形。得旨：着即会商马玉昆等节节进剿，克期将大沽口炮台恢复，以资扼守。又奏，增募练勇六营，所需饷项，取给商捐，请仍照芦勇成案，以海防例给奖。从之。

初七日丁丑(7 月 3 日)

盛京将军增祺奏，遵筹防务情形。得旨：此次各国同时开衅，防务须加紧通筹。着即督饬认真办理，勿稍疏误。

山东巡抚袁世凯奏，东省麦秋方稔，良民力农者众。惟盐枭盗匪，时复结党横行。现酌定团练办法，内地通饬遴选正绅，以防奸宄借口。沿海各州，分途派员会

---

① 《清实录·德宗景皇帝实录》卷四六五；国家档案局明清档案馆编：《义和团档案史料》上册，中华书局 1959 年版，第 202~203 页。

② 《清实录·德宗景皇帝实录》卷四六五。

同地方官，选择义勇子弟，分给饷械，听候调用。其有乘机啸聚、冒充义民者，仍照章禁办，于筹办民团之中，寓分别良莠之意。得旨：着即督饬潘志恂等认真筹办，务收实效。①

美国国务卿海·约翰发布第二次"门户开放"照会。②

初九日己卯（7 月 5 日）

江浙漕米，尚未运齐，到津米石，亦因战事无从运通。现在军食孔亟，闻本届漕米，上海招商局约尚存三十万石。海道既阻，亟应变通办理。着刘坤一、松椿、刘树堂、袁世凯、聂缉椝迅速会商，改由运河兼程赶运。

江浙漕粮，尚未运齐，昨经谕令裕禄查明该省粮道及押运委员等饬令赶紧运通。闻此项漕米，天津招商局约存四十余万石，亟须设法趱运，尤应妥筹保护。现在刘恩溥正在天津，着裕禄会商刘恩溥相机办理，仍将如何筹办情形，迅速会同覆奏。寻奏：查天津招商局已被洋人占住，存米四十余万石，洋人据为己有。现在米价日昂，沪局存米三十余万，拟设转运局，一面采买新米，陆续运津。至江北河运籼米十三万余石，能否水陆并进，应咨明江苏巡抚酌办。得旨：着南洋大臣、山东巡抚会商妥筹办理。

御史陈璧奏，战局既开，宜速筹粮食一折。着刘坤一遴委廉干之员，赶紧趱办，至所请沿江沿海贩米出洋，及粤省准运土米五万石出洋，亟应一并禁止之处，着沿江沿海各督抚及广东巡抚德寿一体严禁，毋稍宽纵。③

初十日庚辰（7 月 6 日）

电寄李鸿章，前叠经谕令李鸿章迅速来京，现尚未据奏报启程。如海道难行，即由陆路兼程北上，并将启程日期，先行电奏。

两江总督刘坤一奏，酌添吴淞防勇情形。得旨：即着将江海防务，严密布置，毋稍疏虞。

十二日壬午（7 月 8 日）

直隶总督着李鸿章调补，兼充北洋大臣。现在天津防务紧要，李鸿章未到任以

---

① 《清实录·德宗景皇帝实录》卷四六五。
② 《中美关系资料汇编》第 1 辑，世界知识出版社 1957 年版，第 451~452 页。
③ 《清实录·德宗景皇帝实录》卷四六五。

前，仍责成裕禄会同宋庆妥筹办理，不得因简放有人，稍涉诿卸。

电寄李鸿章，李鸿章已调补直隶总督，着该督自行酌量，如能借坐俄国信船，由海道星夜北上，尤为殷盼。否则即由陆路兼程前来，勿稍刻延，是为至要。①

十四日甲申(7 月 10 日)

江苏巡抚鹿传霖奏，团练办法，难以军法部署。现仍添募勇营，分布海口要隘，兵团相助，较资得力。得旨：即着聂缉椝实力戒备，相机办理，毋稍疏虞。②

十五日乙酉(7 月 11 日)

统带武卫前军直隶提督聂士成，亲临前敌，为国捐躯，照提督阵亡例赐恤。③

廿一日辛卯(7 月 17 日)

清廷谕令：此次中外开衅，起于民教之相哄，嗣因大沽炮台被占，以致激成兵端。朝廷谊重邦交，仍不肯轻于决绝。叠经明降谕旨，保护使馆，并谕各直省保护教士，现在兵事未弭，各国商民在中国者甚多，均应一律保护。各将军督抚，查明各国洋商教士，在通商各埠及各府州县者，按照条约，均一律认真保护，不得稍有疏虞。上月日本书记杉山彬被戕，正深骇异，乃未几复有德国公使被害之事。该公使驻京办理交涉，遽遭伤害，悯惜尤深，应仍严饬勒拿凶手，务获究办。所有此次天津开战后，除战毙不论外，其因乱无故被害之洋人教士等及损失物产，着顺天府、直隶总督饬属分别查明，听候核办。至近日各处土匪乱民，焚杀劫掠，扰害良民，尤属不成事体。着该督抚及各路统兵大臣，查明实在情形，相机剿办，以靖乱源。④

沙俄军队在海兰泡大规模屠杀中国居民。⑤

廿二日壬辰(7 月 18 日)

电寄李鸿章，据奏吁恳救护各国使臣折，已悉。现在各国使臣，均平安无恙。

---

① 《清实录·德宗景皇帝实录》卷四六五。

② 《清实录·德宗景皇帝实录》卷四六五。

③ 国家档案局明清档案馆编：《义和团档案史料》上册，中华书局 1959 年版，第 277 页。

④ 《清实录·德宗景皇帝实录》卷四六五。

⑤ 周继功：《庚子俄难》，《近代史资料》总第 44 号，第 108～109 页。

着李鸿章电知杨儒等转告各国外部勿念。该督即迅速兼程北上，勿再刻延，仍将启程日期电闻。

浙江巡抚刘树堂奏，派定海镇总兵余朝贵等带队入卫。得旨：即着饬令该总兵等兼程北上，毋稍刻延。

廿三日癸巳(7月19日)

李鸿章等奏，遵议暂行停还洋款，据实核计，请旨遵行。据称洋款若停，牵动内地厘金，亦碍小民生计，转于饷需有害。京饷及北上诸军，饷项无从接济。初议停还洋款，原因凑济军需起见，倘各海关如常抽税，内地厘金亦不短绌，即着照所议，查照成案，按期解还归款，用昭大信。

廿四日甲午(7月20日)

现在中外构衅，海运不通，军械粮饷，专恃水陆运道。东西两道，延袤甚广，深恐外人勾通奸匪，从中梗阻。着裕禄、刘坤一、张之洞、松椿、裕长、袁世凯、于荫霖、聂缉椝各就该省分拨练军，沿扎各处，联络保护，毋稍疏虞，是为至要。

英兵阑入腾越，焚烧茨竹、派赖各寨。①

廿七日丁酉(7月23日)

闽浙总督许应骙奏，闽省水灾，并赈抚情形。得旨：览奏实深悯恻。着即督同司道，将赈抚事宜，妥筹办理，毋任失所。

廿八日戊戌(7月24日)

刘坤一等奏，相机乘势，妥筹办法一折。朝廷本意，原不欲轻开边衅，曾致书各国，并电谕各疆臣，复屡次明降谕旨，以保护使臣及各口岸商民，为尽其在我之实，与该督等意见正复相同。现幸各国使臣，除克林德外，余俱平安无恙，日前并赐各使馆蔬果食物，以示体恤。如各国恃其兵力进犯，各省自应保守疆土，竭力抵御。即使目前相安无事，亦必严密筹备，以防意外之变。惟总不欲兵衅自我而开，一面将坦怀相与之言，宣示各国，共筹补救之方，以维大局，不得轻信浮言，致多

---

① 《清实录·德宗景皇帝实录》卷四六五。

龃龉，是为至要。①

秋七月初一日庚子(7 月 26 日)

两广总督李鸿章奏，查议洋货并征情形，具陈应议四端。得旨：着户部归案核办。

以缉获行劫外国商轮洋盗，阻回助缉英轮，复已革直隶副将王得胜职，留广东补用，予广东都司吴瑞祥等三员升叙。

予积劳瘴故署广东崖州都司骑都尉易廷烨等八员、捕盗阵亡训导廖迪南等二员议恤，其易廷烨等四员，并附祀琼州府昭忠祠。②

唐才常等人于上海愚园，成立中国议会。③

初二日辛丑(7 月 27 日)

裕禄、宋庆等奏，激励诸军，誓图进取。天津为敌人所据，已及半月，该督等务当熟商妥筹，饬各军稳慎前进。至团民不能联络，任其涣散，严行申饬，该督迅速召集，妥为驾驭。

闽浙总督许应骙奏，洋货税厘并征，谨拟办法，以防流弊。得旨：着户部归案核办。

直隶布政使廷雍奏，军务需款浩繁，饷项不继，请饬部拨解的款二百万两，以饫饥军而保危局。下户部速议。

初三日壬寅(7 月 28 日)

闽浙总督许应骙奏，船政事宜，势难兼顾，恳简员经理，以专责成。得旨：着不准行。又奏，北电不通，群情惶惑，且兵力甚单，拟速募数营，以资分布。得旨：闽省防务，着即按照江广现办情形，妥筹布置，仍以镇静处之。

初四日癸卯(7 月 29 日)

电寄增祺等，前据寿山电奏，与俄兵开仗情形，曾经两次寄谕增祺、长顺、寿

---

① 《清实录·德宗景皇帝实录》卷四六五。

② 《清实录·德宗景皇帝实录》卷四六六。

③ 杜迈之等：《自立会史料集》，岳麓书社 1983 年版，第 113 页。

山等稳慎办理，以保守疆土为第一要义。现据杨儒电，俄人已陆续调兵，以平乱为名，势甚愤张，东三省大局可虑。增祺、长顺、寿山等务当懔遵前旨，通筹全局，断不可越境构衅各处铁路，亦不可稍露不禁拳民拆毁之意，兵勇尤应严加约束，不准随声附和。于明为保护之中，寓暗为防范之意，毋致一发不可收拾，是为至要。

直隶总督李鸿章电奏，调补直督，二十五日到沪，屡奉电促星夜北上。二十年北洋，经营粗就，一旦败坏，深惧无可措手。盛暑驰驱，感冒腹泻。俄国并无信船在沪，容俟稍愈，由陆前进。得旨：李鸿章电悉。现在事机甚紧，着仍遵前旨，迅速北来，毋再藉延。

两江总督刘坤一等奏，战事方殷，合词敬陈管见，请授李鸿章全权，就近在沪与各国电商，借探消息，缓其进兵，以间敌谋而纾国难。①

初五日甲辰（7 月 30 日）

山东巡抚袁世凯奏，登州镇总兵夏辛酉交卸镇篆，统带六营，遵旨赴津应援。报闻。

初六日乙巳（7 月 31 日）

现在各兵团围困西什库教堂，如有教匪窜出抢掠等情，当饬队力剿。倘彼死守不出，应另筹善策，暂勿用枪炮轰击。

电寄寿山，两电均悉，防俄以固圉为务，不必越境图功，已叠次谆切谕知遵照矣。诚以兵端一开，则防不胜防，无论奉吉两省，即库伦亦应驻重兵，此岂仓猝可办之事，所以贵谋定后动也。着寿山仍懔遵前旨，固守疆土，敌来则击，毋得贪功轻进，后来致费收拾。②

初八日丁未（8 月 2 日）

前因近畿民教滋事，激成中外兵端，各国使臣在京者，理应一律保护。叠经总理衙门王大臣致函慰问，并以京城人心未靖，防范难周，与各使臣商议，派兵护送前往天津暂避，以免惊恐。即着大学士荣禄豫行遴派妥实文武大员，带同得力兵队，俟该使臣定期何日出京，沿途妥为护送。倘有匪徒窥伺抢掠情事，即行剿击，不可稍有疏虞。各使臣未出京以前，如有通信本国之处，但系明电，即由总理各国

① 《清实录·德宗景皇帝实录》卷四六六。
② 《清实录·德宗景皇帝实录》卷四六六。

事务衙门速为办理，毋稍延阁，用示朝廷怀柔远人、坦怀相与之至意。

电寄增祺等，晋昌奏，育字各营，分路攻毁洋城，前队现扎海城，相机进剿。东三省兵单饷绌，处处与俄接壤，叠经谕令该将军等通筹全局，豫为收束地步，谅能仰体此意。如果敌兵闯入边界，自当迎头截击，力遏寇氛。倘境内关涉洋务之处，尚可设法羁縻，仍以保守疆土，勿先构兵为上策。

两江总督刘坤一奏，遵设清江转运总局，会商各省，筹款购米，运京济用。得旨：所筹尚属切实妥速。着即督饬认真办理，以济军需。又奏，凑拨枪炮，分批派解赴津，以应要需。得旨：仍着宁沪两局，赶紧加工制造，源源解运，毋稍延缓。

江苏巡抚鹿传霖奏，苏省应筹京饷，道路梗塞，汇解两难，拟刊两联印票，寄京商借官商银款，解部济用，异时由苏汇还，或持票南来领取，悉听其便。下部知之。①

初九日戊申(8 月 3 日)

刘坤一奏，军情紧要，请饬各省修电报线以通消息一折。现当用兵之际，军情瞬息千变，全赖电线无阻，消息灵通，方可通筹因应，迅赴事机。着直省将军督抚严饬地方文武营汛，务将电线一体认真稽查，实力保护。倘有匪徒纠众掘断毁坏情事，即行勒拿严办，并将防范不力之员弁从严惩处。

前据荣禄奏称，武卫中军饷银三十一万两，向存京都中国通商银行，因该银行已被焚毁。该行商致上海银行信凭，请由上海兑拨，当经饬知余联沅传知上海银行，就近兑交，即存上海道库，以备运拨。兹据该道电禀，已钦遵咨呈盛宣怀提解等语。即着责成该京卿，迅将此项银两，如数提交江宁藩库代存，以便由该大学士酌拨，毋稍延误。寻奏：此次乱事，京津银行，扫地无余，上海各埠生意停滞。今银行万分艰窘，拟酌分期限偿缴。下所司覆议。②

十一日庚戌(8 月 5 日)

直隶总督李鸿章奏，交卸启程日期，并陈保疆筹饷布置情形。得旨：着仍遵前旨迅速来京，毋再迟延。

前直隶总督裕禄等奏，解散大口屯教民，并保护法国教士，设法遣送回国。报闻。

---

① 《清实录·德宗景皇帝实录》卷四六六。
② 《清实录·德宗景皇帝实录》卷四六六。

十二日辛亥(8月6日)

刘树堂电称,浙江江山县会匪吴癞头,纠合闽省浦城县土匪刘加幅,竖旗起事,连陷江山、常山二县,衢郡戒严。该郡界连三省,虑其窜逸等语。

署黑龙江将军寿山等奏,会商办理省防事宜,并请将瑷珲出战之制兵三营,照边军章程支饷。得旨:着懔遵十一日谕旨,慎重办理。支饷章程,着该部议奏。

是日,各国联军由天津北踞杨村,前直隶总督裕禄死之。①

十三日壬子(8月7日)

有人奏,敌谋甚狡,豫制中国号衣万余件,意欲裹胁奸民,用以先驱,混乱我军,图阚城垒,请将号衣另加暗记,相遇则以口号为凭,远则以举旗为别。

电寄李鸿章,此次中外起衅,各国不无误会,中国地方官,亦有办理不善之处。兵连祸结,有乖夙好,终非全球之福。着授李鸿章为全权大臣,即日电商各国外部,先行停战。仍将应行议结事宜,分别妥商,请旨遵行。

十四日癸丑(8月8日)

团练大臣李端遇等奏,敌情狡诈莫测,请饬严申外城门禁,并严查奸细各折片。天津失守,系倭人装扮拳民,夜赚城门。京城重地,不可不豫为防备。着迅速行文谕令近畿各乡团民,暂缓来京挂号,并饬知各团,除前三门不计外,其余各城门许出不许入,以昭慎重。其各路援兵,概驻城外,必验明切实凭据,方准放入。并知照各路统兵大员,凡有弁兵进京,必须先将勇丁数目,详细报明,派员验查,以资辨别。

直隶总督李鸿章以腹疾电奏请赏假。李鸿章昨已授为全权大臣,与各国外部商办一切,事机至迫,所请赏假之处,着毋庸议。

十五日甲寅(8月9日)

电寄增祺等,电悉,珲春、三姓、盖平、熊岳先后失守,宁古塔被围,呼伦贝尔亦开仗,敌兵相逼而来。朝廷早经虑及,是以叠谕该将军等不可越境构兵,总以保守疆土为要。盖东三省只此兵力,专备应兵,尚虞顾此失彼也。现在事机溃败,

---

① 《清实录·德宗景皇帝实录》卷四六六。

措手愈难。此间自天津被陷以后，寇氛日迫。京师十分戒严，各路北援之师，未能克日到齐，断无大枝劲旅，可以外拨。各该省惟有就近召募西丹猎户，编列成军，并激励义勇，藉资防剿，而其要总在三省协力同心，联络一气。若再各存意见，坐误事机，该将军等自问能当此重咎否？

盛京将军增祺奏，海城等六厅州县，前因倭扰失陷，致库款遗失，官经数任，恳免追缴。下部议。

命直隶布政使廷雍暂行护理直隶总督。①

十六日乙卯（8月10日）

浙江巡抚刘树堂奏，浙省报解京饷，因海道梗阻，改由通商银行汇解。得旨：着户部查明办理。

热河都统色楞额奏，委员探明俄国军情。得旨：仍着加意严防，随时确探敌情具报。②

十七日丙辰（8月11日）

本月十三日，已派李鸿章为全权大臣，与各国议结一切事宜，并电知各国外部，先行停战。着宋庆即将此旨照会各国前敌统兵大员，先行商议停战，仍一面稳慎扎营。若各国统兵官尚未得各外部训条，仍前猛进，自应悉力抵御，以挫其锋，毋稍误会。

山东巡抚袁世凯奏，东省库款空虚，请添设海防捐输分局，以资接济。又奏，武卫右军应领部饷，拟请在东省应解部库款内留抵，以免领解之繁。均如所请行。

十八日丁巳（8月12日）

寄宋庆，现据探报洋兵已抵通州，京城防务，万分吃紧。着该提督迅即来京，商办城守事宜，毋稍刻延。

吉林将军长顺奏，珲春、三姓同日失守，宁古塔垂危，请速催援兵，又军械缺乏，请饬南洋筹拨。得旨：着长顺就现有兵力，设法堵御。其军械着刘坤一匀拨。③

---

① 《清实录·德宗景皇帝实录》卷四六六。
② 《清实录·德宗景皇帝实录》卷四六七。
③ 《清实录·德宗景皇帝实录》卷四六七。

十九日戊午(8 月 13 日)

电寄李鸿章,电悉。据杨儒原电所称,似俄亦有停战之意,自可先从俄国办起。通电一节,业已照行。护送各使出京一节,屡经函牍频催,窦使等现以请示外部为词,尚未覆准定期。惟奉天之盖平、熊岳,吉林之三姓、珲春,黑龙江之瑷珲,现已均为俄据。如俄实愿先行停战,并许劝阻各国,则东省被扰各处,先当有说以处此。着李鸿章稳慎通筹,如果确有把握,自当谕饬增祺等一体停兵也。

二十日己未(8 月 14 日)

是日各国联军入京师。

廿一日庚申(8 月 15 日)

辰刻,光绪帝奉慈禧皇太后启銮,出德胜门,巡幸太原。

山东巡抚袁世凯奏,东省兵力单薄,恳准俟各属土匪办理就绪,再抽拨队伍,迅速北上。如所请行。

是日驻跸贯市。

廿五日甲子(8 月 19 日)

电寄李鸿章,七月二十一日,洋兵猛攻入城,图扑宫禁,势甚危险,朕不得已,恭奉慈禧皇太后慈驾,暂行西幸。此次衅起民教互斗,朝廷办理为难情形,已历次备具国书,详告各国。彼方以代民除乱为词,谓于国家并无他意,而似此举动,殊属不顾邦交,未符原议。且中国于驻京各使臣,始终委曲保全,未尝失礼,尤不应如此相待。昨已派荣禄、徐桐、崇绮留京办事,然当各国气势方张之际,恐在京未能遽与开议。该大臣公忠素著,平日威望,亦为外人所信服。国事至此,不知该大臣正复如何愤激。着即迅筹办法,或电各国外部,或商上海各总领事,从而转圜,务期竭尽心力,为国家捍此大患。朕不胜翘盼之至。①

① 《清实录·德宗景皇帝实录》卷四六七。

廿六日乙丑(8 月 20 日)

清廷谕令，我朝以忠厚开基，二百数十年，厚泽深仁，沦浃宇内。薄海臣民，各有尊君亲上，效死勿贰之义。是以荡平逆乱，海宇乂安，皆赖我列祖列宗，文谟武烈，超越前古，亦以累朝亲贤夹辅，用能宏济艰难。迨道光、咸丰以后，渐滋外患，然庙谟默运，卒能转危为安。朕以冲龄入承大统，仰禀圣母皇太后懿训，于祖宗家法恭俭仁恤诸大端，未敢稍有偭越，亦薄海臣民所共见共闻。不谓近日衅起团教不和，变生仓猝，竟致震惊九庙，慈舆播迁，自顾藐躬，负罪实甚。然祸乱之萌，匪伊朝夕，果使大小臣工，有公忠体国之忱，无泄沓偷安之习，何至一旦败坏若此。尔中外文武大小臣工，天良具在，试念平日之受恩遇者何若，其自许忠义者安在，今见国家阽危若此，其将何以为心乎？知人不明，皆朕一人之罪，小民何辜，遭此涂炭，朕尚何所施其责备耶？朕为天下之主，不能为民捍患，即身殉社稷，亦复何所顾惜？敬念圣母春秋已高，岂敢有亏孝养，是以恭奉銮舆暂行巡幸太原。所幸就道以来，慈躬安健无恙，尚可为天下臣民告慰。自今以往，斡旋危局，我君臣责无旁贷。其部院堂司各官，着分班速赴行在，以便整理庶务。各直省督抚，更宜整顿边防，力固疆圉。前据刘坤一、张之洞等奏，沿海沿江各口商务，照常如约保护，今仍应照议施行，以昭大信。其各省教民，良莠不齐，苟无聚众作乱情形，即属朝廷赤子，地方官仍宜一体抚绥，毋得歧视。要之国家设官，各有职守，不论大小京外文武，咸宜上念祖宗养士之恩，深维主辱臣死之义，卧薪尝胆，勿托空言，于一切用人行政、筹饷练兵，在在出以精心，视国事如家事，毋怙非而贻误公家，毋专己而轻排群议，涤虑洗心，匡予不逮。朕虽不德，庶几不远而复，天心之悔祸可期矣。①

廿七日丙寅(8 月 21 日)

是日驻跸宣化府，至己巳皆如之。

三十日己巳(8 月 24 日)

光绪帝谕令，全权大臣李鸿章着准其便宜行事，将应办事宜，迅速办理，朕不为遥制。接奉此旨后，先行覆奏，以慰廑系。②

---

① 《清实录·德宗景皇帝实录》卷四六七。
② 《清实录·德宗景皇帝实录》卷四六七。

八月初二日辛未(8 月 26 日)

大学士昆冈等奏，銮舆西狩后，臣等于二十七日晤税务司赫德，据云各国并无害国伤民之意，如有大臣出头商办，定可转危为安。庆亲王奕劻在总署多年，各国最为信服，愿与早日商议和局，迟则恐有他变，谨合词吁恳，请迅饬回京，速定大计。现在皇城以内，有洋兵守护各处宫殿衙署，均尚无恙，焚掠渐止，民情稍定。臣等目击情形，各国意在修好，似当可信。报闻。

是日驻跸怀安县。①

初三日壬申(8 月 27 日)

李鸿章着即乘轮船来京，会同庆亲王商办一切事宜。

寄总税务司赫德，本日据昆冈等奏报京城会晤情形，知该总税务司目击时艰，力维大局，数十年借材异地，至此具见悃忱。朕心实深嘉慰，现已派庆亲王即日回京，会同该总税务司，与各国妥商一切。又寄全权大臣李鸿章谕旨一道，即由该总税务司向各国商借轮船，派员将谕旨送至上海，俾李鸿章得以迅速来京，会同庆亲王商办事宜。

是日驻跸山西天镇县。

初六日乙亥(8 月 30 日)

是日驻跸大同府，至戊寅皆如之。

十二日辛巳(9 月 5 日)

昆冈等奏京城近日情形，洋人曾经入宫瞻仰，虽无喧哗情事，难保非别有意见。着昆冈等会同内务府大臣，酌度情形，妥为保守，勿稍疏虞。庆亲王奕劻，日内计已到京，并着将一切应议事宜，会商办理，仍随时驰报。

是日驻跸广武镇。

十五日甲申(9 月 8 日)

吏部尚书徐郙等八十三人奏，京都自洋兵入城后，庙社安固，禁门以内亦尚完

---

① 《清实录·德宗景皇帝实录》卷四六八。

整，五城地面，各国分段驻扎，居民渐就安谧。

浙江巡抚刘树堂奏，粮道督运漕粮，赴津交兑未竣，兵端猝起，由陆折回，筹办河运。得旨：仍着督饬该粮道等将河运事宜，妥速筹办，务趁秋汛期内，设法起运，毋稍延误。

是日驻跸忻州。①

十九日戊子(9 月 12 日)

以江苏巡抚鹿传霖为两广总督，调江西巡抚松寿为江苏巡抚。②

二十日己丑(9 月 13 日)

闽浙总督许应骙等奏，闽省驻防营原购快炮，无款应付，现拨归奉天留用。下部知之。

新授两广总督鹿传霖奏，海疆紧要，力难胜任，恳另简贤员。得旨：仍着振刷精神，迅速赴任，毋庸固辞。

廿一日庚寅(9 月 14 日)

廷雍奏，拳教相仇，酿成大变，现仍纠聚，请旨饬办一折。清廷着直隶各统兵大员，凡有拳民聚集处所，勒令呈缴军械，克日解散。倘敢抗违，即着痛加剿除，以清乱源而靖地方。③

李鸿章乘英国商轮"安平"号自上海赴天津，一俄军舰为护航。④

廿二日辛卯(9 月 15 日)

闽浙总督许应骙奏，闽省援军，顺道助剿衢州乱匪，现飞饬兼程入卫。报闻。

廿三日壬辰(9 月 16 日)

连顺等奏，东边兵衅已开，请调劲旅，以固边围，并请发给枪械各折片。此次

---

① 《清实录·德宗景皇帝实录》卷四六八。
② 《清实录·德宗景皇帝实录》卷四六九。
③ 《清实录·德宗景皇帝实录》卷四六九。
④ 胡滨：《英国蓝皮书有关义和团运动资料选译》，中华书局 1980 年版，第 216 页。

京师变起仓猝，原由拳匪无端启祸，与东三省无涉，俄人夺取呼伦贝尔，实系寿山擅开边衅所致。该员业经开缺，听候查办。现在已派庆亲王奕劻、李鸿章等回京，与各国商议一切，切不可轻与开衅，致蹈寿山覆辙。乌城等处防务均关紧要，该将军等当就三扎两盟现有兵力，认真训练，以备不虞。

廿四日癸巳(9 月 17 日)

寄奕劻，李鸿章电奏，请明降谕旨等语。俄兵先撤，虽有此言，尚未见诸实事，亦断无回銮后再行开议之理，所请窒碍难行。惟俄兵如果先撤，该王自可援以为词，劝各国一律撤兵。着即体察情形，速筹办理。

全权大臣直隶总督李鸿章电奏，八月二十一日借乘俄舰，由海道北上。得旨：着俟到津后即行进京会商一切，力为其难，是所切盼。

廿五日甲午(9 月 18 日)

奕劻奏接晤各国公使情形一折。昨据李鸿章电奏，定于二十一日启程，不日应可到京。该王务当会同该大学士等和衷商榷，与各国使臣订期开议，以期补救时艰，挽回危局。

三十日己亥(9 月 23 日)

增祺等奏，官军与俄接仗情形，及金州等处失守；晋昌奏，鏖战失利，自请惩处，暨严筹防守各折片。

大学士全权大臣李鸿章奏，北上启程日期。①

闰八月初二日辛丑(9 月 25 日)

光绪帝谕令，大德国驻京使臣克林德，前被兵戕害，业经降旨，深为惋惜。因思该使臣驻华以来，办理一切交涉事宜，和平妥协。朕追念之余，备加珍惜，着赐祭一坛，派大学士昆冈即日前往奠酹。灵柩回国时，并着南北洋大臣妥为照料，抵本国时，着再赐祭一坛，派户部右侍郎吕海寰前往奠酹，用示朕笃念邦交、惋惜不忘之至意。

光绪帝谕令，此次中外开衅，变出非常，推其致祸之由，实非朝廷本意，皆因

---

① 《清实录·德宗景皇帝实录》卷四六九。

诸王大臣等纵庇拳匪，启衅友邦，以致贻忧宗社，乘舆播迁。朕固不能不引咎自责，而诸王大臣等无端肇祸，亦亟应分别重轻，加以惩处。庄亲王载勋、怡亲王溥静、贝勒载濂、载滢均着革去爵职，端郡王载漪着从宽撤去一切差使，交宗人府严加议处，并着停俸。辅国公载澜、都察院左都御史英年，均着交该衙门严加议处。协办大学士吏部尚书刚毅、刑部尚书赵舒翘，着交都察院吏部议处，以示惩儆。

以和议将开，命所司分致俄、德、日本三国国主电书。①

初三日壬寅(9 月 26 日)

大日本国驻京使馆书记生杉山彬被害情事，前经降旨缉匪惩办。因念该书记生在使馆当差，理应一律保护，乃因事出仓猝，遽尔被戕，实深轸惜。着派礼部右侍郎那桐前往致祭，并赏给祭葬银五千两。灵柩回抵本国时，着内阁侍读学士李盛铎派参赞官一员，再行奠酹，用示笃念邦交、惋惜不忘之至意。

庆亲王等奏，合词吁恳回銮，并将英俄等使来函照录呈览，及请旨惋惜德使。览所呈各使来函，并无德法两国，其为意见不协可知。且城门街道，此时仍由洋兵看管。该王大臣等遽请回銮，于事体未为妥协。现在李鸿章计已到京，着庆亲王奕劻会同妥商，体察各国情形，究竟有无实在把握，慎之又慎，再行具奏。李鸿章沁电所请各节，均已照行，应即据理剖陈，一面将和局开议，随时报闻，听候酌量进止。

大学士昆冈等奏，洋兵分踞京师，事事掣肘，请暂缓传令在京各员前赴行在。

大学士荣禄等奏，遵旨布置保定防务，并筹剿清内匪。得旨：即着督饬该统领等加意严防，毋稍疏懈。又奏，派营驰赴正定，保护洋人进京，并严饬各将领迅剿拳匪。得旨：着即将各路拳匪，迅速剿办，余仍慎重办理。②

初七日丙午(9 月 30 日)

湖广总督张之洞等奏，康党谋逆，创设自立会、自立军，勾结长江、两湖会匪，同时作乱，散放富有票，暗寓富有四海之意，在上海开富有山，以康有为为正龙头，梁启超为副龙头，自称新造自立之国，不认满洲为国家。在汉口先期破获，渠魁唐才常等伏诛，现派营四路剿捕解散。得旨：览奏殊堪痛恨。着即会商沿江沿海各督抚，将此项会匪，饬属一体查拿，尽法惩治，务绝根株。所有此次擒获首

---

① 《清实录·德宗景皇帝实录》卷四七〇。
② 《清实录·德宗景皇帝实录》卷四七〇。

要，及发奸弭乱各项出力员弁，准其从优请奖，以示鼓励。①

初八日丁未（10月1日）

闽浙总督许应骙奏，遵派署福建漳州镇总兵曹克忠挑率两营，星驰入卫。得旨：仍着将海防事宜，认真整顿，租界教堂，一体妥为保护。

是日驻跸徐沟县。

十一日庚戌（10月4日）

荣禄奏，各国保护，尚未商妥，等候李鸿章回信，再行入都等语。武卫中军裁并淘汰，甫经就绪，该大学士亟应认真整顿，力除积习，方于防务有裨。仍着驻守保阳，督饬各营，悉心办理。所有各国款议，尽可与奕劻、李鸿章等往还函商，随机因应，不必定须进京也。

是日驻跸介休县。

十三日壬子（10月6日）

袁世凯电称，俄、德等洋兵六万余，到距津百余里之唐官屯，一拟往扎德州，一拟进窥保定等语。

是日驻跸霍州。

十四日癸丑（10月7日）

全权大臣直隶总督李鸿章奏，在津接印，克日赴京，责成藩司廷雍剿办拳匪，并陈各军饥困及津库械局被房罄尽、百无一存情形。得旨：仍着督饬藩司设法筹画，勉为其难，以固畿疆。

是日驻跸赵城县，翌日如之。②

二十日己未（10月13日）

电寄奕劻等，庆亲王奕劻着授为全权大臣，会同李鸿章妥商应议事宜。刘坤

---

① 《清实录·德宗景皇帝实录》卷四七〇。
② 《清实录·德宗景皇帝实录》卷四七〇。

一、张之洞均着仍遵前旨，会商办理，并准便宜行事。该亲王等务当往还函电熟商，折衷一是，勿得内外两歧，致多周折，是为至要。①

廿一日庚申 (10 月 14 日)

以款议未定，命所司分致英、法、美、意四国主电书。
是日驻跸安邑县北相镇。

廿三日壬戌 (10 月 16 日)

署福州将军善联奏，北事日亟，商货罕通，兼被水灾，税收益形短绌。除京饷暨应还洋款，勉力凑解，其协拨各款，实难兼顾。下户部知之。

廿四日癸亥 (10 月 17 日)

丁振铎奏，法员意图开衅，并钞录历次电奏呈览一折。法人居心叵测，自应豫筹战守，相机因应，以固边圉。着该署督妥为布置，不动声色，严密防范。
是日驻跸蒲州府。

廿六日乙丑 (10 月 19 日)

闽浙总督许应骙奏，接管船政，请宽拨经费。得旨：仍着该督随时会商善联妥筹办理。
署福州将军善联奏，福州驻防地方被水赈抚情形。得旨：即着迅筹的款，分别灾区轻重，妥为赈抚，毋任一夫失所。
是日驻跸陕西潼关，翌日如之。②

九月初二日庚午 (10 月 24 日)

山西巡抚锡良等奏，洋兵已抵保定，拟派各军扼守获鹿，以固晋东门户。得旨：所筹甚是。即督饬各统领认真防守，毋稍疏虞。

---

① 《清实录·德宗景皇帝实录》卷四七一。
② 《清实录·德宗景皇帝实录》卷四七一。

是日驻跸临潼县零口镇。①

初三日辛未（10 月 25 日）

电寄奕劻等，据锡良电称，洋兵头队已到新乐正定一带，意在西犯。保定以礼接待，虽无异议，若意在西犯，势难听其长驱直入。奕劻、李鸿章，速与各国使臣商办，阻其前进，庶免有碍和局。倘竟置之不理，仍以迎护教士为名，一意西趋，获鹿等处防营，各执尚未停战之说，断难束手以待。一面已电饬各统领，严密防守，不准洋兵阑入豫晋境内。如果洋兵先有开炮放枪等事，即着各防营竭力抵御。倘有致伤和局，不得谓衅自我开。着该亲王等迅即遵照办理，并速电覆。目前正在议和，洋兵仍复西趋，究竟其意何在，该亲王等不妨明向各国使臣诘询确情，一并电奏。

是日驻跸临潼县。

初四日壬申（10 月 26 日）

兼署两广总督广东巡抚德寿奏，筹备粤省战守事宜。得旨：该省防务紧要，仍着随时认真筹办，以固海疆。

广州将军寿荫等奏，豫筹粤省防务。得旨：所有该省防务，仍着会商德寿妥筹布置，毋稍疏虞。

初六日甲戌（10 月 28 日）

电寄奕劻等，豪电悉。据杨儒电称，俄允交还东三省，该亲王等与俄格使有无接洽，此事并须与俄使商订的确，方可派员接收。黑龙江将军，本日已放绰哈布矣。增祺、长顺即着奕劻等设法查明，现在何处，准其传旨先行接管。如果一时查无下落，并着该亲王等于在京各大员中，择其堪胜此任者，酌保数人，速行电奏，以便简派前往，并须与俄使妥商保护，方无阻隔而期迅速。以上各节，该亲王等商定后，即行电覆为要。②

初七日乙亥（10 月 29 日）

锡良等探称，洋兵入保定后，分段占据，我兵枪炮，均被收去，法国前队已入

---

① 《清实录·德宗景皇帝实录》卷四七二。
② 《清实录·德宗景皇帝实录》卷四七二。

定州。

初十日戊寅（11 月 1 日）

据廷雍禀报，八月二十六日英提督贾尔思，率带英德意三国官兵，将督署占居，又派兵把住司库，四城亦派人看守。法提督前允保护，现置若罔闻等语。现在洋兵在保定情形，迥非初到时可比，着李鸿章详诘各使，务践保护前言，免致别生枝节为要。①

十四日壬午（11 月 5 日）

电寄锡良，真电悉。据称升允所禀洋兵分扑紫荆关，鏖战两时，关隘失守，退扎浮图亿，北防甚急，请拨营协助等语。此股洋兵肆扰，究有若干，果系执先开衅，督兵鏖战，实在情形究竟如何，着该抚迅速派员，前往密探确实，即行电覆。北防兵单可虑，即着会商宋庆、马玉昆赶紧拨营，力筹堵御，毋稍疏虞，是为至要。

电寄李鸿章，电悉，藩司廷雍经洋兵拘留，现在是否放回，着该督查明具奏。直隶藩司一缺，此时关系尤要，即着该督酌量办理，并保奏堪以胜任之员，请旨遵行。永平府知府重煦，被俄兵执往旅顺，究因何事，并着向俄使催问，速令释回为要。

督办铁路事务大理寺少卿盛宣怀奏，晋豫两省拆毁电线，责成保护不力之地方官赔修。直隶东三省因战事被毁地方，则由众商集股重造。从之。②

十七日乙酉（11 月 8 日）

电寄奕劻等，据盛宣怀电称，德兵分往易州，搜剿拳匪，将陵寝封闭等语。洋兵既以剿办拳匪为名，因何将陵寝封闭，殊非情理。着奕劻、李鸿章向德国在京使臣，切实诘问。又据宋庆等奏，洋兵夺踞紫荆关等语，并着向该使理论退出，勿再任其西进为要。③

---

① 《清实录·德宗景皇帝实录》卷四七二。
② 《清实录·德宗景皇帝实录》卷四七二。
③ 《清实录·德宗景皇帝实录》卷四七三。

十八日丙戌（11 月 9 日）

电寄奕劻等，本日据盛宣怀电称，现有法兵二千南行，恐赴固关；又据锡良等奏称，洋兵夺踞紫荆关，已至广昌，仍复前进各等语。现既议和，何以洋兵西进不止，该亲王等即向各使诘问，究系何意，迅速电覆，并设法劝阻，早日开议为要。再元电奏，英使所称裕长心恨泰西人，系揣度之词，何况湖北交涉事件，向由总督专政，非巡抚所得主持，务当向各使力为辩明，勿侵中国用人之权。

电寄李鸿章，寒电悉，所奏廷雍等被害情形，实深愤懑。各国既真心和好，即使中国官员有办理不善之处，自应交中国自行处分，何得侵我自主之权。该督务当向各使力为辩驳，勿使任意肆行，终致有碍和局。本日据盛宣怀电称，沈家本尚在保定北街福音堂拘留，着即迅向各使理论，务令释回，以便自行惩处。直隶藩司一缺，前已谕令保举堪以胜任之员，以备简用，着即迅速覆奏，勿迟为要。

电寄锡良等，删电悉，洋兵现至广昌，而繁峙等处，又有教民为之暗应，事机紧迫。马玉昆亲带炮队，驰赴崞县，锡良复派员前往劝导，办理均是。现在正将开议，洋兵仍复西进不止，若竟听其直入，于大局益不可收拾。此路防务，前以宋庆、马玉昆忠勇可靠，饬令严密布置。该提督等责无旁贷，务当督饬各营，竭力守御，相机因应，不可稍有疏误。繁峙等处教民，即着锡良迅派委员，妥为开导，设法解散，仍加意保护，免贻外人口实。①

廿二日庚寅（11 月 13 日）

清廷谕令："此次肇祸诸臣，纵庇拳匪，开衅友邦，贻忧宗社，前经降旨分别惩处。现在京畿一带拳匪，尚未净尽，以致地方糜烂，生民涂炭，思之实堪痛恨。若不严加惩治，无以服天下之心，而释友邦之憾。端郡王载漪，着革去爵职，与已革庄亲王载勋，均暂行交宗人府圈禁，俟军务平定后，再行发往盛京，永远圈禁。已革怡亲王溥静，已革贝勒载滢，着一并交宗人府圈禁。贝勒载濂，业经革去爵职，着闭门思过。辅国公载澜，着停公俸，降一级调用。都察院左都御史英年，着降二级调用。前协办大学士吏部尚书刚毅，派往查办拳匪，回京覆奏，语多纵庇，本应从重严惩，现已病故，着免其置议。刑部尚书赵舒翘，查办拳匪，次日即回，未免草率，惟回奏尚无饰词，着革职留任。已革山西巡抚毓贤，在山西巡抚任内，纵容拳匪，戕害教士教民，任性妄为，情节尤重，着发往极边充当苦差，永不释回。此事始末，惟朕深知，即如怡亲王溥静、贝勒载濂、

---

① 《清实录·德宗景皇帝实录》卷四七三。

载漪，中外诸臣叠次参奏，均未指出，即出使各国使臣电奏，亦从未提及，朕仍据实一体惩办，可见朕于诸臣处分轻重，一秉大公，毫无偏袒，当亦薄海内外所共谅也。"

电寄李鸿章，周馥已调补直隶布政使，并电谕奎俊，饬令该藩司由长江下驶，乘坐海轮。速赴新任矣。①

廿三日辛卯(11 月 14 日)

以德国允开和议，命所司致国电答覆。

廿六日甲午(11 月 17 日)

电寄吕海寰，元电悉，荷兰君主成婚，应用国书，现在西安行在，无从备办。即着传旨致贺，以敦睦谊。②

冬十月初二日庚子(11 月 23 日)

山东巡抚袁世凯奏，防务吃紧，勇饷不敷，拟将东海关洋税，充武卫右军月饷。允之。

初四日壬寅(11 月 25 日)

电寄宋庆，江电悉。洋兵西进不止，其为意在寻仇可知。着宋庆等迅派妥员，前往开诚布公，告以残杀祸首，朝廷尚须严加惩办。现在和议将开，万勿再行派兵阑入晋境，致生波折。所有各路防营，务饬妥筹因应，勉顾大局，仍将洋兵进止情形，随时电奏。

兴京副都统灵熙奏，俄军入据奉天省城，兵勇溃散，沿途焚掠，防敌捕逃，势难兼顾。得旨：着仍极力守卫陵寝，毋稍疏失，并将嗣后情形，随时驰报。

察哈尔都统奎顺奏，洋兵队伍，已过居庸关，由怀来一带北进。已饬张家口各队，随时弹压防守。得旨：着即认真弹压防守，并将此后情形，随时驰报。

黑龙江副都统萨保奏，黑龙江省城失守，将军寿山死节，并旗民遭乱流离情形。得旨：现在俄人尚无久据之意，已派增祺办理接收事宜，该副都统仍勉筹撑

---

① 《清实录·德宗景皇帝实录》卷四七三。
② 《清实录·德宗景皇帝实录》卷四七三。

柱，力维大局为要。

解漕运总督松椿职，以山东布政使张人骏为漕运总督。

命浙江巡抚刘树堂开缺候简，以浙江布政使恽祖翼为浙江巡抚，浙江按察使荣铨为浙江布政使。①

初五日癸卯（11月26日）

电寄奕劻等，本日据绰哈布电奏，奕劻、李鸿章有电，催令由江下驶，航海先赴旅顺，与俄提督商议大略等语，已谕令照行矣。此事关系紧要，应如何示以机宜，俾办理得有依据。着该亲王等，详晰电知绰哈布为要。

闽浙总督许应骙奏，福建银圆局未便停止，请照吉林等省成案，仍旧铸造。并请兼铸大钱，允之。又奏，闽省大水为灾，民食不给，请饬两江总督于每年额定免税沪米外，加运十万石，俾资接济。得旨：本年闽省被水成灾，着准其于额定免税沪米外，加运十万石，嗣后不得援以为例。

以浙江盐运使世杰为浙江按察使。②

初七日乙巳（11月28日）

电寄奕劻等，叠据锡良电奏，法兵西进不止，晋防日紧，恐致开衅等语。法兵西进，自为寻仇起见，现在毓贤已拟严办。初三日电谕，想已转告各使。着奕劻、李鸿章，再与法使切实商阻，并告以晋省教案，俟和议定后，再专派大员持平查办，万勿再行进兵，致碍大局而伤睦谊。该省自锡良到任以后，极力保护教士，安辑教民，目下民教相安，办理甚为妥协，并告各使尽可放怀也。

十三日辛亥（12月4日）

察哈尔都统奎顺等奏，英、德、意、奥四国洋兵，已过宣化。现调镇边新军、察哈尔兵队，各一千人，于张家口一带，分段防守，以阻洋兵西趋之路。报闻。

十四日壬子（12月5日）

电寄奕谟等，前据电奏，洋兵阑入易州，逼近陵寝。现闻洋兵业已退出，如何

---

① 《清实录·德宗景皇帝实录》卷四七四。
② 《清实录·德宗景皇帝实录》卷四七四。

情形，着奕谟、溥植、准良迅即具奏。

十九日丁巳（12 月 10 日）

清廷谕令：浙江交涉事件，关系紧要。恽祖翼既升任巡抚，必应妥办，何至豫存成见，深恨洋人。所言并无实据，衢州教案，现已电饬恽祖翼，迅速持平办结。如果该抚办理未能妥协，应如何处置之处，朝廷自有权衡，决无徇庇。此旨着奕劻等详告英使，务释其疑。

电寄恽祖翼，浙江衢州教案，英使啧有烦言。此案究办是何情形，着恽祖翼妥速相机办理，早日了结，免致借口，是为至要。

廿一日己未（12 月 12 日）

丁振铎奏，滇省办理洋务需员，请饬派员来滇差委一折。现在云南办理交涉事件，需才孔急，着奕劻于总理衙门记名海关道内，遴选熟悉约章、堪胜提调局务之员，派令迅速赴滇，并随带精通法文翻译学生一并前往，以资任使。

电寄锡良，哿电悉。洋兵在东天门施放枪炮，我军未曾回击等语。仍着锡良饬令刘光才稳慎防守，毋得孟浪从事，是为至要。

电寄恽祖翼等，浙江衢州教案，着派盛宣怀会同恽祖翼，迅速认真查办，妥为了结，毋再延缓。①

廿二日庚申（12 月 13 日）

御史彭述奏，现值议款，请婉商各国，停止传教一折。所奏是否可行，着奕劻、李鸿章参酌办理。

电寄恽祖翼，两电均悉。衢州教案，昨已派盛宣怀会同该抚办理，即着妥筹会商，迅速了结，勿延为要。副将范银贵、游击胡硕功，均着即行革职，永不叙用。

廿三日辛酉（12 月 14 日）

科布多参赞大臣瑞洵奏，察罕珠苏隆及阿拉克伯克地方，俄兵现已撤回。报闻。

出使美、日、秘国大臣伍廷芳奏，中墨约章，经已签押互换。下所司知之。

---

① 《清实录·德宗景皇帝实录》卷四七四。

廿四日壬戌（12 月 15 日）

山西巡抚锡良奏，查明洋兵夺据紫荆关，委系彼先开衅，藩司升允督军鏖战，并未全退平型关情形。

廿六日甲子（12 月 17 日）

以水雷失慎，福建漳州镇总兵洪永安，下部议处。

廿七日乙丑（12 月 18 日）

电寄奕劻等，懿亲不加刑，各国通例，早经声明，何独英使反齿，其中必有别故。朝廷惟恐夜长梦多，是以予该亲王等便宜行事之权，不为遥制。如有为难之处，并谕令据实直陈。来电吞吐其词，不胜焦虑。着即迅筹开议，务期及早了结，一切妥协，以便定计回銮。

廿八日丙寅（12 月 19 日）

以浙江海面，救护遭风难民，予直隶州知州李文慧等升叙有差。①

廿九日丁卯（12 月 20 日）

增祺等奏，详陈奉省情形，并自请治罪各折片。现在东三省俄国已许交还，业经谕令奕劻、李鸿章知照该将军等与俄员晤商接收。据奕劻等电奏，该将军尚在义州，即着驰回省城，妥与俄员商办，并随时电商奕劻等，指示一切，期臻妥协。增祺等于此次事变，未能豫为筹画，以致地方蹂躏，皆属咎无可辞。

太常寺卿王培佑等奏，洋兵退出，会同祗谒太庙，敬谨查看，甋棱未改，法物多存，先陈大概情形。得旨：敬悉。

奉天府府丞陈兆文奏，俄兵入据奉天省城，将军府尹御敌在外，群黎无主，暂权理安民，守护陵殿，并请交部议处。得旨：仍着将守护安抚事宜，暂行妥为经理。所请议处之处，着加恩宽免。

---

① 《清实录·德宗景皇帝实录》卷四七四。

三十日戊辰(12 月 21 日)

齐齐哈尔副都统萨保奏，俄兵久据奉天省城，和议无期，生民危迫，请早拯救。得旨：现在东三省俄人已许交还，新授将军绰哈布不日抵省。着仍竭力维持，俟绰哈布到任后，会同妥筹整理。又奏，黑龙江省城失守，将军寿山死节，生灵束手待毙，请速设法拯救。得旨：现在俄人尚无久据之意，已派增祺办理接收事宜，该副都统当勉筹掎拄，力维大局为要。①

十一月初四日壬申(12 月 25 日)

王之春奏，洋教关系邦交，亟宜乘机议约一折。据称宜约俄、日两国，纠同商务最盛之英、美，以保全利益为词，于传教一事，公同议一善后之策，似于防患之道，不无裨益。又据刘坤一奏，时局艰危，敬陈愚虑折内慎教案一条，据称近日英国沙侯及日本宗教，皆谓西教行事，或亦不无遗憾，正可迎机善导，请饬于开议时婉切商订，另立专条，总以不得干预词讼为第一要义。着奕劻、李鸿章斟酌办理。②

初五日癸酉(12 月 26 日)

两江总督刘坤一等奏，逆犯康有为遣党潜入长江，散放富有票，勾串会匪，谋为不轨，在桐城地方，宰牲祭旗，扰及大通。派兵会剿，一律荡平，出力文武各员，知府李光郅、副将王世雄等请奖。下部议。

初九日丁丑(12 月 30 日)

电寄奕劻等，阳电悉，条款大纲，固已照允，惟详细节目，仍须设法婉商磋磨，力图补救。本日张之洞电奏，条款内第五款"专为制造军火之材料"一句，如果照允，中国永无御侮之具，即会匪溃勇，亦不能镇慑，且各省制造枪炮局厂，均须停闭，关系匪轻。查伍使、杨使来电，皆云俄、美外部所告只言暂禁，是此条必可商改等语。着奕劻、李鸿章与各使婉切相商，将"专为制造军火之材料"一句删去，并议以暂禁年分，较为妥协。

---

① 《清实录·德宗景皇帝实录》卷四七四。
② 《清实录·德宗景皇帝实录》卷四七五。

十二日庚辰（公元 1901 年 1 月 2 日）

电寄奕劻等，张之洞电奏条款总冒第二项内"遵奉内廷谕旨"一语，句中有眼，请饬婉商删去。此句实有关系，闰八月初二日，惩办首祸诸臣谕旨内，早有"实非朝廷本意"之语。着奕劻、李鸿章据此力为辩论，总以删除为妥。

电寄奕劻等，杨儒着授为全权大臣，与俄国商办接收东三省事宜。此事俄廷深敦睦谊，允许交还。一切办法，须臻妥协，着杨儒审时度势，悉心筹画，随时电商奕劻、李鸿章，互相参酌，并着奕劻等传谕东三省将军遇事妥为经理，毋稍歧误。

湖广总督张之洞奏，遵旨选拨湖北制造枪炮药弹，解赴西安。得旨：着岑春煊统收，随时酌拨。又奏，武昌城北十里沿江地方，为粤汉铁路码头，将来商务必盛，自开口岸，以杜攘利而保治权。下所司知之。①

十三日辛巳（公元 1901 年 1 月 3 日）

电寄奕劻等，细绎条款第二款内有"日后指出，一律严惩"等语，"日后"二字甚属不妥。以前所指之人，朝廷已分别轻重办理，若不划清界限，后患无穷。着奕劻、李鸿章婉切相商，务将"日后"字改去。至一切节目内偿恤款、改约章两条，尤须细酌。此外亦多有须详切磋磨之处，并着该亲王等悉心讨论，随时电商刘坤一、张之洞，互相妥酌，切勿草率画押为要。

十四日壬午（公元 1901 年 1 月 4 日）

电寄盛宣怀，前有旨令周馥速赴直隶藩司调任，现在该藩司行抵何处，着盛宣怀迅即电催到沪后暂缓赴任，即令乘坐海轮，取道秦王岛，迅赴京师，随同奕劻、李鸿章办理和议条款事宜，详细磋磨，务期妥协。并着盛宣怀将此旨电知奕劻、李鸿章遵照。②

十七日乙酉（公元 1901 年 1 月 7 日）

电寄奕劻等，据奏请调大员随办各国税则条约一折，盛宣怀已有旨派充会办商务大臣，徐寿朋着即来京帮同办理此次商务条约事宜。韩国交涉事件，暂派参赞

---

① 《清实录·德宗景皇帝实录》卷四七五。
② 《清实录·德宗景皇帝实录》卷四七五。

办理。

二十日戊子（公元 1901 年 1 月 10 日）

电寄奕劻等，条款大纲画押，已有旨允准矣。来电称各使有"就款引伸"之语，该亲王等亦拟于画押后，从容计议，以期补救。应将叠次谕电及各说，参酌辩论引伸。所最关紧要者，如"遵奉内廷谕旨"一语，必须设法说明，期于必无后患。"奉令官兵"语句，亦须辩明为妥。至"日后"二字，虽难禁绝，但必须另有实在案据。如所奏归化城一事者，方可照办，不得任意牵混，贻患无穷。使馆驻兵名数，及京津沿路驻兵数目处所，尤须议定限制。仍将逐条妥议情形，随时电奏。

廿一日己丑（公元 1901 年 1 月 11 日）

有人奏，通商行船，必先将前约或废或停，始能更改，具载公法。本年战事止于北方，彼时东南各省，曾与各国立有互保之约，通商行船，一切照常。此次和议，拟改通商行船约章，自应责成原议保护东南商务各督抚大臣，切实婉商，免其修改。或如何变通以资补救，着刘坤一、张之洞、盛宣怀悉心筹议，或电商各国全权大臣及外部，据理辩论，并电奕劻、李鸿章一体妥议，随时电奏。

廿二日庚寅（公元 1901 年 1 月 12 日）

全权大臣大学士李鸿章奏，天津城外各国通商口岸，俄国向无租界，现俄使拟求河东地一段，以为通商市场，姑从所请，订立草约，申明靠河盐坨，关系紧要，划出不入界内。下所司知之。

廿四日壬辰（公元 1901 年 1 月 14 日）

电寄奕劻等，条款大纲，既已照允，自应次第办理。其第一款为德使克林德树立铭志之碑，如何方与德使品位相配，着即斟酌妥商，派员先行撰文，措词务须得体，撰就后缮稿呈览，候旨定夺。第三款日本书记生杉山彬，除业经降旨祭恤外，应用何典优荣，以谢政府，亦着酌定奏闻。至传教章程，务须商订另立专条，以杜后患。①

---

① 《清实录·德宗景皇帝实录》卷四七五。

廿六日甲午(公元 1901 年 1 月 16 日)

守护东陵大臣寿全等奏,十月杪德兵突来景陵,旋即退出,并冬至大祭恭代行礼情形。报闻。

盛京将军增祺等奏,和议粗定,已回省城。两陵宫殿,均幸无恙。俄兵虽未尽退,尚无骚扰。惟土匪溃勇,所至焚掠,疮痍满目,待筹安集。得旨:即着将善后事宜,随时相机办理。又奏,俄人前拘金州副都统福升等次第放回。报闻。

廿八日丙申(公元 1901 年 1 月 18 日)

杨儒哿电所称,增祺派委已革道员周冕,往旅顺与俄擅立《奉天交地暂且约章》九条画押等语。阅之殊深骇诧。此事增祺始终并未奏明,周冕系已革道员,久已摈弃不用。即系暂且约章,该革员亦无议订之权。此次东三省交收事宜,关系甚大,杨儒既膺全权重任,着即责成向俄外部婉切辩明,务臻允协。增祺擅行委员,妄加全权字样,殊属荒谬,着交部严加议处。俄与中国订交最久,近年于中国诸事,无不极力维持。此次许还东三省,尤为深敦睦谊。想俄廷亦断不至以该革员私画暂且之约,遂执为一成不易之据也。李鸿章曾赴俄国,立有专约,更应统筹全局。东三省安危,所系甚重。着仍遵前旨,随时电商杨儒参酌妥筹。总期吏治兵权,均不失我自主为要。格使所言,当与力辩以期共济。寻兵部奏:增祺处分,应请革职。从之。①

十二月初六日癸卯(公元 1901 年 1 月 25 日)

福建船政船厂所造第一号浅水巡洋轮船"安海"号,竣工下水。②

初八日乙巳(公元 1901 年 1 月 27 日)

锡良电奏,法兵忽到五虎岭,欲进广昌,并称系直隶地方,已划归法国,属山西各营赶紧退出,免起兵端,业经该抚派员前往开导阻止,请电京告公使撤兵等语。现在和议大纲草约,既经画押,法兵何以仍复西进,广昌虽系直境,实为山西

---

① 《清实录·德宗景皇帝实录》卷四七五。
② 刘传标:《近代中国船政大事编年与资料选编》第 2 册,九州出版社 2011 年版,第 479 页。

门户，且直隶划归法国之说又从何而来，着奕劻、李鸿章迅与法使据理商阻，毋任肆扰为要。①

初九日丙午（公元 1901 年 1 月 28 日）

电寄奕劻等，英主薨逝，已有国电致唁，声明即派专使前往吊奠。奕劻、李鸿章在京，当慰问英使，并告前情。

电寄刘坤一，东电悉。江北新漕，着即照议赶办。明年无论河运、海运，及早筹画勿延。

初十日丁未（公元 1901 年 1 月 29 日）

光绪帝谕令，世有万古不易之常经，无一成不变之治法。穷变通久，见于大《易》；损益可知，著于《论语》。盖不易者三纲五常，昭然如日星之照世；而可变者令甲令乙，不妨如琴瑟之改弦。伊古以来，代有兴革。即我朝列祖列宗，因时立制，屡有异同。入关以后，已殊沈阳之时；嘉庆道光以来，岂尽雍正、乾隆之旧。大抵法积则敝，法敝则更，要归于强国利民而已。自播迁以来，皇太后宵旰焦劳，朕尤痛自刻责，深念近数十年积习相仍，因循粉饰，以致成此大衅。现正议和，一切政事，尤须切实整顿，以期渐图富强。懿训以为取外国之长，乃可补中国之短；惩前事之失，乃可作后事之师。自丁戊以还，伪辩纵横，妄分新旧，康逆之祸，殆更甚于红拳，迄今海外逋逃，尚以富有、贵为等票，诱人谋逆，更藉保皇、保种之妖言，为离间宫庭之计，殊不知康逆之谈新法，乃乱法也，非变法也。该逆等乘朕躬不豫，潜谋不轨，朕吁恳皇太后训政，乃拯朕于濒危，而锄奸于一旦，实则翦除乱逆，皇太后何尝不许更新损益科条，朕何尝概行除旧！执中以御，择善而从，母子一心，臣民共见。今者恭承慈命，壹意振兴，严禁新旧之名，浑融中外之迹。我中国之弱，在于习气太深，文法太密，庸俗之吏多，豪杰之士少。文法者，庸人藉为藏身之固，而胥吏倚为牟利之符。公事以文牍相往来，而毫无实际；人才以资格相限制，而日见消磨。误国家者，在一"私"字；困天下者，在一"例"字。至近之学西法者，语言文字、制造机械而已。此西艺之皮毛，而非西政之本源也。居上宽，临下简，言必信，行必果，我往圣之遗训，即西人富强之始基。中国不此之务，徒学其一言一话、一技一能，而佐以瞻徇情面，自利身家之积习，舍其本源而不学，学其皮毛而又不精，天下安得富强耶！总之法令不更，锢习不破，欲求振

---

① 《清实录·德宗景皇帝实录》卷四七六。

作，当议更张。着军机大臣、大学士、六部、九卿、出使各国大臣、各省督抚，各就现在情形，参酌中西政要，举凡朝章国故、吏治民生、学校科举、军政财政，当因当革，当省当并，或取诸人，或求诸己。如何而国势始兴，如何而人才始出，如何而度支始裕，如何而武备始修，各举所知，各抒所见，通限两个月，详悉条议以闻，再由朕上禀慈谟，斟酌尽善，切实施行。自西幸太原，下诏求言，封章屡见，而今之言者，率有两途，一则袭报馆之文章，一则拘书生之成见，更相笑亦更相非，两囿于偏私不化，睹见其利，未睹其害，一归于窒碍难行。新进讲富强，往往自迷本始；迂儒谈正学，又往往不达事情尔。中外臣工，当鉴斯二者，酌中发论，通变达权，务极精详，以备甄择。惟是有治法，尤贵有治人。苟得其人，敝法无难于补救；苟失其人，徒法不能以自行。流俗之人，己有百短，遂不愿人有一长，以拘牵文义为认真，以奉行故事为合例，举宜兴、宜革之事，皆坐废于无形之中，而旅进旅退之员，遂酿成此不治之病。欲去此弊，其本在于公尔忘私，其究归于实事求是。又改弦更张以后，所当简任贤能，上下交儆者也。朕与皇太后久蓄于中，事穷则变，安危强弱，全系于斯。倘再蹈因循敷衍之故辙，空言塞责，省事偷安，宪典具存，朕不能宥。

工部代奏学习主事夏震武条陈一折。据称接收奉省条约，系增祺等擅立该员，自请驰赴京师，与李鸿章熟商改废，并请赴俄定议等语。本日已有旨传谕该主事前赴京师，着该大学士详细体察，斟酌行止。

增祺未经奏明，擅派周冕赴旅，妄立暂约，荒谬已极，业照部议革职，现又未经具奏，径行赴旅，与俄提督面议接收事宜，必更枝节横生。着即迅速电饬，克日回京，不准擅议接收。此旨并即转告俄使。前已有旨令清锐暂任盛京将军矣，杨儒来电筹办为难情形均悉，仍着转电该使，坚持磋磨，力图挽救。从缓妥商，全在杨儒之随机因应也。德使碑文，着照所拟办理。①

十二日己酉(公元 1901 年 1 月 31 日)

许应骙奏，厂造快舰将成，拟请改拨邻省遣用，请饬筹款协助一折。据称闽厂制造快舰两号将次告成，原系拨归北洋遣用。现在北洋协款无着，拟请将快舰改拨粤省，以备海防之用。所需工料银五十万两，即由该省筹款协助，以应要需。此项经费，关系紧要，快舰尤为广东所必需，着陶模、德寿迅筹的款，如数拨解。俟两舰告成，即由该省派员验收领用。②

---

① 《清实录·德宗景皇帝实录》卷四七六。
② 《清实录·德宗景皇帝实录》卷四七六。

十三日庚戌（公元 1901 年 2 月 1 日）

光绪帝谕令，中外订约以来，各国人民准入内地，载在条约。朝廷慎固邦交，叠经谕饬各省实力保护，乃地方官漫不经心，以致匪徒肆行滋扰，伤害各国人民之案屡见叠出。朕维薄德，无以化导愚民，良深引疚。而地方各官平日于洋务不知讲求，于交涉罔知大体，以致燎原引火，贻害君国，抚心自问，当亦难安。自今以往，其各振刷精神，捐除成见。须知修好睦邻，古今通义，远人来华，或通商以懋迁有无，或游历以增长学识，即传教之士，亦以劝人为善为本，梯山航海，备极艰辛。我中国既称礼义之邦，宜尽宾主之谊，何况近年华民出洋者不下数十万人，身家财产悉赖各国保全，即以报施而论，亦岂得稍存歧视。着再责成各直省文武大吏，通饬所属，遇有各国官民入境，务须切实照料保护。倘有不逞之徒假托义愤，陵虐戕害洋人，立即驰往弹压，获犯惩办，不得稍涉玩延。如或漫无觉察，甚至有意纵容，酿成巨案，或另有违约之行，不即时弹压犯事之人，不立行惩办者，将该管督抚文武大吏及地方有司各官一概革职，永不叙用，不准投效他省，希图开复。并将此次谕旨，一并刊布，出示晓谕，以期官民交儆，永革浇风。①

十五日壬子（公元 1901 年 2 月 3 日）

电寄盛宣怀、张百熙，本日已派充头等专使大臣，前往英国唁贺。着盛宣怀电催该大臣，迅速前来行在请训。

以浙江宁绍台道诚勋为江苏按察使。

十八日乙卯（公元 1901 年 2 月 6 日）

缓征两淮泰、海二属各场被风被潮勘不成灾灶地，折价钱粮。

十九日丙辰（公元 1901 年 2 月 7 日）

电寄奕劻等，筱电悉。惩办首祸，辩论数月，和约大纲第二款内，载有"分别轻重"之说，今忽改称均应论死，是原奏条约不足为凭，实属自相矛盾。至"日后"二字，前据电奏难以划清限界，但必须实有案据，方可惩办，今又指出启秀、徐承煜均系空言，毫无实据。似此有意刁难，是何意见，抑系因东三省俄约不妥，因而

---

① 《清实录·德宗景皇帝实录》卷四七六。

藉端观望。现在各国照会，尚未送到，该亲王等务当先行照会，切实剖辩，务就范围并设法探明其反覆之由，密速电奏为要。

前已有旨授杨儒全权大臣，悉应由其在俄妥商办理。今增祺复在旅擅行商定约章，必致又为所借口。着该亲王等速电饬增祺迅回盛京，毋再多事干咎。

齐齐哈尔副都统萨保奏，江省力任保护铁路，俄电诬捏进兵之由，亟宜辩明，并请旨简放将军以资治理。得旨：黑龙江将军已简放绰哈布，饬令迅速赴任矣。①

廿六日癸亥(公元 1901 年 2 月 14 日)

光绪帝谕令，本年夏间拳匪构乱，开衅友邦，朕奉慈驾西巡，京师云扰。叠命庆亲王奕劻、大学士李鸿章作为全权大臣，便宜行事，与各国使臣止兵议款。昨据奕劻等电呈各国和议十二条，大纲业已照允，仍电饬该全权大臣将详细节目悉心酌核。量中华之物力，结与国之欢心，既有悔祸之机宜，颁自责之诏，朝廷一切委曲、难言之苦衷，不得不为尔天下臣民明谕之。……总之臣民有罪，罪在朕躬。朕为此言，并非追既往之愆尤，实欲儆将来之玩泄。近二十年来，每有一次衅端，必申一番诰诫。卧薪尝胆，徒托空言；理财自强，几成习套。事过以后，徇情面如故，用私人如故，敷衍公事如故，欺饰朝廷如故。大小臣工，清夜自思，即无拳匪之变，我中国能自强耶？夫无事且难支持，今又遭此奇变，益贫益弱，不待智者而知。……朕受皇太后鞠劳训养垂三十年，一旦颠危至此，仰思宗庙之震惊，北望京师之残毁，士大夫之流离者数千家，兵民之死伤者数十万，自责不暇，何忍责人。所以谆谆诰谕者，则以振作之与因循，为兴衰所由判；切实之与敷衍，即强弱所由分。固邦交，保疆土，举贤才，开言路，已屡次剀切申谕。中外各大臣，其各懔遵训诰，激发忠忱，深念殷忧启圣之言，勿忘尽瘁鞠躬之谊，朕与皇太后有厚望焉。②

廿七日甲子(公元 1901 年 2 月 15 日)

李盛铎有电称，日外部言此次中国，万不可割地，如允割地与一国，或虽未明割，而允其设官置兵，亦是暗让。一经允定他国，必群起效尤，大局当不可问，财政及各种利权亦然。设有一国要挟太重，中国似可答以此次事变，关于各国宜归入各国公约并议，庶免受亏等语。着奕劻、李鸿章详细斟酌，妥筹办理，并转电杨儒知之。

---

① 《清实录·德宗景皇帝实录》卷四七七。
② 《清实录·德宗景皇帝实录》卷四七七。

三十日丁卯 (公元 1901 年 2 月 18 日)

电寄奕劻等，二电均悉。朝廷已尽法惩办祸首，而各国仍不满意，要挟甚迫。现存诸人，即照前次照会办理，实因宗社民生为重，当可止兵，不至再生枝节。兹定初三日降旨，初六日惩办。惟英赵已无生理，或通融赐死，启徐并索回，自行正法。该亲王等迅速密筹，或倩美、日等国及赫德等转圜，能否办到，并商明已死诸人，不再追咎，即日电覆。

兼署两广总督广东巡抚德寿奏，广东惠州会匪，被外匪勾结起事，派营剿办获胜，出力人员请奖。得旨：即着严饬该提督等将余匪搜捕尽净后，准其择尤酌保，毋许冒滥。又奏，广东商包厘金，欠饷甚巨，日久并无成效，收回官办，以顾饷源。下部知之。①

是年

署盛京将军增祺，以岫岩、安东沿海虽有北洋兵舰巡防，而海滨港汊纷歧，乃增造大号水师船八艘，布列于沙河、大孤山、太平沟等地。②

光绪二十七年　公元 1901 年　辛丑

春正月初二日己巳 (2 月 20 日)

电寄奕劻等，东三电悉。前据奎顺查覆署归绥道郑文钦，戕害过境洋官周尼思属实，自应从严惩办，郑文钦着即行正法。惟绥远城将军永德，据奎顺查无派兵之事，论洋官一人，亦何至派兵五百之多，究竟是何实情，自应确切查明再办。永德着先行革职，听候查办。该亲王等即就近传旨，令奎顺复查实在情节，如果永德实有纵令戕害洋官确据，定行重惩，俟定案明发谕旨时，先行送与英使阅看，再行发

---

① 《清实录·德宗景皇帝实录》卷四七七。

② 刘传标：《近代中国船政大事编年与资料选编》第 2 册，九州出版社 2011 年版，第 480 页。

钞。即着奕劻、李鸿章照此办法，切告英使，即行电奏。①

初四日辛未（2 月 22 日）

电寄奕劻等，惩办祸首一条，业经按照照会办结，则和局亟应早定，以便商令撤兵。所有各条，亦宜迅速妥商筹办，毋再宕延。昨拟改谕旨二道，不得已均照来电更正颁行。惟必须将传教一事，定立妥章，以免后患无穷，官民交困。尽可约同不传教之俄、日两国，及虽传教、素最和平之美国公议，教士不得再有欺陵平民、干预词讼等事，向法、德、英三国会议，妥定约章，永远遵守，总期日后民教相安。若一味严束平民，激成大变，即各国教士教民亦大有不利，而中国之大员地方官，不胜罪愆，民情怨愤，人才消阻，何以为国。此次大乱，亦实因教民平日欺侮良民，积忿莫泄，拳匪因而煽惑所致。闻各国公使，亦颇知此中情形，务趁此商议条款之时，一并妥确商定平允专条，以杜后祸。②

初六日癸酉（2 月 24 日）

此案首祸诸臣，昨已降旨分别严行惩办。兹据奕劻、李鸿章电奏，按照各国全权大臣照会，尚须加重，恳请酌夺。除载勋已赐令自尽，毓贤已饬即行正法，均各派员前往监视外。载漪、载澜，均定为斩监候罪名，惟念谊属懿亲，特予加恩，发往极边新疆永远监禁，即日派员押解启程。刚毅情罪较重，应定为斩立决，业经病故，免其置议。英年、赵舒翘，昨已定为斩监候，着即赐令自尽，派陕西巡抚岑春煊前往监视。启秀、徐承煜，各国指称力庇拳匪，专与洋人为难，昨已革职，着奕劻、李鸿章照会各国交回，即行正法，派刑部堂官监视。徐桐轻信拳匪，贻误大局；李秉衡好为高论，固执酿祸，均应定为斩监候，惟念临难自尽，业经革职，撤销恤典，应免再议。至首祸诸人，所犯罪状，已于前旨内逐一明白声叙矣。

广昌华军，有函致驻保德提督，与战书无异，似意在阻挠和局等语。已电饬锡良、升允，将防营撤回晋疆，定明界限，各不相犯，免滋事端。同日接锡良歌电，据称去腊初间，洋兵退出浮图峪，仍不时往来。德国副帅函致防军各营云，只看长城，不到广昌，嗣途中相遇，亦接以礼，并无决裂痕迹。忽于初二早，洋兵突分三路，来扑广昌，万本华婉为劝阻，彼竟枪炮齐施，伤我弁兵数百人，不得已退守艾河。初三日，洋兵又扑安子岭，士卒民团，死伤大半，龙泉关守将秀昆等退至长城岭。似系有意寻衅。所称致书德提督，究竟有无其事，现在首祸一条已照惩办，原

---

① 《清实录·德宗景皇帝实录》卷四七八。
② 《清实录·德宗景皇帝实录》卷四七八。

期早定和局，细议各条，今又借口进兵，设我兵撤回山西界内防守，险要全失，洋兵仍复西进不已，大局何堪设想。着奕劻迅与各使婉商，务令洋兵撤回，勿再四出滋扰，以保和局。

电寄奕劻等，电悉。俄约已允将满洲全行交还中国，吏治照旧。第七款内将金州自治之权废除，显系据我土地，与全行交还之约相背。八款内连界各处，如满蒙、及新疆之塔尔巴哈台、伊犁、喀什噶尔、叶尔羌、和阗、于阗等处矿路及他项利益，非俄允许，不得让他国或他国人；非俄允许，中国不得自行造路；除牛庄外，不准将地租与他人，尤侵我自主之权。顷据刘坤一电称日、英两国之意，以中国此时，与某一国定立条约，不可允其独享利益，以及壤土之权，必须与各国商办，方能保全等语。李鸿章从前曾与俄订密约，中俄交际情形，最为熟悉。近日该国复到国书，情词肫恳，声明不侵我主权。现在事机万紧，朝廷惟该大学士是赖，杨儒虽派全权，其约内极有关系之处，仍须先与俄使切实磋磨，一面将刘坤一电称各节，悉心体察，设专顾俄约，而英、德、日各国援以相争，是以一俄而掣动各国，后患将不可胜言。着奕劻、李鸿章设法统筹兼顾，能将俄与各国各不相下之处，销融无迹，斯为至善。①

初七日甲戌(2 月 25 日)

电寄奕劻等，鱼电悉。据刘坤一、张之洞电称各国之意，均以东三省之约为不然。此事关系重大，非杨儒所能了结。朝廷深思熟计，急遽固非所宜，延缓亦恐误事。着奕劻、李鸿章统筹全局，悉心擘画，或婉商英、德、日、美、奥、意各公使，通筹一妥善办法，或面商俄使，别图补救。总之既不可激俄廷之怒，亦不可动各国之愤。李鸿章熟悉俄情，此中因应机宜，尤在该大学士之善为操纵耳。本日据锡良等电奏，洋兵西进不止，我军已退至晋界，如再前驱，势难坐待。着奕劻、李鸿章迅速切商阻止，即日电复。升允已撤换矣。

初八日乙亥(2 月 26 日)

据锡良初七两电，称升允禀，腊初德副帅致书陕军管带官云，来看长城，不到广昌。该管带答以各守各界，共维和局，实无德兵到彼，特与接仗之言，恐系汉奸伪造挑衅，刻正严密根究，务得确情。现德兵已由倒马关、五回岭，分道退去等语。又去腊风闻法将巴摇到获鹿，深责殴贝不宜挑衅，当将前捉我军士二人放回，并云前事彼此不究，我军亦将所捉奸细二人释归。固关营务处赵尔丰、复属井陉知

①《清实录·德宗景皇帝实录》卷四七八。

县，致书获鹿，转达和好之意。乃有匪徒散布谣言，谓我军欲袭获鹿，殴贝又暗觅教民，伪造新闻报，激怒瓦帅，以实前言，而谋西犯。赵尔丰闻之，速函属井获两县，代为表白，惟恐瓦帅未悉真情，务须告明，免再生事。可见两处皆由误听匪言所致。今德兵已退，即着奕劻、李鸿章将详细实情。转告知瓦提督。转饬德法两路兵官。以后勿再轻信谣言。进兵西犯。总期早定和局为要。①

初九日丙子（2月27日）

电寄奕劻等，阳电悉。俄使以此事与各国无涉，中国当置之不理，其势固做不到。若竟将俄约延宕不办，则三省必不愿交还，各国将相率效尤，大局不堪设想。朝廷体察情形，若能乘机借力各国，以图牵制，将必不可允者，除来电所指各款外，如第七条内将金州自治之权废除一款，一并力与辩论，但能做到勿占据我土地，勿垄断我利权，俾各国不致借口，或亦权宜结束之一法。着奕劻、李鸿章详加参酌。妥慎办理。一面婉商各使。开诚布公。协力劝俄相让。勿徒与我暗中为难。方臻妥善。

初十日丁丑（2月28日）

电寄吕海寰等，俄允交还东三省，所拟条约十二款，朝廷已饬令全权磋磨删减，期保自主之权，各国亦均以为不可许。惟就中国现在情形而论，各国代谋之意，固属可感，而势难独力坚持，激怒于俄，因念此中利害，不惟中国当熟筹妥计，期出万全，即各国亦须互相维持，以免环球偏重之势。着吕海寰、李盛铎、罗丰禄、伍廷芳密商各外部，恳其联约向俄廷善为排解，俾此事得以和平了结，庶于中外大局，实有裨益。

十一日戊寅（3月1日）

电寄奕劻等，据日使所言，电致出使各国大臣各节，昨已有旨分电各使，转向各外部婉向俄廷，曲为商减，与该亲王等办法大致相同。惟交还条款，俄催速定，固难延缓，致激俄怒。然各国既啧有烦言，若竟不理，亦恐借口群起为难。此中关系甚重，该亲王等务当筹计万全，总期定约以后，各国不致另生枝节，方为妥善。至条款内，仍有应力与磋磨者，如阳电所指第六、第八、第十二各款必商改，铁路直达长城向京一节尤关紧要；又第四款路工未竣，不设兵队，应专指铁路边旁而

---

① 《清实录·德宗景皇帝实录》卷四七八。

言；军火禁入满洲，应与公约同时起止，不得永禁；第七款将金州自治之权废除，亦知孤城留之无益，特恐各国即指为割地实据，借口效尤耳；第八款路矿各利益，非俄允不让他国，宜声明中国自办，不在此例，或中国借款，先尽俄国；第十一款上项赔款，可将全数，或分出若干，以他项利益作抵，恐系注意陆路关税，及山海关铁路等事，必与言明，须与此次公约，各国利益相埒。该亲王等当妥细统筹，务与俄使逐款分晰剖辩，力图挽救，并一面电知杨儒按照此电所拟，婉切商改，毋误事机。①

十三日庚辰(3 月 3 日)

浙江巡抚恽祖翼奏，衢州教案，酌拟办法，由盛宣怀竭力磋磨，迅图归结。得旨：此案已交奕劻等细核确情，与英使切实磋磨矣。

调江苏巡抚松寿为河南巡抚，湖北巡抚聂缉椝为江苏巡抚。

是日。上以和议未协，致书俄罗斯国皇。

十七日甲申(3 月 7 日)

盛京将军增祺奏，俄国现允交还奉天省城。所有应先筹办各事宜，谨开具节略呈进。得旨：着俟交还接收后，分别次第妥筹办理。②

十八日乙酉(3 月 8 日)

电寄奕劻等，电悉，前电格使负气不肯相商，今格使既来面言，正可乘机向其婉商转圜。其原约内应议改各条，已详十一及昨日电旨。第八条铁路矿务，由东北直抵西北，所包太广，必犯众怒。第十二条内铁路建修，向京直达长城一语，尤为危险，均须极力商改。着奕劻、李鸿章，即电知杨儒遵照前两次及此次电旨，向俄外部设法分辨，委婉磋磨。该亲王等亦相机与格使婉商酌办，合力补救。至所称改作专条密约，恐亦难免各国借口。总期妥协定约，保我政权利权，而不致各国有词生衅，是为至要。本日据李盛铎电奏，日外部言英有诘责俄廷之说，未识如何措词等语。该亲王等有无所闻，亦密探电复。③

① 《清实录·德宗景皇帝实录》卷四七八。
② 《清实录·德宗景皇帝实录》卷四七九。
③ 《清实录·德宗景皇帝实录》卷四七九。

十九日丙戌(3月9日)

电寄吕海寰等，各处华民，出洋谋生者甚多，无不眷怀故土，倾心内向。乃孙汶、康、梁诸逆，托为保国之说，设立富有票会，煽惑出洋华民，敛赀巨万。若不详切开导，破其诡谋，使知该逆等藉词保国，实图谋逆，乘机作乱。诚恐华民受其蛊惑，仍纷纷资助款项，蔓延日盛，为患实深。着吕海寰、李盛铎、罗丰禄、伍廷芳选派妥员，前往各商埠详察情形，剀切劝谕，务令各华民，晓然于该逆等并非真心保国，勿再听其摇惑，轻弃赀财，以定人心而弭隐患。

廿一日戊子(3月11日)

电寄奕劻等，锡良等电称前遵旨退守晋境，照会德帅，各不相犯，专弁送至鞍子岭德营，款待颇优，即刻转送保定。顷据五台防营禀，十八洋兵在长城岭十里外山顶放炮，我军伤亡，同时另股又攻铜钱沟，阑入晋境，恐难抵御。前庚电称祸首已办，德兵即不深入，今又进兵攻击，究系何故。着奕劻、李鸿章切实向德使诘问。务令退出晋境，各不相犯。①

廿二日己丑(3月12日)

蠲免两浙杭州嘉兴、松江各盐场荒废灶荡田地钱粮，其两浙场灶被灾灶课钱粮，并蠲缓。

廿五日壬辰(3月15日)

电寄奕劻等，漾电悉，据杨儒称反覆与俄外部争诘，已允将前约略为改动。如所改约稿，仍有关碍，杨儒务当乘机，按前叠次电旨所指各节，再与婉切商改。总以不致各国效尤、贻害为妥。顷据罗丰禄电称英澜侯云，现正诘俄，并商德、美、日，中国只须抱定四国未回信，不遽画押，俄不至别有加害，候商定办法再告。又据刘坤一、张之洞来电，日总领事梗电云，日外部电称驻俄英使，已向俄政府诘以此次所索约款，与去年宣布之言不符，俄答以新约并无有碍中外条约之款，不过表明俄国愿办之事，仍可商议删改，中国实愿速行签定，俄并无迫求画押之意，惟联军未去北京之前，不愿即还侵地。是俄并非以决裂为词，逼求定约，实议和某大臣

---

① 《清实录·德宗景皇帝实录》卷四七九。

谓若望俄交还土地，必须速定此约，其误甚矣。务请坚拒勿允。中国如允此约，各国必至效尤，驯至瓜分而后已。是俄经英日诘问，俄亦自知理屈，与布告各国之语不符，中国不难向其商改各等语。详览各电，俄既不认催迫定约，且谓中国愿速签押，是慑于各国公议，有可转圜之意。奕劻、李鸿章务须坚持定见，婉商俄使，设法从容磋磨，务臻稳协。又据吕海寰电称各使倘肯公同调停，则公约速结，再商俄约，乃为上策。闻德索兵费三百兆马克，如西四月以前，兵不能撤，尚须加增等语。是各国公约，宜先迅速议定。该亲王等迅向各国妥议各款，早定和局，毋再延宕，尤为至要。再刘坤一、张之洞屡请宣示俄约，谓此约系俄自定勒派，并非我与商订者，无妨布告各国，言亦近理。或将此约交与各使阅看，并着酌办。又据张之洞电陈俄约效尤之害：一、俄路驻兵，令我供房屋粮食，若效尤则卢汉、粤汉铁路，洋兵布满中国。二、东三省只准设巡捕，不准设兵，若效尤则京城及直隶全省，皆不准设兵。三、东三省撤台禁炮，若效尤则京城及直隶全省，皆无一炮。四、大纲十二条，原有禁军火一条，前与英德使电商，须定年限，英德使复电均云可以商办，今东三省另立禁军火一约，与内地有碍。五、北省沿边蒙古、新疆，皆不准中国及他国人开矿造路，须问俄人，北边数万里，已非我有，假如各国效尤，英于长江，德于山东，日于闽，法于滇，皆不许中国自开矿路，中国全国政治、土地、理财、行兵之权，皆为人有；且我于东北、西北各省，准他国人开矿造路，尚是牵制维系之策，亦不能允俄人阻断他国之请，任其垄断，待其吞噬；中国一线生机，只在各国牵制一语，岂可自行划断。六、直修铁路到京，俄有护兵，而不准我设兵，此永远危险，不待效尤等语。所论尚为透彻。奕劻、李鸿章、杨儒务当详加参酌。总期中国政权利权，不至全失，勿使各国效尤为断。

电寄宋庆等，电称长城岭、铜钱沟，同时失守，敌已阑入等语。洋兵是否即在该两处进据，抑于阑入后，旋复退回。着即查明电复。①

廿七日甲午(3月17日)

转杨儒电悉，俄约更改，在俄尚敦睦谊，杨儒亦颇费磋磨。惟其中细目尚有窒碍之处，恐为各国借口。如第一款"吏治照旧"，而不及利权兵权，应商改为一切照旧。第二款"办到之日止"，为日太长，应商改为"开办之日为止"。第八款尤关紧要，现改仍包括太广，必招各国之忌，或于"一切工商利益"句下，添"中国自行设法造路、开矿等项利益，不在此例"。似此添改无多，当尚不难婉商。此外如尚有何关碍之处，着奕劻、李鸿章、杨儒再行详细推敲，务臻妥协。限期过迫，仓卒定议，英、日、美等国尚无回信，仍难免藉词效尤，应再婉商展限。总之此事关系

---

① 《清实录·德宗景皇帝实录》卷四七九。

大局甚重，全赖奕劻、李鸿章、杨儒彼此电商，博采周咨，熟权利害轻重，以定画押迟速，俾免俄国及各国别生枝节，致贻巨祸。奉天交还地方，着奕劻等电知增祺妥为接收。①

廿八日乙未(3月18日)

宥沁转杨儒两电均悉，俄约虽已多商改，然仍有窒碍之处，恐为各国借口，效尤图我，并非望各国助我排解也。此约关系利害甚重，必须详细熟筹，期限太迫，务再商请展期，宽以时日，从长计议。如不肯缓，则第一款吏治一切照旧，则政权利权俱包在内；第二款"办到之日"，改为"开办之日"；第八款添"中国自办，不在此例"；末款长城铁路，亦须再酌改轻，或有词以谢各国，不致借口。

二月初二日戊戌(3月21日)

电寄李盛铎等，俄约现虽酌改，其中尚多窒碍，不独中国之害，亦大非各国之利。惟限期甚迫，俄告中国词意决绝，势难独力转圜，非得各国力助商缓，不能从容筹议。前英澜侯有英、日、德、美向俄诘问，尚未回信，中国勿遽画押之语。昨全权电奏，萨使亦允转电政府，请俄展限。着李盛铎、罗丰禄、伍廷芳速商各外部，请迅即电达俄廷，代请展限。总期稍宽时日，方可妥为筹计，必各国真肯出力助我，方能有益。该大臣等务须体察情形，或密告以各国，果能代请展限，中国得以筹办妥协，则俄交还东三省后，中国甚愿与各国会议东三省，开门通商章程，大兴矿路、工商一切事宜，俾各国利益均沾，亦仍赖各国合力向俄商办。有此利益，各国或可实力相助。惟此层务必秘密，作为该大臣等之意，不可使俄知之，以致激怒贻患为要。着即悉心妥筹向商，以固全局。仍将商办情形，迅速电闻。②

初三己亥(3月22日)

电寄吕海寰等，昨谕该大臣等速向外部请代商俄展限，计已奉到。顷接杨儒东电，照会展限改议，俄拒不收，意已决绝。究竟各国肯合力助中国向俄转圜否？又据盛宣怀电称，俄约若画，各国必怒而群起分裂；如不画押，而俄强占，尚有公论，各国必退还顺、直，他处亦无平空强取之理。此言果确，则不画押，仅撄俄

---

① 《清实录·德宗景皇帝实录》卷四七九。
② 《清实录·德宗景皇帝实录》卷四八〇。

怒，画押必犯众怒，自应权利害之轻重。着吕海寰、罗丰禄、伍廷芳、李盛铎迅向外部商请，赶于限内代商俄展限，或照商删改，并询明如逾限不画押，俄怒决裂，各国能实力助我，向俄理论，决不与我为难，而公约仍可早在京商定否？务得确信，迅速电复。俄限甚迫，复电勿逾期为要。

初五日辛丑 (3 月 24 日)

电寄奕劻等，俄约关系太重，叠经谕令熟权利害轻重，妥筹办理。迄未据切实覆奏。昨据各督抚及各驻使纷纷电奏，皆以坚持不画押为害较轻。昨又具国书，恳俄展限酌改。总以不背公约，各国不致借口为断，亦未据杨儒覆奏。朝廷细思，不遽画押，仅只激怒于俄，画则群起效尤分据，其祸尤速。即着该王大臣等分告在京各使，中国不敢遽允俄约画押，请先议公约，并着杨儒婉告俄外部，中国为各国所迫情形，非展限改妥，无碍公约，不敢遽行画押，请格外见谅。

耶松船厂与祥生船厂合并，成立耶松船厂有限公司，能修理三千吨以上的船舶。①

初七日癸卯 (3 月 26 日)

电寄奕劻等，鱼电转杨儒微未电悉，俄外部既约杨儒晤言，是有转机，国书自必趁此呈递。着杨儒即婉恳照国书内所请各条，如吏治照旧、末四款办到日为止、满洲兵及内外巡捕须与俄商定数目，满洲全境一切工商利益、自干路或枝路造一路至长城等语，全行删让，以符《北京公约》，可免各国借口。如俄约肯允照改，迅速电闻，即可定议。既可通融一二日，再请多展数日，并将中国为难情形，婉切恳告，或先议公约，再议专约。中俄唇齿，图报之日正长，勿于此时逼紧，俾各国群起效尤。至俄约中有碍中国主权，及各国权利与公约不符之处，奕劻、李鸿章亦应向各国密商，请其公议设法斡旋。总期定俄约后，各国不与我为难为断。②

初九日乙巳 (3 月 28 日)

电寄李鸿章等，俄约关系甚重，该督抚皆力请不可画押，谓一画押则各国群起分裂，不画各国尚可以公论助我诘俄，东三省俄难强踞，朝廷已坚持非改至不背公约，不允画押。今李鸿章电奏，谓不画押，俄必决裂，永不还东三省，各国亦必效

---

① 刘传标：《近代中国船政大事编年与资料选编》第 2 册，九州出版社 2011 年版，第 484 页。

② 《清实录·德宗景皇帝实录》卷四八〇。

尤瓜分，杨儒又跌伤不能办事，限期已逾，俄怒而决裂即在目前，且必致公约不定，联军不撤，各国又增索兵费。该督等务即妥筹如何办理，并速及此时分向各国外部电询办法，勿致徒激俄怒，又贻事后之悔。

十一日丁未(3月30日)

以铸钱局办事出力，予广东候补知府熊方柏等升叙，赏监工洋员英人卫安宝星。

十二日戊申(3月12日)

电寄奕劻等，俄约限期已逾，万难置阁不办，必须筹转圜之法。今拟四条如下：一、杨儒患病不能办事，即应另简使臣前往接替；二、东三省约章，德、美、英、日皆请交与各使在京公商；三、俄廷现复日本第二节约内，如侵碍中国主权及碍各国利益，并无其事，则十一款内国书所指删去数项，及此外如有侵碍主权并各国利益者，自应尽除；四、中国仍愿与俄如常敦睦，但迫于公论，须恳原谅。着奕劻、李鸿章按此四条，照会格使婉切商议，候复并向各使速商定约为要。①

十三日己酉(4月1日)

吕海寰电称，据德外部为中国计，俄约仍应在京公商为妥。京俄两约，本非一事，尽可同时并议，但俄约不宜混入京约，致京约延宕，倘俄约办至画押，或同时或先后均可等语。各国来电，均愿早定公约，德廷亦如此持论，足见公约不可缓议。着奕劻、李鸿章迅即切商各使，务先将公约赶紧商定。

十五日辛亥(4月3日)

以力筹赈济，赏俄国护军统领参将聂威得木斯克等一百五十八员宝星。②

廿四日庚申(4月12日)

电寄奕劻等，养电悉。法使照称议赔款、立碑碣等事，即派张翼、周馥妥为办

---

① 《清实录·德宗景皇帝实录》卷四八〇。
② 《清实录·德宗景皇帝实录》卷四八〇。

理。惟善后传教章程最关紧要，必须详细妥议，秉公持平，使民教不致相仇，方能彼此两益。并着该王大臣督饬张翼、周馥悉心酌核详定章程，切商法使，并商请各国公议，务臻妥协，以期民教相安，永弭后患。

廿八日甲子(4 月 16 日)

法使以刘光才一军，驻扎井陉相逼，必须先退，彼国方肯撤兵，否则德、法合兵，即日进攻等语。清廷着岑春煊查明，即饬刘光才退扎山西境内，免致借口。①

三月初一日丁卯(4 月 19 日)

电寄奕劻等，艳电悉。据岑春煊电称，已遵旨照该王大臣与法使商定，将井陉刘光才各军退扎晋界，知府泽宣自法营回禀，晤法杜提督，言刘军撤后，彼军即退，并言法军决不过井陉，以免我退彼进之疑等语。法已允不进兵，与德军何涉，何得借口添兵西进。该王大臣责无旁贷，自应据理诘问力阻，何得委为尚无把握。着即切实商阻，倘洋兵再进，定惟该王大臣是问。至和约各条，关系重大，如议赔款及禁运军火等事，节目繁多，俱宜内外和商，详晰磋磨。刘坤一、张之洞，本系派令会议之大臣，并着该王大臣将应行筹议事宜，随时电知。

初四日庚午(4 月 22 日)

电寄张之洞，电悉。日商东肥洋行，进呈贡品，具见恭顺之忱，着即赏收。并由该督从优酌备赏件，传旨颁赐嘉奖。

初五日辛未(4 月 23 日)

长顺等奏，俄员商请合办吉林矿务，暂议约章，开单呈览一折。已准如所请矣。又奏，吉林办理交涉艰难情形，机器局全被俄人占据，各城炮位，悉为俄用，均须向俄使索还各折片。着奕劻、李鸿章，一并归入东三省案内核办。

初七日癸酉(4 月 25 日)

本日叠据岑春煊电奏，洋兵五千余，分三路西进。初五早，猛攻娘子关，我军

---

① 《清实录·德宗景皇帝实录》卷四八〇。

并未还击，以致弁勇伤亡甚众，已退至平定州。着奕劻刻即向德、法两使诘责，速令退兵，以践前言而保和局。①

初十日丙子（4 月 28 日）

电寄岑春煊，电悉。德、法洋兵，已进固关，该抚务当严饬各营，扼要防守，毋稍疏虞。洋兵进止情形，仍随时确探电闻。各防营勇丁。如有滋扰情形，严饬该统领认真约束，并查明究惩。

电寄奕劻等，洋兵擅逼晋境，已过固关，殊与前言不符。现闻到处滋扰，即使不任意西趋，亦应力与辩论。着奕劻、李鸿章向德法两使，切实诘责阻止，务践前言。如仍似在直境勒索银两，将来须在赔款内作抵，庶昭允协。

十五日辛巳（5 月 3 日）

电寄各省督抚，奕劻、李鸿章电奏，各国索赔款四百五十兆各情，仍饬商宽期议减，分年摊还。此次偿款，为数过巨，自应分饬各督抚合力通筹。各省库款支绌，朝廷固所深知，然当事处万难，必须竭力筹措，确有指抵之款，庶不致各国借口，侵我自主利权。着各直省督抚，各就地方情形，通盘核计，将一切可省之费，极力裁节，至地丁漕折盐课厘金等项，更当剔除中饱，涓滴归公。此外应如何设法之处，亦须悉心筹度，不遗余力，以期凑集抵偿。该督抚等受恩深重，其各激发天良，力维大局，不得以无款可筹，稍存诿卸。现在款议渐将就绪，为期甚迫，着即将筹定情形，迅速电奏。

十六日壬午（5 月 4 日）

许应骙电奏，闽造快舰将成，积欠料价无着，闽省万难筹此巨款，法监督索取急迫。若诿延不交，势必请其国出头强索，更生枝节。粤较闽筹措尚易，请仍饬粤筹款收舰等语。着陶模等，仍遵上年十二月谕旨，将快舰拨归粤省备用，所需价料银五十万两，迅筹的款，如数拨解闽厂，以顾大局，毋再诿延。

以营伍废弛，革福建邵武营参将全山、水师后营游击熊春祥职。②

---

① 《清实录·德宗景皇帝实录》卷四八一。
② 《清实录·德宗景皇帝实录》卷四八一。

廿四日庚寅(5 月 12 日)

电寄刘坤一等，此次商议偿款，中国常年度支，除指抵外，不敷甚巨，必须设法另筹。盐务为饷源大宗，近闻有欲谋揽办者，更应自行认真豫筹办理。从前四川盐务，经丁宝桢破除情面，切实整顿，至今增款甚巨，自应仿照妥办，以期加多库款。着刘坤一、张之洞、奎俊、陶模、许应骙、魏光焘、袁世凯、岑春煊、余联沅，各就地方情形，详加体察，应如何设法变通，剔除中饱，严缉漏私，痛革官商一切积弊，并酌量加厘加课之处，悉心筹议，迅速复奏。①

夏四月初四日己亥(5 月 21 日)

据奎顺等奏，三月间有德兵至张家口空营内，将埋藏之军火刨出拉运，自行失火，伤毙洋兵数名，旗兵伤毙甚多，衙署房屋，全行震塌。该洋官南北送信，恐藉词生衅，请电饬全权派员查办等语。此事究竟是何实情，德兵有无寻衅之意，即着奕劻、李鸿章探明电覆，并派员驰往查办，毋任滋扰生事。②

初五日庚子(5 月 22 日)

两广总督陶模奏，闽厂新造快船两号，拨归粤省应用。惟粤省入款，不敷甚巨，难于支应。拟请仍由闽省另行设法，改拨别省遣用。得旨：着即咨商许应骙妥筹办理。

初六日辛丑(5 月 23 日)

调河东河道总督任道镕为浙江巡抚，以前湖北巡抚锡良为河东河道总督。

初八日癸卯(5 月 25 日)

奕劻、李鸿章奏，拟改总理各国事务衙门为外务部一折。所有应设司员额缺事宜，着政务处大臣会同吏部妥议具奏。寻会奏，遵拟外务部额缺，分设和会、考

---

① 《清实录·德宗景皇帝实录》卷四八一。
② 《清实录·德宗景皇帝实录》卷四八二。

工、榷算、庶务四司，并设左右丞参议，优给养廉，暨各项章程。依议行。①

初九日甲辰（5 月 26 日）

电寄奕劻等，阳电悉，各国赔款，共四百五十兆，四厘息。着即照准，以便迅速撤兵。惟中国财力，止有此数，务须将本利核定总数，宽展年限，力与磋磨为要。

初十日乙巳（5 月 27 日）

电寄奕劻等，阳电悉，偿款四万五千万，各国既不允减，尚可照准，惟前奏闻索息一倍，计合三厘三毫零，仍照此商减为要。中国财力已竭，各国皆所深知，并须展宽年限，方能勉筹。着即迅速商定，以便早日撤兵。②

十七日壬子（6 月 3 日）

光绪帝谕令：钦奉慈禧皇太后懿旨，为政之道，首在得人，何况值时局阽危，尤应破格求才，以资治理。允宜敬遵成宪，照博学鸿词科例，开经济特科，于本届会试前举行。天下之广，何患无才。其有志虑忠纯、规模宏远、学问淹通、洞达中外时务者，着各部院堂官、及各省督抚学政，出具考语，即行保荐，并着政务处大臣拟定考试章程，先期请旨办理。朝廷振兴百度，母子一心，惩往日之因循，望贤才之辅治。尔诸臣当详加延揽，各举所知，共济艰难，以维邦本，使中兴人才之盛，再见于今，则深宫所祷祀求之者也。

十八日癸丑（6 月 4 日）

命醇亲王载沣为头等专使德国大臣，以前内阁侍读学士张翼、正白旗汉军副都统荫昌为参赞官。

十九日甲寅（6 月 5 日）

清廷谕令：翰林院为储才重地，在馆各员，自应讲求实学，通达古今，以备朝

---

① 《清实录·德宗景皇帝实录》卷四八二。
② 《清实录·德宗景皇帝实录》卷四八二。

廷任使。乃近日风气，专以诗赋小楷为工，敝精神于无用，而经世之务，或转不暇考求，殊非造就人才本意。兹当变通政治之初，允宜首先整顿，嗣后编检以上各官，应专课政治之学，以大清会典六部则例为宗，旁及古今政书，直省通志，凡有关经济者，皆当究心。他如条约公法以及天算格致诸书，听其分门肄习。其有愿赴南北洋学习者，亦准其在本署呈明，咨送前往。着掌院学士酌定课程，每月呈送剳记，择其议论切实、确有见解者，选录进呈，量予奖励。其纰缪不正、有害士习者，分别纠劾。凡散馆大考考差，均应一律变通。着掌院学士妥拟章程，咨送政务处王大臣覆核，请旨办理。朝廷侧席旁求，冀得通儒硕彦，朝夕论思，用恢治道。其各争自濯磨，以副朕求治作人之至意。

以守约笃交，赏驻塔城俄领事官柏勒满宝星。①

二十日乙卯(6 月 6 日)

张百熙奏，修改商约，虑失利权，宜筹抵制之策一折。着奕劻、李鸿章详细酌核，于定约时切商各国公使，悉心磋议，竭力维持，以冀挽回利权，并会商盛宣怀互相参酌，务臻妥协。

以稽征出力，赏署江汉关税务司梧州税务司何文德宝星，并加二品衔。

廿三日戊午(6 月 9 日)

抚恤朝鲜国遭风难民如例。

廿四日己未(6 月 10 日)

奕劻、李鸿章奏，请严饬各省保护卢汉铁路电线一折。铁路电线，为国家兴利之源，十数年来经营缔造，叠拨巨帑，方得粗具规模。乃上年拳匪之乱，卢汉铁路及沿途电线，肆意拆毁，几致尽弃前功，殊堪痛恨。现在大局渐定，亟应及时修复。其经过地方，尤宜加意防范。着各该督抚严饬所属州县及各防营，认真办理。该公司各项物料，均系动用国帑；购造工艺诸人，亦系国家招雇，均应一体切实保护，毋得稍有疏虞，致干参处。并着出示剀切晓谕军民人等，务各仰体朝廷兴作本意，家喻户晓，悉泯猜嫌。倘敢违抗，定即严拿重办，以肃政令。至沿途巡护之兵，必须得力。应如何酌量归并，随时调遣之处，着督办铁路大臣妥议章程，奏明办理。②

---

① 《清实录·德宗景皇帝实录》卷四八二。
② 《清实录·德宗景皇帝实录》卷四八二。

廿八日癸亥(6月14日)

长顺奏,吉林余孽未尽,地阔兵单,请酌添兵力以靖盗风,并豫为俄国撤兵后,保全地方及铁路地步等语。着奕劻、李鸿章与驻京俄使,据理熟商,应如何自添兵力之处,知照该将军妥筹办理。

五月初一日乙丑(6月16日)

命户部右侍郎那桐为专使日本国大臣,赏加头品顶戴。①

初三日丁卯(6月18日)

电寄奕劻等,电悉。醇亲王载沣,初次出洋,一切言动,诸宜谨慎,饮食起居,随时调护,并着张翼等悉心照料,妥慎赞襄,礼毕即行回国。仍将外洋风土人情,随地留心体察,以资阅历。

那桐奏,南漕运京,酌拟变通办法一折。漕粮积弊甚深,值此时艰,亟应改弦更张,妥筹良法。该侍郎所请将江浙漕米迳运京仓,酌拟办法各条,尚属可行。着户部、仓场侍郎、直隶总督分别详查情形,妥定章程,奏明办理。其应修铁路之处,着奕劻、李鸿章酌核勘办。

初四日戊辰(6月19日)

有人奏,盐务积弊,酌拟治本、治标二策一折。盐务为国家岁入之大宗,亦直省丛弊之渊薮,而两淮、两广为尤甚,何况当此时艰孔亟、帑饷支绌之际,尤宜变通整顿。惟各省情形不同,必须因地制宜,期收实效。原折所陈盐务积弊,及酌拟治本治标各节,不为无见。着各督抚各就地方情形,详加考核,妥筹办理具奏。总期兴利除弊,以裕饷源。

初五日己巳(6月20日)

电寄奕劻等,江电悉,赔款一事,每年二千六百万,中国既难筹抵足数,则各国列表年限,展宽十四年,利息多至二万数千万,势亦不得不然。该王大臣俟各国

---

① 《清实录·德宗景皇帝实录》卷四八三。

议覆到齐，再与婉商。如实不能磨减，只可照准。至海关如何指项作抵，于中国利权有无窒碍，并着妥确筹商电奏。

电寄奕劻等，现距撤兵限期，仅有十日。究竟各国兵队，果如期全撤否，觐见礼节，如何定议，迄未据奏。教案续行议处人员，亦未据商定复奏。当不至因此宕延，又生枝节。该王大臣膺此重任，责有攸归，着即迅速电复。其通商行船约章，亦须及时妥议。前有旨令盛宣怀会同商办，是否应在京会议，抑在沪邀集洋商先行妥议，并着妥筹电奏，仍知会盛宣怀遵照。又民教专约，关系甚重，亟应趁此与各国会商，定立妥协章程，奏明通饬遵照，以杜后患而固邦交。①

十五日己卯（6 月 30 日）

增祺奏，寿长由新立屯进省，路过新民厅，被俄统领派兵送至省城。现俄都统因往抄刘弹子，竟将寿长由火车载赴旅顺，闻已送往海参崴等语。前已电令寿长迅速赴京，毋任延宕生事。该革员擅开边衅，应由中国自行惩处。着奕劻、李鸿章迅商俄使，先行放回。

以广州协副将郑润材，为广东北海镇总兵官。②

十六日庚辰（7 月 1 日）

李鸿章奏，教堂偿款，除归大案银三百万，并筹给现银二百余万外，顺直各州县，赔恤教民各款，仍应就地筹捐等语。昨据刘恩溥等合词奏称，直隶各属教士，索偿赔恤，为数甚巨，而地方悉遭蹂躏，凋敝万分，困苦异常，民不聊生，事定以后，喘息难安。若再迫令骤捐巨款，民力万难筹措，必至弱者悉填沟壑，强者激生事端。请饬地方官与教士，公平议定赔恤数目，暂拨官款，先行垫给，一俟民力稍纾，再饬各州县分年就地筹捐，摊还官款等情。已有旨饬令全权大臣、直隶总督，会商户部妥筹办理。着李鸿章再行体察地方情形，细筹妥办，以苏孑黎而恤民艰。

福建陆路提督程文炳奏，所统五省援军，一律撤竣。报闻。

十七日辛巳（7 月 2 日）

以保护出力，赏俄国王爵克钤多福等宝星。

---

① 《清实录·德宗景皇帝实录》卷四八三。
② 《清实录·德宗景皇帝实录》卷四八三。

十九日癸未(7月4日)

电寄刘坤一等，据电称，意提督乘舰来宁，接见未言来意，据探报谓其注意浙江三门湾等语。浙江海防吃重，任道镕前经请假，着力疾迅赴新任，并将启程日期，先行电奏。

命前江苏苏松太道蔡钧，以四品京堂候补，充出使日本国大臣。

赏美国使馆参赞哲士宝星。①

二十日甲申(7月5日)

电寄奕劻等，效电悉。日使函称醇亲王使德回路经美暨日本，政府望旌节抵日，藉伸同洲和好之谊等语。着照所请，以重邦交。英、比如有此意，函请亦可准行。即由该王大臣随时知照办理，仍一面电闻。

廿一日乙酉(7月6日)

署浙江巡抚余联沅奏，病势不支，请迅速交卸抚篆，并开去湖南布政使本缺。得旨：昨已有旨饬催任道镕迅速赴任矣。该署抚仍力疾从公，以重职守。

廿二日丙戌(7月7日)

命福州将军景星兼管闽厂船政。

廿三日丁亥(7月8日)

钦奉慈禧皇太后懿旨：为政之要，首在人才。闻出洋华商子弟，就近游学者，颇多可造之才。着各出使大臣，留心察访。如有在外洋大书院肄业，精通专门之学，领有凭照，或著有成书者，准由各使臣认真考试，分别等第，咨送回籍，由政务处奏请简派大臣，按其所学，分门考试，拟取后带领引见，听候录用，赐以进士、举人、贡生各科目。将来著有实在劳绩，即当量予擢用。所有考送章程，及考取姓名、籍贯、年貌，着分别咨送各该衙门查照。该使臣等务当切实考选，不得以

---

① 《清实录·德宗景皇帝实录》卷四八三。

并无实学者，滥竽充数，致使徒劳往返，用副朝廷广罗俊乂、实事求是之至意。①

是月

张謇所创办之通海垦牧公司成立，通海垦区原为海边荒滩，总面积 232 平方里。②

六月初一日乙未(7 月 16 日)

予积劳病故，前驻秘嘉里约领事知州钱树滋、驻小吕宋随员守备伍朝惠照应得升阶优恤。

初二日丙申(7 月 17 日)

庆亲王奕劻等奏，请仿西例出使大臣各按品级章服，绘于国旗之上，以便外人易于识认，于接待保护，均有裨益。报闻。③

初三日丁酉(7 月 18 日)

江南自强一军，素练洋操，本系备调之队。现在山东武卫右军调派三千人赴京弹压地方，该省未免空虚。着刘坤一即饬调该军前往山东，交袁世凯酌量分布，督饬训练，务成劲旅，以资得力。

醇亲王载沣奏，奉使德国，由京启程，及开用关防日期。报闻。

初四日戊戌(7 月 19 日)

增祺等奏，俄员照会欲仿吉林办法，在奉天开矿一折。着俟东三省大局定后，再由奕劻、李鸿章会同总理各国事务衙门、户部、矿务大臣将所送约章，详细酌核，妥议具奏。

盛京将军增祺等奏，俄国军队在兴京一带与吉林马贼刘弹子等接仗，陵寝无扰

① 《清实录·德宗景皇帝实录》卷四八三。
② 《大生系统企业史》，江苏古籍出版社 1990 年版，第 45~62 页。
③ 《清实录·德宗景皇帝实录》卷四八四。

情形。得旨：仍着随时体察情形，相机办理，并会商灵熙敬谨守护，毋稍疏虞。①

初六日庚子（7月21日）

电寄奕劻等，现已届六月，各国之兵究竟何时撤尽？京使馆留兵若干？天津及沿途洋卡各留兵若干？着奕劻、李鸿章查明电奏。

初七日辛丑（7月22日）

电寄奕劻等，现在和议已定，公约何日画押。着即电闻，以慰廑系。

侍郎衔前内阁侍读学士张翼奏，开平矿局加招洋股，改为中外合办情形。得旨：该大臣责无旁贷，着即认真妥为经理，以保利源。又奏，奉命随同醇亲王出使外洋，请将直隶及热河矿务暂缓办理。如所请行。

初九日癸卯（7月24日）

清廷谕令：从来设官分职，惟在因时制宜。现当重定和约之时，首以邦交为重，一切讲信修睦，尤赖得人而理。从前设立总理各国事务衙门，办理交涉，虽历有年，惟所派王大臣等多系兼差，仍恐未能殚心职守，自应特设员缺，以专责成。总理各国事务衙门着改为外务部，班列在六部之前，简派和硕庆亲王奕劻总理外务部事务，体仁阁大学士王文韶着授为会办外务部大臣，工部尚书瞿鸿禨着调补外务部尚书，授为会办大臣，太仆寺卿徐寿朋、候补三四品京堂联芳着补授外务部左右侍郎。所有该部应设司员额缺选补章程，并堂司各官应如何优给俸糈之处，着政务处大臣会同吏部妥速核议具奏。

以随使出洋三年期满，予分省试用县丞陆长葆等二十一员奖叙。

以办事认真，不辞劳瘁，赏北洋"海容"船管轮洋员巴斯宝星，并赏戴花翎。

予出洋病故直隶试用县丞方嘉颖优恤。②

初十日甲辰（7月25日）

以随使出洋三年期满，予山东候补直隶州知州李春官等三员奖叙。

① 《清实录·德宗景皇帝实录》卷四八四。
② 《清实录·德宗景皇帝实录》卷四八四。

十一日乙巳(7 月 26 日)

署浙江巡抚余联沅电奏，浙漕再请改折二成。允之。①

十三日丁未(7 月 28 日)

电寄奕劻等，蒸电览悉，殊堪诧异。据称京使馆留兵二千，核与该王大臣前奏使馆留兵共计仅数百名之语，大相悬殊。即天津及沿途留兵之数，亦多至万人。回銮所以慎重者，正因公约未画，洋兵未撤之故。乃该王大臣于画约迟早，全未奏及，昨经电询，始云不再画约。前据称撤兵日期，有六月内全撤之语，今又云由河南回銮，始行全撤，亦属前后两歧。宵旰忧劳，无一日不系念于此。该王大臣此奏，独不为朝廷设想，于心安乎？

总管内务府大臣世续奏，内务府乐部和声署及蒙古音律处被洋兵占踞，现经退出。查看文卷册档，均行遗失，房间毁拆无存，拟分别择要修葺。报闻。

十四日戊申(7 月 29 日)

电寄奕劻等，刘坤一、张之洞等前后论俄事各电，均览悉。二月初间，中外诸臣佥言俄约一成，即启瓜分之祸，朝廷熟思利害，不得不为停画。此事势之当然，本无所容其成见。乃自是之后，李鸿章误以画约为刘坤一、张之洞所阻，至有江鄂为日人所愚之言；刘坤一、张之洞又以李鸿章为偏执己见，亦有全权为俄人所愚之言。彼此积疑，负气争论，究于国事何补。该大臣等受恩深重，上年共扶危局，各著勤劳，方深倚赖。国步至此，同心戮力，犹惧不济，何忍自相水火，贻忧君父，见笑外人。平心而论，李鸿章身处其难，原多委曲，然时有不受商量之失；刘坤一、张之洞虑事固深，而发言太易，亦未免责人无已。要之俄约自难全废，终当设法改订，俄人交还东三省，若仍夺我兵权利权，名还而实不还，害岂可言？且各国起而效尤，则内地之祸，何堪设想？必须乘公约既成之际，向俄使商定前约，婉与磋磨，并即照会各国公使，请为公议，便可询问关东撤兵日期，以观动静。若能将东三省许各国通商，得互相牵制之益，庶几根本之地可保，全局亦安。应如何办理之处，着责成奕劻、李鸿章赶紧筹商，务臻妥善，速行具奏。刘坤一、张之洞有会办之责，亦不准置身事外，特此开诚申谕。该大臣等同一竭忠谋国，务各捐除意

---

① 《清实录·德宗景皇帝实录》卷四八四。

见，和衷经画，挽回气数，共济艰难，实有厚望。尔功尔过，不能逃朝廷洞鉴也。①

十六日庚戌(7 月 31 日)

御史许祐身奏，请整顿洋土药税厘一折。据称各关征收洋药税厘，尚不及值百抽二十之谱，拟请加征一倍或四分之一，乘商约议改之时，妥筹办法。其土药税厘，亦请剔除漏私中饱，一律加征各等语。是否可行，着奕劻、李鸿章督饬总税务司妥商核办。

庆亲王奕劻等电奏，请再拨直隶赔款一百万两。得旨，交户部迅速筹拨。

巡视五城御史文琭等奏，各国撤兵，收回地面，筹办善后情形。得旨：仍着将善后事宜，会商妥筹办理。

十八日壬子(8 月 2 日)

萨保奏，漠河观音山等处金厂，因乱歇闭，请饬派员筹款接办。又俄商屡请开采满洲金矿，恐其侵占漠河等厂，请饬商阻，以杜觊觎，并需款甚殷，俟绰哈布到任商办各等语。矿务一事，着北洋大臣李鸿章酌核办理。黑龙江经费，前已拨款三十万，并着饬催绰哈布迅速赴任。

留京办事大臣大学士昆冈等奏，日本使臣照会，拟于雍和宫牌楼东南角建造万灵塔一座，以为设祭招魂之所。报闻。

署黑龙江将军萨保奏，江省外六城，均被俄人焚毁劫杀，筹办安抚情形。得旨：仍着妥为抚恤，毋任失所。又奏，都鲁河金厂被劫，厂员无可赔还，恳恩免追。允之。

以严束兵丁，重惩扰累，赏驻黑龙江俄官聂格来索甫宝星。②

十九日癸丑(8 月 3 日)

庆亲王奕劻等奏，商定各国使臣觐见礼节，设法磋磨，将其甚者酌议改易，以严天泽堂廉之辨，时历数月，始克就范。依议行。

---

① 《清实录·德宗景皇帝实录》卷四八四。
② 《清实录·德宗景皇帝实录》卷四八四。

廿一日乙卯(8 月 5 日)

电寄刘坤一，洽电悉。自强军调扎山东，原因该军向习洋操，就近归袁世凯训练，以期一律精熟。该督既称江防单薄，不敷分布。着即将张春发所部各营，调扎江阴。其自强一军，仍遵前旨调赴山东。

命出使德国大臣荫昌兼充出使荷国大臣。①

廿四日戊午(8 月 8 日)

换铸外务部印信，从庆亲王奕劻等请也。

以三年期满，予总理衙门东文翻译官候补知县唐家桢奖叙。

廿五日己未(8 月 9 日)

电寄奕劻等，哿电悉，吴淞口天津海河，系天然拦沙，并非淤浅。此事本不在原约之内，自应另与磋商，不得混入此次约内。且查萨使前遣杰弥逊赴江鄂时，据刘坤一来电，言杰曾面称如能将吴淞淤沙许彼开通，即加税值百抽十二五，亦未尝不可商办等语。是开沙于彼大有利益，于我有无窒碍，更应细酌办理。着奕劻、李鸿章即据此向商，妥筹另议为要。

庆亲王奕劻等奏，本届江浙漕粮，拟改由火车径运京仓。允之。②

秋七月初二日乙丑(8 月 15 日)

电寄奕劻等，勘电悉，据称俄使须办一机密照会三条，然后开议，细思实有难行。所谓两国定约，均系甘心自愿，所商量、所答应之事，不听他国指使一节，是未经开议，先须立一甘心自愿凭据，万一有断不能允之事，何以处之。即画押之先，不得使他国人豫知，我国自不以此事告知他国，然安能禁他国人。不知各国方扬言，俄谓中国自愿与之定约，如此是更与各国以口实矣。俄国方向各国宣言不占中国土地，若惠顾旧好，能将前约改订，我所甚感。惟必须不夺我兵权及地方自主之权，方为妥协，自然心甘。至前约于东三省铁路、矿产、商务利益，有不得再允他国之语，此层尤为棘手。各国所出而争论者，必即在此，若经应允俄国，则各

① 《清实录·德宗景皇帝实录》卷四八四。
② 《清实录·德宗景皇帝实录》卷四八四。

国将必效尤，祸患之至，不可言矣。中国固不足以当俄，又岂能当各国。此中关系紧要，该王大臣深为朝廷倚赖，务须与俄使婉切商办，妥定约章，使各国不至有辞。则俄国之保全中国者实大，不仅来电所指数条须有商改也。至挑浚河海淤沙，先时原未议及，今既谓在通商行船款内，应即归入商约缓议办理，仍早定公约为要。

以美国使臣参赞官司密德、俄国都司李希年克等四员办事得力，并赏宝星。①

初三日丙寅（8 月 16 日）

以德国皇太后薨逝，命使臣罗丰禄奉书致唁。

初五日戊辰（8 月 18 日）

全权大臣奕劻等奏，各国使馆所占民房，议定给价，请饬拨的款银三十五万两。得旨：着户部迅速筹拨。②

十二日乙亥（8 月 25 日）

山东巡抚袁世凯奏，请收回督练自强军成命。得旨：仍着认真训练，毋庸固辞。

会办商务大臣宗人府府丞盛宣怀奏，进呈南洋公学新译各书，并拟推广翻辑以资治理。得旨：着即推广翻辑，书留览。

十五日戊寅（8 月 28 日）

钦奉慈禧皇太后懿旨，颐和园圆明园一带，何日交收，即行电奏。交出后，着奕劻加派得力官兵，小心守护，严防土匪窃盗，毋稍疏虞。

两江总督刘坤一奏，江南在籍绅士宋治基等，于海州云台山，创办树艺公司，讲求种植，以开风气。下部知之。又奏，江宁水灾甚重，小民荡析离居，露宿乏食。请将江苏应行解部之捐款，截留济用。得旨：即着妥为赈抚，以恤灾黎。③

---

① 《清实录·德宗景皇帝实录》卷四八五。
② 《清实录·德宗景皇帝实录》卷四八五。
③ 《清实录·德宗景皇帝实录》卷四八五。

十七日庚辰（8 月 30 日）

电寄奕劻等，德主接见醇亲王礼节，拟坐受三鞠躬，参赞以下皆跪叩，倨傲过甚。各国向无此礼，殊非敦睦之道。前岁德亨利王觐见，曾经出位延接，并于纳陛上赐坐，极为优礼。今醇亲王虽因道歉前往，亦不应屈辱中国至此。着该大臣切托英、美、日本外部，电达德外部，婉切商改，务期循通礼而修旧好。想英、美、日本笃念邦交，必能代为转圜也。

廿四日丁亥（9 月 6 日）

工部尚书张百熙等奏，勘修跸路紧要工程，核实估定钱粮，择日开工兴修，并开具作法清单，绘图贴说。如所请行。

钦天监监正恩禄等奏，上年洋兵入城，衙署房屋，多被拆毁。观象台仪器、板片、书籍，遗失无存。报闻。①

廿五日戊子（9 月 7 日）

《辛丑条约》签订。②

廿八日辛卯（9 月 10 日）

以美国大总统被刺受伤，命使臣伍廷芳传旨慰问。

三十日癸巳（9 月 12 日）

护理山东巡抚胡廷干奏，沿海匪徒猖獗，屡有弋获，现已渐就平靖。得旨：仍严饬防缉。③

---

① 《清实录·德宗景皇帝实录》卷四八五。

② 王铁崖：《中外旧约章汇编》第 1 册，生活·读书·新知三联书店 1957 年版，第 1002～1024 页。

③ 《清实录·德宗景皇帝实录》卷四八五。

八月初二日乙未(9 月 14 日)

光绪帝谕内阁,人才为庶政之本,作育人才,端在修明学术。三代以来,学校之隆,皆以德行道艺为重,故其时体用兼备,贤才众多。近日士子,或空疏无用,或浮薄寡实。今欲痛除此弊,自非敬教劝学,无由感发兴起。除京师已设大学堂,应行切实整顿外,着将各省所有书院,于省城均改设大学堂,各府厅直隶州均设中学堂,各州县均设小学堂,并多设蒙养学堂。其教法当以四书五经、纲常大义为主,以历代史鉴及中外政治艺学为辅,务使心术端正,文行交修,博通时务,讲求实用,庶几植基立本,成德达材,方副朕图治作人之至意。着该督抚学政切实通筹,认真举办。所有慎延师长,妥定教规,及学生卒业,应如何选举鼓励,一切详细章程,着政务处咨行各省,悉心酌议,会同礼部覆核具奏。①

初四日丁酉(9 月 16 日)

全权大臣电奏,美使函称,美总统因伤薨逝等语。美总统夙笃邦交,上年遇事维持,尤主公道。兹闻噩耗,怆愕莫名,着伍廷芳即行传旨致唁。

谕内阁:造就人才,实为当今急务。前据江南、湖北、四川等省,选派学生出洋游学,用意甚善。着各省督抚,一律仿照办理,务择心术端正、文理明通之士,前往学习,于一切专门艺学,认真肄业,实力讲求。学成领有凭照回华,即由该督抚学政,按其所学,分门考验。如实与凭照相符,即行出具切实考语,咨送外务部覆加考验,择尤奏请奖励。其游学经费,着各省妥筹发给,准其作正开销。如有自备资斧出洋游学者,着由该省督抚,咨明该出使大臣,随时照料。如果学成得有优等凭照回华,准照派出学生一体考验奖励,均候旨分别赏给进士举人各项出身,以备任用而资鼓舞。

张之洞奏,出洋华商,表明心迹,请准销案免累,并予褒奖一折。据称福建举人内阁中书衔邱炜萲,向在南洋新加坡一带经商,素为华商之望。上年唐才常,在汉口破案,供有邱炜萲资助康逆钱财之语,经该督通缉查拿。兹据该举人禀称,初与康梁二逆往还,嗣闻其藉会敛财,煽党谋逆,立即痛恨绝交,冤被株连,恳予自新,奏明销案免累,并报效赈捐银一万两等语。康梁二逆,遁逃海外,煽惑人心,藉会敛财。似此被其诳诱者,必所不免。既据该举人输诚悔悟,具见天良,殊堪嘉尚。邱炜萲,着加恩赏给主事,并加四品衔,准其销案,以为去逆效顺者劝。

总理外务部事务庆亲王奕劻等奏,分司设缺,业由政务处,会同吏部议定章

① 《清实录·德宗景皇帝实录》卷四八六。

程，分为和会、考工、榷算、庶务等四司，并司务厅各额缺，请铸造四司印信及司务厅印信，以符体例。依议行。

山东学政尹铭绥奏，议变科举，请定程式，颁示天下学宫。下所司议。寻奏，该学政议变科举，颁示程式之处，应毋庸议。从之。又奏，请设商部，广招华商，振兴商务。下所司议。寻奏，前年奉旨特设商务大臣，上年又派盛宣怀为会办商务大臣，是即外国商部职掌。但须讲求实事，不必更改名称。该学政所请设立商部之处，应毋庸议。至请制器给匾，意在劝工；分等奖给顶戴，意在劝商。现朝廷加意工商，力求振作，但使办有成效，自可随时奏请恩施，无须豫悬成格。至华商所居各埠，皆中外绾毂，商货流通处所，自无招集回籍，拘守一隅之理。所请均毋庸议。报闻。①

初六日己亥(9 月 18 日)

载沣，江电览悉。此行本为德国专使，该亲王现有水土不服之证，饮食减少，闻之深为廑念。在德使事既毕，着即启程回华，以慰远系。美日意比各国使事，暂从缓议，此时均毋庸前往。

江苏巡抚聂缉椝奏，苏属沿江沿海各县，猝遭风潮，筹办赈抚情形。得旨：着即督饬各员，妥筹赈抚，毋任一夫失所。

初八日辛丑(9 月 20 日)

顺天府奏，创设西文东文学堂，以牖民智。如所请行。

初九日壬寅(9 月 21 日)

美副总统接任，朝廷深为欣悦，益笃邦交，着伍廷芳即行传旨致贺。

热河都统色楞额奏，查明上年俄兵袭攻朝阳，贼匪乘机焚抢县街，砸毁监狱，纵放狱囚，旋即收复情形。得旨：董文浩着交部议处，仍督饬该管道府，将善后事宜，妥筹办理。

浙江巡抚任道镕奏，杭州等五府属，霪雨成灾，筹办赈抚大概情形。得旨：览奏殊深悯念。着即督饬印委各员，速筹赈抚，以恤灾黎。

---

① 《清实录·德宗景皇帝实录》卷四八六。

初十日癸卯 (9 月 22 日)

江南银圆局创设多年，行销甚广，已著成效，仍应照旧办理。着刘坤一会商张之洞、陶模等，将江鄂粤三局并造章程，切实通筹，妥议具奏。

予浙江海运出力人员李襄国等奖叙。①

十二日乙巳 (9 月 24 日)

刘坤一等奏，苏属沿江沿海各县风潮成灾，吁恳截留新旧漕米，借资赈济各折片。据称苏省五六月间，霪雨之后，继以风潮，水势甚大。各县圩埂，冲决至一千数百处，小民荡析流离，情形困苦，吁恳截留漕米，藉资赈抚等语。此次苏省水灾，实为数十年所未有。朝廷眷念东南，时深厪系。着将运陕折回之漕米二万数千石，全数赏给，并于尚未起运项下，拨给四万石。该督等务即督饬司道，会同绅董，分别灾区轻重，核实散放，并着多方速筹接济，妥为抚恤，毋令一夫失所。

浙江巡抚任道镕奏，衢州莠民，毁教戕官，致毙多命，获犯审明，将文武情重官犯，先行定罪决配，并将现犯及其余官绅，分别拟办。下部知之。②

十八日辛亥 (9 月 30 日)

奕劻等奏，照录画押条款全文，缮单呈览一折。所称各国在天津所设暂理地方之都统衙门，不肯遽撤，并有俟奉天牛庄交还时，一体交还之说。现在和议业经画押，各国在津所设都统衙门，自应一律撤回，及早交还。着奕劻、李鸿章速行设法，竭力磋商，务期早日收回，以免窒碍，是为至要。

十九日壬子 (10 月 1 日)

电寄盛宣怀，着派盛宣怀为办理商税事务大臣，议办通商行船各条约，及改定进口税则一切事宜，并着就近会商刘坤一、张之洞妥为定议。税务司戴乐尔、贺璧理，均着随同办理。

总管内务府大臣世续奏，洋兵撤退，接收颐和园日期，并现查情形。报闻。

襄办京畿善后营务事宜候补侍郎胡燏棻奏，各国联军退尽，地面一律交回，现

① 《清实录·德宗景皇帝实录》卷四八六。
② 《清实录·德宗景皇帝实录》卷四八六。

调姜桂题、马玉昆两军,分布京城内外填扎各情形。报闻。

会办商务大臣宗人府府丞盛宣怀奏,上海华盛布厂,机器纺织,历年亏累甚重,另招新商顶替,改换厂名。下部知之。①

二十日癸丑(10 月 2 日)

钦奉慈禧皇太后懿旨:"自经播越,一载于兹,幸赖社稷之灵,还京有日,卧薪尝胆,无时可忘。推积弱所由来,叹振兴之不早。近者特设政务处,集思广益,博采群言,逐渐施行。择西法之善者,不难舍己从人;救中法之弊者,统归实事求是。数月以来,兴革各事,业已降旨饬行。惟其中或条目繁重,须待考求,或事属创举,须加参酌,回銮以后,尤宜分别缓急,锐意图成。兹据政务处大臣荣禄等面奏变法一事,关系甚重,请申诫谕,示天下以朝廷立意坚定,志在必行,并饬政务处随时督催,务使中外同心合力,期于必成。用是特颁懿旨,严加责成。尔中外臣工,须知国势至此,断非苟且补苴所能挽回厄运,惟有变法自强,为国家安危之命脉,亦即中国民生之转机。予与皇帝为宗庙计,为国民计,舍此更无他策。尔诸臣受恩深重,务当将应行变通兴革诸事,力任其难,破除积习,以期补救时艰。昨据刘坤一、张之洞会奏,整顿中法,仿行西法各条,事多可行,即当按照所陈,随时设法,择要举办。各省疆吏,亦应一律通筹,切实举行,大要不外言归于实,用得其人。予与皇帝宵旰焦劳,母子一心,力图兴复,大小臣工。其各实力奉行,以称予意。"

电寄陶模等,据称兴宁县会匪滋事,竟有焚抢德国教堂,及攻扑县城情事。着即督饬派出各营迅速剿灭,务获匪首,净绝根株,并严饬文武员弁将教堂教民,妥为保护,毋得疏虞干咎。②

廿二日乙卯(10 月 4 日)

据刘坤一、张之洞会奏,东三省俄约,要盟贻害,惟开门通商,可以转危为安一折。所陈办法,具见苦心。朝廷于此事昕夕焦思,熟筹利害轻重,迄无良策。俄之要盟叵测,诚如该督等所虑。但东省俄人尚未交还,今遽将俄约宣请各国公议,必致激怒于俄,势成决裂。东三省又大遭蹂躏,更恐震惊陵寝。是通商未成,而巨祸立至,事将不可收拾。彼时各国即能为我发抒公论,必不肯为我以兵力向阻,又将何以为计。且该督等原奏,亦称声明俄人何日交还,我即开门通商,今并未交

---

① 《清实录·德宗景皇帝实录》卷四八六。
② 《清实录·德宗景皇帝实录》卷四八六。

还，而遽宣此说，岂非徒以空言，先受实祸。此事关系甚重，该督等当再按照所谕各节，详细妥筹善策，迅速密奏。总期不至使俄怒而决裂，利未形而害已至，是为至要。①

廿三日丙辰（10月5日）

闽浙总督许应骙奏，密陈闽厂制造快舰两号，积欠料价，洋员杜业尔禀称外国政府，愿照原价恳请承让，现合约业已议定。下部知之。

廿四日丁巳（10月6日）

是日驻跸临潼县。

廿六日己未（10月8日）

电寄奕劻等，敬电悉，现拟改俄约稿，语意较前和平，自是该王大臣婉切相商之力。其约内处处防他国干预，正与中国时时恐他国效尤之用意相同。此事关系甚重，必须逐细妥筹。设俄约甫定，而他国即借口枝节横生，其将何以为计。该王大臣仍当仰体朝廷势处两难之意，熟思审处，勿贻后患，务使他国不至因而效尤生事，明晰具奏，再行候旨定议为要。至兵数及驻扎处所，自应饬该三省将军，与俄兵官妥议。总期我兵力能弹压地方，与俄兵驻扎处所，界限分明，不失自主之权为断。

前出使德荷国大臣吕海寰奏，遵旨派员前赴南洋各岛，晓谕侨寓华民，切勿轻听摇惑。得旨：现在和约大定，着即将议设领事一节切实磋商，务期必成。

赏德员金楷理宝星，赓音泰食头等参赞俸。

是日驻跸渭南县。②

九月初二日甲子（10月13日）

专使大臣户部右侍郎那桐奏，行抵日本，呈递国书礼成，并遵旨致祭杉山彬墓。报闻。

以出洋期满，予驻英参赞官曾兆锟等升叙加衔有差，赏代理新加坡总领事官前

① 《清实录·德宗景皇帝实录》卷四八六。
② 《清实录·德宗景皇帝实录》卷四八六。

驻英参赞罗忠尧从一品封典，驻英洋文参赞官洋员马格里宝星。①

初六日戊辰（10 月 17 日）

电寄奕劻等，支电悉。现在公约已定，津榆铁路，自应即时交还。兹据英使来函，所云尚非其时，不知将何所待，定于何时归还。该使又云跸路工程外，尚有关系铁路他事，亦可并商。所谓他事者，系属何事。着奕劻、李鸿章确询情形，详细电覆，并即切实商定，将铁路赶紧收回。至所请简派大员督办一节，胡燏棻现正筹办善后一切事宜，势难兼顾。着派外务部侍郎徐寿朋，仍与张翼会同办理，即将收回铁路事宜，饬令悉心商议，妥为经画。

是日驻跸阌乡县。

初七日己巳（10 月 18 日）

两江总督刘坤一奏，遵饬查访滨江滨海久荒可垦之地，兹查有通州境内吕四场，及海门厅小安沙地方各荡滩，拟派在籍翰林院修撰张謇集股试办垦牧。得旨：即着认真开办，务收实效。

是日驻跸灵宝县，翌日如之。②

十六日戊寅（10 月 27 日）

管学大臣工部尚书张百熙奏，请将京师大学堂改隶国子监，外务部同文馆改隶大学，并请变通翰林院规制。下政务处议。

是日，驻跸河南府，至乙酉皆如之。③

十九日辛巳（10 月 30 日）

直隶总督李鸿章奏，藩署自被联军占踞后，案卷毁失，所有接收交代事宜，未能依限结报，藩司周馥详请免扣例限。下部知之。

顺天府奏，谨遵前旨，拟将兵将局抄产官房拨给顺天府作为首善中学堂。如所请行。

---

① 《清实录·德宗景皇帝实录》卷四八七。
② 《清实录·德宗景皇帝实录》卷四八七。
③ 《清实录·德宗景皇帝实录》卷四八七。

盛京将军增祺奏，俄修铁路，距陵逼近，已电请全权大臣在京交涉，并拟就近磋商。得旨：着再切实磋商，并电咨全权大臣设法劝阻。又奏，请将奉天各矿，分别开办，以保利权。如所请行。

廿二日甲申（11月2日）

全权大臣大学士李鸿章奏，议定天津比国租界合同，请旨允准，以便画押盖印。下所司议。

闽浙总督许应骙奏，建宁府等处被灾，酌筹抚恤，并请将赈捐展限一年。得旨：即着督饬所属妥筹赈抚，以恤灾黎。

追予在船殉节管带"海华"猎舰前北洋海军左翼中营中军守备饶鸣衢，暨司机弁外委张章霖等四员优恤，并予饶鸣衢附祀其祖原任浙江提督饶廷选专祠。①

廿三日乙酉（11月3日）

王文韶、瞿鸿機，着办理京津榆关铁路一切事宜，仍着张翼会同办理。

巡城御史陈璧等奏，请设五城中学堂，兼治中西实学。如所请行。

署山东巡抚袁世凯奏，遵筹东省盐务，酌订变通章程五条：一、派定引票；二、严定处分；三、变通运售旧章；四、酌量加价加课；五、剔除积弊。下户部议。

廿四日丙戌（11月4日）

外务部奏，意比两国请派参赞驻扎，遇事可以直接外部，以期便捷。报闻。

以力顾邦交，赏俄国前任驻京使臣格尔思等宝星。

是日驻跸偃师县。②

廿六日戊子（11月6日）

以襄办洋务营务出力，予广东候补知府龚心湛等以道员仍留原省补用。

是日驻跸汜水县。

---

① 《清实录·德宗景皇帝实录》卷四八七。
② 《清实录·德宗景皇帝实录》卷四八七。

廿七日己丑(11 月 7 日)

光绪帝谕内阁，朕钦奉皇太后懿旨，大学士一等伯直隶总督李鸿章，器识渊深，才猷宏远，由翰林倡率淮军，戡平发捻诸匪，厥功甚伟。朝廷特沛殊恩，晋封伯爵，翊赞纶扉，复命总督直隶，兼充北洋大臣。匡济艰难，辑和中外，老成谋国，具有深衷。去年京师之变，特派该大学士为全权大臣，与各国使臣妥立和约，悉合机宜。方冀大局全定，荣膺懋赏，遽闻溘逝，震悼良深。李鸿章着先行加恩照大学士例赐恤，赏给陀罗经被，派恭亲王溥伟带领侍卫十员，前往奠醊。予谥"文忠"，追赠太傅，晋封一等侯爵，入祀贤良祠，以示笃念荩臣至意。

以署山东巡抚袁世凯署直隶总督，兼充北洋大臣，电饬迅速赴任。未到任前，以直隶布政使周馥暂行护理。漕运总督张人骏为山东巡抚，电饬迅速赴任。未到任前，以山东布政使胡廷干暂行护理。

是日驻跸荥阳县。①

廿八日庚寅(11 月 8 日)

漕运总督张人骏奏，筹议漕粮改折应办事宜九条，上备采择。下部议。

以江宁布政使恩寿为漕运总督，未到任前，以江苏淮扬道沈瑜庆暂行护理。

是日驻跸郑州，至壬辰皆如之。

廿九日辛卯(11 月 9 日)

长顺等奏，东三省和议迟早，甚有关系一折。着奕劻、王文韶妥筹办理。

署黑龙江将军萨保奏，俄员科洛特科福催办江省矿务，权与订定采苗草约十四条，请饬核覆。下所司议。寻奏，约内第四条应添载俟俄兵撤退后，由中国派兵保护，以杜干预侵越之弊。第六条地价一层，既据声明俟开办再议，第八条出金报效之数，第十条指定勘采地段，及其余各条，与吉林所议，不甚悬殊，应请照准。并请饬与俄员声明，将来议订开办章程，均须遵照中国定章，俾就范围而维权利。如议行。又奏，俄人近来布置，关系政权甚重。下所司知之。

以捐助江省义赈，俄国哈巴罗甫总督阁洛迭阁夫等传旨嘉奖，并赏给宝星。

---

① 《清实录·德宗景皇帝实录》卷四八七。

三十日壬辰（11 月 10 日）

盛京将军增祺等奏，俄铁路监工，拟仿吉林办法，在奉天全境开采煤矿，订立合同，请饬速议，俾有遵循。又奏，俄铁路监工，催立开采奉天全境煤矿合同，势不容缓。现拟就吉林合同中，量为酌改，先行照缮呈览。得旨：着全权大臣外务部妥议具奏。寻奏，奉省矿务草约，系仿照吉林议订。现在吉省原约，经臣部议令妥商改定，奉省事同一律，应请饬该将军咨商吉林将军，按照部议，改订办法，再与俄员切实商改，以免两歧。依议行。又奏，牛庄等处尚未安谧，苇塘垦务，请暂缓接办。报闻。①

冬十月初四日丙申（11 月 14 日）

浙江巡抚任道镕奏，直省教案赔款，动拨地丁等项汇京。又奏，来年全漕改折，应解户部仓场等款。需用汇费，请准作正开销。均下部知之。
赏记名道张德彝三品卿衔，充出使英国大臣。②

初五日丁酉（11 月 15 日）

命出使英国大臣张德彝，仍兼充意国、比国出使大臣。

初六日戊戌（11 月 16 日）

两江总督刘坤一等奏，现在防务稍松，沪军营请照成案，饬裁勇丁，以节饷需。又奏沪军营裁勇数目。均下部知之。又奏，南洋兵轮驻泊江阴，请就近改归江南提督李占椿接统，俾水陆各军联为一气。报闻。
署山东巡抚袁世凯奏，酌裁制兵防勇办理情形。又奏，大局平定，新募各营陆续裁撤。均下部知之。又奏，开办课吏馆，创设商务局，缮具章程。又奏，试办大学堂，酌拟教规，访订美国人赫士充总教习。其年长未能选入学堂者，另设校士馆以宏造就。报闻。③

---

① 《清实录·德宗景皇帝实录》卷四八七。
② 《清实录·德宗景皇帝实录》卷四八八。
③ 《清实录·德宗景皇帝实录》卷四八八。

初七日己亥(11 月 17 日)

前据奕劻等奏,津榆铁路,请派大员督办等语。业经简派王文韶、瞿鸿機,办理一切事宜,并着张翼会办。此项铁路,现在自应赶紧设法收回,着添派胡燏棻会同办理,先将接收事宜,悉心商议,妥速筹办。

出使英、意、比国大臣调充出使俄国大臣罗丰禄奏,遵旨派员前赴英属各商埠,晓谕侨寓华民,勿为孙汶、康、梁诸逆说摇惑。下外务部知之。

十五日丁未(11 月 25 日)

政务处奏,请饬各省速办学堂等语。建学储才,实为当今急务。前经饬令各直省设立学堂,责成该督抚学政,切实通筹举办。惟通省学堂,同时并举,财力或有不逮,若必待各府厅州县中小学堂筹定,始行开办,转致观望迟延。查袁世凯所奏山东学堂事宜,及试办章程,拟先于省城建立学堂一区,分斋督课,先从备斋正斋入手,俾初学易于造就,渐有师资,再行次第推广。其教规课程,参酌中西,而谆谆于明伦理、循礼法,尤得成德达材、本末兼赅之道。着政务处即将该署督原奏,并单开章程,通行各省,立即仿照举办,毋许宕延。其如何选举鼓励之处,着仍遵前旨,由政务处会同礼部速行妥议具奏。①

十六日戊申(11 月 26 日)

调署直隶总督署山东巡抚袁世凯奏,东省漕船上年承运兵米被抢,恳恩豁免余米,仍令本折兼兑,以期核实。如所请行。又奏,上年商订山东煤矿章程二十条,业经德员签押,照录补呈。下所司知之。又奏,东省世职俸银,并武职衔俸,请援福建奏案,停支二年,藉资挹注。下部知之。

以磋商教案赔款出力,予候选道唐绍仪交军机处记名简放。

十九日辛亥(11 月 29 日)

调署直隶总督署山东巡抚袁世凯奏,东省伏莽素多,前拟裁海防三营,请稍缓撤遣。如所请行。

以出洋期满,予驻俄参赞官道员何彦昇三代从一品封典,翻译官同知世增以知

---

① 《清实录·德宗景皇帝实录》卷四八八。

府选用，加盐运使衔。

二十日壬子（11 月 30 日）

光绪帝谕内阁："朕钦奉慈禧皇太后懿旨，已革端郡王载漪之子溥儁，前经降旨立为大阿哥，承继穆宗毅皇帝为嗣，宣谕中外。慨自上年拳匪之变，肇衅列邦，以致庙社震惊，乘舆播越。推究变端，载漪实为祸首，得罪列祖列宗。既经严谴，其子岂宜膺储位之重。溥儁亦自知惕息惴恐，吁恳废黜，自应更正前命。溥儁着撤去大阿哥名号，即出宫，加恩赏给入八分公衔俸，毋庸当差。至承嗣穆宗毅皇帝一节关系甚重，应俟选择元良，再降懿旨，以延统绪，用昭慎重。"①

廿三日乙卯（12 月 3 日）

暂护直隶总督布政使周馥奏，原任大学士直隶总督李鸿章，忠勋卓著，请将东南战绩、直隶内治外交梗概，宣付史馆以备采择。允之。

调江苏巡抚聂缉椝为安徽巡抚，以漕运总督恩寿为江苏巡抚，河南布政使陈夔龙署漕运总督。

廿五日丁巳（12 月 5 日）

政务处会同礼部奏，遵旨核议学堂选举鼓励章程一折。学堂之设，原以鼓舞士气，作育真才，自当优其进取之途，尤应防其登进之滥。披阅所拟章程，尚属妥协。着照所请，饬令各该省将小学堂毕业学生，考取功课合格者，送入中学堂肄业；俟毕业后考取合格者，再送入该省大学堂；毕业后取其合格者，给照作为优等学生；由该省督抚学政，按其功课，严密考校，择尤拟取，咨送京师大学堂覆试，候旨钦定，作为举人贡生，仍留下届应考；俟举人积有成数，再由大学堂严加去取，咨送礼部，奏请特派大臣考试，候旨钦定，作为进士，一体殿试，分别等第，带领引见，量加擢用，不拘庶吉士部属中书等项成例，以励通材而收实效。前据袁世凯奏，先于省城建立学堂，分斋督课，其备斋即寓小学堂、中学堂规制。业经谕令各省仿照开办。所有此项学生，着俟专斋毕业后，照此次所拟选举章程，一律办理，以示鼓励。②

---

① 《清实录·德宗景皇帝实录》卷四八八。
② 《清实录·德宗景皇帝实录》卷四八八。

廿七日己未(12 月 7 日)

闽浙总督许应骙奏,遵旨筹议改练新军,酌拟常备军两枝,续备军、巡警军各一枝,谨陈大概情形。得旨:着政务处核议具奏。又奏,请仿台湾章程,试办膏捐,以裕饷源。下部议。

以记名总兵李南华为福建汀州镇总兵官。

三十日壬戌(12 月 10 日)

护理山东巡抚胡廷干奏,东海关常税一年期满,短征赢余银两,请准以胶关代收税银作抵,免其议赔议处。下部议。①

十一月初一日癸亥(12 月 11 日)

光绪帝谕内阁,朕钦奉皇太后懿旨,宗人府府丞盛宣怀,赞襄和议,保护东南地方;总税务司赫德,随同商办和约,颇资赞助。盛宣怀、赫德,均着赏加太子少保衔,以示奖励。②

初三日乙丑(12 月 13 日)

外务部奏,比国使臣请给天津租界,现经北洋大臣派员与该国领事划定界址,磋商地价,会订合同十二条,均尚妥协。应请照准画押盖印,以便交换。从之。

初七日己巳(12 月 17 日)

护理陕西巡抚李绍芬奏,建立关中大学堂,拟就西安考院拓地兴修,调选学生,先以二百名为额,并恳留光禄寺少卿屠仁宗暂充总教习。所有教法学程,均由总教习等悉心定拟。如所请行。

是日驻跸卫辉府。③

---

① 《清实录·德宗景皇帝实录》卷四八八。
② 《清实录·德宗景皇帝实录》卷四八九。
③ 《清实录·德宗景皇帝实录》卷四八九。

十一日癸酉（12月21日）

实授陈夔龙为漕运总督。

十三日乙亥（12月23日）

长顺等奏，东三省俄兵未撤，无以善后，请饬力争以弭后患一折。所请各节，着奕劻、王文韶将俄人撤兵期限，再与该国使臣切实磋磨，务臻妥协。

长顺奏，吉林机器局上年经乱轰毁，枪械短缺，现在该省伏莽甚多，需用军火，不能豫为筹备。请饬下南洋大臣酌拨快枪子弹一百万颗、洋火药十一万五千斤、铜帽一百五十万颗，由该省备价派员承领，并另筹快枪三千杆等语。吉林捕盗练团，须用子药甚多，着刘坤一照数拨给，以资应用。

长顺奏称，本年五月间，韩警务官李敬顺、俞振浩等带兵过江，擅设乡约，意欲管理越垦韩民，向阻触怒，持刀逞凶；八月十九日，茂山城韩兵率众渡江，强刈禾稼，并在对江开炮攻击练会，佃民惊避，现经咨会驻韩使臣查办。吉林与韩国画江为界，疆理分明，以邦交而论，自应各遵约束，务使兵民相安，何得纵令肆扰。着外务部即行传谕驻韩使臣许台身，照会该国政府，严行查禁，以遏乱萌而敦睦谊。

电寄各省督抚，据奕劻、王文韶电奏，称公约第六款内，载明由国家出给保票，付还各款，应每月给银行董事收存等语。应将全年应付本息，匀作十二分息摊付。据赫德核明，照西四月初一日行情，每月应摊银一百八十二万两，请电饬各省即准此数，各将拨定数目，匀作十二次，先期交解沪道。中历本年十二月二十二日，即是第一月付款之定期，总须如期筹付各等语。本年十二月之期，应付之款，万不可失信外人。现在为期已迫，各该省前次指派之款，应即按月分匀，赶紧筹措，先期解交上海道转付收存。无论如何为难，不得稍有迟误，致滋口实。各该省将军督抚受国厚恩，力任其难，自当顾全大局。倘或贻误，试问能当此重咎否？

是日驻跸邯郸县。①

十五日丁丑（12月25日）

以学行允孚，积劳病故，予总理南洋公学知府何嗣焜事迹宣付史馆立传。

---

① 《清实录·德宗景皇帝实录》卷四八九。

是日驻跸顺德府，翌日如之。①

十八日庚辰(12 月 28 日)

据奕劻等奏，英美两国使臣，请将张荫桓处分开复等语。已故户部左侍郎张荫桓，着加恩开复原官，以敦睦谊。

吕海寰奏，出洋肄业学生，宜防偏重以杜流弊一折。学生出洋肄业，原为储才起见，岂容滥竽充数。若如所奏，所来学生出洋，沾染习气，流弊滋多，殊非慎重名器之意。着外务部按照所陈防弊，及考课保送各节，详晰妥议。并将该大臣原奏，分咨各国出使大臣核议具奏，请旨办理。

是日驻跸柏乡县。②

十九日辛巳(12 月 29 日)

庆亲王奕劻等奏，外务部为交涉总汇之区，事务繁难，现当改设之初，谨就原定章程，参以现在情形，酌拟改设事宜四条，以期周妥。从之。

是日驻跸赵州。

二十日壬午(12 月 30 日)

以随使期满，予驻韩参赞县丞周润章等八员奖叙。

是日驻跸栾城县。

廿一日癸未(12 月 31 日)

两江总督刘坤一等奏，裁撤苏省上年办防添募兵丁勇夫，以节饷糈。原有水陆各营，请免再裁，以重巡防。下部知之。

是日驻跸正定府，至乙酉皆如之。

廿二日甲申(公元 1902 年 1 月 1 日)

光绪帝谕内阁，朕钦奉皇太后懿旨，国家与各友邦讲信修睦，盘敦联欢。现在

---

① 《清实录·德宗景皇帝实录》卷四八九。

② 《清实录·德宗景皇帝实录》卷四九〇。

回銮，京师各国驻京公使，亟应早行觐见，以笃邦交而重使事。俟择日后，皇帝于乾清宫觐见各国公使。其各国公使夫人，从前入谒宫廷，极称款洽，予甚嘉之，亦拟另期于宁寿宫觐见公使夫人，用昭睦谊。着外务部即行豫备，请旨定期，一并恭录照会办理。①

廿三日乙酉（公元 1902 年 1 月 2 日）

电寄各省督抚，前据刘坤一等联衔会奏，此次赔款数巨，筹画甚艰。惟约计洋税加足值百抽五，并洋烟酒食物，一律收税，加以各处常关归洋关征收，约共增银四百五十万，再加本年漕折百万，统兵银五百五十万，核计按照户部奏派赔款之数，约有三成，请减三成筹解等语。当经照准，原以半年筹还，可资腾挪。兹据奕劻等电奏，赔款仍应按照公约筹拨足数，每月自不能核减三成，着各该将军督抚等仍即照部拨定十成原数，按月汇解沪道，转交银行存储备还，不得诿延，致滋口实。统俟年终汇计洋常各关收数，及漕折银两，均有的确数目，能否加足三成，或竟多有赢余，再行核减，以免贻误。

电寄奕劻等，二十八日，銮舆回京。如有各国人出外瞻仰，自可毋庸拦阻。惟是日观者如云，人民错杂，诚恐无知之徒，口角滋事。着奕劻、王文韶豫为布置，加意保护，是为至要。②

廿七日己丑（公元 1902 年 1 月 6 日）

以恭办回銮差务出力，予派办铁路直隶道员孙钟祥军机处存记，候选道柯鸿年等加衔奖叙有差。

赏办理卢汉铁路总工程司洋员沙多宝星，并工程司普意雅，暨车守机匠等银钱。

廿八日庚寅（公元 1902 年 1 月 7 日）

光绪帝奉慈禧皇太后自保定府御火车启銮，未刻至京师，诣正阳门关帝庙菩萨殿拈香，还宫。

---

① 《清实录·德宗景皇帝实录》卷四九〇。
② 《清实录·德宗景皇帝实录》卷四九〇。

廿九日辛卯（公元 1902 年 1 月 8 日）

江苏巡抚聂缉椝奏，苏省改设学堂，参酌山东章程，设法扩充，增置译书局、藏书楼、博物院以资肄习，并通饬省外各府厅州县一体仿办。得旨：着即认真办理，务收成效。又奏，苏省资遣学生出洋游学，暂以二十人为定额，由善后局岁筹经费，以示策励。又奏，苏省遵设武备学堂，于防营内挑选勇丁四十人为学生，派道员督办，酌定课程，期收成效。均下部知之。

浙江巡抚任道镕奏，浙省裁营节饷，整顿操防办理情形。其内河、外海水师巡缉尚虞不敷，请暂缓裁撤。得旨：着即力除浮冗，认真整顿，以资得力。①

三十日壬辰（公元 1902 年 1 月 9 日）

以辑睦邦交，赏日本国宫内省大臣德大寺实则等九员宝星。

十二月初一日癸巳（公元 1902 年 1 月 10 日）

兴学育才，实为当今急务。京师首善之区，尤宜加意作养，以树风声。从前所建大学堂，应即切实举办。着派张百熙为管学大臣，将学堂一切事宜，责成经理，务期端正趋向，造就通才，明体达用，庶收得人之效，应如何核定章程，并着悉心妥议，随时具奏。

现值时局大定，亟应整顿路矿，以开利源。着仍派王文韶充督办路矿大臣，加派瞿鸿禨充会办大臣，张翼帮同办理。其关内外铁路事宜，改派袁世凯接收督办，胡燏棻会同办理。务各认真筹画，实事求是，以保利权。

此次赔款载在约章，必须如期筹偿，万不可稍涉迟延，致失大信。着各直省将军督抚，务须遵照全权户部会议办法，竭力筹措，源源拨解，按期应付，不准丝毫短欠，致生枝节。倘或因循贻误，定惟该将军督抚等是问。懔之慎之。②

初二日甲午（公元 1902 年 1 月 11 日）

昨已有旨饬办京师大学堂，并派张百熙为管学大臣。所有从前设立之同文馆，毋庸隶外务部，着即归并大学堂，一并责成张百熙管理，务即认真整顿，以副

---

① 《清实录·德宗景皇帝实录》卷四九〇。

② 《清实录·德宗景皇帝实录》卷四九一。

委任。

电寄伍廷芳，朕钦奉慈禧皇太后懿旨，上年拳匪之变，禁门一带，承美国兵官严饬兵弁极力保护，洵属睦谊可风，深宫甚为感悦。着伍廷芳转达美廷外部，传旨向总统申谢。①

初四日丙申（公元 1902 年 1 月 13 日）

光绪帝谕内阁，朕钦奉慈禧皇太后懿旨，国家与列邦，讲信修睦，一秉大公。历年以来，召见内外大小臣工，必以讲求时务、联络邦交为训勉，每于州县等官，必谕以朝廷于教堂教士，一视同仁，务须加意保护，并劝导百姓，常使民教相安，切勿猜嫌多事。此等告诫，不啻三令五申，令各该衙门人员，能仰体朝廷德意者固不乏人，其未能实力奉行者，亦复不少。嗣后务当屏除成见，开诚布公，择善而从，相接以礼，自能中外辑睦，共享升平，岂非安上全下之大幸。至各省民情不一，究竟良懦者多，往往有宵小奸徒，展转煽惑，造言生事，遂至酿成教案，多被株连，后悔无及。是在地方官平日与民相亲，随时开导，遇有民教争讼，听断持平，无偏无激。其有传习邪教，如白莲、八卦等名目，藉端惑众，本为法令所不容，久已悬为厉禁，务即申明晓示，严切稽查，有犯必惩，以正人心而肃国纪。

闽浙总督许应骙奏，闽省机器局添建厂屋，制造枪炮，以毛瑟枪子拨发各营台领用，并拨海防捐款，以济要需。下部知之。

署黑龙江将军萨保奏，俄参将卢边诺夫，持宽河金厂委员李席珍执照，图占通省矿产，并谋占穷民生计。现商驻江俄员，竭力抵拒，应请饬下外务部并盛京将军等分别查照办理。下部议。寻议上，以该俄员等占地过宽，不无窒碍，惟该将军所给执照，据称业与订明，只准采勘，不为开办之据。应俟将来勘竣，令其绘图贴说，咨部酌核，奏明请旨定夺。依议行。又奏，俄人在海参崴创设满文学堂，以教俄童，托延墨尔根城鄂伦春协领永善为教习，现已派员署缺，饬令前往报闻。

以肃亲王善耆为御前大臣。②

初九日辛丑（公元 1902 年 1 月 18 日）

江西巡抚李兴锐奏，省城书院酌量改并，展拓地基，建设大学堂，仿照山东办法，选聘教习，分斋教课。请将前提各属四分经费，仍归学堂支销，以资应用。得旨：学堂为当务之急，必须切实筹办。所请提拨经费，着户部议奏。寻议行。

---

① 《清实录·德宗景皇帝实录》卷四九一。
② 《清实录·德宗景皇帝实录》卷四九一。

初十日壬寅(公元 1902 年 1 月 19 日)

御史蒋式瑆奏，酌拟学堂章程一折，着张百熙核议具奏。寻奏，该御史原奏二十条，有现在即可采用者，有一时碍难举行者。如编辑教科书，设立高等学堂，及准绅民自行筹办中小蒙养学堂诸条，此次拟进章程，均已采入。至收取学生饭资束修一条，外国本有此办法，中国甫立学堂，似应优加体恤，拟俟数年之后，再行征收，目前暂毋庸议。依议行。

十一日癸卯(公元 1902 年 1 月 20 日)

陶模等电奏，据南雄州电禀，法国柯教士面称，始兴县属马市墟居住民房之如教士，不知被何人谋毙，并致毙华人一名，现尚未据该县禀报，当饬该州协同柯教士驰往查办等语。人命案件，该地方官应即勘验禀报，何况事关交涉，尤应迅速办理。此次始兴县属出有谋毙华洋二命重案，该县并不即时勘报，实属玩泄，着即撤任，先行交部议处，并勒限严拿凶犯，务获讯明，从重惩办。如延不获犯，定将该县严加惩处。

十二日甲辰(公元 1902 年 1 月 21 日)

明年五月为英君加冕之期，着派镇国将军载振充头等专使大臣，前往致贺，以重邦交。

十三日乙巳(公元 1902 年 1 月 22 日)

光绪帝御乾清宫，德国使臣穆默、英国使臣萨道义、法国使臣鲍渥、俄国使臣雷萨尔、日本国使臣内田康哉、葡国使臣白朗谷等觐见。①

十六日戊申(公元 1902 年 1 月 25 日)

江宁将军崇善等奏，改练新军，革除旧习，并变通设立随营武备学堂，由所练捷胜精锐各营内挑选营兵，讲求学习。得旨：着即认真训练，俾成劲旅。又奏，江京两防，在公所地方各设一小学堂，挑选八旗子弟各二十名，入学肄业，俟有成

---

① 《清实录·德宗景皇帝实录》卷四九一。

效，咨行两江督臣，附入汉城中学堂，一律考选，以广登进。得旨：着即认真办理，期收实效。

浙江巡抚任道镕奏，故大学士李鸿章，功德在人，忠勤尽瘁，胪陈浙省战功，暨其生平志业，有关时局安危，请宣付史馆以备采择。如所请行。

予积劳病故，驻韩使署随员盐运司运副任克成议恤。①

十七日己酉（公元 1902 年 1 月 26 日）

缓征两淮泰、海二州被风被潮各场灶地新旧粮赋。

十九日辛亥（公元 1902 年 1 月 28 日）

光绪帝奉慈禧皇太后御乾清宫，奥国使臣齐干、美国使臣康格、德国使臣穆默、英国使臣萨道义、法国使臣鲍渥、俄国使臣雷萨尔、日本国使臣内田康哉、葡国使臣白朗谷、意国使臣罗玛纳、西班牙国署使臣贾思理、荷兰国署使臣罗敦、比国署使臣贾尔牒觐见。

廿一日癸丑（公元 1902 年 1 月 30 日）

以神灵显应，加山东章邱县陈家窑元将军封号曰"康济"，颁匾额曰"效灵显泽"。

山东巡抚张人骏奏，胶澳青岛，画归德国租界，应将向驻胶州境内之登窑汛把总一员、即墨县境内之浮山汛把总一员、青岛汛经制外委一员，一并裁汰。该三汛额设制兵，拨归胶州营随同操防。②

廿二日甲寅（公元 1902 年 1 月 31 日）

以随使日本劳勚称职，予参赞官外务部右丞顾肇新等优叙，郎中蔡源深等升叙加衔有差。

廿三日乙卯（公元 1902 年 2 月 1 日）

光绪帝奉慈禧皇太后御养性殿，各国使臣暨使臣夫人等觐见。

---

①　《清实录·德宗景皇帝实录》卷四九二。
②　《清实录·德宗景皇帝实录》卷四九二。

交涉事宜，最为重要。现在振兴庶政，尤应博采所长。出洋游历人员，若能于各国政治工艺，潜心考究，切实讲求，庶几蔚为通才，足备国家任使。近来各省士子，留心时务，多赴各国学堂肄业。惟宗室八旗，风气未开，亟宜广为造就。着宗人府八旗都统遴选各旗子弟，年在十五岁以上、二十五岁以下、志趣正大、资质聪明、体气强壮者，造册开送军机处进呈，听候派员覆核挑选，给资遣赴各国游学，藉资练习而广见闻，用副朝廷图治育才至意。

廿四日丙辰 (公元 1902 年 2 月 2 日)

近来各省制钱缺少，不敷周转。前经福建、广东两省铸造铜圆，轮廓精良，通行市肆，民间称便。近日江苏仿照办理，亦极便利，并可杜私铸私销之弊。着沿江沿海各督抚筹款仿办。既就各该省搭铸通行，至京师制钱亦应照办。即着福建、广东、江苏等省，将所铸铜圆赶紧各解数十万元，投交户部颁发行使，期于利用便民，以维圜法。

江苏学政李殿林奏，江苏南菁书院遵改学堂，拟将专斋、正斋、备斋，同时并立妥拟章程十条，先行试办。得旨：着照所请办理，务须认真考核，期收实效。①

廿五日丁巳 (公元 1902 年 2 月 3 日)

前出使德国大臣吕海寰奏，荷兰属地，南洋噶罗巴岛等处，侨寓华民常受苛虐，亟宜设法保护，添派领事，以安生计。又奏，购得欧、美各国条约，咨送外务部以备抵制。均下部议。寻议，以南洋各岛，如英属之小吕宋，皆已设立领事。朝廷一视同仁，必不忍荷属侨氓，独抱向隅之憾。原奏所称，现在重订商约，正可及时声明，凡各国通商口岸，及华侨萃集之处，由中国查看情形，随时均可商设领事。现吕海寰经奉旨留沪会办商约，自可与盛宣怀相机筹议，其和外部经议有端绪，应责成接任使臣荫昌切实磋商，内外坚持，务期得当。依议行。

以出洋期满出力，予驻日本国参赞官江苏知府黎经诰等升叙加衔有差。②

廿八日庚申 (公元 1902 年 2 月 6 日)

会办商务大臣宗人府府丞盛宣怀奏，南洋公学，推广翻辑政治、法律诸书，敬陈纲要。得旨：着政务处大学堂核议。又奏，拟在上海南洋公学旁地，建造商务学

①　《清实录·德宗景皇帝实录》卷四九二。
②　《清实录·德宗景皇帝实录》卷四九二。

堂，并翻译商律全书，为将来定律设部根本。报闻。

以承办行在电报出力。予直隶道员孙宝琦、王国桢以四五品京堂候补，刑部员外郎夏敦复等升叙有差。

廿九日辛酉（公元 1902 年 2 月 7 日）

蠲缓两浙盐场灶荡被灾歉收暨新升复荒地亩新旧粮课。

蠲缓两浙仁和、横浦、浦东、海沙、鲍郎、芦沥六场未垦灶荡本年粮课。①

是年

清廷颁发《厦门鼓浪屿公地章程》。

香港商人赵新基等创办兆安轮船公司，开行于广州、香港间。②

清廷复设广东黄埔船局，继续从事船舰修理。

江南制造局为英国在广州的怡和轮船公司所造"恒生"号、"合生"号轮船，完工下水。两船总吨位均在两千吨以上。③

光绪二十八年　公元 1902 年　壬寅

春正月初一日壬戌（2 月 8 日）

刘长卿于日本横滨创办《新民丛报》。

初三日甲子（2 月 10 日）

以协理教案，赏法国驻滇总领事方苏雅、副领事伯威宝星。④

---

① 《清实录·德宗景皇帝实录》卷四九二。
② 樊百川：《中国轮船航运业的兴起》，中国社会科学出版社 2007 年版，第 404 页。
③ 刘传标：《近代中国船政大事编年与资料选编》第 2 册，九州出版社 2011 年版，第 2 页。
④ 《清实录·德宗景皇帝实录》卷四九三。

初六日丁卯(2 月 13 日)

张百熙奏，筹办京师大学堂情形，请派总教习。前直隶冀州直隶州知州吴汝纶，着赏加五品卿衔，充大学堂总教习。①

初七日戊辰(2 月 14 日)

浙江巡抚任道镕奏，改设学堂办理情形。得旨：着照所拟章程，切实办理，仍随时考核。期收得人之效。

陕西学政沈卫奏，归并书院，开办学堂，分设内政、外交、算学、方言四科，专选高材，课以速成教法。得旨：着即认真办理，力求实际。②

初八日己巳(2 月 15 日)

江西巡抚李兴锐奏，江西省城设立工艺院，院立粗工、细工、学工三厂，收无业游民及犯轻罪之人，雇派工师，教以工艺。得旨：收养游民，教以工艺，最为良法美意。着即认真办理。

予广东钦、廉边防历年阵亡瘴故弁勇，于钦州防城等处建立昭忠祠，列入祀典。从两广总督陶模请也。

初十日辛未(2 月 17 日)

闽浙总督许应骙奏，设立武备学堂，筹办情形。得旨：着照所议办理，务当督饬认真训练，随时考核，期收实效。又奏，闽省盐斤，碍难加价，酌提杂款应用。下部知之。又奏，请于洋药厘金项下，凑拨赔款。下户部速议。③

十一日壬申(2 月 18 日)

所有续修大清会典全部，共三百四十二函。着内阁交外务部照原本石印进呈。

---

①　朱寿朋：《光绪朝东华录》，中华书局 1958 年版，第 4818～4823 页。

②　《清实录·德宗景皇帝实录》卷四九三。

③　《清实录·德宗景皇帝实录》卷四九三。

十二日癸酉（2 月 19 日）

四川提督宋庆，着晋封三等男爵，照尚书例赐恤，加恩予谥，并入祀贤良祠。

户部左侍郎杨儒，才识宏通，由道员派充出使美国大臣，调充出使俄国大臣，办理交涉事务，不避艰难，力顾大局，一切悉臻妥协，兹闻溘逝，轸惜殊深。杨儒着照侍郎例赐恤。

翰林院侍读宝熙奏，请变通宗室八旗学校章程一折。据称宗学及觉罗等学，教习学生，恒不到馆，虚应故事，八旗官学于中西根柢之学，亦少讲求。着照所请，将宗室、觉罗、八旗等官学，改设小学堂、中学堂，均归入大学堂办理，庶几扫除积弊，造就通才。着张百熙妥为经理，以专责成而收实效。另奏请通饬各省驻防官学书院，一律改为小学堂，并慎选学员，豫防流弊，并着张百熙核议具奏。

毅军十二营，着姜桂题兼统，仍着郭殿邦分统。其宋庆帮办北洋大臣关防，着马玉昆咨送军机处缴销。①

十三日甲戌（2 月 20 日）

光绪帝奉慈禧皇太后御乾清宫，奥国使臣齐干、美国使臣康格、德国使臣穆默、英国使臣萨道义、俄国使臣雷萨尔、日本国使臣内田康哉、葡国使臣白郎谷、意国署使臣罗玛纳、日国署使臣贾思理、荷国使臣罗敦、比国署使臣贾尔牒、法国护理使臣贾斯那觐见。

十五日丙子（2 月 22 日）

上海商议会议公所成立。

十六日丁丑（2 月 23 日）

光绪帝奉慈禧皇太后御乾清宫，总税务司赫德、北堂主教樊国梁、林懋德觐见。

谕内阁：中国地大物博，矿产无穷，实天地自然之利。十余年来，屡经降旨通饬开采，而各省举办，迄无成效，亟应切实讲求。着即派张翼总办路矿事宜，仍着王文韶、瞿鸿機督同办理。所有亲历查勘，并筹择人才，及应如何招商集股之处。

---

① 《清实录·德宗景皇帝实录》卷四九三。

着即责成张翼认真经理，妥议章程，随时具奏，务当悉心筹办，以辟利源，不准敷衍因循，空言塞责

现在会议商约事宜，着吕海寰会同盛宣怀，悉心筹议，随时具奏。

署直隶总督袁世凯奏，东三省图胡莫贼匪拿散，毋庸派兵往剿。报闻。

广州将军寿荫等奏，将驻防旗兵，分为常备、续备、巡警各军，一律改习新式枪炮，训练情形。得旨：着照所议办理。务当督饬认真训练，切实讲求，俾成劲旅。①

十七日戊寅（2 月 24 日）

已故出使俄国大臣户部左侍郎杨儒之子，分省补用知府杨锡宸，加恩以道员分省补用。

云贵总督魏光焘奏，滇省办理洋务人员，已经七载，援案吁恳照异常劳绩奖叙。允之。

十九日庚辰（2 月 26 日）

广州将军寿荫等奏，广东同文馆英俄东三馆学生肄业三年期满，照章考试给奖。下部议。

廿一日壬午（2 月 28 日）

两江总督刘坤一奏，漕粮河运，改归海运，办理情形。报闻。②

廿六日丁亥（3 月 5 日）

丁振铎奏，密陈游匪营勇勾结为患情形一折。现据法使以苏元春离任，游勇土匪肆行猖獗，致毙该国兵官，并欲治马盛治以重罪，谓非苏元春留办不可等语。该督抚既不能先事豫防，致令匪势蔓延，伤及法兵官，彼得以藉词要挟，自应仍行责成苏元春统率边营，迅速剿办，以弭外衅而固边疆。昨已有旨电饬，催令苏元春驰往妥办，该督抚务当设法驾驭，严切会督苏元春，将匪股认真防剿，克日扑灭。仍随时体察情形，和衷商办。总期外不至贻人口实，内不至扰害边民，以济时艰而杜

---

① 《清实录·德宗景皇帝实录》卷四九四。
② 《清实录·德宗景皇帝实录》卷四九四。

后患。

三十日辛卯（3 月 9 日）

胡燏棻奏，筹议京师善后，拟请创设工巡局，以期整顿地面一折。着派庆亲王奕劻，会同协巡总局、步军统领衙门、顺天府、五城核议具奏。寻议行。

御史许祐身奏，交涉事重，请将外务部司员一体考课，并请饬令各督抚特派专员，办理教务各折片。外务部知道。

命四川提督程允和留于北洋差遣。①

二月初一日壬辰（3 月 10 日）

本年四月，为西班牙国君加冕之期，着派记名副都统张德彝充专使大臣，前往致贺，以重邦交。

盛京将军增祺奏，上海绅商李厚祐等来奉设立公司，承领大凌河丈放地亩，共十一万余亩，呈缴荒价，并拟开设货栈机器磨房，以开风气。均下部知之。又奏，俄员廓罗阔洛夫来奉，接商矿务，请给执照，查勘矿苗，又拟包租鸭绿江一带木植，已竭力婉拒。下部知之。又奏，俄人在奉搜索枪械，颇难理谕，拟请将各处团勇裁撤，以免枝节。得旨：仍着相机因应。②

初二日癸巳（3 月 11 日）

中国律例，自汉唐以来，代有增改。我朝大清律例一书，折衷至当，备极精详。惟是为治之道，尤贵因时制宜。今昔情势不同，非参酌适中，不能推行尽善。何况近来地利日兴，商务日广，如矿律、路律、商律等类，皆应妥议专条。着各出使大臣查取各国通行律例，咨送外务部，并着责成袁世凯、刘坤一、张之洞慎选熟悉中西律例者，保送数员来京，听候简派，开馆编纂，请旨审定颁发。总期切实平允，中外通行，用示通变宜民之至意。

初三日甲午（3 月 12 日）

前据丁振铎电奏，广西边界，散勇游匪，勾合抢劫，现正派队防剿等语。叠经

---

① 《清实录·德宗景皇帝实录》卷四九四。
② 《清实录·德宗景皇帝实录》卷四九五。

严谕迅速剿办，一面将各国教堂教士人等切实保护，并饬苏元春驰回广西，接统边防各营，责成将一切防剿事宜，妥为经理。兹据丁振铎电称，达隆二画洋官二人，由布局对汛前往越地，被匪枪毙等语。游匪滋扰，致洋官无辜被害，殊深惋惜。该地方防汛不力，实堪痛恨。着丁振铎查明分防文武各官职名，即行革职，并着陶模、丁振铎、苏元春将此项匪徒，认真剿办，迅速扑灭。并通饬各属，加意保护洋人，及各处教堂教士人等，以靖边疆而弭后患。

电寄丁振铎，龙州铁路，即着移交苏元春管理。①

初四日乙未(3 月 13 日)

光绪帝谕内阁，朕钦奉慈禧皇太后懿旨，据外务部奏称，本月初一日，意国署公使眷属，行经北御河桥，突有匪人将带线铅石，从远处掷击，幸未受伤等语。各国驻京人员及其眷属，朝廷一视同仁，以礼相待。凡我民人，岂容稍涉侮慢。屡经通饬晓谕，不啻三令五申，乃尚有顽劣之徒，不知轻重，致公使眷属，无故受惊，实属不成事体。着步军统领衙门严饬拿，务获究办。嗣后当一体遵照保护，不许欺陵。如再有违犯情事，着即将该地段官弁查参议处。并将滋事之犯，照例惩办。如系儿童无知，仍当罪坐家长，以儆浇风而防后患。

初五日丙申(3 月 14 日)

丁振铎续电奏称，查明法兵官被害一案，据管理布局对汛镇南营管带赵从楷禀称，正月十八日，法国驻守那烂之二画，适遇达隆二画，及稔浪二画，同到那烂，偕来布局营中聚会转回。是夜三更后，据那烂稔浪洋官来营，说及达隆二画，随带越兵一人，行至越南宠村地方，被匪枪毙，托帮同缉凶究办，并无异言。现据领事照会，请为访缉。查法兵官系在越地被害，现已派弁会缉各等语。法国兵官，虽系在越南境内被害，惟与广西边界毗连，仍应不分畛域，查拿凶犯，以笃邦交。着丁振铎、苏元春严饬边防各营，赶紧遵照办理，毋许松懈。②

初八日己亥(3 月 17 日)

外务部代奏，直隶试用道陆树藩条陈，所拟开办印花税一条，着外务部会同户部核议具奏。寻奏，印花税法，业经奏准于通商口岸试办，应由沿江沿海各省督抚

① 《清实录·德宗景皇帝实录》卷四九五。
② 《清实录·德宗景皇帝实录》卷四九五。

会商妥定画一章程，先行奏咨立案。果使各省通行，一切杂捐，均可次第裁免。依议行。

外务部奏，出使经费，近年各处分馆日多，交际所关，需款尤巨。拟就原定经费之数，明定限制，力求撙节，酌拟章程四条，分咨各出使大臣遵照办理。从之。

初十日辛丑(3 月 19 日)

聂士成着追赠太子少保，照提督阵亡例赐恤，加恩予谥。该提督平生战功事迹，及死事本末，一并宣付国史馆立传。

福州将军景星奏，闽海关洋药税厘短绌，实难凑拨赔款，恳乞改拨，俾免贻误。下部议。①

十六日丁未(3 月 25 日)

御史陈庆桂奏，请慎择出使随员一折。着政务处核议具奏。寻奏，出使随员，叠经严定章程，不得滥竽充数。现在科举改章，专重时务，京师复奏设仕学馆，讲求内政外交之学，数年以后，自不乏可用之才。若再另设特科，转致纷歧。出使保奖，本有限制。各该员远涉重洋，同系奉差。若分别异常寻常，似不足以示鼓励，所请均毋庸议。至各省督抚派人出洋游学，应由各使臣就近察核。如有不堪造就者，随时咨请撤回，以收实效。从之。②

十七日戊申(3 月 26 日)

以克敦睦谊，赏比国署使臣贾尔牒等宝星。
以保卫有劳，赏俄国提督苏伯提池等宝星。

十九日庚戌(3 月 28 日)

京师为天下根本，畿辅为京师屏障，现值门户洞开，强邻逼处，兵燹甫靖，伏莽犹繁，筹饷练兵，视他省为尤急。直隶本系缺额省分，所有淮练各军，以及海防水师，一切饷需，向受协于各省，近年实解二三成，以北洋各军四万余众，计口授食，不敷甚巨，万一饥军哗溃，大局何堪设想。昨据袁世凯具奏，直隶协饷短绌情

---

① 《清实录·德宗景皇帝实录》卷四九五。
② 《清实录·德宗景皇帝实录》卷四九六。

形，当饬户部妥为筹议。兹据奏核定协饷款目，除分别酌缓外，应饬协拨各省，共实解每年三百十八万，不得再有短欠等语。偿款增巨，固知各省财力支绌，然京师根本，关系尤重。各该督抚受恩深重，务当兼顾统筹，力任其难，共维大局。着自本年始，即照户部核定单开各款，筹解足数，不准稍有短欠。如再延欠不清，以致贻误，即将各该督抚藩司，一并交部分别议处。

以谊笃邦交，赏德国副领事贝特兰等宝星。①

廿三日甲寅(4 月 1 日)

魏光焘等电奏，勘办滇越铁路。着外务部议奏。寻奏，滇越铁路，谨拟办法七条。一、北路地主，系属中国，寄送文函，例不给费，运送水路各军及军械粮饷赈济等事，车价减半。遇有战事，不得守局外之例，悉听中国调度。二、北路应订明年限，归中国管业，或先期若干年，照原修价值买回。三、岁纳税若干。四、装运货物，照纳税厘。五、工匠巡兵，全用华人。六、铁轨尺寸，由中国自定。七、所用材料，先尽用中国所产。此外各省铁路合同，有关地主权利者，并宜参酌与法使磋订。依议行。②

廿六日丁巳(4 月 4 日)

出使英意比国大臣罗丰禄奏，意、比两国参赞，责任较重。现调派驻比参赞林桂芳充驻意二等参赞官，新加坡总领事刘玉麟充驻比二等参赞官，并责成林桂芳赴意设馆，遴派翻译随员，随同驻扎以资办公。下部知之。

以保护侨黎出力，予代理槟榔屿副领事知府谢荣光等升叙加衔有差。

以随办议约，详慎无误，予驻韩使署随员州同黄祖诒以知州升用。

三月初一日辛酉(4 月 8 日)

署直隶总督袁世凯奏，遵遣学生赴日本陆军学堂肄习。下外务部知之。

直隶提督马玉昆等奏，筹办朝阳教案，并遣散奉军，需款甚巨。得旨：着户部迅速筹拨。

抚恤浙海遭风漂流朝鲜难民。③

① 《清实录·德宗景皇帝实录》卷四九六。
② 《清实录·德宗景皇帝实录》卷四九六。
③ 《清实录·德宗景皇帝实录》卷四九七。

初二日壬戌（4月9日）

有人奏，请提漕署岁进各款，就饷练兵一折。据称漕署岁收厘金芦苇变价、黄淮湖海各滩租及江南协济等款统计有五十万之谱。近年以来，积弊甚深，悉归中饱，请饬就此项另募新兵，改练洋操等语。着陈夔龙按照所陈，认真整顿察酌情形，妥筹具奏。

本日张百熙奏，遵议翰林院开馆纂书，变通办理事宜一折。着依议。

全权大臣奕劻等奏，中俄订定交收东三省条约四款，遵旨画押。报闻。

闽浙总督许应骙奏，设立大学堂筹办情形。得旨：着督饬认真办理，随时考核，务收实效。

初三日癸亥（4月10日）

景星奏，船厂势难兼顾，请派专员一折。四川补用道沈翊清，前已赏加四品卿衔，派充会办四川矿务商务大臣。兹据该将军奏称，船厂关系重要，总督、将军皆有职守，势难常川赴工，必须另派专员，以资统摄，自系实在情形。沈翊清着暂留闽省，会办船政，藉资熟手。惟该厂经费，本出闽关，近来交涉事件，尤多谬辘。仍着责成景星随时筹商办理，不得藉词诿卸，以维成局而收实效。①

初四日甲子（4月11日）

管学大臣张百熙奏，大学堂开办译书局。依议行。

御史蒋式瑆奏，妥筹民教相安办法。下外务部议。寻奏，该御史所陈各节，不为无见。现臣等奉命与教士樊国梁妥定教规，拟将该御史原奏酌加采择。至联络教主、刊刻教书及自建教堂三端，事多窒碍，应毋庸议。报闻。

初五日乙丑（4月12日）

漕运总督陈夔龙奏，遵旨改设江北大学堂开办情形。得旨：着照所拟办理，务当督饬认真讲求，期收实效。又奏，拟设种植牧养等公司。得旨：办法甚善。着认真经理，以惠民生。

吉林将军长顺等奏，俄员商请合办吉林矿务，议定约章。允之。

---

① 《清实录·德宗景皇帝实录》卷四九七。

初七日丁卯(4 月 14 日)

湖南巡抚俞廉三奏,遵旨改设学堂,并派人出洋游学筹办情形。得旨:着照所拟办理,务当督饬认真讲求,随时考察,期收实效。又奏,开办农务工艺学堂。得旨:着即分门认真办理,以厚民生。

初八日戊辰(4 月 15 日)

电寄任道镕,宁波地方,因谣传挖目,互相惊疑,致有聚众毙命之案。虽经获犯,讯明正法,人心已定。仍着任道镕督饬文武各官实力弹压,如再有造言生事之人,随时严密查拿,并将各教堂人等认真保护,以弭后患,毋稍松懈。①

初九日己巳(4 月 16 日)

电寄景星,许应骙电悉。偿款紧要,闽关代收洋药厘。着景星仍照前议,按月提二万两解沪,毋稍推诿。该将军总督务当遇事和衷,不得各存意见。

十七日丁丑(4 月 24 日)

福州将军景星奏,偿款日亟,宜杜漏卮,请嗣后购买外洋军火,一律收税。下部知之。

办理商约大臣吕海寰等奏,茶税过重,销数日少,请将出口茶税,改为值百抽五,以纾商困而维大局。下部速议。②

十八日戊寅(4 月 25 日)

现在俄约已定,自三月初一日起,六个月内,先撤奉天省西南段至辽河俄军,并交还地方铁路。俄军既退,该地方必须有接替驻扎营队,切实弹压保护,毋任土匪马贼乘机滋扰,使彼有所借口,致生枝节。着增祺迅即通筹遴派得力将官,届期统带前往,妥为布置,以重地方。仍将办理情形先行具奏。

---

① 《清实录·德宗景皇帝实录》卷四九七。

② 《清实录·德宗景皇帝实录》卷四九七;朱寿朋:《光绪朝东华录》,中华书局 1958 年版,第 4853 页。

十九日己卯（4月26日）

署黑龙江将军萨保奏，推广屯垦办理情形。得旨：着即妥筹试办。又奏，铁路公司需煤孔亟，查照吉林原订合同，议立勘煤章程。报闻。又奏，重设铁路交涉总分局，改订章程。下外务部路矿大臣核议。寻奏，所拟铁路交涉局章程十二条，尚属可行。惟第八条关于用人要政竟任外人干预，未免有碍主权，请饬该将军与俄员妥商改订。依议行。

浙江巡抚任道镕奏，筹备新约偿款，开办各项捐输情形。得旨：着即妥筹办理，总期裕饷而不扰民。①

章太炎等于日本东京组织"支那亡国二百四十二年纪念会"。②

廿三日癸未（4月30日）

刘坤一电奏，应还赔款，镑价渐昂，请照约辩明等语。着外务部查核具奏。寻奏，各国所派银行董事齐集上海，请饬下江督熟筹办法，转饬上海道，就近详细辩明，及早订定，以免临时争执。依议行。

廿四日甲申（5月1日）

以约束洋兵从无滋扰，赏驻奉俄员蝶西诺夫等三员宝星。

廿九日己丑（5月6日）

署直隶总督袁世凯等奏，交涉重要，亟宜变通外务部及出使人员章程。请嗣后外部司员各缺，由出使大臣精拣所属参赞随译各员、久在外洋者，出具考语，保送考察充补。其使馆参随各员缺，由外部精选品端学优、能通洋文之司员，前往充补，概不准以洋务隔膜之人，滥与其选。五年之后，人才日多，外无滥竽之参随，内无隔膜之司官，应变适机，裨益非浅。得旨：所陈甚是，着外务部查照办理。又奏，请饬外务部派员按年编纂交涉事务书，以资参证。下外务部议。寻奏：外交政策，有宜守秘密者。至于条约章程，均经刊布。现在政务处奏准每月汇编政要，所

① 《清实录·德宗景皇帝实录》卷四九七。

② 冯自由：《华侨革命开国史》，中国社会科学院近代史研究所《近代史资料》编译室：《华侨与辛亥革命》，中国社会科学出版社1981年版，第36~37页。

有关于外交各折件，及随时奏定章程，复酌送汇刊颁发，已足以备参考。该督请按年编纂交涉事务书之处，应毋庸议。报闻。

吉林将军长顺奏，知州曹廷杰注释万国公法一书，有益外交，请饬删定，颁发学堂。下外务部核议。

以俄兵窜扰，接仗阵亡，予吉林边练两军营弁把总阮复元等四十二员优恤，兵勇恩哲布等六百七十七名议恤。①

夏四月初一日辛卯(5 月 8 日)

以助办教案，赏山东教士安治泰头品顶戴，陶万里三品顶戴。②

初二日壬辰(5 月 9 日)

光绪帝奉慈禧皇太后御乾清宫，俄国使臣雷萨尔、水师提督思克得罗福觐见。

初三日癸巳(5 月 10 日)

以严约兵丁，劝募赈款，赏俄国驻黑龙江统领福登高五、帮办梅而耶诺甫宝星。

初六日丙申(5 月 13 日)

现在通商交涉，事益繁多，着派沈家本、伍廷芳将一切现行律例，按照交涉情形，参酌各国法律，悉心考订，妥为拟议。务期中外通行，有裨治理。俟修定呈览，候旨颁行。

山西巡抚岑春煊奏，设立晋省大学堂，谨拟试办章程，筹经费、建学舍、选生徒、订课程、议选举、习礼法六条。得旨：选举一条，着管学大臣议奏。余着照所拟办理。

初八日戊戌(5 月 15 日)

奕劻等奏，交收津榆铁路，请饬袁世凯、胡燏棻续行厘订章程一折。前据该部

---

① 《清实录·德宗景皇帝实录》卷四九七。
② 《清实录·德宗景皇帝实录》卷四九八。

奏称，比国使臣，以保定至天津一段铁路，已有定议在先等语。兹复据奏，俄国使臣，亦以长城向北支路，早有照会，议设铁路会办各节。此次袁世凯、胡燏棻所议收回津榆铁路章程，未能详细斟酌，致贻口实，殊属办理不善。袁世凯、胡燏棻着交部议处，仍着责成该大臣等按照该部两次所奏各节，与英使切实磋商，将原议章程续行厘订，务臻妥洽，免致别生枝节。

有人奏，现在江苏等处，米价昂贵，皆由商贩私运出洋所致，请饬严禁等语。贩米出洋，本有明禁。近来沿江一带，水灾甚重，尤宜禁止私贩，以资接济。着刘坤一、恩寿、陈夔龙通饬所属，于沿江沿海各要口，凡有商贩运米，认真稽查堵御，毋任纷纷偷漏，运往外洋。倘各该地方官，未能实力禁止，一经查出，立即从严参处。其违禁之奸商，一并治罪，以杜流弊而重民食。①

初九日己亥（5月16日）

电寄吕海寰等，商约一事，财政攸关，最为紧要。前以盛宣怀熟悉商情，特旨派令议办此事，并饬随时与刘坤一、张之洞悉心商酌，嗣复添派吕海寰会同议办。乃数月以来，尚无头绪。叠经外务部将历次往返函电呈览，所议加税免厘一节，现在偿款方急，财力奇窘，亟应通筹出入，力保利权，不可稍涉大意，致滋流弊。着责成吕海寰、盛宣怀务当激发天良，扼要辩论，切实磋磨，详慎核议。仍遵前旨与刘坤一、张之洞会商，妥为筹订，期于财政无所亏损，有裨大局，毋负委任。

十二日壬寅（5月19日）

命候选道许珏充出使意国大臣，江苏候补道吴德章充出使奥国大臣，杨兆鋆充出使比国大臣，均赏给四品卿衔。

十七日丁未（5月24日）

以随办南洋洋务出力，予江西试用道王燮等十员奖叙。
以和商保护，有裨大局，予上海各国领事葡国华德师等十四员宝星。②

---

① 《清实录·德宗景皇帝实录》卷四九八。
② 《清实录·德宗景皇帝实录》卷四九八。

廿一日辛亥(5 月 28 日)

外务部奏,新设奥、意、比三国使臣,请照案铸给关防。依议行。

廿三日癸丑(5 月 30 日)

戴鸿慈奏,请置宣谕化导使,以各省学政兼充,并创立报馆。着政务处核议具奏。寻奏,学政事繁时促,若令兼充宣谕化导使,恐难兼顾。查定例各省府厅州县教官,原有教化之责,应请申明定章,饬下各省督抚学政,督饬教官,随时亲历城乡,传集绅庶,切实训谕,较为易行。至请在翰林院创立报馆,系为广见闻息浮议起见。惟从前向有官书局汇报,原隶大学堂,应请饬管学大臣,慎择妥员编辑,毋庸另设报局,以免纷歧。依议行。

两江总督刘坤一奏,筹办江南省各学堂情形。得旨:着即督饬认真讲求,随时考察,务得通才而收实效。

以南洋官商,捐款赈济陕灾,赏新加坡领事罗忠尧、谢荣光花翎。

廿四日甲寅(5 月 31 日)

两江总督刘坤一等奏,江宁省城,设立课吏馆,以资考核。得旨:但凭考课等第,犹不足以得真才。着督同司道认真察核,务以询事考言为准。

以江南陆师学堂三年毕业,予教员黄昺隆等五员暨优等学生奖叙。[1]

五月初二日辛酉(6 月 7 日)

两广总督陶模等奏,粤省沿海各州县幅员辽阔,各巡检分司其地,责有专归。惟今昔势异,必须变通办理。请将吴川县硇州司巡检,移设该县之塘㙍地方,名曰塘㙍司巡检,仍隶吴川县管辖;遂溪县湛川司巡检,移设电白县之水东地方,名曰水东司巡检,改隶电白县管辖;新安县九龙司巡检,移设合浦县之涠洲墩地方,名曰涠洲墩司巡检,改隶合浦县管辖;仍照旧例,定为外调要缺。下部议。[2]

---

① 《清实录·德宗景皇帝实录》卷四九八。
② 《清实录·德宗景皇帝实录》卷四九九。

初四日癸亥(6月9日)

实授袁世凯直隶总督,兼北洋大臣。

初五日甲子(6月10日)

光绪帝奉慈禧皇太后御宁寿宫乐寿堂,各国使臣及使臣夫人等觐见。

初十日己巳(6月15日)

电寄吕海寰等,有人奏,会议商约洋商运米出口一条,为害甚大。闻各国借口华商有贩运出洋情事,吕海寰等无可折辩,竟许以视年岁之丰歉,酌夺办法等语。米粮出口,断不可行。着吕海寰、盛宣怀极力坚持,切实磋商,以裕民食。

福建船厂会办大臣沈翊清奏,请饬下沿江海各督抚,如有备造大小兵运各船,拟照南北洋广东成案,即就船厂购造。华洋各商有托制商船者,亦可订合同,允为制造,庶人人知船政为有用,即藉为渐推渐广之基。得旨:着会同兼管大臣并咨商各督抚妥筹办理。①

十五日甲戌(6月20日)

光绪帝谕内阁,朕钦奉慈禧皇太后懿旨,本月二十一日,大英国大君主加冕之期,着特派醇亲王载沣,前往使馆致贺。

福建船政船厂所造南洋水师巡洋舰"寰泰"号在运送军火赴广东时,在香港外海,为加拿大太平洋轮船公司商船"印度皇后"号撞沉,管带祈凤仪等十三名官兵殉难,后经诉讼年余,获得赔偿367900两白银。②

十八日丁丑(6月23日)

署黑龙江将军萨保奏,黑龙江省各处,应贡貂皮,自俄兵搜抢,围猎全荒。恳准暂缓数年,俟元气稍复,再行规复旧制。得旨:着暂缓二年,再行呈进。

---

① 《清实录·德宗景皇帝实录》卷四九九。
② 刘传标:《近代中国船政大事编年与资料选编》第2册,九州出版社2011年版,第493页。

十九日戊寅(6 月 24 日)

外务部奏,黑龙江铁路公司议办煤矿,与吉林事同一律,请饬改订,以免两歧。从之。

直隶总督袁世凯奏,筹办学堂情形,先将保定旧有畿辅学堂,分别修造,由各州县挑选生徒,入堂肄业,并选觅在津学堂诸生,考择优等,派往各府厅直隶州分设中学堂充当教习,冀可次第推广,渐开风气。得旨:着即督饬切实讲求,务期教学相长,以收得人之效。又奏,拟设行营将弁学堂试办章程。得旨:着即督饬认真肄习,务有实效。又奏,直隶创设军政司,谨拟试办章程。下所司知之。①

廿五日甲申(6 月 30 日)

本日御史周树模奏,各国新约偿款,不应照镑价归还。下外务部知之。

浙江巡抚任道镕奏,存留沪栈陈漕,短亏耗米,恳请豁免。允之。

廿六日乙酉(7 月 1 日)

办理商约大臣、工部尚书吕海寰等奏,通筹加税免厘,悉心核议办法。得旨:该大臣等务当通筹全局,必使免厘加税,确足相抵,方为稳着。仍着与刘坤一、张之洞会商妥议,详晰具奏。

廿七日丙戌(7 月 2 日)

据盛宣怀电奏,马凯亟欲回国,所议加税倍半,仍留内地销场税抵补,已约马凯同赴江鄂,与刘坤一、张之洞筹商等语。加税止倍半,仅留销场税一项,与所免厘捐大宗,究竟能否抵补,财政出入关系太巨,切勿轻于定议。不得以马凯回国之言,为所摇夺。着该督等会同详慎,妥议具奏。

两广总督陶模等奏,整顿缉捕盗匪情形。得旨:仍着督饬地方文武员弁,认真巡缉,有犯必惩。②

---

① 《清实录·德宗景皇帝实录》卷四九九。

② 《清实录·德宗景皇帝实录》卷四九九。

廿八日丁亥(7月3日)

外务部奏,西人传教,分天主、耶稣两门,现在总理耶稣教会事务李提摩太因事来京,请旨办理一折。李提摩太学识优长,宅心公正,深堪嘉尚。着外务部即将既拟民教相安规条,一并与之商议,以期中外辑和,百姓亲睦,有厚望焉。

外务部奏,遵议黑龙江重设铁路局章程,与俄员等议立十二条,逐一细核。惟第八条委派一节,竟任外人干涉,未免有碍主权,应由将军慎选贤能,方可委任。其余各条,均尚可行。即饬随时认真经理。从之。

两广总督陶模因病解职,以广东巡抚德寿署两广总督,调山西巡抚岑春煊为广东巡抚。①

六月初一日己丑(7月5日)

以教案议结,赏英牧师罗约翰、傅多玛宝星。

初三日辛卯(7月7日)

湖广总督张之洞等奏,妥议粤汉铁路办法,并钞呈美国借款详细合同,以保利权而争先着。下外务部议。寻奏:盛宣怀、伍廷芳与美公司议订借款草约十五条,及续约二十六条,综其大要,不外自保权利,均属可行,请准如所拟办理。从之。②

初五日癸巳(7月9日)

粤海关监督庄山奏,采办金价,照时价据实核销。着照所请,户部知道。至所称关税解省保险等费,每年约银万两上下,及传办木器,流摊银九千余两,着内务府查明,详晰具奏。

给事中熙麟奏,上年选送东洋学习八旗官学生,回华无期,宜加体恤。并据该给事中面称,镶红旗蒙古官学生玉权,因游学退婚,正红旗蒙古官学生延龄系属独子等语。着外务部查核办理。寻奏,据日本使臣蔡钧查明,玉权并无退婚之事,延龄虽系独子,亦无不准在洋肄业之例。且学期非远,应听其毕业回国,以宏造就。

---

① 《清实录·德宗景皇帝实录》卷四九九。
② 《清实录·德宗景皇帝实录》卷五〇〇。

该给事中所请，应毋庸议。从之。

初六日甲午(7 月 10 日)

顺天府奏，设立工艺局，暨农工学堂。又奏召募女工，试办纺织。均从之。

初八日丙申(7 月 12 日)

赏道员胡惟德三品卿衔，充出使俄国大臣；候补四品京堂孙宝琦三品卿衔，充出使法国大臣；道员梁诚三品卿衔，充出使美日秘国大臣。

以记名总兵李福兴为广东琼州镇总兵官。

初九日丁酉(7 月 13 日)

有人奏，东南沿江各省，米价腾贵，请设法防弊等语。据称各该省米价骤涨，由于屯积居奇、偷漏出洋二弊，并商务大臣盛宣怀、苏松太道袁树勋徇私舞弊，致招物议等语。着刘坤一、恩寿按照所指各节，确查具奏，毋稍徇隐。至所陈防弊二策，并着察酌情形，会商妥议，奏明办理。寻奏，所参盛宣怀私屯米石、袁树勋漏米出洋各节，查无确据，应请免议。惟是绅富屯积，奸商贩洋，在所不免。原奏防弊二策，不为无见。所有禁止私积，业经咨明商务大臣，传集商会严定章程，互相举发，藉资挽救。至于禁止漏放，原奏办法，正与约章相符，现已札饬江海关查明。如近来办法有名无实，应即禀请咨明外务部，转饬总税务司，行文各关税司，照章切实办理，以期杜绝偷漏。报闻。

山东巡抚张人骏奏，商人吴金印，创办藤帽，销流甚广，请予专利年限，以劝工业。下部知之。①

十一日己亥(7 月 15 日)

云贵总督魏光焘奏，请将迤西道移驻腾越，兼管关务，并添设道库大使一员。下外务部会同吏部核议。寻奏，腾越边界，与缅甸毗连。英国现派领事，驻扎该处。开关互市，交涉日繁，厅员权势，不足以资镇摄。该督请将迤西道移驻腾越，并管关务，系为慎重地方关务起见，应准如所请。所有迤西道一缺，准其定为冲繁疲难，请旨简放要缺。并准添设道库大使一员，兼管照磨事务，作为从九品额设边

---

① 《清实录·德宗景皇帝实录》卷五〇〇。

远选缺。至腾越厅原设同知经历司狱各缺，仍照旧设置，以资治理。依议行。①

十二日庚子(7月16日)

以办理洋务，勤劳卓著，赏福建按察使杨文鼎头品顶戴，兴泉永道延年以应升之缺升用。

以长江互保，赏驻汉英总领事法磊斯、比总领事薛福德、德领事禄理玮、法领事玛玺理、美领事魏理格、日本领事濑川浅之近、驻宁英领事孙德雅、德领事尔增、美领事马墩宝星。

以和商保境，赏驻福州厦门美领事葛尔锡、巴詹声，英领事佩福来、满思礼、日本领事丰岛舍松、上野专一，法领事杜理芳，德领事谢弥沈梅泽，荷兰领事高士威，厦门税务司辛盛宝星。

以改办平粜，赏驻福州法领事高乐侍宝星。②

十三日辛丑(7月17日)

全权大臣庆亲王奕劻等奏，照录各国使臣交还天津照会进呈，请饬北洋大臣将接收事宜，妥为办理。从之。

两广总督陶模等奏，设立广东大学堂，并开办及教课章程。从之。

十五日癸卯(7月19日)

以协同保护，赏驻库伦俄领事官施什玛勒福等宝星。

十七日乙巳(7月21日)

刘坤一、张之洞、吕海寰、盛宣怀等先后电奏加税免厘，请旨即行定议等语。既据该大臣等通盘筹计，均称足敷抵补。着即照所议办理。惟所陈各条内，尚恐有侵我利权之处，流弊不可不防。仍着悉心筹虑，妥定一切，倘有后患，惟该大臣等是问。③

---

① 《清实录·德宗景皇帝实录》卷五〇〇。
② 《清实录·德宗景皇帝实录》卷五〇〇。
③ 《清实录·德宗景皇帝实录》卷五〇一。

十八日丙午(7 月 22 日)

以讲信守约，赏驻喀什噶尔俄领事撇特罗福斯克宝星。

十九日丁未(7 月 23 日)

电寄张之洞等。张之洞、吕海寰、盛宣怀等，十七日电奏各节，具悉。加税免厘一事，昨据刘坤一等会奏，已有旨允准，并责成该大臣等悉心筹虑，妥定一切。兹据奏拟以修改法律，及各国派员考查教务两条一并入约，自可照行。惟所陈索议四条，何以前次会奏电内并未提及，至推广口岸权利，语尤含混。其详细节目，究竟如何，仍着该大臣等详慎妥议。

二十日戊申(7 月 24 日)

吉林将军长顺等奏，俄员干预收降土匪情形，殊形掣肘，请饬外务部转商俄使劝导，以靖地方。下外务部查照办理。又奏，吉林阖属制兵，军装等项被俄兵搜虏损坏，宁古塔库储银钱，悉化乌有，仓粮剩亦无多。现电商伯力总督交还，派员验收。下部知之。

电寄李兴锐，山东巡抚张人骏奏，停止武科，筹建武备学堂，宜妥订考选出身章程，俾得及时自效。下政务处会同兵部议。寻奏，武备学堂规制章程，前奉谕旨，令张之洞、袁世凯妥议具奏，现尚未据奏到。该抚所拟出身章程，应俟将来核定，再行办理。从之。又奏，开办武备学堂，拟暂行试办章程，以资造就。得旨：着移交周馥妥为经理，务督饬认真教练，期收实效。①

廿二日庚戌(7 月 26 日)

光绪帝奉慈禧皇太后御乾清宫，美国使臣康格，带领博览会大臣巴礼德觐见。

廿三日辛亥(7 月 27 日)

电寄张之洞等，张之洞现授为商务大臣，嗣后续议英日各国商约。着吕海寰、盛宣怀即赴湖北省会议，仍随时与刘坤一妥酌办理。

---

① 《清实录·德宗景皇帝实录》卷五〇一。

赏出使美日秘国大臣四品卿衔道员伍廷芳，以四品京堂候补。

廿四日壬子(7月28日)

张之洞、吕海寰、盛宣怀等电奏所议内港行轮章程，及推广口岸权利两款，请迅即电示等语。核阅各节，于治权利权，皆被侵损，流弊滋多。着责成刘坤一、张之洞等再行详慎筹商，妥议具奏。①

廿六日甲寅(7月30日)

盛京将军增祺奏，贼匪滋扰，与俄员商派兵队，以资剿捕。又奏，东省铁路大通，交涉日繁，请添设铁路交涉总分各局。并下外务部知之。

廿九日丁巳(8月2日)

以匡助办款，赏俄银行代办巴乐克、前驻沪比总领事法郎机、驻汉比副领事魏来嘎宝星。

三十日戊午(8月3日)

电寄奎俊，据电奏该省土匪情形，叠经分别剿抚，已将院山寺、石板滩等处收复，匪党退据萧家坪，复有拆毁金堂县属教堂，并杀教民多命，幸将洋司铎保护无恙等语。该省匪势猖獗，奎俊务即督饬各军，迅速扑灭，毋任蔓延，致干咎戾。交卸金堂县知县杨昱，姑息养奸，着即革职。代理金堂县知县丁良干，甫经到任，仓猝遇变，不无可原，着摘去顶戴，撤任留缉。仍着通饬各属文武，振刷精神，勤求民瘼，将教堂教士及洋商人等切实保护，毋稍大意。②

秋七月初三日辛酉(8月6日)

电寄载振，有人奏，前赴日本游学生，有聚众至使馆肆闹情事，经日本巡警兵弹压始散。学生聚众滋事，闯入使馆，应从严惩办，以儆刁风；出使大臣蔡钧，不洽舆情，激成巨变，请严予惩处；参赞铨林，任性妄为，士心不孚，应一并撤回。

① 《清实录·德宗景皇帝实录》卷五〇一。
② 《清实录·德宗景皇帝实录》卷五〇一。

着载振按照所参各节，确切查明，据实具奏，毋稍徇隐。寻奏：此案原因游学日本自费生，联请使臣蔡钧，送入成城学校。该使臣以其人数稍多，未遽保送，系为慎重起见，办理尚无不合。而诸生平素安静勤学，并非有意滋事之人，偶因求见不获，致生龃龉，出自彼此误会，其心实可共谅。惟使臣外交事繁，不能随时接见诸生，周旋戒勉，致有隔阂。应否饬下管学大臣，遴派游学总监督，与日本政府商订章程，妥为调护之处，伏候圣裁。至原参参赞铨林，任性妄为、士心不孚一节，密加访察，并无实据。下部知之。

电寄李兴锐，李兴锐已调署广东巡抚，着即迅赴署任，毋庸来京请训。陶模着俟李兴锐到任，德寿交卸巡抚后，再行卸事。①

初八日丙寅(8 月 11 日)

外务部奏，请将朝阳门外苗家地借各国，作为公共操场。从之。

直隶总督袁世凯奏，筹设中学堂暂行章程。得旨：着照所拟办理。仍随时稽核，务收实效。又奏，筹设师范学堂小学堂章程。得旨：兴学以教习，得人为要义。着即悉心经理，务正始基而广造就。又奏，仿照西法创设保定警务局，并添警务学堂。得旨：着即认真举办，逐渐推行。

初九日丁卯(8 月 12 日)

矿务为今之要政，昨经刘坤一、张之洞电奏，应采取各国矿章，详加参酌，妥议章程等语。所见甚是。即着该督等将各国办理矿务情形，悉心采择，会同妥议章程，奏闻请旨。务期通行无弊，以保利权而昭慎重。

有人奏，檀香山正领事杨蔚彬、古今辉，同恶相济，鱼肉华民，有售烟、贩人、聚赌各款，请饬查办等语。着外务部查核办理。

十一日己巳(8 月 14 日)

有人奏，请饬南北洋大臣，变通验疫之法，以全民命一折。据称上海查船验病，系中西集资合办。现在全由洋人作主，以西法治中人，惨酷异常，多至殒命。请饬南北洋大臣，速筹善法等语。着袁世凯、刘坤一按照所陈各节，设法变通，妥筹办理，以顺舆情而保民生。

---

① 《清实录·德宗景皇帝实录》卷五〇二。

给事中刘学谦等奏，津地缴还，宜筹善后，胪举各条，请饬筹画一折。天津遭乱以后，元气大伤，民情困苦，朝廷时深轸念。该给事中等条陈，均属当务之急。着袁世凯按照所陈各节，悉心筹画，实力兴革，以苏民困。①

十二日庚午(8月15日)

张百熙奏，遵拟学堂章程，为《京师大学堂章程》《考选入学章程》，各省之《高等学堂章程》《中学堂章程》《小学堂章程》《蒙养学堂章程》。清廷即照所拟办理，并颁行各省，着各该督抚按照条规，宽筹经费，实力奉行。总期造就真才，以备国家任使。其京师大学堂，着责成张百熙悉心经理，加意陶镕，树之风声，以收成效，期副朝廷兴学育才之至意。开办之后，如有未尽事宜，应行增改，仍着随时审酌，奏明办理。

十四日壬申(8月17日)

刘坤一奏称，浙江桐乡县教谕举人张传芳，盘踞扬州府属仙女镇，逐日偷运米粮出口，为数甚巨，实属衣冠败类，请革职递籍，严加管束。署扬州府知府石作桢，与沈、冯两委员，受贿故纵，于张传芳闻风潜逃后，始札县拿办，希图掩饰，实属居心贪狡，请即行革职等语。已着照所请矣。张传芳于年荒粮贵之时，只知贪利殃民，居心实不可问；石作桢身膺表率，竟敢受贿，纵令奸商，盗运米谷出口，尤属罔利营私，均应彻底严行查办。着刘坤一、恩寿即咨行浙江巡抚，一体查拿张传芳到案严讯，追缴所得盗卖米粮赃款，并查明冯、沈两委员衔名，提同石作桢一并归案，确讯受贿卖放案情，从严查追，毋稍轻纵，以儆贪劣。②

十八日丙子(8月21日)

出使大臣许珏奏称，广东岁派赔款二百万两，现办房捐、亩捐等项，未著成效。独推广膏捐，可筹巨款，业经办有端绪。该省洋务局员龚心湛等，多方阻挠，请饬实力维持一折。着德寿、李兴锐按照所陈各节，查明实在情形，妥筹办理。③

---

① 《清实录·德宗景皇帝实录》卷五〇二。
② 《清实录·德宗景皇帝实录》卷五〇二。
③ 《清实录·德宗景皇帝实录》卷五〇三。

二十日戊寅(8 月 23 日)

福建船政船厂所造第三十九号兵船"建翼"号鱼雷艇，完工下水。①

廿四日壬午(8 月 27 日)

有人奏，监司大员，不知政体，据实纠参一折。据称江苏粮道罗嘉杰，擅将粮米运至太古洋行栈房，由公司轮船装载，付过定银十二万两，嗣经觉察，勒令退悔。事虽未成，迹已昭著，请予黜退等语。着刘坤一按照所参各节，确查具奏，毋稍徇隐。寻魏光焘奏，覆查该粮道始因图省经费，分运漕粮，继因议毁合同，认赔巨款，实属因公受累。业经前任督臣委员详查，并无实在劣迹，应请免其置议。报闻。

廿五日癸未(8 月 28 日)

电寄刘坤一等，据电奏，与英国使臣马凯议定商务全约等语。既据该督等会奏称，屡经妥酌定议，即着吕海寰、盛宣怀就近画押，仍将各条与刘坤一、张之洞悉心详核办理，一切务臻妥善。倘有后患，惟该督等是问。

廿六日甲申(8 月 29 日)

抽厘助饷，本军兴时不得已之政。近年以来，收数虽多，而委员司事巡丁，办理未能尽善，或至留难商贾，弊端百出。朝廷轸念民艰，久拟一概廓清，革除弊政。现与各国新订商约，加收洋货进口、土货出口等税。一经定议，着即将各省局卡一律裁撤，不再抽收厘金。至各省应解应留经费，将来免厘之后，应将加税进款如何拨补之处，着户部迅即咨行各省，豫先筹画，俟开办后，再行奏请遵照办理。

外务部奏，请派督办大臣，与德、英两国银行，议定津镇铁路借款合同。得旨：着派袁世凯为督办大臣。②

---

① 刘传标：《近代中国船政大事编年与资料选编》第 2 册，九州出版社 2011 年版，第 494 页。

② 《清实录·德宗景皇帝实录》卷五〇三。

廿七日乙酉（8 月 30 日）

前与俄国议定交收东三省条约，内开由签字画押后，限六个月撤退盛京省西南段至辽河所驻俄国各官军，并将各铁路交还中国等语。现距交还之期，为时已近，应责成增祺将接收奉天省城，及西南段至辽河一带地方，并各铁路事宜豫行筹画，精选兵队，择要驻扎巡防，以资弹压地面，保护铁路。所有各处土匪马贼，尤当认真拿捕，防患未然。务令一律靖谧，毋稍疏虞，致生枝叶。届期即着该将军经手接收，妥为措置。并先咨询袁世凯接收天津一切章程，按照办理，仍随时详晰具奏。

八月初六日癸巳（9 月 7 日）

外务部奏，议覆山西巡抚岑春煊奏，柳太铁路，改订合同，请饬下盛宣怀，按照卢汉铁路办法，与俄商妥订详细合同，奏明办理。从之。①

初八日乙未（9 月 9 日）

王培佑奏，加税免厘，豫防流弊各折片。加税免厘一事，叠经饬令刘坤一、张之洞、吕海寰、盛宣怀等悉心筹议，金称约计加税之数，足抵各省抽厘之数，是加税足以拨抵各省厘金用款。该督抚等自当仰体朝廷恤商爱民之意，断不准任听劣员，巧立名目，增设民捐局所，多方搜括，骚扰闾阎。倘有此等弊端，定惟该督抚等是问。至加税原以抵补厘金，现在英约业已定议，载明加税免厘开办之期，定在明年冬间，仍俟各国一律商定，即以加税之日，为免厘之日。该督抚等定能明白晓谕，使商人不至误会，并应豫为妥筹裁厘地步，以免临时周章也。

以办事勤奋，赏江南制造局洋监工彭脱等宝星。②

初十日丁酉（9 月 11 日）

有人奏，上海关道为各省汇解赔款总汇，若常存银行生息，每年得利甚巨，请饬酌量提充公用。又苏州前办息借时，提借州县积谷银六十万两，嗣后息借停办，而此项提借之款至今未见发还等语。着刘坤一、恩寿按照所指各节，确切查明，据

① 《清实录·德宗景皇帝实录》卷五〇四。
② 《清实录·德宗景皇帝实录》卷五〇四。

实具奏。

以功绩卓著,予故江南狼山镇总兵曹德庆,照军营立功后积劳病故例优恤,并附祀故广东水师提督吴长庆专祠。

予积劳病故,管带"飞霆"蚊船千总屠宗全优恤。①

十一日戊戌(9 月 12 日)

两广总督陶模等奏,广肇两府属水灾,请办赈捐。得旨:准其开办赈捐以资抚恤,着即妥筹办理,毋令灾黎失所。

以管带师船得力,复已革北洋海军前营游击林颖启、后营都司李和原官。

十五日壬寅(9 月 16 日)

直隶总督袁世凯奏,庶务繁重,请另派大臣议订津镇合同。得旨:着仍遵前旨,毋庸固辞。

出使日本国大臣蔡钧奏,前奏留神户领事官湖北知府黄以霖,经湖广总督张之洞电调回鄂办学,以格于例章,未便请奖。所有该员二年余劳绩,据实陈明。得旨:黄以霖着交部议叙。

十九日丙午(9 月 20 日)

外务部奏,俄国交还奉省西南段及营口地方。得旨:着派增祺接收。又奏,俄国交还山海关等处铁路。得旨:着袁世凯接收。

浙江巡抚任道镕奏,救护遭风难民在事出力员弁,请予奖励。允之。②

廿二日己酉(9 月 23 日)

光绪帝奉慈禧皇太后御仁寿殿,德国使臣葛尔士、海军提督盖斯乐等觐见。

两广总督陶模等奏,钦、廉匪首次第就擒,地方肃清,请将出力人员奖叙。得旨:准其择尤酌保,毋许冒滥。

---

① 《清实录·德宗景皇帝实录》卷五〇四。
② 《清实录·德宗景皇帝实录》卷五〇四。

廿四日辛亥(9 月 25 日)

庆亲王奕劻奏,寓美华商,报效颐和园工程捐款,恳恩分别奖叙。从之。

廿五日壬子(9 月 26 日)

两江总督刘坤一奏,苏省二十五年陈漕运交完竣,所有亏耗米石,恳予豁免,以示体恤。允之。①

九月初二日己未(10 月 3 日)

督办铁路事务工部左侍郎盛宣怀奏,正太铁路,归并卢汉总公司,谨另订借款行车详细合同,缮单呈览。下部议行。②

初三日庚申(10 月 4 日)

以联军入京,保卫宫禁出力,赏日本国陆军中将男爵山口素臣等将弁九十员,陆军步兵特务曹长佐野源右卫门等兵队一百九名,宝星有差。

初四日辛酉(10 月 5 日)

光绪帝谕内阁,朕奉慈禧皇太后懿旨,前经降旨饬令各省选派学生出洋游学,以资造就。闻近来游学日本者,尚不乏人,泰西各国或以道远费多,咨送甚少,亟应广开风气。着各省督抚选择明通端正之学生,筹给经费,派往西洋各国,考求专门学业,务期成就真才,以备任使。③

初五日壬戌(10 月 6 日)

浙江巡抚任道镕奏,剿捕大岚山匪徒,一律肃清,出力员弁请奖。得旨:准其择尤保奖,毋许冒滥。

---

① 《清实录·德宗景皇帝实录》卷五〇四。
② 《清实录·德宗景皇帝实录》卷五〇五。
③ 《清实录·德宗景皇帝实录》卷五〇五。

以旅顺办理交涉，充当翻译出力，予分省补用知府刘崇惠等升叙加衔有差。

初六日癸亥（10 月 7 日）

两江总督刘坤一着加恩追封一等男爵，晋赠太傅，照总督例赐恤，赏银三千两治丧。

调湖广总督张之洞署两江总督，以湖北巡抚端方兼署湖广总督。

初七日甲子（10 月 8 日）

电寄李有棻，昨已有旨派张之洞署理两江总督，该署督未到任以前，着李有棻暂行护理。

盛京将军增祺奏，委帮办营务处侍卫富呢雅干等防护铁路。得旨：着仍会商袁世凯妥为防护。

初八日乙丑（10 月 9 日）

有人奏，请申禁运米出洋等语。前因南省灾歉，叠经谕令该省督抚严申米禁。现闻奸商仍复运米出江，即影射出海。着张之洞、陈夔龙、恩寿再行申禁。如有奸商偷运出洋情事，即行从严惩办，以杜漏卮。

有人奏，江南扬州府属江甘岸劣商徐兆裕，把持盐务，亏短引课，并私设子店，销至镇江，侵及浙岸，请饬整顿等语。着张之洞督饬两淮运司认真查究。如果有侵蚀包揽等弊，即行从严惩办，以维盐政而重国课。寻奏：原参各节，系属传闻之误。惟该商经理岸务时，只图销旺利多，致招物议。业经批饬该商，以后不准再管岸务，及改名蒙充。并饬运司督饬现办商人，认真整顿，以免有亏引额。报闻。

御史吴保龄奏，西学教习，必查明非入教之人，方可延用。下管学大臣知之。①

德国人弗朗茨·奥斯特，在青岛设立船坞工艺厂，所造的第一艘蒸汽机船下水。②

---

① 《清实录·德宗景皇帝实录》卷五〇五。
② 刘传标：《近代中国船政大事编年与资料选编》第 2 册，九州出版社 2011 年版，第 497 页。

初九日丙寅(10月10日)

直隶长芦盐运使杨宗濂，着开缺以三品京堂候补，督办顺直机器纺织局事务。抚恤朝鲜国遭风难民如例。

十一日戊辰(10月12日)

闽浙总督许应骙奏，闽省水灾，宜筹善后，拟疏浚西南两港，并请接办赈捐，俾资工费。如所请行。

十二日己巳(10月13日)

外务部奏，增改《中葡条约》，缮单呈览，并请简派大臣订期画押。得旨：着派庆亲王奕劻画押。

以随使出力，予驻法参赞官湖北试用同知余祐蕃、翻译官花翎选用知府勋龄等升叙加衔有差。

以联络邦交，赏法国外部大臣德嘉赛等，暨使署洋员阿尔吗呢等宝星。①

十六日癸酉(10月17日)

电寄许应骙，前出使大臣太仆寺卿罗丰禄因病请假回籍。现在如已痊愈，着许应骙传知该大臣即行来京。

兼署两广总督广东巡抚德寿奏，遵设课吏馆，约分刑法、财赋、交涉、武备四门，俾各员分门专习，以宏造就。得旨：着即督饬切实讲求，仍随时询事考言，务收实效，毋得视为具文。

十七日甲戌(10月18日)

光绪帝奉慈禧皇太后御仁寿殿，各国使臣觐见，赐游宴果食。

闽浙总督许应骙奏，厦门鼓浪屿草约合同第十五条，请饬部与各国公使商酌，仍照华文草约填写，以免两歧。倘各使不允照填，即将前约作废。下部知之。又奏，汀州府属水灾，业经先碾仓谷赈济，并饬员查勘灾情，分别抚恤。得旨：着查

---

① 《清实录·德宗景皇帝实录》卷五〇五。

明灾情轻重，分别抚恤，毋任失所。

以直隶布政使吴重憙护理直隶总督，兼北洋大臣，并护理督办关内外铁路大臣。①

十八日乙亥(10 月 19 日)

前因袁世凯、胡燏棻所议收回津榆铁路章程，未能详细斟酌，当经降旨交部议处。兹据该大臣等奏，遵旨会议更改，续订章程，尚属妥洽。现在已将各路接收清楚，袁世凯、胡燏棻着加恩宽免处分。

直隶总督袁世凯奏，遵与英使续订收回京津榆关铁路章程。下部知之。

福州将军崇善奏，福州驻防捷胜营练军，演习德操，已逾三年，颇著成效，拟援陆军新章请奖。得旨：准其择尤酌保，毋许冒滥。

两广总督陶模等奏，遵查广东屯田，先已变价归民，与有漕省分不同，拟请毋庸查办。报闻。②

廿一日戊寅(10 月 22 日)

会办商务大臣工部左侍郎盛宣怀奏，招商局轮船承运漕粮，核减水脚。下部知之。

先是闽浙总督许应骙奏，拟由法国商人承办福建建宁、邵武、汀州三属矿务。至是外务部覆奏，以原订合同，尚有含混漏略之处，现经磋商改定，法领事已允遵照办理。拟请饬该督派员与公司画押，以便照章开办。依议行。

廿二日己卯(10 月 23 日)

袁世凯奏，临城矿务局员，与比公司私立草约，应作废纸，以保权利一折。据称该矿添股合办，并不请示批准，辄私与比国公司议办，种种显违定章。且将矿局自置产业房地，统交外国公司收执，名为合办，实同盗卖。着盛宣怀饬令钮秉臣等，迅将工程司所出银三万两筹还沙多，收回合同作废，免使他国效尤，占买土地，侵夺矿利，致贻后患。该大臣其妥筹办理。

直隶总督袁世凯奏天津常关，移并税务司兼管，仍由监督派员襄理。所征课

① 《清实录·德宗景皇帝实录》卷五〇五。
② 《清实录·德宗景皇帝实录》卷五〇五。

税，移存道库备拨，仍于常税项下，酌提一成，拨解关署办公。下部知之。①

廿四日辛巳(10月25日)

会办商务大臣工部左侍郎盛宣怀奏，拟设勘矿总公司，藉保主权而收矿利。下部知之。又奏，请将义赈存款十万两，拨作勘矿总公司第一次官股。下部议。寻奏，该大臣筹设勘矿总公司，集股一百万两，官商各半，又分五次拨付，轻而易举，自属可行。所请挪拨陕西义赈存款十万两，作为官股，应行照准。从之。

以办理直隶善后教案出力，赏美国人丁家立等二品衔，挪威国武员曼德参将衔，德国武员陆格奇等都司衔，法教堂总司铎德懋谦等三品顶戴，教士范迪吉等四五品顶戴，武员哲明等宝星。

廿五日壬午(10月26日)

直隶总督袁世凯，着派充督办商务大臣，与张之洞会同办理，并会议各国商约事宜。候补四品京堂伍廷芳，着派充会办商务大臣，并会议各国商约事宜。

伍廷芳已派充会议商约大臣，着迅即启程，取道东洋，径到上海，妥议商约。其使馆事宜，着派参赞暂行代办。

以漕运出力，赏江苏按察使前江安粮道效曾三代一品封典、英国兵官宝朗宝星。②

廿八日乙酉(10月29日)

会办商务大臣工部左侍郎盛宣怀奏，南洋公学，请定为高等学堂，所有卒业各生，按照奏定升学章程办理。下管学大臣议。寻奏，学堂名实，务在相符。该公学创办有年，颇著成效。然其学术之分科、课程之等级、学生究有若干、规制是否尽善，按之钦定高等学堂章程，能否悉合，拟俟咨调该学堂章程暨学生功课成绩，详加考察，再行议定。报闻。

廿九日丙戌(10月30日)

电寄盛宣怀，现在各处开办铁路，关系重大。所有卢汉、粤汉事宜，仍着盛宣

---

① 《清实录·德宗景皇帝实录》卷五〇五。
② 《清实录·德宗景皇帝实录》卷五〇五。

怀一手经理。其铁路经过地方，兵政、税项、利权一切政事，着南北洋大臣湖广总督督办，各专责成，随时妥筹办理。

以浙江布政使诚勋护理浙江巡抚。①

冬十月初一日丁亥（10 月 31 日）

外务部奏，请派日本游学生总监督一折。四品衔外务部员外郎汪大燮，着赏给五品卿衔，派充游学日本学生总监督。所有游学各生，均着归该员管辖。务即认真经理，督饬切实讲求，以端趋向而宏造就。②

初二日戊子（11 月 1 日）

商务大臣调署两江总督张之洞等奏，与英使马凯议定商约，详慎准驳删改，于利权尚无亏损，现已遵旨画押，并将约本进呈。下部知之。又奏，英约十六款内，以第八款加税免厘一事，为全约紧要关键，应由户部会商外务部，札饬总税务司豫筹布置，以免临事周章。下外务部、户部妥议具奏。

初五日辛卯（11 月 4 日）

政务处大臣庆亲王奕劻等奏，泰西以商立国，于商务特设专部，中国亦宜设立商部，以为振兴商务之地。从之。

十八日甲辰（11 月 17 日）

闽浙总督许应骙奏，闽省当海防冲途，所存军火无多，亟宜豫备。现已于省城西关外，添建制造局厂，购置机器，赶造无烟火药，及新式快枪，以利军用。下部知之。

廿二日戊申（11 月 21 日）

出使韩国大臣许台身奏，韩国元山埠华商日增，请复设领事官驻埠，办理交涉事宜。下部议。

---

① 《清实录·德宗景皇帝实录》卷五〇五。
② 《清实录·德宗景皇帝实录》卷五〇六。

廿四日庚戌（11月23日）

外务部奏，中国东三省边界，与俄境东海毗连，陆路电线相接。前订正续各约，业经限满，自应准其展限。所拟续约各条，详加覆核，均属妥协。请派王大臣定期与俄使会同画押，得旨：着派庆亲王奕劻画押。①

廿五日辛亥（11月24日）

护理两江总督李有棻奏，中国与各国联合邦交，振兴商务，必以兵为根本。查东西洋各国，凡通商之埠，皆有兵船往来巡查。一遇非常，即行保护。此等举动，最足鼓舞商情。外洋各埠，华商最多，莫不亟望华船保护。请饬各国使臣，分饬各领事，定各埠捐纳购船养船之费，汇汇中华，陆续购买坚捷巨舰，分巡各埠，练习风涛，以振国威而维商务。下所司知之。

廿六日壬子（11月25日）

吉林将军长顺等奏，伯都讷盗匪挈带俄人七名、伙匪百余名投降，入城复翻悔，烧抢挟制，现已由省派队，会同俄队剿灭。副都统讷荫，收降匪众，究与疏防不同，请免置议。允之。又奏，哈尔滨为中国入口总汇地方，华洋商民，贩运货物，须妥定收税章程。请照各国海关之例，添设道员，作为监督，以一事权。下部议。

以办事妥协，追赠宁关税务司穆麟德三品衔。

廿九日乙卯（11月28日）

以神灵显应，颁直隶清河县龙神庙匾额曰"灵贶攸昭"，刘猛将军庙匾额曰"功资庇佑"。②

十一月初一日丁巳（11月30日）

出使法国大臣孙宝琦奏，派参赞官刘式训，赴安南河内，观法人赛会，并考察华商情形。报闻。

---

① 《清实录·德宗景皇帝实录》卷五〇六。
② 《清实录·德宗景皇帝实录》卷五〇六。

以随使人员，三年期满，予驻俄参赞官知府厉玉麟等升叙加衔有差。①

初二日戊午（12 月 1 日）

谕内阁：储才为当今急务，叠经明降谕旨，创办学堂，变通科举。现在学堂初设，成材尚需时日，科举改试策论，固异帖括空疏，惟以言取人，仅能得其大凡，莫由察其精诣。进士为入官之始，尤应加意陶成，用资器使。着自明年会试为始，凡一甲之授职修撰编修，二三甲之改庶吉士、用部属中书者，皆令入京师大学堂，分门肄业。其在堂肄业之一甲进士庶吉士，必须领有卒业文凭，始咨送翰林院散馆，并将堂课分数，于引见排单内注明，以备酌量录用。其未留馆职之以主事分部，并知县铨选者，仍照向章办理。如有因事告假，及学未卒业者，留俟下届考试。分部司员，及内阁中书，亦必须有卒业文凭，始准奏留归本衙门补用。如因事告假，及学未及格，必俟补足年限课程，始准作为学习期满。其即用知县，签分到省，亦必入各省课吏馆学习，由该督抚按时考核，择其优者，立予叙补。其平常者，仍留肄习，再行酌量补用。所有一切课程，着责成张百熙悉心核议具奏，随时认真经理，期收实效。②

初四日庚申（12 月 3 日）

以拨助赈捐巨款，赏俄员索克宁宝星。

初五日辛酉（12 月 4 日）

御史徐堉奏，请开办彩票一折。着政务处会同户部议奏。寻奏，该御史所称各省彩票，零星分办，无裨要需，系属实在情形。拟请将原奏所拟章程，咨行沿江沿海各督抚，体察情形，将如何归总办法，能否如原奏所称集款之数，通筹会商，奏明核办。依议行。③

初七日癸亥（12 月 6 日）

命两江总督魏光焘，兼充南洋大臣。

---

① 《清实录·德宗景皇帝实录》卷五〇七。
② 《清实录·德宗景皇帝实录》卷五〇七。
③ 《清实录·德宗景皇帝实录》卷五〇七。

初十日丙寅（12 月 9 日）

外务部奏，时局大定，官权已复，请裁撤京畿善后营务公所。又奏，请饬拨空地，修建东省铁路俄文学堂。均从之。

赏德、法、日本、奥、意、比、西班牙、荷各国议约使臣暨参赞、领事、翻译等官宝星。

赏日本同文会长近卫笃磨宝星。

赏俄国使臣雷萨尔宝星。

赏法国总主教赵保禄宝星。

十一日丁卯（12 月 10 日）

盛京将军增祺等奏，奉省自遭变乱，道路梗阻，各州县审理案件，未能依限解勘。恳恩免扣例限，以清积牍。从之。又奏，应否前往旅顺，答拜俄国提督。得旨：现在交涉事繁，自宜彼此联络。如有应行会晤之处，不妨通融办理，随时奏闻。

十二日戊辰（12 月 11 日）

直隶总督袁世凯奏，此次道经上海，面饬轮船招商局各员董等，嗣后应提报效银两，核实分解，其一切要务，随时禀请核办。得旨：着该总督认真经理。

署两江总督张之洞奏，改修《两淮盐法志》告成，缮呈御览。下户部知之。

兼管船政福州将军崇善等奏，察看船政近日制造情形，并整顿船政学堂，以育人才。下所司知之。①

十三日己巳（12 月 12 日）

各国电线，多归官办，凡遇军国要政，传递消息，最称密捷。中国创自商办，诸多窒碍，亟应收回，以昭郑重。着袁世凯、张之洞，迅将中国所有电线，核实估计，奏请筹拨款项，发还商股。即将各电局悉数收回，听候遴派大员，认真经理，以专责成而维政体。

电寄盛宣怀，前因各处开办铁路，关系重大，曾经降旨，将应办各事，分任责

---

① 《清实录·德宗景皇帝实录》卷五〇七。

成。嗣后铁路用款报销，应由盛宣怀先行造册，咨送铁路经过省分各督抚，详细核明，会衔具奏。其应造铁路地段，勘定后着绘图贴说，移送该管督抚，派员查明，如无窒碍，始可开工。盛宣怀如与他国公司议立各项合同条款，亦着先由各督抚核定，始可签押，仍将该合同钞录会奏，以期周密而免疏误。

电寄盛宣怀，所有会办商务大臣关防，着盛宣怀俟伍廷芳到沪后，即交该京堂接收。

署两广总督德寿奏，粤东夏潦秋旱，米价昂贵，现筹款采运平粜。得旨：着即妥为筹办，以资赈抚。又奏，广东港汊纷歧，增设舢板等船，以资巡缉。下部知之。①

十七日癸酉（12 月 16 日）

管学大臣张百熙奏，大学堂定期本月十八日开学，先办速成一科，并购地建造学舍。报闻。

十九日乙亥（12 月 18 日）

管学大臣张百熙奏，同文馆归并大学堂，变通办法，并请将学堂应用书籍仪品等物，一律免税。下外务部议。寻奏，同文馆归并大学堂，所以齐制度而一趋向。今该大臣奏请变通办法，是将同文馆翻译学生，与大学堂各项学生显示区别，似非朝廷甄陶广被之意。应请由大学堂速成豫备两科中，择其少年质敏、洋文已有门径者，作为翻译专科，于肄习普通学外，分习各国语言文字，卒业后一体予以出身。嗣后本部及出使大臣、各省督抚咨取译员，并各处学堂延订教习，即以此项学生为上选，不必沿同文馆名目，亦毋庸另行招考。至一切章程，应如该大臣所奏办理。其经费一节，查华俄银行余利，除俄文学堂每年拨银二万余两外，其余尽数拨交大学堂应用。又查向章本有官物免税之条，大学堂需用物件，自可照官物免税。从之。

出使德国大臣荫昌奏，参赞官知县陆长葆，精明强干，操守清廉，请准给咨送引，破格录用。得旨：陆长葆着送部引见。

出使英国大臣张德彝奏，委员赴英属各埠，宣布谕旨，敷陈顺逆，晓谕侨居华民情形。下外务部知之。

以翻译官三年期满，予主事陈贻范奖叙。②

---

① 《清实录·德宗景皇帝实录》卷五〇七。
② 《清实录·德宗景皇帝实录》卷五〇八。

廿一日丁丑(12月20日)

有人奏，请整理租界，严除奸蠹一折。着张之洞按照所参各款，确切查明，据实具奏，毋稍回护。寻奏，沪关报运出口米粮，关道发给米照过多，业经饬令改发印照，限期出口，以示限制。其华大公司代办各州县漕米，值米价翔贵之时，屯积敛怨，自系该公司及招商局委员等办理不善所致。惟各州县漕米，盛宣怀未经会商本省督抚，遽行批准商人代办，亦有不合，应请将盛宣怀交部察议。苏松太道袁树勋，办理交涉，尚能尽心，原参各节，查无其事，应请免议。如所请行。

御史李灼华奏，谨拟教案办法四策，并请将西学书籍，分隶六部。下外务部知之。

直隶总督袁世凯奏，勘修新易铁路，请饬部拨款，以济要工。又奏，请派内阁学士铁良为京旗练兵翼长。均从之。

署两江总督张之洞奏，苏省海运漕粮，改于太平仓拨兑，程途较远，请增加运费，以示体恤。下部知之。①

廿二日戊寅(12月21日)

光绪帝奉慈禧皇太后御乾清宫，法国使臣吕班觐见。

廿八日甲申(12月27日)

光绪帝奉慈禧皇太后御乾清宫，美国使臣带领水师提督麦勒思觐见。
以进呈书籍，赏日本译员伊泽修二宝星。

廿九日乙酉(12月28日)

光绪帝奉慈禧皇太后御养性殿，美国使臣及其夫人等觐见。

三十日丙戌(12月29日)

户部、外务部奏，豫拨东北边防经费，共银二百五十万两。②

---

① 《清实录·德宗景皇帝实录》卷五〇八。
② 《清实录·德宗景皇帝实录》卷五〇八。

十二月初二日戊子(12 月 31 日)

直隶总督袁世凯奏，天津府苇渔课纳粮地亩，因受兵灾无力完缴欠课，恳请豁免，以苏民困。允之。

山东巡抚周馥奏，查勘烟台华商，及威海胶澳美、德两国租界情形。下外务部知之。又奏，修浚小清河，试行轮船，惟工巨款绌，拟将牙帖、捐输等款凑拨应用。下外务部议。寻奏，该抚以浚河筹款，不欲借助洋商，洵有远虑。惟购造轮船，若准华洋合伙，恐各国于内地各处，纷纷效尤。前经商约大臣盛宣怀奏明招集华商，创设内河轮船，该省自可仿照办理，应请饬令遵办。从之。又奏，濮州帮千总吴廷锡领运密云等处兵米，因遭拳乱，抢护运回德州，惟米已受湿霉变，应请饬令变卖，即照现价解兑，以免该员赔累。下户部知之。

蠲缓山东济南等十府，临清、济宁二直隶州所属各州县盐场卫所被灾村庄地亩新旧钱漕。①

初三日己丑(公元 1903 年 1 月 1 日)

山东巡抚周馥奏，遵查卫所屯田，饬令酌量缴价。下户部知之。

护理浙江巡抚诚勋奏，采办江南徐州等处硝片，制造火药，请准沿途免予完厘，俾资接济。下部知之。

抚恤朝鲜国遭风难民如例。

初四日庚寅(公元 1903 年 1 月 2 日)

广州将军寿荫奏，遵将驻防书院义学，改设学堂，并陈开办情形。下管学大臣议。寻奏，该省驻防书院义学，经费有限，自系实在情形。惟以七千余金之岁款，开办中小学堂，至二十处之多，断难具有规模，悉合程度。查广州向有同文馆，应仿照京师同文馆归并办法，并入该驻防中学堂，以昭画一。原有经费，悉数拨归中学堂支用。将来该驻防中学堂学生毕业，应照奏定章程办理。所请三年保奖，及咨送京师大学考试之处，应毋庸议。各科教习，有卓著成效者，可随时专案保荐，不必限以岁年，悬为定格。所请三年一保，亦应毋庸置议。至称两广盐运使国钧捐银二千两，为数较巨，应请嘉奖，以昭激劝。得旨：国钧着传旨嘉奖。②

---

① 《清实录·德宗景皇帝实录》卷五○九。
② 《清实录·德宗景皇帝实录》卷五○九。

初六日壬辰（公元1903年1月4日）

有人奏参，闽浙总督许应骙贪污卑鄙各款，请旨饬查一折。着张之洞按照所参各节，确切查明，据实具奏，毋稍徇隐。

管学大臣张百熙奏，请在上海译书分局，附设印书局一所。从之。

初七日癸巳（公元1903年1月5日）

吉林将军长顺等奏，续收降匪情形。得旨：着即妥为编置，仍随时认真稽查，分别筹办。又奏，请饬南洋大臣拨发快炮，运解回吉，以应急需。得旨：着外务部电知南洋大臣照数拨给。

派贝子溥伦赴美国散鲁伊斯城赛会，为正监督；赏东海关税务司美员柯尔乐二品衔，为副监督。①

初九日乙未（公元1903年1月7日）

调补浙江巡抚安徽巡抚聂缉椝奏，芜湖开办巡警马路，以维商埠而靖地方。下部知之。

十一日丁酉（公元1903年1月9日）

福州将军崇善奏，简放四川矿务商务大臣沈翊清，现办船政事宜，正资商搉，请暂缓入都陛见，以重工程。允之。

十四日庚子（公元1903年1月12日）

山东巡抚周馥奏，遵裁制兵，改练巡警，并分别缓急办法。下政务处知之。又奏，武卫右军饷项短缺，请另筹拨补，以济兵食，并请将南运局盐斤加价一款，尽数截留，以抵河南欠解之饷。下户部议。

以捐助中学堂经费二万两，赏广东香山县附生邓㵑举人。

---

① 《清实录·德宗景皇帝实录》卷五〇九。

十五日辛丑（公元 1903 年 1 月 13 日）

直隶总督袁世凯奏，派员接收津沽机厂船坞，暨办理情形。下部知之。又奏，直岸、豫岸新加盐价，均饬商随引包缴。下户部知之。

署两广总督德寿等奏，查明商办推广膏捐情形，并因与条约不符，现已撤销，另筹办法。下外务部知之。又奏，协剿广西游匪情形。得旨：仍着随时会商，实力剿办，以靖地方。

以收回津沽厂坞，赏俄国参将金德理、都司吾拉过乌、守备克吸是黎亲宝星。

以交涉和衷，赏德国驻汕领事官施德礼宝星。

以助擒防城匪首，赏法国教士包道源宝星。

以教授得力，赏广东水陆师学堂外洋教习李家孜宝星。①

十六日壬寅（公元 1903 年 1 月 14 日）

外务部奏，比国使臣杨兆鋆丁忧，应否简员接替，抑仍准其留任。得旨：着留使任。

以出洋三年期满，予驻美参赞官知府庄海观等升叙。

以外埠商董三年期满，予州同衔戴国栋等四人奖叙，其朝鲜汉城总领事傅良弼、使署学生姚仕镤，并给奖。②

十七日癸卯（公元 1903 年 1 月 15 日）

前因电务为国要政，应归官办，已谕令袁世凯、张之洞筹还商股，将各电局悉数收回，候派大员经理。着即派袁世凯为督办大臣，直隶布政使吴重熹着开缺以侍郎候补，派为驻沪会办大臣。该局改归官办之后，其原有商股，不愿领回者，均准照旧合股。朝廷于维持政体之中，仍寓体恤商情之意。该大臣等务当通筹全局，认真办理，将从前积弊，一律剔除，以期上下交益。

十八日甲辰（公元 1903 年 1 月 16 日）

翰林院侍读王荣商奏，请开米禁。据称闽浙两省，人稠米少，每年仰给江苏

---

① 《清实录·德宗景皇帝实录》卷五〇九。
② 《清实录·德宗景皇帝实录》卷五一〇。

贩运接济。若准循照向章，令闽浙米商，前赴江苏仙女庙等处采买，可以两获其利等语。着张之洞、恩寿体察地方情形，酌量办理，仍严禁奸商私贩出洋，以重民食。

翰林院侍读王荣商奏，请开湖溉田等语。浙江宁波府属之东钱湖，据称年久失修，前经该府绅士购备机器，设局挑浚，因事中止。着诚勋按照所陈，体察情形，酌量修浚，以竟前功。①

十九日乙巳（公元 1903 年 1 月 17 日）

以两淮盐运使程仪洛为广东按察使。
以云南创设思茅洋关出力，予同知许之载等升叙。

廿一日丁未（公元 1903 年 1 月 19 日）

直隶总督袁世凯等奏，请将理藩院四税司员裁撤，案件税务，统归州县办理，以一事权。允之。

廿三日己酉（公元 1903 年 1 月 21 日）

盛京将军增祺等奏，变通盐法以浚利源，并供应驻扎俄军，酌给各属津贴。下户部议。
以总办善后洋务局出力，赏直隶按察使杨士骧头品顶戴。
以经征税厘出力，予署奉天东边道德麟以副都统记名简放。

廿四日庚戌（公元 1903 年 1 月 22 日）

以浙江布政使诚勋为安徽巡抚，以前江西布政使翁曾桂为浙江布政使。
赏比国子爵吴特勒莽等十四员宝星。
赏法国翻译官微习叶宝星。
赏美国外部副大臣蒲士等二员宝星。
赏日本亲王华顶宫博恭王等四十六员宝星。
赏日本宫内大臣田中光显等三员珍玩。

---

① 《清实录·德宗景皇帝实录》卷五一〇。

廿五日辛亥（公元 1903 年 1 月 23 日）

盛京将军增祺等奏，请饬拨奉吉两省癸卯年的饷，并催各省欠解饷银。得旨：着户部照拨严催。

以至性过人，殉亲异域，予故出使俄国大臣杨儒子、道员杨锡宸旌表如例，并将孝行宣付史馆立传。①

廿六日壬子（公元 1903 年 1 月 24 日）

直隶总督袁世凯奏，请豁免芦纲欠课，并厘定包交新章。又奏，盐纲新复，请暂停解部款。均下户部议。又奏，税收奇绌，请准将天津道经管海税，尽征尽解，俾免赔累。允之。

调陕西按察使樊增祥为浙江按察使。

廿八日甲寅（公元 1903 年 1 月 26 日）

以山东机器局员弁匠目出力，予按察使尚其亨等升叙。

以和衷共济，潜弭衅端，赏烟台美国正领事法勒、德国正领事连梓、俄国副领事吉勃里、法国署副领事业国麟、瑞典挪威国副领事顾林炎宝星。

以办事持平，赏俄国商约游生春马进财宝星。②

是年

严复所译《原富》出版。

福建船政船厂监督、法国人杜业尔，利用余料所建的轮船"船祥""济川"完工下水。③

---

① 《清实录·德宗景皇帝实录》卷五一〇。
② 《清实录·德宗景皇帝实录》卷五一〇。
③ 刘传标：《近代中国船政大事编年与资料选编》第 2 册，九州出版社 2011 年版，第 502~503 页。

光绪二十九年　公元 1903 年　癸卯

春正月初三日己未(1 月 31 日)

护理浙江巡抚诚勋奏，办理新漕，折价实难再加，请仍照上年定价。所征本色，请援照历届成案，红白兼收，籼粳并纳，以示体恤。下部知之。

蠲缓浙江仁和、海沙、鲍郎、芦沥、杜渎、横浦、浦东、鸣鹤、钱清、西兴、石堰、长亭、清泉、龙头、穿长十五场被灾暨荒芜未垦灶荡钱粮。①

初四日庚申(2 月 1 日)

外务部代递法国主教樊国梁年节贺表。得旨：览奏具见悃忱，实深嘉悦，表留览。

缓征山东济宁等州县被灾地方本年上忙钱漕租课。

初五日辛酉(2 月 2 日)

吉林将军长顺等奏，三姓地方，遭兵抢掠，亏收土税，请予宽免。允之。

初六日壬戌(2 月 3 日)

电寄德寿等，电悉。仍着严密访拿匪首洪杏魁、梁慕光，务获惩办，并随时认真防范，毋稍疏懈。此次英总领事、香港总督不分畛域，协力查拿，德领事亦能破除偏私，实力相助，得使逆谋败露，深堪嘉尚。着俟定案时，由德寿等声明请奖。至私藏军火之和记公司，着一并查明究办。

护理浙江巡抚诚勋奏，浙省设立课吏馆，教练吏才。得旨：仍着认真随时考核，以裨吏治。②

---

① 《清实录·德宗景皇帝实录》卷五一一。
② 《清实录·德宗景皇帝实录》卷五一一。

初七日癸亥(2 月 4 日)

闽浙总督许应骙奏,闽省改练常备续备两军,厘订营制饷章。下所司知之。又奏,设立工艺局,教养在押匪徒。报闻。

护理浙江巡抚诚勋奏,整理武备学堂,教练将才。得旨:仍着认真训练,务收实效。

以保护外人弹压内地出力,予福建参将左俊卿等六员奖叙。

初八日甲子(2 月 5 日)

署两江总督张之洞奏,请裁停南洋旧式兵蚊各轮,以积存薪饷,另造长江新式浅水快船,以收巡江实用。允之。

初九日乙丑(2 月 6 日)

光绪帝奉慈禧皇太后御乾清宫,美国使臣康格、比国使臣姚士登、意国使臣嘎厘讷、韩国使臣朴齐纯、法国使臣吕班、西班牙国署使臣贾思理、奥国护使臣讷色恩、德国署使臣葛尔士、葡国署使臣阿梅达、日本国署使臣松井庆四郎、英国署使臣泰讷理、俄国署使臣柏兰荪、荷兰国署使臣欧登科觐见。

初十日丙寅(2 月 7 日)

署两江总督张之洞奏,淮盐疲弊,急宜整顿,拟增兵船以制枭,剔卡弊以恤商,并定盐务差使比较章程。得旨:着照所请。督饬运司认真整顿,以除积弊而裕饷源。

十一日丁卯(2 月 8 日)

那桐此次派往日本赛会,着随带户部司官二员前往,就便考察银行金镑印花税各事宜。

十二日戊辰(2 月 9 日)

光绪帝奉慈禧皇太后御乾清宫,总税务司赫德、北堂主教林懋德、刘克明觐见。

吉林将军长顺等奏，韩国边界官兵，屡次过江滋扰，恐启衅端，请饬设法弭患。得旨：着外务部查照办理。

十三日己巳(2月10日)

光绪帝奉慈禧皇太后御养性殿，各国使臣及使臣夫人等觐见。

署黑龙江将军萨保奏，筹设江省俄文学堂，开办情形。下所司知之。

添铸电政大臣关防，从直隶总督袁世凯等请也。

十七日癸酉(2月14日)

福州将军崇善奏，常洋两税，先提汇沪，并划解洋药厘金，备还新案赔款。下部知之。

廿一日丙子(2月17日)

浙江留日学生创办之《浙江潮》发刊。①

廿八日甲申(2月25日)

张之洞电奏悉，修浚黄浦江一节，认筹全费，自行设局办理，所陈不为无见。着外务部切实妥商，并会同袁世凯、张之洞筹议具奏。

署两江总督张之洞奏，江南省创建三江师范学堂，请将江宁银圆局铸造铜圆赢余银两，专供该堂经费。下所司议。

廿九日乙酉(2月26日)

外务部奏，出使大臣伍廷芳，请赏给出洋学生郑廷襄等出身，应将该生咨送来京，赴部覆加考验，以昭核实。依议行。

赏保护西贡华侨法国守备方苏雅等二员，款接华使日国外部安毅等三员宝星。②

---

① 《清实录·德宗景皇帝实录》卷五一一。
② 《清实录·德宗景皇帝实录》卷五一一。

二月初四日己丑(3月2日)

有人奏,福建泉、漳两府,征收钱粮,每两折征加倍,又有承差书役等费,自本年起,复每两加征随捐四百文。即遇水旱偏灾,地方官仍照常起征,以致惠泽不能下逮,请饬查禁一折。另奏福建通省税契加收勒费,弊端百出,请饬严禁陋规等语。着许应骙按照所指各节,确切查明,认真裁汰,毋令官吏从中舞弊。①

初五日庚寅(3月3日)

闽浙总督许应骙奏,闽省设立农桑局,试办蚕桑。得旨:着即督饬认真办理,以兴地利。

初六日辛卯(3月4日)

闽浙总督许应骙奏,闽省频年风水为灾,请将闽盐三十七届带征旧课,再缓征一届,以纾商力。下部知之。

初九日甲午(3月7日)

外务部代递候选同知吴桐林,拟办商务条陈八条。得旨:着政务处、外务部酌核办理。

山海关副都统倭恒额奏,关地五方杂处,兼联军在境,交涉日繁。所有八旗营制,改弦更张,常川操练。拟咨商直督设法筹款,仿常备军饷章加给津贴。允之。

以办结晋省教案出力,赏法领事玛尔理、参赞端贵二品顶戴、洋员林辅臣等奖叙有差。

十一日丙申(3月9日)

外务部代递盛宣怀电奏,请将通商银行商股,改作萍乡矿股,所存部款百万,改归铁厂,由该厂分年归本缴息。着外务部户部议奏。寻奏,商力竭蹶,而湖北铁厂不至中辍,实赖萍乡煤矿辅助之功。所请通商银行商股,改作萍乡矿股,自应照准。至部款应归部库,留作国家银行之用,未便挪移。从之。

---

① 《清实录·德宗景皇帝实录》卷五一二。

直隶总督袁世凯奏，北洋饷项，岁需五百数十万，协解短绌，不敷甚巨。现由本省酌量筹拨，以济要需。下部知之。又奏，遵饬各省挑选将目，赴北洋湖北学习操练，谨拟简易章程：一、分设学堂学营；二、定学额；三、选将弁；四、限考期；五、优薪饷；六、筹杂费；七、备器械；八、定学期；九、奖优等；十、毕业考验；十一、回省后委用；十二、画一操法。如所请行。①

十二日丁酉（3 月 10 日）

盛京将军增祺奏，奉省天主教案赔恤业经议结，用款百四十万两；所订善后条约，教民仍是中国百姓；词讼案件，仍由地方官不分民教，按律办理；教士主传道，毋得干预。下外务部知之。

江苏巡抚恩寿奏，就宝苏局地基，添设厂屋，试铸铜圆，专资苏用。下部知之。

十六日辛丑（3 月 14 日）

有人奏，江苏茧捐，以无锡、金匮两县为大宗，每岁可得四十万元左右。该局委员以多报少，朋分肥己，开支亦多浮滥。去年苏省禁米出口，该局串令奸商，运米绕道出口，收受陋规，几酿重案，请旨饬查。当此款绌粮贵之时，岂容劣员行私舞弊，着恩寿按照所参各节，彻底查明，据实具奏，毋稍徇隐。寻奏，该委员奉委收捐，虽查无营私入己情弊，惟于黏贴印花，及过秤验船等事，玩忽瞻徇，实属咎有应得。应请将锡金厘局委员候补知县姚守彝革职，以为徇私误公者戒。如所请行。②

十八日癸卯（3 月 16 日）

外务部奏，金贵银贱，中国受亏甚巨，亟变通钱币，以图补救：一、铸金钱；二、存金款；三、严金禁；四、用金票；五、铸银圆；六、设银行。大要以金钱定铜银二币之值，以钞票济金银二币之用，以银行为利国便民之枢纽，以矿产为设局鼓铸之来源，借鉴列邦成法，损益尽善，庶挽利权。下政务处会同户部议奏。

直隶总督袁世凯奏，开平煤矿，经侍郎张翼加招洋股，改为中外合办公司。乃

---

① 《清实录·德宗景皇帝实录》卷五一二。
② 《清实录·德宗景皇帝实录》卷五一二。

上年以悬旗启衅，英使遽谓该局已卖与洋商胡华，据私约始终坚持。查矿地乃国家产业，岂能未经奏准，私相授受。张翼等情急支吾，益滋蒙混，应请饬下外务部迅速照会英使，切实声明，另定中外合办章程，以复我疆土，保我利权，不至凭空断送于外人之手。得旨：着责成张翼赶紧设法收回，如有迟误，惟该侍郎是问，并着外务部切实磋商妥办。①

十九日甲辰(3 月 17 日)

盛京将军增祺等奏，商人梁显诚等招集华洋股本合办矿务，名义胜鑫矿务总公司，严定章程十条，声明华俄股票，皆只准售与在股华人，不售与外人，请饬部立案。得旨：着外务部查核办理。

二十日乙巳(3 月 18 日)

署两江总督张之洞奏，积存裁船经费，订购长江浅水新式快船。其办法以各局现存之款，买镑生息，按期付价，以裁停无用各轮之费，分年抵还，既可得息，又免镑贵。不另筹分文，而得新式船四艘，五年后并可余存百万，十年后岁存巨款，为江防计，兼为江南增裕款项。得旨：着魏光焘覆核妥办。

缓征两淮泰州、海州二属各场被风、被潮灶地折价钱粮。

廿一日丙午(3 月 19 日)

有人奏，福建漳、泉一带土匪不靖，匪首赖乾等在同安县属之潘涂乡，私造快船，游弋行劫，请饬相机剿抚等语。着许应骙责成水陆提督，督同地方官认真查办，以靖地方。

廿二日丁未(3 月 20 日)

贝子溥伦奏，此次赴美国赛会，需银七十五万两，请饬垫拨。下户部速议。

廿三日戊申(3 月 21 日)

南洋各埠，多有华商出洋贸易，熟悉中外情形，尤深明于君国身家互相维系之

---

① 《清实录·德宗景皇帝实录》卷五一二。

义，虽侨居海外，心恒不忘故土。其忠爱悃忱，朝廷深为嘉尚，叠经谕令沿海各省，于流寓华商回籍时，设法保护。现在振兴庶政，讲求商务，一切应办事宜，全在得人，尤应体恤商情，加意护惜。各埠华商人等，凡有因事回华者，其身家财产，均责成该省督抚严饬地方官切实保护，即行妥定章程，奏明办理。倘有关津丁役、地方胥吏及乡里莠民，藉端讹索，即予按律严惩，决不宽贷。着即由沿海督抚及商务大臣、出使大臣，剀切晓谕，宣布朝廷德意，俾众咸知。

廿五日庚戌（3 月 23 日）

直隶总督袁世凯奏，遵设北洋陆军武备学堂，拟订章程。下政务处议。

山东巡抚周馥奏，旗丁生计日蹙，请挑选八旗聪颖子弟，入武备、医学、农工、机器、电报、铁路各学堂，以期成就。下各旗营知之。

以才胜海军，予北洋参将萨镇冰以水师总兵记名简放。①

廿六日辛亥（3 月 24 日）

路矿总局奏，筹办学堂，并道员张振勋报效经费银二十万两，请旨破格奖励各折片。候选道张振勋久历外洋，熟悉商情，兹因开办路矿学堂，报效巨款，洵属好义急公，深堪嘉尚。张振勋前经戴鸿慈保奏，已谕令送部引见。着即迅速来京，豫备召见，候旨施恩。

前据御史李灼华，奏参闽浙总督许应骙贪污卑鄙等情，当经谕令张之洞确查。兹据查明覆奏，所参各节，均无实据。

署两江总督张之洞等奏，江苏钱价日贵，民用日艰，拟设官银钱局，行用官钱票，并添机增铸铜圆。报可。

廿七日壬子（3 月 25 日）

追赠前税务司洋员赫政三品卿衔。

廿八日癸丑（3 月 26 日）

署两江总督张之洞等奏，自沪至宁铁路，仿照粤汉干路美款办法，详订合同二十五条，议借英金三百二十五万镑，虚数九扣，年息五厘，五十年为期，即将全路

---

① 《清实录·德宗景皇帝实录》卷五一二。

作为借款抵押，五年全竣，逾限有罚。下外务部议。寻奏，该督等所拟合同，核与粤汉铁路用意相符，而于禁止洋工程师干预地方事宜，及豫订将来征收税捐各节，尤为详密，应请准如所拟办理。从之。

廿九日甲寅（3 月 27 日）

署两广总督德寿等奏，粤省盐务，上年因新案赔款，盐斤加价，客贩裹足，销路滞钝，是加价徒有其名，而正款实受其害。拟请饬下粤盐行销各省，将加价口捐核减，按照部议行盐省分，每斤抽收二文，并将厂卡酌量裁撤，以节糜费而顾大局。下部议。又奏，续筑广东省河堤岸，用银三十八九万两，暂借商款，不动库储。下部知之。

三十日乙卯（3 月 28 日）

以襄办晋省教案出力，赏洋员云登宝星。①

三月初一日丙辰（3 月 29 日）

有人奏，东三省时局日蹙，宜亟筹抵制之法。俄人兴修铁路，三省形势险要皆失，惟有招民实地，力图抵制，并以后按照自设木植公司办法，俾操纵在我，豫防流弊等语。着增祺体察情形，妥筹覆奏。寻奏，俄国铁路业经竣工，此后宜如何坚定章程，不得再行侵占，应请饬下外务部妥议限制，俾有遵循。至称招民实地，及自设木植公司各节，前经续请开放东流水大凌河荒地，及上年量地添官各举，无非力图抵制，并饬东边道袁大化体察情形，自设木植公司，以保利权。当此时艰孔亟，但有可以补苴之处，应随时相机筹画，以冀稍裨时局。下外务部知之。②

初二日丁巳（3 月 30 日）

署两江总督张之洞奏，遵筹江南制造局，拟于安徽湾沚新设分厂，节省原有之款，以备添购新式枪炮机器。下政务处议。

---

① 《清实录·德宗景皇帝实录》卷五一二。

② 《清实录·德宗景皇帝实录》卷五一三。

初五日庚申(4月2日)

光绪帝奉慈禧皇太后御乾清宫，德国署使臣葛尔士，偕同巴宴国禄亲王、戈亲王觐见。①

初七日壬戌(4月4日)

电寄增祺等，俄约第二期交还奉天、吉林地方，着派增祺、长顺接收。

初八日癸亥(4月5日)

闽浙总督许应骙因事解职，以热河都统锡良为闽浙总督。未到任前，以福州将军崇善署理。

十四日己巳(4月11日)

文华殿大学士军机大臣荣禄，着先行加恩照大学士例赐恤，予谥"文忠"，追赠太傅。

十六日辛未(4月13日)

光绪帝奉慈禧皇太后御保定府行宫前殿，德国使臣葛尔士，带领巴宴国禄王妃、蒙日拉之妻、吉锡之妻、汉文正使卜海伯觐见。

廿一日丙子(4月18日)

调署四川总督岑春煊署两广总督，以闽浙总督锡良署四川总督。

以署广东巡抚李兴锐署闽浙总督，调河南巡抚张人骏为广东巡抚。以漕运总督陈夔龙，为河南巡抚。署两广总督德寿，为漕运总督。

---

① 《清实录·德宗景皇帝实录》卷五一三。

廿五日庚辰（4 月 22 日）

通商惠工，为经国之要政，自积习相沿，视工商为末务，国计民生，日益贫弱，未始不因乎此，亟应变通尽利，加意讲求。前据政务处奏，议覆载振奏请设立商部，业经降旨允准。兹着派载振、袁世凯、伍廷芳先订商律，作为则例，俟商律编成奏定后，即行特简大员，开办商部。其应如何提倡工艺，鼓舞商情一切事宜，均着载振等悉心妥议，请旨施行。总期扫除官习，联络一气，不得有丝毫隔阂，致启弊端。保护维持，尤应不遗余力，庶几商务振兴，蒸蒸日上，阜民财而培邦本，有厚望焉。①

廿八日癸未（4 月 25 日）

盛京将军增祺奏，俄兵未经全撤，交涉棘手。得旨：着外务部迅速办理。

夏四月初一日乙酉（4 月 27 日）

上海各界绅商、民众千余人，集会于张园，抗议俄国之侵略满洲。②

初六日庚寅（5 月 2 日）

有人奏，天津市面败坏，牵动京城，亟宜设法维持，挽回商局一折。津门为南北枢纽，兵燹后银洋外溢，市面本缺现银，通行贴现，自示禁之后，商民误会拨兑不通，不惟天津市面窒塞，牵动京城，且令南来各货，入口稀少，百物昂贵，于商务更多窒碍。着袁世凯传集明白商情各官绅，妥议办法，务使银根周转，不至牵掣全局，是为至要。寻奏，市面凋敝，总由于银钱荒乏。欲图挽救，必须筹拨巨款。目下内外库储支绌，无可腾挪。拟由绅商合力集股，开设银行，以冀疏通。并设立商务公所，藉资联络。另由公所选定殷实钱号四十家，准其行使零整钱帖，以便周转。其奸商架空设骗之弊，仍始终防禁。果能办理得法，市面必日有起色。得旨：着该督妥慎办理，务期市面流通，以免掣动全局。③

---

①　《清实录·德宗景皇帝实录》卷五一三。
②　杨天石、王学庄：《拒俄运动》，中国社会科学出版社 1979 年版，第 64~65 页。
③　《清实录·德宗景皇帝实录》卷五一四。

初七日辛卯（5月3日）

光绪帝奉皇太后御颐乐殿，英国使臣及其夫人等觐见。

广西巡抚王之春奏，学臣汪诒书历试各郡，捐置译籍，并创办师范讲习社，提倡新学，成效大著。报闻。

以让出赔款、创立学堂，予山西总教士李提摩太等奖叙。

初八日壬辰（5月4日）

山东巡抚周馥奏，绅民认借招信股票，请广学额以昭激劝。下部议。

以悉心经画，赏邮政总办法员帛黎二品衔。

以敦联睦谊，赏俄国外部大臣兰姆斯多甫，暨柯乐斯托维次等宝星。

以随同签约议结教案，赏日国署使臣贾思理、法国前署使臣贾斯那宝星。

初十日甲午（5月6日）

两江总督魏光焘奏，江宁省城设立两江学务处，并派员办理。得旨：着即认真办理，务收实效。

以救援遭风难民，赏俄国满洲轮船主易罗方肃宝星。

十三日丁酉（5月9日）

光绪帝奉皇太后御养性殿，俄国署使臣柏兰孙之妻等觐见。

十四日戊戌（5月10日）

护理浙江巡抚诚勋奏，剿办台州土匪，在事员弁出力情形。得旨：准其择尤酌保数员，毋许冒滥。①

十五日己亥（5月11日）

护理浙江巡抚诚勋奏，浙省遵旨仿铸银圆，以维圜法。下部知之。

---

① 《清实录·德宗景皇帝实录》卷五一四。

十六日庚子(5 月 12 日)

光绪帝奉慈禧皇太后御仁寿殿，各国使臣夫人及参赞随员等觐见，并赐游宴。

十九日癸卯(5 月 15 日)

漕运总督陈夔龙陛见，以江苏布政使陆元鼎暂署漕运总督。
赏俄医官意万润撇此克等宝星。

廿九日癸丑(5 月 25 日)

礼部以翻译会试中额请。得旨：驻防翻译会试，着取中二名。

是月

邹容《革命军》在上海出版。①
袁世凯重建天津中西学堂校舍，改名为北洋大学堂。②

五月初二日丙辰(5 月 28 日)

镇国将军载振等奏，奉命前往日本大阪，观览赛会。会场百物罗列，具臻精
美。中国宜亟提倡，以为将来赛会之基础。报闻。
以记名丞参伍廷芳为外务部右丞。
赏日本博览会总裁载仁亲王等五十三员宝星。③

初四日戊午(5 月 30 日)

御史李灼华奏，俄事方张，宜筹善策。下外务部知之。
漕运总督陈夔龙奏，江北高等学堂开办一年，规模已见，酌量推广以宏教育。

---

① 《清实录·德宗景皇帝实录》卷五一四。
② 《清实录·德宗景皇帝实录》卷五一五。
③ 《清实录·德宗景皇帝实录》卷五一五。

得旨：着饬认真经理，期收实效。

初五日己未 (5 月 31 日)

两江总督魏光焘等奏，江宁屯田，谨拟办法四条：一、缴价宜酌分等则；二、纳税宜量予限制；三、屯饷宜照旧征解；四、运田宜征收粮赋。下部议。

初九日癸亥 (6 月 4 日)

裁撤直隶天津户部担头关粮税总分各局。从直隶总督袁世凯请也。

命户部右侍郎铁良，会同直隶总督袁世凯，办理京旗练兵事宜。

初十日甲子 (6 月 5 日)

都察院代奏，广东绅士知县刘士骥等呈称，广东捐项繁琐，民不堪命，请分别减免，以固人心而杜乱源等语。从来民为邦本，当此时事艰难，尤以收拾人心为要义。若如所陈各节，名目繁苛，民力何以堪此。着岑春煊确切查明。其实系刻薄扰民者，即行裁撤。其有于民间尚不扰累，而足以裨补饷需者，亦须严定章程，毋令官吏从中舞弊，鱼肉百姓，以副朝廷轸念民艰至意。

十一日乙丑 (6 月 6 日)

光绪帝奉慈禧皇太后御仁寿殿，英国署使臣萨讷哩及水师提督裨利治觐见。

十三日丁卯 (6 月 8 日)

出使意国大臣许珏奏，到意国数月，考察政俗，尤以财政为善，岁入较中国多至五倍，岁出亦多四倍有余。其幅员乃不及中国十分之一，苛敛而民不怨，盖其殚心经画，一洗吾华笼统粉饰之弊，上下感孚，不外诚信二字。俟将彼国税则，及财政汇考译成，寄资借镜。下外务部知之。

浙江温州镇总兵刘祥胜解职，以记名提督叶祖珪为浙江温州镇总兵官。①

---

① 《清实录·德宗景皇帝实录》卷五一五。

十四日戊辰(6 月 9 日)

御史潘庆澜奏参铁路购地委员，驱迫商民一折。据称西河沿一带，商贾荟萃，卢汉铁路，需建厂房，迫令徙让，商民惶惑，请饬另行择地建厂等语。铁路需建厂屋，岂容强占商业繁盛之区。着张之洞、盛宣怀另行择地建造，以顺舆情。委员郑清濂办理不善，并着查明撤换。

出使德荷国大臣荫昌奏，荷兰噶罗巴岛等埠，商设领事，请饬商约大臣，就近与驻华荷使设法妥议。下外务部知之。

以联军入城，调辑出力，赏奥员海格宝星。①

十五日己巳(6 月 10 日)

光绪帝奉慈禧皇太后御仁寿殿，德国呈递礼物，使臣穆默觐见。

十六日庚午(6 月 11 日)

山东巡抚周馥奏，裁改沿海防营，并酌加勇饷。下部知之。

十七日辛未(6 月 12 日)

有人奏，奉天锦州天桥厂海口巡检耿荙臣，伙通奸商，偷漏国课，请饬查办等语。着增祺按照所参各节，确切查明具奏。寻奏，此案协领绳昌、知县何厚琦、巡检耿荙臣被参各节，或事出有因，或查无实据，均请免其置议。报闻。

电寄吕海寰等，各国商约，着即在京开议。张之洞现已来京，吕海寰、盛宣怀、伍廷芳等着迅即来京与议，并随时与袁世凯商酌，妥筹办理。

礼部奏，洋人救火，将署内大堂等处拆毁，援案估修。依议行。

署两广总督德寿等奏，逆匪洪春魁、梁慕光等勾结潜谋不轨，经营员起出军装，拿获各匪惩办，并格毙逆首洪春魁，在事文武请奖。得旨：出力各员，准择尤酌保，毋许冒滥，仍着严拿梁慕光等，务获惩办。又奏，粤省陆续裁减营勇，拟练常备续备巡警各军，俟新任署督到粤，详加规画，克期兴举。得旨：着岑春煊妥筹办理。又奏，广东省距城八里之露泽园地方，永济火药库失事，委员候补巡检吉玉

_____

① 《清实录·德宗景皇帝实录》卷五一五。

崐援救不及，身受重伤，恳请免议。得旨：管库委员，仍着交部议处。①

十八日壬申（6月13日）

以劝谕南洋各埠华商创兴孔教，消弭邪说，予同知吴桐林以知府选用。

以交涉持平，广东广州口英领事萨允格等二员传旨嘉奖，赏法领事祁理恒等六员宝星。

以集款助赈，赏广州口美领事默为德宝星。

二十甲戌（6月15日）

光绪帝奉慈禧皇太后御仁寿殿，美国使臣康格及其夫人等觐见。光绪帝温语慰问。

廿一日乙亥（6月16日）

署两广总督德寿等奏，查明新安、吴川、遂溪三县，其划归九龙寨、广州湾租界者，既经停征，其仍属华界者，壤地较前褊狭，税羡一项，自难照额征足。请比照地丁成案，分别酌减二三成，划清定额，自光绪二十八年起，照常计考。下部知之。②

廿三日丁丑（6月18日）

伍廷芳着俟美约完竣后。即行回京。

直隶总督袁世凯奏，覆陈天津市面情形，拟由绅商合力集股，开设银行并商务公所，以资维持。得旨：着该督妥慎办理，务期市面流通，以免掣动全局。

廿六日庚辰（6月21日）

电寄沿海沿江各省督抚，据魏光焘电称，查有上海创立爱国会社，招集群不逞之徒，倡演革命诸邪说，已饬查禁密拿等语。朝廷锐意兴学，方期造就通才，储为国用。乃近来各省学生，潜心肄业者，固不乏人，而沾染习气、肆行无忌者，正复

---

① 《清实录·德宗景皇帝实录》卷五一六。
② 《清实录·德宗景皇帝实录》卷五一六。

不免。似此猖狂悖谬，形同叛逆，实为风俗人心之害。着沿海沿江各省督抚务将此等败类，严密查拿，随时惩办。所有学堂条规，并着督饬认真整顿，力挽浇风，以期经正民兴，勿误歧趋，是为至要。

云南巡抚林绍年奏，滇省需次人员，罕晓时务。兹当续遣学生出洋，特于候补各员中，选其明达可造者，一同游学日本，并添设中学教习随往，以资督率。下部知之。①

闰五月初一日甲申(6 月 25 日)

电寄崇善，电悉，船政事宜，仍着该将军督办。会办沈翊清不能得力，着即撤退，遴保妥员，奏明接办。

盛京将军增祺奏，俄招匪队，在乡捐税，因口角起衅，将统巡、总巡各官带往凤城看押，派员确查，并照会迅即放回。报闻。②

初三日丙戌(6 月 27 日)

张百熙等奏，请添派重臣，会商学务一折。京师大学堂为学术人才根本，关系重要。着即派张之洞会同张百熙、荣庆，将现办大学堂章程一切事宜，再行切实商订，并将各省学堂章程一律厘定，详晰具奏，务期推行无弊，造就通才，俾朝廷收得人之效，是为至要。

初四日丁亥(6 月 28 日)

广西候补道魏瀚，着赏给四品卿衔，会办福建船政事宜。道员沈翊清，着撤退船政差使，并撤销四品卿衔。

初六日己丑(6 月 30 日)

礼部奏，遵议经济特科考试事宜各折片。正场题目着阅卷大臣恭拟进呈。③

---

① 《清实录·德宗景皇帝实录》卷五一六。
② 《清实录·德宗景皇帝实录》卷五一七。
③ 《清实录·德宗景皇帝实录》卷五一七。

初九日壬辰(7月3日)

候补三品京堂张振勋奏，条陈商务事宜，缮单呈览。着载振、伍廷芳妥议具奏。寻奏，该京堂所陈，大意在农、工、商三者并重。其条议中，有可见诸施行者，有宜量为变通者，有目前未能遽行、徐俟扩充者，有仿外洋成法而于中国体制窒碍难行者。谨按原奏分别妥议，拟请先行特简大员，开办商部，俾应办之事，可以次第举行。从之。①

十二日乙未(7月6日)

广西巡抚王之春奏，道员沈赞清等，请咨赴日本博览会。下外务部知之。

出使比国大臣杨兆鋆奏，洋人于通商口岸，或内地指购地亩，请饬先由售主禀报地方官，呈验契单，并令洋人书据，载明该地作为何用，方准购置。下所司知之。

以办理教案持平，赏直隶冀州教士金道宣宝星。

十三日丙申(7月7日)

以护理江西巡抚江西布政使柯逢时为广西巡抚。未到任前，以广东布政使丁体常暂行护理。

十四日丁酉(7月8日)

署两广总督德寿等奏，广东开办武备学堂，酌拟章程课程。下所司议。寻奏，该督所拟办法，应暂准其试办。俟张之洞、袁世凯，将武备学堂规制章程妥议具奏，再行分别核定，以归画一。从之。

十八日辛丑(7月12日)

江苏巡抚恩寿奏，苏镇两属清赋增征银米，及善后局裁节经费，共银六十五万四千余两。请截留一半，弥补无着各款。下户部知之。

---

① 《清实录·德宗景皇帝实录》卷五一七。

二十日癸卯(7 月 14 日)

以功德在民，予故直隶总督李鸿章在天津建立专祠。从直隶总督袁世凯请也。

廿一日甲辰(7 月 15 日)

外务部奏，中英续订通商行船条约，请用宝互换。报闻。

以出洋期满，予驻美参赞广东知府周自齐等十七员奖叙。

以美领事玛克爱福保护华侨，日本医官牧田太守护禁城，法员德康佩、德员穆赐克满等九人随使瞻觐，并赏宝星。①

廿二日乙巳(7 月 16 日)

赏署江汉关税务司斌尔钦、驻汉德国副领事延兴宝星。

廿五日戊申(7 月 19 日)

直隶总督袁世凯奏，直境伏莽每多匿迹口外，请调四川建昌镇总兵张勋，出口办理搜捕事宜。报可。

廿六日己酉(7 月 20 日)

刘春霖现因临安善后及铁路，须与洋员商办，不能兼充三省营务处。着岑春煊另行遴派大员，于三省边界，扼要驻扎。仍着丁振铎、林绍年、曹鸿勋等随时会商，实力防剿，毋稍推诿。

廿八日辛亥(7 月 22 日)

直隶总督袁世凯奏，天津新订意、奥、日本三国租界，次第议定。下部知之。

盛京工部侍郎钟灵奏，盛京被俄兵占据二年有余，衙署被毁，库储银两、案册、器物等项遗失情形。下部知之。②

---

① 《清实录·德宗景皇帝实录》卷五一七。
② 《清实录·德宗景皇帝实录》卷五一七。

六月初一日癸丑(7月24日)

江苏巡抚恩寿奏,留防太湖水师巡警中营改用飞划,即名为飞划右营。下部知之。

福州将军兼署闽浙总督崇善奏,乾隆初年,颁发班禅额尔德尼所进右旋白螺到闽,供于督署第五层楼上,遵旨派员恭缴。报闻。①

初三日乙卯(7月26日)

署两广总督岑春煊等奏,广东民情困苦,历年指派赔款五百八十余万,数巨期迫,筹措维艰,请量予减免。下部议驳。

初四日丙辰(7月27日)

办理商约大臣工部尚书吕海寰等奏,密陈要务五条,曰推广官报,普通交涉,奖劝游学,扩充工艺,开辟商场。下外务部议。寻奏,官报办法,应逐渐推广,并请饬修律大臣速订报律,以防流弊。交涉之案,关系地方,仍应责成州县。所请另设洋务公所,转恐呼应不灵,互生推诿。游学奖励,业有定章,无论从前肄业,嗣后毕业各生,均应认真考验,始足以拔真才。所请先行访明录用之处,碍难照准。工艺局及赛奇会,均属劝工至计,应由商部妥定章程,随时筹办。至于广辟商场,以筹抵制,自是虑远防微之论,应请饬各省将军督抚体察情形,酌核办理。依议行。又奏,上海当南洋冲要,市舶往来,十倍津沽,请援照津海关之例,分设江海关道一缺,即就驻扎上海之松江府海防同知一缺裁改。下外务部会同吏部议。寻奏,该大臣原奏,请分设江海关道,不辖地方,于交涉事务,未免呼应不灵,仍以巡道兼办为是。从之。又奏,请派熟悉交涉之员,充上海会审官。报闻。②

初五日丁巳(7月28日)

以记名水师总兵萨镇冰为广东南澳镇总兵官。

---

① 《清实录·德宗景皇帝实录》卷五一八。
② 《清实录·德宗景皇帝实录》卷五一八。

初七日己未(7 月 30 日)

光绪帝奉慈禧皇太后御仁寿殿,日本国使臣内田康哉,及海军少将瓜生外吉等觐见。

初八日庚申(7 月 31 日)

御史张元奇奏,各省学堂,宜严选师范,振兴实业。又奏,本科进士入大学堂肄业,请分别年岁,愿否酌为变通。得旨:着张之洞会同管学大臣妥议具奏。寻奏,该御史请严选师范,振兴实业,洵为知本之论。现已拟定各级师范学堂章程,各省不难照办。至蒙学暂不课西文,现在所拟小学堂章程,即严申此禁,与该御史所见正同。本科进士入大学堂肄业,业经酌定年岁,量为变通,自可免迁就入学有名无实之弊。报闻。又奏,近来轮船进口,洋医验疫,过于苛虐,无不痛恨。前上海道蔡钧首创此举,授人以柄,请咨商各国领事变通办理,归华医自验。否则华洋分别,男女会验。下外务部知之。①

初十日壬戌(8 月 2 日)

署两广总督岑春煊等奏,两粤赈捐收数无几,请援照山东工赈案,加收七项推广捐输,以济要需。下部知之。

吉林将军长顺等奏,哈尔滨铁路公司划还地基,及铁路占用界外地段,请概归交涉局勘放,以裕饷源。从之。又奏,吉林全省教案赔款先后议结,约费银二十五六万两。下部知之。

出使德荷国大臣荫昌奏,请旨申明宝星定式,饬令各省画一制造以昭慎重。允之。

十三日乙丑(8 月 5 日)

光绪帝奉慈禧皇太后御仁寿殿,意国使臣嘎厘纳暨水师提督弥勒贝六等觐见。

十六日戊辰(8 月 8 日)

以交涉和平,赏驻黑龙江俄员博果牙楞等十一员宝星。

---

① 《清实录·德宗景皇帝实录》卷五一八。

十八日庚午（8 月 10 日）

抚恤朝鲜国遭风难民如例。①

十九日辛未（8 月 11 日）

盛京将军增祺等奏，知府阮毓昌，承办奉天通怀等处矿务，现添招华英各股，设立全利公司，改为华洋合办，请饬立案。下部议。

以荷国使臣欧登科克敦睦谊，德国轮船管驾官群伯乐等三员拯救华民，并赏宝星。

二十日壬申（8 月 12 日）

直隶总督袁世凯奏，长芦直豫两岸商人，通力合作，每年包缴盐斤加价银两七十万。此时商情艰窘，难再增加。下部知之。

护理浙江巡抚翁曾桂奏，浙江省城开办警察，俟有成效，逐渐推广。下部知之。

廿一日癸酉（8 月 13 日）

奉宁镇总兵庆福奏，铁路占用所管营内教场行宫官地，拨给价银分别办理。报闻。

抚恤朝鲜国遭风难民如例。

三十日壬午（8 月 22 日）

前贵州提督冯子材奏，会办广西军务，兼办广东防务，业将所统西军，编为广西萃字新军，东防各营改为广东萃字军，联络一气，以壮声势。报闻。②

---

① 《清实录·德宗景皇帝实录》卷五一八。
② 《清实录·德宗景皇帝实录》卷五一八。

秋七月初一日癸未(8 月 23 日)

外务部奏,日本议员伊泽修二进呈各种书籍。得旨:伊泽修二着传旨嘉奖,书留览。①

初二日甲申(8 月 24 日)

岑春煊电奏,寰泰兵轮碰沉,所运军械全失。粤省本无存械,近更空虚。请饬南洋协拨新枪一二千支,配足子弹等语。着魏光焘迅即照拨,以济要需。

初三日乙酉(8 月 25 日)

端方电奏,湖北学堂学生王璟芳游学日本,效忠守正,请加恩奖励等语。王璟芳着赏给举人,准其一体会试,以示奖劝。

福州将军兼署闽浙总督崇善奏,闽省原设机器枪子两厂,现归并制造局专造子弹,以供操防之用,办理较为核实。允之。又奏,厦门鼓浪屿,开作各国公地,现经择日开办,并派委员董事经理。下所司知之。②

初四日丙戌(8 月 26 日)

豁免中俄合修铁路,占用承德、辽阳、海城、盖平、复、开原、铁岭七州县地亩,暨榆关铁路占用新民、锦州、广宁、海城四府县地亩,应征钱粮。

初十日壬辰(9 月 1 日)

赏税务司英员穆加德二品衔。

十三日乙未(9 月 4 日)

电寄岑春煊,据电奏,南海县知县裴景福,叠据绅民禀控婪索有案等语。裴景福着暂行革职,由该署督饬司提讯,务得确情,据实具奏。寻奏,该革员畏罪潜逃

---

① 《清实录·德宗景皇帝实录》卷五一九。
② 《清实录·德宗景皇帝实录》卷五一九。

洋界，现由洋官交回，拟请发往新疆充当苦差，永不释回。如所请行。

两江总督魏光焘奏，前督臣张之洞与日本订购浅水兵轮，现经详加商定，订立合同，遴委熟习船务之员，赴厂监造。下部知之。又奏，举行长江水师军政，署裕溪营右哨都司钱四和等三员，堪保卓异。下兵部知之。①

十五日丁酉(9月6日)

直隶总督袁世凯奏，白洋淀淤出地亩，日益膏腴，拟请收归官办，招民佃种，酌分四等，征收地租。允之。又奏，山东、山西、河南三省将目，应归并北洋训练。现于保定分建学堂学营，遴选教习，置备器械，分别练习。报闻。

十六日戊戌(9月7日)

现在振兴商务，应行设立商部衙门。商部尚书，着载振补授，伍廷芳着补授商部左侍郎，陈璧着补授商部右侍郎。应办一切事宜，着该尚书等妥议具奏。

十七日己亥(9月8日)

盛京将军增祺奏，俄兵撤后，辽河运道增设巡船，酌收船捐，以保行旅。报闻。

以调和教案，赏德国全权大臣吕班、美国教士贺庆宝星。②

十八日庚子(9月9日)

以调和教案，赏法国教士罗惠良二品顶戴，黄永彰四品顶戴。

十九日辛丑(9月10日)

电寄伍廷芳，伍廷芳现已补授商部左侍郎，着即来京供职。

电寄汪大燮，汪大燮现已补授外务部左参议，所有日本游学生总监督，着杨枢兼管。

以教练洋操，著有成效，赏日本大尉井户川辰三宝星。

---

① 《清实录·德宗景皇帝实录》卷五一九。
② 《清实录·德宗景皇帝实录》卷五一九。

二十日壬寅(9 月 11 日)

现设商部，着在外务部之次。

廿三日乙巳(9 月 14 日)

吉林将军长顺奏，吉长枝路筹款不易，拟仍归俄公司修造，另订合同。下外务部议。

廿七日己酉(9 月 18 日)

御史王乃徵奏，商部初立，条陈事宜，以设商会、立公司、办矿产、开铁路为立四纲。以除隔阂、崇信义、杜垄断、汰冗员、惜名器为除五弊。下商部议。寻奏，该御史所陈四纲五弊，查商会所以联络商情，公司所以扩充商力，现正拟选择公正练达之商董，招来诚信殷实之商民，以为之倡。如得其人，即可次第筹办。公司之中，矿路固属大端，农工尤为根本。现拟设矿务、铁路、农务、工艺各项公司，以挽利权。至原奏防弊各节，应由臣部严定章程，破除情面，开诚布公，以期情法兼尽。报闻。①

廿八日庚戌(9 月 19 日)

赏俄员侧尔毕斯齐等、美员约翰西格卧而特等宝星。

廿九日辛亥(9 月 20 日)

商部奏调国子监司业徐世昌、外务部郎中唐文治，归部委用。允之。②

八月初六日丁巳(9 月 26 日)

商部奏，拟于各省设立路矿、农务、工艺各项公司，请饬各将军督抚会同筹办等语。现在振兴商务，全在官商联络一气，以信相孚，内外合力维持，广为董劝，

① 《清实录·德宗景皇帝实录》卷五一九。
② 《清实录·德宗景皇帝实录》卷五一九。

以期日有起色。着各省将军督抚于商部议设各项公司,会同筹画,悉心经理,并饬该管道府州县随时认真保护。倘有推诿因循,仍前膜视,该部即行据实奏闻,力除壅蔽,毋稍迁就。

前有旨派王文韶、瞿鸿禨、张翼办理路矿事宜,现在设立商部,所有路矿事务应归并商部,以专责成,路矿总局着即裁撤。

顺天府所设之工艺局,着归入商部办理。

商部奏,谨拟臣部章程十二条:一、设四司;二、设律学商报馆;三、设路矿各项公司;四、设丞参各员;五、考补员司;六、设顾问官;七、考查商务;八、招待商人;九、立日计月计表;十、派员收发文件;十一、立惩戒法;十二、置供事轮班承直。从之。①

初九日庚申(9月29日)

以出洋期满,予驻日本随员同知直隶州邹振清等二员奖叙。

初十日辛酉(9月30日)

有人奏,奉天各属苇塘开垦,户、工二部办理两歧,并有刁民串通司员,多端蒙蔽,请定划一章程等语。着廷杰就近查明实在情形,妥定章程,奏明办理。

山东巡抚周馥奏,赈灾需款,请截留积存漕折银两,以资散放。允之。

十一日壬戌(10月1日)

护理浙江巡抚翁曾桂奏,报钱塘县共开垦地一千亩,富阳县共开垦地一百八十一亩有奇,定海厅共开垦地一百九十九亩有奇,照例升科。下部知之。

以国子监司业徐世昌为商部左丞,外务部员外郎唐文治为商部右丞。②

十二日癸亥(10月2日)

护理浙江巡抚翁曾桂奏,协济公司加增彩票,报效洋圆一百万元,请准试办。下户部议。

---

① 《清实录·德宗景皇帝实录》卷五二〇。
② 《清实录·德宗景皇帝实录》卷五二〇。

十四日乙丑(10 月 4 日)

福州将军兼署闽浙总督崇善奏，漳、泉一带素产樟脑，现设官局延聘日本技师，签字试办。下外务部知之。

十六日丁卯(10 月 6 日)

电寄吕海寰，日本商约已定，即着吕海寰等就近画押。

湖广总督张之洞奏，遵旨与日本使臣筹议出洋学生办法，拟定约束、鼓励章程各十款，又另拟自行酌办立案章程七款，请分别通饬遵照，如所请行。

以广东琼州镇总兵李福兴为广东陆路提督，记名总兵白金柱为琼州镇总兵官。①

十九日庚午(10 月 9 日)

督办铁路事务工部左侍郎盛宣怀奏，南洋公学请定为高等商务学堂，下管学大臣议。寻奏，南洋公学上院请改为商业学堂，系为振兴实业起见，应请照准。至定为高等，以中院学生递升一节，升学考试及毕业奖励，均有奏定专章，应饬其按照定章办理。从之。

出使美国大臣梁诚奏，外埠华民贞孝节义，请由使臣咨行礼部，汇题请旌。如所请行。

以出洋期满，予驻美翻译官候选知县容揆等四员奖叙。

以训迪有功，赏南洋公学教习美国人福开森宝星。

予随使病故道员莫镇藩优恤。②

二十日辛未(10 月 10 日)

光绪帝奉慈禧皇太后御仁寿殿，各国使臣之妻及翻译等觐见，并赐游宴果食。

商部奏，派员出洋考查华民工商事业。从之。

---

① 《清实录·德宗景皇帝实录》卷五二〇。

② 《清实录·德宗景皇帝实录》卷五二〇。

廿三日甲戌(10 月 13 日)

又谕聂缉椝,电悉。宁海县现出教案,着该抚迅饬镇道府县,妥为保护教堂教士,严拿首要,解散胁从,迅速了结。

廿四日乙亥(10 月 14 日)

以救护遭风难民出力,予浙江绅董颜鑫等奖叙。

廿六日丁丑(10 月 16 日)

光绪帝奉慈禧皇太后御仁寿殿,法国使臣吕班及水师提督伯禄、德国使臣穆默及胶州德界巡抚都沛禄觐见。

山东巡抚周馥奏,抚标左右营勇饷无着,请将东海、临清两关余款,分别改拨。

廿七日戊寅(10 月 17 日)

以报效电灯机器房间银两,赏工部左侍郎盛宣怀尚书衔,浙江府经历曾凯章以知县用。

廿九日庚辰(10 月 19 日)

以出洋期满,予同文馆学生礼部主事柏锐等四名奖叙。①

九月初一日辛巳(10 月 20 日)

商部奏,请饬力行保商之政一折。中国自互市以来,商务日盛,现在设立商部,正宜极力整顿,相与维持。惟中国商民,平日与官场隔阂,情谊未能遽孚;而不肖官吏,或宜牵掣抑勒,甚至报关完税,多所需索,商船验放,到处留难,遇有词讼,不能速为断结,办理不得其平,以致商情不通,诸多阻滞。着各直省将军督抚,通饬所属文武各官及局卡委员,一律认真恤商持平,力除留难延阁各项积弊,以顺商情而维财政。倘有不肖官吏,仍前需索刁难,着即随时严查参办,勿稍徇纵。

---

① 《清实录·德宗景皇帝实录》卷五二○。

署漕运总督江苏布政使陆元鼎奏，整顿标营，举办巡警，并拟办法六条。得旨：仍着随时认真整顿，务期有裨实用。

安徽巡抚聂缉椝奏，创设武备学堂练军，以该堂毕业学生，任讲授兵法教练技艺等事，收效较速，亦可望蔚成将才。下部知之。①

初十日庚寅（10 月 29 日）

外务部奏，自越南边界，至云南省城，法国借地建造铁路，订议八十年后，由中国议收。公司股票，中国亦可购买，与各股票均分利息，将来购股票较多，藉可收回权利，已与法使订定。从之。

十一日辛卯（10 月 30 日）

商部奏，接收顺天府工艺局并分局，办理农务。报闻。

抚恤朝鲜国遭风难民如例。

十五日乙未（11 月 3 日）

电寄胡惟德，现闻俄兵复回奉天省城，把守城门，占据官署，诸事要挟，实堪诧异。俄国与中国交好，垂三百年，素称亲睦。前因拳匪之变，致启兵端，本出意外。公约定后，经朕与俄皇御笔批准，分期撤兵交还，条约具在，天下所共闻。今久逾交还之期，又将奉省已撤之兵折回，人心甚为惶骇。俄武员如此举动，恐由误听人言，俄廷尚未详知。着胡惟德告其外部，觐见俄皇，陈达一切情形，谆请先将奉省兵队撤退，并将二三期撤兵交还，照约办理。如有两国应商事件，仍由驻京使臣与外部和衷商议，以昭睦谊。②

十七日丁酉（11 月 5 日）

署湖广总督湖北巡抚端方奏，动拨江汉关洋税银两，照案作为本年应协准饷，解交枪炮局，以应急需。下部知之。又奏，动支江汉关洋药税厘银两，拨归海军经费解部。下部知之。

护理浙江巡抚布政使翁曾桂奏，遵旨进呈官书局刊刻书籍。得旨：书留览。

① 《清实录·德宗景皇帝实录》卷五二一。
② 《清实录·德宗景皇帝实录》卷五二一。

十八日戊戌（11月6日）

署两广总督岑春煊等奏，粤省书院全改学堂，并酌提各属宾兴、学田各款，以充经费。得旨：务即饬令妥为筹办，期收实效。

二十日庚子（11月8日）

外务部奏，拟减出使整装归装银数，以备分置使馆。从之。又奏，墨西哥国华民日众。拟请派员驻扎，藉资保护，并将驻日分馆，改归驻法使臣兼理。从之。

以翻译各种训练章程出力，赏日员立花小五郎宝星。①

廿一日辛丑（11月9日）

商部奏，酌拟奖励公司章程，以顾问官议员之目，分别等差，请旨遵行。以广招来。从之。

两江总督魏光焘等奏，请于苏省添募苏捕营，专缉枭匪。下部知之。

廿二日壬寅（11月10日）

福州将军兼署闽浙总督崇善奏，请将闽省营务处，归并善后局兼办，以节糜费。下部知之。

廿五日乙巳（11月13日）

御史瑞琛奏，商人合力报效，拟建造京张铁路。下商部知之。

廿九日己酉（11月17日）

吉林将军长顺等奏，韩人越界滋扰，且有调集兵队之事，访明该兵队归日本约束，军装、子药、粮饷，均系日本发给。请饬下外务部速定大计，并照会韩使，赶紧查禁，免启衅端，以固疆圉。得旨：着外务部迅速查核办理。②

---

① 《清实录·德宗景皇帝实录》卷五二一。
② 《清实录·德宗景皇帝实录》卷五二一。

冬十月初一日辛亥(11 月 19 日)

光绪帝御乾清宫，荷国使臣希特斯、参赞欧登科觐见。

商部奏，请通饬各省振兴农务一折。据称商务初基，以提倡土货为要义，而商之本在工，工之本在农。非先振兴农务，则始基不立，工商亦无以为资。振兴农务之法，不外清地亩，辨土宜，以及兴水利，广畜牧，设立农务学堂与试验场。请饬各将军督抚通饬各属，将地亩册、土性表，详晰编造报部等语。所陈不为无见，着各省大吏速饬各府厅州县，认真确查，极力讲求，一律切实兴办，以广种植而裕利源。①

初三日癸丑(11 月 21 日)

直隶总督袁世凯奏，芦商无力办运，暂借洋款，以资周转。下部知之。

初四日甲寅(11 月 22 日)

以救护中外失事商船出力，予代理山东蓬莱县知县朱行祺等奖叙。

十三日癸亥(12 月 1 日)

以随使出洋期满，予驻俄参赞官知州陆徵祥以知府即选。

十四日甲子(12 月 2 日)

商部奏，重订铁路简明章程二十四条，俾资遵守。报闻。②

山东巡抚周馥奏，永阜场连年被灾，产盐不敷，请委员前往长芦，就坨筑运。下部知之。

十六日丙寅(12 月 4 日)

以记名总兵杨忠义为广东南韶连镇总兵官。③

---

①　《清实录·德宗景皇帝实录》卷五二二。

②　宓汝成:《中国近代铁路史资料》第三册，中华书局 1963 年版，第 925～928 页。

③　《清实录·德宗景皇帝实录》卷五二二。

十九日己巳 (12月7日)

杭州织造兼管南北两关税务锡麟奏，裁厘加税，现将定议，请复南北两关，以保利权而裕正课。下部议。寻奏，裁厘加税之议，一时尚难遽，南北两关应请暂缓开设。从之。

廿三日癸酉 (12月11日)

出使意国大臣许珏奏，筹款日艰，请仿照意国税则加征烟税，并查照《烟台条约》续订专条办理，以裕国用。下部议。寻奏，加征烟税，能否商议就绪，尚无把握。但期争得一分，即多收一分之益。拟请准如该大臣所奏，就近交驻英使臣与英外部开议。至土药加税一节，应俟洋药议成，再行核办。依议行。①

廿四日甲戌 (12月12日)

商部奏，粤绅承办潮汕铁路，请予立案，并饬保护一折。广东汕头埠为潮州咽喉，现经候补京堂张煜南呈请招集华商股分，于该处创办铁路，自应官为保护，以期广开风气，逐渐扩充。着岑春煊、张人骏，饬令该处地方官，出示晓谕居民，俾知为兴商便民之举。所有该绅办理勘路、购路、运料、兴工一切事宜，妥为照料，毋得稍存膜视。

廿五日乙亥 (12月13日)

赏山东候补道杨晟四品卿衔，命充出使奥国大臣。

廿六日丙子 (12月14日)

袁世凯奏，开平煤矿，暨秦王岛口岸，请饬迅速收回。开平煤矿，系国家筹拨巨款，提倡创办；秦王岛尤为我自开口岸，疆土利权，均关紧要，岂容擅卖。前降旨责成张翼设法收回，如有迟误，惟该侍郎是问。至今数月之久，乃敢支吾拖延，迄未收回，实属罪有应得。张翼着先行革职，仍着袁世凯严饬张翼勒限收回，不准稍有亏失。倘再延宕，定将该革员从重治罪，并着该督切实挽回，俾资补救，以重

---

① 《清实录·德宗景皇帝实录》卷五二二。

疆域而保利权。

廿八日戊寅(12 月 16 日)

载振奏，请开商部要缺一折。前因中国商务，素未讲求，特设专官，振兴一切路矿农工诸政。以载振才具开展，又经出洋，留心考察，简派为该部尚书。现当创设之初，诸事方资筹办，其是否胜任，自在朝廷洞鉴之中，不得以人言指摘，遂图诿卸。该尚书谊属宗支，受恩深重，惟当尽心供职，任怨任劳，将应办事宜，次第妥慎筹画，以兴商政而济时艰。所请开缺之处，着毋庸议。

十一月初一日辛巳(12 月 19 日)

以随办交涉出力，复已革吉林双城厅通判柳大年职。

初二日壬午(12 月 20 日)

电寄聂缉椝，据奏，匪徒闹教，请将保护不力各员惩处一折。浙江宁海县匪徒王锡彤等，于八月间，聚众入城，焚毁教堂，并有杀害教士、教民情事。经该抚饬属查拿，先后擒获格毙匪犯二十余名，并将该匪首悬赏密拿。该管文武宁海营参将孙绍发、代理宁海县候补知县萧庆增，事前既漫无觉察，临事又毫无布置；提标中营参将周友胜，奉委弹压，观望迁延，均属咎有应得，着一并先行革职，归案讯办。仍着将匪首王锡彤严拿惩治，以儆凶顽。

直隶总督袁世凯奏，山海关防费无着，请由长芦解京项下，如数抵拨。又奏，请将停解船厂银两，留充将弁学堂经费。均下部知之。①

初三日癸未(12 月 21 日)

本日张百熙等奏，选派学生前赴东西洋各国游学一折。师范学生最关紧要，着管学大臣择其心术纯正、学问优长者，详细考察，分班派往游学。

初四日甲申(12 月 22 日)

商部奏，出洋商民回华，请饬各省切实保护各折片。出洋华商，以闽、广两省

---

① 《清实录·德宗景皇帝实录》卷五二三。

为最多，叠经谕令该督抚切实保护，逐渐推广。若如所奏，华商回籍后，地方胥吏遇事刁难，里族莠民藉端苛索勒诈，据情控诉，官不为理。种种积弊，成何事体。亟应严行查禁，认真整顿，实力保护。如再有前项情弊，即行按律严惩，以恤商艰而通民隐。①

初六日丙戌（12月24日）

奕劻等奏，征收熟膏税为筹款大宗，请招致南洋华商，订章试办等语。着袁世凯妥筹办理。

奕劻等奏，筹款练兵各折片内，指拨加税及举办印花税两条。着户部妥议具奏。

十一日辛卯（12月29日）

袁世凯奏，差务太繁，请酌量开去各项兼差一折。前因庶务殷繁，以该督向来办事认真，特加倚任，先后派充商务、铁路、电政大臣，并会订商约、商律各事宜，及督修正阳门工程。兹据奏称，兼差太繁，力难兼顾，自属实情。除商约尚须续议，铁路时有交涉事件，均关系重要，着毋庸开去。电政甫归官办，一切正资整顿，仍着该督督办。至商务商律，现已设有商部，即着责成该部详议妥订。正阳门工程，着陈璧就近督修，俾该督于应办各事惠心经理，以示体恤。

十三日癸巳（12月31日）

外务部奏，请加奥、意、比三国使臣经费。从之。

御史徐堉奏，机器制造军械，亟宜招商设局，认真兴办。下部知之。

以出洋期满，予翻译官候补郎中李德顺等奖叙。

以办理黑龙江教案出力，复已革呼兰同知铭琦职，余分别升叙有差，赏法国主教蓝禄业等宝星。

赏奥国提督伯伦次耳、总兵白楼定根、副将诺耳、游击是波苇池，暨德国克虏伯厂总办嘉力治马、游击裴克尊汉、守备罗萨耳、提调石墨德宝星。②

---

① 《清实录·德宗景皇帝实录》卷五二三。
② 《清实录·德宗景皇帝实录》卷五二三。

十九日己亥（公元 1904 年 1 月 6 日）

有人奏，山东派员开垦登、莱、青三府荒田，各州县乡民多被教民引诱，请饬停止，以杜诡谋而安氓庶等语。着周馥确查情形，据实具奏，毋稍回护。寻奏，登、莱、青三府荒田，开垦已有成效，刁民不敢阻挠生事，并无教民引人入教、希图免粮等弊，原奏应毋庸议。报闻。

廿一日辛丑（公元 1904 年 1 月 8 日）

外务部奏，中美续订《通商行船条约》，请旨用宝互换。从之。又奏，中日续订《通商行船条约》，请旨用宝，并派大臣互换。得旨：着那桐互换。

廿四日甲辰（公元 1904 年 1 月 11 日）

商部奏，劝办商会，酌拟简章二十六条，以资遵守。从之。①

署四川总督锡良奏，英法商人请开川矿，照章驳拒，并请申明定例。下部议。寻议，以矿务定章，叠经载明，华洋商人承办矿务，均须禀明地方官咨部核准，方为准行之据。其余开工期限，挖井地段，均已明示限制。各省办矿，皆当遵守，毋庸再立专条。至该署督所称洋商指办川矿，与候补人员私订合同，擅指公地一节，此等情事，他省亦所不免，应由该署督察看情形，拟议章程，咨部核办。依议行。②

廿六日丙午（公元 1904 年 1 月 13 日）

清廷谕令：方今时事多艰，兴学育才，实为当务之急。前经令张之洞会同管学大臣将学堂章程，悉心厘订，妥议具奏。兹据会奏胪陈各折片，条分缕晰，立法尚属周备，着即次第推行。其有应行斟酌损益之处，仍着该管学大臣会同张之洞随时详核议奏。至所称递减科举，及将来毕业学生，由督抚学政并简放考官考试一节，使学堂科举，合为一途，系为士皆实学、学皆实用起见，着自丙午科为始，将乡、会试中额，及各省学额，按照所陈，逐科递减。俟各省学堂一律办齐，确著成效，

---

① 朱寿朋：《光绪朝东华录》，中华书局 1958 年版，第 5122～5123 页。

② 《清实录·德宗景皇帝实录》卷五二三。

再将科举学额，分别停止。以后均归学堂考取，届时候旨遵行。即着各该督抚赶紧督饬各府厅州县建设学堂，并善为劝导地方，逐渐推广。无论官立、民立皆当恪遵列圣训士之规，谨守范围，端正趋向，不准沾染习气，误入奇邪。一切课程，尤在认真讲求，毋得徒事皮毛，有名无实。务期教学相长，成德达材，体用兼赅，以备国家任使，有厚望焉。

廿七日丁未（公元 1904 年 1 月 14 日）

浙江巡抚聂缉椝奏，南龙等处堤工险要，请拨款防修。下部知之。

廿九日己酉（公元 1904 年 1 月 16 日）

以福建宁镇总兵曹志忠为福建水师提督，记名总兵张相泰为福建福宁镇总兵官。

予故福建水师提督杨岐珍，照军营立功后积劳病故例优恤，事迹宣付史馆立传。次子户部主事铭勋，以本部员外郎用。①

十二月初一日庚戌（公元 1904 年 1 月 17 日）

有人奏，东事日急，请先整军节饷，以备防守折片两件。着袁世凯妥筹办理。又奏，保护天津市面等语，并着该督知道。寻袁世凯奏，前因日俄消息甚紧，必须筹备，曾函商庆亲王等，拟添兵三万，需饷六百万，先凑拨三百万，名为开办练兵处经费，实则用以筹防。盖不欲彰明显露，启外人疑忌，言者不察，因疑请款专为改编营制之用，由于情势隔阂之故。至天津市面，零钱短缺，现已陆续添铸铜圆，以资补助。报闻。

予江宁新建故两江总督刘坤一专祠，江苏新建故两广总督张树声专祠，并列入祀典。从两江总督魏光焘等请也。②

初四日癸丑（公元 1904 年 1 月 20 日）

缓征两淮泰、海二属被风被潮各场灶折价钱粮。

---

① 《清实录·德宗景皇帝实录》卷五二三。
② 《清实录·德宗景皇帝实录》卷五二四。

初五日甲寅 (公元 1904 年 1 月 21 日)

商部奏，拟订商律，先将公司一门缮册呈览。依议行。

御史瑞璐奏，请由南省运米，以代漕运。其江浙海运米石，毋庸改折。下户部议。

裁缺通政使司参议陈钟信，奏陈练兵事宜十二条，拟编联举国军队，立军府于京师，番上宿卫，以成划一之制。下练兵处知之。①

初六日乙卯 (公元 1904 年 1 月 22 日)

直隶总督袁世凯奏，俄日相持益急，遵谕严密筹防，拟增兵三万，请饬部迅筹的饷。得旨：着户部迅速筹拨的饷。

初七日丙辰 (公元 1904 年 1 月 23 日)

外务部右侍郎伍廷芳等奏，遵旨修订法律，首以调员译书两事为亟，请饬部岁拨经费三万两。下户部知之。

初九日戊午 (公元 1904 年 1 月 25 日)

着派杜俞统带江南常备左军，并随同魏光焘办理南洋练兵事宜。

四川学政吴郁生奏，省城设东文学堂，以备游学而广师范。下学务大臣知之。

以记名总兵赵国贤为广东潮州镇总兵官，记名总兵赵伟为云南普洱镇总兵官。

十一日庚申 (公元 1904 年 1 月 27 日)

御史左绍佐奏，学堂关系重要，措置不厌求详，现在学制有可虑者三，有可商者六。请筹度万全，以防流弊。又奏，学生宜专习一经，不可删截经文，西学亦宜专习一科。下学务大臣议。寻奏，该御史条陈所云可虑者，或为章程所本无；可商者，或为章程所已有。现章程甫经咨行各省，未便遽议更张。将来有应行修改之处，仍当博采众议，覆加审定，再行奏明办理。至片奏删改经文，求便诵习等语，查章程内载各学堂课程，四书五经皆读全文，所言自是风闻之误，亦请毋庸置议。

---

① 《清实录·德宗景皇帝实录》卷五二四。

报闻。

十三日壬戌（公元 1904 年 1 月 29 日）

给事中熙麟奏，科举递减，宜防流弊。又奏，西学宜严定宗旨。下学务大臣知之。

十四日癸亥（公元 1904 年 1 月 30 日）

以随使期满，予驻韩翻译官知州黎子祥等二员奖叙。

予襄办使事比参赞礼赫特、法参赞巴纳司暨拯救华人之俄船主齐待夫等宝星。

十五日甲子（公元 1904 年 1 月 31 日）

商部奏，拟将各省关税平余提作经费，请饬下南北洋大臣，转饬各关按期汇解。从之。①

十六日乙丑（公元 1904 年 2 月 1 日）

袁世凯奏，请开去会办练兵差使一折。现在时局艰难，练兵为当务之急。前有旨派庆亲王奕劻总理练兵事宜，以袁世凯近在北洋，派令会办，原以该督于兵事素所讲求，特加委任。惟当任怨任劳，挽回积习，认真整顿，毋稍推诿。所有练兵一切事宜，着随时会商庆亲王妥筹办理，以副朝廷整饬戎行之至意。所请开去练兵差使之处，着毋庸议。②

十八日丁卯（公元 1904 年 2 月 3 日）

直隶总督袁世凯等奏，北洋创练常备京旗各兵，订购军火，宜筹专款。拟拨各关积存出使经费等项，凑足一百二十万，以济要需。下部知之。

御史瑞璐奏，请俟学堂办有成效，再行渐停科举。下政务处礼部知之。

署闽浙总督李兴锐奏，裁并各局所，设立财政局经理财用，并设军政、商政两局暨矿务公司。并下部知之。

---

① 《清实录·德宗景皇帝实录》卷五二四。
② 《清实录·德宗景皇帝实录》卷五二五。

廿二日辛未（公元 1904 年 2 月 7 日）

吉林将军长顺等奏，韩人觊觎越垦，拟过江设官自治，请设法阻绝。得旨：着外务部查核办理。

廿三日壬申（公元 1904 年 2 月 8 日）

御史钱能训奏，沪商刘树森，无辜屈累，会审委员见好洋商，违约擅押。下商部查办。寻奏，上海会审委员邓文堉，提押沪商刘树森一案，办理殊属冒昧，业经电饬撤差。商情翕服，应请免其再议。江海关道袁树勋，查无袒护情事，亦请一并免议。报闻。

日舰突袭驻旅顺之俄舰，日俄战争爆发。①

廿四日癸酉（公元 1904 年 2 月 9 日）

署四川总督锡良奏，派员出洋购机造械，拓充川厂。下练兵处议。寻奏，中国各省，若各设厂造械，款绌力分，既难求精，亦难画一。如川省需械甚急，正可移购机之款，于鄂厂定制，通力合作，两有裨益。所请扩充川厂之处，应毋庸议。从之。

浙江巡抚聂缉椝奏，被灾各属请蠲缓地漕，及未垦灶荡田地，请免灶课。得旨：着遵前旨确查具奏。②

廿七日丙子（公元 1904 年 2 月 12 日）

现在日俄两国失和用兵，朝廷念彼此均系友邦，中国应按局外中立之例办理。着各直省将军督抚通饬所属文武，并晓谕军民人等，一体钦遵，以笃邦交而维大局，毋得疏误。

现在日俄两国失和，非与中国开衅，京外各处地方，均应照常安堵。本日业经明降谕旨，按照局外中立之例办理。所有各省及沿边各地方，着该将军督抚等加意严防，慎固封守。凡有通商口岸，及各国人民财产教堂，一体认真保护，随时防范。倘有匪徒造谣滋事，即着迅速查拿，从严治罪。京师地面重要，着步军统领衙

---

① 《清实录·德宗景皇帝实录》卷五二五。
② 《清实录·德宗景皇帝实录》卷五二五。

门、工巡总局、顺天府、五城御史严密巡查，切实弹压，俾铺户居民，各安生业。所有各国使馆教堂，尤应加意保护。倘有不肖匪徒，妄造谣言，藉端滋扰，即行缉拿审讯，轻者按律惩处，重者立即正法，以示儆戒。京外各该衙门，皆有地方之责，务当严申禁令，销患未萌，毋得稍涉疏懈，用副朕辑和中外、绥靖闾阎之至意。①

廿八日丁丑（公元 1904 年 2 月 13 日）

电寄岑春煊，两电均悉。日俄开衅，中国不能不局外中立，各国亦以我守局外为然。昨已明降谕旨，并饬外务部照会各使矣。事变无穷，宜虑后患，朝廷屡经审慎。来奏所陈办法，碍难照行。着毋庸议。

廿九日戊寅（公元 1904 年 2 月 14 日）

以叠次救护商船出力，予山东文登县知县王扬芳等奖叙。

是年

香港黄埔造船厂为怡和轮船公司所造"富陞"号商船，完工下水，后行驶于上海、广东之间。②

光绪三十年　公元 1904 年　甲辰

春正月初三日壬午（2 月 18 日）

管理工巡局事务外务部尚书那桐奏，日俄用兵，京师重地，巡查弹压，均关紧要。拟于各局学堂卒业之巡捕，抽调三百人，合之消防队百人，练为巡捕队，专任

---

① 《清实录·德宗景皇帝实录》卷五二五。
② 刘传标：《近代中国船政大事编年与资料选编》第 2 册，九州出版社 2011 年版，第 510~511 页。

弹压保护之责，以辅巡段之不足。并请筹拨置办军装银六千两，及月支饷项经费银二千五百两，以济要需。从之。①

初四日癸未（2 月 19 日）

广西巡抚柯逢时等奏，自梧州设洋关通商，以盐法道兼该关监督，应即饬该道移驻梧州，督率水师员弁，认真清理河道，以安商旅，遇有交涉事件，妥为办理。报闻。

初五日甲申（2 月 20 日）

光绪帝御乾清宫，葡国使臣白朗谷觐见，呈递国书。

光绪帝奉慈禧皇太后御乾清宫，美国使臣康格、英国使臣萨道义、法国使臣吕班、德国使臣穆默、日本国使臣内田康哉、意国使臣嘎厘纳、比国使臣姚士登、荷兰国使臣希时斯、葡国使臣白朗谷，觐见贺年。

初六日乙酉（2 月 21 日）

光绪帝奉慈禧皇太后御乾清宫。总税务司赫德，北堂主教林懋德、刘克明，觐见贺年。

初七日丙戌（2 月 22 日）

光绪帝御乾清宫，美国使臣康格，带领会议专员精琦等觐见。

浙江巡抚聂缉椝奏，查明两浙场灶荡田，节被风雨潮虫，致成灾歉，本年仍难垦复。应征灶课钱粮，请分别蠲缓。又奏，查明浙省各属荒废未种田地山塘荡漤，应征本年地漕等项，恳恩蠲免，并新垦之产，分别征蠲。得旨：均着遵前旨确查具奏。②

初八日丁亥（2 月 23 日）

吉林将军长顺等奏，韩人蓄谋叵测，冀图侵占越垦，难保不恃有强援，益肆狂悖。目前时局，拒守两难，请迅示机宜。得旨：着外务部迅速查核办理。

---

① 《清实录·德宗景皇帝实录》卷五二六。
② 《清实录·德宗景皇帝实录》卷五二六。

十四日癸巳(2月29日)

御史溥琦奏，闻直隶常备各军，先后开赴山海关、张家口一带，保护边界，乃各军闻调，相率逃溃，请派大员密查。得旨：着练兵处查明具奏。寻奏，此次调防各营，自开拔以及到防，并无一名逃亡。所参各节，查无实据，请毋庸议。报闻。

以三姓副都统富顺署吉林将军。

十九日戊戌(3月5日)

光绪帝奉慈禧皇太后御颐年殿，各国公使夫人及翻译等觐见。

廿一日庚子(3月7日)

外务部代递总税务司赫德条陈。据该总税务司称，练兵筹饷，以地丁钱粮为大宗，若竭力整顿，即用此款练兵，并可举办各项要务。按里计亩，按亩计赋，令每亩完钱二百文，确可经久，百姓亦不受丝毫扰累等语。现在财用匮乏，几于罗掘俱穷，一切应行要政，如练兵等事，尤为万不容缓之举，需款更殷，亟应切实通筹，期有良法。着该督等按照所陈各节，体察情形，悉心会商，逐条核议，妥速具奏。寻直隶总督袁世凯、署四川总督锡良、署闽浙总督李兴锐会奏，总税务司赫德筹款条陈，其整顿地丁钱粮，按里计亩，按亩计赋一节，于事有不能尽行；惟加赋未敢轻言，而清丈固无伤政体，应略采其议，先从一县办起，行之有效，再行逐渐推广，附陈清丈切要办法。下所司议。①

三十日己酉(3月16日)

出使日本国大臣杨枢奏，请多派学生入日本陆师学堂。下练兵处知之。
赏福州口税务司杜维德、厦门口税务司阿纪理、东冲口税务司欧森宝星。

二月初二日辛亥(3月18日)

上御乾清宫。韩国使臣闵永喆、朴吉荣、闵裕植觐见。
直隶总督袁世凯奏，北洋各项饷需及制造经费，乱后无从查考，请免开销具

---

① 《清实录·德宗景皇帝实录》卷五二六。

报。如所请行。①

初十日己未(3 月 26 日)

光绪帝御乾清宫，葡国使臣白朗谷觐见。

以办理垦务出力，予办公洋员候补参将林辅臣等升叙加衔有差。

十三日壬戌(3 月 29 日)

直隶总督袁世凯奏，密陈战国军势，并筹防情形。下户部议。

十八日丁卯(4 月 3 日)

直隶总督袁世凯奏，革员张翼收回矿产口岸，勒限已逾，请旨办理。得旨：仍着严饬张翼赶紧收回，不准亏失。

廿二日辛未(4 月 7 日)

电寄周馥，电悉，济宁州屯民滋事，该抚务当体察民情，妥慎办理，不可孟浪用兵，并严密保护教堂人口，勿稍疏虞。值此时艰，万勿再生事端为要。

廿三日壬申(4 月 8 日)

山东巡抚周馥奏，裁水驿等银，拨补武备学堂经费。下部知之。

三十日己卯(4 月 15 日)

以记名提督吴元恺为浙江定海镇总兵官。②

三月初一日庚辰(4 月 16 日)

光绪帝奉皇太后御乾清宫，德国使臣穆默，带领水师提督雷普斯等觐见。

---

① 《清实录·德宗景皇帝实录》卷五二七。
② 《清实录·德宗景皇帝实录》卷五二七。

商部奏，江苏在籍绅士创设商业公司，卓著成效，请破格奖励，作为商部顾问官一折。翰林院修撰张謇，着赏加三品衔，作为商部头等顾问官。

商部奏，据江苏在籍翰林院修撰张謇，条陈盐业公司办法，拟变通盐法，设厂造盐，一切煎法、运法、销法，由公司禀请盐政立案等语。两淮盐课，为帑项大宗，关系重要。着魏光焘督饬运司，将所陈各节妥筹议奏。

商部奏，江苏在籍翰林院修撰张謇，条陈沿海地方，宜设渔业公司，由督抚就各省绅商集股试办。得旨：着商部咨行沿海各督抚，妥筹办理。①

初二日辛巳（4月17日）

御史蒋式瑆奏，官立银行，请亲贵入股，以资表率一折。据称汇丰银行，庆亲王奕劻有存放私款等语。着派清锐、鹿传霖带同该御史，即日前往该银行确查具奏。②

初三日壬午（4月18日）

兼署湖广总督湖北巡抚端方奏，上年添募四营，业已成军，兹又召募四营，名为常备军前锋，派委日本学习陆军学生举人刘邦骥管带，一律练习新操。下部知之。又奏，续选学生，派赴德、美、法比各国学习实业。下所司知之。又奏，遵旨筹办矿务，现经派委按察司岑春蓂，督率经理，并酌拨官本，先购矿山。下部知之。又奏，荆州驻防，兼设工艺、方言两学堂。下学务大臣知之。

初四日癸未（4月19日）

前据御史蒋式瑆奏，庆亲王奕劻有存放汇丰银行私款，当经派令清锐、鹿传霖带同该御史，前往该银行，确查具奏。兹据覆奏称，该银行往来账目，不以示人，询以与庆亲王有无往来，据称未经见过。诘之该御史所陈何据，则称得之传闻。言官例准风闻言事，是以冒昧上陈等语。言官奏参事件，自应据实直陈，何得以毫无根据之词，率臆陈奏，何况情事重大，名节攸关，岂容任意污蔑。该御史着回原衙门行走，姑示薄惩。嗣后凡有言事之责者，务当一秉至公，殚心献纳，如有应行弹劾者，仍着据实纠参，以副朝廷广开言路、实事求是之至意。

---

① 《清实录·德宗景皇帝实录》卷五二八。
② 朱寿朋：《光绪朝东华录》，中华书局1958年版，第5167页。

初五日甲申(4 月 20 日)

以教练洋操，有效，赏德教习特屯和恩、商睦伯宝星。

初十日己丑(4 月 25 日)

外务部奏，补画瑞士红十字会原约，并请批准保和会画押各款。从之。又奏，比国黎业斯地方举行赛会，请派员届期前往。得旨：着派杨兆鋆届期前往。

十一日庚寅(4 月 26 日)

商部奏，整顿土货，以广出口而挽利权。又奏，请派左参议王清穆等前往江鄂等省，筹办商会。均从之。

十三日壬辰(4 月 28 日)

以湖北武备学堂教习德员泰伯福实力讲授，日员铸方德藏充当军幕兼授兵法，均赏宝星。

十五日甲午(4 月 30 日)

署吉林将军富顺等奏，韩人过江肆扰，分道进占中国土地，驱杀华民，逼胁越垦，请饬照会韩使，迅速禁阻。得旨：着外务部迅速查核办理。①

十七日丙申(5 月 2 日)

守护西陵大臣载润等奏，各国官商时常来陵瞻仰，请酌修馆舍，以重邦交。报闻。以勉力程工，海河通畅，赏丹国工程司林德宝星。

十九日戊戌(5 月 4 日)

直隶总督袁世凯等奏，查明山东内地铁路畅行，拟请于济南城外及潍县周村，

---

① 《清实录·德宗景皇帝实录》卷五二八。

自开商埠以扩利源。下外务部议。寻奏，核与秦王岛、三都澳、岳州，自开商埠成案相符，应请照办。从之。①

廿五日甲辰(5月10日)

湖南巡抚赵尔巽奏，长沙开设通商口岸，布置一切，应请指拨的款，以资经费。下部议。寻外务部、户部奏，长沙开设通商口岸，应准按约举办。至开办经费，应查照苏杭开埠成案，自行设法筹措，于征收税款内陆续归还。从之。又奏，湘省绅商，请设湖南铁路支路总公司，先将常辰一路集股试办。下外务部商部议。寻奏，常辰一路集股试办，请准如所奏，先办通蜀一路。其通黔一路，即接续办理。所请酌借洋款，与奏定章程不合，应毋庸议。从之。

廿七日丙午(5月12日)

外务部奏，英于属地南斐洲招募华工，订立保工章程，请简派大员画押。得旨：着派张德彝画押。

廿九日戊申(5月14日)

直隶提督马玉昆奏，畿辅边防重要，拟将山东兖州镇总兵沈大鳌、浙江海门镇总兵孙多庆留办防务。从之。

夏四月初一日己酉(5月15日)

出使美日秘国大臣梁诚奏，同治初年，各国于瑞士国真奈瓦地方，创设红十字公会，议定条约十款，于兵凶战危之中，行仁至义尽之道，推行日广。签押者十余国，请联约入会，以广皇仁而裨军政。下外务部知之。②

初三日辛亥(5月17日)

光绪帝奉慈禧皇太后御乾清宫，德国使臣穆默，带领该国亲王阿拉拜尔，及水师总兵施密满等觐见，光绪帝温语慰问。

---

① 《清实录·德宗景皇帝实录》卷五二八。
② 《清实录·德宗景皇帝实录》卷五二九。

　　岑春煊奏，线人冒赏越界诱人谋杀，官弁瞻徇，分别惩处等语。广东水师提标前营右哨千总尽先守备何维宗、赤溪协右营右哨千总尽先守备林珊、尽先千总方兴国、苏亭珍、刘金钺、已故把总朱昌，均着即行革职；广东水师提督何长清，失于觉察，着开缺以示惩儆。

　　署吉林将军富顺奏，吉省伏莽未清，兵单饷绌，又值日俄构衅，内治外交，动多掣肘，谨陈相机筹应情形。得旨：着即力为其难，相机因应，妥筹办理。又奏，变通捕盗队营制饷章，请饬部立案。又奏，三姓护江关，请仿照内省税关，无论何省粮货到关，一律照章投税。均下部知之。

　　以捐田充游学经费，赏广东六榕等僧铁禅等匾额曰"清修忠悃"。

　　赏德国亲王随从人员宝星。①

初四日壬子(5 月 18 日)

　　给事中谢希铨奏，日俄战局，终归于和，请先事豫筹收回东省铁路，以复主权而固国本。下外务部知之。

初五日癸丑(5 月 19 日)

　　以浙江温州镇总兵叶祖珪为广东水师提督，署直隶正定镇总兵任永清为浙江温州镇总兵官。

初九日丁巳(5 月 23 日)

　　岑春煊奏参劾贪劣员弁，请予惩处等语。广东水师提标中营补用参将李祥辉，著名赌棍，劣迹极多；督标中营补用游击冯殿旺，疲玩溺职，形类下流；北海镇右营都司谭廷瑞，性好钻营，尤嗜小利；南韶连镇左营守备刘登瀛，庸懦无能，浪费军火；督标中营补用守备李文忠，带勇骚扰，劣声昭著；管带缉私轮船试用盐大使萧文煜，贿释私盐，船务废弛；廉州常乐汛千总吴澄章，苟且营私，贪诈最著，均着革职，永不叙用，并不准投效他省军营。李文忠情节尤重，并着发往军台效力赎罪。已革游击王树芳，前带瑞字中营，纵容哨弁，横肆诛求，业经讯明属实，着发往军台效力赎罪。前署白龙营都司拣发守备刘斯荣，短交饷械，任意支吾，着先行革职，发营押追。又奏，遵旨严禁赌博，筹款抵补。现将盐务设局清查，缉捕经费，改归官办，每年约增的款一百余万两。拟请将小闱姓赌局，先行禁革。如所请行。

---

　　①　《清实录·德宗景皇帝实录》卷五二九。

署闽浙总督李兴锐奏，闽省官累民贫，难筹巨款，恳将奉派烟酒两税及酌提中饱之四十万两，暂从宽免。下部议。①

初十日戊午(5月24日)

光绪帝谕内阁，朕钦奉慈禧皇太后懿旨，前据外务部奏万国红十字总会，请旨画押。业经批准，敕谕张德彝画押。此会医治战地受伤军士，并拯被难人民，实称善举。现经中国官绅筹款前往开办，深惬朝廷轸恤之怀，着颁发内帑银十万两，以资经费。传谕该员绅等尽心经理，切实筹办。

署闽浙总督李兴锐奏，厘定闽省常备军制，严定募格挑选，并设立随营学堂，教授弁兵。下所司知之。

以记名总兵莫善积为广东北海镇总兵官。②

十一日己未(5月25日)

外务部奏，英商凯约翰，承办安徽铜陵县铜官山矿务，改定合同二十三条。依议行。

署两广总督岑春煊奏，病势不支，恳开署缺，以溺职交部议处。得旨：该署督世受国恩，当此时事多艰，自应尽心图报，所请开缺，着不准行。

予出洋病故，驻日本随员广州旗营防御杨勋优恤。

十二日庚申(5月26日)

命新授广东水师提督叶祖珪来京陛见。

十七日乙丑(5月31日)

山东巡抚周馥奏，招垦登莱青三府沿海荒田，俟办竣酌定升科。下部知之。

二十日戊辰(6月3日)

直隶总督袁世凯奏，上年奉拨北洋淮饷，海防经费，收数不敷甚巨，请停留京

---

① 《清实录·德宗景皇帝实录》卷五二九。
② 《清实录·德宗景皇帝实录》卷五二九。

协各饷,并自筹拨捕,以济要需。下部议。

两江总督魏光焘奏,江宁省城遵设南洋官报局,仿照北洋章程,派员经理,以专责成。下外务部知之。①

廿一日己巳(6 月 4 日)

出使比国大臣杨兆鋆奏,比国最精制造船炮之学,请饬下练兵大臣及海疆督抚,遇有需用洋将工师之处,留意延聘。又奏,中比交涉渐多,卢汉铁路,以工程而兼借款,尤为繁重,请饬督办铁路大臣,遇事先行知会使臣,以便相机因应。均下所司知之。

漕运总督陆元鼎等奏,拟议浙省屯田缴价纳税办法六条。下部议。

山东巡抚周馥奏,胶州为沿海要缺,冲繁倍于往昔,请改为直隶州以资治理。又奏,就山东原有兵数,改定常备续备各军,并添募新兵,豫筹的饷,请饬部速议施行。均下所司议。寻政务处奏,胶州改为直隶州,应准如所请。胶州原设州同一缺,应改为直隶州同。其登莱青道,并改为登莱青胶道。练兵处、户部、兵部奏,该省常备续备各军,未定新章以前,应准暂照所拟军制办理。至添募新兵四营,如该省筹有的款,亦准暂照武卫右军先锋队章程开办。至该省招练新军月饷,现在库储艰窘,无从筹拨,应令该抚臣自行设法筹足。均依议行。

以随使年满,予驻韩釜山领事徐学伊等二员奖叙。

以办理山东胶济铁路工竣,予补用道洪用舟等五员奖叙,赏综理工程洋员锡贝德宝星。

廿二日庚午(6 月 5 日)

上海商业会议公所,遵商部所颁《商会简明章程》,改组为上海商务总会。②

廿八日丙子(6 月 11 日)

署吉林将军富顺等奏,越界滋扰之韩人,现经驱逐过江,退出占地,地方一律肃清。得旨:事关边务,惟当妥慎办理,不得稍涉铺张。③

---

①　《清实录·德宗景皇帝实录》卷五二九。

②　徐鼎新、钱小明:《上海总商会史》,上海社会科学出版社 1991 年版,第 62 页。

③　《清实录·德宗景皇帝实录》卷五二九。

五月初一日己卯(6月14日)

湖广总督张之洞、两江总督魏光焘会奏,遵筹江南制造局移建新厂办法,妥商定议,计筹款、择地、定机、核用、用人、定枪炮式、储备厂才、整顿旧局八大端。下所司议。①

初二日庚辰(6月14日)

商部奏,参酌中外情形,订定《公司注册试办章程》十八条呈进,拟请刊刻通行,各省遵照,并咨明外务部,照会各国驻京大臣备案。从之。

初四日壬午(6月17日)

盛京将军增祺等奏,日俄战事经过地方,分别赈抚保护情形。报闻。

十二日庚寅(6月25日)

商部奏,劝办京城商会,并推广上海商会,将原设商业公所改为商务总会,刊给关防。报闻。

十三日辛卯(6月26日)

湖南巡抚赵尔巽奏,长沙开设商埠,事务殷繁,请将盐法长宝道作为监督,以专责成,并请颁发关防。下部议。又奏,分别遣派学生梁焕彝等赴美国留学,又选派精通法文学生李定煌等赴比国肄习矿业。下部知之。②

十八日丙申(7月1日)

署闽浙总督李兴锐奏,福建省城设立学务处,综核通省教育事务,又将旧有鳌峰等书院并作一处,改定课程,分经、史、政治、地理、兵法、算学六门,按月考

---

① 《清实录·德宗景皇帝实录》卷五三〇。
② 《清实录·德宗景皇帝实录》卷五三〇。

理，严定学规。下所司知之。①

十九日丁酉(7 月 2 日)

魏光焘等奏，镇江开办警察，匪徒藉端滋闹，分别查办情形。镇江为通商口岸，五方杂处，警察之设，本不容缓。该地方印委各员，于此等要政，应如何审慎周祥，因势利导，乃限迁菜摊，致匪徒藉端滋闹，迫令各店罢市，至有焚毁局屋器械，互毙人命情事，实属办理不善。委员候补知县窦镇山、从九俞箴玺、署丹徒县知县洪尔振，均着交部议处。江苏常镇道郭道直、镇江府知府祥福，着一并交部议处，仍着认真整顿，遴委妥员接办，务除积弊而收实效。

署闽浙总督李兴锐奏，制兵改为巡警，经设立警务总分局，并设学堂教练，现已陆续派兵站街，实行警察之政。下所司知之。

廿一日己亥(7 月 4 日)

出使韩国大臣许台身奏，拟将韩国通商口岸，开单咨由外务部行文奉天、直隶、山东等省，通饬所属，申明条约，晓谕商民。此后至韩贸易，只准在单开各处居住往来，切勿不请牌照，私入内地，并严禁匪棍来韩，以符定约。下部知之。

直隶总督袁世凯奏，比商在天津承办电车电灯公司，议定合同，批准兴办。下部知之。

以慨巨款，资遣老病侨民回国，驻秘通惠总局绅商传旨嘉奖。

廿二日庚子(7 月 5 日)

电寄增祺，电悉。日俄构兵，我应坚守中立，仍着该将军随时妥为因应，一切力任其难，以资补救。所请另简大员，着毋庸议。

商部奏，机器造纸公司酌拟章程十条，均尚妥洽，应请准其试办，并刊发关防。从之。②

廿六日甲辰(7 月 9 日)

赏英国医士科龄所建医学堂银一万两。

---

① 《清实录·德宗景皇帝实录》卷五三一。
② 《清实录·德宗景皇帝实录》卷五三一。

廿七日乙巳(7月10日)

以办理中日商约出力，赏日本外务次官珍田舍已等二十一员宝星。

廿九日丁未(7月12日)

以瞻徇怠玩，厂务废弛，革四品卿衔福建会办船政广西候补道魏瀚职。①

是月

福建沿海遭台风袭击，民船损失甚多。

六月初一日戊申(7月13日)

胶济铁路，青岛至济南干线竣工，长394.1公里。②

初二日己酉(7月14日)

督办电政大臣直隶总督袁世凯奏，粤省创办电话，所有机器电料，请照案免纳厘税，以轻成本。下部议。寻奏，粤省电话用户既多，收数亦旺，际此库款空虚，税项关系重要，未便只顾电局之赢余，转使公家受其亏损。所有机器电料，仍应征税，以昭划一。从之。③

初五日壬子(7月17日)

前据张之洞等奏，江南制造局，移建新厂。制造局厂关系紧要，究竟应否移建，地方是否合宜，枪炮诸制若尽利，着派铁良前往各该处详细考求，通盘筹画，据实覆奏，并着顺道将各该省进出款项，及各司库局所利弊逐一查明，并行具奏，所有随带司员均毋庸驰驿。着户部酌给往返川资，不准地方供应，该侍郎务须破除情面，实力办理以副委任。

---

① 《清实录·德宗景皇帝实录》卷五三一。
② 中国铁路史编辑研究中心：《中国铁路大事记》，中国铁道出版社1996年版，第34页。
③ 《清实录·德宗景皇帝实录》卷五三二。

初八日乙卯(7月20日)

盛京将军增祺等奏，盛京库存金条金锞四千二百余两，庚子变乱遗失，旋经觅回一千一十五两余，封存。现以日俄战事日亟，在外存储不便，谨专差赍，送军机处呈进，以免疏虞。报闻。

初十日丁巳(7月22日)

直隶总督袁世凯奏，遴派游击王国治、涂芳兰前赴法国观操，请赏加副将衔。如所请行。

以捏造府示，私设公所巡船，诈扰商民渔户，革浙江台州协标候补守备张鸿飞职，并讯办。①

十二日己未(7月24日)

外务部奏，答赠葡国宝星，并恭拟国书，派员赍递。报闻。又奏，照缮保和会给本，请旨用宝，由臣部寄储荷兰政府，作我国批准入会之据。从之。

十三日庚申(7月25日)

袁世凯奏，海天兵船触礁，设法起捞。除管带游击刘冠雄已有旨革职外，据折内称，现与丹国公司订立合同，来华起捞，如能出险入坞，给工费银四十七万五千两；如不能出险，只能起捞机器、锅炉等件，即将此件发售，或公估值价若干，应给该公司一半等语。兵轮巨舰，弃之诚属可惜。惟该船入险，为日已久，究竟起捞之后，能否适用；入坞修理，尚需经费若干，是否合算。该公司既有如不能出险，只能捞起机器、锅炉变价一层，是出险与否，该公司亦无实在把握，若枉费数十万金巨款，仅能变卖机器、锅炉，殊觉不值。此事关系至重，着袁世凯悉心通筹，再行核议具奏。寻奏，海天兵舰，值款甚巨，不捞则全行沉没，捞之则尚有希望。收回一分价值，即有一分补益。且战舰存没，各国视之极重，但能设法，未便弃置不顾。如议行。

商部奏，请饬铁路大臣将历年办理各路情形造具，简明图册报部，俾资稽核而重路政。从之。

---

① 《清实录·德宗景皇帝实录》卷五三二。

御史张元奇奏，进士馆聘用各教员，年轻望浅，所编讲义，东涂西抹，粗浅陋略，学员皆有鄙夷不屑之意。择师不精，糜费无益，请饬将进士馆章程重为订定，俾收实效。下学务大臣知之。

两江总督魏光焘等奏，部议筹饷条款，谨分别筹办，拟就宁、苏各州县丁漕两项，每年提银二十一万两，并督同僚属，量力报效一次，以供练饷之需。

以海天兵舰触礁沉毁，革管带游击刘冠雄职。①

十五日壬戌(7月27日)

直隶总督袁世凯奏，庚子之乱，拳团民教互相残杀，案多且巨，株连甚众。请仍照前督臣李鸿章办法，公约未定以前，所有拳团民教寻仇各案一律免究，以安反侧而靖人心。如所请行。

江苏巡抚恩寿奏，江苏省城设立工艺局，筹款试办。下部知之。

二十日丁卯(8月1日)

据电奏，查明施南教案，系因天主教会主教德希圣率带多人，前往沙子地游览，路经花背，有福音教民向元新欲看德主教，被德主教随行教友贾澄清喝拦，彼此争吵。经德主教已令向姓服礼寝事，因贾澄清勒令向姓补放鞭爆，致激众怒。匪徒乘间将德主教、德神甫、董神甫三人杀毙，并毙华教友四人，随即解散，并无洋教士被捉，亦无闹教堂之事。已将该主教等妥为棺敛，速拿各犯讯明惩办。

廿二日己巳(8月3日)

出使意国大臣许珏奏，续陈意国榷烟大略，其入款之巨，不在抽收外国之税，而在畅销本国之烟。中国所产土药，每年已达五十万担，以每担征银六十两计之，应征银三千万两。乃税厘隐漏，侵蚀十失其九，亟应认真整顿。土药既办理得宜，洋药来源自必日减，洋商志在求售，则加税一层，更易就范。请饬部妥议章程，先就向产土药省分及早筹办，以纾民困而收利权。下部议。

廿三日庚午(8月4日)

商部奏，拟订商标注册试办章程，由部设立总局，派员经理，并令津海江海两

---

① 《清实录·德宗景皇帝实录》卷五三二。

关设挂号分局，以便商民。从之。

廿四日辛未(8 月 5 日)

以办理顺天赈抚善后洋务出力，予直隶通永道陈启泰等升叙加衔封典有差。①

秋七月初二日戊寅(8 月 12 日)

光绪帝御乾清宫，比国使臣葛飞业及参赞博赉尔等觐见。

署闽浙总督李兴锐奏，福建水师提督之设，原以控扼台澎，梭巡洋海。惟今昔情形迥异，闽省海军既未设立，提督所统，不过炮船舢板。纵有巡洋之职，亦仅于沿海一行，虚应故事。查福建陆路提督驻扎泉州，与水师提督所驻之厦门相距甚近，若以之移驻厦门，将原有水师裁并，归其兼统，择要巡汛，节饷当复不少。下政务处、练兵处议。寻奏，应如所请。将水师提督一缺，即行裁撤。其陆路提督，改为提督福建全省水陆军务，节制各镇，驻扎厦门，以符体制。依议行。②

初六日壬午(8 月 16 日)

外务部奏，法国使臣吕班，交还观象台仪器，如数点收。报闻。

以呈进书籍，赏日本东亚同文会柏原文太郎宝星。

十一日丁亥(8 月 21 日)

电寄袁世凯，据奏前有俄雷艇一艘驶入烟台口岸，经海军统领萨镇冰按照中立条规办理，嗣有日本雷艇两艘入口拖去，虽经萨镇冰一再拦阻，究属保护不力等语。广东南澳镇总兵萨镇冰着交部议处。

十六日壬辰(8 月 26 日)

出使法国大臣孙宝琦奏，请俟日俄罢战，将东三省、蒙古、新疆等处开门通商，以杜觊觎。下部知之。

以广西镇南关征收增旺，赏税务司法员嘉兰贝宝星。

---

① 《清实录·德宗景皇帝实录》卷五三二。
② 《清实录·德宗景皇帝实录》卷五三三。

以留学日本陆军学生学有成绩，赏日本陆军第一师团长伏见宫贞爱亲王等宝星有差。

十八日甲午(8月28日)

有人奏，浙江塘工，虚糜巨款，承办各员，漫不经心，交相掩饰等语。着聂缉椝按照所陈各节，切实查核，认真经理，以重要工。寻奏，东防同知刘颂年于塘务漫不措意，致各工坍塌，应请开去本缺，撤销保案，并责令赔修。署海防营守备王兆麒，老迈龙钟，应勒令休致。杭嘉湖道崔永安，难辞疏忽之咎，请交部察议。如所请行。①

廿二日戊戌(9月1日)

调两江总督魏光焘为闽浙总督，署闽浙总督李兴锐署两江总督。

八月初一日丁未(9月10日)

有人奏，浙江漕弊日深，吏治日坏，请旨饬查。着李兴锐按照所指各节，确查具奏，毋稍徇隐。②

初六日壬子(9月15日)

电寄胡惟德，增祺来电称，俄人在福陵山前左堤开路，宽一丈余，碍道树木，尽行砍伐，衙署全被占据损坏，拦阻不住等语。中国严守中立，所有盛京陵寝宫殿，及各城池、衙署、民命、财产，两国均不得损伤，前经照会在案。今俄人在福陵山前，如此行为，实堪惊骇，必非文明大国之本意。着即向俄外部告知，务望速饬该武官约束兵丁。凡关系重要之地，切勿稍有侵损，以昭睦谊。

出使比国大臣杨兆鋆奏，酌拟游学章程。下外务部学务大臣议。寻奏，所拟章程，以慎选学生、齐一学费为纲要，应即咨行查照办理。从之。

十二日戊午(9月21日)

两江总督魏光焘奏，江宁省城高等专门学堂，暨各府厅州县中小学堂，渐次兴

---

① 《清实录·德宗景皇帝实录》卷五三三。

② 《清实录·德宗景皇帝实录》卷五三四。

办。下学务大臣知之。

十七日癸亥(9 月 26 日)

商部奏，华商创办电灯公司，请予立案。允之。

命直隶津海关道唐绍仪，以三品京堂候补，并加副都统衔，前往西藏查办事件。

廿五日辛未(10 月 4 日)

有人奏，浙江台州府知府徐承礼兼办盐厘总局，任用私人，酿成教案等语。着聂缉椝按照所参各节，认真确查，据实具奏，毋稍徇隐。寻奏，徐承礼被参各节，无确切事实可查，请免置议。报闻。①

廿八日甲戌(10 月 7 日)

外务部右侍郎伍廷芳等联衔奏称，广东盗贼猖獗，请饬实行清乡团练事宜一折。着岑春煊、张人骏按照所陈各节，体察情形，妥筹办理。又片奏，该省杂捐太多，请饬有司实行节俭，力惩掊克，并请惩禁赌博等语，并着该署督等切实整顿。

两江总督魏光焘奏，创设练将学堂经费，由铜圆赢余动拨。又奏，现就格致书院，改设江南实业学堂，分设农、工、商、矿四科，招生分门肄业。下学务大臣商部知之。②

九月初一日丙子(10 月 9 日)

署江苏巡抚端方奏，苏沪货厘，碍难改办统捐。下部知之。③

初五日庚辰(10 月 13 日)

以民教相安，赏河南主教梅占魁等二品顶戴。

---

① 《清实录·德宗景皇帝实录》卷五三四。
② 《清实录·德宗景皇帝实录》卷五三四。
③ 《清实录·德宗景皇帝实录》卷五三五。

初九日甲申（10 月 17 日）

光绪帝奉慈禧皇太后御仁寿殿，德国使臣穆默、胶州德界巡抚都沛禄暨各使臣夫人、翻译等觐见，赐游宴。

十七日壬辰（10 月 25 日）

出使俄国大臣胡惟德奏，日俄战局，必出于和，请慎选各国公法专家，讨论战后和议办法，以备应付。得旨：着外务部查核办理。

以遣使通好，赠墨西哥国君主第思雅并赏其使臣等宝星。以办事和平，赏意国使臣嘎厘纳宝星。①

十八日癸巳（10 月 26 日）

商部奏，实业学堂开学，并拟附学章程八条。报闻。

以太仆寺少卿候补三品京堂张振勋为太仆寺卿，并充商部考察外埠商务大臣，督办闽广农工路矿事宜。

廿三日戊戌（10 月 31 日）

以山东巡抚周馥署两江总督，未到任前，署江苏巡抚端方暂行署理，江苏布政使效曾护理江苏巡抚。江宁布政使胡廷干署山东巡抚。未到任前，以按察使尚其亨暂行护理。

廿四日己亥（11 月 1 日）

电寄岑春煊，奏悉。粤海关监督前有旨归两广总督管理，岑春煊现在督师，一时未能回东，所有该关税即着张人骏暂行接收。

廿七日壬寅（11 月 4 日）

外务部奏，请派总领事赴南斐洲保护华工。允之。

---

① 《清实录·德宗景皇帝实录》卷五三五。

廿八日癸卯(11 月 5 日)

湖广总督张之洞奏，订购炮舰雷艇，分年付价办法。下所司知之。

署江苏巡抚端方奏，苏省开办警察情形。报闻。

商部左参议王清穆奏，考察长江一带商务，请饬办商业学堂。下商部知之。

赏美日法各国官绅宝星。

冬十月初二日丙午(11 月 8 日)

办理商约大臣吕海寰等电奏，与大西洋国续定中葡商约二十款成，请特派大臣画押盖印，以昭信守。得旨：着吕海寰等就近画押。①

初六日庚戌(11 月 12 日)

光绪帝奉慈禧皇太后御皇极殿，奥国使臣齐干、美国使臣康格、德国使臣穆默、俄国使臣雷萨尔、比国使臣葛飞乐等觐见，呈递恭贺万寿国书。

初七日辛亥(11 月 13 日)

山东巡抚周馥奏，东省薄庄漫口，水由徒骇入海，河直流畅，不能堵御。现拟量宜补救，以奠灾区。允之。又奏，东省商籍子弟，势难回籍就学，筹办客籍学堂，免令向隅。下所司知之。

十二日丙辰(11 月 18 日)

电寄张人骏，电悉。粤海关税务，即着张人骏先行接管，认真整顿，俟岑春煊回东，再行移文。

商部奏，开办实业学堂，请赏给石印《图书集成》。又奏，槟榔屿创建中华学校，请赏给匾额，并石印《图书集成》。均允之。又奏，改派主事王大贞，前赴各埠随同考察商务。报闻。又奏，张振勋请在广东设立农工路矿总公司，请先行立案。从之。②

---

① 《清实录·德宗景皇帝实录》卷五三六。

② 《清实录·德宗景皇帝实录》卷五三六。

十七日辛酉（11 月 23 日）

光绪帝奉慈禧皇太后御皇极殿，英国使臣萨道义、日本国使臣内田康哉、法国使臣吕班、韩国使臣闵永喆等觐见，呈递恭贺万寿国书。

十九日癸亥（11 月 25 日）

盛京将军增祺奏，日俄在境用兵，道途梗阻，奉省旗民各属经征钱粮表册，未能依限办理。下部知之。

二十日甲子（11 月 26 日）

兵部左侍郎铁良等电奏，各国偿款事，领事无权，不能着手。请饬照会各公使，转饬各领事，就近商办，方能开议。下外务部知之。寻奏，议事权限，全在各使禀其政府训令而行。照会公使转饬领事，碍难照办。报闻。

廿一日乙丑（11 月 27 日）

御史黄昌年奏，请挽回路政。粤汉铁路，关系紧要。现在合兴公司，正议废约，应即另筹接办。着张之洞悉心核议，妥筹办理，以挽利权。

外务部奏，各国议免红十字会施医船税钱，请旨派员赴荷兰会议。得旨：着派胡惟德会议。寻胡惟德覆奏，奉电旨，着与各国一律办理。又奉，辛丑和约，各国赔款银四百五十兆两，用金付给。各省督抚，以照约应按定约时金价付银，不应按还款时市价易金付给。屡次力争，仅美国应允还银，余国坚持未允。现拟办法三端：一、金价按月折中算定，可免还款届期金价骤涨之害；二、以前欠款，免再计息；三、未届还期豫付之款，须按月扣还息银，可以减亏累而图节省。切商各使，反复磋磨，渐有应许之意。如所请行。又奏，改定华英公司合办四川江北厅煤铁矿务合同。依议行。①

廿二日丙寅（11 月 28 日）

商部奏，浙绅捐建农工小学堂，收教堕民，恳恩除籍一折。浙江堕民，雍正年

---

① 《清实录·德宗景皇帝实录》卷五三六。

间，已准除籍自新。乾隆年间，议准本身改业，下逮四世，清白自守者，准其报捐应试。现在该绅议设农工小学堂，俾营实业以广造就，着照所请行。至毕业后，应如何一体给予出身之处，着学务大臣查照成案办理。①

廿五日己巳(12 月 1 日)

裁福建水师提督员缺，归并陆路，改铸福建陆路提督印信。从署闽浙总督魏光焘请也。

廿七日辛未(12 月 3 日)

直隶总督袁世凯奏，部驳截留京协各饷，暨海防经费，请饬另筹拨补，并将行查各款，据实覆陈。下部议。

杭州将军常恩因事解职，以荆州都统瑞兴为杭州将军。②

十一月初一日乙亥(12 月 7 日)

命正白旗汉军副都统荫昌仍充出使德国大臣。

命候补五品京堂曾广铨充出使韩国大臣。

以襄办外务，予翻译学生刑部主事史元燧等十员、官电局员县丞姚仁寿等六员、供事武弁县丞方恩第千总王文植等四十四员、测绘图籍理藩院员外郎吉章一员、兼行军机章京国子监司业承祐等八员奖叙有差。③

初三日丁丑(12 月 9 日)

署四川总督锡良奏，川省交涉日繁，译文传语，动苦无人。现建设英文、法文官学堂一所，延订教习，考选学生，分班肄习，俟有成效，请援案分别奖叙。下部知之。又奏，川省民情锢蔽，最易传讹。现改官书局为官报书局，派员创办官报，分发各州县，散给四乡，以端风气而息谣惑。下所司知之。

---

① 《清实录·德宗景皇帝实录》卷五三六。

② 《清实录·德宗景皇帝实录》卷五三六。

③ 《清实录·德宗景皇帝实录》卷五三七。

初六日庚辰（12月12日）

户部右侍郎戴鸿慈奏，请饬定会议章程，变通推广。凡内政外交，由政务处标明要领，交阁部九卿翰林科道会议，宽以时日，各抒所见，别纸录陈，并令传知属官，咸得论列。得旨：着政务处妥议章程具奏。寻奏，拟定会议章程七条。一、奉旨会议事件，实任四五品京堂科道皆与议。二、内政外交，建革之大，疑难之端，由各该衙门审度重轻，临时请旨会议，或特旨举行。其事关秘密紧急者，廷臣仍免干预。三、会议应速覆奏之件，限十日。一时难决者，酌展限。四、与议臣工，具说帖交政务处，汇择具奏。五、事关何省者，由政务处知照该省较崇京官，传同乡具说帖转送酌核。六、初议未定，再定后期。其莫衷一是者，由政务处酌核奏请办理。七、翰林院讲读以下及各部司员说帖，由掌院堂官择可行者送核。从之。

调福建福宁镇总兵张相泰为河南河北镇总兵官，以福建候补道孙道仁署福建福宁镇总兵官。①

初七日辛巳（12月13日）

调闽浙总督锡良为四川总督，云贵总督魏光焘为闽浙总督。

赏湖南巡抚赵尔巽尚书衔，留京当差。调署江苏巡抚端方为湖南巡抚，以漕运总督陆元鼎署江苏巡抚。

命江南提督李占椿解职，以福山镇总兵杨金龙为江南提督，记名总兵李定明为福山镇总兵官。

命湖南提督娄云庆解职，以福建水师提督曹志忠为湖南提督。

初八日壬午（12月14日）

给事中潘庆澜奏，学堂流弊日甚，入其中者，多主平权自由诸说，以致群情疑阻。乃各省大吏，迫所属以多设学堂为能，民间学馆纷纷解散，颇形惶惑。拟请愿否听民，不加强迫。下学务大臣知之。

以江苏布政使效曾暂护江苏巡抚，江西布政使周浩暂护江西巡抚。②

---

① 《清实录·德宗景皇帝实录》卷五三七。
② 《清实录·德宗景皇帝实录》卷五三七。

初九日癸未（12 月 15 日）

以救护北洋海天兵轮出力，予江南水师苏中营游击张占魁等三员奖叙。

十二日丙戌（12 月 18 日）

商部奏，内河行轮，关系商务颇巨，请饬劝谕华商，切实推广，以挽利权而维航业。依议行。

盛京将军增祺等奏，日俄战事益烈，法库等边门车捐，收数减少。请援案尽收尽交，以免拖累。下部知之。

十四日戊子（12 月 20 日）

练兵处奏，现届第一年选派陆军学生就学日本之期，除直隶附送，由北洋拨款，余由练兵处筹给川资学费，拣派驻日监督，禀承出使日本大臣，就近节制。报闻。[①]

十七日辛卯（12 月 23 日）

署两江总督端方等奏，江西招股，筹办全省铁路，拟将引盐每斤加价四文，另款提存，拨充经费。从之。又奏，江宁驻防军饷，及八旗蒙学堂，骑射枪厂等所经费，前经增拨银五千两，仍属不敷。拟于宁苏两铜圆局余利项下，每年再各增拨银六千两，以备加饷练兵，及扩充学堂，振兴工艺之用。下所司知之。又奏，江南当江海要冲，海军之学，尤当注意。拟于水师学堂，挑选合格学生六名，送交驻沪英国水师总兵，分派各船学习。下所司知之。又奏，裁减江楚编绎官书局闲员，并令移设已裁织造司库衙门，延聘通儒，审译教科善本，备学堂之用。下学务大臣知之。[②]

十八日壬辰（12 月 24 日）

以劝捐出力，予浙江杭州东塘海防同知刘颂年免补知府以道员补用。[③]

---

① 《清实录·德宗景皇帝实录》卷五三七。
② 《清实录·德宗景皇帝实录》卷五三八。
③ 《清实录·德宗景皇帝实录》卷五三八。

二十日甲午(12月26日)

浙江巡抚聂缉椝奏,浙省需用硝斤,制配火药,派员采办,请援案准予免厘。下部知之。又奏,在籍故原任兵部左侍郎朱智,分年捐修钱塘县境内捍江塘,并六和塔工程,现已一律完竣,请予销案。报闻。①

廿一日乙未(12月27日)

外务部奏,中俄电报收费,照伦敦万国公会所订商政,跌价重定约稿。依议行。
署黑龙江将军达桂等奏,江省属境辽阔,非添设地方各官,不足以资治理。
出使俄国大臣胡惟德奏,藏务孔亟,办理贵知地理,谨译印法人窦脱勒依所绘西藏舆图进呈。报闻。
派出使美国大臣梁诚会订中美和衷条约。
以议结绥远城教案持平,赏法国参赞端贵花翎、随员雷登宝星,予比国委员林辅臣等七员奖叙。
以在华施医,赏意国使馆医生儒拉宝星。

廿二日丙申(12月28日)

以延解灶课,革前署浙江曹娥场盐大使曹秉燮职,并勒追。

廿四日戊戌(12月30日)

贝子溥伦奏,奉命前赴美国,历考列邦强国之基,以海陆军为要政,拟请广兴渔业,复定土药新章,集款规复海军,并募捐出洋华商,以助经费。下练兵处知之。

廿八日壬寅(公元1905年1月3日)

署山东巡抚胡廷干奏,现胶州改升直隶州,兼辖即墨、高密二县,将来岁科两试,拟援案借棚莱州府附考。即墨、高密改府考为州考,胶州童生,由州考竣,径赴院试。下部知之。②

---

① 《清实录·德宗景皇帝实录》卷五三八。
② 《清实录·德宗景皇帝实录》卷五三八。

十二月初一日乙巳(公元 1905 年 1 月 6 日)

出使比国大臣杨兆鋆奏，比国学制大备，学费较廉，请饬各省分遣游学以储成材。下部知之。

以随使期满，予驻韩参赞直隶补用知府钱明训等七员奖叙。①

初二日丙午(公元 1905 年 1 月 7 日)

商部奏，江苏在籍员绅创设笔铅罐公司。请予立案从之。

初四日戊申(公元 1905 年 1 月 9 日)

光绪帝奉慈禧皇太后御皇极殿，荷国使臣希特斯、意国使臣巴乐礼、葡国署使臣阿梅达等觐见，呈递恭贺万寿国书。

初五日己酉(公元 1905 年 1 月 10 日)

给事中陈庆桂奏，各国赔款，用金归还，宜折中定价。又奏，部议以银买金交纳，又欲专买英镑，以伦敦某银行市价为准，有害无利。均下部知之。

福州将军崇善奏，奉天省自日俄构衅，居民流离，拟于常税项下筹解银一万两赈济，作正开销。下部知之。

以江宁布政使胡廷干为江西巡抚，直隶布政使杨士骧署山东巡抚。

初六日庚戌(公元 1905 年 1 月 11 日)

有人奏，外人索借内湖，操练水师，违约要求，请饬遏阻等语。着周馥、张之洞、胡廷干按照所陈各节，妥筹办理。

十二日丙辰(公元 1905 年 1 月 17 日)

商部奏，安徽贵池县绅士刘世珩，设立公司；筹办垦务郎中李厚祐，创办奉锦

---

① 《清实录·德宗景皇帝实录》卷五三九。

垦务公司；同知叶璋，设汉口火柴公司，均集厚股，请予奖励。从之。

署两江总督兼管两淮盐政周馥奏，两淮泰州、海州二属各场灶地被风被潮，收成减色，请缓征折价钱粮。下部议。①

十六日庚申（公元 1905 年 1 月 21 日）

署两广总督岑春煊等奏，广东盗风日炽，遵旨整顿捕务办理情形。得旨：仍着加意整顿，督饬认真办理。②

十七日辛酉（公元 1905 年 1 月 22 日）

直隶总督袁世凯奏，北洋验疫，向由外人主持，每有言语不通、体质各异之嫌，且权限攸关，尤防越俎。现设院收回自验，常年需用，统归津关八分经费项下拨支。下部知之。

十八日壬戌（公元 1905 年 1 月 23 日）

袁世凯奏，拟试办直隶公债票一折。外洋各国，遇有军国要需，临时募债，无不闻风踊跃。独中国办理公债，辄多观望不前，良由官吏不能践言，民信未孚之所致。兹据该督奏称开募债票，以取信便用为宗旨，洵为扼要。所陈筹有的款，按年付息，分年还本，发给票据，准其交纳本省库款关税各项，并随处皆可兑用。拟具章程，尚属周妥。着即准其试办，仍责成直隶总督暨藩运两司无论现任接任各员，一体认真经理，实力信行。经此次奏准之后，作为永远定案，断无改易。倘该官吏违章失信，仍蹈前辙，或启弊端，定行从严治罪，决不姑宽。

以创办木植公司，予奉天东边道调补福建兴泉永道袁大化优叙。③

廿一日乙丑（公元 1905 年 1 月 26 日）

署江苏巡抚端方等奏，派员东渡学习警务。下部知之。

云南巡抚林绍年奏，滇越毗邻，需用法文居多，法政府现在越南河内设立学

---

① 《清实录·德宗景皇帝实录》卷五三九。
② 《清实录·德宗景皇帝实录》卷五四〇。
③ 《清实录·德宗景皇帝实录》卷五四〇。

堂，课程美备，亟宜选派学生，给予学费，前往肄习。又奏，开办东文学堂、蚕桑学堂。并下所司知之。

廿二日丙寅（公元 1905 年 1 月 27 日）

政务处奏，议覆裁改漕运总督一折。江北地方辽阔，宜有重镇。顺治年间，改设漕运总督，原兼管巡抚事。现在河运全停，着即改为江淮巡抚，以符名实而资治理。即以原驻地方为行省，江宁布政使所属之江淮杨徐四府，暨通海两直隶州，全归管理。仍着两江总督兼辖，各专责成。

廿三日丁卯（公元 1905 年 1 月 28 日）

出使日本国大臣杨枢奏，特设经纬学堂。下外务部、学务大臣知之。又奏，请设法政速成科学，教授游学官绅。下学务大臣知之。

出使美日秘国大臣梁诚奏，请设陆军大学、省学堂，并请选王公大员子弟入陆军学堂。下练兵处兵部议。寻奏，陆军大学堂、省学堂，办法均有奏定新章可循，毋庸置议。至所称选王公宗室子弟入学肄习一节，拟设立贵胄学堂所，专为王公大臣子弟肄武之区。依议行。

调江苏巡抚恩寿为江淮巡抚，以漕运总督陆元鼎为江苏巡抚。①

廿四日戊辰（公元 1905 年 1 月 29 日）

翰林院侍讲文华奏，请慎选出洋游学生以防流弊。下学务大臣知之。

以中国铁路首获余利，予候选道梁如浩以海关道记名。

廿五日己巳（公元 1905 年 1 月 30 日）

署两江总督周馥奏，自光绪二十五年特设金陵关，派盐巡道兼充监督，经理通商事宜，任重事繁，请援照津海关道例，作为冲繁疲难最要缺，由外拣补。下部议。

盛京将军增祺奏，日俄宣战，被灾难民不下十余万口，续筹赈抚情形。又奏税捐大减，赈饷浩繁，在盛京户部款内借拨银十万，以资接济。均下部知之。

---

① 《清实录·德宗景皇帝实录》卷五四〇。

闽浙总督魏光焘奏，闽省军制，自前督三次奏改，通计常备军左右两镇新兵三千二十四名，福强、福健、福锐、福毅防勇四千三百三十七名，水陆练军三千三百三十三名。兹拟暂行变通办理，两镇各先练一协，俟全军足额，再行补设。通计两镇员弁兵夫万一百六十六员名，岁需银八十余万两，删除福强等号，名福建常备军。下所司知之。

派广东水师提督叶祖珪统率南北洋海军。①

廿六日庚午(公元 1905 年 1 月 31 日)

直隶总督袁世凯奏，长芦盐通纲各商，请将盐斤定价定秤，设局缉私，报缴余价，留二成备抵亏课。下部知之。

廿七日辛未(公元 1905 年 2 月 1 日)

直隶总督袁世凯奏，酌提关内外铁路余利银五十万两，抵部拨兵饷。下部知之。

廿九日癸酉(公元 1905 年 2 月 3 日)

浙江巡抚聂缉椝奏，查明杭州、嘉兴、松江各场荒芜未垦灶荡田地，请将应征本年灶课钱粮，全行蠲免。下部议。②

是年

由厦门太古洋行买办陈玉英包租的一艘三百吨级"黄河"号轮船，在厦门航行至泉州途中，因超载沉没，溺死百余人。③

---

① 《清实录·德宗景皇帝实录》卷五四〇。
② 《清实录·德宗景皇帝实录》卷五四〇。
③ 刘传标：《近代中国船政大事编年与资料选编》第 2 册，九州出版社 2011 年版，第 519页。

光绪三十一年　公元 1905 年　乙巳

春正月初四日丁丑(2 月 7 日)

缓征山东被灾之济宁等州县，本年上忙钱漕租课。其坐落境内之寄庄灶课，与裁并卫所并永阜等场，一律展缓。①

初七日庚辰(2 月 10 日)

署两江总督周馥等奏，江浙两省起运漕粮，酌量变通，从本届起，严责州县于运粮到沪时。如有潮杂诸弊，即由粮道等详请撤参。倘沪局验收不实，京沽转运不慎，以及粮道督运不力，悉听漕抚臣治以应得之咎，各有专责，于漕务当有裨益。下所司议。

会议商约大臣直隶总督袁世凯等奏，葡萄牙国商约定议，遵旨画押。下外务部知之。

十二日乙酉(2 月 15 日)

光绪帝奉慈禧皇太后御勤政殿，总税务司赫德、北堂主教林懋德、刘克明觐见贺年。

十三日丙戌(2 月 16 日)

以辑睦民教，赏法国主教申永福三品顶戴、德国驻济南委员贝斯等宝星。

二十日癸巳(2 月 23 日)

熙凌阿奏，筹垫巨本，整顿盐纲一折。盐法为国家大政，关系民食国课，自应

---

① 《清实录·德宗景皇帝实录》卷五四一。

责成该管官吏保商畅运，力除积弊以裕饷源。乃该贝勒奏称整顿天下盐纲，已筹定运本银三百万两，先从长芦办起，请派大臣督办，并保魏鸿儒等堪资臂助，应准奏调差遣等语，无非为垄断专利起见。其为受人指使，情节显然，实属荒谬。熙凌阿着从宽免其议处，仍传旨严行申饬。

命副都统衔候补三品京堂唐绍仪为出使英国大臣。

廿一日甲午(2月24日)

商部奏，江宁等府当商额外息捐，恳请减免一折。着周馥体察情形奏明办理。以察哈尔都统升允为闽浙总督。未到任前，以福州将军崇善兼署。

廿五日戊戌(2月28日)

直隶总督袁世凯等奏，开办济南城外埠章程。下所司知之。①

三十日癸卯(3月5日)

以襄助交涉，予韩国各埠华商董事杜方域等奖叙有差。②

是月

张謇、汤寿潜、徐鼎霖等创设上海大达轮步股份有限公司。

二月初一日甲辰(3月6日)

商部奏，华商创办电灯，所需机器材料，请免税厘。从之。又奏，丹凤火柴公司，请发给官股，予以专办年限。报闻。③

初二日乙巳(3月7日)

调山东曹州镇总兵沈大鳌为浙江温州镇总兵官，浙江温州镇总兵任永清为山东

---

① 《清实录·德宗景皇帝实录》卷五四一。
② 《清实录·德宗景皇帝实录》卷五四一。
③ 《清实录·德宗景皇帝实录》卷五四二。

曹州镇总兵官。

以救护商船出力，予山东登州府知府吴筠孙等升叙加级有差。

初五日戊申(3 月 10 日)

光绪帝奉慈禧皇太后御海晏堂，各国使臣夫人及翻译官觐见。

十一日甲寅(3 月 16 日)

直隶总督袁世凯奏，临城煤矿，与比国公司，订立借款合同，以三十年为期，至本利清还，合同作废。下所司知之。

十六日己未(3 月 21 日)

岑春煊奏，特参庸劣不职员弁。广东惠州协和平营都司高葆光，性成粗暴，逞忿殴人；水师提标中营尽先都司葛邦宏，嗜好甚深，营伍废弛；督标中营营用武进士冯占魁，居心藐玩，任意侵挪；前带绥远中营尽先守备廖文光，年力衰老，营务废弛；前带中路续备军补用守备赖来，年力颓唐，缉捕不力，均着即行革职。水师提标补用游击张桐，遇事招摇，贪劣有据；补用游击蔡仕祥，畏葸无能，营务废弛；北海镇左营守备黎玉麟，贪利营私，纵容匪类；水师提标左营尽先把总叶茂青，纵容勇丁，横行勒索；前带常备右军后营选用县丞沈著明，颟顸蒙蔽，轻信妄杀；前带中路续备军新会左营拔补千总黄廷润，所部勇丁，顶名冒混，均着即行革职，永不叙用，并不准投效他营。叶茂青、沈著明，情节尤重，均着发往军台效力赎罪，以示惩儆。①

十九日壬戌(3 月 24 日)

以约束军队，兵民相安，赏意国副将何攻榴宝星。

廿一日甲子(3 月 26 日)

商部奏，调日本留学法科学生章宗祥等十一员到部，作为学习主事。下所司知之。

---

① 《清实录·德宗景皇帝实录》卷五四二。

廿二日乙丑(3月27日)

黄遵宪卒。

廿五日戊辰(3月30日)

福建船政船厂所建第一艘江船货轮"江华"号(后改名"宁绍"),完工下水。①

廿六日己巳(3月31日)

练兵处奏,兴学需款,请提取江海关历年存储武卫军月饷银两,以济要需。又奏,各海关关平平余银两,按季报解,为练兵处一切公费之需。均依议行。

直隶总督袁世凯奏,筹设北洋陆军军医马医、经理军械各学堂。下所司知之。②

廿八日辛未(4月2日)

闽浙总督魏光焘奏,筹办闽省地方要政,具陈大概情形。得旨:着升允妥筹办理。

廿九日壬申(4月3日)

督办关内外铁路大臣直隶总督袁世凯等奏,山海关内外铁路竣工,具陈验收情形。报闻。

以铁路竣工,予候选知府詹天佑等升叙,赏办工洋员金达二品顶戴,晏士地兰克等宝星。

三十日癸酉(4月4日)

学务大臣奏,医学实业馆请建造堂舍,与施医总局合办。依议行。

---

① 刘传标:《近代中国船政大事编年与资料选编》第2册,九州出版社2011年版,第520页。

② 《清实录·德宗景皇帝实录》卷五四二。

御史王金镕奏，请添设艺徒及初等、中等各学堂，以兴工业。下学务大臣、商部、户部会议。

直隶总督袁世凯奏，开平矿案，张翼赴英质讼，仅争到照副约办事，未便遽行迁就。是否责成收回矿产土地，抑责令与该公司另订详约，以期实有主权，请旨定夺。得旨：仍着袁世凯严饬张翼全数收回，切实妥订，不准含糊牵混，致贻后患。

派出使美日秘国大臣伍廷芳为荷兰保和会公断议员。①

三月初二日乙亥（4 月 6 日）

江淮巡抚恩寿奏，拟将清淮前设之试验场溥利公司，归并扩充，改为江北实业学堂，选聘教习，招集生徒。举凡种植蚕织，及垦牧制造等类，切实考求，以裕利源。得旨：着即认真办理，务收实效。②

初四日丁丑（4 月 8 日）

光绪帝奉慈禧皇太后御乾清宫，德国亲王福礼留伯，暨使臣穆默等觐见。

调闽浙总督升允为陕甘总督，陕甘总督崧蕃为闽浙总督。

初八日辛巳（4 月 12 日）

御史阿查本奏称，山东商人李遇龙，拟立公司，建造京张铁路，愿将余利报效等语。铁路要政，关系綦重。该御史辄为商人具奏代请，希图渔利，实属荒谬胆大，阿查本着交部议处。

办理商约大臣吕海寰奏，请简专使与罗马教皇议订教约，或派驻意使臣就近商订，将教规教律，详载约章，遇有重大教案，交由专使与教皇直接议结，以期持平办理。得旨：着外务部查核办理。③

初十日癸未（4 月 14 日）

以出洋期满出力，予驻德使馆随员知县王承传等升叙加衔有差。

---

① 《清实录·德宗景皇帝实录》卷五四二。
② 《清实录·德宗景皇帝实录》卷五四三。
③ 《清实录·德宗景皇帝实录》卷五四三。

十二日乙酉（4 月 16 日）

广东巡抚张人骏奏，粤海关额设库大使一缺，现无典守责任，应请裁撤，以节虚糜。报闻。

十四日丁亥（4 月 18 日）

盛京将军增祺奏，查勘锦州府属右屯卫塔门等处，试垦续垦及海退河淤各地，均有未经纳课余荒，现派员丈放，计可得地十余万亩，拟准招佃征租，以裕饷源，并酌拟办法四条。又奏，现将札萨克镇国公旗蒙荒地亩，接展丈放，并仿照札萨克图成案，变通办理，以恤蒙艰。均下部知之。

十七日庚寅（4 月 21 日）

以赴美赛会，襄助出力，赏美国宫府大臣赛门等宝星。
以声名平常，撤销美国纽约矿员苏达利宝星。①

十八日辛卯（4 月 22 日）

电寄锡良等，据电奏巴塘番匪作乱，焚毁教堂，法教士三人被困。凤全督兵堵御，遇伏捐躯，随员人等同殉等语。

十九日壬辰（4 月 23 日）

长庚、徐世昌奏，考验北洋陆军情形各折片。据称考验三镇训练之法，编制之宜，体大思精，非他省可及等语。北洋陆军，袁世凯累岁经营，规模宏备，具见公忠体国，任事实心，深堪嘉尚。其贤能卓著之迁安一镇统制官、尽先选用道王英楷，步队统领官、尽先选用知府张怀芝，炮队统带官、尽先补用参将田中玉，马厂一镇步队统领官、补用副将马龙标，保定一镇步队统领官、补用游击张永成，均着传旨嘉奖。督办陆军学堂之分省补用道冯国璋，于各堂学务，具有成效，并着传旨嘉奖。至新练旗兵，甫及一年，即已改观，足见奋勉向上，铁良悉心教练，办事认真，不负委任。仍着奕劻等督饬各营，切实讲求，蔚成劲旅，用副朝廷整军经武之

---

① 《清实录·德宗景皇帝实录》卷五四三。

至意。

　　督办铁路事务工部左侍郎盛宣怀奏，妥筹泽道铁路，与福公司拟订条款，豫防流弊，经部派员覆与磋议就绪。从之。①

二十日癸巳(4 月 24 日)

　　修订法律大臣伍廷芳等奏，交涉日繁，拟请在京师专设法律学堂，考取各部属员，入堂肄业，毕业后派往各省，佐理新政，并酌拟办法三端。又奏，请在各省课吏馆内，添设仕学速成科，讲习法律，以造就已仕人才。均下学务大臣议。寻奏，均应准如所请。惟将来专科毕业，人才日出，应酌议归并，以节经费而符定章。依议行。

　　出使法国大臣孙宝琦奏，外交日亟，宜切实仿订公断条约，勉附列国公法，将来遇有交涉相持不决者，俱可交荷京公断衙门秉公核夺，并请派使专驻荷兰，兼充公断署专员，以资联络，藉收远效。下部知之。又奏，自强根本，在普通教育，拟请饬各督抚学政，切实督饬地方官，劝谕绅士，广设小学堂，以维国本，并请饬学务处编辑小学课本。下学务大臣议。寻奏，筹办小学，前经行文各省，饬属切实倡导，应严定各州县功过，以期推广。至现编小学课本，务归简要，与该大臣用意正同，毋庸另议。依议行。

　　以尽心训迪，赏南洋公学洋教习美国博士薛来西等宝星。

　　赏意国游击马德厘纳等宝星。②

廿一日甲午(4 月 25 日)

　　以报效商部陈列所巨款，予三品卿衔道员吴懋鼎以四品京堂候补。

廿五日戊戌(4 月 29 日)

　　福州将军兼署闽浙总督崇善奏，闽省艖商穷蹙万分，积欠旧课，无力筹缴，请自四十届起，分作十八年带完，以苏商困。下部议。

廿九日壬寅(5 月 3 日)

　　调广东琼州镇总兵白金柱为云南开化镇总兵官，云南开化镇总兵蔡标为广东琼

---

　　① 《清实录·德宗景皇帝实录》卷五四三。
　　② 《清实录·德宗景皇帝实录》卷五四三。

州镇总兵官。①

夏四月初一日癸卯（5 月 4 日）

署两广总督岑春煊等奏，两广度支奇窘，请将土膏统捐，仍划出自办，免予提拨，以济匮乏。得旨：着柯逢时核议具奏。

以冒险抢护被难船民，予广东赤溪直隶厅同知李达璋等升叙。②

初三日乙巳（5 月 6 日）

岑春煊奏，接管粤海关税务一折。据称粤海关税务，经张人骏先行接管，实能破除情面，锐意规画，积弊一清，约计厘剔撙节所得，每岁可增出银四十余万两等语。张人骏任事实心，深堪嘉尚。着交部从优议叙。

初四日丙午（5 月 7 日）

署两江总督周馥奏，在籍修撰张謇，招集商股，开办渔业公司，用新法捕鱼，购德人拖船试办，以上海为总局，另设江苏、浙江分局各五处，再行推广直、奉、山东、闽、广等处，以挽利权，并饬沿海关道，督饬地方文武。认真保护。下部知之。

浙江巡抚聂缉椝奏，绍兴府属临浦镇，系隶山阴、萧山两县，风气强悍，应设专员驻防，拟请将山阴县丞，移驻临浦，俾资控驭，并换颁山萧分防县丞条记。下部议。又奏，省城试办工艺传习所，先将织染造纸等项分科传授，招集合格生徒一百六十人，将来于本所附设工厂，令卒业生徒，充当工匠，仍随时察度情形，酌量扩充，妥筹办理。下部知之。

盛京将军增祺丁忧解任，以署户部尚书赵尔巽为盛京将军。未到任前，以奉天府府尹廷杰署理。③

初五日丁未（5 月 8 日）

署两广总督岑春煊奏，请裁撤广东督粮道，添设廉钦兵备道，驻扎钦州，管辖

---

① 《清实录·德宗景皇帝实录》卷五四三。
② 《清实录·德宗景皇帝实录》卷五四四。
③ 《清实录·德宗景皇帝实录》卷五四四。

廉州一府、钦州一州、以粮道原辖之广州府，暨佛冈、赤溪二直隶厅改隶肇罗道，更名广肇罗道，移驻广州。以原属雷琼道之雷州府，原属肇阳罗道之阳江直隶厅，与高州府，归原设之高廉道管辖，更名高雷阳道，仍驻高州。原设之雷琼道，更名琼崖道，仍驻琼州。并请将添设之廉钦道，定为冲繁难边远要缺，以粮道裁缺之廉俸，照数改支。又奏，请以琼州府属崖州，升为直隶州，改为冲难烟瘴要缺，以附近该州之感恩、昌化、陵水、万州归其管辖，并将万州改为万县，以符体制。均下政务处吏部议行。

以违背中立，干预战事，革奉天知县陈良杰职。

初八日庚戌（5 月 11 日）

裁缺江淮巡抚恩寿奏，海州、赣榆滨海广斥，据绅士沈云沛等集合资本，建设海赣垦牧公司，就涨滩筑堤招垦，以浚利源，并饬令详细拟议缴价升科章程。下部知之。①

初十日壬子（5 月 13 日）

直隶总督袁世凯等奏，筹设京张铁路，工巨款繁，酌议提拨关内外铁路余利，每年提银一百万两，从速动工，四年可成。此路即作为中国筹款自造之路，不用洋工程司经理，俟将全路工程，测勘完竣，绘具图说，另行核办。下部知之。

十一日癸丑（5 月 14 日）

外务部奏，滇缅接线约款，现届十年期满，应须修改。经电政大臣派员，与英国所派印度电务司员磋商，改订续约九款，尚属妥协，照会英使臣签约盖印。从之。

署两江总督周馥奏，上海船坞，亟须整理，现派副将吴应科等充总办稽查等事，以专责成。并仿照商坞办法，妥善改良，以期经久。下所司知之。

十二日甲寅（5 月 15 日）

光绪帝奉慈禧皇太后御仁寿殿，各国使臣等觐见，赐游宴。

---

① 《清实录·德宗景皇帝实录》卷五四四。

十三日乙卯(5 月 16 日)

光绪帝奉慈禧皇太后御仁寿殿，各国使臣夫人暨翻译官等觐见，赐游宴。

十四日丙辰(5 月 17 日)

练兵处奏，江南铜圆赢余八十万两，业经列作常年练兵经费的款，请饬两江总督照数解足，以济要需。从之。

廿一日癸亥(5 月 24 日)

出使法国大臣孙宝琦奏，法属安南各埠，中国工商人等十余万，向未派有领事，致受苛待。叠与法外部申论，迄未定议。现派道员严璩等往各埠激劝众商，设立商会，广建学堂，以期自立。俟考查事竣，饬令往商闽广督臣，详筹切实办法。又奏，请饬外务部厘订功牌规制，分立金牌、银牌名目，核定形式尺寸，奏明颁行。并照会各国政府，所有功牌执照，由外务部颁给，以示画一。均下部知之。①

廿二日甲子(5 月 25 日)

商部奏，前太仆寺卿林维源以商业起家，现拟承办劝业银行，不用官股，专招华商，约可集得资本银四五百万两，请准派办，并恳奖励，以资观感。得旨：前太仆寺卿林维源着赏加侍郎衔，着商部催令来京，督饬认真办理。

廿六日戊辰(5 月 29 日)

署盛京将军廷杰等奏，牛庄等处，苇塘垦务，接续办理，民情帖然，遵章缴价。俟全塘办竣，恳准将在事出力人员，择尤保奖。得旨：着俟全案办竣后，再行请旨。

换铸山东临邑县印信，从署山东巡抚杨士骧请也。

三十日壬申(6 月 2 日)

有人奏，请崇古学以励通材一折。据称广东学海堂菊坡精舍，研究实学，与学

---

① 《清实录·德宗景皇帝实录》卷五四四。

堂相为表里，请饬酌留一所。着岑春煊、张人骏查核办理。①

五月初一日癸酉(6 月 3 日)

命新调闽浙总督陕甘总督崧蕃来京陛见。
以襄理学务，赏比国内部大臣兼文部大臣段脱华士等宝星。②

初二日甲戌(6 月 4 日)

以仿制科学仪器，赏廪生虞辉祖国子监学正衔。

初九日辛巳(6 月 11 日)

直隶总督袁世凯奏，核估本年分北洋海防经费，请将协饷无着各款，饬部改拨。下部议。

十一日癸未(6 月 13 日)

江苏学政唐景崇奏，扩充南菁学堂事宜，并增设学额。报闻。
赏奥国外务大臣果乐士奇头等宝星。

十二日甲申(6 月 14 日)

有人奏，广东番禺县办理税契，因隐匿不报，查出充公，招人首告，诸多扰累，请饬查禁等语。着岑春煊、张人骏确查情形，严禁骚扰，以安民业。

十五日丁亥(6 月 17 日)

光绪帝御乾清宫，西班牙国使臣贾思理等，美国使臣柔克义等觐见，呈递国书。
江苏巡抚陆元鼎奏，办理苏省政治大概：一、振兴学务；二、整顿营制；三、维持圜法；四、严治枭匪；并警察、垦牧、仕学馆，一切举行。得旨：着即认真整

---

① 《清实录·德宗景皇帝实录》卷五四四。
② 《清实录·德宗景皇帝实录》卷五四五。

顿，实力筹办，毋稍因循。

以筹办防疫，劳勋卓著，予直隶知府屈永秋等优叙。赏法国医士梅尼、美国医士裴志理宝星。①

十六日戊子(6 月 18 日)

御史张学华奏，美国华工禁约应及时改定，请饬部并出使大臣坚持力争。又奏，制造银币，请饬通筹妥议，以免窒碍。又奏，请规复旧制，详定道府选章。均下部知之。

二十日壬辰(6 月 22 日)

署两江总督周馥奏，选派员匠分赴英德各厂学习制造。又奏，派学生前赴奥国，就其才性艺学，加习马、步、工、辎等项武备。均下所司知之。

廿一日癸巳(6 月 23 日)

日俄两国已有和意，闻有在华盛顿两国直接开议之说。中国现在应如何因应，及将来接收东三省，应如何善后办法。着政务处传知各衙门悉心筹画，各抒所见，密行具奏，以备采择。

出使英国大臣张德彝奏，参赞官洋员马格里，襄理使事，公忠勤劳，请俟告退后，给予半俸，以酬劳勋。允之。

办理商约大臣吕海寰进呈编辑《奉使金鉴》。报闻。

以随使期满，予驻英参赞道员周鸿遇军机处存记，员外郎陈懋鼎等与驻意随员同知曹岳申等奖叙。

以襄办交涉得力，赏德国使馆参赞拉德威宝星。②

三十日壬寅(7 月 2 日)

署两广总督岑春煊奏，筹议两广游学豫备科，造就高等师范，请饬立案。又奏，省城长寿寺僧徒聚众毁学，将该寺查封充公，滋事僧徒分别责惩驱逐。均下所司知之。

---

① 《清实录·德宗景皇帝实录》卷五四五。
② 《清实录·德宗景皇帝实录》卷五四五。

以救护遭风折坏轮船出力，予广东管带南路续备军守备周兆云、巡检劳启焜奖叙。

六月初三日乙巳(7 月 5 日)

以救护遭风触礁商船出力，予福建福宁左营游击苏拱辰等三员奖叙。①

初四日丙午(7 月 6 日)

光绪帝御仁寿殿，俄国使臣璞科第等觐见，呈递国书。

十一日癸丑(7 月 13 日)

外务部奏，议定付还赔款办法四条：一、议结从前镑亏；二、议定嗣后还法；三、各国各有分别办法；四、美款亦照各国办理。现已与各国使臣，互换照会。报闻。

十二日甲寅(7 月 14 日)

引见出洋毕业学生。得旨：金邦平、唐宝锷均着给予进士出身，赏给翰林院检讨。张锳绪、曹汝霖、钱承鋕、胡宗瀛、戢翼翚均着给予进士出身，按所习科学以主事分部学习行走。陆宗舆着给予举人出身，以内阁中书用。王守善、陆世芬、王宰善、高淑琦、沈琨、林棨均着给予举人出身，以知县分省补用。

署吉林将军达桂奏，行抵吉林，察看地方情形，已成战地。两强之兵，随在皆有。长春伊通等处，居民纷纷逃徙。东山一带，伏莽犹多。现在办法，以抚绥难民、弹压土匪为第一要义。报闻。②

十三日乙卯(7 月 15 日)

署盛京将军廷杰等奏，奉省正佐瘠苦各缺，恳准酌加津贴，以励廉隅，于斗秤捐款项下支领。如所请行。又奏，清查东边海龙等属余荒，收价以济要需。下户部知之。

---

① 《清实录·德宗景皇帝实录》卷五四五。
② 《清实录·德宗景皇帝实录》卷五四六。

十六日戊午(7月18日)

以敦睦邦交，赏日本陆军少将仙波太郎宝星。

十七日己未(7月19日)

电寄张之洞，前因日俄两国议和，谕令各督抚，将中国如何因应，及东三省善后应如何办理，妥筹电奏。张之洞日久尚未奏到，着该督通筹一切机宜，即日电陈，以资采择。

调广东巡抚张人骏署山西巡抚。

二十日壬戌(7月22日)

浙江巡抚聂缉椝奏，海宁、海盐二州县境内念、尖、盐三汛，应行加高修砌各塘坦石工，拟将念、尖、汛、兹、稼等十三号，先行筹款兴修，余俟接续办理。下部知之。①

廿一日癸亥(7月23日)

广东巡抚着即裁撤，两广总督着兼管巡抚事务。

出使比国大臣杨兆鋆奏，赛会关系商务，向由税司领办，以西人置华货，所择已未必精，陈所不应陈，每贻笑柄。嗣后应由商部，奏派熟悉商情丞参，充当监督，会同驻扎该国使臣办理。下外务部商部议。寻奏，嗣后遇有会事，按地方大小、日期久暂、程途远近，由外务部、商部会同酌核办理。依议行。

直隶总督袁世凯奏，直隶征收烟酒税，请明定奖章，按照各分局收数核计。凡一局经收银数至十万两以上，准保异常一员。五万两以上，准保寻常一员。其收数逾额，加保员数。亦以此数为率，于鼓励勤劳之中，仍寓慎重名器之意。下部知之。又奏，已革北洋海军都司蔡廷干，其才可用。甲午之役，委系被虏，并非潜逃。请将该员严拿正法罪名销去，仍留北洋差遣委用。如所请行。又奏，欲开民智，非由官绅入手不可，拟分遣官绅赴日本游历。报闻。②

---

① 《清实录·德宗景皇帝实录》卷五四六。
② 《清实录·德宗景皇帝实录》卷五四六。

廿二日甲子(7 月 24 日)

商部奏，厦门商政局积弊，请将闽省保商事宜改归商务总会经理一折。现在振兴商政，关系紧要。华商回籍，叠经谕令地方官切实保护。兹据该部奏称，厦门商政局种种弊端，实属不成事体。嗣后厦门保商事宜，着即改归商务总会，选派员董，认真经理。仍由该部责成该会董等妥定章程，力加整顿，并饬该管道员等遇事维持，联络一气，以资保卫。

浙江绅商于上海集议，设立浙江铁路公司。英国以原与中国有筑苏杭甬铁路之草约，反对浙路公司。公司乃边集股边开工，先筑杭州至嘉兴段。①

廿三日乙丑(7 月 25 日)

署奉天府府尹增韫奏，奉省积弊日深，亟宜力图整顿，谨拟四事，曰肃吏治，修戎政，改官制，固疆宇。所陈在在需款，请饬各省将军督抚胥泯畛域，分助饷需。得旨：着赵尔巽会同增韫妥筹办理。

廿四日丙寅(7 月 26 日)

署盛京将军廷杰等奏，整顿警察，创设警务学堂，期于逐渐推广，并设立卫生所，各筹款项情形。下部知之。又奏，拣派学生出洋，肄习武备，并捐廉拨充学费。下部知之。又奏，分饬各府厅州县挑选品行端正学有根柢之学生，送往日本，学习速成师范。报闻。②

廿五日丁卯(7 月 27 日)

着派商部右丞绍英，随同出洋，考求各国政治。

云贵总督丁振铎奏，派在籍编修陈荣昌，赴日本考察留学事宜，剔退惰废，更易学科，会同留学监督酌核办理。下所司知之。

秋七月初五日丙子(8 月 5 日)

以出洋期满，予浙江补用知府梁询等升叙有差，其办公得力之商董主事职衔魏

---

① 《清实录·德宗景皇帝实录》卷五四六。

② 《清实录·德宗景皇帝实录》卷五四六。

铭勋等一并给奖。

予因公漂没，广东候补盐知事钱元瑞议恤。①

初六日丁丑(8月6日)

署两广总督岑春煊奏，因病恳请出洋就医，兼可考察各国政学。得旨：两广地方紧要，该署督任事实心，正资得力。所请出洋之处，暂毋庸议。

初七日戊寅(8月7日)

督办电政大臣直隶总督袁世凯等奏，外国新创无线电报，轻巧便利，最易阑入中土。请援照公例声明，无论何国何人，一概不准在中国境内私设，以维电政。又奏，请声明中国电话，除通商口岸已设之电话外，无论何地何人，凡未经中国政府及电局允准者，概不准安设电话，以保电利。均下部知之。又奏，拟定天津四乡巡警章程十二条：一、划区域；二、挑巡警；三、教功课；四、查户口；五、重巡逻；六、慎访查；七、防灾害；八、维风化；九、联绅董；十、备器械；十一、定权限；十二、明赏罚。通饬各属认真筹办。下所司知之。

初八日己卯(8月8日)

有人奏，广东盗贼甚多，宜先举办团练，速开警务学堂，并为无业游民，广筹生计，以消盗源各折片。着岑春煊按照所陈，认真筹办。

电寄岑春煊，电悉，据称粤汉铁路，争回自办，赎路约需银七百余万两。广东分任三百万两，已托张督代借洋债应急。惟洋债还款，粤力断无可筹。拟请特派太仆寺卿张振勋，出洋集款，广召内外华商，不令暗杂洋股等语。此路赎回自办，实于全局有益。出洋召集华股，能否不至暗中搀杂，别无流弊，着会商张之洞妥筹办理。②

十一日壬午(8月11日)

江苏巡抚陆元鼎奏，上海澄衷学堂，推广普通中学，以便小学毕业生升入肄习。其课程规则，悉遵定章，请查照立案。下学务大臣知之。

---

① 《清实录·德宗景皇帝实录》卷五四七。
② 《清实录·德宗景皇帝实录》卷五四七。

十三日甲申(8 月 13 日)

福州将军兼署闽浙总督崇善奏,遵设罪犯习艺所,先就各道开办,一俟人犯渐多,再行设法推广。下部知之。

以广东南澳镇总兵萨镇冰为广东水师提督,候补道李准为南澳镇总兵官,仍署广东水师提督。

予积劳病故,广东水师提督叶祖珪,照军营立功后病故例优恤。

十六日丁亥(8 月 16 日)

商部奏,厦门、广州商务重要,遵章设立商务总会,并请颁给关防,以昭信守。从之。

二十日辛卯(8 月 20 日)

中国同盟会成立。①

廿一日壬辰(8 月 21 日)

署吉林将军富顺奏,自日俄构衅以来,战事已逼近吉省。凡通道之处,两国各有重兵防守,不容行旅往来。请饬部与两国驻京公使商明,凡民间食用货物,准照常贩运,以维大局。得旨:着外务部查核办理。又奏,俄兵所收胡匪,名为花膀子队,到处肆扰,较俄兵为尤甚。其匪首扫北、大义字等率同降匪,任意横行。现与俄兵力商,令将扫北、大义字交还华官惩治,并严束降队,不准仍前恣肆。下部知之。又奏,日俄战事,逼近吉林,凡有外兵经过占驻之处,民不聊生,颠沛流离,哀鸿遍野。拟即派员设局妥筹赈济,以资抚恤。得旨:览奏益深轸念。着即妥为赈抚,毋任失所。

廿四日乙未(8 月 24 日)

署山东巡抚杨士骧奏,新改胶州直隶州,暨所属高密、即墨二县,向来岁科试拨入府学文生,应请援案拨归州学。下部议。

---

① 《清实录·德宗景皇帝实录》卷五四七。

廿六日丁酉(8月26日)

商部奏,浙江绅士筹办全省铁路,公举在籍前署两淮盐运使汤寿潜为总理,请赏卿衔,以崇体制。得旨:汤寿潜着赏给四品卿衔。又奏,上年奏设高等实业学堂。专为研究高等工业。现拟添设艺徒及中等工业学堂。酌定章程。以期周备。并请将已革端郡王载漪府第废地。拨归学堂。添建校舍。从之。①

廿七日戊戌(8月27日)

署两江总督周馥奏,改良监狱,筹款维艰,现拟通饬各府厅州县,克期兴修,统限一年内一律告竣。其自行捐办者,准其分别银数多寡,按照赈捐例奖叙。下政务处议。寻奏,请照准,即饬该署督速令各属认真举办,册报考核。依议行。

廿八日己亥(8月28日)

以办理盐务出力,予署两淮盐运使恩铭优叙,江苏候补道觕光典交军机处存记。②

廿九日庚子(8月29日)

张之洞、驻美公使梁诚,代表清政府与美国合兴公司签约,收回粤汉铁路修筑权,其在中国已造之路及器材等,作价六百七十五万美元。

八月初二日壬寅(8月31日)

御史王步瀛奏,各省工商抵制美约风潮过激,请饬加意防范,以维大局一折。前据外务部王大臣面奏美国工约一事,迭经出使大臣梁诚及外务部先后与美政府商议,美政府已允优待华商及教习学生游历人等,并允于议院开时尽力公平妥办各在案。昨据御史奏称公愤既兴,人众言庞,难保无宵小生心,乘机窃发,恐误大局等语,亟应明白宣示,以免误会而释群疑。中美两国睦谊素敦,从无彼此牴牾之事。所有从前工约,业经美国政府允为和平商议,自应静候外务部切实商改,持平办理,不应以禁用美货,辄思抵制,既属有碍邦交,且于华民商务亦大有损失。

---

① 《清实录·德宗景皇帝实录》卷五四七。
② 《清实录·德宗景皇帝实录》卷五四七。

初三日癸卯 (9 月 1 日)

宝山、崇明、南汇、川沙台风暴雨为灾，淹毙千余人。次日黄浦江大潮。是夜，潮高十八点六英尺，上海城水深盈尺，货物损失千余万两银。

初四日甲辰 (9 月 2 日)

清廷定于明年起，废除科举。

初六日丙午 (9 月 4 日)

裁奉天府府尹兼巡抚一缺。

马相伯创复旦公学。①

初七日丁未 (9 月 5 日)

日俄在美国签订《朴茨茅斯条约》，其第六条云："俄罗斯政府允将由长春 (宽城子) 至旅顺口之铁路及一切支路，并在该地方铁道内所附属之一切权利财产，以及在该处铁道内附属之一切煤矿，或为铁道利益起见所经营之一切煤矿，不受补偿，且以清国政府允许者，均移让于日本政府。"②

十七日丁巳 (9 月 15 日)

商部奏，振兴东三省商务，亟应指定地界，多开场埠，推广通商，期与有约各国公共利益。

清廷从商部奏，请饬清理矿产以保利权一折。

二十日庚申 (9 月 18 日)

前有旨特派载泽等分赴各国考察政治，该大臣等每至一国，着各该驻使大臣会

---

① 《清实录·德宗景皇帝实录》卷五四八。

② 王笃生：《六十年来中国与日本》第四卷，生活·读书·新知三联书店 1980 年版，第 201～204 页。

同博采，悉心考证，以资详密。

廿五日乙丑(9月23日)

清廷谕令，浙江全省铁路，业经商部奏准，由绅民自办。所有前与英商订立苏杭甬草合同，着责成盛宣怀赶紧磋商，务期收回自办。①

廿六日丙寅(9月24日)

革命党人吴樾，在京火车站炸伤出洋考察归来的五大臣载泽等。

廿七日丁卯(9月25日)

商部准予张謇、汤寿潜、许鼎霖等创办大达轮步有限公司立案。

廿九日己巳(9月27日)

外务部与十一国驻华公司签订《修浚黄浦河道条款》。②

九月初六日丙子(10月6日)

岑春煊奏，关书侵盗巨款，请革拿查抄备抵一折。据称候补三品京堂周荣曜，即周兆熊，前充粤海关库书，现仍朋充，百计侵吞，亏款至二百数十万两之多等语。候补三品京堂周荣曜所派出使，前已有旨撤销，未必来京，着即革职，交岑春煊严拿监追，并将所置产业查抄备抵，以重公款。仍着步军统领衙门顺天府一体访查拿解。③

初九日己卯(10月7日)

光绪帝奉慈禧皇太后御仁寿殿，各国公使夫人觐见，并赐游宴。

---

① 《清实录·德宗景皇帝实录》卷五四八。
② 《清实录·德宗景皇帝实录》卷五四八。
③ 《清实录·德宗景皇帝实录》卷五四九。

十五日乙酉(10 月 13 日)

福州将军兼署闽浙总督崇善电奏,请将铜圆暂准运销,下户部议。

廿一日辛卯(10 月 19 日)

江苏巡抚陆元鼎奏,沿海各属风潮为灾,请截拨新漕,并办工赈捐输,以资赈济。下部速议。

廿二日壬辰(10 月 20 日)

调江南狼山镇总兵黄忠浩为广西右江镇总兵官,以直隶大沽协副将郑国俊为江南狼山镇总兵官。

廿三日癸巳(10 月 21 日)

以卢汉铁路黄河桥工告竣,命候补三品京堂唐绍仪,会同督办铁路大臣盛宣怀验收。

廿七日丁酉(10 月 25 日)

商部奏,酌定京师劝工陈列所章程。又奏,商部京察一等员数。比照外务部办理。从之。

署黑龙江将军程德全奏,铁路展拓利益,本省生利将绝,现拟令铁路公司,派员赴哈尔滨,会同俄员详议,以冀保全生计,挽回利益。得旨:该署将军办事认真,仍着坚持,毋稍迁就。

廿八日戊戌(10 月 26 日)

署黑龙江将军程德全奏,试办江省金牛山、怀骧洞、马鞍山、朝阳山矿务,由征存本税项下,拨银四万两,作为试办资本。下部知之。

廿九日己亥（10 月 27 日）

财政处奏，各省铜圆局，不准购买外洋铜饼。从之。①

冬十月初四日癸卯（10 月 31 日）

光绪帝奉慈禧皇太后御勤政殿，日本国使臣内田康哉、前宫内大臣伯爵土方久元等觐见。

盛京将军赵尔巽奏，请设奉天府知府，裁去军粮同知。下政务处议行。又奏，请将奉天省附郭兴仁县，移治抚顺地方。下部知之。②

初五日甲辰（11 月 1 日）

岑春煊奏参两广贪劣不职文员一折。又奏，查明庸劣不职武员一折。

初七日丙午（11 月 3 日）

聂缉椝奏参庸劣不职各员等语。

电寄岑春煊，据电称广东连州有美国医院教堂，因村民醵会启衅，致将教堂焚毁，并教士男妇五人被害，余均救出。现已派员酌带兵勇前往保护，查办缉凶等语。该省民情浮动，前经谕令地方官随时认真防范，妥为保护。乃该州漫不经心，出此重案，实属咎无可辞。着查取职名，先行革职。其余疏防各员，均着查明分别议处。仍着岑春煊严饬派出之员，赶紧查拿首要各犯，按律治罪，毋稍宽纵。教士五名，无辜被害，情殊可悯，着即妥为抚恤。其余各处教堂教士，并着一律认真保护，勿再疏虞。

初十日己酉（11 月 6 日）

浙江巡抚聂缉椝奏，浙省枭匪民教，最为后患，请饬接任抚臣，竭力设法，先事豫防。得旨：着张曾敭妥筹办理。③

---

① 《清实录·德宗景皇帝实录》卷五四九。
② 《清实录·德宗景皇帝实录》卷五五○。
③ 《清实录·德宗景皇帝实录》卷五五○。

十一日庚戌(11 月 7 日)

现在中国与日、俄两国，商议东三省一切事宜。着派庆亲王奕劻、外务部尚书瞿鸿禨、北洋大臣袁世凯为全权大臣，妥筹商办。

十三日壬子(11 月 9 日)

电寄周馥等，据电奏，暂请弛禁谷米出口等语。着户部议奏。

十七日丙辰(11 月 13 日)

工部代奏，主事陈畲敬陈管见一折。据称三门湾为南田一隅，南田环象山半面，地为南五省枢纽，请经理南田，安内靖外。着崇善、张曾敭按照所陈，察看情形，妥筹办理。①

二十日己未(11 月 16 日)

光绪帝奉慈禧皇太后御乾清宫，日本国全权大使小村寿太郎等觐见，呈递国书。

出使美墨秘古国大臣梁诚奏，荷兰公断，关系重要，请饬外务部将荷兰国设馆遣使，迅速核议施行，以资联络而重交涉。报闻。

赏分省补用知府陆徵祥四品卿衔，命充出使荷国大臣，兼办保和公会事宜。②

廿一日庚申(11 月 17 日)

商部奏，沪宁铁路，请饬严切查明一折。沪宁铁路，盛宣怀办理不善，着改派唐绍仪妥筹办理。

命署外务部右侍郎唐绍仪，会同商议东三省事宜。

廿二日辛酉(11 月 18 日)

署闽浙总督崇善，电奏船政铜圆，请准照旧运销等语。着户部议奏。

---

① 《清实录·德宗景皇帝实录》卷五五〇。
② 《清实录·德宗景皇帝实录》卷五五〇。

453

廿八日丁卯（11 月 24 日）

御史黄昌年奏，路权至重，财款难担，亟应兴修，严杜干涉一折。借款修路，流弊滋多，应由三省集股兴修，以保权利，不准借用外债。该御史所奏各节，着张之洞据实覆奏。

实授孙道仁，为福建福宁镇总兵官。

廿九日戊辰（11 月 25 日）

清廷谕令：我朝自开国以来，政尚宽大，朝野上下，相与乂安。近复举行新政，力图富强。乃竟有不逞之徒，造为革命排满之说，煽惑远近，淆乱是非。察其心迹，实为假借党派，阴行其叛逆之谋，若不剀切宣示，严行查禁，恐诪张日久，愚民无知，被其蒙惑，必至人心不靖，异说纷歧，不特于地方有害治安，且于新政大有阻碍。着各将军督抚，督饬地方该管文武官吏，明白晓谕，认真严禁。自此次宣谕之后，倘再有怙恶不悛、造言惑众者，即重悬赏格，随时严密访拿，详细讯究。除无知被诱、不预逆谋，准其量予末减，及改过投首、并能指拿魁党者，不惟免罪，并予酌赏外，其首从各犯，应按照谋逆定例，尽法惩治。如有拿获首要出力之员弁，准择尤优奖。惟不得株连无辜，致滋扰累。倘该文武瞻徇顾忌，缉访不力，由该将军督抚据实严参，以期杜绝乱萌而维大局。

前经特简载泽等，出洋考察各国政治，着即派政务处王大臣，设立考察政治馆，延揽通才，悉心研究，择各国政法之与中国治体相宜者，斟酌损益，纂订成书，随时进呈，候旨裁定。所有开馆一切事宜，着该王大臣妥议具奏。[1]

三十日己巳（11 月 26 日）

赏意国参赞斯茀尔扎，法国商务随员毕拉宝星。

十一月初一日庚午（11 月 27 日）

商部奏，拟订各省矿政调查局章程二十四条、分别办事之法十五条、勘矿之法九条，以资实验。从之。[2]

---

[1] 《清实录·德宗景皇帝实录》卷五五〇。
[2] 《清实录·德宗景皇帝实录》卷五五一。

初九日戊寅（12 月 5 日）

署两广总督岑春煊奏，遵将捕务督饬司道筹议整顿。得旨：着即认真办理，加意整饬，以靖地方。

初十日己卯（12 月 6 日）

本日政务处学务大臣会奏，议覆宝熙等条陈一折。前经降旨停止科举，亟应振兴学务，广育人才。现在各省学堂，已次第兴办，必须总汇之区，以资董率而专责成。着即设立学部，荣庆着调补学部尚书，学部左侍郎着熙瑛补授，翰林院编修严修着以三品京堂候补，署理学部右侍郎。国子监即古之成均，本系大学，所有该监事务，着即归并学部。其余未尽事宜，着该尚书等即行妥议具奏。该部创设伊始，兴学育才，责任甚重，务当悉心考核，加意培养。其于敦崇正学，造就通才，用副朝廷建学明伦、化民成俗之至意。

署两广总督岑春煊奏，筹议广东添设廉钦道，裁改粮巡各道，及升改州县各缺事宜，缮单呈进。下所司议行。

添铸驻荷兰国使臣关防，从外务部请也。①

二十日己丑（12 月 16 日）

以京汉路成，来观庆贺礼，赏比国外部总办部禄宝星。

以办事平允，赏新加坡政务司奚尔智、工程司夏溥宝星。

廿三日壬辰（12 月 19 日）

据称上海会审公堂，因黎黄氏眷属回粤，诬指诱拐，逼押西牢，西捕逞横，激动民愤一案，外务部已与驻京公使正在磋商秉公查办。乃有无知之徒，藉端罢市，焚毁捕房，致有伤人情事。上海为通商口岸，关系紧要，竟出此等重案，该地方官等所司何事。着两江总督、江苏巡抚迅速严拿此次滋事首要各犯，讯究惩办，并将疏防之地方文武各官，分别奏参。着周馥即日前往上海，确切查明情形，妥筹办理，并一面严切晓谕，以靖地方。

---

① 《清实录·德宗景皇帝实录》卷五五一。

戴鸿慈、端方自上海出洋，乘美国"西伯里亚"号轮船经日本赴美国，随员有熊希龄等三十三人。

廿四日癸巳（12月20日）

署黑龙江将军程德全奏，统筹江省善后情形，缕陈应裁者四、应变通者七、不可缓者三。得旨：所陈均极切要，具见认真。即着该署将军妥速筹办。瑷珲一事，着外务部查核办理。

廿八日丁酉（12月24日）

署吉林将军达桂、署黑龙江将军程德全奏，边备空虚，拟先于三姓及所属并吉江两省联界处所，开设郡县，以资治理。下政务处吏部议。①

十二月初一日己亥（12月26日）

以出洋期满，予驻俄参赞、外务部候补主事吴锜等，驻比参赞、直隶试用知府沈瑞麟等，驻法参赞、兵部候补主事夏循垍等，驻日参赞、外务部候补主事文溥等奖叙。

以前赴安南各埠考查商情，予驻法参赞江苏补用道严璩等奖叙。

以德参赞葛尔士等协议稽征办法，邮政参议并海毕等议订互寄邮件章程，法参赞费镛办事公平，并赏宝星。②

初二日庚子（12月27日）

直隶总督袁世凯等奏，密陈与德人商定胶州、高密撤兵善后办法五条。胶州德兵现经撤竣，高密亦撤四分之一，余仍依限匀撤。又奏，添设胶济环界内外铁路巡警，以资巡缉弹压。又奏，山东济南城外暨附近潍县、周村两处，奏开商埠，现经续订租建章程十五条、巡警章程十四条，通行试办。并下部知之。又奏，请拨款购回胶、高两处德人所建兵房。如所请行。

以创办商业银行，予候选道林尔嘉以五品京堂候补。

---

① 《清实录·德宗景皇帝实录》卷五五一。
② 《清实录·德宗景皇帝实录》卷五五二。

初五日癸卯（12 月 30 日）

给事中刘学谦奏，洋货进口日增，请饬多设局厂，仿造机器，推广纺织，以挽利权。又奏，请饬广筹经费，设立半日学堂。并下部知之。

初十日戊申（公元 1906 年 1 月 4 日）

据周馥等电奏，查办上海一案，已经平定情形等语。

十一日己酉（公元 1906 年 1 月 5 日）

外务部奏，新设驻荷专馆，拟酌照奥、意、比三国使馆，定常年经费。依议行。

以湖南巡抚端方为闽浙总督，未到任前，以福州将军崇善兼署。

以随使出洋积劳病故，予分省试用县丞黄冕优恤。

以法国首相兼外部大臣胡微叶顾念交谊，驻法德国总领事官仪美尔等接待周妥，并赏宝星。①

十三日辛亥（公元 1906 年 1 月 7 日）

有人奏参，长江水师提督程文炳因铁路筑造有期，私集洋股，揽买洲地，请饬彻底清查等语。着周馥按照所参各节，确查具奏，毋稍徇隐。寻奏，程文炳并无私集洋股、揽买洲地情事。报闻。

十四日壬子（公元 1906 年 1 月 8 日）

据周馥等电称，拟将上海所收米捐，作修理中牢之用等语。着户部议奏。

据周馥等电称，上海会审公堂，拟变通刑章，以期华洋轻重略均等语。着刑部迅速议奏。②

---

① 《清实录·德宗景皇帝实录》卷五五二。
② 《清实录·德宗景皇帝实录》卷五五二。

十六日甲寅（公元 1906 年 1 月 10 日）

学部奏，国子监监丞以下各官京察，拟由学部照例办理。从之。又奏，编纂教科书，头绪纷繁，拟调已革刑部主事张元济分任纂校，并请予开复。得旨：张元济着准其开复原官。①

十七日乙卯（公元 1906 年 1 月 11 日）

以襄办会操得力，赏日本炮兵少佐坂西利八郎等职衔宝星有差。

十九日丁巳（公元 1906 年 1 月 13 日）

盛京将军赵尔巽奏，遵将奉省垦务通筹办法：一、先办锦属官庄；二、丈放锦属海退河淤及各处滋生地亩；三、勘办蒙荒；四、振兴农政。得旨：着即认真办理，以期渐收实效。

二十日戊午（公元 1906 年 1 月 14 日）

署两广总督岑春煊奏，广东课吏馆，拟改办法政学堂，讲求新政，以储人才。下部知之。

以营私擅杀，革署闽粤南澳镇总兵福建海坛协副将陈尚新职，永不叙用，并遣戍军台。

缓征直隶沧、盐山二州县被潮灾歉地方钱粮。

考察政治大臣载泽等，乘法国轮船"喀利刀连"号，自上海前往日本，随员有周树谟等。

廿二日庚申（公元 1906 年 1 月 16 日）

盛京将军赵尔巽奏，筹办奉天善后，势艰款绌，黾勉图功。现计可冀成效者，曰税务、荒政、学务、警务、缉捕；渐有端绪者，曰稽察吏治、整顿营勇；筹议整理扩充者，曰更定官制、振兴实业。得旨：着即认真筹办，切实经理，务收成效。又奏，奉省城内，拟兴修马路，推广卫生，请将警察局改为巡警总局，管理其事。

---

① 《清实录·德宗景皇帝实录》卷五五三。

下部知之。

廿三日辛酉（公元 1906 年 1 月 17 日）

有人奏，江浙匪患已深，宜合两省兵力，刻期剿除一折。据称近日枭匪，裹胁愈多，松、太、嘉、湖各属为甚。着各该省督抚会商妥筹，认真办理。

电寄岑春煊，闻广东省城，因加捐税，民情暴动，致有洋兵登岸保护之事。究竟情形如何，着岑春煊据实具奏。地方筹款办事，但当善为劝导，不可辄用抑勒。若承办委员，一味操切，拂逆舆情，其中甚多流弊。该署督向来宽于恤民、严于察吏，必能筹维大局，妥为办理。①

廿五日癸亥（公元 1906 年 1 月 19 日）

电寄载泽等，分赴各国，除考察政治外，其关系一切权利及财政等项事宜，均着毋庸与议。

直隶总督袁世凯奏，开平煤矿讼案，经张翼赴英质讼，只能争到照副约办理。英使意在和平调停，拟请仍督饬张翼妥筹商办。得旨：张翼着以道员发往北洋差遣委用，仍着袁世凯督饬妥筹办理。

廿六日甲子（公元 1906 年 1 月 20 日）

电寄岑春煊，据电奏，拟借洋款举办要政等语。仍着户部议奏。

廿八日丙寅（公元 1906 年 1 月 22 日）

办理商约大臣兵部尚书吕海寰奏，学堂注重，端在教科课本。拟请官编教科，及早颁发，私纂课本，亟行厘正。下部知之。

盛京将军赵尔巽奏，设立奉天仕学馆，分招内、外两班，并旁听员，课以历史、地舆、刑法、约章、理财、警察、教育各门。下所司知之。

缓征两淮通、泰、海三州属各场被风被潮歉收灶地折价钱粮。

廿九日丁卯（公元 1906 年 1 月 23 日）

中日两国会议东三省事宜条约，经光绪帝批准，着派全权大臣瞿鸿禨互换。

---

① 《清实录·德宗景皇帝实录》卷五五三。

福建学政秦绶章奏，停止科试，专办学堂，酌拟初办章程五条：曰颁课本以一趋向，提学费以支分拨，立文案以资襄理，调优生以广传习，选教官以司考察。请饬核议施行。下部议。①

是年

驻外使臣联名奏请宣布立宪。

张謇创立南通博物苑。

简照南、简玉阶在香港，创办广东南洋烟草公司。

广州均和安机器厂，为粤海关(九龙关)所造"虎门仔"号缉私火船，完工下水。②

光绪三十二年　公元 1906 年　丙午

春正月初四日壬申(1 月 28 日)

缓征山东被灾之济宁等州县，应征本年上忙钱漕租课，其寄庄灶课与裁并卫所并永阜等场，随同民田，一律展缓。③

考察政治大臣载泽等，在日与伊藤博文晤谈立宪之事。④

初六日甲戌(1 月 30 日)

以救护遭风洋船难民出力，予管带福安轮船分省试用县丞林秉诚等十员奖叙。

初七日乙亥(1 月 31 日)

蠲免江浙杭州、嘉兴、松江三属仁和、海沙、鲍郎、芦沥、横浦、浦东六场荒

---

① 《清实录·德宗景皇帝实录》卷五五三。
② 刘传标：《近代中国船政大事编年与资料选编》第 2 册，九州出版社 2011 年版，第 531 页。
③ 《清实录·德宗景皇帝实录》卷五五四。
④ 载泽：《考察政治日记》，岳麓书社 1986 年版，第 579~583 页。

芜未垦灶荡灶课钱粮。

初八日丙子(2 月 1 日)

福州将军兼船政大臣崇善奏, 厂制第一号江船下水, 稳捷适用, 请饬南北洋筹办海运。需用兵舰, 闽厂能代制者, 毋庸远向外洋订购, 早日商由船政定造。即着该省酌协饷项, 以资挹注。下练兵处议。寻奏, 请饬将该厂力加整顿, 一面饬南北洋大臣按所奏情形, 会筹办法, 以重海权而维大局。依议行。又奏, 闽厂新舰告成, 出力员绅请奖。得旨: 着准其酌保数员。毋许冒滥。①

初九日丁丑(2 月 2 日)

光绪帝奉慈禧皇太后御乾清宫, 德国使臣穆默暨英、法、日本、荷、意、美、俄、葡、比、奥、墨各使, 并各参赞等觐见贺年。

初十日戊寅(2 月 3 日)

外务部奏, 日本在韩京设立总监, 英、美、法等国驻韩使臣均已撤退, 请撤回驻韩使臣。该馆权限事务, 移交驻日使馆办理, 另派总领事一员前往驻扎。依议行。

蠲减缓征两浙海沙、芦沥、钱清、西兴、长亭、杜渎、横浦、浦东、下沙九场被灾歉收灶荡田地灶课钱粮。②

十六日甲申(2 月 9 日)

江苏巡抚陆元鼎奏, 筹办警察, 设立警察学堂; 教练吏才, 设立仕学馆; 并附设法政学堂, 又开办游学豫备科。并下所司知之。

十七日乙酉(2 月 10 日)

光绪帝奉慈禧皇太后御勤政殿, 总税务司赫德、北堂主教林懋德、杜保禄觐见贺年。

---

① 《清实录·德宗景皇帝实录》卷五五四。
② 《清实录·德宗景皇帝实录》卷五五四。

十八日丙戌（2月11日）

以叠救遭风船户难民出力，予江南都司易锡蕃等三员奖叙。

廿一日己丑（2月14日）

商部奏，广东新宁县绅商陈宜禧等筹办新宁铁路，自行集款修筑，请予先行立案。依议行。

以照料调查，赏日本宫内书记官栗原广太宝星。

廿二日庚寅（2月15日）

署两广总督岑春煊奏，就地筹款，拟加收台炮经费三成，粮捐沙田亩捐，并试办基塘租捐，商渔船捐盐斤加价，一面劝募集股，举办粤汉铁路。下部议。又奏，筹议在粤扩充制造，前向德商订购新式造枪造弹及无烟药各种机器，已陆续运到，所有新枪口径，俟练兵处酌定遵办，请饬部立案。下练兵处议。寻奏，该省旧厂请准暂勿裁撤，一俟三厂成立，将该厂停办改为别用。依议行。

命东三省学政翰林院编修李家驹以四品京堂候补，充大学堂总监督，以盛京将军赵尔巽兼署东三省学政。

以救护遭风船户难民出力，予广东署碣石镇中军游击吴祥光等七员奖叙。

予因公被戕广东水师守备王兆麟等二员优恤。①

考察政治大臣戴鸿慈、端方，结束在美之访问，经英、法赴德国。②

廿五日癸巳（2月18日）

调河南巡抚陈夔龙为江苏巡抚。

廿九日丁酉（2月22日）

办理商约大臣兵部尚书吕海寰奏，在沪开办商约以来，英、美、日、葡四国业

① 《清实录·德宗景皇帝实录》卷五五四。
② 故宫博物院明清档案部汇编：《清末筹备立宪档案史料》上册，中华书局1979年版，第7~8页。

已议竣，德国尚待续议，意、奥、比、荷等国均俟德国订约后，方能开议。俄、法有陆路商务，未能刻期葳事。谨密陈情形。下外务部知之。①

二月初一日戊戌（2 月 23 日）

出使日本国大臣杨枢奏，东洋留学生多至八千余人，挟利禄功名之见而来，务为苟且，取一知半解之学而去，无补文明。请饬严定选派学生出洋留学章程。下学部议。

添铸京汉铁路关防，从外务部请也。

以罢学滋事，革游学日本光禄寺署正韩汝庚职。②

初二日己亥（2 月 24 日）

商部奏，福建泉、漳两府械斗，诬累商民，请饬惩办一折。出洋回籍华商，叠经降旨，饬令认真保护，不准苛索勒诈。若如所称各节，实属有累商民。着崇善严饬该属地方官，遇有械斗案件，务即查照保商章程，彻底根究，严禁牵连诬告，以恤商艰。

盛京将军赵尔巽奏，筹办善后需款甚巨，请准再收实官捐银二百万两，并将衔封翎支七项常捐展限一年。下户部议。

发给办理浙江铁路关防，从商部请也。

初三日庚子（2 月 25 日）

以议办四川巴塘教案出力，赏法国驻炉主教倪德隆三品顶戴。

初五日壬寅（2 月 27 日）

电寄胡廷干，电奏悉，据称法国天主堂神甫王安之，函约南昌县知县江召棠便饭，谈及教案，阻止从人不准随入。忽闻江召棠颈受刀伤，随饬员赴堂验视，伤势甚重。民情不服，议论沸腾。叠经出示开导解散，并派兵保护各处教堂，文武官绅正在分投弹压，忽有匪徒乘机煽惑滋事，致毁法国教堂三处，伤害法人六名，波及

---

① 《清实录·德宗景皇帝实录》卷五五四。
② 《清实录·德宗景皇帝实录》卷五五五。

英国教堂一处，被害英人二名，受伤一名等语。①

初六日癸卯（2月28日）

　　直隶总督袁世凯奏，缕陈学务未尽事宜，曰定统系、厚养赡、定权限、行考选。下政务处学部议。又奏，请饬翰林院选派读讲编检等员，出洋考察学务。报闻。

　　考察政治大臣戴泽等，抵达美国，二十日登轮赴英。

初九日丙午（3月3日）

　　颁二龙庙封号曰"绥丰"，匾额曰"绥疆锡福"。

十一日戊申（3月5日）

　　清廷谕令：从来敦笃邦交，端在讲信修睦。朝廷与东西各国，通商立约，开诚布公，固已情谊交孚，毫无隔阂。各国亦均称欢洽，亲密有加，中外相安，实天下所共悉。乃闻近日以来，讹言肆起，适偶有不虞之暴动，遂突生排外之谣传，市虎杯蛇，众情惶骇。推原其故，必由奸人播弄，匪徒煽惑，或思离间我交好，或欲激怒我民心，诡计阴谋，莫可究诘，关系大局，良非浅鲜，不得不明白宣示，以释群疑。方今时局艰难，正赖列邦互相联络，庶几寰宇协和，岂有自启猜嫌，扰害治安之理。我君臣上下，惟当力戒因循，励精图治，以实心行实政，期于渐致富强。各处学生，尤当深明忠爱，争自濯磨，精修本业，学成待用，以储桢干之才，应遵照奏定学堂禁令章程，束身自爱，尤不得干预外交，妄生议论。总之团体原宜固结，而断不可有雠视外洋之心。权利固当保全，而断不可有违背条约之举。若士大夫宗旨不明，愚民将何所倡导，一有匪人乘机滋事，必至贻害地方。经此次宣谕之后，着各省将军督抚，严饬该文武各官，认真防范。所有外国人命财产，及各教堂，均应一体切实保护。即遇不平之事，应候官为理论。如有造言生事，任意妄为者，必非安分守法之人，即着赶紧查拿，立行究办。倘或防护不力，致出重情，定将该地方官从重惩处，决不姑容。该将军督抚等务即剀切晓示，随时约束，惩前毖后，防患未然，用副国家辑睦友邦、保安黎庶之至意。

　　出使比国大臣杨兆鋆奏，宝星之分，本以联络邦交，即宜参酌西制，请饬外务部将原定章程，重加厘订。下外务部议。

　　以随同赛会勤慎将事，驻比参赞官沈瑞麟等八员传旨嘉奖，商人卢焕文赏六品

---

①　《清实录·德宗景皇帝实录》卷五五五。

顶戴。

赏供差勤劳驻津比领事嘎德斯等二员、照料赛会比国工艺部大臣莆朗各脱等十八员宝星。①

十四日辛亥(3 月 8 日)

署黑龙江将军程德全奏，请修黑龙江城至哈尔滨铁路，以维商务而固边防。下部议。

十六日癸丑(3 月 10 日)

周馥奏，特参庸劣武职一折。南洋常备军第四标第二营管带补用副将易隆硚，短发饷银，贪鄙无耻，着革职发往军台效力赎罪。吴淞炮台总台官候补都司陶鼎，侵蚀截旷，贪婪胆大，着革职发往新疆效力赎罪。淞南营游击周广才，老迈昏庸，着勒令休致。安徽抚标中军参将尹嗣兴，南汇营游击曹广荣，潜山营守备薛鸿范，人地均不相宜，着一并开缺另补。②

十八日乙卯(3 月 12 日)

出使考察政治大臣载泽等奏，考察日本政治。其富强之效，虽得力于改良律法、精练海陆军、奖励农工商各业，而其根本尤在教育普及，不耻效人，不轻舍己，故能合欧化汉学，镕铸而成日本之特色。报闻。

直隶总督袁世凯奏，豫岸芦盐加价一文，每年责令商人包缴银六万两，以济豫饷。下户部知之。又奏，选派出洋游历通州廪生潘宗礼，忧愤捐躯，遗有条陈十三条：曰宜设女子师范传习所；宜编小学浅易教科书；宜多设实业学堂；宜开游学豫备科；宜清查官山官地海滩，充学堂经费；宜颁豫算决算表；宜设市镇区役所；宜改用阳历；宜简送迎跪拜之礼；宜多设电话；宜设会计检查院；宜设培养森林专官；宜多设译书局。下政务处知之。

二十日丁巳(3 月 14 日)

光绪帝奉慈禧皇太后懿旨，闻日本现有偏灾，着颁发帑银十万两，由外务部转

---

① 《清实录·德宗景皇帝实录》卷五五五。
② 《清实录·德宗景皇帝实录》卷五五六。

交助赈，以昭恤邻之谊。

廿一日戊午（3 月 15 日）

御史李灼华奏，北洋陆军各镇，克扣太甚，逃散堪虞，请饬查办。下练兵处知之。

出使考察政治大臣戴鸿慈等奏，行抵美京，分投阅看，参观宪法之源流，兼究立官之本末，旅外华商并随时接见劝谕，戒以勿染习气，立党入会，类皆闻言感服。报闻。

廿五日壬戌（3 月 19 日）

浙江巡抚张曾敭奏，浙省起运上年分冬漕，查照仓场定章，一律装袋，变通筹款备办。下所司知之。

卸办铁路大臣工部左侍郎盛宣怀奏，沪宁铁路，议定合同，及派员开办情形。报闻。

廿六日癸亥（3 月 20 日）

署山东巡抚杨士骧等奏，遵旨推广学堂，渐次普及，于省城设立调查研究所，率同司道等相与讨论。下学部知之。

廿七日甲子（3 月 21 日）

开缺广西巡抚李经羲奏，咨送学生出洋，分门学习实业。下部知之。

以办理山海关内外铁路出力，赏洋员克慎士四品顶戴。

以亏短灶课，革已故浙江穿长场大使宝庆职，提属勒追。①

廿九日丙寅（3 月 23 日）

给事中左绍佐奏，教案宜弭后患，并请遴派重臣另筹民教相安之策一折。近来教案日多，皆由民教不和而起，一有争端，匪徒复从中煽惑，彼此均受其害。亟应筹民教相安之法，以睦中外而靖闾阎。着张之洞悉心筹画，将总理衙门原议八条，详加

---

① 《清实录·德宗景皇帝实录》卷五五六。

酌订，设法维持，会同外务部妥为商办。总理衙门所议八条，着外务部钞咨备核。

开缺江苏巡抚陆元鼎奏，添设水师等船，扼驻太湖，防剿枭匪。报闻。

三十日丁卯（3 月 24 日）

户部奏，各关洋税常税奏报迟延，请饬按结开单，先行报部各折片。海关洋税，为入款大宗，专资拨付要需，关系尤重，岂容丝毫牵混。前经户部奏准，饬令按结奏报，并将未经奏报各案分结分款，并案具报。兹据奏称，各关仍复迁延推宕，未能一律办清，实属不成事体。嗣后着该将军督抚，责成各关道等遵照限期，按结具报，结期满后三个月内，一面详报督抚，一面将收支数目，开列清单，迳行报部稽核。如逾限不报，即将该关道等按照所定处分，指名严参。至各关征收常税，例应按限奏销，并着责成委管关务之道员委员，遵照此次奏定章程，于关期满后，即先行缮单报部，并将从前未销各案，予限一律办结，如违亦即严参。各该督抚综理一省财政，并着随时认真严核，督饬遵办，以清积弊而裕饷源。

顺天府奏，裁撤善后局，设立派办处，遴员分股任事，以课吏才。依议行。①

考察政治大臣戴鸿慈、端方拜访德皇。②

三月初一日戊辰（3 月 25 日）

署两江总督周馥奏，请永禁买卖人口。所有律例内关涉奴婢诸条，悉予删除，以昭仁政。下政务处会同各该部议奏。

以管兵严肃，赏俄员林答等文武十二员宝星。③

初二日己巳（3 月 26 日）

商部奏，筹办商船公会，酌拟简明章程，咨行沿江沿海各督抚，饬属筹办，随时咨部备核。从之。

初五日壬申（3 月 29 日）

光绪帝奉慈禧皇太后御海晏堂，总税务司赫德之妻女觐见。

---

①　《清实录·德宗景皇帝实录》卷五五六。

②　戴鸿慈：《出使九国日记》，岳麓书社 1986 年版，第 406 页。

③　《清实录·德宗景皇帝实录》卷五五七。

署两江总督周馥奏，苏省各局铸造铜圆，行销本省各州县，民间尚觉短绌，吁恳暂免限制铸数。下财政处、户部议。寻奏，碍难照准，请饬遵照奏章办理。依议行。又奏，拟改江北学堂为初级师范学堂，并附设高等豫科，议定简明章程。下所司知之。

署两广总督岑春煊奏，粤省海疆紧要，拟就裁节旧饷，编练新军十营。下练兵处、兵部议。寻奏，应照准。请令照章作为混成一协，添募土勇，亦请照准。从之。

署山东巡抚杨士骧奏，兖曹两府盗风未靖，拟严拿以治其标，兴教以立其本。在两府设随营巡警学堂各一所，藉销隐患。下所司议。寻奏，所请请设兖曹两府随营学堂之处，与定章不符，毋庸议。至设巡警学堂，应照准。从之。①

初八日乙亥（4月1日）

芦汉铁路正式通车，改称京汉铁路，全长1214.5公里。②

初九日丙子（4月2日）

以西班牙国君主举行婚礼，命驻英使臣外务部右丞汪大燮前往致贺。

初十日丁丑（4月3日）

出使考察政治大臣戴鸿慈等奏，赴美考察月余，美以工商立国，学堂工厂，包举恢宏。太平洋之商业航利，我与美实共有之。中国急宜注意竞争，刻不容缓。报闻。

以救护遭风难民，予福建署连罗左营游击高飞鸿等奖叙。

十二日己卯（4月5日）

光绪帝御乾清宫，奥国使臣顾亲斯基觐见，呈递国书。

福州将军兼署闽浙总督崇善奏，闽省设立农商局，渐著成效。下部知之。

十六日癸未（4月9日）

光绪帝奉慈禧皇太后御勤政殿，意国使臣巴乐礼暨统领诺威利思与其妻等觐见。

以商部左参议杨士琦，充驻沪帮办电政大臣。

---

① 《清实录·德宗景皇帝实录》卷五五七。

② 中国铁路史编辑研究中心：《中国铁路大事记》，中国铁道出版社1996年版，第41页。

十九日丙戌(4 月 12 日)

署两江总督周馥奏，江南征练新军，饷项无着。现拟在定造日本浅水快轮案内，及厘金木厘盐斤复价各款，分别筹借应用，以济要需。下练兵处、户部议。又奏，通州天生港，暂借商款，自开商埠，应隶江海关管辖。下外务部、户部议行。①

二十日丁亥(4 月 13 日)

署两江总督周馥奏，江南、江北征练新军，饷需短绌甚巨，现拟整顿淮北盐务，试办收买余盐，开辟废岸，冀获课厘，以充军饷。下部议。

廿一日戊子(4 月 14 日)

办理商约大臣兵部尚书吕海寰奏，教案要索日甚，亟宜考察各国教规教律，会定专约，俾资信守。下外务部议。

命出使荷国大臣陆徵祥，赴瑞士修改红十字公约。

以驻美使署顾问洋员福士达，为荷兰保和会议员。

以在事出力，赏京汉铁路洋员总工程司沙多二品衔，比京借款公司总董男爵巴依恩士等十七员宝星。

以和衷交涉，赏比国前使臣葛飞业宝星。

以调停留学罢课，赏日本故同文会副会长子爵长冈护美宝星。②

廿二日己丑(4 月 15 日)

以考察政治，身殁重洋，予候选道黄开甲优恤。

廿五日壬辰(4 月 18 日)

戴鸿慈、端方自德至丹麦考察。③

---

① 《清实录·德宗景皇帝实录》卷五五七。

② 《清实录·德宗景皇帝实录》卷五五七。

③ 故宫博物院明清档案部汇编：《清末筹备立宪档案史料》上册，中华书局 1979 年版，第9~10 页。

戴泽等离开英国，前往法国考察。①

廿七日甲午（4月20日）

光绪帝御乾清宫，法国使臣吕班等觐见，呈递国书。

三十日丁酉（4月23日）

福州将军兼署闽浙总督崇善奏，闽关币局，恳请照旧鼓铸铜币，俾获赢余，整顿船政。下财政处、户部议。寻奏，船政不敷经费，应筹他项的款抵补，不得专恃铜圆余利，致误要需。从之。

以美国旧金山地震，颁帑银十万两，交美国驻京使臣汇赈，并颁帑银四万两，汇交出使大臣梁诚，赈济被灾华民。

抚恤朝鲜国遭风难民如例。②

夏四月初一日戊戌（4月24日）

有人奏，同治五六年间，山东黄崖教匪一案，至今人言尚有异词，请饬查访等语。着杨士骧将此案详细情形，确查具奏。

珠尔杭阿等奏，请立武备学堂一折。武备学堂，应由练兵处办理。所请自筹经费，设立速成武备学堂之处，着不准行。

出使法国大臣刘式训奏，法国新任伯理玺天德即位，亲赍国电致贺，并觐谢旧任伯理玺天德历年优待厚意。报闻。③

初二日己亥（4月25日）

政务处会奏，遵议直督袁世凯奏，选派翰林出洋游历系为储材任使起见，应由掌院学士于翰林院人员，遴选志趣正大、学问优长、有志出洋者四五十人，咨明学部，分为游学、游历两项。从之。

商部奏，核订新宁铁路章程二十一条。又奏，遵订商律，续拟破产一门。均

---

① 故宫博物院明清档案部汇编：《清末筹备立宪档案史料》上册，中华书局1979年版，第11页。

② 《清实录·德宗景皇帝实录》卷五五七。

③ 《清实录·德宗景皇帝实录》卷五五八。

从之。

初三日庚子(4 月 26 日)

光绪帝奉慈禧皇太后御勤政殿，日本国使臣内田康哉，暨其妻等觐见。

初五日壬寅(4 月 28 日)

光绪帝奉慈禧皇太后御勤政殿，法国使臣吕班，暨参赞顾瑞等觐见。

初六日癸卯(4 月 29 日)

御史顾瑗奏，请参酌中西成法，清厘户籍。下政务处、户部巡警部议。寻奏，请由巡警部拟定章程，通行饬办。依议行。

盛京将军赵尔巽奏，遵筹奉省官制，拟以盛京将军总理军督旧部府之政，设立公署。名曰盛京行部，附设综核处，内分十局，分理诸务。设行政大臣一员，参赞、副参赞、左右参议、左右副参议六员。下政务处议。

以署陆军第二镇统制官记名道张怀芝为直隶天津镇总兵官。①

初七日甲辰(4 月 30 日)

署山东巡抚杨士骧奏，推广巡警，分饬添设警务学堂。下部知之。

初九日丙午(5 月 2 日)

有人奏，浙省铁路，前经勘定城外轨线，现在创议穿城，恐酿巨祸，请饬查严禁一折。着张曾敭确切查明，妥慎办理。

署黑龙江将军程德全奏，续放郭尔罗斯后旗沿江余荒，并拟开辟商埠，亟应派员前往，先行开办，以实边圉。下所司知之。

初十日丁未(5 月 3 日)

光绪帝奉慈禧皇太后御勤政殿，英国使臣萨道义暨参赞嘉乃绩等，德国署使臣

---

① 《清实录·德宗景皇帝实录》卷五五八。

葛尔士暨水师提督布雷星等觐见。

直隶总督袁世凯等奏，东省胶州、高密两处德兵，全行撤退日期，及接收兵房，筹办善后各情形。下部知之。

以遇事和衷，赏驻津德领事官爱格特宝星。①

十一日戊申（5月4日）

署山东巡抚杨士骧奏，烟台商务日盛，交涉弥繁，请将移驻威海卫城之登州府海防水利同知，移驻烟台，以资治理。下所司议。

以山东胶、高两处德兵撤退，赏德国驻胶办事大臣师孟等六员宝星。

以办理山东学堂医局铁路巡警出力，赏德国主教韩宁镐等七员顶戴宝星有差。

以襄办使事出力，赏比国参赞来自嘎业等二员宝星。

以救治多人，赏德国医官古玛和宝星。

十二日己酉（5月5日）

福州将军兼署闽浙总督崇善奏，闽省前购无烟火药机器，拟向两江按价折换快枪。得旨：着咨商周馥办理。

十四日辛亥（5月7日）

日本明治天皇，命设立南满洲铁路株式会社，本社设于大连。支社设于东京。②

十八日乙卯（5月11日）

出使荷国大臣陆徵祥电奏，请考察政治大臣游历荷国。得旨：着戴鸿慈、端方前往游历。

二十日丁巳（5月13日）

御史陈庆桂奏，拟请遴选科道部曹出洋游学游历。下政务处议。寻奏，请由学

---

① 《清实录·德宗景皇帝实录》卷五五八。

② 王芸生：《六十年来中国与日本》第五卷，生活·读书·新知三联书店1980年版，第17~20页。

部设法政学堂，作为游学豫备，三年毕业，由学部咨送出洋肄习专门，经费由各该衙门筹给。依议行。

学部奏，遵议各省学务详细官制办事权限章程，及劝学所章程。又奏，酌拟学部官制职守，并归并国子监事宜，改定额缺。从之。①

廿一日戊午(5 月 14 日)

以成效昭著，赏闽省武备学堂代理总教习日员务川信彦等七员宝星。

廿三日庚申(5 月 16 日)

御史王步瀛奏，学堂教科书，翻译名词，彼此歧异，急宜审定，以归画一。又奏，编辑中外宗教全书，以启民智。下部知之。

署两广总督岑春煊奏，南洋华商，创办"国民捐"，忠义可嘉，恳恩给奖。得旨：胡国廉等均着传旨嘉奖。

廿四日辛酉(5 月 17 日)

署两广总督岑春煊奏，粤省无着各洋款，无可另筹，恳准在海关长征项下，改拨弥补，以顾要需。下部议。又奏，粤省财源枯竭，实难加认练兵经费，恳仍以四十万为额，并免筹补解之款，俾拯苦累。下练兵处、户部议。②

廿六日癸亥(5 月 19 日)

福州将军兼署闽浙总督崇善奏，福州驻防捷胜营练军，添筹饷数，改编营制，以资实济。下练兵处知之。

廿七日甲子(5 月 20 日)

以办学出力，予山东高等学堂监督直隶道员陈恩焘优叙，济宁州州同潘清荫等升叙有差，并赏美教员古得西宝星。

---

① 《清实录·德宗景皇帝实录》卷五五八。
② 《清实录·德宗景皇帝实录》卷五五八。

廿八日乙丑(5 月 21 日)

内阁学士吴郁生奏，沪宁铁路，用款过巨，请饬另筹接济，以免续借受亏。下商部、户部议。寻奏，沪宁路款，存数尚巨，无须再借洋款。所请拨行车余利之处，碍难照准。依议行。

御史顾瑗奏，请广设工艺厂自造机器。下部议行。

廿九日丙寅(5 月 22 日)

电寄李盛铎，着随同载泽考察事毕，再行赴比接任。①

闰四月初二日戊辰(5 月 24 日)

外务部奏，意国于罗马都城，设立万国农业公院，注重农务、树艺、畜牧等事，会议条款，请派出使意国大臣入会画押。依议行。②

戴鸿慈、端方，在俄国会见前首相维特。③

初三日己巳(5 月 25 日)

商部奏，参酌东西各国规制，筹办商业模范银行，请准立案。下财政处、户部议。寻奏，该行既为商人所取法，自应照商业银行办理。查日本正金银行条例，商业银行总理，应由股东内选举。今商部于该银行径行奏派丞参总理，不合商业银行办法。所请立案之处，碍难照准。俟户部商业银行专例，拟定颁行，再令一律查照办理。依议行。又奏，江苏绅士，筹筑本省铁路，设立公司，公举总协理，请准立案。又奏，京师劝工陈列所将次竣工，各省物品陆续解到，开办事繁，派员总理。均依议行。

初四日庚午(5 月 26 日)

给事中左绍佐奏，赔款购买英国金镑，宜照伦敦市价。上海银行悬牌，任意欺

---

① 《清实录·德宗景皇帝实录》卷五五八。
② 《清实录·德宗景皇帝实录》卷五五九。
③ 戴鸿慈:《出使九国日记》，岳麓书社 1986 年版，第 485~486 页。

混，升落不定，亏累甚巨。宜仿日本每月设伦敦市情专电，以杜欺蒙之弊。下外务部、户部知之。又奏，新订上海会审刑章，轻重失当，请饬部改定。下刑部议。

戴鸿慈、端方结束在俄国近十日之考察，前往荷兰。①

初六日壬申(5 月 28 日)

直隶总督袁世凯奏，省城设立法政学堂，请拨发举贡来直学习法政，毕业后分别奏留调用，以广出路而储人才。下部知之。

出使考察政治大臣戴鸿慈等奏，抵德觐见德皇，论及中国变法，谓必以练兵为先，政治措施，尤宜自审国势，各当事机，贵有独具之精神，不在徒摹夫形式。其言至为恳切。报闻。

初八日甲戌(5 月 30 日)

电寄周馥等，据奏，浙江米价逐日增涨，民情惶急，请将镇江及仙濛两口运米出口之处，先期禁止。着照所请办理。②

十二日戊寅(6 月 3 日)

出使考察政治大臣载泽等电奏，外国见赠宝星，未敢遽领。得旨：着准其收受。

十三日己卯(6 月 4 日)

商部奏，闽省回籍华商，屡经被劫，地方官保护不力，请饬查明严参。各埠华商回籍，叠经谕令切实保护。乃近来闽省华商回籍后，竟仍有屡被抢劫情事。地方官任意延纵，自应从严查办。着崇善迅速确查，所有福建诏安县知县王国瑞、典史王锡圭、游击侯培光、南安县知县谭子俊、前署安溪县知县袁英麟，分别案情从严参办，仍勒令按限缉匪追赃。诏安县门丁黄子珍、南安县在籍侍卫黄德，一并归案彻究，毋稍徇纵。

---

① 故宫博物院明清档案部汇编：《清末筹备立宪档案史料》上册，中华书局 1979 年版，第 17~18 页。

② 《清实录·德宗景皇帝实录》卷五五九。

十四日庚辰(6月5日)

浙江巡抚张曾敫代奏，宁绍台道世增教务条陈：一、脱离法国羁绊，与教皇直接办理；二、教士须由中国承认；三、教士不合，可以撤换；四、教会宜查察人数；五、民教结婚任便；六、教堂被毁不得无故索赔；七、买地建堂，应用官颁契纸；八、教会设学堂，宜归地方官调查；九、教堂设立处所，宜报明地方官。下外务部知之。

以交涉持平，教授有效，赏驻杭日本领事大河平陆则、浙江武备学堂教习斋藤季治郎宝星。①

十八日甲申(6月9日)

以叠次救护中外失事商船出力，予署山东登州府知府英寿等四十二员奖叙。

十九日乙酉(6月10日)

以教习期满回国，仰慕中朝章服，赏江南陆师学堂德国教员特屯和恩花翎、四品顶戴。

载泽等结束考察，自马赛启程回国。

二十日丙戌(6月11日)

周馥奏，查覆广东勒捐滋事一折。铁路为国家要政，粤汉铁路，收回自办，商任筹款建筑，官为维持保护，办法甚为妥善。全在该省官吏绅商，同心协力，联络一气，俾臻全功，不得各存意见，致妨公益。兹据称粤中绅民闻风捐助，认股已约计二千万，足见急公好义，路事可期有成。即着岑春煊秉公筹度，会集绅商，妥举总理协理各员，奏明开办。仍着岑春煊随时督饬认真经理，以裨大局而保利权。黎国廉、梁庆桂、李肇沅，即据查明尚无抗捐情事，均着开复原官原衔。番禺县知县柴维桐办事操切，着即行撤任察看。

戴鸿慈、端方抵达意大利，二十六日拜访意国王与首相。②

---

① 《清实录·德宗景皇帝实录》卷五五九。
② 《清实录·德宗景皇帝实录》卷五五九。

廿一日丁亥(6 月 12 日)

庞鸿书奏，委员赴镇江芜湖一带采米运湘济赈，请饬各省关卡免收厘税等语。着户部速议具奏。

以拯救被风民船出力，予管驾广亨轮船广东千总罗凤标等三员奖叙。

廿二日戊子(6 月 13 日)

江苏学政唐景崇奏，立宪政策情形，各有异同，采择贵无偏倚，豫筹大要四条。下政务处知之。

以随使期满，予前驻奥翻译薛锡成、驻韩参赞唐恩桐等四员奖叙。

以交涉和洽，赏法国参赞官顾瑞宝重。

廿四日庚寅(6 月 15 日)

御史石长信奏，请准廪增附加捐贡监一体考职。下部议。又奏，学重专门，法宜划一，请派大员赴日本考察，厘订学章，以节虚靡而励实效。下学部知之。

廿五日辛卯(6 月 16 日)

以办理船政，心精力果，予福建知府高凌汉、丁惠钊优叙。

廿六日壬辰(6 月 17 日)

以巴塘教案议结，赏四川法领事何始康宝星。①

三十日丙申(6 月 21 日)

戴鸿慈、端方结束考察，由意大利那不勒斯登轮回国。②

---

① 《清实录·德宗景皇帝实录》卷五五九。
② 《清实录·德宗景皇帝实录》卷五六〇。

五月初一日丁酉(6月22日)

抚恤朝鲜国遭风难民如例。

初二日戊戌(6月23日)

署两广总督岑春煊奏,请将广东阳江直隶同知改为直隶州,并添设广海县知县,拨归管辖。下所司议。寻奏,所请改阳江直隶同知为直隶州知州,应照准。至添设广海县知县之处,毋庸议。从之。又奏,请饬税务大臣于通商口岸,广设税务学堂,卒业后详加考验,遇有海关紧要职司,华洋员一体擢用。下税务大臣知之。又奏,酌拨官款,设厂制炼塞们德土,以期挽回利权。下部知之。

初三日己亥(6月24日)

直隶总督袁世凯奏,北洋设立讲武堂,调派军官肄业;学兵营,挑取兵丁肄业;并变通陆军大学办法,设立军官学堂,均经拟定章程试办。下所司知之。

署两广总督岑春煊奏,请将广东省水陆提督,归并一员,并将虎门屯防同知,改为抚民直隶同知。下所司议。又奏,广东水陆制兵,按照现存之数,再裁七成,并将大小官弁裁减,作为六二营,分布汛防。下练兵处兵部议。又奏,裁存制兵,碍难改编巡警。省城警务,已另筹款拨充,外属亦饬就地筹办,并速行筹设学堂。下部知之。

初四日庚子(6月25日)

上御乾清宫,法国使臣巴思德等觐见,呈递国书。

江苏巡抚陈夔龙奏,考察苏省要政,如学务、军事、巡警均经分别实力筹办,枭匪、海塘谨当妥筹办法。得旨:着即切实筹办,毋托空言。又奏,整顿苏省税契章程,拟分二纲,曰清匿税、稽现税。再分二目,曰定税价、减税耗。下部议。①

十一日丁未(7月2日)

署两江总督周馥奏,江南火药库,每值酷暑,间有自焚之事。现经添建药库,

---

① 《清实录·德宗景皇帝实录》卷五六〇。

设立避电各器。下部知之。

十二日戊申(7 月 3 日)

电寄周馥等，电奏，请酌免本省米厘等语。着照所请。

以因公殒身异域，予使美随员蓝翎侍卫谭锦镛优恤。

十三日己酉(7 月 4 日)

光绪帝奉慈禧皇太后御乾清宫，意国亲王费尔迪安德等觐见。

商部奏,铁路占用地亩,应纳赋税,请申明由公司完纳定章,通饬一律遵守。从之。

十七日癸丑(7 月 8 日)

翰林院奏，检讨黄寿衮条陈学务：一、宜养成学生一种性质；二、宜停止捐纳实官；三、宜特设专门外交学堂。又陈立宪须由地方自治，急须切实调查，以为自治根本。下所司知之。

十九日乙卯(7 月 10 日)

以广东潮州协副将黄培松，为广东琼州镇总兵官。

廿二日戊午(7 月 13 日)

赏意国亲王随员海军统领马棱格等宝星。

廿八日甲子(7 月 19 日)

盛京将军赵尔巽奏，现于奉省东郊，设立农业试验场，并附设学堂一折。下部知之。又奏，创设渔业公司，颁给关防，应即饬其调查水产，改良渔业，觅购海轮，以期逐渐举行。下部知之。又奏，朝阳镇忽遭火灾，延烧商民并天主教堂瓦草房三千余间，业经拨款抚恤。得旨：着即妥为抚恤，毋任失所。①

---

① 《清实录·德宗景皇帝实录》卷五六〇。

六月初一日丙寅(7 月 21 日)

出使考察政治大臣载泽等奏,由英赴比,至其各局所详悉观览,广为译说。其行政取则法国,而民气较纯。其立国之要,则在奖励工商农三业,以为致富之原。其铁路矿务制造诸工,种植树艺之术,皆有名于时,授田复最均平,征兵亦俱严整。报闻。①

初二日丁卯(7 月 22 日)

直隶总督袁世凯奏,德国撤减驻兵,交还廊房、杨村、白戴河、秦王岛、山海关各处房地,次第收回。下外务部知之。

以遇事和衷,赏德国统领佛布雷等十二员宝星。

初三日戊辰(7 月 23 日)

以办理洋务,勤劳卓著,赏贵州按察使兴禄头品顶戴,予云南临安开广道魏景桐、存记道李寿田优叙。

初四日己巳(7 月 24 日)

署吉林将军达桂奏,吉省开办师范学堂,又于堂侧为贫不能学与年长失学者,创立半日学堂、夜学堂一所。下学部知之。

初五日庚午(7 月 25 日)

署两江总督周馥奏,修浚黄浦工程,现已设局,由中国自办,延定总营造司,订立合同。下外务部知之。

初七日壬申(7 月 27 日)

直隶总督袁世凯奏,无线电报,为西人新创之法,轻巧灵便,随处可设,尤以意国人马康尼所造机具,能达一百五十英里者为最适用。现在北洋创议举办,延聘

---

① 《清实录·德宗景皇帝实录》卷五六一。

洋员承办，购置机器，挑选学生，先就"海圻""海容"等船安置妥贴，继在南苑行营等处建电房，设机器，现皆次第藏事。下部知之。

署两广总督岑春煊奏，粤省奏派新案赔款，不敷支解，拟将整顿盐务溢收银两，悉数凑拨。下部知之。

以创办北洋无线电报，赏意国海军游击葛拉斯宝星。①

初八日癸酉(7 月 28 日)

广州将军寿荫等奏，拟将两广游学豫备科馆，与广州译学馆，改并为两广方言学堂。下学部知之。

初十日乙亥(7 月 30 日)

福州将军兼署闽浙总督崇善等奏，查明南田形势，拟设专官。下政务处议行。又奏，象山港群山环绕，声势联络，作海军根据之地，最为合宜。应请创设军港，以重海防。下政务处议。②

十二日丁丑(8 月 1 日)

直隶总督袁世凯奏，拟定法政学堂章程规则。下所司知之。

十三日戊寅(8 月 2 日)

外务部奏，照译古巴因致告新总统接任国书，并拟答复国书，寄交兼使该国大臣梁诚转送。报闻。

出使考察政治大臣戴鸿慈等奏，由荷赴意，行抵罗马，观其庶事克修，俨然强国；海军制度，可与各国抗衡；地处温带，最宜蚕桑。滨海之国，大要尤注意渔业，于扩张海权，有绝大关系。惟意文须从法文转译，选派学生，分译宪法、财政、学堂、军政各书，俟藏事即行启程回国。报闻。又奏，此次游历荷兰，会同驻使，访译要件。其国滨海，河渠通达，颇类苏浙，地势低洼，注意河防堤坝诸工，发明新法。其专家有曾游中国者，著制《黄河流漫》一书，足资参究。报闻。

出使美日秘国大臣梁诚奏，美国旧金山地震成灾，华埠全毁，蒙发帑赈恤，谨

---

① 《清实录·德宗景皇帝实录》卷五六一。
② 《清实录·德宗景皇帝实录》卷五六一。

陈驰往筹办情形。报闻。

出使意国大臣黄浩奏,意国密拉诺赛会,遵旨赴会,并陈会场大略情形。下部知之。①

十四日己卯(8月3日)

商部奏,湖南商董,请将湘境路线归商筹办,公举总理,恳乞奏明立案一折。铁路系国家要政,仍应官督商办。至所称公举总理各节,着张之洞查明办理。

十五日庚辰(8月4日)

以办事和平,赏驻库伦俄领事古字名四科宝星。

十九日甲申(8月8日)

御史王步瀛奏,考察政治,极力维新,仍应上懔祖训,务防流弊。下政务处知之。又奏,造士权衡在我,不应以外人所给文凭为凭。国内学堂林立,亦不应自为风气,请饬核议画一妥善章程。下学部知之。

署两广总督岑春煊奏,粤省改造一文铜钱,重仅三分二厘,中凿圆孔,以便贯串,工作精则不易私造,体质轻则可免销毁。报闻。又奏,兴举要政,在在需才,请饬吏部拣选州县五十员来粤,务要年在四十岁以内,俾得派赴法政学堂学习。下吏部议。②

廿一日丙戌(8月10日)

以译书北洋,勤劳数载,赏日本人佃一豫、渡边龙圣等五员宝星。

廿二日丁亥(8月11日)

浙江巡抚张曾敭奏,筹办全浙师范学堂,拟就贡院改建,现已动工。下学部知之。

---

① 《清实录·德宗景皇帝实录》卷五六一。
② 《清实录·德宗景皇帝实录》卷五六一。

廿三日戊子(8 月 12 日)

给事中陈庆桂奏，云南一省，法睨于南，英瞰于西，形势可危。请设法整顿，以弥隐患而固边防。下政务处知之。又奏，广东水陆提督，请毋庸归并。下政务处一并议奏。

浙江巡抚张曾扬奏，浙江省前派出洋学习完全师范生，原筹经费，现已无着，拟请作正开销。下部知之。

以善体邦交，赏日本议约人员外务省顾问官美人德尼孙、公使佐藤爱麿等十七员宝星。

廿四日己丑(8 月 13 日)

商部代奏，道员王昌炽条陈东三省善后事宜，曰振兴商务，曰划一矿政，曰速成垦务，曰铁路交涉，曰改良兵制。下所司知之。①

秋七月初二日丁酉(8 月 21 日)

光绪帝御乾清宫，日本国使臣林权助等觐见。

署两江总督周馥奏，机制棉纱出口常税，拟请改照洋关税则征收，华洋一律办理。下户部、税务处议。寻奏，所请系为整顿税务起见，应即照准。从之。②

初六日辛丑(8 月 25 日)

考察政治大臣回京条陈各折件，着派醇亲王载沣、军机大臣、政务处大臣、大学士暨北洋大臣袁世凯公同阅看，请旨办理。

初七日壬寅(8 月 26 日)

商部奏，汉口商务繁要，遵章设立商务总会，并请发给关防，俾昭信守。如所请行。

---

① 《清实录·德宗景皇帝实录》卷五六一。
② 《清实录·德宗景皇帝实录》卷五六二。

初八日癸卯(8 月 27 日)

直隶总督袁世凯奏，军政要需，尚无的款，急切无可筹措。惟关内外铁路余利，尚可设法匀拨，拟即如数动支。下所部议。

初十日乙巳(8 月 29 日)

直隶总督袁世凯等奏，奉省筹办开埠，拟先于安东县大东沟设立海关，并分卡，请以东边道兼充监督。下部知之。

十一日丙午(8 月 30 日)

电寄周馥，据电奏，徐海水灾，现赴奉天、山东、安徽买运杂粮，请免厘税，并免本省转粜该处厘税等语。着照所请。

十三日戊申(9 月 1 日)

光绪帝谕内阁，朕钦奉慈禧皇太后懿旨，我朝自开国以来，列圣相承，谟烈昭垂，无不因时损益，著为宪典。现在各国交通，政治法度，皆有彼此相因之势，而我国政令积久相仍，日处阽危，忧患迫切。非广求智识，更订法制，上无以承祖宗缔造之心，下无以慰臣庶治平之望。是以前简派大臣分赴各国考察政治，现载泽等回国陈奏，皆以国势不振，实由于上下相暌，内外隔阂，官不知所以保民，民不知所以卫国。而各国之所以富强者，实由于实行宪法，取决公论，君民一体，呼吸相通，博采众长，明定权限，以及筹备财用，经画政务，无不公之于黎庶。又兼各国相师，变通尽利，政通民和，有由来矣。时处今日，惟有及时详晰甄核，仿行宪政，又权统于朝廷，庶政公诸舆论，以立国家万年有道之基。但目前规制未备，民智未开，若操切从事，涂饰空文，何以对国民而昭大信。故廓清积弊，明定责成，必从官制入手。亟应先将官制分别议定，次第更张，并将各项法律，详慎厘定，而又广兴教育，清理财政，整顿武备，并设巡警，使绅民明悉国政，以豫备立宪基础。着内外臣工，切实振兴，力求成效，俟数年后规模粗具，察看情形，参用各国成法，妥议立宪实行期限，再行宣布天下，视进步之迟速，定期限之远近。着各将军督抚晓谕士庶人等，发愤为学，各明忠君爱国之义，合群进化之理，勿以私见害公益，勿以小忿败大谋，尊崇秩序，保守和平，以豫储立宪国民之资格，有厚望焉。①

十四日己酉(9 月 2 日)

调闽浙总督端方为两江总督，兼南洋大臣，署两江总督周馥为闽浙总督，实授杨士骧为山东巡抚。

十五日庚戌(9 月 3 日)

署两广总督岑春煊奏，新设提学使，秩正三品，拟月由善后局筹送公费银一千二百两，另给家丁书役工食银三百两。下部知之。

调福建布政使增韫为直隶布政使，以山东提学使连甲为福建布政使。②

十六日辛亥(9 月 4 日)

以随使赴日，予参赞知府陈贻范等奖叙。

赏西班牙国侯爵都福等宝星。

十八日癸丑(9 月 6 日)

蠲缓直隶沧、盐山、青、天津、海丰、乐陵六州县，并严镇、海丰、丰财三场上年灾歉灶地赋课。

廿三日戊午(9 月 11 日)

湖广总督张之洞奏，湖南、湖北两省，新选新补实缺州县拟派令出洋游历。下政务处议。寻奏，该督为造就人才，裨益政治起见，均请照准。惟近时游历人员，有沾染习气、荒废正业者，亦应由该督严加训诫，并咨照出使大臣随时查察，以防流弊。从之。

调署两广总督岑春煊为云贵总督，闽浙总督周馥为两广总督，云贵总督丁振铎为闽浙总督。

以方外捐产兴学，赏广东华林寺僧恒光等匾额曰"输诚兴学"。

---

① 《清实录·德宗景皇帝实录》卷五六二。
② 《清实录·德宗景皇帝实录》卷五六二。

赏广州口西洋国总领事官穆礼时，暨德法葡各员等宝星。①

廿六日辛酉（9 月 14 日）

赏比国上海副领事艾耐思宝星。

廿七日壬戌（9 月 15 日）

福州将军兼署闽浙总督崇善奏，闽省设立师范学堂，先后办理情形。下部知之。

八月初一日乙丑（9 月 18 日）

御史王步瀛奏，官制务宜妥定，谨陈管见，曰兼采众议，曰常亲枢要，曰制驭疆吏，曰宽容谏臣。下考察政治馆知之。又奏，陕西高等学堂英、日文功课太多，恐荒中国根本学问。下学部查核办理。②

初二日丙寅（9 月 19 日）

光绪帝御乾清宫，英国使臣朱尔典觐见，呈递国书。

初三日丁卯（9 月 20 日）

自鸦片烟弛禁以来，流毒几遍中国，吸食之人，废时失业，病身败家。数十年来日形贫弱，实由于此，言之可为痛恨。今朝廷锐意图强，亟应申儆国人，咸知振拔，俾祛沉痼而蹈康和。着定限十年以内，将洋、土药之害，一律革除净尽。其应如何分别严禁吸食，并禁种罂粟之处，着政务处妥议章程具奏。寻奏，遵议禁烟办法十一条：一、限种罂粟；二、分给牌照；三、勒限减吸；四、禁止烟馆；五、清查烟店；六、官制方药；七、准设戒烟会；八、责成官绅督率；九、严禁官员吸食；十、商禁洋药进口；十一、分饬张贴告示。从之。

出使日本国大臣汪大燮奏，罂粟流毒日深，亟宜设法铲除，谨陈办法五条，曰稽查，曰限种，曰戒瘾，曰专卖，而最要则首在任人。下政务处知之。③

---

① 《清实录·德宗景皇帝实录》卷五六二。
② 《清实录·德宗景皇帝实录》卷五六三。
③ 《清实录·德宗景皇帝实录》卷五六三。

初四日戊辰(9 月 21 日)

御史王步瀛奏，陕西学务，亟宜整顿。其大要有八：曰画一办法；曰慎聘教习；曰广阅书报；曰裁去津贴，改为官费；曰客籍学堂，划开另办；曰声明定章，一律遵守；曰注重师范，以简易科为入手；曰设立半日学堂。下部知之。

初七日辛未(9 月 24 日)

出使意国大臣黄诰奏，遵入万国农业公院，经已画押。下外务部知之。

出使英国大臣刘式训奏，出使事宜亟应变通办法，拟请嗣后出使大臣，专就外务部侍郎承参请简，并饬外务部招考中学毕业，习谙洋文之世家子弟充外交生，专备使馆调充随员学生之用。至各等参赞，亦拟专遴外务部司员充任。此外不得另调。下外务部议。寻奏，出使大臣及参赞等官，均请由部慎选合格人员，分别请简奏补。至招考世家子弟，应仍照储才馆章程办理。另详拟定章二条，一薪俸，一员缺，缮单呈览。从之。又奏，请饬练兵处派武随员分驻使馆，以便练习兵学。下练兵处议，寻由陆军部议行。①

初八日壬申(9 月 25 日)

光绪帝奉慈禧皇太后御仁寿殿，英国使臣朱尔典，暨水师提督默尔等觐见。

初九日癸酉(9 月 26 日)

吏部代奏，员外郎李绍烈条陈举行要政，贵于崇本务实：学堂宜兴，不可徒饰外观；工艺当学，不可滥派出洋；矿业宜兴，不必遽用西法；兵宜速练，不可徒讲形式。下学部、商部、练兵处知之。

都察院代奏，道员许珏条陈改定官制，当本成宪，兼参中外时势，以为损益，并请扰民新政，暂缓举办。下考察政治馆知之。

初十日甲戌(9 月 27 日)

电寄周馥等，据电奏，上海米少价贵，请暂挪银十万两采买，并沿途免厘等

---

① 《清实录·德宗景皇帝实录》卷五六三。

语。着照所请。

十五日己卯（10 月 2 日）

电寄岑春煊，据电奏，香港及潮廉沿海一带风灾情形，着即妥为抚恤，毋任失所。①

十七日辛巳（10 月 4 日）

以通译出力，赏韩国礼式官李弼均宝星。

二十日甲申（10 月 7 日）

御史王步瀛奏，报章传述新官制，多有未妥，请饬认真厘定。又奏，自办实业学堂，较派遣出洋费廉效广，请饬核实办理。

廿一日乙酉（10 月 8 日）

御史赵炳麟奏，立宪之始所宜豫备者，约有六端，曰正纲纪、重法令、养廉耻、抑幸进、惩贪墨、设乡职。下考察政治馆知之。

廿二日丙戌（10 月 9 日）

大学士孙家鼐奏，学堂偏重西学，恐经学荒废，纲常名教日益衰微，拟请设法维持。凡学堂毕业生考试，分门别类，仅通语言文字者为一科，只供翻译之用，习制造者当另设官职，不畀以治民之权。惟中学贯通，根原经史，则内可任部院堂司，外可任督抚州县。又奏，东洋留学回国学生，宜慎重任用。均下学部议。

内阁代奏，中书殷济条陈要政。一、行政经费，宜豫为筹定。二、请清查陋规，改定俸金，并酌予世禄。三、海军宜从速建立。四、国债票宜推广通行。五、服制宜分别更定。六、女服请参酌更定。七、学堂奖励，宜从速宣示。八、请实行强迫教育，并添设校外生。九、请添设宫廷警视及高等警察官。十、各省请添设警察使。十一、商部司员宜兼习地质学。十二、外务部及各省洋务司，宜添设同文馆。十三、各省督抚不得擅聘外人为顾问官。十四、各营操法口号，宜归一律。十

---

① 《清实录·德宗景皇帝实录》卷五六三。

五、出使人员，宜宽筹经费，严定赏罚。十六、司法衙门，宜严诬告及坚不吐实者之罪。十七、仕途日杂，宜严定举劾。十八、进出口税，宜分别增减。十九、各省币制，应由户部铸造，并严禁出口。二十、权衡度量，宜归一律。二十一、投票选举之法，宜先造就议员资格。二十二、改官以后，应将原有官员，妥筹安置。二十三、改官以前，各衙门现存案卷，宜认真清查。二十四、秋操在迩，豫防流弊。下政务处知之。①

廿六日庚寅(10 月 13 日)

光绪帝奉慈禧皇太后御仁寿殿，日本国王爵博恭暨使臣林权助等觐见。

出使考察政治大臣礼部尚书戴鸿慈等奏，军政重要，拟请择要取法各国。一、军事大政，应请皇上亲御戎服，以振士气。二、军事行政，宜重加厘定机关。三、海军制度，宜次第筹画规复。四、征兵之法，宜实行全国。五、军事教育，宜明示方针。六、高等兵学，宜速成修习。七、贵胄子弟，宜出洋入伍。八、军火器械，宜建厂自办。九、战时计划，宜豫先筹备。十、军人位置，宜优定章程。下练兵处知之。又奏，教育关系重要，谨斟酌条陈：采他国之优长，资吾实行之方法；应请厘定教育行政之机关，以资行政；定学堂为模范办法，以端始基；明定教育趋向，以维万法之本原；核定学堂经费，豫为普及之基础；订定学堂冠服，以壹民志；严定游学章程，以培真才。下学部知之。又奏，各国导民善法，拟请次第举办：曰图书馆，曰博物院，曰万牲园，曰公园。下学部巡警部知之。②

廿八日壬辰(10 月 15 日)

商部奏，中国工艺亟须提倡，拟订奖给商勋章程八条，各按等级，给与顶戴。从之。

廿九日癸巳(10 月 16 日)

以捐款兴学，赏广东粤秀山麓三元宫道士梁佩经匾额曰"葆光励学"。

三十日甲午(10 月 17 日)

锡良奏，请变通土税新章等语。着财政处、户部议奏。

---

① 《清实录·德宗景皇帝实录》卷五六三。
② 《清实录·德宗景皇帝实录》卷五六三。

御史王诚羲奏，官制宪法，理实相须，势难缓行宪法，先改官制，拟请于未立宪、既立宪，分两期厘定。下考察政治馆知之。

九月初六日庚子（10 月 23 日）

出使考察政治大臣戴鸿慈、端方，进呈《欧美政治要义》。

以随使考察出洋，赏太常寺卿刘若曾二品顶戴，予江西道监察御史周树模等军机处存记，统带官舒清阿练兵处存记。

予出洋随员、故参将姚广顺恩恤。①

初七日辛丑（10 月 24 日）

予驻日使馆参赞马廷亮外务部存记。

予出洋期满，知府王克敏等奖叙。

初八日壬寅（10 月 25 日）

学部奏，详拟考验游学毕业生章程，分两场考验，所注学科及中外国文，由襄校手记分数，再由大臣覆校。最优等，给予进士出身；优等、中等，给举人出身；加某学科字样，由学部带领引见，酌予实官。从之。

初九日癸卯（10 月 26 日）

光绪帝奉慈禧皇太后御仁寿殿，各国使臣暨参随武官等觐见，特赐游宴。

江苏巡抚陈夔龙奏，开通民智，宜范围法律，以正人心。下该衙门查核办理。

初十日甲辰（10 月 27 日）

广西巡抚林绍年奏，请仿外洋商垦之法，招商垦荒，任令商人择地，报官勘丈，给照定限升科。下部知之。②

---

① 《清实录·德宗景皇帝实录》卷五六四。
② 《清实录·德宗景皇帝实录》卷五六四。

十一日乙巳(10 月 28 日)

署两江总督周馥奏，上海通商日久，前经开筑南市马路，辟成华界，嗣复于新闸滨北地方，建桥筑路，作为北市商场。惟商力不逮，拟改归官办，与南市联合一气。下部知之。

十二日丙午(10 月 29 日)

引见游学毕业生。得旨：陈锦涛、施肇基、李方、张煜全，着赏给法政科进士；颜惠庆，赏给译学进士；谢天福、徐景文，赏给医科进士；颜德庆，赏给工科进士；田书年、黎渊、王鸿年、胡振平、薛锡成、周宏业、陈威、董鸿祎、嵇镜、富士英，赏给法政科举人；施肇祥、王季点、廖世纶，赏给工科举人；陈仲篪、曹志沂、李应泌、傅汝勤，赏给医科举人；王荣树、路孝植、陈耀西、罗会坦，赏给农科举人；权量、徐廷爵，赏给商科举人。

予随办洋务出力湖南游击杨明远奖叙。①

十七日辛亥(11 月 3 日)

出使俄国大臣胡惟德奏请颁行地方自治制度，下考察政治馆知之。

以德使署参赞庐克卜等二员驻华年久，比国议员斯诺瓦襄办赛会，并赏宝星。其驻库俄国副领事官古字名四科，得赏重复，加等换给宝星。

十八日壬子(11 月 4 日)

有人奏，美招华工，沿海奸商，诱骗出洋，请饬严拿惩治等语。着闽浙两广总督，严密查拿诱骗人口奸商，按律惩办。

设立商务总会于芜湖，并给予关防。

二十日甲寅(11 月 6 日)

清廷诏谕，改革官制。内阁军机处一切规制，着照旧行。其各部尚书，均着充参豫政务大臣，轮班直日，听似召对。外务部、吏部均着仍旧。巡警为民政之一

---

① 《清实录·德宗景皇帝实录》卷五六四。

端，着改为民政部。户部着改为度支部，以财政处并入。礼部着以太常、光禄、鸿胪三寺并入。学部仍旧。兵部着改为陆军部，以练兵处、太仆寺并入。应行设立之海军部，及军咨府，未设以前，均暂归陆军部办理。刑部着改为法部，专任司法。大理寺着改为大理院，专掌审判。工部着并入商部，改为农工商部。轮船、铁路、电线、邮政，应设专司，着名为邮传部。理藩院着改为理藩部。除外务部堂官员缺照旧外，各部堂官，均设尚书一员，侍郎二员，不分满汉。都察院本纠察行政之官，职在指陈阙失，伸理冤滞，着改为都御史一员、副都御史二员。六科给事中，着改为给事中，与御史各员缺，均暂如旧。其应行增设者，资政院为博采群言，审计院为核查经费，均着以次成立。其余宗人府、内阁、翰林院、钦天监、銮仪卫、内务府、太医院、各旗营、侍卫处、步军统领衙门、顺天府、仓场衙门，均着毋庸更改。

廿一日乙卯（11 月 7 日）

光绪帝谕内阁：朕钦奉慈禧皇太后懿旨，岑春煊奏，查明粤省风灾，分别赈抚情形一折。本年八月间，广东、香港一带，及潮、高、雷、廉、钦等府州属，飓风猛烈，溺毙人口，损失船货，灾情甚巨，为数十年来所未有，览奏殊深悯恻。本年该省广肇高钦等属，被水成灾，业经发帑赈恤。此次风灾，情形尤重。加恩着赏给帑银十万两，由广东藩库给发。该督即遴派妥员，会同各该地方员绅，核实散放，加意赈抚，毋任流离失所，用副朝廷轸念灾黎之至意。①

廿四日戊午（11 月 10 日）

命福建兴泉永道曾广铨，以三品京堂候补，充出使德国大臣。

廿七日辛酉（11 月 13 日）

出使法国大臣刘式训奏，统筹亚洲大势，拟请与土耳其、波斯、暹罗立约通好，以树远交而广联络。下外务部知之。

以保商兴学，不忘祖国，旅越商董刘霭春等传旨嘉奖。

以善遇华侨，赏西贡各埠法国官员濮柔尼等宝星。②

---

① 《清实录·德宗景皇帝实录》卷五六四。
② 《清实录·德宗景皇帝实录》卷五六四。

冬十月初二日乙丑(11 月 17 日)

署两广总督岑春煊奏，整顿粤海各关口税务办法六条、厘定解支各款四条，请饬外务部、户部、税务处查照：一、设关务处为总汇；二、裁家丁书役，委用员司；三、杜侵扰；四、勤考察；五、严比较；六、定奏销期限；七、厘正应解各款，以免积欠；八、监督向得罚款，改名归公；九、支销经费，分清界限；十、杂款归公，仍酌给伙食津贴。下部议行。又奏，粤汉铁路交商接办章程，送部查核。下部知之。①

初七日庚午(11 月 22 日)

出使考察政治大臣载泽等，进呈编辑政治各书。

初八日辛未(11 月 23 日)

以优待考察政治大臣，赏东西洋各国人员宝星。
以接待贺婚专使，赏驻日英大使卫乐嘉等宝星。

十六日己卯(12 月 1 日)

赏法国医士卜隆宝星。

十七日庚辰(12 月 2 日)

学部奏，酌拟游学日本章程，请设专员管理。从之。

十九日壬午(12 月 4 日)

赏法国医学博士包佩秀宝星。

二十日癸未(12 月 5 日)

光绪帝御乾清宫，兼理挪威国事务英国使臣朱尔典、比国使臣柯霓雅等觐见，

---

① 《清实录·德宗景皇帝实录》卷五六五。

呈递国书。

廿二日乙酉(12月7日)

御史赵启霖奏，富强之本，在全国注重实业。请饬学部、农工商部合力筹办京师高等实业学堂。下部议。

归并广东水陆提督为一员，改虎门屯防同知，为抚民直隶同知。从署两广总督岑春煊请也。①

廿三日丙戌(12月8日)

铁路大臣裁缺工部左侍郎盛宣怀奏，京汉铁路干路告成，计长一千五百余里，历时七八年，用款五千二百十三万余两，动借比款为多。下部知之。

廿五日戊子(12月10日)

以接待东游提学使，赏日本文部官员宝星。

廿六日己丑(12月11日)

两江总督端方等奏，查明苏省各州县水灾极重，恳准截拨新漕，并展办江南赈捐一年。加办七项常捐，以资赈抚。下部议。寻议拨给漕折银三十万两，余准分别办理。从之。

赏江南练将学堂日本教习宝星。

廿七日庚寅(12月12日)

御史赵启霖奏，禁烟期于实行，谨拟章程四条：一、京师设禁烟总局；二、上海设禁烟总会；三、八省膏捐大臣名称宜改；四、归公家专卖。下度支部知之。②

---

① 《清实录·德宗景皇帝实录》卷五六五。
② 《清实录·德宗景皇帝实录》卷五六五。

廿八日辛卯（12 月 13 日）

盛京将军赵尔巽奏，在奉省设立农工商总局。得旨：着即切实筹办，毋托空言。

廿九日壬辰（12 月 14 日）

山东巡抚杨士骧奏，民间田房税契，往往以卖作典，以多报少。东省拟自明年起，典当者一律补税。下部议。

三十日癸巳（12 月 15 日）

设立印刷官报局于京师。①

十一月初一日甲午（12 月 16 日）

正黄旗蒙古都统办理商约大臣吕海寰奏，现与意使议约，要挟过甚，以致停议。拟请由外务部照会各国，派员到沪集议，以期就范。下外部查核办理。

以随使期满，予福建试用同知梁廷芳升叙。

以敦睦邦交，赏葡国使臣白朗谷宝星。

以边境辑和，赏俄员布尔都阔斯齐宝星。②

初二日乙未（12 月 17 日）

光绪帝奉慈禧皇太后御勤政殿，墨西哥使臣胡尔达等觐见。

初三日丙申（12 月 18 日）

署两广总督岑春煊奏，粤海关广属各号口，苛扰病民。各行商愿岁认八万两，藉资抵补。请将省河东西炮台、花地、佛山、紫洞、思贤滘等各口，一律裁撤。下

---

① 《清实录·德宗景皇帝实录》卷五六五。
② 《清实录·德宗景皇帝实录》卷五六六。

税务处议。寻奏，该督臣洞悉民隐，应请准如所请。至各行商岁认八万两，易滋流弊，应概予除免。从之。①

初四日丁酉 (12 月 19 日)

以办事和衷，赏法国提督雷福禄宝星。

初五日戊戌 (12 月 20 日)

署两广总督岑春煊奏，爪哇岛华侨向义兴学，创建孔庙，派员前往宣谕，以系人心。下部知之。

初六日己亥 (12 月 21 日)

署两广总督岑春煊奏，粤东猝被风灾，民情困苦，请截留京饷十万两，拨充赈抚。下部知之。

初十日癸卯 (12 月 25 日)

上御乾清宫，德国使臣雷克司等觐见。
以辑和兵民，赏日本使馆参赞阿部守太郎宝星。

十一日甲辰 (12 月 26 日)

以随使期满，予候选同知梁居实等奖叙。
以辑睦邦交，赏俄外务员哈脱维宝星。

十二日乙巳 (12 月 27 日)

光绪帝奉慈禧皇太后御乾清宫，法国使臣巴思德暨驻津总兵鹿裴芙等觐见。
以亏短盐课，革浙江清泉场盐大使尹彦铭职，并勒追。

---

① 《清实录·德宗景皇帝实录》卷五六六。

十五日戊申（12 月 30 日）

有人奏，浙豁加引迟延，部催罔应一折。着张曾敫按照所指各节，彻底清查，据实具奏，毋稍徇隐。①

十八日辛亥（公元 1907 年 1 月 2 日）

署黑龙江将军程德全奏，江省满洲里与俄接壤，为轮车入中国第一站，交涉日繁。现经派员办理地方事宜，为将来设关基础。下外务部知之。②

二十日癸丑（公元 1907 年 1 月 4 日）

光绪帝御乾清宫，英国使臣朱尔典等觐见，呈递国书。

廿一日甲寅（公元 1907 年 1 月 5 日）

福州将军兼署闽浙总督崇善奏，闽省船厂，经费不敷，工程时辍，拟改归南北洋管辖，款项易集，于军事上亦多便利。得旨：着陆军部会同度支部南北洋大臣妥议具奏。又奏，船厂遣散洋员，并请议覆船政事宜。下部知之。寻议，准其暂行停办，所雇洋员，由外务部查照合同办理。又议，船厂改归南北洋遥领，鞭长莫及，改造新厂，又未可轻议，不如就原厂原款设法整顿，逐渐改良。请饬下闽浙总督详拟办法，随时咨商臣部，会同筹办。从之。

廿三日丙辰（公元 1907 年 1 月 7 日）

浙江巡抚张曾敫奏，浙江铁路，前有穿城填河之议，现经废止，拟另筑支路入城，以揽全城客货之利，事经创始，未便擅定。下邮传部议行。

廿四日丁巳（公元 1907 年 1 月 8 日）

电寄端方等，电悉。着于江苏新漕内，暂缓起运十五万石，以资接济。明年新

---

① 《清实录·德宗景皇帝实录》卷五六六。
② 《清实录·德宗景皇帝实录》卷五六七。

米上市，仍着如数补运，毋误正供。

以捐助学款，予日本留学生谢家琛等建坊。

以交还营口，赏日本领事官濑川浅之进宝星。①

廿八日辛酉（公元 1907 年 1 月 12 日）

福建船政按法国图纸建成折叠式水上飞艇，可容纳一人。②

十二月初一日癸亥（公元 1907 年 1 月 14 日）

御史赵炳麟奏，请定教育宗旨一折。学术人心，关系至大。叠经降旨宣示，学堂以中学为主，西学为辅。培养通才，首重德育，并以忠君、尊孔、尚公、尚武、尚实诸端，定其趋向。凡在臣民，岂容不修明伦理，顾行顾言。兹据该御史奏称，曲阜学堂开办伊始，请以明人伦、重躬行为要义等语，亟应申明前旨，俾共切实遵行。所有曲阜学堂，应如何慎选师儒，注重行谊，着学部会同张之洞悉心妥议，详定规则，奏明办理。③

初二日甲子（公元 1907 年 1 月 15 日）

以奥国参将福履格等约束兵丁，日本陆军中将藤井包等照料学生，警部荒川法光保护使馆，并赏宝星。

初九日辛未（公元 1907 年 1 月 22 日）

学堂教育人才，关系至为紧要，叠经宣示宗旨，饬令各省切实遵行。近闻广东学堂，颇多办理不善。着周馥督饬提学使，认真整顿，毋稍瞻徇，务令讲求实用，力戒浮嚣，以副朝廷兴学储才之至意。

十一日癸酉（公元 1907 年 1 月 24 日）

缓征两淮泰、海二属被灾各盐场钱粮。

---

① 《清实录·德宗景皇帝实录》卷五六七。
② 刘传标：《近代中国船政大事编年与资料选编》第 2 册，九州出版社 2011 年版，第 537 页。
③ 《清实录·德宗景皇帝实录》卷五六八。

十二日甲戌（公元 1907 年 1 月 25 日）

外务部奏，变通出使章程。各国公使，改为二品实官；使馆参赞领事等员，均由部补用；并更定薪俸，以昭画一。从之。

以创办山西学堂，赏英国教士李提摩太等封典宝星。

以照料赛会事宜，赏意国工部大臣隆璞等宝星。①

十三日乙亥（公元 1907 年 1 月 26 日）

有人奏，广东铁路股本，经理非人，弊端甚多，应请饬查办一折。着周馥按照所参各节，确切查明，认真究办。

十四日丙子（公元 1907 年 1 月 27 日）

电寄达桂等，现在俄国来电，将兵队先行撤退。所有俄国在满洲人民，已电复允饬地方官妥为保护。着达桂、程德全迅速妥筹，于该兵队撤后，即派得力兵队填扎，一切事宜悉心经理，并将各处土匪认真剿捕，务保治安，毋稍疏虞，并将筹办情形，随时电奏。②

十六日戊寅（公元 1907 年 1 月 29 日）

学部奏，派内阁侍读梁庆桂，赴美筹办华侨兴学事宜，又派法政科举人董鸿祎总理南洋各埠学务。从之。

两江总督端方奏，遵查苏省灾区，民力未复，来春仍须续办赈抚。得旨：着来春体察情形。再行奏请。

十八日庚辰（公元 1907 年 1 月 31 日）

以敦睦邦交，赏奥国参议官奥士加啤尔嘉挖而德尼隔、意国内部大臣轴里底、比国安凡士工业士维济蒙宝星。

---

① 《清实录·德宗景皇帝实录》卷五六八。
② 《清实录·德宗景皇帝实录》卷五六八。

廿五日丁亥（公元 1907 年 2 月 7 日）

民政部奏，统筹禁烟事宜一折。鸦片烟为生民之害，前旨谕令各省定限严禁。兹据该部奏称，推行戒烟分会，将各省烟馆，按照新章一律封禁等语。着各该将军督抚，督饬所属认真办理。惟严禁吸食，尤必以禁种罂粟为清源办法。着责成各将军督抚，务照定章递年减种，限十年以内，将洋土药尽绝根株，不得因循欺饰，用副朝廷保惠民生、力除沉痼至意。

以襄赞使事，赏税务司英员韩德森宝星。

廿六日戊子（公元 1907 年 2 月 8 日）

直隶总督袁世凯奏，密陈大计，以遏祸萌：一、据公法严治国事犯；二、游说华侨，使回而向内；三、限制学生出洋；四、宗德国学派，申明国家主义。得旨：着外务部、学部认真办理。①

是年

周廷弼创办商业储蓄银行，总行设沪。

大连修造船场，转属日本旅顺海军工作部大连支部事务所管辖，主要承修日本海军舰船。②

光绪三十三年　公元 1907 年　丁未

春正月初二日甲午（2 月 14 日）

缓征直隶被灾歉收之武清等州县厅各村庄、应征本年春赋地丁钱粮，并原缓光

---

① 《清实录·德宗景皇帝实录》卷五六八。

② 刘传标：《近代中国船政大事编年与资料选编》第 2 册，九州出版社 2011 年版，第 538 页。

绪三十二年及节年地丁钱粮。其坐落武清、天津二县之津军厅苇课纳粮地亩，一律展缓。①

初四日丙申(2 月 16 日)

两江总督端方等奏，办理徐海等属冬赈就绪，接办春赈，因存款不敷，现正竭力筹措。报闻。

缓征山东被灾之济宁等三州县各村庄，应征本年上忙钱漕租课，其坐落各州县之寄庄灶课，与裁并卫所，并永利等场，随同民田，一律展缓。

初七日己亥(2 月 19 日)

蠲缓两浙仁和、海沙、鲍郎、芦沥、横浦、浦东各场未垦灶荡应征上年灶课钱粮。

十二日甲辰(2 月 24 日)

光绪帝奉慈禧皇太后御乾清宫，各国使臣暨参赞等觐见贺年。

十七日己酉(3 月 1 日)

光绪帝奉慈禧皇太后御勤政殿，总税务司赫德、法国主教林懋德等觐见贺年。

蠲缓两浙被灾场灶荡田应征灶课钱粮有差。

二十日壬子(3 月 4 日)

命闽浙总督丁振铎开缺，以察哈尔都统松寿为闽浙总督。

以广州将军诚勋为察哈尔都统，镶蓝旗汉军都统景沣为广州将军。

以美国前外部大臣福士达，充荷兰保和会副议员。

以施助医药，赏意国医士儒拉宝星。②

---

①　《清实录·德宗景皇帝实录》卷五六九。

②　《清实录·德宗景皇帝实录》卷五六九。

廿一日癸丑（3月5日）

电寄端方等，据电奏，请购办洋米，运回平粜等语。着照所请。

廿四日丙辰（3月8日）

清廷谕令：东三省为根本之地，日俄两国兵队，已将撤尽。所有一切应办事宜，即当赶紧筹办，切实经理。各处填扎军队，应即认真缉捕土匪，毋稍疏虞。地方凋敝之后，尤应固结人心，培养元气，切勿重征苛敛，扰累商民。该将军等身受国恩，务当悉心筹画，力戒因循。该省近日筹办情形如何，久无奏报，倘或迟疑观望，致误事机，定惟该将军等是问。

廿五日丁巳（3月9日）

端方、陈夔龙奏，请将苏属漕粮，试行车运到沪等语。①

二月初一日壬戌（3月14日）

以随使期满，予驻奥使馆参赞分省补用县丞程福庆奖叙。②

初二日癸亥（3月15日）

内阁学士吴郁生奏，江浙米贵食艰，宜豫筹接济。谨酌拟五条。一、截留漕米；二、筹款购运；三、清查仓谷；四、严禁囤户及私运出洋；五、饬地方官筹办平粜。下部议。

以办理奉天渔业得力，复已革安徽候补知府黄家杰职。

初六日丁卯（3月19日）

两江总督端方等奏，筹建南洋大学，拟将贡院拆卸，改辟市场，以充建筑及常

---

① 《清实录·德宗景皇帝实录》卷五六九。
② 《清实录·德宗景皇帝实录》卷五七〇。

年经费之用。下部议。

初八日己巳(3 月 21 日)

电寄端方等，据电奏，米价翔贵，请再缓运苏漕二十万石平粜等语。着度支部速议具奏。前据内阁学士吴郁生奏请开仓平粜等语，地方官仓、义仓，原为备荒之用。该省各属此项仓谷，实存若干，现在已否动放，着该督抚迅即查明电奏。

电寄张曾敭，电悉。现据端方、陈夔龙、恩铭等电称，该省米粮缺乏，均在各处采运。该抚所请分赴苏皖购米，自毋庸议。其广东所购米粮，着免抽收厘税。

两江总督端方奏，山东曹匪，窜至徐州沛县，经官军痛剿聚歼。得旨：仍着随时认真防缉。以靖地方。

以创办广东潮汕铁路告成，予候补四品京堂张煜南以三品京堂候补。①

初九日庚午(3 月 22 日)

直隶总督袁世凯奏，长芦官引畅销，硝户无计谋生，拟援案酌加盐价，筹办善后。从之。

十一日壬申(3 月 24 日)

电寄周馥，电悉，广东米缺价贵，请饬浙抚另向他处授购等语。着电商张曾敭酌核办理。

电寄张曾敭，据电奏，购定苏皖米一万石，请免厘放行。着电商该省督抚酌核办理。

以随使期满，予驻比使馆翻译官通判职衔刘锡昌奖叙，已故翻译官直隶候补知县徐家庠优恤。

十五日丙子(3 月 28 日)

两江总督端方奏，南洋海防经费，短解甚巨，恳饬部改拨的款，以济要需。下部议。

---

① 《清实录·德宗景皇帝实录》卷五七○。

十九日庚辰(4月1日)

福州将军兼署闽浙总督崇善奏，福建农桑局，附设浙粤两股蚕务学堂，嗣以增拓校舍，添授学科，与中等实业学堂程度相符。拟请将浙股蚕务学堂，改名中等实业学堂。其粤股原授以简便艺术，拟改为蚕业速成科，以符名实。下部知之。

二十日辛巳(4月2日)

以居心贪鄙，革福建水师中营参将苏桂森职。

廿一日壬午(4月3日)

电寄周馥，据电奏，九广铁路，急待华商认借实数，请饬邮传部电覆等语。该部知道。

换铸广东廉州府嘉应直隶州印信，从两广总督周馥请也。

以随使期满，予驻美使馆参赞候选直隶州知州容揆等奖叙。

予巴拿马华侨商董候选州同陈灿文等奖叙有差。

廿四日乙酉(4月6日)

以办理北洋武备学堂成绩昭著，赏署正黄旗蒙古副都统冯国璋三代正一品封典。

以勤劳卓著，予福建汀州镇总兵段祺瑞以副都统记名简放。

廿五日丙戌(4月7日)

两江总督端方奏，请拨漕折赢余银二万两，为江宁驻防改建校舍营房之用。下部知之。

三十日辛卯(4月12日)

袁世凯等电奏，派船巡历南洋各岛，保护华民等语。着照所请，该部知道。①

---

① 《清实录·德宗景皇帝实录》卷五七〇。

三月初一日壬辰(4 月 13 日)

出使英国大臣汪大燮奏，要政待兴，库储支绌，因时制宜，行用金币，实有利无弊。下度支部议。寻奏，本位币制，关系重要，请饬廷臣会议。得旨，着内阁各部院会议具奏，并着直隶两江、湖广、两广各总督，一并妥议奏闻。

以当差勤慎，予德国洋员花翎水师参将哈卜们以副将升用。

以襄办北洋无线电报得力，当意国洋员孟洛义宝星。

以驻华年久，著有勤劳，赏法国驻京参赞端贵头品顶戴。

以遇事持平，赏俄国驻扎库伦副领事瓦礼帖勒宝星。①

初三日甲午(4 月 15 日)

都察院代奏，候选道许珏条陈厘订学务：一、蒙学堂必以孝经四书为初基；二、中学堂以上，不必人人尽习外国语言文字；三、西式操服必宜禁革；四、女学堂宜恪守中国礼教，不可参用西俗。下部议。

初四日乙未(4 月 16 日)

都察院代奏，候选道许珏条陈，请严饬各省实行禁烟一折。前经叠次降旨。限年将洋土药之害革除净尽，不许因循欺饰。若如所奏，各省尚未一律实行，尚复成何事体。着民政部、步军统领衙门、顺天府、各省将军督抚一体严饬所属，于栽种、贩卖、吸食各项，遵照奏章，切实办理。倘再有松懈，定予严惩不贷。至所称筹办公债，以抵税厘一节，是否可行，着端方、陈夔龙等妥议具奏。寻奏，禁烟要政，已节次遵章实行。惟筹办公债，须备有偿还本息的款，本省无法腾挪，恐民间观望，且驯至失信，未敢遽议举行。报闻。②

初五日丙申(4 月 17 日)

光绪帝奉慈禧皇太后御勤政殿，日本国使臣林权助暨伯爵大谷光瑞等觐见。

电寄张之洞，据电奏，该省粮贵，请饬江督毋庸发给护照来鄂运米等语。并另电奏，采运洋米三十万石，来鄂平粜，请饬沿海沿江各省免征税厘。均着照所请，

① 《清实录·德宗景皇帝实录》卷五七一。
② 《清实录·德宗景皇帝实录》卷五七一。

度支部知道。

初七日戊戌(4月19日)

署吉林将军达桂等奏,吉林、长春、哈尔滨等处自开商埠分设公司,招集华股,以备购地经始之需。下部知之。又奏,日人违约私售枪械,接济华匪,请饬部照会日使实力查禁。下外务部查核办理。

初八日己亥(4月20日)

清廷谕令:东三省吏治因循,民生困苦,亟应认规整顿,以除积弊而专责成。盛京将军着改为东三省总督,兼管三省将军事务,随时分驻三省行台。奉天、吉林、黑龙江各设巡抚一缺,以资治理。徐世昌着补授东三省总督,兼管三省将军事务,并授为钦差大臣。奉天巡抚着唐绍仪补授,朱家宝着署理吉林巡抚,段芝贵着赏给布政使衔,署理黑龙江巡抚。该督等受兹重寄,务当悉心经画,破除情面,任怨任劳,于一切应办事宜,切实通筹,次第举办,用副委任。其应如何分设职司之处,即着该督等妥议具奏。

十一日壬寅(4月23日)

电寄直隶津海关道梁敦彦,着迅速来京,暂行帮办税务。

外务部奏,收回新奉添造吉长等铁路,现与日本使臣议订条款,会同画押。报闻。

命署顺天府府尹孙宝琦充出使德国大臣,以裁缺太常寺少卿裴维侒署顺天府府尹。

以江宁将军清锐兼署江宁副都统。①

十三日甲辰(4月25日)

电寄周馥,据电奏,请派伍廷芳、张振勋权理粤汉铁路公司事宜。着照所请。

十四日乙巳(4月26日)

光绪帝奉慈禧皇太后御海宴堂,各国使臣夫人觐见。

---

① 《清实录·德宗景皇帝实录》卷五七一。

二十日辛亥(5 月 2 日)

调甘肃凉州镇总兵札拉芬为浙江海门镇总兵官，浙江海门镇总兵岳登龙为甘肃凉州镇总兵官。

廿一日壬子(5 月 3 日)

命直隶津海关道梁敦彦充出使美墨秘古国大臣。

赏美国驻京使馆武随员都司连那得宝星。

廿二日癸丑(5 月 4 日)

颁南洋新加坡天后庙匾额曰"波靖南溟"。

电寄吕海寰等，加税免厘一事，关系紧要。现在各国商约，尚未一律议定。时已数年，亟应赶紧商订，俾加税免厘之举，得早实行。着责成吕海寰、盛宣怀等妥速筹议，以免久延。

开缺云贵总督丁振铎奏，请援照条约，于越南、河南设立领事。下外务部查核办理。

升任顺天府府尹江苏苏松太道袁树勋奏，上海租界巡捕违章将女犯改押，英领事复无理要挟，拟请将臣罢斥，以为交涉转圜之地。得旨：毋庸开缺，仍着总理湖南铁路事宜，以资得力。①

廿五日丙辰(5 月 7 日)

以记名副都统程德全署黑龙江巡抚。

调出使荷国大臣陆徵祥充保和会专使大臣，命分省补用知府钱恂充出使荷国大臣，候补四品京堂李经方充出使英国大臣。

夏四月初一日辛酉(5 月 12 日)

福州将军兼署闽浙总兵崇善奏，酌裁绿营，腾出饷项，改编常备军一协，限六

---

① 《清实录·德宗景皇帝实录》卷五七一。

个月成军，并将马炮工辎各营，分别补练，其长门各炮台兵丁，并加裁汰，附设炮科学堂。下部知之。又奏，浙江大岚山移驻员弁，拟以游击驻扎大皎、鄞江桥等处，分设八汛，并拨定兵额饷需，请饬立案。下部议。①

初二日壬戌（5 月 13 日）

外务部奏，酌拟出使大臣等应支经费，更定章程二十条。又奏，使馆供事，拟改为书记生秩八品、三等通译官秩六品。并依议行。

署吉林将军达桂等奏，会筹吉、江两省兵队，握要驻扎情形。得旨：着即督饬认真缉匪，严禁扰民，以安边围。

署黑龙江将军程德全奏，开办齐齐哈尔商埠，派员设局情形。下部知之。

浙江巡抚张曾敭奏，本省漕粮征本解折，辗转亏耗，与苏省以钱折银不同，请将上两年折价概免加增，以示体恤。下部知之。

出使俄国大臣胡惟德奏，东三省交涉日繁，请广储人才，以资治理。得旨：所奏尚属留心，着徐世昌酌核办理。②

初三日癸亥（5 月 14 日）

光绪帝奉慈禧皇太后御勤政殿，日本国使臣林权助暨陆军少将中村爱三等觐见。

初四日甲子（5 月 15 日）

电寄袁世凯，电悉，据称津海关道，查出德商瑞记承运吉林订购毛瑟枪四千余支，内夹带潜运曼利夏快枪七千八百支、枪刺五千把、子弹三十万余颗，既无官发专照，又不能指明何人所运，当经照章扣留入官。查洋商夹运大批军火，显有隐谋。现经照会德领事传提该商，严究惩办等语。私运军火，本干例禁，着该督即行严切究办，并着沿江沿海各省督抚，认真稽查，重悬赏格。如获有私运大批军火，关道税司，均准请奖。各该督抚等务当随时防范，以销隐患。

以办理洋务出力，复已革陕西副将刘琦总兵衔。

---

① 《清实录·德宗景皇帝实录》卷五七二。
② 《清实录·德宗景皇帝实录》卷五七二。

初五日乙丑(5 月 16 日)

署吉林将军达桂等奏，覆查光绪三十一年分洋土药税捐短绌，实因日俄战事牵累，委非经征不力，仍恳免予赔补，以示体恤。下部议行。

初七日丁卯(5 月 18 日)

直隶总督袁世凯等奏，各省留学毕业生回国，在五年义务期内者，他省及各部奏调，应缴还本省学费，以免偏祜。下部知之。

十一日辛未(5 月 22 日)

东三省总督徐世昌等奏，遵议东三省官制，拟各建行省公署，以总督为长官，巡抚为次官，设二厅，曰承宣、咨议，以左右参赞领之；设七司，曰交涉、旗务、民政、提学、度支、劝业、蒙务，以司使领之；另设督练处以扩军政，提法使以理刑法；并拟督抚办事要纲六条。其详细及变通章程，随时奏明办理。从之。

山东巡抚杨士骧奏，密陈胶澳德租界地方安谧，并路矿交涉各情形。下外务部知之。

以调查法制、接待殷切，赏日本司法省大臣松田正久等七员宝星。

以稽征得力、交涉持平，赏山东胶州关税务司德人阿理文，暨驻济南德领事麦令豪、青岛德署中军官都司甘敦西等九员宝星。①

十二日壬申(5 月 23 日)

外务部奏，保和会开议在即，请将陆地战例条约，补行画押。从之。

署黑龙江巡抚程德全奏，择水陆要区，修建营房，驻兵遏盗，以保治安。下部知之

十七日丁丑(5 月 28 日)

两江总督端方奏，候选道曾铸等集股设立江西景德镇商办瓷业公司，用机器仿造外瓷，请予立案。下所司知之。

---

①　《清实录·德宗景皇帝实录》卷五七二。

命两广总督周馥开缺另候简用，以邮传部尚书岑春煊为两广总督。

十八日戊寅(5月29日)

光绪帝奉慈禧皇太后御仁寿殿，日本国使臣林权助，暨男爵后藤新平等觐见。

以浙江象山匪徒仇教，剿办出力，予候补都司谢得胜等二员奖叙。革畏葸延误、象山协中军都司周崇贵，捏禀无耻、象山县典史俞懋材职。①

十九日己卯(5月30日)

署吉林将军达桂等奏，创设外国语学堂，以培译材，遵设陆军讲武学堂、测绘学堂，令军官研究兵学。下部知之。

浙江巡抚张曾敭奏，塘工丝捐奖限届满，请再展限一年，以裕工用。下部议行。

二十日庚辰(5月31日)

电寄周馥，电两件均悉，黄冈土匪，究竟逃往何处，匪首亦尚未获，着即严饬各军，赶紧侦探，跟踪拿捕，务令悉数殄除。至所称此匪多由闽省渔船载来等语，着会同松寿暂禁民船往来停泊，并随时稽查私运接济，毋稍疏虞。

廿一日辛巳(6月1日)

周爰谞奏，请禁米出口一折。据称江北此次水灾，粮缺价贵，实由误弛米禁，堤防既撤，偷漏遂多等语。着度支部、江苏巡抚严禁米粮出口，以重民食。所称修治水利，讲求种植各节，并着体察情形，妥筹办理。

广州将军寿荫等奏，试办广州驻防工艺厂，以兴实业而资生计。得旨：着景沣等认真办理。

廿二日壬午(6月2日)

出使奥国大臣李经迈奏，奉使考察所及，敬陈管见：一曰兴学，应由蒙小学入手；二曰理财，应由调查入手。下部议。又奏，中国与各国情形不同，宜逐渐改革，请将地方自治与官吏行政权限，豫行分晰。下考察政治馆知之。

---

① 《清实录·德宗景皇帝实录》卷五七二。

以英人高林购藏炸药，侦获监禁，予分省知府关景贤以道中补用。

以期满回国，赏比国参赞卢华义宝星。①

廿四日甲申(6 月 4 日)

福州将军崇善奏，闽海关铜币局停铸，拟归并船政，以资抵补。下部知之。

开缺两广总督周馥奏，省城人稠地隘，拟于川龙口北岸酌开新市，俟商业兴旺，再于南岸及迤东地方，更辟商埠。下部知之。

廿七日丁亥(6 月 7 日)

岑春煊奏，广东财政艰难，力筹振兴一折。据称筹借洋款，办理地方兴利要政等语。着照所请，仍会同度支部妥商，由粤自行筹还办法。至所办兴利各事，着责成该督认真经理，任用各员，务当慎加选择，随时稽查，以期款不虚糜，得收实效，毋稍贻误。

陆军部奏，遵旨核议本部官制，拟设两厅十司、军咨处五司、海军处六司，并酌议现行办法，随时整顿。

杭州将军瑞兴奏，遵旨研究诉讼各法，刑事有难通行者二条：一曰堂上宣誓，一曰律外无罪。民事有难通行者二条：一曰家人异财，一曰呈报破产。通用规则有难通行者二条：一曰律师，恐启扛讼之端；一曰陪审，恐多牵制之弊。下部知之。

两广总督岑春煊奏，盐务可筹巨款，拟派员出洋考查就场收税之法，酌量仿办。下部知之。

调广东按察使朱寿镛为安徽按察使，安徽按察使郑孝胥为广东按察使。②

廿八日戊子(6 月 8 日)

杭州将军瑞兴等奏，勘丈萧山县境六围牧地，拟招垦集赀，备练兵兴学之用。下部知之。

五月初一日辛卯(6 月 11 日)

崇善电奏，船厂遣散洋员，并请饬议覆船政事宜等语。该部知道。寻奏，已调

---

① 《清实录·德宗景皇帝实录》卷五七二。

② 《清实录·德宗景皇帝实录》卷五七二。

萨镇冰来京，面询一切机宜，妥定善法，奏明办理。从之。

以捐助赈款，予旅日绅商曾纪杰等暨寓韩汉城华商总会，各建坊。

以裨益交涉，赏荷国总领事阿福柯、比国副领事范璧屋利宝星。①

初二日壬辰（6 月 12 日）

度支部奏，遵议广东筹借洋债办法，声明粤借粤还，专为生利之用。其他无论何项要政，不得挪拨。报闻。

初四日甲午（6 月 14 日）

周馥电奏，撤销铁路公司权理。邮传部知道。

山东巡抚杨士骧奏，应摊黄浦工程银两，无力筹解，请饬另拨。下部议。

初九日己亥（6 月 19 日）

陈璧奏，福建船政提调丁忧前任福州府知府高凌汉，办理船厂事务，日就废弛，在福州将军署闽浙总督崇善署内，充当文案，招权纳贿，工于蒙蔽等语。高凌汉着即革职，永不叙用，以儆官邪。②

京奉铁路全线通车。③

初十日庚子（6 月 20 日）

陈璧奏，请整顿闽海关税务以裨财政一折。闽海关着改归闽浙总督兼管，切实整顿。应办一切事宜，按照原折所拟各节，妥议具奏。

十二日壬寅（6 月 22 日）

电寄吕海寰，电悉，续议商约，即着盛宣怀在沪，会商袁世凯、张之洞，妥速筹议。

直隶总督袁世凯奏，山西铁器入境，未经局卡，向不完厘。现由铁商每年包纳

---

① 《清实录·德宗景皇帝实录》卷五七三。

② 《清实录·德宗景皇帝实录》卷五七三。

③ 朱寿朋：《光绪朝东华录》，中华书局 1958 年版，第 5768 页。

银一万两，凑发警饷，拟请作为定额，由局造报。下部知之。

以办理交涉，赏前驻天津日本总领事官伊集院彦吉等三员宝星。

十三日癸卯(6 月 23 日)

学部奏，游学外洋，必在大学及高等学堂毕业，得有文凭，始准与考。

新授四川总督裁缺盛京将军赵尔巽奏，南洋华商来奉开矿，请免出井各税，以示招来。下部知之。

赏直隶候补道詹天佑等四员，各科进士出身。从直隶总督袁世凯请也。

十五日乙巳(6 月 25 日)

鸦片为民生巨患，上年降旨禁烟，谕令政务处妥议章程，通饬京外各衙门，一体申禁。本年三月，复谕令各饬所属于栽种、贩卖、吸食各项，遵照奏章，切实办理。朝廷关怀民瘼，此事断在必行，着顺天府、各直省将军督抚严饬所属，实行禁止，务令家喻户晓，痛除痼疾。所有进口洋药，应由各海关认真稽查。至内地栽种土药地方，尤当按照奏定期限，遂年递减。并着严定考成，如果所属地方各官，实力奉行，著有成效，准予奏请奖励。倘或因循粉饰，阳奉阴违，亦即指明严参，请旨惩办。仍着将种烟地亩，切实查明，详细列表，分年进呈，以昭核实，用副朝廷为民除害之至意。

浙江巡抚张曾敭奏，议覆民刑诉讼，碍难实行。中国纲常之重，深入人心，势难因新法之行，一朝变易。浙东枭匪出没，浙西风气强悍，用重典犹惧弗胜，改从轻典，将何所戒？应请体察情形，从缓办理，下部议。①

十七日丁未(6 月 27 日)

两广总督岑春煊奏，病势骤剧，恳恩开缺调理。得旨：两广地方紧要，该督向来办事认真，能任劳怨，着再赏假十日，赶紧调理，假满即速赴任。②

十九日己酉(6 月 29 日)

以广东布政使胡湘林暂护两广总督。

---

① 《清实录·德宗景皇帝实录》卷五七三。
② 《清实录·德宗景皇帝实录》卷五七四。

廿二日壬子(7月2日)

以教案议结，赏法国司铎任安收四品顶戴。

廿六日丙辰(7月6日)

开缺两广总督周馥奏，粤海关征收官物税银，拟请尽征尽解。下所司知之。

以广东黄冈寨城，被匪扰据，革署黄冈同知谢兰馨、署黄冈都司隆荣、广宁县知县郑世璘、巡防营千总蔡河宗职；已革署黄冈守备镇标千总黄其蕃，遣戍军台；予被匪戕害之署柘林司巡检王绳武、存城把总许登科、镇标外委邱焯、五品军功林清恤荫加等。①

廿七日丁巳(7月7日)

两江总督端方奏，上海城内市面日盛，拟添开新东、新西、小东、小北四门，并将淤河填筑马路，请予立案。下部知之。

廿八日戊午(7月8日)

有人奏，商约大臣盛宣怀，贪鄙近利，行同市侩，并有擅售公地、勒买民田情事，请旨饬查等语。着端方按照所参分别密查，据实具奏，毋稍徇隐。寻奏，盛宣怀才长肆应，经手事繁，百密一疏，诋诹难免。若擅售公地，可以信其必无。

电寄端方等，各电悉，安徽党匪滋事，巡抚恩铭突被戕害，殊堪骇恻。徐锡麟业已正法，所擒余党，迅即讯明奏办，并着端方筹督饬派往各员及本省文武妥为布置，散胁擒渠，以销后患而定人心。并将办理情形，随时电奏。

给事中陈庆桂奏，两广总督岑春煊请借洋款，须防流弊。下政务处王大臣会同度支部议。

以查获德商私运军火，赏前直隶津海关道蔡绍基，俟升缺后加头品顶戴。②

---

① 《清实录·德宗景皇帝实录》卷五七四。
② 《清实录·德宗景皇帝实录》卷五七四。

廿九日己未(7 月 9 日)

御史成昌奏，请饬各省推广实业学堂，以养游民。得旨：着农工商部分行各直省督抚。

六月初三日壬戌(7 月 12 日)

南书房翰林袁励准奏，切实豫备立宪，请停止举贡及保举各项出路。除学生照章奖励外，其有捐资兴学及管理合法者，一律给与京外实官，使全国进身皆出学堂，以造成立宪人格。下军机大臣大学士参预政务大臣会议具奏。寻奏，今日科举已废，捐纳已停，士子登进，本皆出于学堂一途。至各项举贡出路，及各项保举，均有奏案章程，未便轻于改易。惟优奖民立小学一节，除输资较巨，奏明请奖。其有躬亲其事、管理合法者，应准另订奖励专条，以示优异。从之。

闽浙总督松寿奏，粤盐入汀日盛，援照江西口捐成案，设局抽厘，以裨经费。下部知之。

命学部右丞李家驹，充出使日本国大臣。

以东三省俄兵撤退，赏俄国外务部大臣伊兹倭理斯齐等四十五员宝星。①

初七日丙寅(7 月 16 日)

山东巡抚杨士骧奏，东省航路危险，关系民命，请变通救护失事商船请奖章程，凡救出三十人以上者，按照异常劳绩酌保一二员，以昭激劝。下所司议。

初八日丁卯(7 月 17 日)

电寄端方等，近来沿江一带，匪徒充斥，引诱勾结，藉端生事，摇惑人心，亟应严密查缉。水师提督本有巡查长江之责，着端方会商沿江督抚，及该水师提督，妥议巡缉章程，详细具奏。并着程文炳，即行常川梭巡沿江各处，认真查缉，勿得拘守分阅上下游常例。总期有匪必获，不准稍涉疏懈，以专责成而弭隐患。

命闽浙总督松寿兼署福州将军，并接管船政。②

---

① 《清实录·德宗景皇帝实录》卷五七五。
② 《清实录·德宗景皇帝实录》卷五七五。

十二日辛未(7 月 21 日)

直隶总督袁世凯奏,专设审判,先由天津县试办数月,积牍一空,民间称便,请饬立案。下部知之。

办理商约大臣吕海寰等奏,历年办理商约,出力人员择尤请奖。得旨:着俟商约办竣后,再行请旨。又奏,上海创设红十字会,在事员绅请立案奖叙。得旨:着徐世昌查明具奏。

十三日壬申(7 月 22 日)

东三省兴办一切要政,自应宽筹款项,以资整顿。惟息借洋款,至二三千万之多,关系极巨。必须豫筹该省所兴之利,确有把握,足以抵还,方免后患。该督等受恩深重,责任匪轻,务将兴办各要政,详慎妥筹,陆续议借,随时奏明办理,毋稍大意。

调浙江定海镇总兵吴元恺为江南狼山镇总兵官,江南狼山镇总兵邱开浩为浙江定海总兵官。

以随使期满,赏江苏补用道欧阳庚三代一品封典,布政使经历衔李大森等五员升叙有差。

赏墨国任满使臣郦华宝星。①

十四日癸酉(7 月 23 日)

有人奏,汉口租界新约,尚须磋改一折。着张之洞查明具奏。寻奏,此次日本展界合同,只有三条:一、展拓一百五十丈;二、保护华商火柴公司照常开设;三、悉照原订合同办理。皆力争十数次而得。另件议明年限收回日本借用之华界大版码头,尤辩驳数年始克就绪。至"永租税捐"及"日本臣民"字样,均遵条约成案,并无不合。下部知之。

湖广总督张之洞奏,近日学堂怪风恶俗,不忍睹闻。为国家计,则必有乱臣贼子之祸;为世道计,尤不胜洪水猛兽之忧。谨于湖北省城设立存古学堂,以经、史、词章、博览四门为主,而以普通科学辅之,庶经训不坠,以保国粹而息乱源。下部知之。

---

① 《清实录·德宗景皇帝实录》卷五七五。

十九日戊寅(7 月 28 日)

直隶总督袁世凯奏，请赶紧实行豫备立宪，谨陈管见十事。一、昭大信。请亲诣太庙，昭告立宪。二、举人才。请饬京外保荐，不拘官阶，破格录用。三、振国势。请重交涉，修武备，任胡惟德、陆徵祥等而勿用凤山。四、融满汉。臣工有意见较深者，请量予裁抑。五、行赏罚。新政迄无进步，其久无成绩及徒托空言者，请分别惩处。六、明党派。党有公党，如曾国藩之用同乡同里是也；有私党，如瞿鸿禨之汲引私人是也，请勿概加疑忌，使人心瓦解。七、建政府。立宪国制，皆使国务大臣代任君主之责，请采内阁合议制度，或并军机、政务处为一，以固基础。八、设资政院。比年争路争矿，上书抗辩，时有所闻，请因势利导，设州县议事会、省咨议局，递升于资政院，以借群力。九、办地方自治。自治不侵官权，且选举多数者，必非乡里见摈之辈，请认真举办，行之十年，必有奇效。十、行普及教育。豫备立宪之期，全国臣民，当以振兴学务为第一事；公私财产，当以筹助学费为第一宗。请详查学龄儿童与人民财产之数，通盘合计，强迫立学。下会议政务处王大臣会议。又奏，请简派大臣，分赴日、德各国，会同使臣，考察宪法。下考察政治馆知之。①

廿三日壬午(8 月 1 日)

以随使分驻期满，予海参崴商务委员李家鏊、驻韩副领事黎天祥暨随办员董分省补用知县李本甫等升叙有差。

廿五日甲申(8 月 3 日)

拨北洋扣留德商夏利曼枪七千八百杆，随带子弹，交东三省军营备用。

三十日己丑(8 月 8 日)

翰林院侍读周爰诹奏，改科举为学堂，不足致乱，因废科举而并废圣贤之书，斯乱臣贼子接迹于天下。谨陈学务祛弊之法八：一、撤回东洋留学生；二、暂停卒业考试；三、不可用为乡官；四、严查学堂阅报；五、洋文教习宜通中学；六、不宜袭用礼拜；七、不必别置服色；八、宜祛速成之名。挽救之方六：一、四书五经

---

① 《清实录·德宗景皇帝实录》卷五七五。

皆令默试；二、人伦道德，勿参新说；三、八旗小学，宜培根本；四、师范学堂，宜设省城；五、蒙小学教育，宜设法普及；六、存古学堂，宜设法推广。又请禁女子出洋游学。下会议政务处、学部议。寻奏。该侍读所奏，盖有鉴于新学流弊，致有今日乱党之祸，因思整顿而补救之，用心良苦。惟于奏定章程及学部历年办法，有未尽悉者，谨逐条论列，分别准驳。至各省女学生出洋，皆系自费，风气所趋，殊难强禁。其自行择配及集会演说，业经学部奏定女子师范学堂章程，严切屏除。从之。①

秋七月初二日辛卯（8 月 10 日）

光绪帝谕内阁，朕钦奉皇太后懿旨，我朝以仁厚开基，迄今二百余年，满汉臣民，从无歧视。近来任用大小臣工，即将军都统，亦不分满汉，均已量材器使。朝廷一秉大公，当为天下所共信。际兹时事多艰，凡我臣民，方宜各切忧危，同心挽救，岂可犹存成见，自相纷扰，不思联为一气，共保安全。现在满汉畛域，应如何全行化除，着内外各衙门各抒所见，将切实办法，妥议具奏，即予施行。②

初三日壬辰（8 月 11 日）

邮传部奏，京汉铁路与比公司借款筹办，利权外溢，叠蒙垂询清还洋款限期，谨拟尽明年十二月以前筹款收回。报闻。

农工商部奏，华商设立公司，制造铁路材料，请予立案，并援案暂行免税。依议行。

初五日甲午（8 月 13 日）

考察政治馆奏，考核州县事实，酌拟办法三条：一、切实劝惩；二、声明定章；三、整饬新政。又奏，请饬各省筹解政治官报常年经费五万三千圆。均如所请行。

两江总督端方奏，库储无烟火药，酷暑往往自焚，派员考验，含酸变质者共八千三百余磅，仿照西法，装桶弃水，以免贻害。下部知之。③

---

① 《清实录·德宗景皇帝实录》卷五七五。
② 《清实录·德宗景皇帝实录》卷五七六。
③ 《清实录·德宗景皇帝实录》卷五七六。

乙未初六日(8 月 14 日)

有人奏，闽省农工商务均未讲求，并乏谙悉外交人员，宜延致通才佐理等语。着松寿按照所指各节，认真整顿，毋稍因循。

两江总督端方奏，遵派兵轮巡视西贡华侨。该华侨等遥望龙旗，欢声雷动，称为中国自开海禁以来难得之盛事。报闻。

调福建布政使吴引孙为湖南布政使，以前山东布政使尚其亨为福建布政使。

以捐寄直隶学堂经费，赏南洋华商员外郎衔李立四品顶戴。

以畏葸酿变，革署浙江定海镇总兵宁海营参将徐文庆职。

初九日戊戌(8 月 17 日)

东三省总督徐世昌等奏，奉省孤立无助，难与图存，宜速行开放政策，使成为各国通商重镇，并大借外债，为银行、铁路、开矿、垦荒之用。得旨：仍着详细妥筹，奏明办理。

十三日壬寅(8 月 21 日)

光绪帝谕内阁，朕钦奉皇太后懿旨，农工商部奏南洋华侨商会成立，请派员考察奖励一折。南洋各埠，华侨居多，类以商业自谋生聚。现在商会渐次成立，朝廷时深注念，甚为嘉许。着派杨士琦前往各该埠考察情形，剀切宣布德意，优加抚慰。如有慨集巨资、回华振兴大宗商务者，除从优予以爵赏外，定饬地方官妥为保护，以重实业而惠侨民。

闽浙总督松寿电奏，遣散前募洋员匠，需款五万两，请援案由度支部拨给。如所请行。

十五日甲辰(8 月 23 日)

近来匪徒谋逆，往往假借革命名词，摇惑人心，奸狡情形，尤堪痛恨。虽随时破获，而地方已被其扰害，后患不可胜言。惟有破其诡谋，直揭其叛逆之罪，不使藉词革命，巧为煽诱。着各省督抚妥酌情形，处以镇定，务须设法解散，勿任勾串固结。凡属不法之徒，尤当严密查拿。至获犯应得罪名，叛逆即以叛逆论，盗即以盗匪论，俱各科各罪，随时宣布，毋任信口妄供，致使遁而之他。果系著名首恶，或竟甘心从逆，仍予尽法惩治，弗稍轻纵。其被威胁势迫及家属之不知情者，均为网开一面，概免株连，俾释疑惧，咸与相安。似此以静制动，以宽制猛，庶可渐化人心之不靖，潜消逆迹于无形。该督抚等其各悉心筹画，加意防维。总不使奸民有词可藉，乱党有机可乘，稍纾朝廷宵旰之忧，即默造天下臣民之福。

闽浙总督松寿奏，前任福州将军崇善息借洋债三十万，拟以船政局所造江船出售归还，案关洋款，限期甚迫，请速饬招商局派员来闽估变，以便得价交付。下邮传部查核办理。

改铸闽海关监督关防。从闽浙总督松寿请也。①

十六日乙巳（8月24日）

两江总督端方奏，上海推广巡警，援案请添拨开办经费八万两。下部知之。

浙江巡抚张曾敭奏，定海县乡民以办学构讼滋事，分别惩办。报闻。

出使美日秘国大臣梁诚奏，美国重念邦交，愿减收辛丑赔款美金二十七兆九十二万余圆，约合华银三十三兆五十万两有奇。下部知之。

十七日丙午（8月25日）

军机处代奏，章京、鲍心增条陈：一、护惜三纲；二、振兴吏治；三、推广言路；四、政务处设议员；五、赏罚伸大权；六、人才豫甄择；七、均禄惩贪；八、节省财用；九、新政推行有序；十、部议慎重考核；十一、审察外情；十二、不忘国耻。下会议政务处议。寻奏，所陈各节有可行者，有不可行者。该员于宪政本原，未能深悉，应毋庸议。从之。②

十八日丁未（8月26日）

两江总督端方奏，帝国宪法与皇室典范，相辅为用，请饬编定颁布，以维国本而遏乱萌。下宪政编查馆知之。

广东按察使郑孝胥因病解职，以广西桂平梧盐法道王人文为广东按察使。

二十日己酉（8月27日）

以捐助皖赈，予日本神户、大阪、长崎等处华侨建坊。

---

① 《清实录·德宗景皇帝实录》卷五七六。
② 《清实录·德宗景皇帝实录》卷五七六。

廿一日庚戌(8 月 29 日)

陆军部奏，拟定派驻外国使署武官章程十八条、应守规则九条、办事章程四条。

廿二日辛亥(8 月 30 日)

直隶总督袁世凯奏，天津试办地方自治，拟定章程。下部知之。

廿五日甲寅(9 月 2 日)

东三省总督徐世昌奏，奉省设立文报局，原设驿站，概行裁撤，以节经费。下部知之。

廿七日丙辰(9 月 4 日)

命外务部尚书吕海寰开缺，充会办税务大臣，以直隶总督袁世凯为外务部尚书。

廿八日丁巳(9 月 5 日)

闽浙总督松寿奏，闽省仿照各国设立幼稚园，请饬立案。下部知之。

以山东巡抚杨士骧署直隶总督，山东布政使吴廷斌署山东巡抚，调四川总督赵尔巽为湖广总督，以江苏巡抚陈夔龙为四川总督，调浙江巡抚张曾敭为江苏巡抚，以陕西布政使冯汝骙为浙江巡抚。未到任前，以浙江布政使信勤暂署。①

廿九日戊午(9 月 6 日)

出使奥国大臣李经迈以母病解职，命外务部右丞雷补同充出使奥国大臣。

三十日己未(9 月 7 日)

有人奏，粤路关系紧要，官绅弊混甚深，商情阻遏一折。着张人骏按照所陈各节，秉公查核，妥筹办理，据实具奏。另奏前署广东水师提督李准捕务废弛，威福

---

① 《清实录·德宗景皇帝实录》卷五七六。

自是等语，着一并确查具奏，毋稍徇隐。①

八月初一日庚申(9月8日)

陆军部奏，遵旨暂理海军，拟添购三四千吨穿甲快船数艘、炮船二十余艘、练船一艘，并筑浙江宁波府属之象山港，以便各船收泊，共需开办经费一千五百万两，常年经费一百五十万两，请饬度支部设法筹措。下军机大臣会同度支部、陆军部妥议。

两江总督端方奏，南洋商会成立，派大员前往考查。海外侨民，欢忭颂祷，惟近亦有被逆党煽惑翦辫改装者。朝廷锐意维新，方实行豫备立宪，而逆党则以政府腐败，耸人听闻；朝廷消弭内讧，方力除满汉畛域，而逆党则以种族不同，造为邪说；两宫母子一心，慈孝无间，而逆党则故作疑似之辞，以为摇惑人心之计。善政既远于传闻，谬种乃易于散播，应派考查大臣前赴各岛时，广布朝廷德意，宣示年来力图富强政策，以维侨情而弭隐患。得旨：着交杨士琦阅看。

广州副都统李国杰奏，立宪豫备，须从警章、报律及学堂管理法为入手要端。下宪政编查馆知之。②

初二日辛酉(9月9日)

命外务部右侍郎汪大燮充出使英国考察宪政大臣，学部右侍郎达寿充出使日本国考察宪政大臣，邮传部右侍郎于式枚充出使德国考察宪政大臣。

以襄办南洋交涉出力，赏英国律师担文二品顶戴。

初三日壬戌(9月10日)

以出使俄国大臣胡惟德为外务部右丞。

初六日乙丑(月13日)

以随使期满，予驻荷同知吴文泰等三员奖叙。

赏日国参议更萨来斯，暨意国水师提督柏拉迪等四员，比使随员梁阿美等二员宝星。

---

① 《清实录·德宗景皇帝实录》卷五七六。
② 《清实录·德宗景皇帝实录》卷五七七。

初七日丙寅(9 月 14 日)

湖广总督张之洞奏，比国私购汉口铁路旁地三万六千余方，备价收回，息借华洋商款八十一万八千余两，垫付收楚，借项已另筹还。下部知之。

十一日庚午(9 月 18 日)

署黑龙江巡抚程德全奏，胪陈管见，请创设国会，至办理新政，应严禁虚糜。下会议政务处议。寻奏，详阅原奏，有业经通行者，有毋庸置议者。惟所称分别缓急，自系正论。其严禁虚糜一节，现在事事创办，用款自多。若谓竭比户之脂膏，供同僚之贪蚀，各大臣具有天良，不敢出此。报闻。又奏，党祸方兴，不宜薙狝株连。若惩办过严，适以成彼党之名，彰国家之过。彼党常言，不破坏不能完全，在我苟急图完全之谋，则在彼势难行破坏之事矣。下会议政务处知之。①

十二日辛未(9 月 19 日)

复已革南澳镇总兵潘瀛原官，交湖广总督赵尔巽差遣。

十三日壬申(9 月 20 日)

山东巡抚杨士骧奏，山东沂州、沂水、诸城、潍县、烟台五处矿务，与德公司改订合同八条，遵照商部定章办理，藉以维持矿权。下所司知之。又奏，遵练兵处议，于山东设立测绘局。下部知之。又奏，请添设济青胶海关道，以维商政而裨外交。下所司议。寻奏，原订青岛设关征税办法，系由税司派员兼理。所请青胶并设关道之处，应毋庸议。惟该省洋务商务，日益繁盛，应由该抚等通盘筹画，另设员缺以专责成。从之。

十五日甲戌(9 月 22 日)

浙江巡抚张曾敭奏，钱塘、富阳、定海、乐清等厅县，报垦新涨沙地，照例升科。下部知之。②

---

① 《清实录·德宗景皇帝实录》卷五七七。
② 《清实录·德宗景皇帝实录》卷五七七。

十六日乙亥(9月23日)

命前刑部左侍郎伍廷芳充出使美日秘古国大臣，吉林哈尔滨道萨荫图充出使俄国大臣。

十七日丙子(9月24日)

以日兵越占边界，赏前邮传部右丞陈昭常副都统衔，前往吉林延吉厅与日本会勘界务。

以拿获勾匪谋逆，浙江绍兴大通体育会女教员秋瑾正法，予督队搜捕之已革广东副将沈棋山，销去"永不叙用"字样，叠获首要之千总黄福星等三员奖叙有差。①

十八日丁丑(9月25日)

都察院奏，请改都察院为国议会，以立下议院基础。下会议政务处议。寻奏，谏官之与议员，体制不同，万难混合。斯署之设，上承列圣倚任之重，下系臣民是非之公。即异时上下议院规模完备，而都察院系独立衙门，亦不可轻议更张。该都御史等原奏，应请毋庸置议。至御史江春霖、给事中忠廉等所陈，皆与臣等意见相同。惟请设立议院一节，应俟资政院妥办后，再当审时度势，次第推行。从之。

两江总督端方奏，京江两防、练军、兴学、习艺各要政，无款可筹。请仍由江海、镇江两关，岁解经费二万八千两。下所司知之。

以敦睦邦交，赏德国驻青岛提督都沛禄宝星。

十九日戊寅(9月26日)

都察院代奏留学日本学生陈发檀条陈，旅居暹罗商民日多，宜派驻暹出使大臣或领事，以维商务而善邦交。下都察院咨行外务部，暨杨士琦酌核办理。寻奏，两国通商，即互有缔结条约、派遣使臣之权，况暹罗地接滇南，屡以缅越界务，与英法相交涉，固圉保商，均关紧要，拟请饬下外务部酌核情形，相机办理。从之。又代奏，举人唐丙章条陈，开辟广东琼崖腹地，以弭黎患而固边圉，办法十四条。下都察院咨行两广总督查核办理。②

---

① 《清实录·德宗景皇帝实录》卷五七八。

② 《清实录·德宗景皇帝实录》卷五七八。

廿一日庚辰(9 月 28 日)

陆军部奏，建设军官学堂，变通北洋原定章程，选京外成军各镇之军官学识兼优者，入学肆业。从之。

廿三日壬午(9 月 30 日)

光绪帝谕内阁，朕钦奉慈禧皇太后懿旨，前经降旨豫备立宪，原以君主立宪，为吾国政体所最宜，薄海臣民，咸当确切办明，免涉误会。内外百官，俱有长民之责，尤须认真购明，以示趣向。着在京各部院，在外各督抚，迅即将君主立宪国政体，博考各国成案，慎选名人论说，督率所属各员，分班切实研究，务期宗旨纯正，事理明通。其有力学精思、贯通治术、有裨时用者，该管长官据实保荐，听候擢用。其不能切实研究、于治理毫无体会者，亦应随时董戒。俾各勉为通才，共济时艰。倘或误入歧途，倡为谬说，淆乱国是，必须严查禁止，以杜流弊而端治源。

农工商部奏，直隶司道大员，设立洋灰公司，请予立案。报闻。①

廿四日癸未(10 月 1 日)

保护传教，载在约章。凡在内地之外国教士身命财产，地方官均有保护之责。近年来各省焚毁教堂，戕害教士，仍复在所不免，朝廷深为惋惜。推究其故，民教之不和，多由官吏处置之未善。从前历经订约，载明安分传教习教之人，不得刻待禁阻，又如系中国律令之事，仍由地方官照例办理，是其界限本极分明。着各省督抚迅将中国与各国所定约章内传教各条，摘要辑刊成册，分发所属各官，责令认真讲习。遇有外国教士交接事件，遵照约章切实办理。至平民、教民，同为朝廷赤子，同受国家法律，一切违犯科条，及诉讼案件，不分民教，悉按定律持平判断，毋稍歧视假借，俾各输诚悦服。并随时剀切晓谕，使民教各安本分，勿相侵陵。官吏能主持公道，民教自化除忿嫉。其有痞棍匪徒、造谣播弄、滋生事端者，平时宜严加防范，临时须迅与消弭。倘地方官吏不谙约章，或颟顸偏执，或畏葸因循，以致酿生重案，定予查究，分别惩处。

---

① 《清实录·德宗景皇帝实录》卷五七八。

廿五日甲申(10月2日)

光绪帝奉慈禧皇太后御仁寿殿，德国使臣雷克司，带领水师提督克尔彭等，暨日本国使臣阿部守太郎，带领陆军中将鲛岛重雄等觐见。

廿六日乙酉(10月3日)

修订法律大臣沈家本奏，刑律草案告成，计总则十七章，分则三十六章，共三百八十七条。统计法系，约分法、德、英为三派，日本则又折衷法、德，暨唐、明、我朝刑律之间，风气所越，万难守旧。盖有愁于时局，鉴于国际，惩于教案，而不能不改者。下宪政编查馆知之。

以东省日兵撤退，赏在事日员伊藤博文、山县有朋御书画各一轴，桂太郎等六员宝星。

以任满更调，赏比使随员德瓦勒宝星。①

九月初三日辛卯(10月9日)

御史孙培元奏，考试东西洋留学生，请择尤录用，以杜奔竞而作人才。下部议。寻奏，此项限制办法，应由宪政编查馆体察情形，严定任官资格，奏明办理。寻宪政编查馆奏，核定游学毕业生廷试录用章程，暨内外衙门调用章程。依议行。②

初四日壬辰(10月10日)

闽浙总督松寿奏，闽省公立游学豫备学堂，拟改为官立中等商业学堂，以广教育，请予立案。下部知之。

初五日癸巳(10月11日)

国家岁入洋土两药税厘，为数甚巨，均关要需。现暨严行禁断，自应豫筹的款，以资抵补。前据度支部具奏，研究印花税办法，当经允准，惟烟害必宜速禁，抵款必宜速筹。着度支部详细调查东西各国成法，迅速研究，渐次推广，期于可

---

① 《清实录·德宗景皇帝实录》卷五七八。
② 《清实录·德宗景皇帝实录》卷五七九。

行。限两个月内，条列办法章程，奏明办理，勿得稍涉延宕。寻奏，遵旨研究办法，并酌拟税则章程。从之。①

初六日甲午（10 月 12 日）

闽浙总督松寿奏，闽厂洋员限满，差遣回国，暂留洋教习迈达竺蒲匏二员，办理该厂学堂。报可。

以海洋救护遭风商船难民，予福建都司陈泰和、守备杨廷元等六员奖叙。

以供差勤劳，赏闽厂洋员柏奥铠等九员宝星。②

初七日乙未（10 月 13 日）

卸任出使俄国大臣外务部右丞胡惟德奏，请假回国省亲，然后到部。得旨：着先行来京。

以随使异常出力，予驻俄参赞知府黄仕福以道员即补，并加布政使衔，驻日本翻译笔帖式杨殿霖等三员奖叙有差。

初十日戊戌（10 月 16 日）

护理两广总督胡湘林奏，添购巡江轮船，续增薪费，并添募裁改各船水勇薪饷数目，请饬立案。下部知之。

以巡洋遭风殒命，予广东廉洋拖船驾弁千总张廷缙议恤。

以襄办交涉，赏驻香港奥国领事官博思德等十三员宝星。③

十二日庚子（10 月 18 日）

翰林院侍读学士恽毓鼎奏，顺、直被灾，请免由奉运直粮米火车费及各口税厘。从之。

十三日辛丑（10 月 19 日）

赏前出使美日秘古国大臣梁诚，头品顶戴。

---

① 《清实录·德宗景皇帝实录》卷五七九。
② 《清实录·德宗景皇帝实录》卷五七九。
③ 《清实录·德宗景皇帝实录》卷五七九。

十四日壬寅（10月20日）

据外务部奏陈苏杭甬铁路历年商论情形，现与英公司磋议借款办法一折。外交首重大信，订约权在朝廷。苏杭甬一路，前经总理衙门允许英人承修，嗣复立有草约在案。三十一年间，商部据浙省绅士呈请自办，曾饬盛宣怀等妥筹收回，原为曲体舆情起见。乃磋商数年，迄无成议，而江浙所集股款，亦不敷尚巨，势难克期竣工。英人叠次执言，自未可一味拒绝，尽弃前议，致贻口实，另生枝节。现经外务部侍郎汪大燮等与英人议明，将借款暨造路分为两事，权自我操，较原议已多补救。着外务部即派员按此妥为议定详细章程，务期利我民商，慎防流弊。兼商令英公司仍许江浙绅商，分购股票，用示体恤。其原有办路人员，由邮传部查明，分别奏派差务，以资熟手。并着两江总督、浙江江苏巡抚督率筹办，提拨借款，迅速造成。一面剀切开导，该省绅士务须仰体时艰，共维大局，勿得始终固执，强行争持，以昭大信而全邦交。

外务部奏，日本水灾告矜，拟由江、皖、鄂、湘等省，酌购运米六十万石，以济邻灾。依议行。

十五日癸卯（10月21日）

上年岑春煊奏，请将广东水师、陆路两提督，归并一缺，经政务处会议奏准，改为水陆提督，自系为节省经费、统一事权起见。现闻广东内河、外海等处，盗贼充斥，肆行劫掠，大为行旅之害，甚且扰及外人，致令啧有烦言，隐图干预。若不亟思整顿，肃清匪踪，后患何可胜言。查该提督所辖地方寥廓，水陆情形，又各有不同，步队兵轮运用迥别，际此多事之时，一切巡缉弹压事宜，恐非一人所能兼顾。似应规复旧制，仍将水师、陆路提督，酌分两缺，各专责成；或添设水师总兵一员，扼要驻扎，藉资补助。究应如何办理，方能防范周妥，控制得宜，着张人骏体察现在情势，规画粤省全局，筹议切实可行办法，迅速具奏。寻奏，拟请将水陆提督，仍分二缺。下会议政务处议行。①

十六日甲辰（10月22日）

电寄张人骏，据电奏，钦廉一带，仍有匪徒窜扰，迄未戡定。惟该处为边防要地，讵容游匪久事滋蔓。广东署提督秦炳直，曾在钦廉各属清乡，著有成效。着派

---

① 《清实录·德宗景皇帝实录》卷五七九。

该署提督驰往钦廉，办理剿匪事宜，所有广东、广西派往防剿各营队，均归该署提督节制调遣。务即督率各营，认真搜捕，克期肃清，以固边防而靖地方。张人骏身任封疆，责无旁贷，应即悉心妥筹会商，随时接济，勿稍诿误。①

十七日乙巳(10 月 23 日)

以照料华使，考察政治，赏比国铁厂经理万第仁宝星。

十九日丁未(10 月 25 日)

电寄冯煦，电悉。日本乞籴，由外务部奏准，江南皖赣共运米三十万石，鄂、湘两省共运米三十万石，并无百万石之多，计各省匀摊每省不过十数万石，尚不至有妨民食。着查照原奏，妥速办理。

以救护遭风难船，予广东碣石镇左营游击林天骥等三员奖叙。②

廿七日乙卯(11 月 2 日)

外务部奏，译呈意国罗马万国农业会合同，请用御宝，送交意政府存案。依议行。

翰林院侍读学士朱福诜奏，苏杭甬路约，业已逾限作废，顷闻英人复行提议，外部允借英款，股东震动，请磋议保全，以御外侮而安人心。御史徐定超奏，浙路办有成效，忽借英债，本息仍在该路进款内取偿，商情惶惶，罔知所措，请饬部妥筹补救。均下部知之。

以随使期满，予驻日本参赞官道员王克敏、卞綍昌军机处存记，知府卢永铭、知县汪森宝、县丞张忠镇等十八员奖叙有差。

以洋员遇事出力，赏日本陆军中将宇佐川一正等十员、俄国电政总理古肃夫等十员宝星。

廿八日丙辰(11 月 3 日)

修明内政，吏治为先；亲民之官，莫如守令。若地方官尽得其人，实心任事，何利不举，何弊不除。近年捐纳保举，流品冗滥，以候补人员为尤甚。叠经降旨，

---

① 《清实录·德宗景皇帝实录》卷五八〇。
② 《清实录·德宗景皇帝实录》卷五八〇。

饬令各省督抚，于各员到省时，考试甄别。乃十数年来，分发选缺到省各员，经督抚考试黜革开缺，暨咨回原省者，其不多觏，一味虚应故事，滥容阘冗。是并无扬清激浊之诚，殊属不成事体。着宪政编查馆，会同吏部，详订切实考验外官章程，请旨饬下各省督抚，将所属地方候补选缺到省各人员，认真考验，严定去留，并条列实迹，咨吏部查核，以清仕途而端治本。寻奏，遵拟切实考验外官章程六条：一、变通考试旧制；二、分别学堂等第；三、考验应条具实迹；四、甄别须改定办法；五、候补人员宜通行考试；六、出考上司应酌予议处。从之。

以拯救关外难民出力，予北洋救济会知州关景星等三十三员。奖叙。①

廿九日丁巳（11月4日）

都察院代奏浙江同乡京官朱福诜等呈报，请拒绝铁路借款。

清廷命复设广东水师提督。

三十日戊午（11月5日）

以随办中立出力，赏洋员山海关税务司克立基等四员宝星。

冬十月初一日己未（11月6日）

两广总督张人骏奏，广东赤溪、新宁、高要、恩平等厅县被风，衙署民居，均有坍塌，沉没船只，伤毙人口，田禾间有损伤，委员查勘抚恤。得旨：着认真抚恤，毋任失所。②

初二日庚申（11月7日）

修订法律大臣沈家本等奏，谨拟修订法律大概办法三端：一、参考各国成法，必先调查；二、任用编纂各员，宜专责成；三、馆中需用经费，宜先筹定。从之。

初四日壬戌（11月9日）

农工商部奏，工艺局购运物料，请照章分别免税。报闻。

---

① 《清实录·德宗景皇帝实录》卷五八〇。

② 《清实录·德宗景皇帝实录》卷五八一。

邮传部奏，接收新奉铁路，及增改工程，筹拨款项。报闻。

初七日乙丑(11 月 12 日)

电寄端方等，现在人心不靖，乱党滋多。近因苏杭甬铁路一案，各处绅民纷争不已，难保无该党匪布散谣言，从中煽惑，阳藉争路为名，实则阴怀叵测。着端方等留心访查，认真防范，倘或稍涉大意，致令暗相勾结，滋生事端，定惟该督抚等是问。

都察院代奏，外务部员外郎辜汤生内存纪纲，外事责功实条陈。下政务处议。寻奏，原奏谓内政如练兵、设专门学堂、兴制造及凡用西法各事，必恪遵所定规制，举行办理，实行政扼要之法。中国举行新政，限于经费，而各省又不能画一，或以筹款加捐，民生咨怨，若谓西法概不必行，即是省事安民之道，亦未为善计。又谓办理外事，用人用款，皆应严定规制一节，此后外交，似不至有用非其人之虑，出使经费，业经厘定，若制造、电报、铁路、矿务，皆专门之学，无非量才器使。其归官办者，皆有报销可稽，并非漫无定章。所请通筹限制之处，应毋庸议。从之。①

十四日壬申(11 月 19 日)

光绪帝奉慈禧皇太后御勤政殿，日本国使臣林权助、海军少将玉利亲贤觐见。广东粤商自治会成立。②

十五日癸酉(11 月 20 日)

都察院代奏，大学堂、译学馆、实业学堂、贵胄学堂、法律学堂、法政学堂、顺天高等学堂、民政部巡警学堂、陆军部测绘学堂、江苏浙江各学生等条陈时事。得旨：学生理宜专心向学，不应干预政事，致违定章。着学部晓谕训饬，并通行各省学堂，一体申戒。

御史孙培元奏，苏杭甬铁路借款，舆情未洽，请筹变通办法。又奏，请简重臣，劝谕江浙商民。均下部知之。③

---

① 《清实录·德宗景皇帝实录》卷五八一。
② 侯宜杰：《二十世纪初中国政治改革风潮》，中国人民大学出版社 2009 年版，第 142 页。
③ 《清实录·德宗景皇帝实录》卷五八一。

十六日甲戌（11月21日）

有人奏，江苏牙税，骤加十倍，苛扰已甚，暨酱业加捐，久议未决一折。着端方、陈启泰体察情形，妥筹办理。寻奏，牙税、酱捐，皆系奏明办理，近因商户阻挠，牙税已十减其四，酱捐亦一律蠲免。至原参朱之榛各节，传闻失实，应请毋庸置议。报闻。

十七日乙亥（11月22日）

闽浙总督松寿奏，设立警察学堂，考选学生，分普通、高等两班，聘华洋教习，分科教授。下部知之。又奏，请饬筹款于南北洋各设高等工艺学堂，可省虚耗而励实学。下部议。又奏，闽民报入外籍，杂居内地，究诘无从。请饬部参考中西法律，明定国籍条例，通行遵守。下部议。

以救护商船，予福建铜山营游击曹德奎等升叙有差。①

十九日丁丑（11月24日）

署浙江巡抚信勤代奏，浙江绅士呈称，遵旨自办铁路，不借外款。下部知之。

二十日戊寅（11月25日）

署山东巡抚吴廷斌奏，建立高等农业学堂，先设中等农林蚕三科。下部知之。

廿四日壬午（11月29日）

外务部奏，覆陈江浙官绅，请拒苏杭甬铁路借款，磋商为难情形，电致江浙两省，公举数人来京，咨询路事，但有可以维持之法，仍当竭力斡旋。报闻。

翰林院侍讲学士朱福诜奏，苏浙铁路认集股款，可期克日告成。下部知之。

考查宪政大臣于式枚奏，赴德考查宪政，谨拟办法宗旨。下宪政编查馆知之。

---

① 《清实录·德宗景皇帝实录》卷五八一。

廿七日乙酉(12 月 2 日)

以正太铁路工竣，赏洋员埃士巴尼等九员宝星。

廿八日丙戌(12 月 3 日)

会办江防事宜云南提督夏辛酉奏，筹办江防，编练长江游击营队，请饬部指拨的款。得旨：着度支部筹拨，速议见奏。其屯扎巡防各事宜，仍着会同沿江各督抚妥筹办理。①

十一月初一日戊子(12 月 5 日)

外务部奏，请派贵胄游学英、美、德三国，肄习陆军政法。又奏，添设驻美使馆三等参赞一员、二等书记官一员。均依议行。②

初四日辛卯(12 月 8 日)

有人奏，两粤边界，匪势响应，请饬迅速合剿一折。着张人骏、张鸣岐按照所陈各节，体察情形，妥筹办理。

都察院代奏，翰林院侍讲学士黄思永等条陈，借款修路，全背法理。陆军部主事蔡玮条陈，借款修路，大局堪虞。下部知之。又代奏，直隶知县张静山等条陈东三省地亩，请详议妥筹，或缓议举办。得旨：着都察院咨行东三省总督，体察情形，酌核办理。

邮传部奏，拟设交通银行，挽回利权，官商合办，股本银五百万两，招募商股六成，由部认股四成，将轮路电邮各局存款，改由该行经理，酌拟章程三十六条，并派署右参议四川建昌道李经楚、山西道员周克昌等充银行总协理。从之。

置直隶总督杨士骧奏，京津铜圆纷杂，银价骤涨，遵章查禁，暂保市面，并请饬筹办法以维全局。得旨：着该衙门照章查禁，余着度支部速议具奏。寻奏，嗣后应仍照定章，专禁二千枚以上大宗进口，以免别滋扰累。至各省私铸盛行，请饬下各督抚再行申禁，从严惩办，并设法查拿外洋私铸入境，以清币源。

---

① 《清实录·德宗景皇帝实录》卷五八一。
② 《清实录·德宗景皇帝实录》卷五八二。

从之。①

初五日壬辰（12 月 9 日）

学部奏，酌拟进士馆游学毕业学员考试办法，并请派大臣会考。报闻。又奏，派蒯光典为欧洲游学生监督，并酌拟办法三条。从之。

署江苏巡抚陈启泰奏，请定贩卖吗啡及制造施打吗啡针治罪专条。下所司议行。

初七日甲午（12 月 11 日）

近日递据内外臣工奏称，苏杭甬铁路草合同，业经盛宣怀商明作废，英公司曾已默许等语。查此案商办多年，迄无结束。要以草合同已否作废，为全案最要关键。究竟是否已废，英公司是否默许，着该侍郎详确覆奏，勿稍含混。

初八日乙未（12 月 12 日）

开缺大学士王文韶奏，苏浙铁路，遵旨商办，集股已足，不认借款，沥陈地方迫切情形。下部知之。

十一日戊戌（12 月 15 日）

盛宣怀奏，查明苏杭甬铁路草合同原案详确情形一折。着盛宣怀随同外务部妥筹办理。

以拯救商船难民，予广东游击林天骥等升叙加衔有差。

十二日己亥（12 月 16 日）

云贵总督锡良奏，拟设驻缅领事官，应办事件，准与滇省直接办理。下部议。

十四日辛丑（12 月 18 日）

署广西提学使李翰芬奏，宪政豫备施行管见八条：曰实行宪政期限宜速；曰内

---

① 《清实录·德宗景皇帝实录》卷五八二。

阁宜速立；曰设枢密院；曰各省官制宜速行改革；曰推行宪政教育；曰宪法及各法宜妥速编定；曰速行自治议会；曰设宪法报章。下宪政编查馆知之。①

二十日丁未(12 月 24 日)

光绪帝奉慈禧皇太后御养性殿，比国使臣柯霓雅、法国使臣巴思德觐见。

廿一日戊申(12 月 25 日)

光绪帝谕内阁，朕钦奉慈禧皇太后懿旨，国家兴贤育才，采取前代学制，及东西各国成法，创设各等学堂，节经谕令学务大臣等详拟章程。奏经核定，降旨颁行，奖励之途甚优，董戒之法亦甚备。如不准干预国家政治及离经叛道，联盟纠众，立会演说等事，均经悬为厉禁。原期海内人士，束身规矩，造就成材，所以勖望之者甚厚。乃比年以来，士习颇见浇漓，每不能专心力学，勉造通儒，动思踰越范围，干预外事，或侮辱官师，或抗违教令，悖弃圣教，擅改课程，变易衣冠，武断乡里，甚至本省大吏拒而不纳，国家要政任意要求，动辄捏写学堂全体空名，电达枢部，不考事理，肆口诋諆，以致无知愚民随声附和，奸徒游匪藉端煽惑，大为世道人心之害。不独中国前史，本朝法制，无此学风，即各国学堂，亦无此等恶习。士为四民之首，士风如此，则民俗之敝随之，治理将不可问。欲挽颓风，非大加整顿不可。着学部通行京外有关学务各衙门，将学堂管理禁令定章，广为刊布，严切申明，并将考核劝戒办法，前章有未备者补行增订，责令实力奉行。

出使荷国大臣钱恂奏，保和会会务完竣，沥陈各国议旨，我国亟应考订法律，豫备下次与会。下所司议。

以办事和平，约束严肃，赏日本使署参赞中岛雄、陆军中佐稻村新等宝星。②

廿二日己酉(12 月 26 日)

翰林院侍读学士朱福铣奏，慎重私法编别，请聘日本法学博士梅谦次郎为民商法起草员，下修订法律馆议。寻奏，查欧洲法学统系，约分法德英三派，日本初尚法派，近尚德派，自当择善而从。惟合编之说，似不可用。至聘用起草员一节，已商请日本志田钾太郎等分任调查，以备参考。报闻。

---

① 《清实录·德宗景皇帝实录》卷五八二。
② 《清实录·德宗景皇帝实录》卷五八三。

廿三日庚戌（12 月 27 日）

都察院代奏，候选道许珏条陈，试办公债，以补洋土药税厘短绌。下部知之。又代奏，日本使署一等书记官张祖廉条陈，立宪之基，归本教育，宜急杜学校流失。下部知之。

举行本年军政，长江水师卓异官三员，年老官二员。下部分别议叙处分如例。

廿四日辛亥（12 月 28 日）

以教授兵学，著有成效，赏江南陆师学堂教习德员濮斯玛宝星。

廿五日壬子（12 月 29 日）

光绪帝奉慈禧皇太后御乾清宫，俄国使臣璞科第，前户部大臣石坡福觐见。

廿六日癸丑（12 月 30 日）

邮传部左参议蔡乃煌奏，江浙人心思动，恐长乱萌，请先事豫防一折。着端方、陈启泰、冯汝骙严密防范，勿稍疏虞，并着赵尔巽体察情形，妥酌办理。

陆军部奏，筹拟测绘军用地图，并拟订测绘学堂章程。开单呈览。又奏，驻外使署武官常年经费，拟在练兵项下动用。均从之。①

廿七日甲寅（12 月 31 日）

御史赵炳麟奏，英舰藉缉捕为名，在梧州骚扰异常，请饬部诘责。下部知之。又奏，开会结社，未可一概禁止，请饬妥拟章程。凡研究政治、法律、农、商、教育等会，必报部立案，国家力任保护。其妨定治安，不守法律所规定者，即行查禁。下宪政编查馆知之。

三十日丁巳（公元 1908 年 1 月 3 日）

学部奏，筹商日本官立各高等学校，每年收容中国学生名额，请饬各省分任经

---

① 《清实录·德宗景皇帝实录》卷五八四。

费一折。着各省督抚按照原单分任经费数目，按年筹解，毋得推诿。①

十二月初一日戊午（公元 1908 年 1 月 4 日）

以期满回国，赏德国参赞司智等宝星。②

初六日癸亥（公元 1908 年 1 月 9 日）

东三省总督徐世昌等奏，奉天吉省应行要政，逐渐措施：曰整饬吏治；曰开通风气；曰普兴教育；曰振兴实业；曰慎重裁判；曰推广警政；曰剿捕盗贼；曰清厘财政。现在收效之难易迟速，不敢豫计，惟有竭尽心力，冀图逐渐扩充。得旨：着即认真办理。期收实效。又奏，吉省拟添设交涉、民政、度支各司，及劝业道一缺，派员试署，并请裁撤吉林副都统，以昭核实。如所请行。又奏，吉省边务紧要，请饬部迅筹的款六十万两，按年指拨，以应急需。允之。

以救护海关镫船，赏德美利船主密来拖纳宝星。

初七日甲子（公元 1908 年 1 月 10 日）

以捐助巨款，予日本横滨华侨各商建坊。

以实心授课，赏直隶工业学堂教习日员藤井恒久宝星。

初八日乙丑（公元 1908 年 1 月 11 日）

邮传部奏，电料税项，请在进口时完纳一次，概免重征，以利交通而省烦扰。依议行。

初九日丙寅（公元 1908 年 1 月 12 日）

实授陈启泰为江苏巡抚，以江苏按察使瑞澂为江苏布政使。

初十日丁卯（公元 1908 年 1 月 13 日）

据端方、陈启泰电奏称，苏浙交界地方，枭匪甚众，出没靡常。苏境之朱家角

---

① 《清实录·德宗景皇帝实录》卷五八三。
② 《清实录·德宗景皇帝实录》卷五八四。

有匪党三百余人，经官军奋击，窜逃浙境。海宁、海盐、桐乡，各州县匪党滋事，情形甚重，并毁教堂、学堂。近省之峡石镇，匪党尤众，省防吃紧，兵力不敷。又据冯汝骙电称，桐乡县民借灾聚众，勾引匪类，蔓延海宁州石门县各村庄，在屠甸、峡石两镇肆扰，劫毁民居店铺，并毁厘卡、学堂、教堂，拥入桐乡县城，窜扰斜桥镇一带等语。查苏浙为财赋要区，中外民商辐辏，教民到处林立，该匪党同时起事，至六七处之多，自必有狡黠首要，勾结煽惑。倘成滋蔓，恐将牵动全局。而该省兵力单弱，亟应遣兵增防，以期迅速荡平，俾闾阎悉得安业。清廷着甘肃提督姜桂题统率所部豫军各营，并由第二、第四、第六各镇内，均拨步队两营，归姜桂题编配带往，会同江浙督抚办理剿抚事宜，并着度支部速发该军开差经费十万两，交姜桂题即日承领，从速料理，限半月内悉行开拔。所需火车、轮船，由邮传部妥速筹备，勿稍延缓。姜桂题受国厚恩，务须实力筹办，早日肃清，用副朝廷绥靖地方之至意。

东三省总督徐世昌等奏，议设东三省练兵处，汇陈试办章程。如所请行。

督办铁路大臣大学士张之洞等奏，津镇铁路，改为津浦，借款兴修，与英、德两公司改定合同。依议行。①

十一日戊辰（公元 1908 年 1 月 14 日）

东三省总督徐世昌等奏，授案清丈东流围荒，并将巴勒克围树川山荒一并丈放，以厚民生而兴地利。又奏，奉属凤凰、岫岩、安东、宽甸等四处，苇塘山荒，前经停办，现拟将原定地价科则，量予变通，以期便民易行。均下部知之。

以当差勤奋，予出使英国随员外务部主事崇钰等升叙加衔有差。

十二日己巳（公元 1908 年 1 月 15 日）

两广总督张人骏奏，广东崖州东安各属居民，被水被风，业饬地方官勘明抚恤。报闻。

十三日庚午（公元 1908 年 1 月 16 日）

署山东巡抚吴廷斌奏，遵议改设员缺，请将原奏请设之济青胶道，改为山东全省交涉道兼兵备道衔，并拟在济南等处设关抽税。下部议。寻奏，道员管理全省交涉事务，权限未清，与设关抽税，均应暂缓置议。从之。

---

① 《清实录·德宗景皇帝实录》卷五八四。

十四日辛未（公元 1908 年 1 月 17 日）

电寄冯汝骙，电悉，此次匪徒滋事，办理尚属妥速。所有扰毁民商教堂，着该抚分别查明抚恤议结。惟浙省为海防重地，向多窥伺，而土匪枭盗，久已充斥，必须有重兵镇摄，切实搜捕，务绝根株，一律肃清，不得因匪暂窜散，遂生松懈。着沿海要害，亦宜相度形势，依次布置。统俟姜桂题到防，会同妥筹办理，该军系专驻浙境，毋庸分扎江苏，以厚兵力。

十五日壬申（公元 1908 年 1 月 18 日）

裁撤山东督粮道，改设巡警、劝业两道缺。从署山东巡抚吴廷斌请也。①

十八日乙亥（公元 1908 年 1 月 21 日）

命尚书吕海寰充督办津浦铁路大臣，会同直隶、江苏、山东督抚办理。②

十九日丙子（公元 1908 年 1 月 22 日）

闽浙总督松寿等奏，裁减浙省绿营兵额，改编巡警，将裁存兵丁，勤加训练，认真巡缉，以肃戎政。下部知之。

廿一日戊寅（公元 1908 年 1 月 24 日）

缓征两淮泰、海二属各盐场折价钱粮。

廿三日庚辰（公元 1908 年 1 月 26 日）

李国杰奏，请就广东崖门口外，筑堤圈坦，移拨旗丁领垦各折片。着张人骏按照所奏各节，确实查勘，妥筹议奏。寻奏，委勘崖门口一带水白各坦，碍难围筑成田，应请毋庸置议。至拨旗归农办法，以广州驻防每口授田四十亩计之，非三千数百顷之地不可，实无此广大田业。惟有推广教育，及工艺商业，俟生计稍裕，再行

---

① 《清实录·德宗景皇帝实录》卷五八四。
② 《清实录·德宗景皇帝实录》卷五八五。

筹议。报闻。

廿四日辛巳(公元 1908 年 1 月 27 日)

以总司榷务，宣力有年，赏总税务司赫德尚书衔，副总税务司裴式楷布政使衔。

廿六日癸未(公元 1908 年 1 月 29 日)

电寄端方等，电悉。前以江浙枭匪肆扰，曾叠饬端方等认真剿捕，并责成刘光才迅即扑灭。乃乱逾半月，仍有大股匪徒，滋扰行旅。该督抚等果能实力遵行，妥加防范，何至匪势若此滋蔓？十九日接据该督等电奏，股匪业经剿捕解散，分布营队，已属周密。乃未及数日，竟有匪船数十只，在沪杭往来孔道，将中外轮船围攻拦劫，毙伤多命。该督等前奏果已照办，何以匪焰日益猖獗？江南提督刘光才督率无方，任意玩忽，着交部议处。统带官副将徐锦堂、欧阳成祥缉捕不力，贻害地方，仅予摘顶，不足蔽辜，着即行革职，仍留营效力赎罪。端方、陈启泰、冯汝骙疏于防范，行不践言，应一并先行交部察议。仍着该督等懔遵历次谕旨，切实筹办，勿再因循，并将此次劫案赃贼，迅速破获，分别惩办议结，以靖地方。①

廿七日甲申(公元 1908 年 1 月 30 日)

以前广东水陆提督萨镇冰为广东水师提督。未到任前，以北海镇总兵李准署理。以署广东水陆提督秦炳直为广东陆路提督。

廿九日丙戌(公元 1908 年 2 月 1 日)

以顾念邦交，赏日本国驻旅顺陆军大将大岛义昌、俄国驻奉参将客清士等宝星。以调和民教，赏法国教士巴来德宝星。②

是年

陈志寅创办中国商业轮船公司，航行于宁波、温州、泉州、厦门等地。③

---

① 《清实录·德宗景皇帝实录》卷五八五。
② 《清实录·德宗景皇帝实录》卷五八五。
③ 樊百川：《中国轮船航运业的兴起》，四川人民出版社 1985 年版，第 409 页。

浙江铁路兴业银行成立，主要股东为浙江铁路公司，总行设杭州。更改名为浙江兴业银行。

荣德生等创办振新纱厂于无锡。

福建船政因经费支绌，停造轮船。①

光绪三十四年 公元 1908 年 戊申

春正月初五日辛卯(2 月 6 日)

湖南巡抚岑春蓂奏，湖南长沙商埠工程完竣，现拟接办租界，及西门外剥岸马路沟渠街桥，请续拨关税银两，以资兴造而重商务。下部知之。②

初六日壬辰(2 月 7 日)

两广总督张人骏奏，粤东新军，切实编配裁并，暨现筹办法情形。下部议驳。

初七日癸巳(2 月 8 日)

以恪守约章，赏驻沪总领事阿福柯宝星。

初八日甲午(2 月 9 日)

两江总督端方奏，苏省松太、浙省嘉湖交界，枭匪猖獗，派兵捕治，必须添置浅水兵轮、机器快炮，并随时拨派得力兵队。所有宁军一切用款，应请作正开销。下部知之。

---

① 刘传标：《近代中国船政大事编年与资料选编》第 2 册，九州出版社 2011 年版，第 551 页。

② 《清实录·德宗景皇帝实录》卷五八六。

初九日乙未(2月10日)

两江总督端方等奏，详筹官民禁烟，分别遵章实行，并陈碍难遵办公债票情形。报闻。又奏，地方自治，先就江宁省城设局筹办，并于局内附设自治研所、实地调查所，先从上元江宁试办，以次及于他属。又奏，地方自治局内，附设咨议局，详加研究，以为议会之豫备。均下部知之。

蠲免两浙仁和、海沙、鲍郎、芦沥、横浦、浦东六场灶课钱粮。

十一日丁酉(2月12日)

近来纱布进口，日益增多，实为漏卮之第一大宗。民间纺织，渐至失业，固由工作之未精，尤因种植之不善，利源外溢，何所底止。查美洲等处棉花，种类精良，茎叶高大，花实肥硕，所出之绒细韧而长，织成之布滑泽柔软，胜于内地所产数倍。皆由外国农业家，于辨别种类，审度土性燥湿，考验精详，故能地产日精，商利日厚。中国棉花质性，较逊于外国，种植又不讲求，南北各省，间有数处所产较胜，而培植仍多卤莽。是必须博求外国嘉种，采取培养良法，料美工精，自能广行各省，保全利权。清廷着农工商部详细考查各国棉花种类，种植成法，分别采择，编集图说，并优定奖励种植章程，颁行各省，由该省督抚等督认真提倡，设法改良。其果能改良之棉花纱布，经过各关卡，应如何优加体恤，并着税务处妥筹办理，以资畅销。该部未经颁章以前，着各省督抚先行体察该省情形，劝谕商民，实力筹办，或选择官地试种或集股设立公司，多方鼓舞。所属地方官及绅商，如有切实创办，早著成效，应令将所产棉花，送部查验，准其奏请优奖。此乃兴利急务，勿得视为具文，致负朝廷振兴农务、惠利民生之至意。①

十三日己亥(2月14日)

两江总督端方等奏，苏省新军成立，会筹出防布置情形，用收水陆相辅之效。报闻。

十四日庚子(2月15日)

外务部奏，山西矿务，本省商务局与福公司订定赎回合同十二条，并前案一律

---

① 《清实录·德宗景皇帝实录》卷五八六。

议结。报闻。

以期满回国，赏四川驻渝法总领事安迪、医生穆礼雅宝星。

十六日壬寅(2 月 17 日)

度支部奏，拟定银行则例四种、大清银行则例二十四条、普通银行则例十五条、殖业银行则例三十四条、储蓄银行则例十三条，呈请钦定。如所请行。又奏，议覆两广总督奏，粤厂铸造铜币，请仍由善后局经理行销。①

十七日癸卯(2 月 18 日)

广西巡抚张鸣岐电奏，与法督相约赴河内接晤。得旨：准其前往河内，以资联络。

邮传部奏，拟定官商铁路，完纳地税章程十条。如所请行。

十八日甲辰(2 月 19 日)

仓场衙门奏，浙省本届新漕，仍应运兑好米，以防流弊。

二十日丙午(2 月 21 日)

保和会专使大臣陆徵祥奏，谨陈保和会办理情形，并将会议公案及公约全文，译汉续呈备案。下部知之。又奏，请饬外务部厘订奖给宝星章程，并恳将此次在会办事本国人员，一律奖给宝星，不复另保官阶。下部议。

以协助勤劳，赏荷国外务大臣方戴次等八员宝星。

廿一日丁未(2 月 22 日)

闽浙总督松寿奏，闽省设立工艺传习所。以养游民而兴实业。下部知之。

廿三日己酉(2 月 24 日)

两广总督张人骏奏，广东雷州府海防同知，及望江高要海阳归善等县县丞，应

---

① 《清实录·德宗景皇帝实录》卷五八六。

请一并裁撤，以昭核实。依议行。

以办理税务出力，赏浙海关管理常洋各税税务司辛盛等宝星加衔有差。

廿四日庚戌(2月25日)

学部奏，荷属爪哇泗水埠商民，建立文庙，请赏给匾额，并将在事商民，酌给奖励。依议行，寻颁匾额曰"声教南暨"。

闽浙总督松寿奏，洋债期迫，若不赶紧筹还，不惟坐失利权，且至动起交涉，拟请截留饷需，以免贻误。下部议。①

廿七日癸丑(2月28日)

农工商部奏，广西南宁商埠设立商务总局，援案请给关防。报闻。

邮传部奏，遵拟招商平粜，减收火车运费办法。报闻。

以会订合同，赏德国驻京头等参赞耿尼慈、电政局总管德联升等宝星。

廿八日甲寅(2月29日)

蠲缓两浙海沙、芦沥、长亭、杜渎、浦东五场灶课钱粮。

三十日丙辰(3月2日)

保和会专使大臣陆徵祥奏，密陈保和会前后实在情形，并近来世界大势。下部知之。

出使德国大臣孙宝琦奏，沥陈外交事宜，分为四端：曰推广驻使，曰各国改设头等公使，曰豫储外交人才，曰厘定外交官公服。下部议。寻奏，所拟推广驻使及豫储人才，均应由部酌察情形，奏明办理。至改设头等公使，虽崇体制，无关事实，厘定外交官公服，亦嫌歧出，应请暂从缓议。从之。

以接待华使，赏瑞典国外部头等参赞尔连遂等九员宝星。其前已邀赏之外部大臣脱劳拉加等改奖。

以照料游学生，不惮烦劳，赏德国兵部大臣爱乃木、外部参议威夏尔等二十八员宝星。②

---

① 《清实录·德宗景皇帝实录》卷五八六。

② 《清实录·德宗景皇帝实录》卷五八六。

二月初三日己未(3 月 4 日)

督办津浦铁路大臣吕海寰奏,在京城设立津浦铁路总公所,于南段北段设一总局,会同聘用之德英两公司分投办理。依议行。

以河南布政使袁大化署山东巡抚。

以办理土膏统税出力,赏督办土膏统税大臣柯逢时尚书衔,道员方硕辅等存记升叙加衔有差。①

初四日庚申(3 月 6 日)

外务部奏,苏杭甬铁路,改苏为沪,删除英文记帐两层,先后与中英公司逐节磋商,不用本省押款,不须洋员查账,订立合同二十四条,尚无流弊。依议行。又奏,商民承领部拨存款,路归商办,民情已释疑惧。依议行。②

初五日辛酉(3 月 7 日)

电寄张人骏,该抚曾与法督相约,赴河内接晤,自未可因其新旧交替,遽为中止。张鸣岐准其先行回邕驻扎,俟法新督抵任后,再与该法督商定行止,请旨遵行。

初六日壬戌(3 月 8 日)

以俄国使臣璞科第在京病故,命御前大臣博迪苏前往吊问。

初七日癸亥(3 月 9 日)

邮传部奏,广东潮汕接展铁路材料,请暂行免税。又奏,暂借英公司款,俟京汉京奉两路得有余利,如数归还。均依议行。③

---

①　《清实录·德宗景皇帝实录》卷五八七。

②　朱寿朋:《光绪朝东华录》,中华书局 1958 年版,第 5855~5856 页。

③　《清实录·德宗景皇帝实录》卷五八七。

初九日乙丑（3 月 11 日）

命邮传部右侍郎盛宣怀仍充会办商约大臣，前赴上海妥协经理。

初十日丙寅（3 月 12 日）

两江总督端方奏，裁撤两江矿政调查局，改设江南矿政总局，应设法另行筹款，以济要需。又奏，宝华公司领地，并入阜宁煤矿，开采矿地，均系官荒，拟暂用土法人力开采，并拟章程图说，恳恩立案。均下部知之。又奏，苏省太湖，制造浅水巡轮数艘，装配快炮，巡查太湖及内河一带。工料银两，即由宁苏照数分拨，购配快炮，一并核实报销。又奏，运河工段绵长，拟将苏省境内运河工程，仿照昔年济漕章程，堵闭七闸越坝各闸河，淤浅最甚之处，间段兴挑，庶商船可以畅行。均下部知之。

广州汉军副都统李国杰奏，振兴矿务，宜设法招来，以泯商人疑虑。下部知之。①

十一日丁卯（3 月 13 日）

会办商约大臣邮传部右侍郎盛宣怀奏，商办汉冶萍煤铁厂矿，宜扩充股本，合并公司。得旨：着责成盛宣怀加招华股，认真经理，以广成效。

十二日戊辰（3 月 14 日）

出使英国大臣汪大燮奏，英绅设立学会，请颁赏石印《图书集成》。依议行。

十三日己巳（3 月 15 日）

伊犁将军长庚奏，伊犁前购英美宾森制造厂纺纱机器，并锅炉电灯机器，运费过巨，现与直隶所设纺纱织布公司往返电商，以此项机器作为股本，似于国计民生两有裨益。得旨：着直隶总督查核办理。

---

① 《清实录·德宗景皇帝实录》卷五八七。

十四日庚午 (3 月 16 日)

两江总督端方等奏，遵查江苏膏捐办法，尚于禁烟无碍，拟请仍照现章办理。报闻。

十六日壬申 (3 月 18 日)

农工商部右侍郎杨士琦奏，考察南洋华侨商业情形。报闻。

十八日甲戌 (3 月 20 日)

署山东巡抚吴廷斌奏，东省开垦荒地，省城设立垦务总局，派员分往仁、义、礼、智、信五段，会同地方官，清文招租，兼理讼案。利津一县，所垦地亩，为数已巨。所收租钱，除开支、垦务一切津贴外，应请留为办理新政之用。下部知之。

二十日丙子 (3 月 22 日)

据外务部奏，筹议禁烟，与各国商定办法，暨另筹抵补药税各折片。鸦片烟盛行以来，流毒异常惨烈，染斯疾者，破其财产，夭其寿命，习为偷惰，职业全废，即各直省吞烟自尽之案，岁计不知凡几，盗贼讼狱因此滋繁，伤天地好生之心，深堪悲悯。且令神州古国，种类日弱，志气日颓，自强更复何望。近来官绅士庶，多知悔悟，争相结社劝戒。即素嗜鸦片者，亦未尝不痛心疾首，自怨自艾。各国善士，尚多倡设公会，劝禁栽卖，广施药方，每以中国鸦片不除，引为深憾。则身受其害者，应如何淬厉奋发，力拔根株。前经降旨颁布禁烟章程，期以十年，使洋药与土药同时禁绝。经英国政府允许分年减运，各友国亦多乐为协助，文明之举，嘉慰良深。英国现已实行递减，存约试行三年，视中国栽种吸食，实行减少，限满再为推减。我若不如期禁查，转瞬三年，何以答友邦政府之美意，何以慰各国善士之苦心。此机一失，时不再来。若永远困于沉痼，势必无以为国，我君臣上下，一念及此，能无愧悚难安，引为咎责。着民政部、度支部迅即会订稽核章程，严定考成，请旨颁行。一面责成各督抚，按照政务处奏定成案，督饬所属，切实举行，并体察该省情形，将减种、减食实在办法，先行奏闻。所有按年减少数目，每届年终，汇奏一次。其药税指抵各款，由度支部另行筹补，以备应付。事关国势强弱，民命寿夭，着内外臣工协力通筹，认真办理。无论如何为难，必期依限断绝，毋得稍涉因循，致干重咎。寻民政部会奏，酌拟禁烟章程，并严定考成，缮单呈览。依议行。

署直隶总督杨士骧等会奏，东省交涉日繁，拟请援照奉天添设交涉司成案，添设山东全省交涉道，兼兵备道，办理全省洋务，兼监督济南、周村、潍县三商埠。下外务部议。寻奏，添设东省交涉专员，应暂缓置议，俟改定外官官制后，再行照办。如所请行。

出使法国大臣刘式训奏，臣民国籍，关系重要，亟宜妥定条例，以培邦本而保主权。下所司议。又奏，内地江河船只，多挂洋旗，请饬税务大臣厘定稽查船只章程，廓清流弊，严定限制，以保主权。下所司议。①

廿一日丁丑(3月23日)

命考查宪政大臣达寿回京供职，以出使日本国大臣李家驹充考查宪政大臣。

命外务部右丞胡惟德为出使日本国大臣。

廿三日己卯(3月25日)

以悉心赞助，赏日本国炮兵中佐阪西利八郎宝星。

廿四日庚辰(3月26日)

翰林院侍读学士恽毓鼎奏，部议试办印花税，宜再酌改章程。下部知之。寻议所请各节，拟仍照奏定章程办理，毋庸更张，并请饬各省督抚，转饬藩司及地方官，妥慎经理，不得稍有扰累。从之。②

廿六日壬午(3月28日)

命出使意国大臣黄诰来京，调出使荷兰国大臣钱恂为出使意国大臣，命保和会专使陆徵祥为出使荷兰国大臣。

廿七日未(3月29日)

以办理中俄积案出力，赏伊犁索伦营副总管福善副都统衔。

---

① 《清实录·德宗景皇帝实录》卷五八七。
② 《清实录·德宗景皇帝实录》卷五八七。

廿八日甲申(3 月 30 日)

两江总督端方奏,宁省官筑铁路,筹款不易,拟请购用各项物料,一律免税完厘,以轻成本而裨路政。又奏,江宁省城创设罪犯习艺所,谨陈筹办情形。均下部知之。

廿九日乙酉(3 月 31 日)

两江总督端方奏,创设南洋方言学堂,先招德文、法文两班学生,余俟财力稍充,再行增设。下部知之。①

三月初一日丙戌(4 月 1 日)

光绪帝奉皇太后御乾清宫,意国使臣文吉、参赞博尔济斯等,瑞典国使臣倭伦白、参赞克德伦等觐见。

调浙江巡抚冯汝骙为江西巡抚,以督办土药统税大臣柯逢时为浙江巡抚,仍兼督办土药统税事务。②

沪宁铁路通车,自上海至南京下关,长 311 公里。③

初二日丁亥(4 月 2 日)

以亏短交代,革已故浙江大嵩场大使杨通澪、芦沥场大使吴庆璠职,提属勒追。

初四日己丑(4 月 4 日)

以倾心内向,颁给梭罗国王宝星。

初七日壬辰(4 月 7 日)

闽浙总督松寿奏,闽省官船炮台,修件甚夥,厂工一停,全厂机器,极易锈

①　《清实录・德宗景皇帝实录》卷五八七。
②　《清实录・德宗景皇帝实录》卷五八八。
③　中国铁路史编辑研究中心:《中国铁路大事记》,中国铁道出版社 1996 年版,第 51 页。

坏。且兴作借助洋厂，亦多未便。拟请撙节开支，以期工归实用，款不虚糜，似亦无背部议暂停之意。下部知之。

初八日癸巳(4月8日)

有人奏，署福建安溪县知县田捷荣，假税契为名，勒捐商人侨氓，讼事日久拖延等语。着松寿按照所参各节，确切查明，据实具奏，毋稍徇隐。

农工商部右侍郎杨士琦奏，南洋闽商胡国廉集赀创兴琼崖地利办法，定为一纲，曰开银行；十目，曰筑马路、广种植、清荒地、兴矿业、讲畜牧、重渔业、设轮船、长森林、兴盐务、开商埠。下部议。又奏，请饬各省督抚勿派员前往南洋各埠劝捐。下部知之。

闽浙总督松寿奏，考试任用乡官，请定画一章程，并谨陈大要，曰定职务、筹经费、定期限。下宪政编查馆议。寻奏，现民政部正在拟订自治通则，各州县之城镇乡，皆得设立自治会。所有会员，均由本地选举，与任用乡官，为法稍异，收效实同。该督所称，应毋庸置议。从之。①

初九日甲午(4月9日)

大学士张之洞等奏，津浦南段路线，详考舆图，博采众论，应行取道皖境，请饬安徽巡抚会同办理。依议行。

初十日乙未(4月10日)

御史黄瑞麒奏，拟请京师由官设立女子师范学堂，以为提倡，复饬各省提学使按照省城府城各设女子师范学堂一所，以为振兴女学之地。下部议行。又奏，驻洋人员及在外华民有沾染嗜好者，应令速即戒除。下部知之。

十一日丙申(4月11日)

顺天府奏，京华报馆语多悖谬，拟请封禁，并将馆主唐继星监禁十年。如所请行。

---

① 《清实录·德宗景皇帝实录》卷五八八。

十三日戊戌（4 月 13 日）

电寄吴廷斌，电悉，德皇颁给何彦昇等七员宝星，准其收受。

十四日己亥（4 月 14 日）

会办商约大臣邮传部右侍郎盛宣怀奏，创办汉冶萍厂矿公司，请筹的款，以充公股而开风气。得旨：着照所请。股票及利息，均着交农工商部。

署山东巡抚吴廷斌等奏，稽查东省济南、泰安、兖州、济宁州四属学务。学堂悉遵定章，学生亦无浮嚣之气，尤以济南、泰安两属为优。下部知之。

十五日庚子（4 月 15 日）

邮传部奏，谨拟江浙铁路公司存款章程十四条。又奏，筹垫借款亏耗，已面商度支部，及电商江苏、浙江巡抚分任筹垫，俟江浙两公司获有余利，尽数归还。均依议行。

护理江西巡抚沈瑜庆奏，江西方言豫备学堂，科学并未完备，普通科学，亦多缺略。现拟增广名额，扩充普通科学，于英、法、俄、日四国语言文字科学外，添设德文一科。下部知之。

以救护失事商船出力，予山东候补直隶州知州张肇荣以知府仍留原省补用，知县纪墀等封典升叙加衔有差。

以顾全睦谊，赏驻汉比国副领事官范师德宝星。①

十六日辛丑（4 月 16 日）

以救护失事商船出力，予江苏分省试用县丞徐守绪俟补缺后以知县用。

十八日癸卯（4 月 18 日）

农工商部右侍郎杨士琦奏，海军得力人员，请照陆军部奏定暂行章程，充补实官。又奏，每年冬季酌派南北洋各舰游历南洋各埠，由农工商部遴员随同前往。下陆军部会同北洋大臣具奏。寻奏，两舰得力人员补官之处，拟俟海军官制

---

① 《清实录·德宗景皇帝实录》卷五八八。

奏定，再行核办，酌派军舰游历南洋，并由农工商部遴员随同前往各节，拟请照准。从之。

以兴学保商，著有成效，赏槟榔屿五品衔林汝舟道员职衔。①

二十日乙巳(4月20日)

予染瘴身故，南洋陆军毕业生李华、刘春霖，照军营病故例优恤。

廿二日丁未(4月22日)

以办学出力，赏京师大学堂教员服部宇之吉等宝星。

廿四日己酉(4月24日)

署山东巡抚袁树勋奏，日本国给予宝星，应否佩带。得旨：准其收受。

廿五日庚戌(4月25日)

光绪帝御乾清宫，葡国使臣森达等觐见。

廿六日辛亥(4月26日)

廓尔喀贡使及头人等，着加恩于四月初五日由理藩部带领瞻仰颐和园。

廿八日癸丑(4月28日)

农工商部等会奏，考定度量权衡，折衷采取，定以一尊，宜设厂专卖，而归本于严束在官之人，遍设公估之局，以祛官商通弊，并详拟推行章程四十条。下会议政务处议行。又奏，筹办京师自来水公司，拟招华股洋银三百万元，并请饬直隶总督每年筹拨官款十五万，豫存银行，为保息之用。如所请行。②

---

① 《清实录·德宗景皇帝实录》卷五八八。
② 《清实录·德宗景皇帝实录》卷五八八。

四月初三日丁巳(5 月 2 日)

准禁烟大臣溥伟等奏，三个月后，若有吸鸦片而巧为掩饰之官员，言官可立即参奏。①

十六日庚午(5 月 15 日)

光绪帝奉慈禧皇太后御仁寿殿，各国使臣夫人及翻译等觐见。

十九日癸酉(5 月 18 日)

邮传部奏，请改派湖南粤汉铁路公司总理一折。奉锦山海关道朱恩绂着开缺，赏给四品卿衔，余肇康着赏还原衔。余依议。

闽浙总督松寿奏，前内阁学士陈宝琛宿望老成，士林推重，历充闽省学务公所议长，兼教育会会长、铁路总理。其在籍所行诸事，实能有功地方，力持风气，据实上陈，请予擢用。下吏部知之。

廿二日丙子(5 月 21 日)

外务部奏，中日合办鸭绿江右岸木植，订定采木公司章程，自帽儿山起，至二十四道沟止，距江面干流六十华里为界，期限二十五年。总局设在安东，以东边道为督办，以余利百分之五报效中国国家，税项照单酌减。凡章程所载地段年限，及经理之事权、税项之输入，于利益均摊之中，尚不失保守主权之义。从之。

以充当使署翻译出力，赏奥员代理香港领事沙谔文、代理卫兵统领贺爱珅、驻津管带卫兵都司何迈尔宝星。②

廿四日戊寅(5 月 23 日)

都察院代递编修范之杰等呈称，外人在山东内地侵害主权，亟宜设法限制等语。着袁树勋按照所陈各节，查明妥筹办理。

---

① 《清实录·德宗景皇帝实录》卷五八九。
② 《清实录·德宗景皇帝实录》卷五九○。

廿六日庚辰(5月25日)

署直隶总督杨士骧奏,北洋法政专门学堂,开办半年,渐著成效,请饬部立案。下学部知之。

五月初二日丙戌(5月31日)

出使意国大臣钱恂奏,自中外订约以来,未能先事审慎,屡为他国所愚。此次保和会条约,画押期近,有未可轻画者四端:一、时期太促;二、约文太多;三、译文易误;四、关系衙署之不一。请饬下京外臣工,详译条约,审度机宜,从容补押,以昭慎重。①

初五日己丑(6月3日)

察哈尔都统诚勋奏,边疆要地,铁轨将通,交涉日盛,请于口外正黄旗所属博罗差滩地方,自开商埠,以保主权。下所司议。寻议,开埠事关交涉,多一商埠即多一缪辖,请暂从缓办。从之。

东三省总督徐世昌等奏,遵设奉天法政学堂,实行考验本省官吏。下所司知之。

初七日辛卯(6月5日)

学部奏,请将中国旧律草案,详慎互校,斟酌修改删并,以维伦纪而保治安一折。着修订法律大臣,会同法部,按照所陈各节,再行详慎斟酌,修改删并,奏明办理。

添铸山东巡警道等关防。从署山东巡抚袁树勋请也。

十二日丙申(6月10日)

两江总督端方等奏,江苏省城设立自治咨议两局,遴选官绅先行开办。下所司知之。

以期满回国乞恩,赏荷国参赞德斯贝宝星。

---

① 《清实录·德宗景皇帝实录》卷五九一。

十三日丁酉(6 月 11 日)

东三省总督徐世昌等奏，拟办瑷珲垦务，以江左各屯悉被俄占。凡旧户归业者，统按人数在江右地方，另为区画，分别划拨，以期安集。其沿江上下游余荒，一律定价出放。下部知之。

以创办红十字会出力，予直隶候补知府史善诒等一百三十一员、记名海关道沈敦和等四员，暨降级知州廖学荣、知县许南英奖叙。①

十七日辛丑(6 月 15 日)

御史赵炳麟奏，我朝财政之散，实由于财权之纷。各部经费，各部自筹，各省经费，各省自筹，度支部臣罔知其数，至州县进款、出款，本省督抚亦难详稽，无异数千小国，各自为计。蒙蔽侵耗，大抵皆是。请统一财权，整理国政。下会议政务处议。寻奏，所奏深合立宪国通例，自应酌量筹办，拟请饬下各该督抚，先行查明出入各款，并将国税、地方税，分别核定，咨明度支部会同臣处，汇拟切实可行章程，请旨颁行各省，分期照办。至限年设立主计官一节，暂可毋庸置议。从之。②

十八日壬寅(6 月 16 日)

浙江巡抚冯汝骙奏，浙省划分警区，改订局制饷章，筹设卫生科、清道处、施医院各事宜。下民政部知之。

二十日甲辰(6 月 18 日)

考察宪法大臣于式枚奏，宪法自在中国，不须求之外洋。中法皆定自上而下奉行，西法则定自下而上遵守。尝取各国条文，逐处参校。有其法为中国所已有而不须申明者，有其事为中国所本无而不必仿造者，有鄙陋可笑者，有悖诞可骇者，有此国所拒而彼国所许者，有前日所是而后日所非者，固缘时势为迁移，亦因政教之歧异。夫国之所以立者曰政，政之所以行者曰权，权之所归，即利之所在。定于一则无非分之想，散于众则有竞进之心，其名至为公平，其势最为危险。行之而善，则为日本之维新；行之不善，则为法国之革命。是故立宪必先正名，名正然后分

---

① 《清实录·德宗景皇帝实录》卷五九一。
② 《清实录·德宗景皇帝实录》卷五九二。

定，于西法不必刻画求似，但期于中正无弊，切实可行，如此乃可以释群疑而弭后患矣。下宪政编查馆知之。①

廿二日丙午（6 月 20 日）

有人奏，滦州一带，煤苗尚旺，请饬北洋大臣，派员迅速开办。着杨士骧按照所陈，妥筹办理。

给事中李灼华奏，筹复海军，宜先设海军学堂，暨船舰枪炮各学堂，增置练船，派员留学，以储人材。下会议政务处议。

廿三日丁未（6 月 21 日）

东三省总督徐世昌等奏，就练兵公所改设宪兵学堂，酌拟试办章程八条，设立讲武堂，缮具暂行章程三十六条。均下部知之。又奏，设立吉江两省电线，兼筹修腹地线路，并推广电话，以杜漏卮而慰商望。下邮传部知之。又奏，奉省设立农事演说会，暨植物研究所。下农工商部知之。

江苏巡抚陈启泰奏，江苏省城，仿设存古学堂，以存国粹而造通才。下学部知之。

廿六日庚戌（6 月 24 日）

以效力中朝，各著劳勋，赏北洋水师武随员丹国海军都司甘安德等十四员宝星，卫生局法医士梅尼副将衔。

廿八日壬子（6 月 26 日）

外务部奏，保和会画押期迫，谨将前次业经画押各约，分别应否画押，会同妥拟，请旨办理。依议行。②

六月初一日乙卯（6 月 29 日）

电寄端方，据电奏江南财政，窘迫已极，拟请按盐斤再加二文，以资接济各

---

① 《清实录·德宗景皇帝实录》卷五九二。
② 《清实录·德宗景皇帝实录》卷五九二。

节。着照所请。度支部知道。①

初二日丙辰(6 月 30 日)

以款接殷勤，赏日本国式部长户田氏共等二员福字，宫内大臣田中光显等四十七员宝星。

初四日戊午(7 月 2 日)

以创办女学，慨捐巨款，赏前直隶布政使增韫之母一品命妇他塔拉氏、妻二品命妇伊尔根觉罗氏，匾额曰"启淑垂型"，曰"兴学承家"。

准署直隶总督杨士骧等，署布政使何彦昇等，收受德、日、俄国所赠宝星。

初六日庚申(7 月 4 日)

学部奏，北洋法政专门学堂，拟令遵照奏定章程，切实办理，并令各省法政学堂，划一办法。从之。

东三省总督徐世昌等奏，奉省设立工艺传习所，暨造砖厂、官纸局、官牧场，以兴实业而辟利源。下部知之。

复设广东黄冈、兴宁已裁两都司缺，从两广总督张人骏请也。

初九日癸亥(7 月 7 日)

以沪宁铁路工竣，赏总工程司洋员格林森宝星。

初十日甲子(7 月 8 日)

广西巡抚张鸣岐奏，旅美职商叶恩等，兴办实业，并请派员同往南北美洲，周历各埠，联络商情。报闻。又奏，筹办广西矿务，恳免征收出井出口两税五年，以裨实业。如所请行。

准广东陆路提督秦炳直，收受法国所赠宝星。②

---

① 《清实录·德宗景皇帝实录》卷五九三。
② 《清实录·德宗景皇帝实录》卷五九三。

十一日乙丑(7月9日)

验看游学毕业贡士程宗伊。得旨：着给予进士出身。

十二日丙寅(7月10日)

以任满回国，赏意国驻京使臣巴乐礼、署使臣博尔济斯宝星。

十四日戊辰(7月12日)

都察院代奏，前刑部主事邵椿年等呈，请将国民捐利息，拨作学费，以广造就。得旨：国民捐原为清偿外债，嗣经降旨发还，讵可移作他用，以致失信于民。该主事等所呈，殊属不知大体，原呈掷还。

以照料武备学生出力，赏日本国陆军中将福岛安正宝星。①

十五日己巳(7月13日)

美国驻华公使柔克义，照会清朝外务部，告知美国政府决定返还部分庚子赔款，后两国议定将此部分赔款作为中国留学生赴美深造之用。②

十七日辛未(7月15日)

御史石长信奏，禁烟办法，须图简易，栽种贩卖，均宜画地严禁，克期递减一折。该御史所陈，不为无见。着各直省督抚体察情形，认真筹办。

十八日壬申(7月16日)

两江总督端方奏，华侨学生，程度参差，改办暨南学堂，分为中学一班、高等小学两班。如所请行。

以办理交涉和平，赏德国驻江宁领事盖萨特、商人窦伯师宝星。

---

① 《清实录·德宗景皇帝实录》卷五九三。
② 清华大学校史研究室：《清华大学史料选编》第一卷，清华大学出版社1991年版，第87页。

二十日甲戌 (7 月 18 日)

陈启泰奏，粤汉铁路，宜定统一办法，恳遴派廉明大员，督办路务一折。粤汉干路，关系南北交通，最为重要。前经张之洞收回自办，极费经营。乃数年来，官绅商董，意见参差，迄无成效。长此因循，必至坐失大利，贻误路政。自应简派大员，统一事权，方可早日观成。着派军机大臣、大学士张之洞，兼充督办粤汉铁路大臣，会商邮传部及三省督抚，督饬在事官绅商董，认真筹办。所有路务大端，由该大臣通筹三省全局，体察情形，随时主持裁定。务令各泯意见，联络一气，以免旷日虚糜，致妨交通要政。

以办理交涉，力顾邦交，赏俄国驻伊犁领事斐多罗福、电局官库洛特肯、商约游生春、马进才宝星。

廿二日丙子 (7 月 20 日)

外务部奏，美国减收赔款，请遣使致谢一折。美国与中国立约以来，邦交素笃。此次减收赔款，尤征友谊敦睦，允宜遣使致谢，用酬嘉意。奉天巡抚唐绍仪，着赏加尚书衔，派充专使大臣，前往美国致谢。

方今商业疲困，国用艰难，所有应行举办各新政，多未能及时振兴，于保全治安之道。极有关系。现派唐绍仪专使赴美致谢，着兼充考查财政大臣，历赴日本及欧洲诸大国，将诸国经理财政办法，详细调查，随时奏闻，以备采择。近来与各国商订免厘加税之约，亦系财政大端，或业经承诺，或尚未议及，恐展转会议，一时未克实行。并着该大臣分赴诸国，相机提议，一面仍由外务部妥筹办法，切商驻京各使，一律定议。务期内外协商，将免厘加税之议，早见实行，以裨商务而济要需。①

廿三日丁丑 (7 月 21 日)

以东三省总督徐世昌兼署奉天巡抚。
以救护遭风船户出力，予江南补用千总易锡菜等三员升叙有差。
以上海绅商捐建贫儿院，赏匾额曰"广学流慈"。

---

① 《清实录·德宗景皇帝实录》卷五九三。

廿四日戊寅（7月22日）

光绪帝谕内阁，朕钦奉慈禧皇太后懿旨，宪政编查馆、资政院王大臣奕劻、溥伦等会奏，拟呈各省咨议局及议员选举各章程一折。咨议局为采取舆论之所，并为资政院豫储议员之阶。议院基础，即肇于此。事体重大，亟宜详慎厘定。兹据该王大臣拟呈各项章程，详加披阅，尚属周妥，均照所议办理。即着各督抚迅速举办，实力奉行，自奉到章程之日起，限一年内一律办齐。朝廷轸念民依，将来使国民与闻政事，以示大公。因先于各省设咨议局，以资历练。凡我士庶，均当共体时艰，同摅忠爱；于本省地方应兴应革之利弊，切实指陈；于国民应尽之义务，应循之秩序，竭诚践守；勿挟私心以妨公益；勿逞意气以紊成规；勿见事太易而议论稍涉嚣张；勿权限不明而定法致滋侵越。总期民情不虞壅蔽，国宪咸知遵循。

准出使意国大臣黄诰，收受意主所赠宝星。

廿五日己卯（7月23日）

实授杨士骧直隶总督兼北洋大臣，袁树勋山东巡抚。

廿七日辛巳（7月25日）

政闻社法部主事陈景仁等电奏，请定三年内开国会，革于式枚以谢天下等语。朝廷豫备立宪，将来开设议院，自为必办之事。但应行讨论豫备各务，头绪纷繁，需时若干，朝廷自须详慎斟酌，权衡至当，应定年限，该主事等何得臆度率请。于式枚为卿贰大员，又岂该主事等所得擅行请革。闻政闻社内诸人，良莠不齐，且多曾犯重案之人，陈景仁身为职官，竟敢附和比昵，倡率生事，殊属谬妄。若不量予惩处，恐诪张为幻，必致扰乱大局，妨害治安。法部主事陈景仁，着即行革职，由所在地方官，查传管束，以示薄惩。①

秋七月初三日丙戌（7月20日）

农工商部奏，南洋爪哇渤良安地方，设立商务总会，请给关防。允之。②

---

① 《清实录·德宗景皇帝实录》卷五九三。
② 《清实录·德宗景皇帝实录》卷五九四。

初五日戊子(8 月 1 日)

有人奏，江宁师范附属小学堂等借用昭忠祠屋宇，请饬择地迁移一折。着端方按照所陈各节，查明情形，酌量办理。

两江总督端方奏，南洋续造"江亨""江利""江贞"三船工竣验收，并配募员弁勇役情形。又奏，江南警察学堂改巡警教练所，一切办法及经费情形。均下部知之。

初七日庚寅(8 月 3 日)

有人奏，津浦铁路，近甫举办请饬择人任用，核实开支。着吕海寰按照所陈各节，破除情面，认真整顿，以重路政而节浮费。

翰林院代奏，编修喻长霖条陈，日本今法，有为中国急宜仿行者五：一、海陆军；二、学务；三、工商；四、边徼垦牧；五、监狱改良。有不能遽行者二：一、开国会；二、改官制。下会议政务处知之。

初八日辛卯(8 月 4 日)

都察院代奏，云南京官内阁侍读吴炯等条陈滇法交涉，恳饬会议时据理持平，以保国权而顾民命。下外务部知之。①

初九日壬辰(8 月 5 日)

度支部奏，浙江本年应征漕粮，请仍留一百万石运京，并将缓运漕粮，如数补运。又奏，请饬浙江整顿盐产事宜。又奏，整顿闽盐积弊事宜。均从之。

直隶总督杨士骧奏，井陉煤矿，照临城煤矿办法，与德商井陉公司订立合同，互换函稿。下部知之。

十一日甲午(8 月 7 日)

电寄张人骏，电悉。广东飓风为灾，覆没船只，吹坍民居，并伤毙人口多名。该省大水之后，继以风灾，深堪悯恻。着该督分饬官绅协力拯救，妥为赈抚，毋得

---

① 《清实录·德宗景皇帝实录》卷五九四。

稍存膜视，并将续查情形，汇齐奏报。

东三省总督徐世昌等奏，海城县三家子、石佛寺、青天嘴等处，河道淤塞，水涨淹田，请拨款疏浚。又奏，同江口改挑河道保卫商埠，拨款兴修。均下部知之。又奏，奉省渔业公司，改归商办，另设官局，专办保护事宜，以清权限。又奏，设立森林学堂，种树公所。均下部知之。

出使考察宪政大臣达寿奏，请改立宪政体，钦定宪法，并进呈记录一册。又奏，宪政要目分六类：一、日本宪法历史；二、比较各国宪法；三、议院法；四、司法；五、行政；六、财政。又奏，国会年限，无妨豫定，宪政豫备，不可过迟。又奏，宜先立内阁统一中央行政机关。均下宪政编查馆知之。①

十二日乙未(8月8日)

御史王履康奏，山东盐斤加价，他省不得援以为例。下部知之。

东三省总督徐世昌奏，江省拟建图书馆，以开风气。下部知之。

十三日丙申(8月9日)

给发奉天安东商埠商务总会关防，从农工商部请也。

旌表苦节全孤南洋华侨方廷策之母陈氏。

十五日戊戌(8月11日)

准出使大臣李家驹收佩日君所赠宝星。

十六日己亥(8月12日)

两江总督端方奏，报明南洋测绘学堂，兼地形测量办理情形，并开办三角测量日期。下陆军部议。

予坠海身亡，出洋随员通判职衔徐瑞彝优恤。

赏法使署武随员伯理索宝星。

日本伯爵大隈重信进呈《日本开国五十年历史》。

---

① 《清实录·德宗景皇帝实录》卷五九四；故宫博物院明清档案部汇编：《清末筹备立宪档案史料》上册，中华书局1979年版，第25页。

十七日庚子(8 月 13 日)

近闻沿江沿海暨南北各省，设有政闻社名目，内多悖逆要犯，广敛资财，纠结党类，托名研究时务，阴图煽乱，扰害治安，若不严行查察，必将败坏大局。着民政部、各省督抚、步军统领、顺天府严密查访，认真禁止，遇有此项社伙，即行严拿惩办，勿稍疏纵，致酿巨患。①

十八日辛丑(8 月 14 日)

有人奏，浙江海塘坍损，溃决堪虞，请饬亲勘，派员督修一折。清廷以为所陈各节，关系民命，着增韫详细查勘，力除积弊，妥筹办理。

都察院代奏，候选道许珏条陈，变通禁烟期限：一、禁种，宜以两年为限；二、禁卖，宜与栽种同时；三、禁食，宜逐年稽查人数。分别办理。下禁烟大臣、民政部知之。

御史吴纬炳奏，日本武官，先未行文知照，竟在京城内拿人，请饬据约力争，以保主权。下外务部知之。

二十日癸卯(8 月 16 日)

翰林院奏，嗣后留学外国各员，请饬将功课分数、考试名次、修业文凭，录送查核。从之。

廿二日乙巳(8 月 18 日)

准东三省总督徐世昌、奉天巡抚唐绍仪，收佩日皇所赠宝星。

廿三日丙午(8 月 19 日)

农工商部奏，筹议华商创兴琼崖地利事宜，酌拟办法等语。着派三品卿衔胡国廉总理琼崖垦矿事宜。其有关涉地方他项商民利害事务，应会同地方官妥商办理。

农工商部奏，海参崴设立商务总会，请给关防。从之。

---

① 《清实录·德宗景皇帝实录》卷五九四。

廿八日辛亥(8月24日)

予出使随员即选知府翟青松等十员奖叙。

三十日癸丑(8月26日)

邮传部左参议李稷勋奏，筹禁土药，与其禁种，限年递减，不若加税，逐年倍征，可备海军之用，而栽种亦不禁自绝。至将来以何种植物代此项利益，尤须先事统筹。下会议政务处议。

两江总督端方等奏，查明苏省禁烟，业已实行，征收膏捐，并无贻误情形。报闻。①

八月初一日甲寅(8月27日)

光绪帝谕内阁：朕钦奉皇太后懿旨：宪政编查馆资政院王大臣奕劻、溥伦等会奏，进呈宪法议院选举各纲要，暨议院未开以前，逐年应行筹备事宜一折。现值国势积弱，事变纷乘，非朝野同心，不足以图存立；非纪纲整肃，不足以保治安；非官民交勉，互相匡正，不足以促进步而收实效。该王大臣所拟宪法暨议院选举各纲要，条理详密，权限分明，兼采列邦之良规，无违中国之礼教，要不外乎前次叠降明谕，大权统于朝廷，庶政公诸舆论之宗旨，将来编纂宪法暨议院选举各法，即以此作为准则。所有权限，悉应固守，勿得稍有侵越。②

初七日庚申(9月2日)

江南苏松镇总兵徐绍桢奏，清查户口，于军事学务警政，最有关系，拟请普设版籍局，以为兴办各项要政根据。下民政部知之。

初九日壬戌(9月4日)

着唐绍仪在奉天宫内库存瓷器，酌提十件，带往各国，以备分赠之用。

---

① 《清实录·德宗景皇帝实录》卷五九四。
② 《清实录·德宗景皇帝实录》卷五九五。

初十日癸亥(9 月 5 日)

翰林院侍读吴士鉴奏,请将浙江现办之蚕学馆,规画完备,改设高等学堂,力求进步。着增韫按照所陈各节,体察情形,妥筹办理。

裁缺国子监司业荫桓奏,谨陈时事最要两端。一、练海军,其办法曰:出洋调查以资考证;设督练处以专责成;广筹经费以资布置;设学堂以育人材;设船厂以工制造。二、整教务,其办法曰:立国粹学堂以固根柢;立武学堂以资臂助;学堂读经宜使精熟;宜立劄记以敦实践;宜购性理书以资宣讲。下会议政务处议。①

十一日甲子(9 月 6 日)

东三省总督徐世昌等奏,变通江省驿务,拟请将附近铁路之呼伦贝尔一路,与呼兰等台一并裁撤。其不通驿递各属,并茂兴等站,均改添文报局。下陆军部知之。又奏,江省种烟地亩,现拟缩短期限,自明年正月始,一律禁种。下所司知之。

准奉天参赞钱能训等四员,收佩日皇所赠宝星。

十三日丙寅(9 月 8 日)

准广东水师提督萨镇冰、知府万钟元,收佩日本所赠旭日勋章。

十六日己巳(9 月 11 日)

两广总督张人骏奏,广、肇等属被水成灾,经督饬员绅筹办工赈平粜,并贷给贫民籽种资本,一面督催筑围,冲坍城垣,亦饬一律修复。得旨:所筹尚属周妥,仍督饬官绅尽心抚恤,赶劝补种,以苏民困。

以前广东南澳镇总兵潘瀛为广东南韶连镇总兵官。

赏专使美国兼考察各国财政大臣唐绍仪宝星。②

---

① 《清实录·德宗景皇帝实录》卷五九五。
② 《清实录·德宗景皇帝实录》卷五九五。

565

十七日庚午(9月12日)

福州将军朴寿奏,遵筹驻防学务,于八旗中学堂,附设高等小学,并将海关衙门改为研究所。下所司知之。

二十日癸酉(9月15日)

东三省总督徐世昌奏,奉省东北边境辽阔,交涉日繁,拟请划临江县以东长生、庆生二保之地,及吉林长白山北麓龙冈之后添设府治,名曰"长白"。下会议政务处议行。

廿五日戊寅(9月20日)

光绪帝上御仁寿殿,俄国使臣廓索维慈,荷国使臣希特斯等觐见。

廿六日己卯(9月21日)

给事中李灼华奏,洋烟甫禁,纸烟盛行,流毒较洋烟为甚,请饬严禁。下禁烟大臣知之。

以办理交涉,遇事和洽,赏奥国署卫兵统领梅业连宝星。

廿七日庚辰(9月22日)

专使美国兼考察各国财政大臣唐绍仪奏,现订商约。其最重者,曰修律,曰矿章,曰商标,曰画一权衡,曰币制,曰免厘加税。拟请饬议施行,并速定币制。下会议政务处速议。寻奏,除币制经臣等拟议请旨遵行外。其余五事,请饬下各部分别迅速办理。从之。①

廿八日辛巳(9月23日)

命陆军部右侍郎荫昌充出使德国大臣。

赏出使德国大臣孙宝琦以三品京堂候补,充帮办津浦铁路大臣。

---

① 《清实录·德宗景皇帝实录》卷五九五。

廿九日壬午(9月24日)

御史谢远涵奏，按今小学制度，其弊有四，曰责任不专、教员缺乏、课程不均、奖励失策，拟请酌核变通，以期教育普及，并仿德国学制，文科实科，分途豫备。下学部议。又奏，请选工商子弟，稍能知书识字，粗解算术图画、格致东语者，派往日本工厂学习手工。下农工商部议。寻奏，所陈各节，洵属目前要务。惟近年北洋工艺局，曾派学徒入日本工厂学习，专供操作，制造之法，秘而不宣。似应变通办法，拟参照前日议覆御史俾寿原奏，凡此项学生，于工校毕业后，再入工厂，实行研究学理，再行专攻一艺，庶几窥寻秘奥，能自得师。从之。

九月初三日乙酉(9月27日)

美国海军，将于十月初间，游抵厦门，着派贝勒毓朗、外务部右侍郎梁敦彦前往劳问。

两江总督端方奏，备多力分，不如扼要固守，拟请注重江阴，将旧有澄淞镇水旱雷等营归并裁改，编为要塞工程四队，并恳饬拨开办经费。下部议。

赏意领事戈理玛尼德、副领事师谋等宝星。①

初四日丙戌(9月28日)

东三省总督徐世昌等奏，吉林学务，勉力措办，现经建设中学堂模范两等小学堂各一所，分设两等小学堂十一所、女子师范学堂一所，附以女子初等小学满蒙学堂一所。下学部知之。又奏，遵设吉林法政学堂，分速成、完全两科，并实行考验各官，特设讲习科，一律送堂肄业。下所司知之。

初八日庚寅(10月2日)

调直隶提学使卢靖为奉天提学使，以翰林院编修傅增湘为直隶提学使。

十三日乙未(10月7日)

予获匪捐躯，浙江管驾护商钓船都司衔郑寿山，照军营立功阵亡例优恤。

---

① 《清实录·德宗景皇帝实录》卷五九六。

十七日己亥（10 月 11 日）

赏法国外部总文案琚大斯达等、蒲国玛规士省行政大员唐泰特等宝星。

廿二日甲辰（10 月 16 日）

两江总督端方奏，军政大纲，恳请择要施行：一、首颁征兵诏令，以风励天下；二、明定军官出身，以昭激劝；三、归并督练公所，以为将来建置陆军都督府之豫备；四、编定陆军刑罚，并设立军事裁判所，以保全军人。下会议政务处议。

廿四日丙午（10 月 18 日）

有人奏，奉天沿海产盐，请妥订官督商运章程等语。着徐世昌体察情形，酌核办理。

廿八日庚戌（10 月 22 日）

电寄松寿，据电奏，漳州、龙溪、南靖、厦门等属，洪水涨发，冲塌城垒民房，漂没粮食，淹毙多命等情。闽省素称贫瘠，居民罹此奇灾，殊深悯恻。着松寿督饬印委各员，多带钱粮，分赴被灾各处，设法拯济，认真抚辑，勿任荡析失所，仍将续查情形，随时奏闻。

以训导得宜，赏直隶师范学堂教习日本关本幸太郎等宝星。①

冬十月初二日甲寅（10 月 26 日）

光绪帝奉慈禧皇太后御勤政殿，日本国使臣伊集院彦吉等觐见。

电寄张人骏，据电奏，粤省九月中旬，飓风大作，潮水暴涨，广州肇庆等府各属，致倒塌房屋，伤毙之口，并有沉船、决围、坍城、淹田等事。本年广东境内三次被灾，小民荡析，实堪悯恻。着张人骏督饬在事官绅，分投查勘，赶放急赈，一面仍筹集厚资，实力赈抚。其被水地方，迅即设法疏消补种，并修筑围堤，以惠民生，免致失所。

---

① 《清实录·德宗景皇帝实录》卷五九六。

准四川总督赵尔巽等收佩日皇所赠徽章。①

初四日丙辰（10 月 28 日）

前以粤汉铁路最关重要，特派大学士军机大臣张之洞为督办大臣，近询该大学士筹办铁路情形，据称该路事权纷歧，议论淆杂，诸多窒碍等语。该路交通，大有关系，讵可长此延缓，嗣后该路筹款、用人、兴利、除弊各事宜，悉责成张之洞通筹全局，力任劳怨，严定期限，各就三省情形，分别妥定章程，因时制宜，主持定断，邮传部暨湖北、湖南、广东各督抚，均须实力协助，不得掣肘。所有各该省原派之总理协理，均听节制，在事官绅商董，倘有营私舞弊，煽惑把持，以致妨害路政各情事。即着张之洞据实参办，经此申谕后，该督办大臣等务当协力赶办，不准延缓，以期事权专一，免误要工。

初五日丁巳（10 月 29 日）

御史俾寿奏，请选满汉世职官员，及聪颖子弟，分赴东西洋学习海军。下部知之。又奏，西北边禁种罂粟各地，宜提倡种植生计。又奏，请严订官绅设立教养局，及工艺厂，劝惩章程。并下会议政务处知之。②

十七日己巳（11 月 10 日）

有人奏，福建漳州等属灾重地广，待赈孔急一折。着松寿迅速查明具奏。

十九日辛未（11 月 12 日）

电寄松寿，电悉。接待美舰，尚无贻误，在事各员不无微劳，但非异常劳绩，应由该督查明出力人员，酌给外奖，以资鼓励。所请保奖之处，着不准行。

二十日壬申（11 月 13 日）

光绪帝谕内阁，朕钦奉慈禧皇太后懿旨，醇亲王载沣之子溥仪，着在宫内教养，并在上书房读书。

---

① 《清实录·德宗景皇帝实录》卷五九七。
② 《清实录·德宗景皇帝实录》卷五九七。

又谕，朕钦奉慈禧皇太后懿旨，醇亲王载沣授为摄政王。

以差满回国，赏俄国使臣廓尔维慈等、德国正军校英格等宝星。

廿一日癸酉(11 月 14 日)

电寄张人骏，据电奏，请将由芜湖运米平粜，免纳税厘各节。着照所请。

光绪帝疾大渐，酉刻，崩于瀛台之涵元殿。

钦奉慈禧皇太后懿旨，摄政王载沣之子溥仪，着入承大统为嗣皇帝。①

廿二日甲戌(11 月 15 日)

慈禧皇太后疾大渐，未刻，崩于仪鸾殿。

廿五日丁丑(11 月 18 日)

钦定建元年号曰"宣统"。

廿八日庚辰(11 月 21 日)

领衔西班牙使臣贾思理，偕同各国使臣，恭诣大行太皇太后、大行皇帝几筵前奠祭。

廿九日辛巳(11 月 22 日)

端方、朱家宝电奏，安庆兵变，现经剿平，但孙文有来华之说，难保非暗中主使。沿江沿海各省，恐有逆徒响应，请旨电饬各省认真防备。清廷着各省督抚，严密设法，一体认真防范查拿，万勿疏懈，贻误地方，但仍须慎密镇静，亦不得稍形张皇，致滋扮扰。②

十一月初二日甲申(11 月 25 日)

浙江巡抚增韫奏，铁路轨线穿城，酌开清泰、望江两门间城穴二处，以便来

---

① 《清实录·德宗景皇帝实录》卷五九七。

② 《大清宣统政纪》卷一。

往。报闻。

初七日己丑（11 月 30 日）

命出使法、日、葡国大臣刘式训，作为二品实官。

初九日辛卯（12 月 2 日）

清廷谕令，近闻有海外逆党，乘国家多难之际，妄思煽乱，肆意捏造谣言。其诬妄狂悖，直有使君臣上下所不忍闻者。复敢刊印函单，分致京外各衙署局所学堂，淆乱是非，多方簧鼓，居心尤属险恶。着邮传部迅电各处邮政局，认真拣查，遇有自外洋寄来汉文函件，字迹封式在五件以上、分致上项各处者，立即拆阅。倘语涉悖诞，即刻一律焚毁。其各埠外国邮信局社，亦由该处地方官，婉商仿行，共保治安。并着民政部、步军统领、顺天府暨各督抚随时派员认真查访，严禁传送悖逆各函件，勿得稍涉疏漏，致扰大局。①

初十日壬辰（12 月 3 日）

度支部奏，宁、苏两属地芦等项，折征忙钱，历有年所。近因江苏州县赔累，经该省督抚请规复公费，每征银一两，加钱二百文，尚未经年，今又议改为征银解银，每两随收公费六百文，非惟无以取信于民，且亦无此政体，所请应毋庸议。本年苏属下忙钱粮，仍查照上年奏案征收，宁属仍照旧章办理。依议行。

十一日癸巳（12 月 4 日）

以华商黄仲涵在外洋捐资兴建先师孔子庙，予其故父道员衔黄守谦三品衔。

十二日甲午（12 月 5 日）

陆军部奏，议覆御史俾寿奏，请派满汉世职子弟，分赴各国学习海军，自属当务之急。惟须先设海军贵胄学堂，遴选满汉世职子弟合格者，入学教授海军普通必要之学，以厚其基，毕业后，或派入军港学堂加习，或径派出洋留学，届时妥为核办。依议行。

---

① 《大清宣统政纪》卷二。

东三省总督徐世昌奏,收买日本商家留存奉天枪弹,以遏乱萌而储军实。下部知之。①

十三日乙未(12 月 6 日)

以政绩卓著,予已故广东琼崖道沈传义优恤,事迹宣付史馆立传。

十七日己亥(12 月 10 日)

外务部奏,恭拟皇上登极暨委任驻使国书,请用御宝。依议行。②

十九日辛丑(12 月 12 日)

电寄出使大臣孙宝琦,德皇所赠该员宝星,着准其收佩。
浙江巡抚增韫奏,查勘海塘坍损情形,分别妥筹办理,酌定工程局、议事会、巡警局各章程,如所请行。

廿五日丁未(12 月 18 日)

津浦铁路,前经张之洞、袁世凯、梁敦彦会奏,豫定将来官商合股办法,迨至第十年后,国家清还借款之时,准令三省绅商,自集成本,将此项股票,拨与一半,任其收回。此项津浦铁路即为官商合办之路,续据吕海寰奏,豫筹招股章程,因此路南端,经由皖境,添入安徽一省,共为四省,内开十年后官商合办,无论何年,不得退还商股。均经允准。兹复据吕海寰代奏,四省津浦铁路有限公司文称,群情疑畏,观望不前等语。此路既定为将来永远官商合办,自无将商股退还之理。经此次明白宣谕后,该大臣务当劝导各省绅商,协力相济,筹集路股,俾免赎路时稍有贻误,以溥乐利而昭大信。
两江总督端方奏,江宁省城,拟设南洋第一次劝业会,官商合办,以开风气而劝农工。又奏,本年罂粟减种,并统税短收情形。均下部知之。

廿六日戊申(12 月 19 日)

验看进士馆暨游学毕业人员。得旨:考列中等之法部主事马步瀛,着以原官留

---

① 《大清宣统政纪》卷二。
② 《大清宣统政纪》卷三。

部补用。考列优等之李鸣谦，着赏给商科举人。

廿七日己酉(12 月 20 日)

以编辑勤恳，赏法国子爵窦伦等宝星。

十二月初二日癸丑(12 月 24 日)

验看办学期满人员，得旨：翰林院庶吉士潘浩，着授职编修，雷恒着授职检讨。

初三日甲寅(12 月 25 日)

御史常徽奏，华侨爱国情殷，请量加宣慰一折。

初七日戊午(12 月 29 日)

山东巡抚袁树勋奏，查明外人在山东内地，有无侵害主权，并妥筹限制之法。查编修范之杰等原呈内称，外人于租界外，设肆侨居，复于未经开港通商地方，购置地亩，典赁房屋一节，现饬劝业道洋务局通饬各属，若有外人在不通商地方，开设行栈，私行贸易，立即照约禁阻。如有教士购置公产，仍照约章办理。原呈又称各国官商请护照入山东境内，每藉游历为名，任意测绘营堡要塞一节，查从前胶沂济一路，未经并入津浦官路之时，胶济铁路附近三十里内，以及沂州、沂水、宁海、潍县、烟台五处矿务所指地段，间有华德采矿公司，或铁路公司，请领护照派人游历、测绘矿图及路线者，约章所载，禁止殊难。现应通饬各属，遇有游历人员，固应遵章保护，亦当杜彼觊觎。威海、胶澳两处租界之外，险要甚多，尤应严饬文武地方官，督率营堡防守弁兵，随时严密侦察，俾外人不能私行测绘，庶于沿海防务有益。原呈又称莒州一带矿产，外人强欲代我开采一节，查东省自胶澳租界订约，暨五处矿务改订合同以后，矿界甚广，外人有分别采探之区，莒州与沂水等处犬牙相错，外人探矿往来，事所恒有，无从限制。今春因津浦路线定议，德人又思与胶沂路线牵涉，请给印照赴泰安等处探矿，经路矿局再三驳阻，此外别无外人强欲代我开采矿产情事。原呈又称沿海一带渔业，德人屡欲代我举办一节，查德商文窦林曾在胶州湾创办渔业，名曰中国渔业有限公司，后因折阅停办以后，并未闻有另设兴办之举。前东绅王锡蕃，在烟台设立山东渔业公司，连年保护渔船，考求水产，尚称得法。惟有饬令该公司徐图扩充，以遏外人越俎代谋。以上各节，已通饬各属加意防范。凡条约合同载明之章，自应照章保护。如不载在条约合同，亦复藉词干涉，侵揽利益，即应设法驳阻，以示限制而保主权。报闻。①

初八日己未（12 月 31 日）

外务部奏，各国在沪会议禁烟事宜，由部派员前往，与各国所派之员悉心考查，随时报告，并请简派大臣届时赴沪督率开会，以资联络。得旨：着派端方届时赴沪，督率开会。又奏，兹拟定自西历一千九百零九年正月一号，即中历本年十二月初十日起，所有莫啡鸦及刺莫啡鸦之药针，概行禁止运进中国各口，并声明其为医药所必需者，另照所拟办法办理。

出使大臣伍廷芳奏，中英两国订定公断专约，缮就汉英文各二分，订期尽押。报闻。②

十一日壬戌（公元 1909 年 1 月 2 日）

清廷以足疾为由，着袁世凯开缺回籍养疴。

十四日乙丑（公元 1909 年 1 月 5 日）

山东巡抚袁树勋奏，请饬各国驻使大臣，将各该国历来所订条约、税章等件，广为采辑，译送外部汇编成书，为养成外交人才讲习之需，并颁发各省一律讲习，以宏造就。下部知之。

十五日丙寅（公元 1909 年 1 月 6 日）

邮传部奏，派员收回东清全路日俄电报。先与俄人商订合同，所有铁路界外电报，皆归还中国所有，认我主权，计线路一千五百余里、局所十余处，给回收赎价十五万元。又与日本订立合同，计收回线路一千余里，界外局所数十处，皆归还中国，给回收赎价日金五万元，每年由日本贴补借线费三千圆。其余各条，与俄约无甚出入。惟日本前有要求设立关东至烟台水线，亦饬令另订合同，毋使牵混，俾免俄人借口，并与我国利权，尚无损害。下部知之。又奏，注销京汉铁路借款行车各合同，收回全路管理权。③

---

① 《大清宣统政纪》卷四。
② 《大清宣统政纪》卷四。
③ 《大清宣统政纪》卷四。

十六日丁卯（公元 1909 年 1 月 7 日）

以睦谊真挚，赏德国外部大臣舒恩等宝星。

十八日己巳（公元 1909 年 1 月 9 日）

外务部奏，添设英属加拿大总领事一员，驻扎阿达瓦埠，并设正领事一员，驻扎温哥埠，派员试署，保护华侨。又奏，设立驻扎缅甸仰光领事官。均依议行。

以顾全睦谊、撤退军队，赏日本国陆军步兵中佐水野胜太郎等宝星。

以年满回国，赏意国海军统领吕贲等宝星。①

二十日辛未（公元 1909 年 1 月 11 日）

御史王履康奏，振兴丝业，请先于上海地方创设生丝检察所。着农工商部议奏。寻奏，拟札饬上海商会，传知该公所，邀集丝商，举商董若干员，报部遴委。所有一切事宜，责成该商董等筹拟章程，报部核夺。从之。

廿二日癸酉（公元 1909 年 1 月 13 日）

意国南境地震，灾情甚重，朝廷深为悯恻，着颁发帑银五万两，由外务部交意国驻京使臣，迅速汇寄灾区，以资拯济而笃邦交。

以年满回国，赏法国使臣巴思德宝星。

廿四日乙亥（公元 1909 年 1 月 15 日）

有人奏广东水师副将杨洪标贪婪党恶一折，着张人骏按照所参各节确切查明，据实具奏，毋稍徇隐。

监察御史叶芾棠奏，禁烟宜绝根株，恳请将土药禁种，洋药禁贩，于宣统元年冬切实施行，并饬外务部及禁烟大臣，责成派赴万国禁烟会委员，于开会时与各国乘机磋商。下外务部等知之。②

---

① 《大清宣统政纪》卷五。

② 《大清宣统政纪》卷五。

廿七日戊寅（公元 1909 年 1 月 18 日）

赏总理外务部事务庆亲王奕劻头等第二宝星，外务部会办大臣大学士那桐、署外务部尚书会办大臣梁敦彦头等第三宝星，外务部左侍郎联芳、署外务部右侍郎邹嘉来二等第一宝星，出使德国大臣荫昌头等第三宝星，出使英国大臣李经方、出使俄国大臣萨荫图、出使法国大臣刘式训、出使美国大臣伍廷芳、出使日本国大臣胡惟德、出使荷兰国大臣陆徵祥、出使奥国大臣雷补同、出使意国大臣钱恂、出使比国大臣李盛铎二等第一宝星。①

廿九日庚辰（公元 1909 年 1 月 20 日）

以效力船政，功绩最多，予陆军部记名丞参会办船政大臣沈翊清，附祀其祖原任两江总督沈葆桢福建省城暨马江船厂专祠，并宣付国史馆立传。

赏日本国枢密顾问官子爵伊东已代治等宝星。

三十日辛巳（公元 1909 年 1 月 21 日）

浙江巡抚增韫奏，浙省蚕学馆改设蚕桑学堂，由各府保送中学毕业生入堂补习，循序推升，以育人才而维实业。下部知之。

缓征两淮泰、海二州被灾各场灶地钱粮。②

是年

浙江李云书等创办四明商业储蓄银行，总行设上海。

华侨商人郑智勇创办华暹轮船公司，航行中国与曼谷、新加坡间。

周宗贤等创办西江航业公司，航行于广东西江。

江南制造局为清廷海军部所造单螺旋蒸汽机钢制木船——"甘泉"炮舰，完工下水。③

---

① 《大清宣统政纪》卷五。

② 《大清宣统政纪》卷五。

③ 刘传标：《近代中国船政大事编年与资料选编》第 2 册，九州出版社 2011 年版，第 554 页。

附录

宣统元年　公元 1909 年　己酉

春正月初二日癸未(1 月 23 日)

增韫电奏，浙江关欠还洋款十九万两，委难筹措，请饬部筹指的款等语。着度支部速议具奏。

初七日戊子(1 月 28 日)

据端方电称，浙江等省应解赔款，未能按期汇到，请严催各省迅将应解赔款，一律照向例提前一月，如数解清等语。赔款关系要需，若各省纷纷效尤，一届还期，从何应付。着度支部电知各省，迅将应解赔款数目，按期汇沪，勿得迟误。

东三省总督徐世昌等奏，呼伦贝尔沿边辖境，分设卡伦，并于伦城及满洲里设立边垦总分各局，以便统属而资控驭，谨将开支款项奏明立案。其在事员司，饷糈微薄，一俟办有成效，拟由臣等查明，择尤请奖。得旨：准其择尤酌保，毋许冒滥，余照所请行。①

初九日庚寅(1 月 30 日)

以随时期满，予驻法国使馆翻译官吴克倬等奖叙如例。
赏西班牙国驻沪领事官亚理阿斯、使馆参赞密阔达三等第一宝星。②

十一日壬辰(2 月 1 日)

由美国发起，英、德、法及中国等十三国，在上海开"万国禁烟会"。两江总

---

① 《大清宣统政纪》卷六。
② 《大清宣统政纪》卷六。

督端方受命与会，并发表演说。①

十六日丁酉(2月6日)

前因御史谢远涵奏参陈璧虚糜国帑，徇私纳贿各款，当经派令大学士孙家鼐、那桐秉公查办。兹据查明覆奏，陈璧于订借洋款，秘密分润，开设粮行，公行贿赂各节，虽属啧有烦言，究未指有确据。惟开支用款，颇多糜费，前后所调各员，不免冒滥等语。②

十九日庚子(2月9日)

以东三省总督徐世昌为邮传部尚书。
调云贵总督锡良为钦差大臣，东三省总督兼管三省将军事务。

二十日辛丑(2月10日)

外务部奏，上年驻美使臣伍廷芳与美廷议订保和会《中美公断专约》四款，业经奏明画押在案。此项专约应由两国批准互换，现准伍廷芳将汉洋文约本咨呈代奏，应请批准，以资信守而符公例。从之。
浙江巡抚增韫奏，苏杭甬铁路借款亏耗，请由盐斤加价内提拨。下部议。③

廿一日壬寅(2月11日)

电寄云南交涉使高而谦，着派办澳门勘界事宜，前往广东，会同葡国所派之员，详细履勘，妥议办理，并商承两广总督张人骏酌核，随时电外务部请旨遵行。

廿五日丙午(2月15日)

直隶总督杨士骧奏，津浦铁路关系大局，直隶计地摊款，现据绅士呈请援照河南盐捐成案，于长芦行销直隶食盐每斤加价四文，提充路款，分给商民股票，作为永远财产。此项加价，十年期满，洋款还清，即行停止，既非寻常加价归公者可

---

① 《东方杂志》宣统元年第三期之《万国禁烟会纪事》。
② 《大清宣统政纪》卷七。
③ 《大清宣统政纪》卷七。

比，又与豫省奏准之成案相符，拟请俯准照拟办理，以裨路政。下部知之。①

廿六日丁未(2 月 16 日)

御史史履晋奏，美国禁烟大会，已由外务部派员莅临，但风闻会中有美国医生持戒烟秘方，欲倡议专制专卖，推行中国，攘夺利权。请密饬莅临会诸员，如果有此等情事，万难轻许，并令乘机提议广集中西名医，研究良方，官为制药发售，并刊布原方，任人自制。凡市上伪药，一律禁绝，俾全国痼疾早日廓清，免贻外人口实。下所司知之。

廿七日戊申(2 月 17 日)

农工商部奏，厦门贡燕扰累滋多一折。着闽浙总督办采，准其作正开销。

廿九日庚戌(2 月 19 日)

清廷谕令：肃亲王善耆奏筹办海军基础一折，所奏不为无见。方今整顿海军，实为经国要图，着派肃亲王善耆、镇国公载泽、尚书铁良、提督萨镇冰按照所陈各节，妥慎筹画，先立海军基础，并着庆亲王奕劻随时总核稽察，以昭慎重，俟规模大定，再候谕旨。铁良任重事繁，着开去专司训练禁卫军大臣之差，俾得专心擘画，以固邦围。②

是月

广东水师提督李准，派福建船政所造"伏波"号、"深航"号及广东制造局所造"广金"号轮船，前往西沙群岛，在西沙立碑。③

二月初一日辛亥(2 月 20 日)

以美国军舰来华游历，赏美海军副提督伊摩利施罗达等宝星。

---

① 《大清宣统政纪》卷七。
② 《大清宣统政纪》卷七。
③ 刘传标：《近代中国船政大事编年与资料选编》第 2 册，九州出版社 2011 年版，第 558 页。

初二日壬子(2 月 21 日)

镇国公载泽奏请收回成命一折。清廷谕令：海军关系重要，亟应筹办，以立始基。该镇国公向来办事妥慎，筹画精详，现筦度支，总司财政，着仍遵前旨，实力计画，以期早日观成。所请收回成命之处，着毋庸议。①

初七日丁巳(2 月 26 日)

有人奏，中国船政极有关系，请彻底查明一折。着度支部、邮传部知道。

初八日戊午(2 月 27 日)

农工商部奏，荷兰将订新律，拟收华侨入籍，请速定国籍法，以资抵制。得旨：修订法律大臣会同外务部迅速妥议。

十一日辛酉(3 月 2 日)

御史徐定超奏，重整海军，首在得人，请饬设机器学堂，精求制造一折。着筹办海军王大臣知道。

副都御史陈名侃奏，外交重要，亟宜整顿使事一折。着外务部知道。

蠲免浙江仁和、海沙、鲍郎、芦沥、横浦、浦东等灶课钱粮。②

十二日壬戌(3 月 3 日)

蠲缓浙江杜渎、芦沥、海沙、浦东、钱清、西兴、长亭、镇海、鲍郎灾歉各场灶课钱粮。

十六日丙寅(3 月 7 日)

山东巡抚袁树勋奏，山东选派学生赴英美德各国游学，专习工艺实业。下部知之。

---

① 《大清宣统政纪》卷八。
② 《大清宣统政纪》卷八。

廿一日辛未(3 月 12 日)

以教练留学生出力,赏奥国军官劳毕等宝星。

三十日庚辰(3 月 21 日)

东三省总督徐世昌等奏,筹设东三省陆地测量总局,以制舆图而符部章。又奏,筹设陆海军图书馆,以供军人研究。均下部知之。①

闰二月初一日辛巳(3 月 22 日)

出使意国大臣钱恂奏,意国农院举行大会,应莅临会议。下部知之。
以和洽兵民,赏驻天津日本陆军少将中村爱三宝星。
以减撤京津卫队,赏德国统带游击巴司福等宝星有差。
赏任满回国意国使馆卫队统带海军游击贝德孟迪宝星。②

初四日甲申(3 月 25 日)

宣统帝谕令,昨日吴士鉴所进西洋通史讲义,尚属可观。嗣后进讲诸臣,务当于各书中有关一切新政宪法之处,详慎采择,剀切敷陈,俾有益于朕殷殷求治变法维新之至意,断不可摭拾空言谬论,无补时艰为要。

初五日乙酉(3 月 26 日)

电寄徐世昌,日皇赠给陶大均等勋章,均着准其收佩。
蠲免浙江仁和、钱塘、海宁、富阳、余杭、临安、新城、昌化、嘉兴、秀水、嘉善、海盐、平湖、石门、桐乡、归安、乌程、长兴、德清、武康、安吉、孝丰、诸暨、兰溪、西安、龙游、建德、临安、遂安、寿昌、桐庐、分水三十二州县并杭严二卫、杭衢严三所荒废田地山塘荡潦地漕银米。③

---

① 《大清宣统政纪》卷八。
② 《大清宣统政纪》卷九。
③ 《大清宣统政纪》卷九。

初六日丙戌（3 月 27 日）

补行验看游学毕业生。得旨：顾德邻着赏给法政科进士。

初八日戊子（3 月 29 日）

邮传部奏，日本南满洲铁路，与京奉接近之路，经臣部派员与该公司详慎商酌，拟订接联营业合同十六条，大要系彼此各货可互相接运。凡转运所须之岔道月台号志，彼此界内，自任建筑修养。此外备房屋以照料货物，设电话以传递消息，画一时刻，稽查路轨，以及核算账目、修理车辆等项，均订明办法，立有专条。报闻。

御史石长信奏，请改各省兵备道为兵备使司，监督军界学堂，办理该省营务。下会议政务处议。寻奏，酌留道缺，即名为兵备道。请旨设置海军学堂，应由筹议海军之王大臣并案核议。从之。又奏，输助海军，优加爵赏，请饬部厘订等差章程。下度支部议。①

初九日己丑（3 月 30 日）

电寄专使美国大臣唐绍怡，奥皇赠给该大臣等宝星，均着准其收受。

两广总督张人骏奏，广东新出矿产，拟请援案暂免井口两税，及官股红利各五年。如所请行。并下部知之。

换铸广东布政使印信，从总督张人骏请也。②

十一日辛卯（4 月 1 日）

添设海参崴总领事一员。从外务部请也。

十二日壬辰（4 月 2 日）

以遵守约章，赏法国驻沪候补领事贾雅宝星。

---

① 《大清宣统政纪》卷九。
② 《大清宣统政纪》卷九。

十三日癸巳(4月3日)

以调和中外，赏意国总领事衔前驻沪领事计细宝星。

十六日丙申(4月6日)

电寄专使美国大臣唐绍怡，电奏悉，德皇赠给该大臣等宝星，均着准其收受。

十七日丁酉(4月7日)

出使英国考察宪政大臣邮传部左侍郎汪大燮奏，赴英考察宪政，现编纂《宪政要目答问》十卷、《英国宪政要义》四卷、《英宪因革史》三卷、《政枢纲要》五卷、《枢密记略》二卷、《曹部通考》二十卷、《国会通典》十四卷、《国会立法议事详规》三卷、《选举法志要》十九章、《英理财沿革制度考》五卷、《法庭沿革考》五章、《司法考略》四卷、《民政辑要》八卷、《治属政略》五卷，计成书十四种。俟到京缮呈，用备采择。报闻。①

十八日戊戌(4月8日)

农工商部奏，遵奉限期，将本管事宜应办各要政，详加厘订，略分四类，曰调查，曰筹议，曰兴办，曰编制，约一百二十八条，分年列表。……筹议奖励海外贸易，通饬商民出洋贸易，海外大埠华商商会以次设齐，商船总会以次设齐；编定各处酌留度量权衡一种旧器与新器比较表；统计各省历年商品出入，商务衰旺，分别列表，筹议改良办法；颁布商业登记章程，监督交易行规则，整顿货栈规则。

二十日庚子(4月10日)

赏署外务部会办大臣大学士世续一等第三宝星。

蠲缓浙江仁和、钱塘、富阳、归安、乌程、长兴、德清、武康、安吉、开化、建德、寿昌、海宁、余杭、於潜、昌化、嘉兴、秀水、嘉善、海盐、平湖、石门、桐乡、孝丰、山阴、会稽、诸暨、遂安二十八州县暨嘉衢二所被灾及沙淤石积地

---

① 《大清宣统政纪》卷一〇。

方，应征光绪三十四年额赋漕米租银，并递缓各州县卫所带征地漕屯饷各银一年。①

廿六日丙午（4 月 16 日）

御史石长信奏，请整顿船政等语。着筹办海军王大臣知道。

廿八日戊申（4 月 18 日）

张人骏电奏，现在粤省雨多兼雾，盐不能晒，价涨配缺，请援案借运芦盐、东盐各二十万担，用轮装运，免完税厘等语。着照所请。

外务部奏遵议筹备事宜，一、厘订出使报告章程五章十四条，以期考查外事：第一章，使臣之报告三条；第二章，领事及商务委员之报告三条；第三章，海陆军随员之报告二条；第四章，留学监督之报告二条；第五章，附则四条。一、厘订出洋任用章程十四条，以期作养使才，复于臣部丞参厅立秘书英、法、德、俄、日本等股，酌派股长股员，专司调查研究等事，庶几各使领报告可总其成，而培植使才之意，亦寓其中。下宪政编查馆知之。

廿九日己酉（4 月 19 日）

东三省总督邮传部尚书徐世昌奏，沥陈东省危迫情形，并已办筹办各事宜。窃自日俄以东省为拓殖之地，竭力经营，岁糜巨款，我拥领土之虚名，彼攘主权之实利，自路线划为南北，遂成分据之形。迨协约告成，图谋愈亟，干涉内政，扩充实权，官吏莫敢谁何，商民习为惯例。盖在强邻掌握之中者，非一日矣。先朝注重边陲，毅然改革，以臣庸昧，衔命东征，时则各军甫撤，而铁路巡警，及护路兵相属于道，交通之权，归其驱使。纸币之用，日以灌输，以附属地为殖民之区，以资本家作外府之寄，相师相竞，惟力是图，而我则边备空虚，蒙情涣散，人才困乏，财用消亡。是不啻于已失之后，欲从而挽回之。全局皆非，从何入手，臣焦心思虑，勉担巨任。一以为欲破两强相持之局，必广招欧美商民以均其势；欲召集各国商务，而并以兴东省实业，必先储蓄大资本以为之招；欲抵制东清铁路之利权，而兼我筹边驭蒙之最要，必别筑干路，以为全局之枢纽。是以有开放商埠之议，有借外债设银行之奏，有别筑新齐铁路之计议、锦洮铁路之规画。徒以事关大局，非旦夕所能定议，而此议一出，欧美人士，咸乐闻之，彼日俄从旁窥伺，亦以知朝廷锐意经

① 《大清宣统政纪》卷一〇。

营，将大有动作于东土也，因亦守和平主义，以徐待将来，臣乃得及时稍稍布置。①

初二日辛亥 (4 月 21 日)

浙江巡抚增韫奏，增设巡警劝业两道，派员试署。如所请行。

初三日壬子 (4 月 22 日)

御史叶芾棠奏，荷属爪哇各岛，华民侨寓者，不下数十万人，始设中华会馆，继设中华学堂、中华商会，现泗水又倡立补助祖国海军会。然华侨爱国之心愈切，外人之忌亦愈深，近来苛政叠兴，于我华民，不以平等相待。其最不平者，抽收人税，则比荷之上等人；至偶涉词讼，辄以爪哇下等人律之，不问是非曲直；稍拂荷官之意，即酷禁三月，然后讯案，虽辩护士不能干涉；他如身后遗产，必追入官，过境越界，必请路字，购房置器，必征重税，种种苛待，无所底告。光绪三十三年，曾蒙简命大臣，遍历南洋抚慰。今年春间，又派员乘舰前往，侨民无限欢迎。第为日无多，非设领事常驻是邦，不足以资保护。南洋新加坡、仰光各埠，中国已设领事，爪哇事同一律，请饬下外务部与荷使交涉，于该埠派领事官驻扎，抚驭华侨，并商除一切苛政，俾得各安生业。下外务部知之。②

初六日乙卯 (4 月 25 日)

电寄出使大臣唐绍怡，俄皇赠该大臣等宝星，着准其收受。

初九日戊午 (4 月 28 日)

以襄助调查电政接待优异，赏葡国邮电督办毕利雷等宝星。

十一日庚申 (4 月 30 日)

以办理关务，著有劳绩，赏税务司甘福履宝星。

---

① 《大清宣统政纪》卷一〇。
② 《大清宣统政纪》卷一一。

十四日癸亥(5月3日)

都察院代奏,分省试用道吴鸿懋敬陈筹画海军管见,以筹的款、储将才、造船械、训劲军四者为海军始基之要道。又代奏,吏部员外郎黄允中条陈筹备海军事宜,谨拟人地船款四项分合办法。均下所司知之。①

十九日戊辰(5月8日)

农工商部等会奏,据东三省总督黑龙江巡抚奏称,江省沿边一带,自呼伦贝尔西境,越瑷珲兴东辖境,皆与俄界毗连。除汤旺河业经开放外,其余旷地,无人过问。先从招民入手,为拓植边荒之计,拟改收经费,另定奖章,减路费以利遄行,严限制以杜包揽,选良农以慎安插,速升科以促垦种。将来新设治所,其荒务即责成各该地方官兼办,不另设局所以省糜费。其派往各省招待员司一切经费,拟由本省各荒段剩存经费项下开支。如有不敷,即饬司由正款动用,按年报部列销等语。

廿一日庚午(5月10日)

电寄松寿,据电奏,船政所造江船,现经宁沪商船公司承卖,认价三十万圆等语。着准其出售。

电寄,翰林院侍读荣光奏,重兴海军,为当务之急,而军港船坞,更为海军当务之急。昔日海防之形胜,莫过北洋。今胶州租于德,威海让于英,旅大陷于俄而复夺于日,北洋之险要尽失。应营南洋之重镇,以控制北洋。查南洋之形胜,向称虎门。然僻在粤东,相隔窎远,可为分防之港,未可为建施之区。查浙之沙门湾,周围形胜,洵为屯军要港。至船坞欲求久远,莫如山坞,因山为址,凿山成槽,所谓天然之石坞也。查沙门湾相近之舟山,浙江之定海,宜于建筑船坞之处颇多,如盘旋山、青螭潭等处,最称稳便。宜仿日本长崎筑坞办法,确实经营,谨陈形胜地势应办事宜,上备采择。下所司知之。②

廿二日辛未(5月11日)

以前外务部左参议杨枢充出使比国大臣。

---

① 《大清宣统政纪》卷一一。
② 《大清宣统政纪》卷一一。

廿八日丁丑(5 月 17 日)

电寄出使大臣唐绍怡，比王赠给该大臣等宝星，均着准其收受。

电寄张人骏，云南交涉使高而谦俟澳门勘界事毕，着张人骏迅即饬回本任，以重边务。

外务部奏，东三省铁路界内，设立公议会，经理地方自治，与俄使商定大纲办法，取益防损，幸皆就范，已签字盖印，请饬遵照。依议行。

廿九日戊寅(5 月 18 日)

农工商部奏，林业关系重要，亟宜振兴，拟分咨出使各国大臣，调取各国森林专章，遴员派往日本考查造林之法，并请饬各省将军督抚，将所辖境内适于造林之区域，与固有天产之森林，详查造具图说报部，俾订专章，奏请颁行。依议行。①

夏四月初二日庚辰(5 月 20 日)

命贝子衔镇国将军载振前往日本，法部尚书戴鸿慈前往俄国，呈递国书答谢。赏载振一等第二宝星、戴鸿慈一等第三宝星。

命出使大臣李经方、杨枢、伍廷芳、刘式训、荫昌、陆徵祥、钱恂、雷补同于所使各国呈递国书答谢。②

初三日辛巳(5 月 21 日)

出使意国大臣钱恂奏，欧洲外交最重二事，一曰远东，一曰近东。远东者指中国、日本而言，近东者指巴尔干半岛而言。……谨就欧洲列国国际大势之关于东方者，胪列上陈，稍尽训方道事之责。下部知之。

十二日庚寅(5 月 30 日)

添铸浙江巡警、劝业两道关防，从巡抚增韫请也。

---

① 《大清宣统政纪》卷一一。
② 《大清宣统政纪》卷一二。

十七日乙未(6月4日)

都察院奏,刑律草案,未尽完善,请饬下法律大臣覆加核订,以防流弊:一、洋律科罪太轻,可参用而不必尽用;二、断罪宜归一定,不便游移其词,以防舞弊;三、参用洋律,仍宜以中文达之,不必袭用外洋文法。以上三端,皆其大致之不甚合宜者,故敢约略陈之。得旨:着法律大臣、法部会同京外各条奏另订具奏。①

三十日戊申(6月17日)

邮传部奏,改良电话购换新机以利交通。又奏,请拨琉璃厂废窑余地,建立电话分局一片。均着依议。

五月初二日庚戌(6月19日)

赏出使比国大臣杨枢二等第一宝星。

初三日辛亥(6月20日)

引见廷试游学毕业生。
赏东省铁路俄文学堂俄教习卜郎特三等第一宝星。

初四日壬子(6月21日)

考察宪政大臣于式枚奏,普鲁士分国家行政、自治行政区域、自治行政三级。……兹于行政大纲及职任权限,依据两法为主,约具条说,附列各表,期于详明,缮单呈览。
赏湖北教习日员铸方德藏二等第二宝星。②

初七日乙卯(6月24日)

考察宪政大臣李家驹奏,为考察立宪官制,录缮成书,敬陈管见事。

---

① 《大清宣统政纪》卷一二。
② 《大清宣统政纪》卷一三。

初十日戊午(6 月 27 日)

考察宪政大臣于式枚奏,普鲁士议院权限、责任、种类、组织、地位、权利、义务、原因、办法、细则等。

给温哥佛地方商会关防,从农工商部请也。

赏给日本派交南满洲电线田中次郎等二员三等第一宝星,牧直二等二员三等第三宝星,水川富车等三员四等双龙宝星。①

十一日己未(6 月 28 日)

命军机大臣世续署外务部会办大臣,调两江总督端方为直隶总督,兼北洋大臣,迅速来京;未到任前,以外务部会办大臣那桐署理。调两广总督张人骏为两江总督,兼南洋大臣;未到任前,着江宁布政使樊增祥护理。以山东巡抚袁树勋署两广总督;未到任前,着广东布政使胡湘林护理,以署顺天府府尹孙宝琦署山东巡抚。

十三日辛酉(6 月 30 日)

东三省总督锡良奏,遵章在奉省公署内设宪政豫备考核处。下所司知之。又奏,东省土沃地旷,但农智未通,查有翰林院编修陈振先在美国大学农科毕业,拟调赴东省办理农务。允之。

赏给日本回国武员林二辅等六员二等第三宝星,园田元助等十二员三等第一宝星,太田顺次等十三员三等第二宝星,土屋重俊等三员三等第三宝星。

十四日壬戌(7 月 1 日)

度支部奏,论盐法者每谓欲裕税课,必以恤灶、保商、便民三者为要义。近来淮浙等处,场产日衰,借运东盐芦盐,以济岸食。而各岸销市,亦颇有疲滞之区。产衰则灶困,销滞则商困,加以运艰费巨,售价增昂,而民间亦困,私枭乘之。现在两淮两浙盐务颇形疲敝,拟由臣部遴派专员,驰赴两处产盐销盐及引界毗连各地,择要调查,并知照陆军部及直隶总督饬员赴部,会同前往,往返川资,由部发

---

① 《大清宣统政纪》卷一三。

给，沿途官商毋庸供应，俟查竣回部，如有变通尽利之处，再行筹拟办法。
从之。①

十八日丙寅(7月5日)

电寄专使日本大臣载振，日皇颁给祝瀛元等宝星，均着准其收受。

顺天府奏，顺直绅士魏震等现于宣武门内创设京师蚕业讲习所，选购桑株，置
备图书器具，延聘蚕学毕业女教习，招考女学生，讲授育蚕缫丝诸法。开办经费，
业由本省官绅筹捐数万金，常年经费，除已呈由农工商部奏明每年拨助银三千两
外，豫计不敷尚巨，恳援照农工学会成案，于备荒经费项下岁拨银一万两，俾资补
助。从之。

抚恤朝鲜遭风难民如例。②

十九日丁卯(7月6日)

东三省总督锡良等奏，驻奉日领事送到日皇赠给奉天各员梁如浩二等宝星，王
怀庆三等宝星，沈承俊等四员四等宝星，倪文德等四员五等宝星，徐思明等二员六
等宝星。得旨：准其收受佩带。

廿二日庚午(7月9日)

电寄专使俄国大臣戴鸿慈，俄皇所赠该大臣暨参随等宝星，均着准其收受。
电寄出使大臣萨荫图，俄皇所赠该大臣暨馆员等宝星，均着准其收受。
电寄出使大臣胡惟德，日皇所赠宝星，着准其收受。
肃亲王善耆等奏，遵筹海军基础，自应熟权财力，专举阃纲，先植兴复之基，
再谋扩充之策。拟就现有款项，画一海军教育，编制现有舰艇，开办军港，整顿厂
坞台垒，以期根基日固，凭藉有资。查现有海军官兵教育所在凡四，曰烟台，曰黄
埔，曰南京，曰福州，原系各省自筹自办，虽皆有成就，然各有短长，必分门专
课，庶造诣能精，必增设枪炮鱼雷练习所、练勇雷勇等队，及海军大学等，庶教程
乃密。应请将烟台学堂改为驾驶专门，黄埔学堂改为轮机专门，福州前学堂改为工
艺，定额收学生，陆续扩充，并就浙江之象山，设枪炮练习所附以练勇队，水雷练

---

① 《大清宣统政纪》卷一三。
② 《大清宣统政纪》卷一四。

习所附以雷勇队。至海军大学为官长研究高等学术之所，设于京师，分选科、将校轮机科，各科甲班专设高深战术及海军机要，其将校轮机之乙班，专课高等炮术、鱼雷、水雷、航海、轮机、造船。此先就现有学堂练营量为增损，以储人材之基础也。查各省现有舰艇，或拨款购造，或各省自购，制异饷殊，有乖统一。今计暂可编成队者，如"海圻""海容""海筹""海琛"四艘，堪充巡洋舰。"飞鹰""飞捷""建安""建威""楚材""楚同""楚泰""楚谦""楚有""楚豫""楚观""伏波""琛航""元凯""南琛""福安""宝璧""镇涛""广玉""广金""广庚"二十一艘，堪充沿海巡防舰。"镜清""通济""超武""保民"四艘，堪充练习舰。"江元""江亨""江利""江贞""广元""广亨""广利""广贞""策电""登瀛洲"十艘，堪充长江巡防舰。"雷龙""雷虎""雷艮""雷乾""雷坎""雷震""雷坤""雷巽""湖鹏""湖隼""湖鹗""湖燕"及"辰""宿""列""张"十六艘，堪充守口雷艇。其余各船艇，只可内河巡缉。此先就现有舰艇，量为编制，以立舰队之基础也。海军根据地，择适中之浙江象山先行开筑，除建灯塔、设浮标等，应就海关船钞项下动支外。拟先将海军办公处所、演武厅、操场靶场、瞭望台、旗台、贺炮台、仓库、码头、医院、枪炮鱼雷练习所、练勇雷勇营房、修械厂等，即行建设，并购置浚港轮剥等项机船。布置粗完，舰艇即可湾泊。至现需开办经费约银八十万两，常年约银十六万两。此择定军港，以为海军根据地者也。制造厂、船坞为海军命脉，近象山港择地兴建，以资联络。但现在度支奇绌，惟有将现有厂坞之大沽、上海、福建、黄埔四处先行整顿，选熟悉人员经理，就该坞原有经费应付。此整顿厂坞，以备修理舰艇者也。炮台与舰艇战守相资，当会商各督抚切实改良，随时考察。各台官兵，即以海军人员陆续更替，薪饷亦由原发省份应付。此整顿炮台，以为海军策应者也。从之。①

廿三日辛未(7 月 10 日)

外务部奏，美国减收赔款，业于本年正月起实行，则选派学生出洋即应举办，非徒酬答与国，实乃推广育材。臣等拟在京师设立游美学务处，管理考选遣送稽查等事，并附设肄业馆，选学生入馆试验，随时送往美国肄业，以八分习农工商矿等科，以二分习法政、理财、师范诸学，专派监督驻美，管理学生学费、功课、起居等事。至于学生名额，案照各省赔款数目匀给。其满汉蒙藏亦酌给名额，以昭公溥。从之。②

---

① 《大清宣统政纪》卷一四。
② 《大清宣统政纪》卷一四。

廿五日癸酉(7 月 12 日)

以和衷兴学，赏给奥员阿克第三等第一宝星。

六月初二日己卯(7 月 18 日)

两江总督端方等奏，南洋为工商业最盛之区，拟就上海制造局相近，先建工科大学，即以已成之中国公学，为高等工学之豫备，先行购置校舍，以立基础。下部知之。①

初四日辛巳(7 月 20 日)

出使荷国大臣陆徵祥奏，荷属华侨，人数众多，荷兰人益加猜忌，非保护不足以安侨心，非设立领事不足以收实益。近日彼更施分籍政策，拟订新律，收我侨民，而我国籍法业经颁布，国际法正在调查。设领之议，彼终延宕，我领未设而彼律先颁，下乔入谷，将如之何，计惟有效希腊、罗马尼亚豫备平和决裂之一法：一曰彼律未颁，宜再及时隐拒；一曰彼律竟颁，宜加切实干预。总之使臣可易，而政策则不可易，此亦国际战胜无形之法也。又奏，禁止官绅往南洋劝捐，以启侨民轻视祖国之心。又奏，严诘荷外部侵犯机密通信，以遏彼族此后更无忌惮之机。均下部知之。②

初五日壬午(7 月 21 日)

浙江巡抚增韫奏，浙省塘工丝捐奖限又满，海塘工用未敷，应请再行展限一年，以全要工。下部知之。

初六日癸未(7 月 22 日)

署直隶总督那桐奏，直隶图书馆，业已筹设。天津地便交通，中外人士，游览日繁，请颁给《图书集成》一部。如所请行。

以深明睦谊，有裨邦交，赏前驻津奥国领事贝瑙尔等宝星。

---

① 《大清宣统政纪》卷一五。
② 《大清宣统政纪》卷一五。

以遇有交涉，和衷商办，赏驻津法国领事高禄待宝星。

初七日甲申（7 月 23 日）

军机大臣等奏，陆军部咨请代奏，日本开送尚书等各项宝星，应否收受。得旨：均着准其收受。

筹办海军大臣载洵等奏，目前船舰无多，军港未辟，不必遽行设部，似宜另行编制，作为暂时统系，并请拨给经费，以重要工而应亟需。从之。

添铸筹办海军事务处关防。从筹办海军大臣载洵等请也。

蠲缓广东南海、三水、花、清远、曲江、归善、高要、高明、开平、英德、新兴等十一县上年被灾田亩钱粮银米。①

初八日乙酉（7 月 24 日）

电寄出使大臣荫昌，德皇赠沈瑞麟等宝星，均着准其收受。

初九日丙戌（7 月 25 日）

两江总督端方奏，宁省暨南学堂，向分中学及高等小学两级。惟华侨子弟，向学情殷，随时内渡，数难豫定，来学各生，年龄不一，程度参差。拟限定额数五百名，将来改成中学，当力求画一办法。名额推广，经费增添，拟请由闽海、粤海、江海各关，分任筹拨。至该堂学生中学毕业，应如何从优给奖，并就学西洋酌派官费之处，恳饬部核覆施行。下部议。又奏，江阴南菁高等学堂，拟改设文科高等学堂，以为升入文科大学之豫备，恳饬部立案。又奏，陈明南洋高等商业学堂办法，并将原设之中等商业学堂合并办法，及动用款项，恳饬部立案。均下部知之。②

十三日庚寅（7 月 29 日）

江苏巡抚瑞澂奏，苏省开办中等农业学堂，添辟试验场五处，并创设植物园及陈列所，以为诸生实地研究。下部知之。又奏，苏浙浅水巡舰，在江南船坞订造，共计巡舰八艘。两省合为一联队，以收整齐画一通力合作之效。并仿泰西各国海军章程，斟酌损益，订立营制饷章。下所司知之。

---

① 《大清宣统政纪》卷一五。
② 《大清宣统政纪》卷一五。

十四日辛卯（7月30日）

外务部奏，巴西援照保和会公约，请与中国商订公断条约四款。从之。
以任满回国，赏驻津法国提督徐熙雍等宝星。

十五日壬辰（7月31日）

学部奏，酌拟考试毕业游学生章程，分为八项：曰考生资格，曰查验文凭，曰豫行甄录，曰分门命题，曰考试日期，曰分等给奖，曰分别职掌，曰严密关防。略仿科举取士之遗，兼取学堂积分之法。如尚有续增之处，容随时奏明办理。从之。①

十六日癸巳（8月1日）

以办理洋务出力，予留直补用道钱明训等交军机处记名。

十七日甲午（8月2日）

命吕海寰开去督办津浦铁路大臣，改派邮传部尚书徐世昌督办津浦铁路事宜，并派署邮传部右侍郎沈云沛帮办。②

十八日乙未（8月3日）

赏京师大学堂东洋教员服部宇之吉文科进士。

十九日丙申（8月4日）

两广总督张人骏奏，据香港英总督卢嘉函称，拟在香港设立大学校，注重实业，以便内地人士就学。因所需经费较多，商请设法筹助，并附送章程，声明无分种族，无限宗教，并援青岛德国学堂曾蒙资助开办为言。又据侨港华商联名具禀，请予维持。现由司道设法凑集，先行拨助银洋二十万元，一面劝谕绅商，量予捐助，藉资联络外情。得旨：着袁树勋妥筹接办。又奏，粤省办理军政，与他省情事

---

① 《大清宣统政纪》卷一五。
② 《大清宣统政纪》卷一六。

迴殊。南疆重地，形势与内地隔绝，东西二千余里，处处滨海。以兵事言，海防重于陆防。就民情言，亦宜海而不宜陆。新练陆军，揆之地势，验之民风，办理情形，尚有为难者数端：曰兵不易征，曰兵多致病，曰兵多潜逃，曰马不易办。以上四难，皆属实在情形。得旨：着袁树勋认真筹办，奏明办理。又奏，粤疆滨海，大洋中洲岛甚多。日人占踞东沙岛，现已据理力争，即可将该岛收回。又查有西沙岛，在崖州属榆林港附近，该岛共有十五处。其地居琼崖东南，适当欧洲来华之要冲，为南洋第一重门户，业已分别勘明，将各岛逐一命名，以便书碑。其岛产则有矿砂，为多年动物所积成，可作肥料之用，一律开采，实足以浚利源。且开辟以后，需用工役必多，招来而安集之，尤为殖民之善策。拟即在岛内设厂，先从采砂入手，俟东沙岛收回后，亦即一并筹办。得旨：着袁树勋悉心经画，妥筹布置，以辟地利。①

二十日丁酉(8 月 5 日)

日人在延吉添兵戕弁，种种情形，无非意图挑衅。现值磋议未定之际，不可使有所借口，着锡良等严饬吴禄贞妥为应付，力求隐慎，毋得稍涉大意，以防叵测。

两广总督张人骏奏，代递粤绅户部主事易学清，前任湖北按察使梁鼎芬，联名条陈要政数端：曰资助留学欧美学生，以免异地借才之患；曰广设工艺厂，以化游惰而浚利源；曰折通新城，以便交通而益卫生。得旨：着袁树勋会同增祺体察情形，筹议具奏。

廿二日己亥(8 月 7 日)

东三省总督锡良奏，奉天安东县自开商埠以来，设立海关，沿用旧有码头，约长六十余丈，早经塌陷，可用者仅三十余丈。且该埠土性浮松，江流冲刷，沿岸逐渐坍塌。码头乃停泊要地，非重行修筑，无以垂久远而便商利。此项工程，拟请由安东关税项下拨用。又奏，东省习惯，习用小银圆，近来外埠日见灌输，拟请接续添铸，以便流通，藉示抵制，俟敷用即行停止。均下部知之。②

廿三日庚子(8 月 8 日)

电寄陈夔龙，日皇赠该督宝星，着准其收受。
署直隶总督那桐奏，测绘直隶全省舆图，推广测图、制图两所，所需经费，拟

---

① 《大清宣统政纪》卷一六。
② 《大清宣统政纪》卷一六。

由运库按年筹拨。下所司知之。

廿四日辛丑(8月9日)

以办理交涉和平,赏西班牙国外部秘书杜来思等宝星。

廿五日壬寅(8月10日)

浙江巡抚增韫奏,浙江钱塘、余杭、嘉善、平湖、安吉、孝丰、武康、山阴、会稽、余姚等县水灾甚巨,秧苗多遭霉烂,叠经委员会县,分投查勘或设法补救,或摊款赈抚,以免小民失所。得旨:该抚即委妥员切实赈抚。①

廿六日癸卯(8月11日)

东三省总督锡良奏,东三省自俄日竞争以来,外力伸张,主权损失,欲外交之进步,须内政之速修。内政所亟宜整顿者,约有四端:曰考核官吏,曰推广审判,曰振兴教育,曰筹办实业。按诸三省情形,四者均为当务之急。得旨:该督所筹甚是。即着认真经理,以收实效。

浙江巡抚增韫奏,浙江宁波府属南田,兀峙外海,贴近三门,与宁海、定海、玉环等厅县相为犄角,诚为东浙屏蔽,南洋要冲。近来垦辟渐广,生齿日繁,自非专设文武员弁,不足以资治理。拟请设一厅治,名曰南田抚民厅,以宁波府水利通判移驻,请定为海疆冲繁要缺,仍归宁波府管辖。并拟添设管狱官,以向驻郡城兼甬东巡检事四明驿丞,随通判移驻,即为南田巡检兼司狱官,四明驿丞作为裁缺,所遗驿丞巡检事务,就近改归宁波府经历兼管,各专责成。至武职员弁,拟请以提标左营游击,移驻南田适中之樊岙,与抚民厅统辖水陆全境。原驻郡城守备千总二员,移设龙泉、鹤浦两塘,分驻巡防,把总一员,随同游击驻扎樊岙,作为城汛。凡原隶左营驻扎郡城外额各弁,以及水师巡洋战守兵丁,一律随同改驻南田各岙,仍归提标统辖。下部议。②

廿七日甲辰(8月12日)

命出使美墨秘古国大臣伍廷芳、出使意国大臣钱恂,来京候简。以署外务部左

---

① 《大清宣统政纪》卷一六。
② 《大清宣统政纪》卷一六。

丞张荫棠为出使美墨秘古国大臣，署外务部右丞吴宗濂为出使意国大臣。

廿九日丙午(8 月 14 日)

学部奏，山东青岛设立特别专门学堂商订章程，认筹经费，缮单呈览一折。又奏，派员外郎蒋楷充学堂总稽察一折。均着依议。

命广东水师提督萨镇冰开缺，作为海军提督，以南澳镇总兵李准为水师提督。

赏出使大臣张荫棠、吴宗濂二等第一宝星。①

秋七月初一日戊申(8 月 16 日)

邮传部奏，派员与日本南满洲铁道会社委员，议订吉长新奉铁路借款合同，计磋商迄六阅月，会议至数十次，始克定议。当拟订吉长铁路借款细目合同十二条、新奉铁路借款十二条，大致吉长借款以二十五年为期，新奉借款以十八年为期，当将合同草稿，咨送外务部、度支部查核。旋准覆称，均属妥协，即派原议委员，会同签押，并咨行外务部，照会日本使臣查照。从之。②

初四日辛亥(8 月 19 日)

以驻韩总领事馆各员期满出力，予分省县丞于希璟等升叙加衔有差。

以年满回国，赏意国前署使臣牟纳格宝星。

初五日壬子(8 月 20 日)

筹办海军大臣载洵等奏，拟订海军人员官阶职任，请照陆军奏定三等九级新官名目品位，自正都统至协军校，皆冠以海军字样，以示区别而专任使。从之。

初九日丙辰(8 月 24 日)

筹办海军大臣载洵等奏，查各国办理海军，自海军大臣以下各长官，均有特别旗式，悬挂桅端，以辨等威。又各级军官，亦有章服标识，以示区别。现在筹办海军，自应参仿各国成规，拟订海军长官旗式，暨各项章服，以期品级分明，略备规

---

① 《大清宣统政纪》卷一六。
② 《大清宣统政纪》卷一七。

制。谨将所拟式样，绘图附说，恭候钦定。从之。

护理两江总督樊增祥奏，江南水师学堂，本为培植海军人才之用，宜改为南洋海军学堂。该堂章程条规，暂仍循旧办理，俟将来海军基础成立，由部拟定海军画一章程，再行遵办。下所司知之。①

十一日戊午（8 月 26 日）

农工商部奏，司员王大贞巡历南洋各埠，汇陈大概情形，并筹议应办事宜。一、荷兰所属诸岛，法属越南，各国均设领事。中国商民最多，商务最盛，独无领事，曷资保护。应速议设立，以慰侨望。二、荷属各埠，华人禁例繁苛，越境必领路票，下船必领海字，违者辄遭拘禁，废时失事，忍辱包羞，莫此为甚。宜设法蠲除，以苏商困。三、华商遗产，动致充公，子嗣年长，领回十不一二。应设法将遗产事宜，由商会会同经理，以保侨产。四、南洋各埠，小学堂将及百区，而中学尚付缺如，学童升学无阶，荷人因乘机招致，使习彼国语言文字，亟宜资助成立，以广文化。五、华侨岁得之资，存放汇兑，悉归荷商银行掌握。应推广南洋各埠银行，以挽利权。六、华工谋生异域，为彼族尽地力，浚利源，而反受苛待之报。内地待兴之利，待辟之土，所在多有，宜设法招来，以兴实业。报闻。②

十三日庚申（8 月 28 日）

振兴实业，为国家富强要政。叠经谕令各直省督抚实力提倡，并简派大臣前赴各国赛会，藉以开通商智，为改良竞进之图。我国地大物博，诚非荟萃观摩，不足以造精进。兹据农工商部会奏，议覆南洋筹设劝业会，及赛物免税一折。两江风气早开，民物繁盛，自应就地设会，树各省之模型。着派南洋大臣两江总督张人骏，为该会正会长，并着各督抚筹办协会出品各事。所有赛品，准其分别豁免税厘，俟开会有期，届时由农工商部奏请简派大臣为审查总长，莅临开会，用示朝廷劝励农工，推广商业之至意。③

十四日辛酉（8 月 29 日）

以敦睦邦交，赏比国外部大臣达微浓等宝星。

---

① 《大清宣统政纪》卷一七。
② 《大清宣统政纪》卷一七。
③ 《大清宣统政纪》卷一七。

十六日癸亥(8 月 31 日)

法部尚书戴鸿慈奏，奉命使俄，道经东三省地方，目击日、俄二国之经营，其殖民拓地之谋，实有思深虑远者。自奉天迤北，以迄长春，则为南满路线。其间民居商店，多半日人，有实逼处此之嫌。自长春以迄满洲里，则为东清路线，隐若俄人势力范围。俄自亚力山大第三，定每岁移民二十万至远东之策，闻近年直增至百万以外。此次途中遇见俄国移民火车，日凡数起，沿途新成之村镇，甫辟之土田，络绎不绝。近又增筑双轨路线，且有营筑赤塔，达我恰克图铁路之说。迁移既便，则生聚愈繁，鹊巢鸠居，势将莫御。夫以二国之经画如此，若不急为筹备，则后此之措置将穷。今日补救之方，要不外古人平易之策，所谓务农讲武而已。东省兵备粗具，饷需奇绌，度支仰屋，指拨为难。与其罗有限之资财，曷若启发无穷之利赖。愚虑所及，厥有二端：一曰垦植之利，一曰森林之利。①

十九日丙寅(9 月 3 日)

以遇事襄助，赏驻扎龙州法国代理领事官伯乐福等宝星。

廿一日戊辰(9 月 5 日)

清廷谕令，外务部奏称，图们江中韩界务，暨东三省五案条款，开单呈览，并陈办理情形一折。吉林延吉地方，韩民越垦有年，前因图们江界务，经外务部与日本使臣交涉，久未就绪。本年该使臣请与东三省未定各案，同时议结。当以此事关系重大，责成该部从速筹商，并由该王大臣等随时请示机宜，悉心妥议。兹据奏呈条款，朕详加披览，所定图们江源，以石乙水为界，及垦地韩民，归中国地方官管辖裁判各办法，均尚扼要。至吉林至会宁铁路，将来援照吉长铁路办理。抚顺、烟台煤矿，声明尊重一切主权，于互让之中，仍寓防弊之意。其余各款，亦均妥协。

以奇罚任性，革广东水师提标左营游击邓正彪等职。②

廿二日己巳(9 月 6 日)

浙江巡抚增韫奏，剿捕海洋著匪，经各师船暨练军各弁兵，将首要次第就获，

---

① 《大清宣统政纪》卷一八。
② 《大清宣统政纪》卷一八。

仍饬搜捕漏网余匪，以绝根株。在事出力员弁，拟请择尤奖励，以昭激劝。又奏，拿获嵊县著匪裘文高等，恳准择尤酌保，以资激劝。得旨：准其择尤酌保，毋许冒滥。①

廿四日辛未（9月8日）

外务部奏，德属南洋各岛，现在议招华工，自应设立领事驻扎。兹据德国使臣雷克司来部声称，续招华工数百名，前往萨摩佣作，并先行设立领事，藉资照料。查有同知职衔林润钊，前经派赴该岛，熟悉情形，拟请派为署理驻扎德属南洋各岛领事，前往萨摩开办，所有应募华工，统归管辖，仍禀承部臣及出使德国大臣，妥慎办理，并咨出使大臣遵照，照会德国政府认准接待。从之。又奏，东西各国，皆设有机关报，其对于内国，上而政府，下而议院，稍有隔阂，虑致龃龉，报馆立乎政府、议院之间，足以沟通上下之情，而为之枢纽。其对于外人，有时为条约所束缚，理势所拘牵，未便公言，难与直接，辄假旁观之清议，赞成当局之施为。又其主笔之人，类皆魁硕名流，迭居政界报界之地，如美总统林肯、英宰相格兰斯顿、日本伯爵大隈重信之辈，皆尝进执政柄，退修报业，能以政界之经验，发为文章，亦能以报界之理论，播诸事实，往往言议一出，遐迩风靡。故其国家极重视之，又从而操纵之，或隐与维持，或暗为资助，大率以秘密之缔结，而利用为声援。其效力甚宏，其影响绝巨。至其显然规定者，则各国外部尝有报务处之设，分派员司，主管其事，逐日将本国外国各种报纸，荟萃购阅。凡关涉外交，暨其他重要事项，则采述译录，呈其国主。及其政府，遇有报馆主笔访员询问事实，征求意见，由该处派员接晤，举可以公布之件，宣述酬答。设有传闻谬误，记载失真，及造谣肆诬，挟嫌腾谤者，统由该处随时匡纠，或著论部辩，或提议驳诘，轻则限令更正，重则要求罚惩。此虽为有形之机关，而于国体之保全，时政之裨助，亦可得无穷之利益。中国向于此事，不甚关心。又其报纸程度本低，类多颠倒是非，徒惑观听，全国实无一机关之报馆，公家亦无一司报之机关，亟宜参仿各国报务处规模，于臣部原有各股外，添设机要一股，遴选熟谙各国语文，精勤慎密之人派充股长股员，专司报务，广购海内著名报纸，发交考察，详细审观，分别极要次要，依类译辑，每日呈堂核阅。遇有应行剖辩驳诘条件，悉按各国报务处办法办理。其关系报务应需各项费用，拟另行筹拨专款，核实开支。又奏臣部添设机要股，经理报务之本意，非第欲为内国广见闻，实乃欲为外邦通声气。虽结纳各国政府，力有不逮，而联络各国报馆，事或无难。拟俟该股成立后，遴派精警稳练之股员，分赴各国大埠，择其著名报馆，慎密往还，从容契洽，相与上下其议论，曲致其殷勤，无事既

① 《大清宣统政纪》卷一八。

倾诚交欢，有事必出力援助。其于国际邦交，裨益良巨。均从之。

以馆员供差得力，予驻韩元山副领事黎子祥等升叙加衔有差。①

廿五日壬申(9 月 9 日)

以接待殷勤，赏俄国莫斯科陆师团司令官世爵迫赖威等暨南满洲铁路日本株式会社职员藤井十四三氏宝星。

廿八日乙亥(9 月 12 日)

沪杭甬铁路沪杭段通车，长 186.2 公里。由商办江苏全省铁路公司与商办浙江铁路全省铁路公司修建。②

八月初一日丁丑(9 月 14 日)

考察宪政大臣李家驹奏，考查日本司法制度，编成《日本司法制度考》，分订二册呈进。③

初二日戊寅(9 月 15 日)

外务部奏，报馆泄漏机密，有碍交涉一折。据称交涉机密要件，纷纷登载，殊属有违禁令，请饬民政部将《北京国报》《中央大同日报》两馆，即行封禁，以示惩儆。着依议。

电寄出使大臣杨枢，比君主赠一等宝星，着准其收受。

邮传部奏，前督办大臣胡燏棻于光绪二十四年，与中英公司订立关内外铁路借款合同，内载于女儿河造一枝路，至南票出煤之处，并订立合办南票煤矿合同。嗣与该公司声明，此枝路估需英金十五万镑，即于大借款内如数扣留备用，其后开办南票煤矿亏折，饬令停采，因之罢筑枝路。而该公司以为中国不肯合办，则煤矿当为英国独有，不筑枝路，则违背借款合同，即扣留之十五万镑，永远不能提用。辩驳经年，迄未解决，因饬铁路局长梁士诒与该公司代表濮兰德叠次晤商，旋议定补还该公司一万四千五百镑，赎回煤矿自办。罢筑枝路，其扣留之十五万镑，由中国

---

① 《大清宣统政纪》卷一八。
② 中国铁路史编辑研究中心：《中国铁路大事记》，中国铁道出版社 1996 年版，第 55 页。
③ 《大清宣统政纪》卷一八。

提为铁路之用，当经彼此另订合同。三十四年二月，梁士诒与濮兰德签名盖印，控诉英国大理院。本年六月判定，将该借款拨项提出，听候铁路提用，即将赎矿之款交楚，合同亦经注销，自应照此了结。报闻。①

初五日辛巳（9月18日）

出使意国大臣钱恂奏，缕陈意国国税以备整理财政之参考。
以与议中巴公断条约出力，赏巴西男爵阿思特隆宝星。

初七日癸未（9月20日）

护理两广总督广东布政使胡湘林奏，粤省扩充制造军械厂，甫逾五载，成效昭然。应请饬部立案，并请将在事出力之员，量予保奖。又奏，购办德国克虏伯炮厂日造快炮十尊之机器，价银约三十万两，以便仿造快炮。得旨：均着袁树勋查明具奏。

初九日乙酉（9月22日）

福州飓风大作，长门马江城台一带，覆舟甚多，并淹毙人口，倒塌民房等语。着松寿迅速派员，分投查勘，妥为抚恤，毋任失所。
电寄出使大臣杨枢，丹王赠一等宝星，着准其收受。②

十二日戊子（9月25日）

浙江巡抚增韫奏，宁波府属镇海县青峙地方，河路阻塞。该处同知职衔吴正闿，捐资购买民田，开通河道。所有挖废民灶田地，应豁银米，查明数目，照例奏豁。下部知之。

十四日庚寅（9月27日）

筹办海军大臣贝勒载洵等奏，此次出京巡阅，共历十省。除京汉铁路所经之河南省不计外，其余九省，皆与海军有密切之关系。沿途举办重要事件，厥有七端：

---

① 《大清宣统政纪》卷一九。
② 《大清宣统政纪》卷一九。

一、举行辟港典礼；二、奖励船舰官兵；三、考察船坞；四、考察海军学堂；五、阅视制造局所；六、抽阅炮台；七、激励民情。下所司知之。①

十五日辛卯（9 月 28 日）

外务部奏，拟建游美肄业馆，恳请给西直门外清华园地亩，以便兴筑，而隆作育。允之。

十六日壬辰（9 月 29 日）

电寄出使大臣荫昌，日皇赠勋一等瑞宝章，着准其收受。

十八日甲午（10 月 1 日）

电寄出使大臣杨枢，日皇赠头等宝星，着准其收受。

二十日丙申（10 月 3 日）

锡良、程德全电奏，筹借外款，修筑铁路等语，着外务部、度支部、邮传部妥商该督抚，统筹全局，会同具奏。寻奏，请饬该督将与美银行原立合同作废，将森林、矿产、屯垦、工艺、畜牧、渔业等事，并铁路通盘审计，果确有把握，应需借款，随时咨商部臣，妥筹办理，以期内外协谋。从之。②

廿一日丁酉（10 月 4 日）

监国摄政王代诣养心殿，日本国使臣伊集院彦吉、陆军少将阿部贞次郎等，荷国使臣贝拉司、水师总统迪都漫等，法国署使臣潘苏纳、陆军提督贝那格等觐见。

度支部奏，筹拨军咨处海军处经费一折。前经军咨处、海军处奏请筹拨经费，业经降旨依议。兹据度支部覆奏，未能如数筹拨。部款支绌，自系实在情形。惟军需重要，亦难视为缓图。着照该部现筹数目，暂为拨付。其余不足之数，仍着该部尽力设法筹画，俟有的款时，再行酌量拨给。

---

① 《大清宣统政纪》卷一九。
② 《大清宣统政纪》卷二〇。

廿二日戊戌(10月5日)

农工商部奏,欧洲各国,有所谓利息富签票者,附签票于债券之中,给以轻息而不还本,为募集公债之一种方法。在德、意、奥、匈诸国,皆有官办此种债票。臣部拟仿其制,试办劝业富签公债票,以为鼓舞公债之计。其法制公债票一千万张,每张售洋一圆,共集一千万圆,略仿签捐票办法,以三百万圆为奖金,以一百万张为得奖之票,以一百万圆为臣部制票办公经费,及各处经售债票扣除用费五厘之款,除得奖之一百万张不计外,其余不得奖之九百万张,均作为公债票,年给二厘之官息,至六十年为止。此在臣部只实收六百万圆,而仍给九百万圆之息,且付息至六十年,期于本利均有着者,无非为开风气而彰国信。此项债款,均存官办银行,专备兴办农、工、商、矿各项实业,及补助商办各项实业之需。惟年付官息一层,为信用所在,必须筹有的款。经臣等商之度支部,请由大清银行保息,以示大信。业经度支部覆函允准,拟先试办一年,如有成效,再当接续展办。从之。①

廿三日己亥(10月6日)

大学士张之洞,兹闻溘逝,加恩予谥"文襄",晋赠太保,照大学士例赐恤,入祀贤良祠。

廿四日庚子(10月7日)

湖广总督陈夔龙奏,拟在武昌省城设立武汉劝业奖进会,并附设南洋出品协会,以扩实业。下部知之。

廿五日辛丑(10月8日)

海军处奏,出洋考察海军,酌带随员,拟请赏给宝星。得旨:梁诚、曹汝英均允行赏给,其余随员均缓赏给。又奏,拟请赏给筹办海军事务处参赞谭学衡宝星。得旨:着缓行赏给。

出使意国大臣钱恂奏,荷兰儒者葛罗脱著英文书两册,以中国贬排异教为书名,所关实巨。请饬驻荷兰使臣购取此书送部,将英文译成汉文,逐条评正,奖其是而驳其非,以明我国于外教初无歧视。又奏,自同治五年中意订结商约以来,中

---

① 《大清宣统政纪》卷二〇。

国征税，须遵两国约章。意国征税，仍按彼国法律。订约之初，专定意国向中国进口之税，不兼定中国向意国进口之税，则是大失持平者。查一国之关税制度凡二，一曰独定关税政策，一曰协定关税政策。中意约内，专言我之征税，不言彼之征税，于是彼之征税，以独定而可以自由，我之征税，以协定而不能增损。考诸西国，无此成例，是为对待东方国之特别政策。日本于同治四年，与意国订结之商约，与中国今日中意商约大致相同。至明治立宪，厘定税律，几经筹备，几经磋商，于光绪二十年冬，改订意日商约，始行更正。我国当以日本为鉴，先将各国条约详细调查，确实研究，以豫筹他日改约之方法。成效虽难骤见，果能详参利弊，洞悉窍要，坚忍以持，终有改正之一日。兹将上届意国征收中国货物进口税数，及意国国定税类目缮览。下外务部知之。①

廿九日乙巳（10 月 12 日）

吉林巡抚陈昭常奏，筹办松花江官轮，以兴航业而顾江权。
两广总督袁树勋，与日本领事签收回东沙岛条款。②

九月初二日戊申（10 月 15 日）

以粤东新宁铁路全工告竣，赏筹办商人盐运使衔陈宜禧二品顶戴。③

初五日辛亥（10 月 18 日）

外务部奏，近准荷国使臣贝拉斯照称，荷政府已定于西历本年十一月二十七日为接收各国保和会批准条约日期。臣等将该条约十四件，详慎考核，除与我国无甚利益及势难实行条约六件，拟请暂时毋庸画押外，其《限制用兵索债条约》，为豫防因债务用兵起见，系和解国际纷争之一种。《和解公断条约》，业经奉旨画押，则该约似亦可画押，以示和平至意。《开战条约》，为规定交战国彼此对待应有之行为，及交战中立各国互相对待应有之行为，其文义原系各国国际公法家所常主张，现厘为约本，以冀易于遵守。《海军轰击口岸城村条约》，该约主义，在于保民而减战祸，未设防之口岸城村房屋，彼此战时，均不得以海军兵力轰击，在攻者可存仁爱之德，在守者亦可省无用之防。其设有水雷地方，不能作为防守一节，正

① 《大清宣统政纪》卷二〇。
② 王彦威、王亮：《清宣统朝外交史料》第 9 卷，北平外交史料编辑处，1933 年。
③ 《大清宣统政纪》卷二〇。

与吾国地势合宜。至交战国应有之权利,均于第二条以下明白维持,无虞掣肘。以我国现在海军情形而论,当亦不难施行。《陆战时中立国及其人民之权利义务条约》第十一、第十二、第十四、第十九等条,系将《己亥年陆战规例》内第五十四、第五十七、第五十八、第五十九等条移入,字句并无更换。此外各条,或为日俄战时我国所欲主张者,或为国际公法上已有先例,而我国及他国业已主张而实行者。惟该约须交战国、中立国彼此均经画押,方有效力。前准前出使荷国大臣钱恂电称,该约各国均已画押。以上四约,臣等详加推究,尚无窒碍,拟请画押,以副和平宗旨。《海战时中立国之权利义务条约》,该约各条所规定者,与日俄战争时我国所办中立情形,及所主张之法意,均无甚出入。惟第十四条第二款,专为考察学问及宗教或善举之兵船,有特别待遇,于我国并无利益。第十九条第三款,停泊期限展长二十四小时,似于战时徒予远来兵舰以便利。又第二十七条,随时将各种法律命令知照订约各国一节,于遇事改定时颇形不便,动多牵掣。拟请将该约画押,而将第十四条第二款、第十九条第三款及第二十七条提出,似此分别核拟,既有以副荷政府限期接收批本之请,亦足以循公例而尊国体。以上各节均经外务部与筹办海军处、陆军部往返咨商,意见相同。谨将此次拟请画押条约五件,并前业经画押三约,照录汉法文约本八分,一体奏请批准后,即将该约本咨寄出使荷国大臣陆徵祥送会备案。从之。

出使意国大臣钱恂奏,欧美各国,惟意大利宪法,是君主而非共和,是代议而非专制,是上定而非下拟,是专成条文而非集合法律。①

初十日丙辰(10月23日)

有人奏,上海交通银行总办分部郎中李厚祐,贪鄙性成,操守难信等语。着邮传部按照所参各节,确切查明,据实覆奏,毋稍徇隐。寻奏,李厚祐被参各节,或传闻未确,或查无实据,恳免置议。惟查商律规定,凡为公司理事人员,即不得更为同等之营业。李厚祐既为华商银行招股人,应将所充之上海银行总办撤去,另派妥员接办,以专责成。从之。

十一日丁巳(10月24日)

以办理游学事宜,卓著劳勚,予欧洲游学生监督前淮扬海道蒯光典,以四品京堂候补。

---

① 《大清宣统政纪》卷二一。

十二日戊午（10 月 25 日）

以神灵显应，颁西宁海神庙匾额曰"泽溥西陲"。

十三日己未（10 月 26 日）

资政院奏，遵拟资政院议员选举章程，谨将编纂大意陈明。

十四日庚申（10 月 27 日）

御史赵熙奏，臣见考试游学毕业生名单，取列最优等者工科六名、农科二名、医科二名、格致科二名、法政科一名。闻归自西洋者凡十三名，以向例言之，皆有入翰林之望。夫以专门实业之士，充文学侍从之臣，责以撰文之任，所习非所用，彰彰明矣。即优等中等内凡农工商医诸科，以之为内阁中书、为知县、为不相当之主事，亦与立法之意相悖，是非可视为细故也。所习非所用，该生将无可办之事，而遇事又无可用之人。其久也，凡事一无可责之效，似不如以农工商科之人，分置农工商部，或分派各省，振兴实业，医科者分置陆军部或民政部，庶为近理。①

十五日辛酉（10 月 28 日）

出使大臣钱恂奏，外交应付，宜明列强对于东方情形而统筹全局，否则顾此失彼，必事事退落人后。且近年各国对待东方之政策，其显而易见者，莫如代我兴学、迫我借款两事。夫兴学美名也，臣岂以为非。然尝观各国之对他邦，莫不欲其民愚而不乐其智。以意奥同盟之国，上年因奥学之不用意文，尚久经磋议。以日美邻近之邦，而日童欲入美校，且与争执。乃迩来德人为我兴学，美人为我兴学，何厚我而爱我耶，其故可深长思矣。至借款一事，各国恒有果能办理尽善，操纵得宜，以彼资力，兴我实业，固无害也。惟各国一闻借款，恐后争先，几成一种交涉，其弊有可虑者。幸频年民智渐开，争路有人，争矿有人，但使主其事者，俯采舆论，审慎几先，自少流弊，在各国既以投资为政策，在我亦不可不知所慎取。又奏，前吏部左侍郎许景澄曾撰《外国师船图表》一书，臣亲受该侍郎指导，知为极神实用之书，宜亟为赓续。并下外务部知之。②

---

① 《大清宣统政纪》卷二一。
② 《大清宣统政纪》卷二一。

十七日癸亥（10 月 30 日）

御史黄瑞麒奏，农工商部筹办实业，拟借公债，参用外国利息富签票办法，流弊甚多。

二十日丙寅（11 月 2 日）

给事中陈庆桂奏，广东澳门划界一事，迭经磋议，至今相持未决。臣屡接乡人函电，均以葡人不遵原约，恐酿争端为言。则此中为难情形，谅亦穷于应付。臣以为外人既不肯退让，我若急求藏事，则所丧必多。然虚与委蛇，究难定议，必须另筹办法，为釜底抽薪之计，使彼狡谋莫逞，自然就我范围。盖葡人之欲推广澳界者，以有利可图也。查澳门一港，地非冲要，每岁所入，全恃妓捐赌饷以为大宗，均系吸内地游民之脂膏，我若相戒勿往，彼自无所取盈。为今之计，莫妙于附近自辟港埠，以为抵制之方。近闻香山商民新得一港，开作商埠，取名香洲，今年开埠之日，经督臣张人骏亲临察看，批准商人集股开设公司。其地距澳门三十余里，内河外海，轮舶可以行驶，且与广前铁路相近，水陆均便交通，经理得宜，一二年间成都成聚，可收澳门外溢之利，归为我有。应请饬下两广督臣传询该公司，集股果能有成，则赶紧办理，将该埠货物厘税暂行停免，以广招来，商民踊跃，辐辏自臻。倘股本尚未充足，即仿照江苏天生港成案，助发官力，息借民款，建筑码头，开设马路。所有一切新政，归商筹办，官任保护，俟商务既盛，再行设关权税，必可将本息清还。其开办之初，只岁筹数万金，以作利息。假如集款百万，约以七厘行息，在官中不过岁筹七万金，民间有七厘之息，必争于出贷，他日收无穷之益。似此暗中抵制，在我自开新埠，他国断无干预之权，而此盈则彼绌，澳门之利顿失，葡人亦将废然思返，不再与我争此辟之界。此时开议，自易就范。应请密饬划界大臣，暂勿议决，以缓其势。此即釜底抽薪之计，而亦开辟利源之善策也。寻增祺奏，所称香洲经理得宜，可收澳门外溢之利，自是实在情形。至虑及股东不足，助以官力，息借民款，归商筹办，亦复计虑周详。下外务部知之。①

廿二日戊辰（11 月 4 日）

民政部修订法律大臣会奏，酌拟禁烟条例十四条。下宪政编查馆核覆具奏。
验看考试游学毕业生最优等项骧等十二名，赏给进士；优等冯阅模等四十八

---

① 《大清宣统政纪》卷二二。

名，中等廖治年等一百八十一名，均赏给举人。

廿五日辛未(11 月 7 日)

以爪哇侨民倡设学堂办有成效，赏匾额曰"教泽广被"。

廿六日壬申(11 月 8 日)

陆军部右侍郎荫昌，现在丁忧，着改为署任，仍着姚锡光署理。荫昌俟百日孝满，仍留出使德国大臣之任。

廿九日乙亥(11 月 11 日)

两广总督袁树勋奏，遵筹粤东禁赌办法，请特降谕旨，将闱姓尽明年截止。以后无论何项考试，不得再准商人承充。彩票则截至本年冬底为止，并不准他省彩票到粤运销，以一禁令。澳门一隅，向为赌徒啸聚之所，应仿照禁烟办法，据理阻止，使外人无所借口。至番摊及基铺山票，承饷既巨，应节节限制。凡无赌之区，不得再开赌博；有饷之区，仍着设法筹抵。允行。①

冬十月初二日戊寅(11 月 14 日)

以差满回国，赏经理铁路借款代表英员濮兰德宝星。

初五日辛巳(11 月 17 日)

出使大臣钱恂奏，窃臣于光绪三十三年奉命充第二和会全权议员，目睹各国之胸有成竹，深慨我国之毫无准备，惩前毖后，曾于事毕奏陈应豫备第三次豫会事宜，奉朱批该衙门议奏。嗣又奏陈各约之未可轻押，宜由京外臣工详审机宜；嗣又奏陈仲裁裁判，可赞成不可轻信，均奉朱批外务部知道。钦遵在案，查该会原定甲寅年即宣统六年开第三会，而先于壬子年即宣统四年发表第三会应议各题，征各国之意见。臣维二会毕事，已越两年，三会开始，仅余两年。岁月不居，转瞬即届，倘彼时毫无提议，固为列国所讪笑。或提议一二，或敷泛不切于利害，甚或昧于所不利，而争其所无害，尤招列国之轻侮。溯自第一会以后，我中国不加讲求，致无

---

① 《大清宣统政纪》卷二二。

以应第二会之事机，今三会又来，若不亟事研究，则必仍蹈故辙，自非先事豫备不可。而先事豫备之法，臣愚以为宜仿各国通例，将该会约文速行颁布，选深通中国旧学之法律家，深通外国情势之外交家，辅以兼通中外文字之新学家，组成一研究会，以研究该约之利害。利害明而三会之应提何议，自有定见。

出使大臣伍廷芳奏，在秘办理交涉情形，已将该国虐待华人苛例，分别驳改，并订立证明书，互相签押，以为他日彼此遵守之据。又奏，索偿秘工焚掠华人商店，派员催商。下外务部知之。①

初十日丙戌（11月22日）

电寄专使大臣贝勒载洵，英主赠给宝星，着准其收受。
电寄出使大臣李经方，英主赠给宝星，着准其收受。

十一日丁亥（11月23日）

东三省总督锡良等奏，吉林之延吉厅，自光绪三十三年日兵越界图占，前督臣徐世昌遂奏请特派专员督办吉林边务。其时日人借口界务未定，地方官应办诸事，措置为难。故边务处之设，不独兵队归其管辖，即地方一切裁判、巡警、学堂，亦无不统属于边务，自系一时权宜之计。现在延吉界务业已解决，日人原设宪兵分遣所，亦经裁撤，开办商埠，大致亦已就绪，亟应设官建治，因时制宜。查督办边务本系军事性质，以后自当划分权限，除军政国防仍由该督办吴禄贞随时商办外，凡地方一切行政，及外交事件，应即归地方官主持管理。

调湖广总督陈夔龙为直隶总督兼北洋大臣，未到任以前，以布政使崔永安暂行护理；以江苏巡抚瑞澂署湖广总督，调山西巡抚宝棻为江苏巡抚，以山西布政使丁宝铨为山西巡抚；实授孙宝琦为山东巡抚。②

十二日戊子（11月24日）

两江总督张人骏奏，开办南洋劝业会，事属创举，而经费支绌，办事竭蹶，整理不易。谨与在事各员谆切图维，一面加筹的款，一面赶速催办，由沪商董事与包工匠人改订合同，缩短期限，务令依期开会，以免延展而误事机。下部知之。

---

① 《大清宣统政纪》卷二三。
② 《大清宣统政纪》卷二三。

十五日辛卯（11 月 27 日）

出使大臣钱恂奏，使职服色，近有创为宜改从西式之说者，事关巨典，非臣所敢轻言。倘一旦朝廷议改，凡在臣工，孰敢不遵。今朝廷尚未议改，则三百年来制度，又岂可私自违背。查剪发易服之习，起于留学生，在学生入彼学校，又只身就学，诸事宜从简易，诚不得不剪发易服。在使馆中无关轻重人员，苦于在外无剃发匠，无成衣匠，偶一为之，亦尚可原。若夫身膺使任，名为代表，与彼邦君相时相过从，而亦剪发易服，试问果为何国之代表？臣二十余年从未敢私改西装，臣每与剪发易服者同入酬酢之场，同登礼法之庭，彼邦贵官恒问臣何以一改装一不改装，果遵何项法律，语含嘲笑，臣代为赧颜。夫不遵法律而擅自改装，不但不能见重友邦，并益为友邦所轻，此近来使界之病，不可不亟伸严诏，以崇国体者也。①

廿三日己亥（12 月 5 日）

赏福建高等巡警学堂教习日本人佐仓孙三宝星。

廿四日庚子（12 月 6 日）

东三省总督锡良奏，奉省东南边境近接韩国，从前奉吉省界，以临江为限。奉省与韩分界者，尚只鸭绿一江。自新设长白府治，分划吉省西南以隶奉天，于是奉省边境，西尽鸭绿，东尽图们，中抱松花江，处处与韩毗连，策边事者遂以长白为重要地域。查长白一府总控三江，长白山脉由西南直趋东北，横亘其中，山之西北，名曰冈后，松花江源出焉；山之西南，名曰冈前，鸭绿江源出焉。府治据鸭绿上游，背负长白山，居中控制，颇占胜势。然而松江既隔冈后，图们又偏绝东北，三江相距各数百里，其间林峦错杂，万壑奔赴，危崖峭壁，交通未便，实有鞭长莫及之势。前督臣徐世昌曾派员分赴松花、图们两江上源，确查详报，臣等一再考核，审知鸭图两江之间，水线中断，国界混淆，即由于此。现界务虽已解决，而日韩对岸开埠驻兵，经营一切，兼以韩人越垦盗木，易启争端。拟即于图们江上源，自红旗以西，北循省界，南至石乙水，中包布尔湖里圣朝发祥之地，设一县缺，名曰安图县，建治于红旗河西南岸，近接韩境，以树国界之大防。又冈后之地，深林丛薄，素为盗贼出没渊薮，府治冈前，防遏韩边，已虞不给，势难兼顾冈后，拟即于松花江上源，循下两江以东，上两江以南，尽紧江、漫江流域，设一县缺，名曰

① 《大清宣统政纪》卷二三。

抚松县，建治于下两江东岸之双甸子，与吉林之蒙江县隔江相望，俾靖省界之匪类。以上两县员缺，统归长白府管辖，一以防边，一以靖内，各就天然流域划疆分治，以与长白府相掎角，形势便利，无逾于此。下会议政务处议。①

廿六日壬寅（12 月 8 日）

署两广总督袁树勋奏，查明粤路弊混确据。该路接收已逾三年，总理已历两任，用款至七百四十余万元，成路只一百二十八里，尚有合兴公司原筑三十里在内。种种败坏，不可枚举。请饬部整顿推持，以裨路政。得旨，着邮传部切实查办。

廿九日乙巳（12 月 11 日）

吉林巡抚陈昭常奏，亲赴延吉边境，查办开埠善后事宜。计现已筹办者二：一、如期开埠，二、组织审判。现正筹办，确有端绪者三：一、分布巡警，二、添改官缺，三、收买电线房产。亟应筹办，不得不早为豫备者三：一、筹设税关，二、速谋交通，三、招服韩侨。惟此次开埠，不啻为日人而设，其要求修筑吉林至会宁铁路，则阴谋密计，不仅在吉林南部，而欲因此根据地以图满洲，可想而知。此非吉林一省之力所能抵御，惟有速修延吉至奉天铁路，以连关内外路线，而由中道分达吉省，更东引而通珲春，又由珲春而南，开通图们江海口航路，以与南北洋连络，俾各国及内地商民交通便利，从此互相抵制，或可稍戢其野心。下所司知之。又奏，此次亲赴延吉东南各边境，更绕道海参崴及俄边要地，察看其军备现状，以期豫谋防御之策。计俄人在海参崴筑有炮台二十余所，近更增拓船厂二处，然海军全没，数年之内，必无足观。惟陆军之驻在伯利、海参崴各处者，其增加之速、准备之严，令人惊异。一旦有故，若以双城为集中区域，上下轨道便利，不数日间，可集合二十余万。闻日兵分驻图们南岸者，亦约数万。综我东三省兵力，曾不及其五分之一，胜负之数，不卜可知。此时为筹边计，果能南置珲春为要塞，而分重兵以驻扎延吉；北置临江为要塞，而暂屯重兵于依兰；东置绥芬为要塞，而分兵以防守蜜山，且修筑绥芬境内交通各路，即以其地为集中重镇，并筹设枪炮、子弹、粮秣各厂，以分输各边之用。更于临江、蜜山等处筹办屯垦，以便边境得以保卫，而地方因之发达。若是者虽未敢言长治之策，亦可少为自守之谋。又奏，考查海参崴各埠商务，并与俄外部接晤。② 得旨览。

---

① 《大清宣统政纪》卷二四。
② 《大清宣统政纪》卷二四。

十一月初五日辛亥（12 月 17 日）

以奉进书籍，赏日本伯爵大隈重信头等第三宝星。

以东西各国人员，在奉天办事有年，赏日本陆军中将男爵安东贞美等宝星。

初十日丙辰（12 月 22 日）

准故直隶提督聂士成宁河县芦台专祠，列入祀典。从护理直隶总督崔永安请也。

十一日丁巳（12 月 23 日）

东三省总督锡良等奏，东省大局，时势迫蹙，借款筑路，无可缓延。况锦爱铁路，直接京奉干线，旁达葫芦岛不冻海口，内通蒙古要隘，外捍黑龙江边陲，形势极便，百货更易流通，断不至于无利可获。至兴办实业，应请遵照部折，另借巨款，或办矿务，或办移民开垦，有铁路以为运输，将来筹还本息，即以森林煤矿及垦牧之余归偿，当不至无着。用人各节，臣等更当受其责成。又奏，此次部议，有借款尤须组织银行一语，臣等以为组织银行，应与铁路离而为二，或于铁路之外，另立兴办实业借款合同，或另向他国银行借款，按年于盐务项下，设法筹还，庶几保我主权，免滋流弊。又奏，东省生路，只此锦爱一条；东省生机，只有均权一法。美人以日人垄断满洲，积愤不平，欲以投资均其利益。此时议设锦爱铁路，合英美公司共贷此款，资本必大，势力始均，然后能与日俄相抗。名为商路，实含有政治外交之策。是借款者乃兼借其势力，彼以势力换我利权，我即借其势力以巩固疆圉。在我之主脑，实在救亡，非仅兴利已也。伏愿饬部从长计议，将锦爱铁路公司，仍允贷借英美巨款，迅速覆准。均下部议。①

十二日戊午（12 月 24 日）

邮传部奏，汴洛铁路裁并华洋员司，更定全路职掌，以节糜费而维路政。报闻。

十三日己未（12 月 25 日）

引见京师陆军测绘学堂毕业学生。得旨：余炘文着赏给举人，授为测绘副军

---

① 《大清宣统政纪》卷二五。

校。张翮鸿、刘永淦、万文鸣、邱岱、郭恩荣、觉罗豫震、陆是翼、敬权、张福谦、萧廷球、常万选、耿俊卿，均着赏给举人，授为测绘协军校。

十五日辛酉（12 月 27 日）

出使美墨秘古国大臣伍廷芳奏，由秘旋美，顺道查察巴拿马华侨商业情形，几握其全国商务之半，土人深忌之。彼国政府，比来时有苛待情事，将来该国运河，经美国开通，必成地球上最繁盛之商港。各国业已遣派驻使，设有领事，我国亦宜仿办，先行派官，继乃立约，否则不免如檀香山前事，一切华人利益，为美国苛例所牵掣。又奏，南美未订约各国，我国商民，旅居各埠甚多，似宜一律通好订约，简使专驻，藉资保护。均下外务部知之。

出使意国大臣钱恂奏，意国海军，有关考察各项，培养海军人材，于本国宜设专校。查意国加意海军，先从理财着手。现在军港四镇，曰司卑齐亚，曰司答皮亚，曰威尼司，曰答朗笃，均附设造船厂一所，考察自以此为首务。商厂最大者四家，曰沃兰特，曰沃代洛，曰安萨尔特，曰阿姆斯特隆。意政府之谋国政策，借助商力，恒求本国商厂，此四厂亦考察所宜次及者也。至造船造炮，厥事在厂，而用船用炮，厥功在人，则学校为先矣。意国有海军大学校，有机关学校，其规模与各国相仿，其功课以切中本国情形为重，颇堪效法，又考察所最宜注意者也。我国创办海军，培材为要，宜设海军大学，精选已通中等科学、品行端正学生，延东、英二国海军军官为教习，课授知识，中国师友，切磋忠爱，心志既定，然后出洋，乃克有用。又奏，军港之设，必也形势便利，乃可以居中策应；必也山环水深，不受浪击，不患沙淤，乃可以受停巨舰；必也后枕巩固，乃可以驻兵储械；尤必出入不止一路，一旦敌舰临口，封此则出彼，封彼则出此，乃可以固围摧敌，护舰通路，不至困厄。具此数善者，中国向惟胶州一湾，今已割弃；旅顺背线逼狭，出仅一口，非可守之隘；威海、广湾，又其次矣。今幸三门湾尚为我有，北距旅胶，南距澳广，均非逼近，筹建军港，此为上选。请无为外人浮说所摇，舍此良港，别图次地。又奏，《外国师船图表》一书，与船学之研究、海军之振兴，均有关系，为前吏部侍郎许景澄精心结撰之作。而一切搜集材料，参考异同，集十余国文字，比对翻译，实出于洋员金楷理一人之力。查金楷理服官中国三十余年，娴熟中国语言，翻译书籍，几盈百种，监造"定远"等舰，于船学考之最深。倘令赓续船学之作，实于海军学术，裨益匪细。又奏，海陆军及外交人员，其职司悉关国际、办国际事务者，贵有公交而无私交，贵有专爱而无兼爱。十余年来，我国出洋人员，纷纷向洋妇结婚。海军兴办以后，选派员生出洋，或练习，或留学，均事所必有。一旦国际有事，在与敌国有婚谊者，难保不移公交而徇私交，分专爱而昵兼爱。即平时婚谊往还，亦易隐输内情于敌国，宜先行定制。凡愿学习海陆军人员，不得向洋妇结婚；其已结婚者，不得从事于海陆军事务。均下所司知之。

以无辜被害，予驻美纽约领事馆通译官候选道陆永泉优恤。

以奖励美术，赏意国工艺家齐尔迈宝星。①

十七日癸亥（12 月 29 日）

黑龙江巡抚周树模奏，瑷珲沿边辖境，分设卡伦，上自额尔古讷河起，下至逊河口止，拟设二十卡伦。每卡设卡官一员，卡副兼书记一员，卡目二名，卡兵二十名，分别酌予荒地，限令垦辟。垦熟给为世业，即由该管府厅，就近节制，统由瑷珲道主持办理。下部知之。②

十八日甲子（12 月 30 日）

调署湖广总督江苏巡抚瑞澂奏，海军关系极重，筹办宜有次第。今议规复海军，而于将士之人才、舰炮之制造、筹备之经费，三者无一，未见其可。为海军教育计，沿海七省，先设海军中学，为养成将领之用；广设初高两等小学，使士卒同受教育；复酌设商船专学，注重于驾驶管理，此为将士人才之计也。今谋海军，而枪炮所资，唯倚外人，是竭本国人民之货财，为他国工业之代表矣。宜饬福建船政专重造船，设工科大学，就上海制造局为实习之地，扩充湖北上海枪炮厂；又复奖励工商，开炼钢铁，如是则料为中国之料，工为中国之工，造成之舰炮，为中国之舰炮矣。此为舰炮制造之计也。综计两端，分十五年规画，教育费统凡二千九十余万，制造费计亦达一千万之外，共须三千余万元。十五年中，以十八行省平均摊筹，每年每省约计不及十二万元。此筹备经费之计也。此外则亲贵子弟，必相其年龄，使历京师高等小学，由海军中学而入大学，庶平日侪伍士庶，共竞长于学问之途，临时任用将弁，得不误于指挥之用。下所司议。③

廿一日丁卯（公元 1910 年 1 月 2 日）

以办理交涉和平，赏驻津法国副领事官兰必思宝星。

---

① 《大清宣统政纪》卷二五。
② 《大清宣统政纪》卷二六。
③ 《大清宣统政纪》卷二六。

廿六日壬申（公元 1910 年 1 月 7 日）

山东巡抚孙宝琦奏，东省滨海临河，淤滩荒地，所在多有。经前抚臣周馥，设局试办，嗣复扩充，于省设立垦务总局。今已遵章奏设劝业道员缺，自应将垦荒事务，并旗民生计事宜，均并归该道管理。原设之总局，即行裁撤。下所司知之。

廿七日癸酉（公元 1910 年 1 月 8 日）

都察院代奏，酌拟《各部院衙门官互选资政院议员详细规则》二十三条。从之。

廿九日乙亥（公元 1910 年 1 月 10 日）

学部奏，筹办京师分科大学情形。一、学科。除医科须俟监督屈永秋到堂，再行妥筹办理，计经科、法政科、文科、格致科、农科、工科、商科，分门择要先设。二、职员。查奏定章程，每科监督之下，均设教务、斋务、庶务等提调。现科目既未全设，教务或两科设一员，或以监督兼摄。其庶务、斋务，均设总提调一员。惟农科一项，另于望海楼地方开办，兼设试验场委员一员，以资经理。三、教员。现在拟设中外教员，经科八人，法政科七人，文科六人，格致科五人，农科三人，工科四人，商科三人。又随意科酌设教员数人，以足敷教授为限。四、学生。现在豫备科不敷分布，优级师范及译学馆毕业学生，愿入者，自应分别考选。五、校舍。德胜门外校场地方奏准改建有案，自应及时兴筑，惟工巨需时，未便旷日久待，暂就内城马神庙大学堂，略加扩充，先行开办，赶于明年二月开学。又奏，各国大学，外国人有程度相合，而愿入学肄业者，无不一体收取，拟先就经科大学，准令外国人入学。均从之。

闽浙总督松寿奏，闽盐积弊甚深，部议加引配销，办理尤多阻格。下手整顿，惟溪运、海运两大端而已。又奏，福州府属并长门、马江飓风为灾，灾情之重，灾区之广，实为数十年所未见。所幸随时抚恤，元气不致大伤。惟是闽地贫瘠，库藏空虚，赈捐收款，久挪用无存。值此灾重费繁，来日方长，后难为继。惟有再请展办赈捐及七项常捐一年，并援案兼收捐免保举及留省两项，以济要需。下部议。①

---

① 《大清宣统政纪》卷二六。

十二月初六日辛巳（公元 1910 年 1 月 16 日）

外务部奏，美洲巴拿马华侨，被虐苦累，拟设总领事官一员，以资保卫侨民；添设二等通译官一员，二等三等书记官各一员，以资办公。依议行。

赏西班牙、瑞典、丹国、比国各外部大臣等宝星有差。①

初七日壬午（公元 1910 年 1 月 17 日）

赏给游学专门列入一等之詹天佑、魏瀚、李维格、郑清濂、邝荣、吴仰曾、杨廉臣，工科进士；严复、辜汤生、伍光建、王劭廉，文科进士；张康仁，法科进士；列入二等之邝佑昌、李大受、温秉仁、卢守孟、刘冠雄、江起鹏，工科举人；陈联祥，格致科举人。

军咨处奏，各省遣派测量留学生，并拟定章程。又奏，陆军留学生毕业回国时，由派遣省分委用。均依议行。

初八日癸未（公元 1910 年 1 月 18 日）

清廷谕令：据称近来沿江各省，谎传外人有占据东三省，意图瓜分之说。湘省无知之徒，发单开会，滋生事端。虽经示禁，浮言仍不能免。且谣传东三省，日俄已订私约，东三省人民惊慌，并云俄法英有各处进兵之说。果有此事，朝廷岂能故示秘密，绝无应付。此等影响无据之言，实系造言生事之徒，布散流言，希图煽惑。非特妨害治安，且恐激起交涉，亟应严行禁止。如各省有发布传单，开会演说等事，着各该督抚迅速解散。倘有匪徒从中生事，尤宜加意防范，严密查拿惩办，以遏乱萌而安大局。并查实在情形，迅速密为电奏。②

初九日甲申（公元 1910 年 1 月 19 日）

山东巡抚孙宝琦奏，收回德商勘办沂州、沂水、诸城、潍县、烟台五处矿产，议废合同，并签订条款。下部知之。

---

① 《大清宣统政纪》卷二七。
② 《大清宣统政纪》卷二七。

初十日乙酉(公元 1910 年 1 月 20 日)

外务部等奏,东三省总督锡良等奏,借款筑路以兴实业,应仍由该督等与美国借款公司,订立合同,咨部核定。至组织银行,另借外款,应从缓办。又奏,议结滇匪扰乱,滇越铁路受亏,赔偿法国损失银二十万两,作为收回天津军粮城、法国兵房之费,并与法使商定设立河内领事事宜。均依议行。

赈抚广东佛山、新宁、香山、清远、从化、永安、翁源、广宁、高明、高要、开平、恩平、长乐等厅县被风被水地方有差。①

十三日戊子(公元 1910 年 1 月 23 日)

邮传部奏,推广电线,内地及沿边各省,展长新线一万二千余里,增设局店报房一百余处。查报务之发达,全恃线路之灵通。修理旧线,尤为改良急务。现在大加修整,次第竣工,可期一律畅行。又奏,轮船招商局,官督商办,归部管辖,拟定查帐之法。均报闻。

十四日己丑(公元 1910 年 1 月 24 日)

两江总督张人骏奏,上海北市,前因外人展筑马路,稍事通融,已萌觊觎。乃华界居户,向英厂私接水管,频年以来,莫为觉察。为今之计,惟有先将接管一事,改为官办,将已经接用英厂水管各户,一律设法收回,徐图设厂自办。请准借拨商部存款五万两,俾得及早兴工,以保主权而利民食。下部议。又奏,筹认海军经费,请作正开销。下部知之。②

十六日辛卯(公元 1910 年 1 月 26 日)

外务部会奏,比国举行万国赛会,拟请以出使比国大臣杨枢,充赛会总监督。依议行。

以谊笃邦交,赏秘国外部副大臣吕渥等、巴西国外部大臣白兰谷等宝星有差。③

---

① 《大清宣统政纪》卷二七。
② 《大清宣统政纪》卷二七。
③ 《大清宣统政纪》卷二八。

十九日甲午(公元 1910 年 1 月 29 日)

准两江总督张人骏收受德皇所赠宝星。

二十日乙未(公元 1910 年 1 月 30 日)

据都察院奏，代递直隶各省咨议局议员孙洪伊等，呈请速开国会一折。

宪政编查馆奏，核订民政部修订法律大臣会奏禁烟条例。

东三省总督锡良等奏，海龙府属新设辉南厅治，前定大肚川地方，局势逼仄，拟移设距府东南九十里之谢家店，修建衙署。下部知之。①

廿二日丁酉(公元 1910 年 2 月 1 日)

有人奏，浙路公司偏信洋工程司，钱江造桥，不宜水利，并不宜桥工一折。着邮传部会同增韫详细查勘水利桥工，有无窒碍，妥筹办法，据实具奏。

廿三日戊戌(公元 1910 年 2 月 2 日)

前考查各国财政大臣唐绍怡奏，综观各国财政，与经营宗旨，虽各有不同，而规画大端，仍复相合。一曰国债，二曰划一币制，三曰造币，四曰修改税则，五曰保护民间财产，六曰国有营业。以上六项，皆为最重要点。因举各国现办情形，用备采择。下部知之。

以出洋劳绩，赏镇国将军载搜奉恩镇国公衔。

廿五日庚子(公元 1910 年 2 月 4 日)

资政院奏，东西各国，于普通文字之外，另有速记文字，以为记录口说之用。中国语音单简，而文字又极繁重，若不另制速记符号，则传写必至竭蹶。现拟就臣院内附设速记学堂，拟定章程，分期教授，并通咨各省，一体遵行。依议行。②

---

① 《大清宣统政纪》卷二八。
② 《大清宣统政纪》卷二八。

廿六日辛丑（公元 1910 年 2 月 5 日）

外务部奏，议以五万二千镑，向英商赎回安徽铜官山矿地。一切机器房屋，均交还中国。原订合同，全行作废，以免再有谬辕。依议行。

直隶总督陈夔龙电奏，南洋协饷，及北洋自强军底饷，仍请互相抵拨。得旨：度支部统筹核定，妥速具奏。

两广总督袁树勋奏，查明九月间广州等府遭风被水二十三厅县给赈抚恤情形。得旨：即仍着认真妥为抚恤，毋任流离失所。①

廿九日甲辰（公元 1910 年 2 月 8 日）

军咨处会奏，江防要塞，为目前万不可缓之图。应饬两江总督遵照前议举办，毋庸俟海军成立后，再行商办，致缓要图而松防务。依议行。

外务部尚书梁敦彦等奏，粤商包盐加饷，流弊滋多，沥陈应核议者四端，请饬部核议，并责成督臣妥筹办法。得旨：该衙门归并前案议奏。

三十日乙巳（公元 1910 年 2 月 9 日）

浙江巡抚增韫奏，历次改编水陆巡防营队情形，并遵部章区分五路，改队为营。下所司知之。②

是年

厦门所造"同利"号铁壳近海客船下水。

青岛胶州造船厂为清廷海军部所造"舞凤"炮舰竣工。③

---

① 《大清宣统政纪》卷二八。
② 《大清宣统政纪》卷二八。
③ 刘传标：《近代中国船政大事编年与资料选编》第 2 册，九州出版社 2011 年版，第 564 页。

宣统二年　公元 1910 年　庚戌

春正月初八日癸丑(2 月 17 日)

东三省总督锡良等奏，上海职商唐元湛等联合中英美商人，组织公司，拟办海龙府境内金矿。经劝业道与该商代表人商订合同，议明中英美三国公同出资一百万两，中国资本至少居三分之一，指定海龙府境内香炉苑海仁社地方，为金矿有限总公司。业经批饬会同签押，复按照合同办法，饬令取具上海汇丰银行证书，证明资本，确有把握。查部章规定华洋合股开矿，以股本各占一半为度，该公司华商资本有三分之一，似尚未合部章。惟我既收平分之利，复有监督之权，即与华洋各半无异。况奉省时局，已在日人范围之中，非招来欧美人多投资本，不足以牵制势力。该职商等请办海龙金矿，地处奉吉之间，我先开采，足以扼其要领，而日俄南北势力平均，或因此稍有顾忌。下部议。寻外务部奏：东省矿产殷富，日俄两国乘间觊觎，不免有侵我利权之处。该督抚等以海龙府属金矿，足资开采，令华商联合英美商人，组织公司，就地开办，自是开辟利源之要义。现在矿务新章，尚待更改，所订合同，既于监督权限平分，利益无所损失，且复缩短期限，更较加密，应即照此订定，以赴事机而兴矿业。从之。①

初十日乙卯(2 月 19 日)

派道员严复、伍光建、魏瀚、郑清濂，充筹办海军事务处顾问官。②

十六日辛酉(2 月 25 日)

东三省总督锡良等奏，东省出产土货，以粮豆为大宗。自日俄战后，各国洋行，群集采购，尤以日本三井、正金各商为最巨。每值夏秋之交，辄以贱值向农民豫先订买，并取民人地契作押。冬间食价涨，不能交货，该洋商等或收没地契，或

---

① 《大清宣统政纪》卷二九。
② 《大清宣统政纪》卷二九。

赴乡追索，纠葛纷纭，屡滋交涉。日久积重，各属田地，势将悉归掌握，其用意实与英人设立东印度公司办法相似。贻害大局，实非浅鲜。臣等公同商酌，在长春设立农产公司，并会同东三省官银号，及吉林官帖局，筹集资本，由官付给农民，订明收获时交还粮豆，俾免受洋商豫购之害。至各国洋商来东三省购买粮食，即由公司及官银号间接订卖，藉广招来，并于交涉实多裨益。仍劝导华商，集合公司，一俟成立，官府即行停办。下外务部知之。①

十八日癸亥（2月27日）

吕海寰等奏，酌拟中国红十字会试办章程，请立案一折。着派盛宣怀充红十字会会长。

十九日甲子（2月28日）

贝勒载涛奏，上年筹备海军大臣曾奏请准赴欧美各国，考察海军事宜。查陆军与海军相表里，均为国防最要机关，亟宜出洋参观游历，俾便絜长补短，徐图扩充。此次拟赴日本、美、英、法、德、意、奥、俄八国，考察之法，如国军编制、官署组织、军队实情、局厂办法诸大端，以及服装器械、精神教育，一切关系陆军事项，拟皆悉心研究，庶于陆军前途，不无裨益。并拟先领经费银二十万两，应请饬下度支部照数拨给，以资应用。如所请行。②

廿一日丙寅（3月2日）

电寄察哈尔副都统额勒浑，比国君主赠给宝星，着准其收受。

廿五日庚午（3月6日）

赏出洋考察陆军随员记名副都统李经迈等宝星。

廿六日辛未（3月7日）

法部奏，美国举行万国刑律监狱改良会。其立会宗旨，系对于各种刑事罪犯，

---

① 《大清宣统政纪》卷三〇。
② 《大清宣统政纪》卷三〇。

力求阻止防范，与感化保护之法，务使人格日趋于高尚，世界日进于文明。开会七次，成效可观。本年在美京举行，系初次知照我国，匪独内治攸关，抑且为外交所系。现遴派京师高等检察厅检察长徐谦等前往赴会，并拟令分赴东西各国，调查司法应行改革各事，务令报告详确，取则有资。报闻。①

二月初二日丙子(3 月 12 日)

电寄岑春蓂，电奏湘省各属被灾，米价日贵。所有洋商在湘购运津沪各处米石，请即照约禁运，鄂省采运湘米查照军米办法，限定数目采购等语。清廷着照所请。②

初七日辛巳(3 月 17 日)

蠲缓浙江杭州等属仁和、钱塘、海宁、富阳、余杭、临安、新城、昌化、嘉兴、秀水、嘉善、海盐、平湖、归安、乌程、长兴、德清、武康、安吉、孝丰、诸暨、西安、龙游、建德、临安、遂安、寿昌、桐庐、分水二十九州县暨杭严卫，并衢严二所新垦田地，宣统元年分应征丁漕粮米有差。

蠲缓浙江绍兴等属钱清、西兴、长亭、杜渎、海沙、芦沥六场，暨江苏松江府属横浦、浦东二场被灾地方，宣统元年分应征灶课钱粮。

蠲免浙江杭州等属仁和、海沙、鲍郎、芦沥四场，暨江苏松江府属横浦、浦东二场荒芜未垦灶荡，宣统元年分应征灶课钱粮。③

初八日壬午(3 月 18 日)

赏北洋师范学堂日本教习中岛半次郎三等第一宝星。

十一日乙酉(3 月 21 日)

税务处奏总税务司赫德病仍未痊，恳请开缺一折。赫德着再赏假一年，裴式楷赏给头品顶戴。

---

① 《大清宣统政纪》卷三〇。
② 《大清宣统政纪》卷三一。
③ 《大清宣统政纪》卷三一。

两江总督张人骏等电奏，扬海等属商运平粜米石，沿途请免税厘。得旨：着照所请。该衙门知道。

以内阁侍读学士梁诚为出使德国大臣。

予驻美使馆二等参赞分省补用知府陈始昌等奖叙如例。

十五日己丑（3月25日）

直隶总督陈夔龙，电奏外洋学子侨民日多邪说流播，易滋煽动，请严密查禁。下外务部知之。

赏德国驻沪副领事丰理特三等第一宝星。①

十六日庚寅（3月26日）

两江总督张人骏奏，上海北市地方，以水源不洁、有碍卫生，屡致外人借口，与英厂接管购水，究属权操外人，莫若设厂自办，以杜觊觎。现据江海关道详请筹款自办，拟由道担借商款，并请续借商部存款，恳饬部照准，俾得及早兴工。下部知之。又奏，江苏江宁府属之江浦县，本系冲字简缺。近因兴筑津浦铁路，以该县为南段首站，与沪宁铁路之宁省车站隔江相望，遂为南北通衢，水陆交冲，将来商旅往来，五方杂处，不独巡防吃重，且恐交涉日繁，似未便仍循资格，拘定选留班次铨补，拟请改为冲繁难三字调缺，俾得为地择人。惟查定例应归月选之缺，改为题调要缺，必须于本省题调要缺内，酌改简缺互换。查有淮安府属之桃源县，本属冲繁难三字调缺，该县虽属沿海地方，惟自各处轨道交通，其地已非冲要，措置尚易为力，且民情朴实，讼狱无多，较同府之阜宁、安东等县三字调缺，繁简攸殊，应请改为难字简缺，足资治理。下部议。②

十八日壬辰（3月28日）

御史陈善同奏，海军方始萌芽，亟宜培养人才，自制船械一折。着筹办海军大臣知道。③

---

① 《大清宣统政纪》卷三一。
② 《大清宣统政纪》卷三二。
③ 《大清宣统政纪》卷三二。

二十日甲午(3 月 30 日)

电寄专使考察陆军大臣载涛，日皇赠给宝星，均着准其收受。

廿一日乙未(3 月 31 日)

出使比国大臣杨枢奏，粤东商人议岁缴巨款，承充盐饷，藉抵赌饷，经督臣批准，绅民颇滋疑虑。窃谓盐课归商承办，流弊滋多，莫如采用就场征税之法，可以裕国便民。粤省赌害最烈，赌徒实繁，禁赌之后，宜广兴工艺，俾谋生计。下所司知之。

予故驻德使馆一等书记官分部主事富惠恤典。

廿九日癸卯(4 月 8 日)

筹办海军大臣贝勒载洵等奏，海军为自强之本计，谨就原拟办法，权其缓急，目前以设立海军学校及建筑军港为要图，拟先举办，以期渐立基础。又奏，查英国有海军警卫队之制，平时保卫本国海疆，以补陆军所不逮；战时占据要地，以助海军之进攻；而整饬舰队纪律等事，亦归管理。中国从前办理海军，尚缺此项制度，现拟采用其制，就京师城外昌运宫废址，设立海军警卫队总营，以资试办。又奏，拟派留学英国海军学生料理员，兼充使馆海军随员，以裨学务，均报闻。又奏，筹办海军处，业于上年奏设参赞厅及各司，以资办公。现在办理渐有端绪，各司名目职掌，自应详加厘订，以符名实。所有原设第一司，拟名曰军制司，掌海军规制考绩、驾驶器械轮机等事；第二司拟名曰军政司，掌修造船舰、建筑工程等事；第三司拟名曰军学司，掌海军教育、训练谋略等事；第四司拟名曰军防司，掌海军卫侦测等事；医务司拟名曰军医司，掌海军卫生疗伤医药及军医教育等事。参赞厅内原设两司，一为秘书司，今拟名曰军枢司，掌全处人员升迁、调补、差缺、机密公牍函电及承发文件等事；一为庶务司，今拟名曰军储司，掌海军经费暨服装、军粮等事。此两司拟请毋庸隶属厅内，俾得与各司一律分任职掌。惟一、二、三等参谋官，拟请仍照留厅，以资佐理。此外尚有海军军事裁判、风纪法律等项事宜，亦关重要，拟请另设专司，名曰军法司，以掌其事。至各司分科办事细则，容饬令参赞督同各司详议，俾资遵守。又奏，请拨地建造海军衙署。均依议行。

浙江巡抚增韫奏，浙省交涉日繁，请设交涉司缺以资治理。如所请行。[①]

---

① 《大清宣统政纪》卷三二。

三月初一日乙巳(4月10日)

筹办海军大臣贝勒载洵等奏，海军成立尚待时日，请将浙省水师各营暂缓裁撤，以资防卫。依议行。

署两广总督袁树勋奏，各国法庭皆设律师，为两造代理一切质问诘驳等事。日本明治维新，即首定代言人职制，后复改为辩护士法，推行至今，有利无弊。我国现值改良审判之始，似宜采用列邦通判，以臻完善。且近来通商各埠，人民延请外国律师办案，已成习惯。将来收回领事裁判权之后，国际私法之交涉，日益繁多，使非养成多数辩护之才，尤恐相形见绌。核阅现行部章，于法制经画已极详明，若再加入律师一门，似较完备。现经遴选法政毕业生，专开律师研究班，以资练习。拟请饬下法部，订定律师专法颁行，一面通饬各省审判厅准用律师参与审问，似于司法前途，不无裨补。均下部知之。①

初四日戊申(4月13日)

张人骏奏，扬州购米平粜，约需六万石，通州购米五千石，运回接济，请饬沿途关厘各卡一并免纳税厘等语。着照所请。

初五日己酉(4月14日)

浙江巡抚增韫等奏，前请截留新漕四万石，经部议令如数赶运，查上年浙省灾歉甚重，请仍截留以济平粜，俟下届如数补运。下度支部议。

初八日壬子(4月17日)

派农工商部右侍郎杨士琦为南洋劝业会审察总长。

初十日甲寅(4月19日)

蠲缓浙江杭州等属厅州县卫所被灾及未垦复田塘地亩银钱米石有差。

① 《大清宣统政纪》卷三三。

十一日乙卯(4月20日)

赏比国驻沪副领事瓦度、德商轮船管驾密来拖纳等宝星。

十三日丁巳(4月22日)

都察院奏，候选道钱德芳条陈海军事宜。急进之法六：一、搜求旧日海军人员，先开办将校养成所，以资任使；二、招致外国及南洋各埠华商子弟，与自费游学生，凡在外国海军毕业者，不次拔擢，以励真才；三、添购铁甲，联合现有之兵轮，以立海军基础；四、多备练船，即以各省水师学生，暨陆军各测绘学生，小学堂学生加习海军学术，以便驾驶；五、先联络英人，以便新购铁甲，至威海寄碇；六、豫算经费，以便集款。缓进之法三十：曰兴学，曰造舰，曰造炮，曰建坞，曰军港，曰征兵，曰购船，曰测量，曰游历，曰军制，曰军服，曰军律，曰演习，曰炮台，曰交通军港，曰医药，曰厚薪，曰借才，曰游学，曰调查，曰经营列岛，曰振兴渔业，曰补助商船，曰提倡义勇舰队，曰编练沿海渔团，曰裁撤外海水师，曰会议，曰豫算，曰求言，曰立海军部。下筹办海军大臣知之。①

十七日辛酉(4月26日)

命河南巡抚吴重熹来京另候简用，调江苏巡抚宝棻为河南巡抚。奉天巡抚程德全为江苏巡抚，未到任以前，命江苏布政使陆钟琦暂行护理。

十八日壬戌(4月27日)

电寄张人骏等，据电奏，苏宁两属需米孔亟，请将应运上年新漕再缓运十万石，并派员赴外埠购米，请免完沿途厘税。着照所请。

十九日癸亥(4月28日)

赏法国驻四川重庆领事白达宝星。

---

① 《大清宣统政纪》卷三三。

廿八日壬申(5月7日)

农工商部奏，华商集股创办公司汇案。着依议。又奏，派王清穆、刘世珩着准其充该部头等顾问官，毋庸加给顶戴。

邮传部奏，洛潼铁路购买机器，应照成案准予免税一折。着该衙门议奏。又奏，正太铁路洋员请给宝星一片。着外务部议奏。

廿九日癸酉(5月8日)

电寄增韫，据电奏浙省米价奇昂，请再截留漕米二万石，接济平粜。着照所请。①

四月初二日乙亥(5月10日)

张人骏电奏，本年四月十五日廷试学生，商科举人向瑞焜、沈祚延、高彤墀，办理南洋劝业会，请俟事竣再行补考等语。着该部议奏。

命浙江定海镇总兵邱开浩解任，另候简用。②

初三日丙子(5月11日)

军咨处奏，酌拟通筹全国军用图书齐一办法，以谋共同进步。近来各国新学日出，战法亦日精，关于战事之图书，其秘密或精详新出之善本，往往搜求匪易。拟凡游往外国，有能搜得秘密之图书，或精详新出之善本，准将原书并译本一体送处，量为请奖。至各局编译人员，及军人学生，有能发明新学新械者，亦准将所著之书，或新械书模型图式，送处考核，分别请奖。如此庶军学日精，而人材日出矣。又奏，特立军事官报局，隶属于第五厅，所出之报，拟名为军事官报。均从之。

初四日丁丑(5月12日)

派郡王衔贝勒载涛充专使大臣，前往英国吊唁。

---

① 《大清宣统政纪》卷三三。
② 《大清宣统政纪》卷三四。

初五日戊寅（5 月 13 日）

蠲缓两淮泰海二州属被风被潮各场灶折价钱粮。

初六日己卯（5 月 14 日）

验看学部考验游学毕业生。得旨：吴匡时着赏给工科进士，魏宸组、金保康、金鸿翔、张更生、郝延钟、龚廷栋，均着赏给法政科举人。

署两广总督袁树勋奏，造就宪政急需人材，请设广东大学，先办法政分科，续办商、工两分科，以符大学至少须置三科之制。下学部议。①

十一日甲申（5 月 19 日）

电寄张人骏，现在长江一带，春雨过多，米价腾贵，又值江宁省城开办劝业会，中外商民陆续聚集。叠据英美德等国使臣，向外务部声称，该处于长沙乱事后，人心浮动，匪党潜滋。近复有剪发辫、割鸡尾、小孩身佩符箓、学生怀挟枪弹等事，外人性命财产，在在堪虞，各拟商派兵轮，前往观会，藉可隐为保护等语。②

十二日乙酉（5 月 20 日）

卸任出使意国大臣钱恂奏，和会条约关系国际，业由馆员译诠成书，凡二十卷，名曰《和会条约译诠》。下外务部知之。

十五日戊子（5 月 23 日）

税务大臣会奏，议准邮传部奏请洛潼铁路购置机器材料，照案免税三年。从之。

东三省总督锡良奏，密陈筹办葫芦岛不冻口岸，请饬拨款自筑，以振危局。下部议。③

---

① 《大清宣统政纪》卷三四。
② 《大清宣统政纪》卷三四。
③ 《大清宣统政纪》卷三四。

十八日辛卯（5月26日）

以邮传部左侍郎汪大燮充出使日本国大臣，左丞李焜瀛署左侍郎。

十九日壬辰（5月27日）

电寄考察陆军大臣贝勒载涛，法总统赠给宝星，均着准其收受。

江苏巡抚宝棻奏，在籍大员商约大臣邮传部右侍郎盛宣怀，于省城阊门外上津桥，创设孤儿院，恳饬部立案，赏给御书匾额。如所请行，并下部知之。寻赏匾额曰"教养兼资"。①

廿二日乙未（5月30日）

以保护华商，遇事襄助，赏墨西哥国民政部尚书格兰、外务部尚书嘎丽、度支部尚书郦满杜、驻美使臣拉瓦腊、外务部副尚书刚伯等宝星。

赏正太铁路出力，厂首法人阿拉伯塞等宝星。

廿五日戊戌（6月2日）

电寄考察陆军大臣贝勒载涛，德皇赠给宝星，均着准其收受。

浙江巡抚增韫奏，彩票实即赌博，诱民以赌，政体已乖。虽各省彩票，于财政颇有关系，然在浙言浙，利害所关，不容缄默。请俯允咨照各省，将各种彩票停止来浙，以顺舆情。如所请行。②

廿六日己亥（6月3日）

学部奏，厘订实业学堂毕业年限，分别办理。高等商船学堂航海一科，此等专科，既须深求学堂并当注重实习。拟将航海一科，改为四年毕业。前三年教授讲堂功课，后一年派赴船舶实习。机轮科亦比照办理。又奏，实业教育，宜择定外国语文，并修改课程。各等农工商实业学堂，所有外国语文功课，一律定为英文。其应兼习他国语者，仍照章兼习。其原定课程，无外国语文功课者，一律加入外国文一

① 《大清宣统政纪》卷三五。
② 《大清宣统政纪》卷三五。

门。其以外国语文列为便宜加设之科目者，一律改为必修科，以便各学堂有所遵守，将来升学，不至因文字歧出有所窒碍。各高等实业学堂，续招学生，所授之功课，其关系实业之学科，一律用英文课本。毕业后送京覆试，用英文考试。均从之。

廿八日辛丑(6 月 5 日)

南洋劝业会在南京开幕，为近代中国首次大规模商品博览会。①

廿九日壬寅(6 月 6 日)

电寄张人骏，前因南洋开办会场，业经调营队兵舰，巡逻布置。现据贝勒载涛来电，德报纷传，长江一带，谣诼繁兴，请饬陆军第二镇抽编混成一协，驻往江宁保护等语。现在长江一带，布置是否周密，昨已开会，地方是否安谧，应否调用第二镇军队前往之处。着张人骏体察情形，迅速电奏。

电寄出使日本大臣胡惟德，日皇赠给勋章，着准其收受。

邮传部奏，京汉赎路后，与比公司交涉。其彼此争执，曰大赔款担保款项，曰公积，久未解决，不得已归外务部与驻京比使臣秉公断结。查照大赔款摊算，京汉铁路应得之款最多之年，计约二百十四万法郎，由中国照数存储上海华比银行，以为担保，至大赔款付清为止。此项存款，仍由该银行照通例给回利息。其盛宣怀所给比分司凭函，即行作废。因比公司办事多年，铁路亦得余利，议定另给酬费。其公积一款，比公司不能索分丝毫。兹由外务部将议结文件咨照前来，赎路交涉全案，至此悉结。报闻。②

五月初三日乙巳(6 月 9 日)

外务部奏，英国新君即位，请颁给出使大臣续任国书，俾接办使事。得旨：依议，速办速寄。

赏驻晋英国教士苏道味宝星。③

---

① 《东方杂志》，第七年第五期，《中国大事记》。

② 《大清宣统政纪》卷三五。

③ 《大清宣统政纪》卷三六。

十一日癸丑（6 月 17 日）

电寄长庚，比主赠给该督及兰州道彭英甲宝星，均着准其收受。

十三日乙卯（6 月 19 日）

赏德上议院议员黑师、前驻沪德副领事胡思格等宝星。

十四日丙辰（6 月 20 日）

筹办海军大臣贝勒载洵等奏，世爵报效府第地段，恳赏收拨建海军学校。依议行。

十九日辛酉（6 月 25 日）

两江总督张人骏等奏，海州、宿迁、清江、扬州、泰州等处面粉公司，专利病民，叠滋事端，拟请酌定限制。嗣后各公司制成面粉，只准行销内地，不准贩运出洋。如遇荒年，无论购存之麦，及已制之粉面麸，悉尽本地售卖，不许出境。请饬部札各公司遵照，以顺舆情而维民食。从之。①

廿二日甲子（6 月 27 日）

电寄出使大臣贝勒载涛，奥皇赠给宝星，均着准其收受。

廿八日庚午（7 月 4 日）

以办学出力，赏陆军部贵胄学堂总办镶白旗汉军副都统冯国璋头品顶戴，海军事务处参赞谭学衡二品顶戴。

六月初三日乙亥（7 月 9 日）

电寄载涛，意国赠给宝星，均着准其收受。

---

① 《大清宣统政纪》卷三六。

初五日丁丑(7月11日)

民政部奏，华侨热忱爱国，忠悃可嘉一折。候选郎中陆乃翔在南洋各埠创立商会，兴办学校，现复纠合华股，创办实业，深堪嘉尚。陆乃翔着俟办有成效，再行优予奖励。①

初十日壬午(7月16日)

赏出使日本国大臣汪大燮宝星。

十三日乙酉(7月19日)

外务部奏，请设各省交涉使以裨外交。依议行。

十四日丙戌(7月20日)

电寄孙宝琦，据电奏，登莱各属，向赖奉天杂粮接济，本年麦收不丰，奉省又禁粮出口，以致粮价飞涨。请饬东三省总督仍准杂粮出口等语。着孙宝琦电商锡良，体察情形，妥筹办理。

十六日戊子(7月22日)

松寿电奏，荷政府逼我侨民入其国籍，请饬外务部及驻荷使臣并照会驻京荷使据约力争等语。着外务部知道。②

十八日庚寅(7月24日)

命筹办海军事务大臣贝勒载洵充参预政务大臣。

---

① 《大清宣统政纪》卷三七。
② 《大清宣统政纪》卷三七。

二十日壬辰（7月26日）

电寄张人骏，据电奏，上海正元、兆康、谦余三家钱庄，同时歇业，华洋债务纠葛，沪局岌岌，筹议大致办法等语。着即按照所筹各节，妥为办理，并饬上海道将善后事宜，悉心筹画，慎防流弊，以维市面而定人心。

廿三日乙未（7月29日）

江南船坞为清廷海军部所造钢制双轮座船"联鲸"号，完工下水。①

廿四日丙申（7月30日）

张人骏电奏，荷属爪哇各埠，苛待华侨，请饬外务部派员前往详查虐待确据，由驻荷使臣向该政府切实交涉。着外务部知道。②

秋七月初一日壬寅（8月5日）

邮传部奏，苏路自光绪三十二年商部奏设公司，章程专集华股，非中国人赀本不收，本与商办路例符合。乃该公司近以股本未齐，私向外国借款，且闻所订之约，于抵押购料各节，尤多损失。该公司殆以商借商还、不关政界为辞，不知路政为附土权，纯系国有，与他项贸易营业由商自主者绝不相侔。倘擅收外款，一经失败，滋成交涉，贻害国家。请饬下两江总督江苏巡抚迅速查禁，以免缪辍。得旨：着张人骏、程德全按照所奏各节迅速查禁，据实覆奏。寻奏：饬查并无其事，德奥领事亦不认有该公司借款，应毋庸议。报闻。

赏英、俄、德、法、奥、意等国接待员卢皆等一百六员宝星。③

初二日癸卯（8月6日）

电寄出使大臣荫昌，德皇赠给宝星，均着准其收受。

---

① 刘传标：《近代中国船政大事编年与资料选编》第2册，九州出版社2011年版，第568页。

② 《大清宣统政纪》卷三七。

③ 《大清宣统政纪》卷三八。

初五日丙午（8 月 9 日）

赏出洋考察海军随员冯恕等十员、海军览参赞谭学衡宝星。

初七日戊申（8 月 11 日）

监国摄政王代诣养心殿，意国使臣巴厘琭理等十四员觐见。
赏赴英德法国观操各员吴禄贞、冯耿光、程经邦等宝星。

初九日庚戌（8 月 13 日）

御史胡思敬奏，两广总督袁树勋前后重要赃罪凡五款。初在湘潭，侵吞易俗河米厘善捐二三十万；任上海道，以官款放债盘剥私利，岁获七八十万；在五大臣出洋经费内买镑汇兑，吞没数万；及升任山东临行，在善后局径提十八万；初在广东，扬言禁赌，得赌商贿三十万，因以全省盐务交赌商包办，事成许再酬二百万；皆一一有据，应按律惩办，以儆其余。得旨：着瑞澂按照所参各节，确切查明，据实覆奏，毋稍徇隐。①

初十日辛亥（8 月 14 日）

海军处奏，现与英国安蒙士庄厂结定购穹甲巡洋练船一艘，统计船械各价共英金二十一万镑。并拟向德厂订购鱼雷猎船一艘、浅水炮船二艘、美厂三等巡洋舰一艘、日厂航海炮船二艘、意厂鱼雷猎船一艘。报闻。
赏加代理总税务司安格联二品衔，给二等第二宝星。②

十三日甲寅（8 月 17 日）

电寄广福，据电奏塔城缠商，在俄属贸易，俄官收执照银，封闭铺户。又俄商运茶洒卖，并无押款等语。着广福即饬厅局开导缠商，听候官办，不得滋生事端。余着外务部知道。

---

① 《大清宣统政纪》卷三八。
② 《大清宣统政纪》卷三八。

十四日乙卯（8 月 18 日）

农工商部右侍郎杨士琦奏，南洋劝业会之设，原以观摩激劝。此中端重审查，计江苏、安徽、江西物产会及各省协会运赛物品，别为二十四部陈列之件，说明书者十余万种，足征土地蕴藏，工业发达，已派定人员于七月朔开始审查。

十五日丙辰（8 月 19 日）

东三省总督锡良奏，东三省久成日俄分据之势。近两国协约成立，而大局益危。臣拟借外债二千万两，以一半设实业银行，一半移民开垦开矿筑路。葫芦岛开辟商港，主权在我，亦与他国无干，一俟筹款有着，同时并举，得寸得尺，固未始非图存之策也。得旨：外务部度支部妥速议奏。寻奏，该督此次拟借外债银二千万两，以一千万两设立东三省实业银行，以五百万两为移民开垦之用，以五百万两为开矿筑路之用。拟请照准，由东三省商借妥订合同。至于东省设立垦务局，特简大员督办一节，俟借款定议，再行请旨办理。从之。①

廿一日壬戌（8 月 25 日）

农工商部奏，近年意国开办万国农会，该农会函请将各省五谷、烟草、木棉每年播种收获各数，较往年盈缩成数若何，并本省天时旱涝情形列表报告等语。臣部查该农院所列各项，正臣部历经咨查之件，惟天时地质各省不同，随时互异，必须按季咨报，应由各督抚实力调查，限期咨报到部，以资考镜。②

廿四日乙丑（8 月 28 日）

出使意国大臣吴宗濂奏，外交官吏，请照军官出洋短衣之制以便交通。下所司议。

命外务部参议上行走沈瑞麟为出使奥国大臣。

赏意国提督嘎萨讷瓦二等第二宝星。

赏驻烟台各国正副领事美员法勒等十九员宝星。

---

① 《大清宣统政纪》卷三八。
② 《大清宣统政纪》卷三九。

廿六日丁卯（8 月 30 日）

御史叶芾棠奏，每年漕运共计一百万石，闻自江浙起运至京仓交纳，每石连运费及杂耗，须银十五六两，而在京购米石不过六七两。若包与招商局，或殷实商人转运，刻期可到，年可省数百万金。此事绝无阻碍，所不便者，该管吏胥而已。拟请交政务处妥议办理。下度支部知之。①

廿七日戊辰（8 月 31 日）

东三省总督锡良奏，奉省葫芦岛扼海陆形要，其港岸足与大连海口并峙，其工程宜与锦爱铁路兼营，实关东省全局命脉。现在路事虽未定议，若先修锦州至洮南一段，俄人无可置辞，自未便迁延贻误。且查港岛工程，如建筑海堤，经营船坞，非七八年不成，尤应克期举办。部议募借公债，筹抵为难，查东省盐务局赢余一款，向归外销，除额拨审判等经费外，年可余银二十万。又查有补征盐厘及盐栈店帖税票费，斗课减平等杂款，除各局开支外，年可余银七八万。应尽数提拨，俟工竣之日止。不敷之款，再由臣咨商度支部酌筹分认。下部知之。②

八月初一日壬申（9 月 4 日）

农工商部奏，大沙河争执一案，据粤督来咨，力持官办，声称始终未经批准韦商；而香港复昌公司侨商韦廷俊等，辄以失信华侨为词；香港华侨商务公所邵缉卿等，又以串卖洋商相诋。事关开筑商埠，为新政之要图，官与商各执一词，商与商亦各存意见，既未便由地方官断结，致未服华侨之心，亦未便令此案久悬，使日后愈生枝节。应请饬邻省督抚，就近派员密查。应不难尽得实情。得旨：着该部遴派妥员，前往广东会同地方官详细查勘，奏明办理。寻奏，派员查覆，是非已明。该处一切筹筑商埠，招来华侨，提倡实业各事宜，应请由粤省地方官，自行筹办。从之。③

初三日甲戌（9 月 6 日）

以前直隶大名镇总兵杨忠义为广东南韶连镇总兵官。

---

① 《大清宣统政纪》卷三九。
② 《大清宣统政纪》卷三九。
③ 《大清宣统政纪》卷四〇。

以拯救遇风船只，予广东赤溪协营都司张颉云以游击补用，试用县丞郑光燊等升叙加衔有差。

初四日乙亥（9 月 7 日）

张人骏电奏，上海银根奇绌，由沪道担放债票，并会同商会筹议章程五项十六条，尚属周密等语。着度支部知道。

初七日戊寅（9 月 10 日）

署两广总督袁树勋奏，官商合办宝昌锑矿公司，恳援案明定专利年限，并酌减税项，以维实业而资提倡。下部议。

十四日乙酉（9 月 17 日）

以和平公正，赏德国水师提督恩格诺尔等宝星。

以恪守约章，赏法国正主教常明德三品顶戴、前代理荷兰国副主教总司铎孔诺完四品顶戴、济南德国医院医官钊卜德等宝星。①

十八日己丑（9 月 21 日）

电寄考察海军大臣载洵等，原领出洋经费，恐有不敷，请饬部续拨四万两等语，着照所请，度支部知道。

实授韩国钧为奉天交涉使。②

十九日庚寅（9 月 22 日）

督办津浦铁路大臣徐世昌等奏，津浦铁路续借洋款，与英、德公司拟议合同二十三款。从之。

二十日辛卯（9 月 23 日）

直隶总督陈夔龙奏，北洋先后派赴各国游学生，考核选派事宜，向来分隶各

---

① 《大清宣统政纪》卷四〇。
② 《大清宣统政纪》卷四一。

处，各不相谋，漫无考察，流弊滋多。拟将以后责成提学司经理，将现在游学各生，切实查明。其多年尚未升学，及毕业久不回国者，分别停费遣还，并由该司另订考选咨送管理交代各办法，分别通行遵办，以归画一。此项经费，并恳饬部立案。下部知之。①

廿三日甲午(9 月 26 日)

督办盐政大臣载泽等奏，奉天盐务，虽未建置专官，而设场征课，与他省无异。拟请设立奉天盐运使一缺，管理东三省产盐行盐事宜，请赐简放以重职守。得旨：奉天盐运使员缺着熊希龄调补。

廿四日乙未(9 月 27 日)

监国摄政王代诣乾清宫，接见美国署使臣麻穆勒等。
以管教严整，遇事赞助，赏法国教士林懋德宝星。

廿六日丁酉(9 月 29 日)

张人骏电奏，美国商团到京时，请饬从优接待，并饬通谕各直省提倡商会，组织商团，豫备来年报聘等语。着该衙门知道。

廿七日戊戌(9 月 30 日)

外务部奏，酌拟续定矿章，凡关于华商洋商合办各条，覆加签改，公同核定，计矿务正章共十四章八十一款，矿务附章共九章四十六条。嗣后开办矿产，遇有需用外股之处，以此定章为矩镬。从之。
赏出使大臣刘玉麟、沈瑞麟宝星。②

九月初六日丙午(10 月 8 日)

引见游学毕业考列优等庶吉士钱崇威，着授职编修，并加侍讲衔。出洋供差期满庶吉士章祖申，着授职编修。进士馆游学毕业考列优等度支部主事章圭璩，着仍

---

① 《大清宣统政纪》卷四一。
② 《大清宣统政纪》卷四一。

以主事留度支部尽先补用。

直隶总督陈夔龙奏，长芦所属直豫两省引岸，私充销滞，商力难支，原停引目，势难责令按年递加复额。请准援案再行推展五年，以恤商艰而保现课，仍督饬运司，设法整顿，严缉枭私，以期官引畅销，渐复旧额。又奏，长芦京纲额引七万二百余道，前因引多销滞，停引二万道，以五年为限，叠经推展。近复盐价加增，成本愈重，本年已领之引，尚不及减剩原数之半，商累更深，请仍援案展限。均下所司知之。①

上海源丰润银号宣告倒闭，共亏公私款项二千余万。②

初九日己酉（10月11日）

翰林院代奏，编修王会厘呈请精练陆军，兼兴海军，并制飞行艇机，以图自强等语。着该衙门知道。

十一日辛亥（10月13日）

电寄张人骏，现闻上海汇号倒闭，市面吃紧，关系重要。着张人骏、程德全查明情形，设法维持，迅速电奏。

十二日壬子（10月14日）

电寄张人骏，据称沪市危急，议借洋款酌剂，并就运库借拨银五十万两，分发济急各等语。着即照所请，迅速办理。

邮传部右侍郎盛宣怀，捐资筹建上海图书馆，赏御书匾额曰"惠周多士"。

十四日甲寅（10月16日）

电寄张人骏等，电奏悉，张人骏着准其赴沪，体察商情，妥筹办法，即行电奏。

电寄程德全，据电奏，查明上海市面情形，竭力设法，先维官府信用，并督饬沪道察酌市情，妥为应付等语。着该抚迅速设法维持，妥筹办理。

---

① 《大清宣统政纪》卷四二。
② 《东方杂志》，宣统二年第十期，《中国大事记》。

十五日乙卯(10 月 17 日)

袁树勋电奏,粤省市面危迫,请由造币分厂,赶铸龙毫,以资接济等语。着度支部速议具奏。

闽浙总督松寿奏,闽省原设各营,营制饷章,参差不一,先后查照奏定章程,将驻扎厦门、汀、漳各防练营勇,分别改编,俾归一致。计中路四营、右路二营、后路二营,共计八营。中路四营,仍由福建提督洪永安统领。右路二营,以漳州镇总兵马金叙为统领。后路二营,以汀州镇总兵崧煜为统领。

以力顾邦交,赏法国驻广西总领事魏武达等宝星。

以教练留学武生出力,赏奥国军官男爵陶尔卢斯等宝星。①

十八日戊午(10 月 20 日)

东三省总督锡良奏,东省自日俄协约告成,继以日韩合邦,吞噬之心益炽。沿安东南满路线所至,其铁路警察及车站人员,多系陆军军队。安东、辽阳、海城、铁岭、长春,且均有联队驻扎。吉林则延吉一带,亦骎骎逼处。俟朝鲜全境布置粗完,势必席卷而西,踞吉奉以窥顺直。俄则进规蒙古,如在掌握,近于西伯利亚沿路车站,增建营房,添扎军队。况自伊犁以达吉江,沿边万里,处处毗连,随地可以侵扰。一旦有事,日人调全国之军队兵舰,二三日可达。俄人调沿海州及西伯利亚一带驻扎数十万之兵,亦二三日可达。东省并客军计之,仅止二镇两协,岂能一撄其锋。即再练一二镇,亦不足言战守。若能倾全国之力,以谋东三省,即以保固全国。将近畿陆军,勤加训练,再罢可缓之举,节可省之费,添练数镇,以为后劲,敌或有所惮而不敢轻发。我再及时修明内政,固结民心,筹办移殖路矿等事,以为补牢之计。否则东省一旦祸发,将何所恃以抵御之,是舍练兵无以图存。然使枪炮子药,仍须购外自洋,平时操练,不足以支配,及兵事既起,无制造厂接济军火,则有兵与无兵等。查沪鄂有厂,能造枪而不适于用。德州有厂,能制弹而不应所需。川粤道远,不能救急。自非于北省设大工厂,并聘各国名匠,极力讲求,赶速筹办,不足以顾东陲。若武备不修,恐不出三稔,关以东将为朝鲜之续耳。应恳俯念东省危迫情形,采纳施行。又奏,枪械为行军命脉。东省现有枪弹,不能备一日之战。昨饬军械局电商德州制造厂,定造枪弹五百万颗,据覆三年方能交齐。我国立于竞争世界,果何所恃乎?查各国兵工厂,多有商办。我国亟宜择地设厂,召

---

① 《大清宣统政纪》卷四二。

募外商，或华洋合股，明定年限，妥定合同，由部督饬制造，以为统一各省军械之豫备。将来厂内工匠学徒，精习其艺，并可收回自办。应请饬令陆军部筹办。然为目前救急计，速宜借债数千万，购枪三十万枝，每枝随带子弹一千颗，俾应急需。此款为数甚巨，责之度支部，实属困难。拟创办京外官吏所得税，分别等差，约计每年可得银二三百万两。如借债银二千五百万两。不及廿年，本利可以清偿。且事权易举，上不亏国，下不病民，恳准严饬施行。均下所司知之。①

二十日庚申（10 月 22 日）

张人骏电奏，沪市空虚，商明英领事等，由各业商以货产押借洋款，借券内盖用沪道关防，以昭凭信等语。着度支部速议具奏。

廿二日壬戌（10 月 24 日）

补行验放陆军游学毕业生。得旨：考列优等之黄承恩，着赏给陆军工兵科举人，并授副军校。世铭着赏给陆军步兵科举人，并授副军校。考列上等之彭琦，着赏给陆军炮兵科举人，并授协军校。

廿五日乙丑（10 月 27 日）

电寄贝勒载洵等，日皇赠给勋章，均着准其收受佩带。

出使意国大臣吴宗濂奏，财用日绌，专兴日用工艺实业，饬部会议通行各省，每省各筹款三万余金，派遣学生来意肄习工艺，以裕利源。②

廿六日丙寅（10 月 28 日）

张人骏电奏，维持沪市办法，请饬度支部、邮传部各拨银二百万两，分交大清、交通二银行，会同沪道，妥商办理等语。着该部速评具奏。

出使比国大臣杨枢因病解职，以农工商部左丞李国杰充出使比国大臣，并赏给二等第一宝星。

---

① 《大清宣统政纪》卷四二。
② 《大清宣统政纪》卷四二。

廿七日丁卯（10 月 29 日）

度支部奏，与北京花旗银行会议借款，总数不逾美金五千万元，利息照周年五厘，每一百元准扣五元，已由美国资本家摩根公司、昆勒贝公司、第一国立银行、国立城市银行四家联合承办。先议草合同六条，该公司等公派在京花旗银行总办梅诺克，臣部即派左丞陈宗妫等，于九月二十五日签字。应请饬下外务部迅速照会美使，以便循照合同所订各事宜，赓续妥议详细条款。从之。

署两广总督袁树勋因病解职，以广西巡抚张鸣岐署两广总督，未到任前，以广州将军增祺暂行兼署。①

冬十月初二日壬申（11 月 3 日）

监国摄政王代诣养心殿，德国使臣雷克司、海军协都统莒乐等觐见。

初五日乙亥（11 月 6 日）

御史陈善同奏，日本之于我国，素抱囊括席卷之心。自本年夏间，吞并韩国后，颇闻彼增兵南满，严密布置。又复借逃避本国水灾为名，移民该处，阴行其侵掠政策，每日自轮船与南满铁路载来者，盈千累万，大有反宾为主之势。北满一带，俄国兵民，近日闻亦突增数万。该二国之制，民尽为兵，今日所谓累累之流氓，皆他日桓桓之劲旅。一旦祸发，腹背受敌，东三省兵民，将无插足之地。言念及此，可为寒心。又现在韩国新亡，其失业之民，及眷怀故国之士，往往窜入吉奉边境，叩关求庇，难保其中不无奸细匪人，别蓄诡计，稍有不慎，即恐贻日人以口实，肇将来之衅端，此均不可不长虑却顾者。应请饬外务部臣，会同东三省督臣、吉林、黑龙江抚臣，先事绸缪，妥议抵制，以重边防。

以竭诚襄助，赏德国驻奉天领事官韩根斯、驻哈尔滨领事官韩赐宝星。②

初六日丙子（11 月 7 日）

监国摄政王代诣养心殿，墨国使臣巴哲格等觐见。

以招待考察陆军，赏日本陆军中将长冈外史等、美国正参领司开勒等、法国统

---

① 《大清宣统政纪》卷四二。
② 《大清宣统政纪》卷四三。

领德康佩等、德国都统克司乐等、奥国陆军部大臣勋那依虚等、意国副都统施宾嘉的保禄等、俄国陆军部大臣苏霍木林等宝星。

初九日己卯（11月10日）

以前福建提督程允和为长江水师提督。

初十日庚辰（11月11日）

浙江巡抚增韫奏，浙省裁撤绿营，腾饷编练陆军，现从改编浙洋水师巡防队，及改编陆军，添编陆师巡防队，改编沿海炮台，为入手办法。其安置裁缺将弁，裁撤兵丁，军装军械之清收，马匹之清缴，营产之清查，现均办理完竣，尚称安谧。得旨：该抚办理妥协，殊堪嘉尚，勉之。①

廿三日癸巳（11月24日）

江苏巡抚程德全奏，请增设上海高等审判分厅，并特置厅丞各官。下所司议。寻宪政编查馆奏，请如该抚所奏。于上海租界，设高等审判分厅，即在地方审判厅内设立，并令配置高等检察分厅，按照法院编制法，设立监督推事，及监督检察官，以符定制。其所请特置厅丞检察长之处，应毋庸议。从之。

廿五日乙未（11月26日）

御史广德奏，兴复海军，亟宜筹设学堂一折。着筹办海军大臣知道。
以滇边叛兵过界，法兵截剿交犯出力，赏越南总督葛罗比哥斯等二十七员宝星。
以任满回国，赏意国使馆武随员嘎经利雅宝星。

廿七日丁酉（11月28日）

先是广东绅士户部主事易学清、前湖北按察使梁鼎芬等，联名条陈要政，经前两广总督张人骏据情代奏。得旨：着袁树勋会同增祺体察情形，妥议具奏。至是广州将军兼署两广总督增祺等奏，粤绅所陈三事：一为资助留学欧美自费学生。现定

---

① 《大清宣统政纪》卷四三。

留英推广学额四名，留俄留法各推广学额二名，留美推广学额十名。二为振兴工艺局厂。现就增步制造旧厂，改建工艺局，并办家族工艺厂，附设该局之内。三为议拆广东新城。现拟俟堤岸马路，一律告成，东接广九铁路，西接粤汉铁路，彼时再为计议。报闻。

刊发奏派万国卫生博览会赴会监督关防，从民政部请也。①

三十日庚子(12月1日)

陆军部奏，拟选学员派赴日本学习陆军专科。允之。

十一月初二日壬寅(12月3日)

杭州将军志锐奏，铜圆漏卮过巨，现虽令停铸，而日本则急起直追，大收中国制钱，毁成铜块，到华销售。天津、上海租界，公然日运铜板到埠，开炉铸成铜圆，欲用何省字样，登时有钱模印之。欲图补救，惟有将铜圆一枚，准折制钱四文或五文，奸商贩卖，不能得利，日本铸造，亦必亏折。下部知之。②

初三日癸卯(12月4日)

清廷谕令：立国之要，海陆两军并重。前因厘订官制，钦奉先朝谕旨，海军部未设以前，暂归陆军部办理。嗣有旨派载洵、萨镇冰，充筹办海军事务大臣，复派载洵等前赴各国考查一切，筹办渐有端绪。兹据载洵等会同宪政编查馆王大臣奏，拟订海军部暂行官制大纲，列表呈览一折。详加披阅，尚属周妥，自应设立专部，以重责成。所有筹办海军处，着改为海军部。设立海军大臣一员，副大臣一员。该大臣等务当悉心规画，实力经营，以副朝廷整军经武之至意。至应设之海军司令部事宜，着暂归海军部兼办。

山东巡抚孙宝琦奏，建筑胶沂铁路，款巨期迫，拟借公债八百万两，分三十年筹还本利，并拟创办内地捐以作抵款。下所司议。寻奏，既据奏称与东胶两关税务司及烟台各领事华洋商董议明，承认纳捐，并声明俟免厘加税后，即行停止，自属可行。惟所拟试办货捐，添设威海分关，应由该抚另拟专章，奏明核办。大清德华银行担认债票分期垫款之处，亦由该抚向该银行商明办理。从之。

---

① 《大清宣统政纪》卷四三。
② 《大清宣统政纪》卷四四。

以贝勒载洵为海军大臣，海军处参赞谭学衡为副大臣。①

初五日乙巳(12月6日)

以海军提督萨镇冰统制巡洋长江舰队。

十四日甲寅(12月15日)

电寄出使大臣雷补同，奥皇赠给宝星，着准其收受。

长江水师提督程允和奏，布置江防，遵即赴任，于十一月初三日驰抵任所。得旨：江防关系重要。该提督膺兹特简，务当认真巡缉，益加慎勤，用副委任。

十五日乙卯(12月16日)

出使大臣张荫棠奏，请于墨国繁盛区域，酌量添设领事。下外务部知之。②

十八日戊午(12月19日)

海军部奏，拟订海军大臣副大臣品秩，大臣视尚书，副大臣视侍郎。从之。③

廿七日丁卯(12月28日)

两江总督张人骏奏，徐州被水地方，经拨款分别赈粜。又奏，委道员沈敦和与洋员福开森筹办华洋义赈会。均报闻。

十二月初六日丙子(公元1911年1月6日)

广州将军兼署两广总督增祺奏，南洋侨民子弟就学维艰，拟援照江宁暨南学堂办法就粤省特设专校，俾内渡求学愈形便利，且益坚其归依祖国之忱。得旨：着张鸣岐体察情形，妥筹办理。④

---

① 《大清宣统政纪》卷四四。
② 《大清宣统政纪》卷四四。
③ 《大清宣统政纪》卷四五。
④ 《大清宣统政纪》卷四六。

初七日丁丑(公元 1911 年 1 月 7 日)

法部奏京师法律学堂毕业学员，拟请改用法官。从之。

赏赴德国卫生会监督章宗祥宝星。

初八日戊寅(公元 1911 年 1 月 8 日)

增韫电奏浙省截漕，请以米石作正开销，免予补运等语。着度支部议奏。

增韫电奏，浙省海关所有应解洋款，交由源丰润，于上海道蔡乃煌任内批解到沪。乃该革道不掣给印批，直至该号倒闭后，将空批退回。应责令该革道清缴，以及该号所亏，不止浙江一省，拟各变各产，各清各帐等语。着增韫咨商张人骏妥筹办理。①

初九日己卯(公元 1911 年 1 月 9 日)

前据资政院奏，议决浙江铁路公司，仍照商律办理一案，请旨裁夺一折。着邮传部仍照该部奏案办理。

引见留学日本陆军测绘学堂毕业生，得旨：李兆纶等七名，均着赏给举人，授为测绘副军校；郭廷康等十名，均着赏给举人，授为测绘协军校；冯家骢着赏给举人，以测绘协军校记名补用。

十一日辛巳(公元 1911 年 1 月 11 日)

验看学部考验游学毕业生。得旨：陈祖良着赏给工科进士，郑际平着赏给法政科举人。

命广州将军增祺来京陛见，以广州副都统孚琦兼署广州将军。

十三日癸未(公元 1911 年 1 月 13 日)

电寄锡良等，据电奏，添设医院检疫所，经费浩繁，请饬度支部在大连税关拨银十五万两，解应急需等语。着照所请并着迅速认真筹办，俾得早日消除，毋任传染。

---

① 《大清宣统政纪》卷四六。

十四日甲申(公元 1911 年 1 月 14 日)

宪政编查馆奏,核明陆军部划归各衙门事件。其俄员回国请领勘合一条,应照旧办理,以重约章。其转送蒙文,及广东海防报销条内,应照现制,改称东三省督抚、海军部,以符名实。此外划归銮舆卫等衙门掌管各件,均属妥协,拟请照原单所拟办理。从之。①

十五日乙酉(公元 1911 年 1 月 15 日)

赏日本领事井原真澄宝星。

十六日丙戌(公元 1911 年 1 月 16 日)

电寄陈夔龙,据电奏,鼠疫蔓延,为患甚厉。现议由奉天至山海关只开头等客车,其余暂停开行,并分段节节察验。所需经费,拟由津海关税项下拨银十万两应用等语。着照所请。②

十九日己丑(公元 1911 年 1 月 19 日)

考察日本国宪政大臣李家驹奏,考察日本财政,纂成《日本租税制度考》十册、《日本会计制度考》四册,恭缮进呈。

二十日庚寅(公元 1911 年 1 月 20 日)

陈夔龙电奏,据登莱青胶道徐世光电称,烟埠检疫,经费较巨,请由该关八分经费余款开支等语。着照所请。

海军部大臣载洵等奏,海军部经已成立,惟官制未颁。所有办公廉费,是否仍照从前筹办海军处原支数目,暂时支领,抑应如何变通,请旨核定。得旨:仍照从前数目,分别暂时支领。③

---

① 《大清宣统政纪》卷四六。
② 《大清宣统政纪》卷四七。
③ 《大清宣统政纪》卷四七。

廿一日辛卯(公元 1911 年 1 月 21 日)

电寄张鸣岐,据电奏,粤省绍荣公司,承包基铺山票饷项,欠缴额款,及报效等费一百三十余万两,请将承办商人候补三品京堂苏秉枢,暂行革职勒限追缴等语。着照所请。

廿二日壬辰(公元 1911 年 1 月 22 日)

电寄李经羲,电奏悉滇缅北段界务,久未划清。兹据探闻英兵将抵片马,意图占据。审时度势,究未便轻启兵端,应由该督饬地方文武妥慎防维,勿任卤莽偾事,一面镇抚汉夷,免生惊扰。并着外务部磋商办理,以维边局。

廿三日癸巳(公元 1911 年 1 月 23 日)

御史路士桓奏,自日俄订立协约以来,东三省之疆域,彼已视为领土范围。政治、军事、工商业各方面之计划,着着进行,迨布置既定,一纸宣告,则数千里之疆土,非复吾有。且今日列强纵横之局,以机会均等之局也。设有一国势力骤增,则诸国必群起而竞进,而受之者实惟吾国。故日、俄分得东三省之日,即群雄割据吾土之日。然其失败之由有二:一则亘古穷荒,未经垦辟,是不啻有大仓广库,而复局闭而漠置之,以致狐鼠穴居,盗贼攘据;二则中外通商以来,各国之经济力,未尝贯输于腹内,惟以比邻之故,让俄人以单独进行,进行不已,日本乃起而与之争,争定而后订立协约,以支配吾土。有此二因遂成今日之危局。今欲救危图安,惟有移腹省之人民以实空虚之地,引列强之势力以为牵掣之谋。质而言之,则借款移民而已。①

廿五日乙未(公元 1911 年 1 月 25 日)

电寄瑞澂,据电奏,汉口英租界人力车夫,因病在车上,拘至捕房,医治身死。各车夫误为殴毙,聚众暴动,甚至不服开导,击伤官长。幸而解散尚速,现仍派兵防护等语。此次车夫虽系误会生衅,难保无匪徒从中煽惑,乘机滋扰,着仍督饬加意防范弹压,毋令再生事端。其究竟因何滋事,及毙伤各情形,一并查明电奏。

---

① 《大清宣统政纪》卷四七。

张鸣岐电奏，明年德储来粤，接待等费为数甚巨。粤省造报豫算，未经列入，将来支款可否据实报销等语。着度支部知道。

廿六日丙申(公元 1911 年 1 月 26 日)

电寄锡良，据电奏防疫吃紧，需款甚巨，请饬部再由大连关迅拨银十五万两，以济急需等语。东三省鼠疫盛行，病毙至数千人之多，览奏深为悯恻。所请续拨款项，着度支部迅速拨解。该督务须督饬所属，严防范毋稍疏懈。①

是年

由吉林巡抚陈昭常发起，由商人朱江创办图长航业公司，经营上海—日本长崎—图们江航行。

各省督抚认领海军经费，清廷准海军所请，向江南船坞订造"永健""永绩"，向扬子江造船公司订造"建中""拱辰""永安"，向山东青岛德国船厂订造"舞凤"。②

宣统三年　公元 1911 年　辛亥

春正月初五日甲辰(2 月 3 日)

电寄锡良，据电奏，准日本南满铁路会社总裁中村是公函称，东三省疫疠流行，特呈日金十五万圆，为补助防疫药饵之资等语。此次南满会社，于始疫以来，沿铁道各处，广设医院，疗治中日商民，兹复投赠巨资，殊堪嘉尚，着准予收受，并着锡良传旨致谢。③

---

① 《大清宣统政纪》卷四七。

② 刘传标：《近代中国船政大事编年与资料选编》第 2 册，九州出版社 2011 年版，第 570 页。

③ 《大清宣统政纪》卷四八。

初八日丁未(2 月 6 日)

锡良奏,东三省疫重地广,用款浩大,请援照江皖仿办赈捐,展期推广,及先向大清、交通两银行息借银两等语。着该部议奏。

初十日己酉(2 月 8 日)

孙宝琦电奏,防疫需款甚巨,请将前接待德储费银五万两截留,暂资防御等语。着照所请。

十一日庚戌(2 月 9 日)

两江总督张人骏奏,茶叶为土货出口大宗,皖赣等省向运宁沪出洋销售,宁垣为南洋适中之地,拟设茶务讲习所,专收茶商子弟,及与茶务有关系地方之学徒,延聘专门教员教授。①

十二日辛亥(2 月 10 日)

署理两广总督张鸣岐奏,裁减广东绿营,除水师应归海军部筹办,提出另议,先将陆路弁兵分别裁留。下陆军部议。又奏,在籍江西试用道黄景棠等家族合资购置广州口岸辖内地段,畚筑堤岸,建造货仓、码头、楼房、铺屋,开作商场。现当经始,布置井然,规模闳远,实于通商鸠众有裨,请予立案。下部知之。

廿一日庚申(2 月 19 日)

电寄锡良,东三省时疫流行,前经外务部照会各国,选派医生前往奉天,定于三月初五日开会研究。所有会中筹备接待事宜,甚关紧要。着东三省总督会同外务部,妥速布置,并派施肇基届期赴奉参会。

廿四日癸亥(2 月 22 日)

邮传部尚书盛宣怀等奏,铁路局局长梁士诒,平时任事勇往,款项悉归其动

---

① 《大清宣统政纪》卷四八。

拨，路员听命于一人，遂不免有把持之名，应请撤销铁路总局局长差使，及交通银行帮办兼差。又奏，编纂船路邮电四政专律各员，都系熟习洋文，今拟酌量归并，以期统一。凡图书收掌、责绪编核科、通译事宜，任诸起草员。所有图书通译局，及交通研究所，应即裁撤。均依议行。

廿七日丙寅（2月25日）

农工商部奏，派员随同海军部"海琛"巡舰，前往南洋各埠，抚慰华侨。应需银数，查照度支部资政院协商后议决奏明成案办理。报闻。①

三十日己巳（2月28日）

外务部奏，会勘中俄边界将次告竣，与俄使商由两国各派大员，将已勘各界条款图说，详细查核，会同议定，以期核实。得旨：着派周树模充会勘边界大臣。

以办理交涉和平，赏意国使臣巴厘琭理、驻津比国副领事斐德门宝星。

二月初六日乙亥（3月6日）

电寄锡良，据电奏沿海各地方，将届开轮。营口建所留验各费，请饬税务大臣，准于该关税银项下截留动用，事竣核实开报等语。着照所请，该部知道。

锡良电奏，湖北难民留验日久，拟由大连运送上海，请饬准其登岸，仍于进口时查验等语。着外务部查核办理。②

初七日丙子（3月7日）

农工商部奏，请如两江总督等所奏，派候补京堂张煜南往南洋招集华商，经营长江一带实业。均依议行。

初八日丁丑（3月8日）

蠲免浙江仁和、钱塘、海宁、富阳、余杭、临安、新城、昌化、嘉兴、秀水、嘉善、海盐、平湖、石门、桐乡、归安、乌程、长兴、德清、武康、安吉、孝丰、

---

① 《大清宣统政纪》卷四八。
② 《大清宣统政纪》卷四九。

西安、龙游、建德、临安、遂安、寿昌、桐庐、分水三十州县，暨杭严卫、衢严二所荒废田地钱粮漕米。①

初九日戊寅（3 月 9 日）

海军部会奏，遵拟海军部暂行官制，缮单列表呈览一折。海军大臣贝勒载洵，着补授海军正都统；海军副大臣谭学衡，着补授海军副都统。余照所请，由该大臣等分别奏咨办理。

以出洋劳绩，予记名副都统李经迈以侍郎候补。

初十日己卯（3 月 10 日）

电寄驻防浦口统领甘肃提督张勋，据电奏，采购军米，请饬免税。着照所请。

陆军部奏，俄患日亟，请饬速筹补救，以维大局。得旨：着各该衙门归入军咨处筹备边事前折，妥议具奏。

予出使比国使臣翻译官即选通判杨殿钧议恤，如积劳病故例。

十七日丙戌（3 月 17 日）

瑞澂电奏，汉口商人刘人祥积欠华洋各款五百余万，必须力与维持，请用湖北官商名义，合借洋利银五百万两，订立合同，分二十年筹还。所有刘人祥地皮，及建筑物，作为全省公产，陆续变还借款等语。着度支部妥议具奏。

农工商部会奏，华商试炼纯锑，请仿照成案，酌减出口税项，以恤商艰。又奏，京师自来水公司所需材料机器，请展免税厘一年。均依议行。②

二十日己丑（3 月 20 日）

出使美墨秘古国大臣张荫棠奏，酌改内外文职官制。

改设英国属地槟榔屿正领事官。

以保护华侨，赏俄国海参崴商口总办水师五品男爵挑贝等二三等宝星有差。

赏日本、俄、意、德国接待各官一二三等宝星及品物有差。

---

① 《大清宣统政纪》卷四九。
② 《大清宣统政纪》卷四九。

廿三日壬辰(3 月 23 日)

督办盐政大臣载泽奏，洋商运盐进口，有违约章，应切实禁止。依议行。

邮传部会奏，京汉铁路赎回时，借用度支部官款银五百万两。今借日本正金银行一千万元，订立合同，以二十五年归还。此项借款，除还清度支部外，作为各路还本还利之用。所立合同，应否由邮传部臣签字，请旨遵行。得旨：着邮传部尚书签字。①

廿四日癸巳(3 月 24 日)

宪政编查馆奏，议覆江苏巡抚程德全奏，上海商埠，拟于租界外设高等审判分厅，即在地方审判厅内设立，并令配置高等检察分厅，按照法院编制法，设立监督推事，及监督检察官，以符定制，应如所请。特置厅丞检察长之处，应毋庸议。从之。

廿六日乙未(3 月 26 日)

专使英国大臣载振奏，开用关防，暨由外务部备赠国礼，赍往致送。报闻。

三月初一日己亥(3 月 30 日)

出使大臣吴宗濂奏，查日本学校，设有国语一科，以统一全国语言。我国疆域较大，人民众多，各操土音。是以教育之普通，未能速化，且其流弊不可胜言。拟请饬下学部，通行内外各学堂，无论官立民立，一体添设国语科，如日本办法，凡入校识字，即令该教习等授以官音，不得参用土语，并饬有编成国语课本者，准其呈由提学使，咨请学部审定施行，以期语言统一，裨益非浅。下部议。②

初五日癸卯(4 月 3 日)

监国摄政王代诣养心殿，奥国代理使臣师特克等觐见。

---

① 《大清宣统政纪》卷四九。
② 《大清宣统政纪》卷五〇。

初六日甲辰(4 月 4 日)

监国摄政王代诣乾清宫，德国使臣雷克司暨参赞随员等觐见。

初十日戊申(4 月 8 日)

吉林巡抚陈昭常奏，吉林珲春商埠，早经开放，苦无水道可通。我国商民来东贸易，势必假道外人所有口岸，输纳繁苛。现经探悉珲春之南，图们江流，可通海道。该江发源长白。经延吉南境，东流至珲，曲折入海，形势天然，实为全省门户。惟自土字界碑起，沿江三十里，出海之路早经划归俄有。似此咽喉要道，当时不知保守，轻易让人，诚为可惜。查中俄国际约据，载有照会，允我国通行，俄人决不拦阻等语。有此一线生机，如由自办航路，彼固无词可拒。现经招致沪商朱江等来吉承办，综计购轮、建栈、筑埠、招工、浚淤、设坞，种种敷设，费甚不赀。此项航路，关系国权甚重，经与邮传部电商，议定先集商股二十四万两，复附官股二十四万两，照商律平等看待，不居官商合办之名。现该商已来吉开办，计购大轮二、小轮二、钢板挖泥机舡一，经行海线，由上海绕日本长崎，达图们江坡。拟名为吉林图长航业有限公司，首先载运工人，为实行迁民实边之计。惟开办之初，苦无大宗货物输运。珲春东沟一带，木植尚多，业准邮传部电令该航兼办，较有把握，并准免税三年，以示优异。该航已开行两次，外人尚无异言。设有意外交涉，自当据约力争。总之治吉办法，不外固守国防，扩张实业。①

十一日己酉(4 月 9 日)

派出使大臣吴宗濂充专使大臣，致贺意国五十年立国庆典。

赏商务赛会洋员比国上议院议员窦伯来等、汴洛铁路借款公司总董比国洋员德色爱等、驻汉口德国领事官米雷尔等宝星。

十二日庚戌(4 月 10 日)

张鸣岐等电奏，兼署广州将军副都统孚琦，因公前赴燕塘地方，查看地势，兼阅演试军用飞机，回城时，行至东门城外，突被匪徒，用手枪轰击，受伤甚重，移时殒命。当经拿获凶犯，严饬讯究等语。

---

① 《大清宣统政纪》卷五〇。

朱家宝等电奏，片马界务，关系大局，请饬外部与英使严重交涉，并另派大员会同滇督切实会勘等语。着外务部知道。

十三日辛亥(4月11日)

海军大臣载洵奏，英皇加冕，大阅兵舰，拟派巡洋舰队统领程璧光，率领"海圻"巡洋舰前往，以将敬意而敦睦谊。从之。①

十四日壬子(4月12日)

以长江舰队统制萨镇冰为海军副都统，并赏海军正都统衔；巡洋舰队统领程璧光、长江舰队统领沈寿堃为海军协都统；赏署巡洋舰队统领吴应科、海军部一等参谋官严复、驻沪一等参谋官徐振鹏、烟台海军学堂监督郑汝成，海军协都统衔；以海军部军学司司长曹汝英、军枢司司长伍光建、署军法司司长李鼎新、军制司司长蔡廷干、署军政司司长郑清濂、驻英威克斯船厂监造员李和、驻英阿摩士庄船厂监造员林葆怿、"海圻"巡洋舰管带汤廷光、巡洋舰队总管轮孙辉垣，为海军正参领；海军部军储司司长林葆纶、舰队统制官一等参谋郑祖彝、"海筹"巡洋舰管带黄钟瑛、"海琛"巡洋舰管带杨敬修、"海容"巡洋舰管带喜昌、"南琛"练船管带曾兆麟、"镜清"练船管带荣续、"通济"练船管带葛保炎、"保民"运船管带甘联璈、"江元"炮船管带宋文翙、"江利"炮船管带郑纶、"楚同"炮船管带何广成、"楚泰"炮船管带马焜钰、"楚有"炮船管带朱声冈、"江贞"炮船管带饶怀文，为海军副参领。

赏"海圻"巡洋舰统领程璧光等宝星。②

十六日甲寅(4月14日)

实授张鸣岐为两广总督。

十七日乙卯(4月15日)

度支部会奏，拟定美、英、德、法四国银行借款合同二十一款。得旨：着度支部堂官签字。

---

① 《大清宣统政纪》卷五〇。
② 《大清宣统政纪》卷五〇。

十八日丙辰（4 月 16 日）

邮传部奏，商务振兴，必藉航业；航业发达，端赖人才。我国虽有轮船招商局，仅通域内，未涉重瀛；管驾各员，且皆借材异地。臣部管理全国航业，兢兢以建设商船学校，为船员之需，正拟相度地势，克日经营。旋准臣部上海高等实业学堂监督唐文治咨称，翰林院修撰张謇，愿将上海吴淞口渔业公司地基，并所领官款六万元，呈送臣部，办理商船学校。复准筹办海军大臣咨称，浙绅李厚祐报效宁波益智中学堂一所，奏明豫备臣部商船学校之用。当即派员前往吴淞、宁波两处，履勘地址，筹议办法。据称两地交通至便，建校招生，甚为合宜，均堪备用。惟商船学理深邃，程度极高，一旦两校兼营，不独财力维艰，且恐教习学生，均难应选。不若并力先办吴淞一处，较易观成。查臣部上海高等实业学堂，于路、电两科外，已设立高等船政专科，拟即就此扩充，添招学生名数，以为商船学校之基础。一面在吴淞建筑校舍，俟工竣后，将学生移入该校，并归上海高等实业学堂监督管理，以期接洽。其宁波益智学堂所有房屋地基，均应作为船校产业，将来或改为商船中学，当视日后之款项人材，以为进退，此时暂从缓办。至学科办法，前经咨商出使大臣，调查各国船校现办章程，以资仿效，并拟暂定开办经费十万两，常年经费六万两，将来筹有的款，再行随时设法扩充办理。从之。

蠲缓浙江富阳、嘉兴、秀水、嘉善、山阴、诸暨、嵊、桐庐、仁和、钱塘、海宁、临安、昌化、海盐、平湖、石门、桐乡、归安、乌程、长兴、德清、武康、安吉、孝丰、会稽、上虞、东阳、建德、遂安二十九州县暨嘉湖卫歉收民屯地亩新旧额赋。①

二十日戊午（4 月 18 日）

农工商部右丞袁克定奏，《中英天津条约》，修改届期，应废洋药进口一条。下外务部知之。

廿一日己未（4 月 19 日）

外务部奏，各国在荷兰首都会议禁烟，展期开会，拟请简派出使德国大臣梁诚，届时前往，入会与议，并请颁给敕书，加以全权。从之。

---

① 《大清宣统政纪》卷五一。

廿二日庚申（4月20日）

授四川总督赵尔巽为钦差大臣，调任东三省总督，兼管三省将军事务。

廿五日癸亥（4月23日）

电寄孙宝琦，据电奏，东省疫气肃清，请即开放，概免留验。善后事宜，遵照部咨改订防疫章程办理。并饬沿江沿海各督抚，公布实行等语。着照所请。

以旅日横滨华商创设大同学校，办有成效，赏匾额曰"育才广学"。①

廿八日丙寅（4月26日）

电寄张人骏，据电奏，德主赠前出使德国大臣杨晟宝星，着准其收受佩带。

廿九日（4月27日）

同盟会发动广州起义，旋即失败。

夏四月初一日己巳（4月29日）

外务部奏，智利国与中国向未立约，今该国新总统吕格膺选履任，通告各国，于我国亦专书布告。应请按照通例，赐书答复，以联邦交。从之。②

初三日辛未（5月1日）

外务部奏，荷属设立领事条约，磋商多年，现始定议。谨缮录约款全文，并商定文稿呈进，请即简派大员画押。得旨：着派陆徵祥为全权大臣，署名画押。

初五日癸酉（5月3日）

两江总督张人骏奏，南洋侨商梁祖禄在宁经营垦务，请颁发暨南垦牧公司钤

① 《大清宣统政纪》卷五一。
② 《大清宣统政纪》卷五二。

记。下部知之。

初六日甲戌（5 月 4 日）

近来国家财政竭蹶，由于币制不一；民生困苦，由于实业不兴。朝廷洞鉴于此，不得已饬部特借英美德法四国银行一千万镑、日本横滨银行一千万元，专备改定币制、振兴实业、以及推广铁路之用。该管衙门自应竭力慎节，不得移作别用，并着随时造具表册呈览，以副朝廷实事求是之意。

增韫电奏，杭嘉湖各属民食不敷，请将上年新漕截留五万石，以济平粜，仍缓至本年冬漕补运。着度支部议奏。①

十一日己卯（5 月 9 日）

度支部奏，各省土药，拟请比照洋药酌量加税，每百斤征银二百三十两。如所请行。

邮传部奏，粤汉铁路鄂境川汉铁路，借款正合同签字，势难久延。请将该部批准前案，先行取消。从之。

十四日壬午（5 月 12 日）

以襄办荷属领事条约出力，赏驻荷使馆参赞王广圻宝星。

赏两江师范学堂日本教员亘理宽之助等宝星。

以交涉持平，赏驻厦门德国领事梅泽宝星。②

廿二日庚寅（5 月 20 日）

邮传部会奏，粤汉、川汉铁路，接议英德美法各银行借款合同，计二十五款，缮单呈进，并请旨签字盖印。得旨：着邮传大臣签字。

御史孙培元奏，新政待兴，需才孔亟，宜慎重学务，以植人才，谨陈管见所及：一、学务经费，宜扩充不宜裁减；二、提学使所派视学员，宜慎重选派；三、京师分科大学，宜扩充生徒；四、聘请外国教员，宜慎选择；五、推广学堂，宜注重蒙小学；六、普及教育，宜先顺导而后强迫；七、宜仿设簪蒙学堂；八、学堂规

① 《大清宣统政纪》卷五二。

② 《大清宣统政纪》卷五二。

条，宜明白宣示。下部议。又奏，学务之外，谨陈关系各项新政者：一、宣示借款用项，宜切实分晰；二、收回铁路，宜顾全商本；三、陆军、海军，办理宜权缓急；四、各州县杂捐苛扰，宜分别裁汰；五、各州县积谷备荒，宜严查侵蚀。下部知之。①

廿四日壬辰（5月22日）

清廷谕令：现将铁路改归官办。自降旨之日起，所有川湘两省租股一律停止。其宣统三年四月以前已收之款，着邮传部督办铁路大臣会同该省督抚详细查明，妥拟办法奏闻，总不使有丝毫亏损，以致失信吾民。

廿六日甲午（5月24日）

外务部奏，中俄通商条约，现届应行修改之期，请简派修约大臣前往俄京会议。得旨：着派陆徵祥为修约大臣，给予全权。又奏，中荷领事条约，业已划押，请旨批准互换。从之。

以襄助考查宪政，赏日本大藏省主税局长管原通敬、行政裁判所评定官清水澄、司法省参事泉二新熊宝星。②

五月初四日辛丑（5月31日）

电寄张荫棠，据电奏墨国内乱，华侨被害，拟援光绪二十四年古巴封港成案，请拨款赈恤等语。着赏银一万两，由外务部出使经费项下发给。③

初五日壬寅（6月1日）

增韫电奏，宁波府城有游勇三人白昼抢劫，经巡警拿获方得胜解送检察厅，居民聚众要求正法，至审判厅滋闹，捣毁厅屋，嗣由检察厅将该犯送县，居民因该犯并未及时正法，旋即捣抢米店。该管道府等以该犯既系游勇，随营正法，审判等厅以行政官不即知照，违法侵权，全体辞职。

---

① 《大清宣统政纪》卷五三。
② 《大清宣统政纪》卷五三。
③ 《大清宣统政纪》卷五四。

初九日丙午(6 月 5 日)

督办粤汉、川汉铁路大臣端方密奏，各国《辛丑和约》，已届十年。所有第七、第九两款，亟应乘时设法修改，以重国防。

出使俄国大臣萨荫图奏，财用困乏，亟宜振兴工业：一可以裕国课，二可以塞漏卮，三可以养贫民，四可以清吏治。拟请由农工商部先筹募公债一二千万元，专为创办工业之资本，日后逐渐推广。并选派工业毕业学生，分赴各省调查工料物产，办理局厂事宜，严定章程。痛除从前官办局厂积弊。下农工商部议。

出使美墨秘古国大臣张荫棠奏，整顿财政，一宜首定金银本位，二宜确定金银比例价格，三宜妥筹本位金之豫备。揆度时势，宜速定为金本位，改铸法币，以期裕国富民。下度支部查核议奏。又奏，吾国与美英德法财政家所借金款五千万元，订约宜慎，勿授外人以操纵吾国币制之权，以致干涉财政，掣肘国事。下所司知之。①

十七日甲寅(6 月 13 日)

农工商部奏，南洋劝业会列入一等，应给奖励各员，开单呈览一折。又奏，翰林院侍读学士黄思永，请赏加二品顶戴；安徽候补道许鼎霖，奖给三代正一品封典等语。均着依议。

张鸣岐电奏，收回粤路，有人倡议抵抗，不用官发纸币，纷纷持票领银，牵动省垣市面。拟向外国银行订借现款五百万两，以备周转，请特予照准，并请早定归还股本办法各等语。借款周转，事关紧急，着外务部、度支部速议具奏。归还股本办法一节，仍着度支部、邮传部督办粤汉、川汉铁路大臣妥速议奏。②

十八日乙卯(6 月 14 日)

张鸣岐电奏，粤民对于路事抗拒情形，酌拟办法，请坚持国有政策，准令商股悉领现银等语。着度支部、邮传部督办粤汉、川汉铁路大臣，归并前案，妥速议奏。

---

① 《大清宣统政纪》卷五四。
② 《大清宣统政纪》卷五四。

十九日丙辰（6 月 15 日）

度支部会奏，议准张鸣岐电奏，订借外国银行现款五百万两，周转市面一折。着即照所议行，由该部电知该督遵照办理。惟此次粤省因收回路事突然，倡议不用官发纸币，纷纷持票取银，显系不逞之徒，从中构煽，藉端滋扰。着张鸣岐严饬地方文武随时防范，认真弹压，或有不法行为，立予拿办。倘敢纠众作乱，准如该督所请，格杀勿论。

二十日丁巳（6 月 16 日）

税务处奏总税务司赫德，因病未痊，恳请续假，并请派委格联署理总税务司员缺一折。赫德着再赏假一年。

以防疫出力，赏英国使馆医员德来格如意一柄，海关副税务司法人罗尔瑜三品衔，美国医员杨怀德、英国医员孙继昌等宝星。

以论断韩国归还我国借款，赏日本驻韩统监府外务部参与官小苏录曾得有等宝星。

廿六日癸亥（6 月 22 日）

载振电奏，抵英后呈递国书，并赠送各礼物等语。又奏，英皇颁给维多利亚头等宝星，应否收受佩带等语。清廷着准其收受佩带。

以教育有方，赏日本教员美代清彦等宝星。①

六月初二日戊辰（6 月 27 日）

张荫棠电奏，驻墨二等参赞官代办使事沈艾孙，言动乖谬，请先行撤任。着外务部查核办理。②

初三日己巳（6 月 28 日）

以考较工作成效昭著，赏江南制造局总检查洋员哈卜们宝星。

---

① 《大清宣统政纪》卷五四。
② 《大清宣统政纪》卷五五。

以办理交涉，赏意国驻蒙自领事德罗斯宝星。

初五日辛未（6 月 30 日）

以办理侨学捐助巨款，赏在籍候补四品京堂张鸿南以三品京堂候补。

初十日丙子（7 月 5 日）

两江总督张人骏奏，浦口商埠宜区别通商口岸，拟就市场局扩充办理，以符商约而重主权，并恳准募公债，以便克期兴办。下内阁会议具奏。寻奏：应照所请行，并饬督率所属官吏，认真兴办。从之。①

十五日辛巳（7 月 10 日）

御史陈善同奏，请慎选高等实业专门最优等毕业生，赴美就学等语。下部知之。又奏，边务交涉日棘，请饬筹备详细地图，以悠后患而固封守。下所司知之。

出使奥国大臣沈瑞麟奏，外患日亟，请速定联盟政策，以结强援而维危局。又奏，各国通告公牒、会盟约文，全以法文为外交公共文字。我国驻洋使臣，暨各分馆计十余处，但所驻国习用文字，恒有英法德三者之不同。拟请饬下外务部参照通例，厘定画一办法，由部遴选精通法文、熟谙交涉之员，查照汉文，译成定稿，分别咨行。均下外务部知之。

以办事公允，赏前驻沪奥国总领事沈迪迈宝星。

以热心教授，赏直隶初级师范学堂日本教员小幡勇治、熊泽文吾，江苏高等学堂日本教员理学士三谷新等宝星。②

十八日甲申（7 月 13 日）

学部奏，前拟筹设游学日本高等五校豫科，现在亟须开办，兹拟具章程十三条，即于本年秋间考选学生入堂肄业。从之。③

---

① 《大清宣统政纪》卷五五。
② 《大清宣统政纪》卷五五。
③ 《大清宣统政纪》卷五六。

廿六日壬辰（7月21日）

添设荷属爪哇岛总领事一员，泗水、苏门答腊正领事各一员。

以课导认真，赏南洋海军学堂教习洋员孟罗彭约翰等宝星。

三十日丙申（7月25日）

清廷谕令：禁烟为方今要政，前因外务部与驻京英使续订条件，所议办法，尚属妥协。业经降旨，通饬认真整顿，以期早绝根株。现在各省禁种禁吸，确有成效者，自可查明，先行分期禁运。其栽种未绝、吸户尚多之省分，务当严申禁令，痛自涤除。应如何稽核零卖，查禁吸户，着遵照历次颁行禁烟章程，画一办理，惟不得限制商人大宗贸易。所有广东等省，于续订条件以前，所施行各项限制，及征收各捐，已令立即停止，若再另立名目，徒事苛扰，既与增加税厘之原议不符，且于按省禁运之办法有碍。此次禁烟之举，深得友邦赞成，各该省地方官必应按照条件，切实奉行，以期次第禁绝，克竟前功。倘不认真经理，故事拖延，以致妨碍全局，定惟该督抚是问。①

闰六月初三日己亥（7月28日）

直隶总督陈夔龙等奏，烟潍铁路，关系北洋及东省大局，请饬部筹议，收回官办，以保利权。下部议。②

十五日辛亥（8月9日）

闽浙总督松寿奏，闽省新设交涉使，酌定廉俸公费等项。又奏，筹拨巡警、劝业两道廉俸，及夫役工食。均下部知之。

十六日壬子（8月10日）

农工商部奏，整顿棉业搀杂水泥诸弊一折。棉花为土货大宗，每年出口，为数甚巨，亟宜推广销场，力图进步。乃内地商贩，希图小利，往往搀杂水泥，致与行

---

① 《大清宣统政纪》卷五六。
② 《大清宣统政纪》卷五七。

销有碍，于棉业前途，所关匪细。着该部妥订检查办法，明定罚章，通行各省，一律遵办。上海为通商巨埠，尤宜加意防维。着督办税务大臣饬由沪关切实查验，并着南洋大臣饬上海商务总会遴选通晓棉业人员，帮同经理。果能办有成效，准由该部奏明给奖，以清积弊而辟利源。

电寄孙宝琦，据电奏，济南衡丰，为义善源牵连倒闭，所欠公款，皆赔款军饷立限汇解之项。上海道扣存义善源房产契据，约值百万，应令赶紧交出变价，划抵东省应解下半年赔款等语。着孙宝琦会商张人骏妥筹办理，毋任公款无着。

农工商部奏，前派司员巡历南洋各埠，兹就该员见闻所及，有亟应筹办者三端：一、维持华商学堂；二、保护各埠华工；三、优待回国商民。依议行。①

是日起，浙江杭、嘉、湖、绍四府水灾。

二十日丙辰 (8 月 14 日)

以顾重邦交，赏俄国内部大臣兼首相斯笃列宾等宝星。

廿二日戊午 (8 月 16 日)

两广总督张鸣岐奏，粤省原收赌饷四百七十六万五千七百余两，今因禁赌，筹款抵补，本年尚不敷银一百九十六万八百两。拟筹借以济要需。下部知之。

廿五日辛酉 (8 月 19 日)

都察院代奏，裁缺内阁中书陈震福，条陈南洋各岛侨民关系紧要，亟应兴教劝富，以系人心而杜隐患。谨陈办法，其关于教育者三：一、恭绎列朝掌故，以彰圣德；二、请设立中国官报，以正民听；三、请添置侨籍学额，以示一体。关于商业者三：一、合办商业银行，二、组织邮船公司，三、推广华商联合会。关于奖励者二：一、奖励商会之总协理与议董，二、奖励学堂之职员与学生。下阁议。②

廿九日乙丑 (8 月 23 日)

护理山西巡抚布政使王庆平奏，意国赠前任山西巡抚丁宝铨宝星，可否准其佩带。得旨：准其收受佩带。

---

① 《大清宣统政纪》卷五七。
② 《大清宣统政纪》卷五七。

七月初三日戊辰(8月26日)

福建遭受飓风。

初八日癸酉(8月31日)

福建提督洪永安因病解职，以福建福宁镇总兵孙道仁为福建提督，督标中军副将丁季升为福建福宁镇总兵官。①

十一日丙子(9月3日)

是日起，广东潮州府属地方大水。

十二日丁丑(9月4日)

以报效海军巨款，赏二品顶戴候补五品京堂林尔嘉侍郎衔。

十四日己卯(9月6日)

调出使荷国大臣陆徵祥为出使俄国大臣，并赏加侍郎衔。
以吉林滨江道刘镜人为出使荷国大臣。②

十七日壬午(9月9日)

电寄增韫，据电奏，闰六月十六日起，烈风暴雨，连日不止，水势猛涨。杭、嘉、湖、绍四府，早禾既受摧残，晚苗又被淹没。七月初旬，又复风雨交作，彻夜不休，塘堤圩埂，一片汪洋，家屋人畜，漂失无算。钱塘等县灾民聚集，要索米粮。请借拨运库银三十万两，查明被灾轻重，平粜赈济等语。着照所请，该衙门知道，并着该抚遴派妥员，分别灾情轻重，核实散放，加意抚恤，毋任失所。③

---

① 《大清宣统政纪》卷五八。
② 《大清宣统政纪》卷五八。
③ 《大清宣统政纪》卷五九。

十九日甲申(9 月 11 日)

张鸣岐电奏潮州府属地方，本月十一日，大雨，山水暴发，江流陡涨，东津堤骤决，淹没田亩无算。次日海阳、澄海等县属各堤，又相继冲决，淹毙人口，不可胜数。受灾均属甚重。已先开义仓赈济，派员办米，赶放急赈等语。潮州府属地方，猝被水灾，冲溃各堤。现在水势虽退，灾区甚广，灾情甚重，小民颠沛流离，殊堪悯恻。加恩着赏给帑银四万两，由度支部给发，该督即派委妥员，核实散放，加意抚恤，毋任失所。①

廿二日丁亥(9 月 14 日)

电寄松寿，据电奏，闽省本月初三日，飓风大作，连日大雨如注，河水陡涨，城内外积水四五尺不等。衙署、营房、民房，倒塌无数，并有压毙人口情事等语。着松寿督饬所属，赶放急赈，加意抚恤，毋任失所。余着照所议办理。

孙宝琦电奏，本月初五、六、七等日，大雨如注，山河暴涨。济南及东西路各州县，陆续报灾，东路尤重。又黄河上游民埝漫决，被灾州县，亦应分投拯济。东省库款奇绌，恳恩饬部迅拨的款等语。着度支部拨给银五万两，并着盛宣怀派员迅赴胶、高、即一带加放急赈，以拯灾黎。

电寄松寿，据电奏福建提督驻扎厦门，该处华洋杂处，督队巡防极关紧要。请饬提督孙道仁先赴新任，暂缓陛见等语。孙道仁着毋庸来京陛见。②

廿六日辛卯(9 月 18 日)

出使大臣沈瑞麟奏，水灾叠见，亟宜兴修水利，以裕国计而利民生一折。着各该督抚将所管境内应修水利，详细查明，妥筹办法，迅速具奏。

电寄张人骏，据电奏，宁属被灾，米粮缺乏，分赴邻省及南洋各岛，购运米粮，恳恩展免沿途厘税六个月等语。着照所请。

廿七日壬辰(9 月 19 日)

端方电奏近日布置情形，并商调浅水兵轮等语。着海军部知道。

① 《大清宣统政纪》卷五九。
② 《大清宣统政纪》卷五九。

八月初一日乙未(9月22日)

东三省总督赵尔巽奏,日皇赠与奉天民政使张元奇、交涉使韩国钧、道员祁祖彝、直隶州知州王恩绍等勋章品物,可否准其收受佩带。得旨:准其收受佩带。又奏,设奉天官报,援照内阁官报办理。下内阁知之。①

初二日丙申(9月23日)

总税务司赫德于咸丰年间来华,由粤海关副税务司荐升总税务司,叠受先朝恩遇,历经赏加按察使衔、布政使衔、花翎、头品顶戴、并双龙二等第一宝星、三代正一品封典、太子少保衔,前因病请假回国,复赏加尚书衔。该总税务司供职中国,所有通商各口设关征税事宜,均由其经手创办,以及办理船厅,设同文馆,赴各国赛会,设立邮政,经始规画,悉臻妥协,遇有交涉,时备咨询,在中国宣力五十余年,深资赞助。兹据税务处呈递出使英国大臣刘玉麟来电,遽闻溘逝,轸惜殊深,加恩着赏加太子太保衔,伊子赫承先着赏换双龙二等第三宝星,以示优异。②

初四日戊戌(9月25日)

电寄出使大臣萨荫图,电奏俄皇特赠金烟匣一具,应否收受等语。着准其收受。

初八日壬寅(9月29日)

出使英国大臣刘玉麟奏,上年赴英时,途经新加坡槟榔屿等处,见华侨商业甚盛,出品以南洋植物居多。然运往欧洲,未可决其获利者,以仰欧人鼻息故也。今就咨询所及,谨抒管见四条:一、请设大清银行分行于英国伦敦;二、请颁航业奖励补助法,并提倡组织海军义勇队;三、请设中华商品陈列所于各国都会暨通商大埠;四、请设万国博览会于京师。下内阁会议具奏。

赏驻华北方法国军队统带协都统贝拉阁、河南优级师范学堂日本教员饭河道雄

---

① 《大清宣统政纪》卷六〇。
② 《大清宣统政纪》卷六〇。

宝星。①

福建漳州水灾。

十六日庚戌(10 月 7 日)

陈夔龙电奏,比君主赠交涉使王克敏等宝星,应否准收。着准其收受。

十九日癸丑(10 月 10 日)

武昌起义爆发。

二十日甲寅(10 月 11 日)

电寄瑞澂,据电奏,探知革党潜匿武昌,定期十九日夜间起事。正饬防拿,旋据齐耀珊电称,于汉口拿获要匪刘耀璋一名,起获伪印、伪示、伪照会等多件。遂与统制张彪等督派弁兵,在省城内先后拿获匪目匪党三十二名,并起获军火炸弹多件。内有刘汝夔开枪拒捕,杨宏胜私藏军械,彭楚藩语尤狂悖,当将该三犯讯明正法。

外务部奏,向章墨秘等国,以驻美使臣兼充;日葡等国,以驻法使臣兼充。现墨秘交涉日多,必需专派驻使。古巴一国,距美仅一日海程,仍应由驻美使臣兼辖。至西班牙国,东北与法接壤,西与葡邻,法葡则有海程之隔,今拟西班牙、葡萄牙两国共派驻使一人,即于西班牙首都设立使馆。至南美中之与我立约有年,而尚未设使者,厥惟巴西,由法南行至巴,海程三日可达,拟即以驻法使臣兼辖。瑞典甫于宣统元年与我订约,亦深盼我早日设使。其国北与俄界最近,又丹麦与我通约已久,其国北与瑞典毗连,南距荷兰,航路瞬息可达,拟以驻俄使臣兼辖瑞典,驻荷使臣兼辖丹马,不必专设分馆。以上情形,或经各驻使议及,或早由彼政府声请,体察情势,诚有不得不酌量增改者。从之。又奏,墨秘日三国,各设二等公使,每馆设三等参赞一员。向兼领事者,日馆设二等通译、二等书记各一员,墨、秘二馆,各设二等通译、三等书记各一员。葡分馆设三等参赞一员,仍兼代办三等通译一员。均作为额缺。报闻。

赏直隶法政学堂教员日本甲斐一之等、上海浚浦局总营造和兰奈格宝星。②

---

① 《大清宣统政纪》卷六〇。
② 《大清宣统政纪》卷六一。

廿一日乙卯(10月12日)

瑞澂电奏,十八夜革匪创乱,拿获各匪,正在提讯核办。革匪余党勾结工程营辎重营,突于十九夜八钟响应,工程营则猛扑楚望台军械局,辎重营则就营纵火,斩关而入。瑞澂督同张彪、铁忠、王履康分派军警,随时布置,并亲率警察队抵御。无如匪分数路来攻,其党极众,其势极猛。瑞澂退登楚豫兵轮,移往汉口,已电调湘豫巡防队来鄂会剿,并请派大员多带劲旅,赴鄂剿办。

廿五日己未(10月16日)

电寄增韫,据电奏,浙省地属海疆,土匪私枭,素称猖獗。今年水灾遍地,匪徒不时蠢动。各路防营分头拿办,实已不敷调遣。现在鄂变又起,沿江戒严,拟暂添募陆师巡防队以资镇慑等语。着照所请。①

廿七日辛酉(10月18日)

冯汝骙电奏,长江一带,洋轮畅行无阻,革党混入其中,无从搜捕。请饬外务部速与各国公使,妥订限制稽察各公司商轮章程。着外务部迅速酌核办理。

廿九日癸亥(10月20日)

松寿电奏,据漳州道府等电禀本月初八日,大雨连宵达旦。至十二日,龙溪、南靖两县河水陡涨,冲决堤岸,淤塞河道,坍塌房屋,淹毙人口,灾情奇重,民食维艰。览奏殊深悯恻,加恩着赏给帑银二万两,由度支部给发,该督迅派妥员,核实散放,毋令失所。②

九月初二日丙寅(10月23日)

电寄袁世凯,据电奏,拟请调海军参领蔡廷干、降调奉天劝业道黄开文,随营差遣等语。蔡廷干、黄开文均着准其调营差遣,该衙门知道。

---

① 《大清宣统政纪》卷六一。
② 《大清宣统政纪》卷六一。

初三日丁卯（10 月 24 日）

电寄袁世凯，据电奏，驻鄂师舰及鄂兵船均缺米煤各物，请饬由两江江西委员筹办，俟事定分向部鄂造报拨款归垫等语。着张人骏、冯汝骙饬令上海、九江两道，迅速筹办接济，勿稍贻误。

初四日戊辰（10 月 25 日）

出使美墨秘古国大臣张荫棠奏，中国外交失败，其订结条约已不得平允公正，而海关税权之沦失、领事裁判之施行，损害独立之权，为有国者所共耻。窃以为对外之方，其要在于毋忽略国际公法，毋放失土地主权，毋懵昧于列国情势，而又不可不昭示大信于各国。欲昭各国之信，先须本国政府有一定之政策，明定权限以办事，然后折冲坛坫，有程效赴功之望。其应付之方，一宜加入美国建议之和平公判约内，以期暂收国际关权之效；二宜速开国会，议员协赞结约之事，以为外交之后盾。而简放使臣之际，尤宜宣示外交之方针，俾使臣得循以行事，但期无背于宣示之方针，不逾于使节之权限，则政府亦须承认，所以能见信于所驻国之政府。遇事交涉，易于奏效。为使臣者，皆须有法律专门之学，又必其才长于机变，敏于肆应，始足以胜任愉快。臣学识谫陋，性尤迂直，且于外国语言文字，非所素习，伏乞准臣辞职，简授贤能。得旨：张荫棠着准其辞职。

以外务部左丞施肇基为出使美墨秘古国大臣。

以出使法日葡国大臣刘式训为出使法国大臣。①

初八日壬申（10 月 29 日）

电寄张人骏等，据电奏，沪市银根紧急，沪道请展缓赔款，实出万不得已。请切商驻使，一面由臣人骏派道员虞和德力向各国银行磋议，并请派前驻藏帮办大臣副都统衔温宗尧，在沪会办，以期详妥而支危局等语。着外务部知道。②

初九日癸酉（10 月 30 日）

宣统帝谕令，朕缵承大统，于今三载，兢兢业业，期与士庶同登上理。而用人

---

① 《大清宣统政纪》卷六二。
② 《大清宣统政纪》卷六二。

无方，施治寡术，政地多用亲贵，则显戾宪章；路事蒙于金壬，则动违舆论；促行新治，而官绅或借为网利之图；更改旧制，而权豪或只为自便之计。民财之取已多，而未办一利民之事；司法之诏屡下，而实无一守法之人。驯致怨积于下而朕不知，祸迫于前而朕不觉。川乱首发，鄂乱继之，今则陕湘警报叠闻，广赣变端又见，区夏腾沸，人心动摇，九庙神灵，不安歆飨，无限蒸庶，涂炭可虞，此皆朕一人之咎也。兹特布告天下，誓与我国军民维新更始，实行宪政。凡法制之损益，利病之兴革，皆博采舆论，定其从违。以前旧制旧法，有不合于宪法者，悉皆除罢。化除旗汉，屡奉先朝谕旨，务即实行。鄂湘乱事，虽涉军队，实由瑞澂等乖于抚驭，激变弃军，与无端构乱者不同。朕维自咎，用瑞澂之不宜，军民何罪，果能翻然归正，决不追究既往。朕以眇眇之躬，立于臣民之上，祸变至此，几使列圣之伟烈贻谋，颠坠于地，悼心失图，悔其何及。尚赖国民扶持，军人翼戴，期纳我亿兆生灵之幸福，而巩我万世一系之皇基，使宪政成立，因乱而图存，转危而为安，端恃全国军民之忠诚，朕实嘉赖于无穷。此时财政外交困难已极，我君民同心一德，犹惧颠危。倘我人民不顾大局，轻听匪徒煽惑，致酿滔天之祸，我中国前途，更复何堪设想。朕深忧极虑，夙夜旁皇，惟望天下臣民，共喻此意。

海军部奏，据闽浙总督电称，传闻革党在新加坡制舰，又闻革舰已抵澳门，请速派兵舰驻泊福州厦门，以备不虞，亦系要着。惟现在各兵舰俱已派赴长江各省，一时无可抽拨，其开赴闽省日期，似应视长江军情之缓急以为断。报闻。①

初十日甲戌（10 月 31 日）

度支部奏，续借洋款以济要需一折。着依议。

十一日乙亥（11 月 1 日）

袁世凯现授为内阁总理大臣，所有派赴湖北陆海各军及长江水师，仍归袁世凯节制调遣。

十二日丙子（11 月 2 日）

电寄袁世凯，袁世凯现已授内阁总理大臣，应即迅速来京。湖北一带陆海各军、长江水师，已有旨仍归该大臣节制调遣。惟现时江南各省一切陆海军务情形，

---

① 《大清宣统政纪》卷六二。

及调遣剿抚事宜，该大臣作何办法，即行密电奏闻。①

十四日戊寅（11 月 4 日）

电寄张鸣岐，据电奏，粤省商民，前于初八日谬欲独立，因省防已有准备，又复勾结各属土匪，四处扰乱。附省之顺德县属东西马宁及乐从墟暨南海之石湾等处，均有大股土匪，竖旗起事。现经扼要堵剿，尚难立时扑灭。此外惠、韶各府，亦已聚有股匪，显欲使省防官军，四出援救，以便袭取。现在兵力防守单薄，已饬龙济光等赴滇召募旧部，一时未能成军。惟有注重省防，以固根本。各属土匪，择其匪股较巨者，尽力痛剿，余俟新募滇军到齐，再行分路进击。

十五日己卯（11 月 5 日）

电寄张人骏，据电奏，十三日下午革党在上海闸北巡警局起事，道县两署全毁，已电致上海各团体，设法开导解散等语。上海为中外商务荟萃之区，一启兵端，势必牵动全局。着张人骏迅饬该道县等联合各团体，设法解散，毋再暴动，仍将办理情形随时电奏。

十六日庚辰（11 月 6 日）

电寄陈夔龙，据电奏，津市危迫，饷需万急，饬交涉使与各洋行商借银二百万两，一年归还，以本省各实业官股及烟酒税作为虚抵，并函致咨议局协议，意见相同。着准其向各洋行商借，以济要需。

张人骏电奏，上海革党焚署竖旗，亟应和平解散，已委令江苏候补道虞和德，会商各团体，剀切劝谕，期速解散等语。②

十九日癸未（11 月 9 日）

宣统帝谕令，资政院奏遵照宪法信条，公举内阁总理大臣。朕依宪法信条第八条，命袁世凯为内阁总理大臣。

吕海寰奏，恳恩推广慈善救济会，按照红十字会章程办理，以广皇仁一折。着准推广慈善救济会，按照红十字会办理，并准其另举红十字会会长。又奏，慈善救

① 《大清宣统政纪》卷六三。
② 《大清宣统政纪》卷六三。

济会需款甚繁，凡捐助救济物品者，请优予奖励。着准其按照捐款分别奏奖建坊，赏给卿衔。其请奖四五品京堂之处，着毋庸议。①

廿四日戊子（11 月 14 日）

清廷谕令：自武昌事起，各省纷扰，大局岌岌，实为全国存亡所关。朝廷胞与为怀，不设成心，亟应征集国民意见，共谋扶危定倾之策。着各督抚传谕各该省士绅，每省迅速公举素有名望、通晓政治、富于经验、足为全省代表者三五人，克期来京，公同会议，以定国是而奠民生。②

廿五日己丑（11 月 15 日）

监国摄政王代诣乾清宫，接见奥国使臣讷色恩等六员。

廿六日庚寅（11 月 16 日）

袁世凯面奏，组织内阁，推举国务大臣。着命梁敦彦为外务大臣，赵秉钧为民政大臣，严修为度支大臣，唐景崇为学务大臣，王士珍为陆军大臣，萨镇冰为海军大臣，沈家本为司法大臣，张謇为农工商大臣，杨士琦署邮传大臣，达寿为理藩大臣。梁敦彦、严修、王士珍、萨镇冰、张謇未到任以前，外务大臣着胡惟德暂行署理，度支大臣着绍英暂行署理，陆军大臣着寿勋暂行署理，海军大臣着谭学衡暂行兼署，农工商大臣着熙彦暂行署理。③

冬十月初三日丁酉（11 月 23 日）

电寄梁启超，据电奏，恳恩开缺。该副大臣久羁海外，时以祖国存亡为念，乃朝廷所深知。现在政治更始，百端待理，着即遵旨迅速回国。国势艰危至此，想亦不能忘情也。④

---

① 《大清宣统政纪》卷六三。
② 《大清宣统政纪》卷六四。
③ 《大清宣统政纪》卷六四。
④ 《大清宣统政纪》卷六五。

十七日辛亥(12 月 7 日)

宣统帝谕令,前经降旨,所有朕躬亲任大清帝国统帅陆海军大元帅之一切权任事宜,于未亲政以前,暂由监国摄政王代理。现在监国摄政王业经退位,朕方在典学之时,所有陆海各军,暂责成现行专司诸大臣督率管理。其向归监国摄政王管辖调遣之禁卫军,着专司训练大臣督饬认真训练。①

廿一日乙卯(12 月 11 日)

以著有劳勋,赏日本商人高木洁等宝星。
以帮同疗疫,赏俄国医学博士萨巴罗尼宝星。
赏大东大北电报公司洋员总办史格道等宝星。

十一月十四日丁丑(公元 1912 年 1 月 2 日)

黑龙江巡抚周树模奏,与俄勘定边界情形。②

十六日己卯(公元 1912 年 1 月 4 日)

内阁代递忠瑞电奏,新设科布多俄领事,常川驻承化寺,并划给建署各地,遵奉部饬派员会同该领事磋商办理等语。着外务部知道。

廿二日乙酉(公元 1912 年 1 月 10 日)

电寄出使大臣陆徵祥,内阁代递电奏,呈递国书,并承俄皇询问各节。朕甚感俄皇善邻雅谊,着该大臣向俄外部致谢。

三十日癸巳(公元 1912 年 1 月 18 日)

东西各国人士,来华通商传教,历有年所,理应按约保护。方今四方多故,诚恐有不法匪徒,乘机肇衅,扰及外人,朝廷深为忧悯。着直省将军督抚暨顺天府府

---

① 《大清宣统政纪》卷六六。
② 《大清宣统政纪》卷六七。

尹、各路军队统将，务各严切诰诫，所属将吏，凡外人生命财产，一律妥为保护。如有侵害损伤者，立即按律严办，毋稍宽贷。①

十二月初一日甲午（公元 1912 年 1 月 19 日）

以赴敌侦探招抚，卓著劳绩，予海军正参领蔡廷干以三品京堂候补，并赏加二品衔。余奖叙有差。②

初七日庚子（公元 1912 年 1 月 25 日）

内阁总理大臣袁世凯奏，本月初六日奉旨，国会选举暨开会地点，可酌量变通办理等因，臣原拟会员每州县各一人，每旗各一人，地点定为北京。磋商越二十日，伍廷芳坚持不让，遂强定为选举区二十四处，一省为一处，内外蒙为一处，前后藏为一处，每处三人。臣以人数太少，众情不服，现拟改为二十八处，一省为一处，蒙藏合为六处，每处六人，共一百六十八人，与资政院额数相去不远。其国体未决以前，民党惧罹刑网，不敢来京会议。拟酌定为天津、汉口、青岛三处。如蒙俞允，拟仍电商伍廷芳，从速核覆。再民军所拟优待皇室条件，前曾代请面奏，此次两面派人暗中商议，如改为国会议决国体，则优待皇室条件，似亦应由国会议定。能否照前优隆，臣未敢豫决。报闻。

初八日辛丑（公元 1912 年 1 月 26 日）

电寄出使大臣汪大变，据内阁代递电奏，日本驻小仓之师团，豫备由门司至大连等语。仍着严密侦查，随时电奏。

十五日戊申（公元 1912 年 2 月 2 日）

军咨府奏，据东三省总督赵尔巽电称，革党军舰三艘，装运炮弹多件，用民船由安东附近尖山口上岸等语。查该处系在中立地内，当由外务部切商日本使臣伊吉院彦吉，据称日本不便禁阻。若中国运兵前往，日本无异议，惟不能用安奉铁路，因该路系守中立等语。又据德国使臣哈豪森照称有革军约二百名，占据即墨县，宣布独立。查中德条约，该地内驻兵，须先与德国会商。此次革军侵犯条约内之举

① 《大清宣统政纪》卷六八。
② 《大清宣统政纪》卷六九。

动，请设法使革军退出，并称该地内中国不得用兵力等语。①

廿五日戊午(公元 1912 年 2 月 12 日)

隆裕皇太后懿旨，前因民军起事，各省响应，九夏沸腾，生灵涂炭，特命袁世凯遣员与民军代表讨论大局，议开国会，公决政体。两月以来，尚无确当办法。南北暌隔，彼此相持，商辍于涂，士露于野。徒以国体一日不决，故民生一日不安。今全国人民心理，多倾向共和。南中各省既倡议于前，北方诸将亦主张于后，人心所向，天命可知。予亦何忍因一姓之尊荣，拂兆民之好恶？是用外观大势，内审舆情，特率皇帝将统治权公诸全国，定为立宪共和国体，近慰海内厌乱望治之心，远协古圣天下为公之义。袁世凯前经资政院选为总理大臣，当兹新旧代谢之际，宜有南北统一之方，即由袁世凯以全权组织临时共和政府，与民军协商统一办法，总期人民安堵，海宇乂安，仍合满、蒙、汉、回、藏五族完全领土，为一大中华民国，予与皇帝得以退处宽闲，优游岁月，长受国民之优礼，亲见郅治之告成，岂不懿欤？②

是年

海军江南船坞为烟台海关所订造之缉私舰"澄海"号，完工下水。③

---

① 《大清宣统政纪》卷六九。
② 《大清宣统政纪》卷七〇。
③ 刘传标：《近代中国船政大事编年与资料选编》第 2 册，九州出版社 2011 年版，第 581 页。

主要参考书目

《清实录》，中华书局 1985 年影印本。

《清代起居注册（光绪朝）》，台湾联经出版实业公司 1987 年影印本。

《宣统帝起居注》，广西师范大学出版社 2007 年影印本。

《清史稿》，中华书局 1977 年点校本。

《中国地方志集成》，上海书店、巴蜀书社、凤凰出版社 1991—2009 年版。

《台湾文献汇刊》，九州出版社、厦门大学出版社 2005 年版。

《清代史料笔记丛刊》，中华书局 1979—2013 年版。

《中国边疆研究资料文库·海疆文献初编：沿海形势及海防》，世界知识出版社 2011 年版。

《中国海疆文献续编·海运交通》，世界知识出版社 2011 年版。

《清代档案史料丛编》，中华书局 1978—1990 年版。

《清光绪朝中日交涉史料》，故宫博物院 1932 年版。

《清朝文献通考》，浙江古籍出版社 2000 年影印本。

《清朝续文献通考》，浙江古籍出版社 2000 年影印本。

《中外旧约章汇编》，三联书店 1957 年版。

《十九世纪美国侵华档案资料选编》，中华书局 1959 年版。

《华工出国档案史料汇编》，中华书局 1985 年版。

《清季外交史料》，书目文献出版社 1987 年版。

《中美关系史料》，台北"中研院近代史所"1968 年版。

《中法战争》，新知识出版社 1955 年版。

《中日战争》第 1 册，中华书局 1989 年版。

《洋务运动》，上海人民出版社 1961 年版。

《中华帝国对外关系史》，三联书店 1957 年版。

《东印度公司对华贸易编年史》，中山大学出版社 1991 年版。

《近代中国租界史稿》，中国财经出版社 1988 年版。

《中国近代对外贸易史资料》第 1 册，中华书局 1962 年版。

《近代中国船政大事编年与资料选编》，九州出版社 2011 年版。

《中国近代报刊史》，山西人民出版社 1981 年版。

《郭嵩焘奏稿》，岳麓书社 1983 年版。

《曾纪泽遗集》，岳麓书社 1983 年版。

《张靖达公奏议》，台湾文海出版社 1973 年影印本。

《戊戌变法》，神州国光社 1953 年版。

《梁启超年谱长编》，上海人民出版社 1983 年版。

《上海研究资料》，上海书店 1984 年版。

《申报》，上海书店 2008 年影印本。